SCHÄTZEL

Das deutsche Staatsangehörigkeitsrecht

SAMMLUNG GUTTENTAG

245

Das deutsche Staatsangehörigkeitsrecht

Kommentar

zu dem

Reichs- und Staatsangehörigkeitsgesetz vom 22. Juli 1913, den Staatsangehörigkeitsbestimmungen der Verfassungen und der Saarüberleitung und den Staatsangehörigkeitsregelungsgesetzen vom 22. Februar 1955 und 17. Mai 1956

2. Auflage

von

Dr. Walter Schätzel
em. o. Professor an der Universität Bonn

Berlin 1958

WALTER DE GRUYTER & CO.

vormals G. J. Göschensche Verlagshandlung · J. Guttentag, Verlagsbuchhandlung Georg Reimer · Karl J. Trübner · Veit & Comp.

Archiv-Nr. 21 1 245/58

Satz und Druck: Berliner Buchdruckerei Union G. m. b. H., Berlin SW 61

VORWORT

Das deutsche Staatsangehörigkeitsrecht ist durch die Ereignisse der letzten Jahrzehnte in seinen Grundlagen erschüttert worden. Über 12 Millionen Menschen waren in sie eingegliedert; die Mehrzahl davon hat sie wieder verloren; andere sind nach dem Kriege hinzugekommen. Der zum Siege gelangte Grundsatz der Gleichberechtigung der Frau greift tief in das Staatsangehörigkeitsrecht ein; seine letzten Wirkungen sind noch nicht abzusehen.

In dieser schwierigen Lage hat der Gesetzgeber der Bundesrepublik durch die drei Staatsangehörigkeitsregelungsgesetze 1955, 1956, 1957 eine vorläufige Ordnung gebracht. Allerdings läßt sich die Vergangenheit auch mit rückwirkenden Gesetzen nicht restlos ordnen, aber es ist wenigstens eine gewisse Grundlage geschaffen, auf der sich weiterbauen läßt. Auch der Gesetzgeber weiß, daß sein Werk noch nicht beendet ist, aber er ist an einem gewissen Ruhepunkt angelangt und wird erst einmal abwarten müssen, wie sich seine Regelung auswirkt. In diesem Augenblick des Ausruhens des Gesetzgebers kann die Wissenschaft mit ihrer Deutung und ihrer Kritik einsetzen, um das weitere Werk des Gesetzgebers vorzubereiten. So schien mir der Zeitpunkt gekommen, in einer neuen Auflage die gegenwärtige Rechtslage zu kommentieren. Angesichts der noch offen stehenden Restaufgabe des Gesetzgebers mußte die Erläuterung kritisch gehalten sein, um auf alle übriggebliebenen Lücken und Zweifel aufmerksam zu machen. Ich hoffe, damit einen Beitrag zur Endlösung zu liefern. Ich habe es auch versucht, die äußerst zweifelhaften Staatsangehörigkeitsfragen zu behandeln, die aus der unglücklichen Spaltung Deutschlands und der Wiedereingliederung des Saargebiets entstanden sind. So glaube ich, daß das Werk tatsächlich den Gesamtumfang des gegenwärtigen deutschen Staatsangehörigkeitsrechts erfaßt. Für weitere Anregungen und Mitteilung von Zweifeln bin ich stets dankbar.

Bei der Aufstellung der Tabellen und Listen und des Sachverzeichnisses, sowie beim Lesen der Korrektur hat mir Herr Referendar Rudolf wertvolle Hilfe geleistet, wofür ihm hier vielmals gedankt sei.

Bonn, im Mai 1958.

Walter Schätzel

INHALT

Seite

Vorwort ... III

Abkürzungsverzeichnis ... X

I. Geschichtliche Einleitung ... 1

II. Rechtsquellen ... 13

A. Gesetze und Verordnungen des Deutschen Reiches ... 13

1. Gesetz über die Erwerbung und den Verlust der Bundes- und Staatsangehörigkeit vom 1. Juni 1870 ... 13
2. Reichs- und Staatsangehörigkeitsgesetz vom 22. Juli 1913 ... 18
3. Elfte Verordnung zum Reichsbürgergesetz vom 25. November 1941 ... 27
4. Verordnung zur Regelung von Staatsangehörigkeitsfragen vom 20. Januar 1942 ... 27
5. Erlaß des Führers über den Erwerb der deutschen Staatsangehörigkeit durch Einstellung in die deutsche Wehrmacht, die Waffen-SS, die deutsche Polizei oder die Organisation Todt vom 19. Mai 1943 ... 29
6. Runderlaß des Reichsministers des Innern betr. den Erwerb der deutschen Staatsangehörigkeit durch deutschstämmige Angehörige der Wehrmacht, der Waffen-SS, der Polizei, des Reichsarbeitsdienstes und der Organisation Todt vom 23. Mai 1944 ... 29

B. Allgemeine Gesetze der Bundesrepublik Deutschland ... 31

1. Aus dem Grundgesetz für die Bundesrepublik Deutschland vom 23. Mai 1949 ... 31
2. Aus dem Bundesbeamtengesetz vom 14. Juli 1953 ... 32
3. (Erstes) Gesetz zur Regelung von Fragen der Staatsangehörigkeit vom 22. Februar 1955 ... 33
4. Zweites Gesetz zur Regelung von Fragen der Staatsangehörigkeit vom 17. Mai 1956 ... 40
5. Zweites Gesetz zur Änderung und Ergänzung des Bundesvertriebenengesetzes vom 27. Juli 1957 ... 43
6. Drittes Gesetz zur Regelung von Fragen der Staatsangehörigkeit vom 11. August 1957 ... 44

Seite

C. Gesetze der Deutschen Demokratischen Republik 46

1. Aus der Verfassung der Deutschen Demokratischen Republik vom 7. Oktober 1949 46
2. Anordnung des Innenministers der Deutschen Demokratischen Republik über die Gleichberechtigung der Frau im Staatsangehörigkeitsrecht vom 30. August 1954 46
3. Verordnung über das Verfahren in Staatsangehörigkeitsfragen vom 28. November 1957 47

D. Gesetze der Stadt Berlin 48

1. (Berliner) Gesetz zur Übernahme des Gesetzes zur Regelung von Fragen der Staatsangehörigkeit vom 19. Mai 1955 48
2. (Berliner) Gesetz zur Übernahme des Zweiten Gesetzes zur Regelung von Fragen der Staatsangehörigkeit vom 8. Juni 1956 49
3. (Berliner) Gesetz zur Übernahme des Dritten Gesetzes zur Regelung von Fragen der Staatsangehörigkeit vom 5. September 1957 49

E. Rechtsquellen zur Regelung der Staatsangehörigkeit im Saarland 50

1. Staatsangehörigkeitsgesetz des Saarlandes v. 15. Juli 1948 50
2. Drittes (saarländisches) Gesetz Nr. 493 zur Änderung des Gesetzes Nr. 33 betreffend die saarländische Staatsangehörigkeit vom 15. Juli 1948 (ABl. S. 947) in der Fassung vom 6. Februar 1954 (ABl. S. 83) 57
3. Aus dem Vertrag zwischen der Bundesrepublik Deutschland und der Französischen Republik zur Regelung der Saarfrage vom 27. Oktober 1956 57
4. Aus dem Gesetz über die Eingliederung des Saarlandes vom 23. Dezember 1956 60

F. Rechtsquellen zur Regelung der deutsch-österreichischen Staatsangehörigkeitsfragen 60

1. Deutsche Verordnung über die deutsche Staatsangehörigkeit im Lande Österreich vom 3. Juli 1938 60

Seite

2. Österreichisches Gesetz über die Überleitung in die österreichische Staatsbürgerschaft (Staatsbürgerschafts-Überleitungsgesetz) vom 10. Juli 1945 62

3. Österreichisches Bundesgesetz, betreffend den Erwerb der Staatsbürgerschaft durch Volksdeutsche vom 2. Juni 1954 63

G. Internationale Rechtsquellen 65

1. Gesetz Nr. 12 der Alliierten Hohen Kommission über Nichtigkeit von nationalsozialistischen Rechtsvorschriften über Staatsangehörigkeit vom 17. November 1949 65

2. Das Haager Abkommen über Staatsangehörigkeitsfragen vom 12. April 1930 und die zugehörigen Protokolle 66

3. Übereinkommen über die Staatsangehörigkeit der verheirateten Frau vom 29. Januar 1957 73

III. Kommentar 78

1. Zu den Artikeln des Grundgesetzes für die Bundesrepublik Deutschland vom 23. Mai 1949 78

2. Zu den Artikeln der Verfassung der Deutschen Demokratischen Republik vom 7. Oktober 1949 108

3. Zu dem Gesetz über die Eingliederung des Saarlandes vom 23. Dezember 1956 114

4. Zum Reichs- und Staatsangehörigkeitsgesetz vom 22. Juli 1913 122

5. Zum Ersten Gesetz zur Regelung von Fragen der Staatsangehörigkeit vom 22. Februar 1955 246

6. Zum Zweiten Gesetz zur Regelung von Fragen der Staatsangehörigkeit vom 17. Mai 1956 317

IV. Tabellen der maßgebenden Staatsangehörigkeitsgesetze und Verträge 373

V. Schrifttum zum Staatsangehörigkeitsrecht 394

Sachregister 403

Abkürzungen

a. A.	anderer Auffassung
ABl.	Amtsblatt
Arch.d.öfftl.R	Archiv des öffentlichen Rechts
Arch.d.Völkerr. (VR)	Archiv des Völkerrechts
AHK	Alliierte Hohe Kommission
BAnz.	Bundesanzeiger
Bayer.Verw.Bl.	Bayerisches Verwaltungsblatt
Bay.StMin.d.I	Bayerisches Staatsministerium des Innern
BGHSt.	Entscheidungen des Bundesgerichtshofes in Strafsachen
BGHZ	Entscheidungen des Bundesgerichtshofes in Zivilsachen
BBG	Bundesbeamtengesetz
BMin.	Bundesministerium
BVerfG, BVG	Bundesverfassungsgericht
BVerwG	Bundesverwaltungsgericht
BVFG	Gesetz über die Angelegenheiten der Vertriebenen und Flüchtlinge (Bundesvertriebenengesetz
Clunet	Journal du Droit International
DBG	Deutsches Beamtengesetz (1937)
DJZ	Deutsche Juristenzeitung
DÖV	Die Öffentliche Verwaltung
DRZ	Deutsche Rechtszeitschrift
DVBl.	Deutsches Verwaltungsblatt
E	Entscheidungssammlung
GG	Grundgesetz für die Bundesrepublik Deutschland
GBl.	Gesetzblatt
Gr.Ziv.S	Großer Zivilsenat
GS	(preußische) Gesetzessammlung
GVBl.	Gesetz- und Verordnungsblatt
HRR	Höchstrichterliche Rechtsprechung
IM	Innenministerium
Intégration	Intégration, Bulletin International, herausgegeben von der Europäischen Forschungsgruppe für Flüchtlingsfragen

Jahrb.d.öff.R.N.F.	Jahrbuch des öffentlichen Rechts, neue Folge
Jour.off.	Journal officiel
JW	Juristische Wochenschrift
JZ	Juristenzeitung
LKO	(Haager) Landkriegsordnung
MABl.	(Bayerisches) Ministerialamtsblatt
Makarov, Rechtspr.	Rechtsprechung zum internationalen Privatrecht
MinBliV	Ministerialblatt für die innere Verwaltung
N. F.	Neue Folge
NJW	Neue Juristische Wochenschrift
NRG	Martens, Nouveau Recueil Général de Traités et autres Actes relativs aux Rapports de Droit International
NRW	Nordrhein-Westfalen
OLG	Oberlandesgericht
OVG	Oberverwaltungsgericht
Ö.Ztschr.f.öff.R	Österreichische Zeitschrift für öffentliches Recht
PrOVG	Preußisches Oberverwaltungsgericht
PStG	Personenstandgesetz
RdErl.	Runderlaß
RegBl.	Regierungsblatt
Reger	Reger, Entscheidungen der Gerichte und Verwaltungsbehörden auf dem Gebiete des Verwaltungs- und Polizeistrafrechts
Rev.Gen. de Droit int.publ.	Revue Générale de Droit international public
Rev.jur.d'Alsace-Lorr.	Revue juridique d'Alsace et de Lorraine
RGZ	Entscheidungen des Reichsgerichts in Zivilsachen
RhPf.	Rheinland-Pfalz
RMBliV	Reichsministerialblatt für die innere Verwaltung
StAngG	Reichs- und Staatsangehörigkeitsgesetz
StAngRegGes.	Staatsangehörigkeits-Regelungsgesetz
StAZ	Zeitschrift für Standesamtswesen
VGG	Vervaltungsgerichtsgesetz
VGH	Verwaltungsgerichtshof
Vers.Vertr.	Versailler Vertrag
VOBl.	Verordnungsblatt
ZaöRVR	Zeitschrift für ausländisches öffentliches Recht und Völkerrecht
Ztschr.f.Völkerr. (VR)	Zeitschrift für Völkerrecht

I.

Geschichtliche Einleitung*

Seit den ersten Anfängen einer menschlichen Organisation war die Aufgabe gestellt, das Verhältnis zwischen dem Individuum und der Organisationsgewalt zu regeln. Dafür gab es viele Möglichkeiten. Viele Jahrtausende war alle menschliche Organisation eine durch Abstammung bestimmte Beziehung zur Familie, zur Sippe, zur Horde, zum Stamm. Erst spät ist das Gebilde entstanden, das wir einen Staat nennen. Heute hat die staatliche Einteilung die ganze Erde erfaßt, wenn sich auch Reste der Stammesorganisationen in den unentwickelten Gebieten Innerafrikas, Südamerikas und Neuguineas erhalten haben. Mit dem Übergang von der Stammesorganisation zur staatlichen Organisation ist das Raummoment in die Beziehung des Individuums zur Organisationsgewalt getragen worden. Allerdings hat die alte abstammungsbedingte Zugehörigkeit noch jahrhundertelang fortgewirkt, nachdem sich der Staat gegenüber dem Stamm durchgesetzt hatte. Athenischer oder römischer Bürger war man nur durch die Abstammung, wobei anfangs in Griechenland sogar verlangt wurde, daß Vater und Mutter das Abstammungsbürgerrecht besaßen. Nur eine kleine Minderheit entsprach diesem Erfordernis. Das Athen der klassischen Zeit zählte bei einer halben Million Einwohner nur etwa 20 000 Bürger, in Korinth kamen, als es 146 v. Chr. zerstört wurde, auf 600 000 Einwohner 40 000 Bürger.

Langsam schwächte sich jedoch das Abstammungserfordernis ab. Schon die griechischen Stadtstaaten führten, vom Bevölkerungsschwund bedroht, das Institut der Aufnahme, das heißt also der Einbürgerung Fremder ein. Im großen Stil arbeitete der römische Staat mit diesem Mittel, indem er in seinem weiten Reich romanisierten Provinzialen der Ober- und Mittelschicht das römische Bürgerrecht verlieh. Daneben trat die gebietsmäßige Ausdehnung des Bürgerrechts auf Italien (90 v. Chr.), Sizilien und Gallia cisalpina unter Cäsar, Gallia Narbonensis unter Kaiser Galba. Den Abschluß dieser Entwicklung bildet die lex Antoniniana de civitate vom Jahre 212 n. Chr. unter Kaiser Caracalla, die allen freien Einwohnern des Reiches das römische Bürgerrecht verlieh. Damit war zum erstenmal eine Staatsangehörigkeit im modernen Sinne geschaffen.

---

*) Schrifttum zur geschichtlichen Entwicklung siehe unter Abschnitt V.

Die Entwicklung ging nicht gradlinig weiter. Die einbrechenden Germanenstämme kannten nur die Stammeszugehörigkeit. Das Mittelalter baute den Staat auf Grund von persönlichen Treueverhältnissen zwischen Lehnsherren und Lehnsmännern auf. Zum Schluß führte die Entwicklung jedoch zu einer fast nur raumgebundenen Abhängigkeit des Individuums vom Staat. Quidquid est in territorio, etiam est de territorio. Wer seinen Wohnsitz im Staat hatte, gehörte auch zum Staat, war also sein Angehöriger. Damit wurde die politische Zugehörigkeit zur abgeleiteten Funktion des Wohnsitzes. Es gab allerdings schon den Begriff des Ausländers. Das waren z. B. fremde Diplomaten oder mit fremdem Paß durchreisende Kaufleute und Künstler. Wer sich jedoch im Inland niederließ, was allerdings nur mit Genehmigung möglich war, wurde damit auch Untertan, so etwa die in Brandenburg aufgenommenen französischen Emigranten. Umgekehrt bedeutete die Auswanderung, die wieder nur mit Genehmigung erlaubt war, das Ende der staatlichen Zugehörigkeit. Sie mußte durch Preisgabe eines Teils des Vermögens, der gabella emigrationis, erkauft werden. Es galt der Grundsatz der allégeance perpetuelle, das heißt der ständigen Bindung an den Staat, in dem man seinen Wohnsitz hatte.

Dieses System war der Vorläufer der heutigen Staatsangehörigkeit, die sich erst vor etwa einem Jahrhundert durchgesetzt hat. Staatsangehörigkeit und Wohnsitz waren damals eng verknüpft. Wer seinen ständigen Wohnsitz im Raumstaat hatte, war subditus perpetuus, wer sich vorübergehend niederließ, subditus temporalis, wer dort nur Grundbesitz hatte, subditus forensis. Der subditus temporalis wie der subditus forensis, der zur Inspektion seiner Güter ins Inland kam, wurde wie der subditus perpetuus als Untertan behandelt. Das System erscheint uns fast primitiv, hatte aber den Vorteil, daß es klare Rechtsverhältnisse ergab. Staatenlos konnten damals höchstens Vagabunden sein. Im Zweifel war jeder Angehöriger des Staates, in dem er angetroffen wurde. Doppelstaatigkeiten konnte es nicht geben; bei Doppelwohnsitz entschied der Ort, wo man sich wirklich aufhielt, da man dort mindestens subditus temporalis war. Abstammung und Geburtsort waren ohne jede rechtliche Bedeutung. Neugeborene wurden Untertanen des Staates, in welchem die Eltern ihren Wohnsitz hatten, da sie deren Wohnsitz teilten.

Dieses System ist erst mit dem neuen Staatsbegriff seit der großen französischen Revolution aufgegeben worden. Wenn das Verhältnis Individuum—Staat als contrat social, als ein persönliches Vertragsverhältnis gedeutet werden mußte, paßte die raumgebundene Abhängigkeit nicht mehr. Die Staatsangehörigkeit löste sich vom Wohnsitz. An seine Stelle trat als Anknüpfungsmittel entweder der Geburtsort, das jus soli, oder die Abstammung, das jus sanguinis. Die Entwicklung spaltete sich jetzt. Ein Teil der Staaten führte das jus soli ein, ein anderer Teil das jus sanguinis. Das jus soli ist in der Hauptsache das System der auf kolonialem Boden entstandenen Neustaaten in Amerika, Afrika, Australien, denen daran liegen mußte, die aus den verschiedenen europäischen Ländern stammenden Einwanderer möglichst rasch, spätestens in der nächsten Generation, in einer neuen Staatsangehörigkeit zusammenzufassen. Das jus sanguinis ist das Staatsangehörigkeitsprinzip der europäischen Kontinentalstaaten und insbesondere des deutschen Raumes.

Von vorbildlicher Bedeutung ist hier das preußische Gesetz über die Erwerbung und den Verlust der Eigenschaft als preußischer Untertan vom 31. Dezember 1842, welches das erste moderne deutsche Staatsangehörigkeitsgesetz ist. Bemerkenswert ist sein Titel. Es kennt den Begriff Staatsangehörigkeit noch nicht. Dem preußischen Allgemeinen Landrecht von 1794 war er völlig fremd. Inzwischen war das Wort zwar schon erfunden, aber noch nicht in die Gesetzessprache eingedrungen. Man sprach von Staatsbürgerschaft, Untertanenschaft oder Untertanenrecht, Eigenschaft als Landesangehöriger. Erst in einigen Landesgesetzen aus den fünfziger Jahren, die inhaltlich dem preußischen Gesetz folgten, taucht der Ausdruck Staatsangehörigkeit auf, der sich dann in der norddeutschen Gesetzessprache durchgesetzt hat, während Österreich und Süddeutschland bei der Bezeichnung Staatsbürgerschaft geblieben sind.

Das preußische Gesetz von 1842 nimmt die entscheidende Wendung vor. „Der Wohnsitz innerhalb Unserer Staaten soll in Zukunft für sich allein die Eigenschaft als Preuße nicht begründen“, bestimmt es in § 13. Es galt seitdem nur noch die Abstammung. Diesem Vorbild schlossen sich in den folgenden Jahren die anderen deutschen Länder an (vgl. Abschnitt IV Tabelle 1). Selbst in den deutschen Ländern, die es zu keinem Staatsangehörigkeitsgesetz brachten, wie z. B. Hannover, drang gewohnheitsrechtlich das jus sanguinis ein. Allerdings bedeutete dies noch nicht jede Lösung der Staatsangehörigkeit vom Wohnsitz. Noch galt die allégeance perpétuelle. Zur Auswanderung bedurfte es der Entlassung aus der Staatsangehörigkeit. Wer dagegen verstieß, machte sich strafbar. Neu war in dem preußischen Gesetz, daß im Falle der Auswanderung ohne genehmigte Entlassung der Verlust der preußischen Staatsangehörigkeit nicht sofort, sondern erst nach 10 Jahren eintrat. Eine Reihe weiterer Staatsangehörigkeitsgesetze deutscher Länder folgte diesem Vorbild. Wo dies jedoch nicht ausdrücklich bestimmt wurde, blieb es bei dem Verlust der Staatsangehörigkeit bei Verlegung des Wohnsitzes ins Ausland. Dies galt insbesondere in den Ländern, welche ihr Staatsangehörigkeitsrecht nicht aufzeichneten, sondern es bei dem bestehenden Gewohnheitsrecht bewenden ließen, z. B. Hannover, Österreich.

Mit der Gründung des Norddeutschen Bundes am 1. Juli 1867 entstand eine neue Bundesangehörigkeit, welche die vorgefundene und weiter bestehende Staatsangehörigkeit in den einzelnen Gliedstaaten des Bundes überlagerte. Die erste Regelung der neu geschaffenen Rechtslage ist das norddeutsche Bundesgesetz über die Erwerbung und den Verlust der Bundes- und Staatsangehörigkeit vom 1. Juni 1870. Über den Zustand, den dieses Gesetz beseitigte, berichten am besten die Motive des Gesetzes selbst, welche eine Darstellung des damals geltenden Rechtszustandes enthalten. (Sten. Berichte des Reichstags Bd. 3 S. 153.) Aufgabe dieses ersten Kodifikationswerkes war die Herstellung eines einheitlichen Rechtszustandes auf diesem Gebiete und die Kombination und Unterordnung der bisherigen Staatsangehörigkeiten der verschiedenen deutschen Staaten unter die des Norddeutschen Bundes. Man konnte daher billigerweise von ihm auch nicht die Verwirklichung weiterer gesetzgeberischer Ideen verlangen. Daß sich bald Mängel in seinem Bau und der Ausgestaltung der Reichs- und Staatsangehörigkeit, wie es sie geformt hatte, zeigten, kann ihm kaum zur Last gelegt werden; seine große nationale Aufgabe hat es jedenfalls erfüllt.

Mit der Gründung des neuen Deutschen Reiches erweiterte sich der Geltungsbereich des Gesetzes. Es hatte selbst als den Zeitpunkt seines Inkrafttretens den 1. Januar 1871 bestimmt. Die inzwischen eingetretenen Ereignisse brachten es mit sich, daß der von ihm gewählte Anfangstermin mit dem Geburtstag des Bismarckschen Reiches zusammenfiel und daß es am 1. Januar 1871 nicht nur im Gebiet des Norddeutschen Bundes, sondern auch in Württemberg, Baden und Hessen südlich des Mains in Kraft trat. Am 13. Mai 1871 folgte auch seine Einführung in Bayern. Es scheint von Anfang an das Schicksal dieses Gesetzes gewesen zu sein, daß es mit den tatsächlichen Ereignissen nicht gleichen Schritt halten konnte. Wieder und wieder blieb es hinter der erstrebten Rechtseinheit zurück. Das zeigt bereits der Anfang des neuen Reiches, in dem zunächst neben dem Herrschaftsgebiet des neuen Gesetzes der Staat Bayern stand. Nach wenigen Monaten war zwar diese Ungleichheit überwunden, doch inzwischen war durch den Versailler Präliminarfrieden vom 26. Februar 1871, in Kraft seit 2. März 1871, Elsaß-Lothringen zum Reich hinzugetreten. Damit war die konstruktive Grundlage des Gesetzes bereits knapp zwei Monate nach seinem ersten Inkrafttreten von Grund 'auf erschüttert. Denn sein Ausgangspunkt war die Tatsache des Zusammenschlusses einer größeren Anzahl von

Staaten mit eigener Staatsangehörigkeit gewesen. Es hatte einfach an diese bestehende Staatsangehörigkeit angeknüpft und die neue Reichsangehörigkeit zu einer Folgeerscheinung einer solchen Staatsangehörigkeit gemacht. Jetzt hatte das Reich auf einmal Angehörige erworben, an deren Reichsangehörigkeit nach der Ratifikation der völkerrechtlichen Akte nicht gezweifelt werden konnte, denen aber gerade das, was das Staatsangehörigkeitsgesetz als das Substrat der Reichsangehörigkeit betrachtete, die Staatsangehörigkeit in einem Einzelstaate fehlte. Man zog daraus die Folgerung, daß es zwei verschiedene Reichsangehörigkeiten gab, eine mittelbare im Gebiet der ehemals souveränen deutschen Staaten und eine unmittelbare in der Reichsprovinz Elsaß-Lothringen. Dies war systemwidrig und schuf einen unerwünschten Zwiespalt. Man glaubte seiner Herr zu werden, indem man durch Reichsgesetz vom 8. Januar 1873 mit Wirkung ab 28. Januar 1873 das Gesetz dort in der Form einführte, daß man eine neu gebildete elsaß-lothringische Landesangehörigkeit der Staatsangehörigkeit in den einzelnen deutschen Gliedstaaten gleichstellte. Allein diese Gleichstellung konnte über den tiefen inneren Unterschied zwischen der neuen elsaß-lothringischen Landesangehörigkeit und den deutschen Einzelstaatsangehörigkeiten nicht hinwegtäuschen. Für einen Preußen war die Reichsangehörigkeit die mittelbare Folge seiner preußischen Staatsangehörigkeit, für einen Elsaß-Lothringer war umgekehrt die neugeschaffene elsaß-lothringische Landesangehörigkeit eine Folgeerscheinung seiner vorher schon vorhanden gewesenen unmittelbaren Reichsangehörigkeit. Trotz aller Fortschritte, die Elsaß-Lothringen bis zum Weltkriege auf dem Wege zur Staatwerdung gemacht hat, ist dieser theoretische Unterschied nie überwunden worden. Stets ist die elsaß-lothringische Landesangehörigkeit nichts anderes als eine lokal bezeichnete Form der unmittelbaren Reichsangehörigkeit geblieben, woraus dann beim Verlust von Elsaß-Lothringen die Streitfrage entstand, welche Staatsangehörigkeit die im Reich verbliebenen Elsaß-Lothringer hatten.

Mit der Schaffung der elsaß-lothringischen Landesangehörigkeit und der Einführung des Gesetzes in Elsaß-Lothringen schien zunächst die Reichs- und Staatsangehörigkeit im ganzen Reich einheitlich und gleichmäßig geordnet. Bald zeigte es sich, daß es wünschenswert war, in den Reichsdienst tretenden Ausländern, die ihren Wohnsitz nicht im Inland nahmen, die Reichsangehörigkeit verleihen zu können. Man schuf diese Möglichkeit durch RG. vom 20. Dezember 1875 und zwar zunächst noch im Rahmen des vom föderalistischen Prinzip regierten Gesetzes von 1870, indem man für diese Fälle die Naturalisation in einem Einzelstaat vorsah. Doch der

Erwerb der Kolonien sprengte völlig den Rahmen des Gesetzes. Wie weiter unten darzustellen sein wird, blieb nichts anderes übrig, als bereits im Jahre 1888 für die Kolonien in Ausnahmefällen die unmittelbare Reichsangehörigkeit zu schaffen. Damit hatte sich die deutsche Reichsangehörigkeit nunmehr in vier verschiedene Arten zerspalten:

1. Der Normalfall der mittelbaren Reichsangehörigkeit, vermittelt durch die Staatsangehörigkeit der 25 deutschen Gliedstaaten;
2. die unmittelbare Reichsangehörigkeit in Elsaß-Lothringen, der man nachträglich der Symmetrie halber eine elsaß-lothringische Landesangehörigkeit unterbaut hatte;
3. die unmittelbaren Reichsangehörigen in den Kolonien und im Ausland ohne solche Staats- oder Landesangehörigkeit;
4. die Eingeborenenbevölkerung der Kolonien, die ebenfalls Reichsangehörige, ressortissants allemands im völkerrechtlichen Sinne waren, ohne die Reichsangehörigkeit, das Bürgerrecht im Sinne des Reichs- und Staatsangehörigkeitsgesetzes zu besitzen.

Das Reichs- und Staatsangehörigkeitsgesetz von 1913 änderte hieran nichts.

Allein, es blieb nicht einmal bei dieser Vierteilung. Nachdem die unmittelbare Reichsangehörigkeit im Falle Elsaß-Lothringen glücklich überwunden schien, man sie allerdings für die Kolonien als Ausnahmefall doch hatte zulassen müssen, tauchte sie im Falle Helgoland noch einmal kometenhaft auf. Durch die am 11. August 1890 vollzogene Ratifizierung des deutsch-englischen Vertrages vom 1. Juli 1890 gelangte diese Insel in deutschen Besitz. Die Bewohner vertauschten mit dem gleichen Tage die englische mit der deutschen Staatsangehörigkeit. Doch erst durch Reichsgesetz vom 15. Dezember 1890 erfolgte die Zuteilung an Preußen, nachdem die Helgoländer ähnlich wie die Elsaß-Lothringer ein Vorstadium unmittelbarer Reichsangehörigkeit durchlaufen hatten.

Der Weimarer Staat blieb trotz verschiedener Anläufe zur einheitlichen unmittelbaren Reichsangehörigkeit bei der bisherigen Konstruktion der Reichs- und Landesangehörigkeit. Erst der nationalsozialistische Gesetzgeber hat durch das sogenannte Neuaufbaugesetz vom 30. Januar 1934 die Landesangehörigkeit abgeschafft und die einheitliche unmittelbare Reichsangehörigkeit eingeführt. Nach 1945 ist mit dem Wiedererstehen der deutschen Länder die Frage erneut aufgetaucht, wie weiter unten zu erörtern sein wird.

Neben das Problem der mittelbaren oder unmittelbaren Reichsangehörigkeit traten andere Fragen. Noch war die Lösung der Staatsangehörigkeit vom Wohnsitz nicht ganz durchgeführt. Namentlich galt dies von seiner Bestimmung, daß zehnjährige Trennung vom Heimatterritorium einen Verlustgrund der Reichs- und Staatsangehörigkeit bedeutete, sofern der Auswanderer sich nicht in die Konsulatsmatrikel eintragen ließ. In dieser Bestimmung steckte noch die alte Vorstellung, daß das Band zwischen Staat und Angehörigen irgendwie mit der räumlichen Faßbarkeit des Individuums in Zusammenhang stände. Sie wurde mit demselben Augenblick ein Anachronismus, wo sich das Band zwischen Staat und Individuum aus einer rein räumlichen mittelbaren zu einer persönlichen unmittelbaren Beziehung umformte. Zudem begann die alte Bestimmung in dem nun einsetzenden Zeitalter der großen Völkerwanderungen, welche Massen von Menschen in Bewegung setzte wie keine Zeit vor ihr, sehr bald unangenehme Folgeerscheinungen aufzuweisen. In Deutschland zeigten sich diese unerwünschten Folgen, als die Zahl der Auswanderer jährlich in die Hunderttausende zu gehen begann. Bald wimmelte es in allen Teilen der Welt von Tausenden von Staatenlosen, die ihre ehemalige deutsche Staatsangehörigkeit auf Grund dieser Bestimmung verloren hatten, ohne eine neue zu gewinnen. Durchweg setzte sich um diese Zeit in den europäischen Ländern eine Tendenz dahin durch, daß Auswanderung ohne Erwerb einer fremden Staatsangehörigkeit einen Verlustgrund nicht mehr darstelle. 1889 wurde dieser Verlustgrund der Staatsangehörigkeit in Frankreich abgeschafft. Umgekehrt kannte das alte Gesetz nicht den Grundsatz, daß der Erwerb einer neuen Staatsangehörigkeit den Verlust der deutschen bedeutete, wodurch an die Seite der zahllosen Staatenlosen Tausende von Doppelstaatsangehörigen gesetzt wurden. Die von allen Staaten ungern gesehenen Erscheinungen der Staatenlosigkeit und Doppelstaatigkeit begannen aufzutreten. Sie sind bis zum heutigen Tage ungelöste Probleme des Zusammenlebens der Staaten geblieben.

Ein letzter Zusammenhang zwischen Staatsangehörigkeit und Wohnsitz bestand in der Bestimmung, daß ein Ausländer nur dann eingebürgert werden konnte, wenn er sich im Inland niedergelassen hatte. Diese Bestimmung stand der Einbürgerung von ausländischen Deutschen entgegen. Sie fiel daher im nationalsozialistischen Staat durch die VO vom 20. Januar 1942. Damit war der letzte Zusammenhang zwischen Staatsangehörigkeit und Wohnsitz beseitigt. Beide Begriffe haben nun nichts mehr miteinander zu tun. Das war folgerichtig vom Standpunkt des Nationalstaates; ob auch praktisch, ist eine andere Frage.

Ein neu sich stellendes Problem war der Zusammenhang zwischen Staatsangehörigkeit und Wehrpflicht. Zur Zeit der Söldnerheere lag der Gedanke eines solchen Zusammenhangs völlig fern. Noch um

1900 hatte der Dienst als Freiwilliger im britischen Söldnerheer oder in der französischen Fremdenlegion nichts mit der Staatsangehörigkeit zu tun. Die Zeit der Wohnsitzzugehörigkeit hatte die Frage dahin gelöst, daß der fremde Soldat subditus temporalis war. Mit seiner Entlassung blieb nichts von einer staatsbürgerlichen Zugehörigkeit übrig. Aber schon die französische Revolutionszeit schuf einen solchen Zusammenhang. Militärdienst in einem fremden Heer bildete zum Gedanken der allgemeinen Wehrpflicht im demokratischen Volksheer einen so starken Gegensatz, daß der französische Gesetzgeber daraus einen Verlustgrund der Staatsangehörigkeit machte. Den deutschen Ländern lag nach ihren herkömmlichen Vorstellungen eine solche Rechtsnorm fern. Doch schuf das Staatsangehörigkeitsgesetz von 1870 die Möglichkeit, bei Dienst in einem fremden Heer oder bei Nichtrückkehr im Falle eines Krieges die Reichsangehörigkeit zu entziehen.

Die Neufassung des Reichs- und Staatsangehörigkeitsgesetzes fiel 1913 mit einem neuen Wehrgesetz zusammen. So ergab sich ganz instinktiv der Gedanke eines Zusammenhangs zwischen Staatsangehörigkeit und Wehrpflicht. Erfüllung der Wehrpflicht durch einen Ausländer gab einen Anspruch auf die deutsche Staatsangehörigkeit, Verletzung der Wehrpflicht wurde zu einem Verlustgrund gestaltet. Wieder sind Zweifel am Platz, ob diese Verknüpfung von Staatsangehörigkeit und Wehrpflicht wirklich angebracht war. Es gibt viel schwerere Verletzungen der staatsbürgerlichen Pflichten, die nicht in gleicher Weise geahndet werden.

Schließlich tauchte mit dem Beginn des 20. Jahrhunderts eine neue Frage auf: die Staatsangehörigkeit der Ehefrau. Das deutsche Recht und die Mehrzahl der fremden Rechte kannten im 19. Jahrhundert nur das System der Einheit der Staatsangehörigkeit der Familie. Die Staatsangehörigkeit des Familienhauptes war auch die Staatsangehörigkeit der Frau und der Kinder. Die neue Frauenrechtsbewegung, angeführt von den englischen Suffragetten, verlangte die politische Gleichberechtigung der Frau, namentlich Wahlrecht und eigene Staatsangehörigkeit. Damit geriet das ganze bisherige System der Staatsangehörigkeit ins Wanken. Schritt für Schritt eroberten sich die Frauen in den europäischen Ländern und dann in der ganzen Welt die verlangten Rechte. Das Reichs- und Staatsangehörigkeitsgesetz von 1913 ist an diesen Forderungen noch vorbei gegangen, nach dem Zweiten Weltkrieg war aber auch in Deutschland inzwischen die allgemeine Volksstimmung so, daß man sich der Forderung der Frauen auf eigene Staatsangehörigkeit nicht länger entziehen konnte. Ihre Wünsche sind durch die neuen Verfassungen erfüllt. Hiergegen ist gewiß nichts einzuwenden, nur ist die technisch-juristische Durchführung des Grundsatzes der Gleichberechtigung der Frau nicht einfach und wirft viele schwierige Fragen auf. Die Staaten haben diese Frage so verschiedenartig und mannigfaltig gelöst, daß wieder Quellen für Staatenlosigkeit und Doppelstaatigkeit entstanden sind, auch ist das Problem der gemischtstaatigen Ehe nicht leicht zu lösen, ganz zu schweigen von der Frage, welchen Einfluß sie auf die Staatsangehörigkeit der Kinder hat.

Für Deutschland entstanden besondere Fragen durch die politischen Ereignisse im Gefolge der beiden Weltkriege und der innerstaatlichen Umwälzungen. Deutschland verlor durch den Versailler Vertrag von 1919 außer der gesamten Kolonialbevölkerung an 6 Millionen seiner Staatsangehörigen. Dies bedurfte eingehender Regelungen, die in den wichtigsten Grundsätzen im Versailler Vertrag selbst enthalten sind, sich aber doch als unzureichend erwiesen und durch zahlreiche Staatsangehörigkeits-Verträge mit den Erwerberstaaten ergänzt werden mußten (vgl. Abschnitt IV Tabelle 3). Diese Fragen liegen heute geregelt hinter uns, was nicht ausschließt, daß sie auch jetzt noch in Einzelfällen wieder auftreten, aber fast durchweg einwandfrei beantwortet werden können. Staatsangehörigkeitsfragen ist es gemeinsam, daß sie meist weit in die Vergangenheit zurückweisen. Das System des jus sanguinis macht es nicht selten notwendig, bis zu den Anfängen seiner Einführung zurückzugehen, mitunter bis zum Anfang des 19. Jahrhunderts, wo man im Wohnsitz eines Vorfahren endlich einen festen Ausgangspunkt findet.

Veränderungen in noch viel größerem Ausmaße hat der Zweite Weltkrieg mit sich gebracht. Die Ausdehnung des Hitlerstaates hat Millionen von Menschen in die deutsche Staatsangehörigkeit eingefügt (vgl. Abschnitt IV Tabelle 6); der Zusammenbruch hat alles dies wieder rückgängig gemacht und weitere Gebietsteile abgesplittert. Anders als nach dem Ersten Weltkrieg hat bisher kein internationales Abkommen Ordnung in diese Dinge gebracht, die ihrer Natur nach eigentlich nur international geregelt werden könnten. Jede einseitige staatliche Regelung muß hier unvermeidlich zu Überschneidungen und Zweifeln führen.

Schließlich haben die innerstaatlichen Veränderungen ihre Spuren im Staatsangehörigkeitsrecht hinterlassen. In der Weimarer Zeit waren die Veränderungen im Bestand der Länder in der Staatsangehörigkeit zu berücksichtigen, so der Zusammenschluß einer Reihe von Ländern zum Lande Thüringen, der Anschluß Koburgs an Bayern und das Aufgehen von Pyrmont und Waldeck in Preußen (vgl. Abschnitt IV Tabelle 4). In der nationalsozialistischen Zeit wurde das Staatsangehörigkeitsrecht zum Experimentierfeld für politische, besonders rassische und nationalistische Bestrebungen (vgl. Abschnitt IV Tabelle 5). Mit Bestimmungen des Staatsangehörigkeitsrechts wurde gegen politische Emigranten und Juden gekämpft. Die groben Ungerechtigkeiten und Unbilligkeiten dieser Maßnahmen konnten in der Nachkriegszeit nicht aufrechterhalten bleiben, ganz abgesehen davon, daß die gesetzlichen Akte der Hitlerzeit wie Verordnungen des Ministerrates für die Reichsverteidigung, Führererlasse usw. auch verfassungsrechtlich außerordentlich zweifelhaft und anfechtbar waren.

So war nach 1945 eigentlich alles neu zu ordnen, nur war zu allem Unglück zunächst kein Gesetzgeber vorhanden, der dies hätte tun können. Erst nach 1949 konnte die Bundesrepublik an die Aufgabe gehen. Doch hatte auch sie zunächst andere Sorgen, war zudem durch die Spaltung Deutschlands gerade in den Fragen der Staatsangehörigkeit stark behindert, ist doch die gemeinsame Staatsangehörigkeit heute das stärkste und wichtigste Band, das die verschiedenen Teile Deutschlands zusammenhält. Erst spät, vielleicht zu spät, hat sich der Bundesgesetzgeber zum Eingreifen entschlossen. Inzwischen waren zahlreiche Staatsangehörigkeitsfragen streitig geworden. Von Verwaltung und Rechtsprechung wurden sie vielfach verschieden beurteilt. Das Bundesinnenministerium war vielfach mit den Entscheidungen der Gerichte nicht einverstanden, und es ereignete sich der seltene Fall, daß es die Verwaltungsbehörden aufforderte, selbst Rechtssätze der obersten Bundesgerichte nicht anzuwenden, was zu einer Flut von Prozessen führen mußte. Schließlich wurden einige wichtige Staatsangehörigkeitsfragen von den obersten Gerichten, Bundesgerichtshof, Bundesverwaltungsgericht und Bundesverfassungsgericht verschieden beantwortet, ohne daß verfassungsrechtlich eine Möglichkeit bestand, eine letzte und maßgebende Entscheidung herbeizuführen. So war eine sehr große Unsicherheit auf dem Gebiete des Staatsangehörigkeitsrechts entstanden, deren Beseitigung auf dem Wege der Rechtsprechung nicht mehr zu erwarten war.

Nun griff der Gesetzgeber ein. Die Staatsangehörigkeitsregelungsgesetze von 1955, 1956 und 1957 versuchen Ordnung in das Chaos zu bringen. Die Aufgabe des Gesetzgebers war außerordentlich schwer, da er zu lange gezögert hatte und er nun bei fast allen Fragen vor auseinandergehenden Ansichten und Entscheidungen stand. Dementsprechend gestaltete sich auch der Gesetzgebungsgang im Bundestag und Bundesrat sehr schwierig und zeitraubend. Um überhaupt zu einem Ergebnis zu kommen, entschloß man sich vielfach zu Kompromissen, die vom logischen Standpunkt recht angreifbar sind.

Mir will scheinen, daß der Ansatzpunkt der Bundesgesetzgebung unrichtig gewählt war. Der Gesetzgeber glaubte sich verpflichtet, das gesamte Chaos seit Beginn der Hitlerzeit rückwirkend neu zu regeln. Das ist aber etwas, was rein tatsächlich kaum möglich ist. Eine uralte Erfahrung warnt vor rückwirkenden Gesetzen. „Absurdum esset, is quod recte factum est, ab eo quod nundum erat, postea subverti" lehrt schon das Corpus juris (Nov. 68 c. 1 § 4). Mirabeau hat in der französischen Nationalversammlung von 1789 das Wort gesprochen: „Aucune loi, ni criminelle, ni civile ne peut avoir d'effet rétroactif", und im Code civile von 1804 heißt es: „La loi ne dispose que pour l'avenir; elle n'a point d'effet rétroactif". (C. c. Art. 2) Der Bundesgesetzgeber hat sich dessen ungeachtet auf den Weg der Rückwirkung gemacht. Er hat es tatsächlich unternommen, die Staatsangehörigkeitsfragen seit 1945, zum Teil seit 1933 mit rückwirkender Kraft authentisch neu zu ordnen. Der Anstoß hierzu ist von der Bundesregierung ausgegangen, die nachträglich eine Bestätigung ihrer vielfach von den Gerichten nicht geteilten Rechtsansichten durchsetzen wollte. Der mit Gesetzgebungsarbeiten völlig überlastete Bundestag hat die Rechtslage und ihre Konsequenzen wohl nicht völlig überblickt. Die bessere Lösung wäre jedenfalls gewesen, sich auf die Regelung für die Zukunft zu beschränken und auf jede Rückwirkung zu verzichten. Was hätte es schon geschadet, wenn bei der Divergenz der Ansichten von Rechtsprechung und Verwaltung oder oberster Gerichte für die Vergangenheit mehrere Staatsangehörigkeiten nebeneinander bestanden hätten? Die Tatsache, daß in der Vergangenheit die Staatsangehörigkeitsverhältnisse vielfach anders beurteilt sind, als es der Bundesgesetzgeber entsprechend dem Wunsch der Bundesregierung nunmehr angeordnet hat, bleibt trotzdem bestehen. Auf der Grundlage einer solchen anderen Beurteilung der Staatsangehörigkeitsverhältnisse sind vielfach Rechtsgeschäfte geschlossen, Grundstücke erworben, Ehen eingegangen, Schöffen und Geschworene ausgelost, Wählerlisten aufgestellt worden. Es ist unvorstellbar, daß alles dies nachträglich falsch sein soll. Wenn der Gesetzgeber wirklich alle Konsequenzen der Rückwirkung gewünscht hätte, wäre er verpflichtet gewesen, die Folgen auch rechtlich zu ordnen. So hat er im selben Augenblick, wo er ordnend eingriff, neue Zweifel und Streitfragen geschaffen. Die nachstehenden Kommentierungen werden daher nicht umhinkönnen, auf diese neu aufgeworfenen Fragen einzugehen.

Eine neue Aufgabe ist in letzter Zeit dem Gesetzgeber bei der Eingliederung des Saarlandes in die Bundesrepublik erwachsen. Man fand hier eine völlig verschiedene Auffassung bezüglich der Staatsangehörigkeit vor und hat versucht, diese nicht zu beseitigende

Divergenz durch absichtlich unklar gehaltene Fassungen zu überwinden. Man hat bisher auch in der Bundesrepublik keine Notiz von Staatsangehörigkeitsbestimmungen der Sowjetzonenregierung genommen, obgleich diese bei Aufrechterhaltung des Grundsatzes der Einheit der deutschen Staatsangehörigkeit auch für die Bundesrepublik nicht ohne Bedeutung sind. So ist in vielen Fragen der deutschen Staatsangehörigkeit noch nicht das letzte Wort gesprochen.

Es wird noch zahlreicher Entscheidungen, wenn nicht ergänzender gesetzlicher Maßnahmen bedürfen, um endlich das ganze Gebiet des Staatsangehörigkeitsrechts zu einer in sich abgeschlossenen Ordnung zu bringen. Es wird auch nicht bei einem Bündel von Einzelgesetzen und in anderen Gesetzen eingestreuten Einzelbestimmungen bleiben können, welche die ganze Materie unübersichtlich und undurchsichtig machen, es wird dem Gesetzgeber auf die Dauer nichts anderes übrig bleiben, als nach dem Vorbild des französischen Code de la nationalité von 1945 das gesamte Staatsangehörigkeitsrecht neu und einheitlich zu ordnen.

Dabei muß auf eines aufmerksam gemacht werden: Es fehlt an der wirklich höchsten Instanz in Staatsangehörigkeitsfragen. Schon in der Verwaltung sind die Instanzen zersplittert. In den Ländern liegt die Entscheidung in den Händen des Innenministers. Das Bundesinnenministerium hat keinerlei Anweisungsrecht an die Länderinnenministerien in Staatsangehörigkeitsfragen, und die Länder sind bei Ratschlägen sehr empfindlich. Bundesministerien, Auswärtiges Amt und Bundesinnenministerium, können jedoch in die Lage kommen, über gleiche Staatsangehörigkeitsfragen entscheiden zu müssen, wenn sie von einem Auslandsdeutschen durch Beschwerde über die Entscheidung einer Auslandsvertretung an sie herangetragen werden. Auch der bisherige Gegensatz zwischen Gerichts- und Verwaltungspraxis wird bei der Zweifelhaftigkeit einer Reihe der neuen gesetzlichen Bestimmungen nicht ganz überwunden sein. Bei einigen ist die Verfassungsmäßigkeit bereits bestritten. Es ist auch zu befürchten, daß ein Gegensatz der Auffassungen des Bundesverfassungsgerichts und der anderen obersten Bundesgerichte in einigen Staatsangehörigkeitsfragen wieder auflebt. Ein neues Staatsangehörigkeitsgesetz sollte daher auch den Verfahrensfragen eine größere Aufmerksamkeit zuwenden und Vorsorge treffen, daß die bisherige Zersplitterung in Fragen der Staatsangehörigkeit endgültig beseitigt wird.

II.

Rechtsquellen

A. Gesetze und Verordnungen des Deutschen Reiches

1. Gesetz über die Erwerbung und den Verlust der Bundes- und Staatsangehörigkeit

vom 1. Juni 1870 in der Fassung des Einführungsgesetzes zum Bürgerlichen Gesetzbuch

§ 1

Die (Bundes-) Reichsangehörigkeit wird durch die Staatsangehörigkeit in einem Bundesstaate erworben und erlischt mit deren Verlust.

§ 2

Die Staatsangehörigkeit in einem Bundesstaate wird fortan nur begründet:

1. durch Abstammung (§ 3),
2. durch Legitimation (§ 4),
3. durch Verheiratung (§ 5),
4. für einen (Norddeutschen) Deutschen durch Aufnahme und (§§ 6 ff.)
5. für Ausländer durch Naturalisation.

Die Adoption hat für sich allein diese Wirkung nicht.

§ 3

Durch die Geburt, auch wenn diese im Ausland erfolgt, erwerben eheliche Kinder eines (Norddeutschen) Deutschen die Staatsangehörigkeit des Vaters, uneheliche Kinder einer (Norddeutschen) Deutschen die Staatsangehörigkeit der Mutter.

§ 4

Ist der Vater eines unehelichen Kindes ein (Norddeutscher) Deutscher und besitzt die Mutter nicht die Staatsangehörigkeit des Vaters, so erwirbt das Kind durch eine den gesetzlichen Bestimmungen gemäß erfolgte Legitimation die Staatsangehörigkeit des Vaters.

§ 5

Die Verheiratung mit einem (Norddeutschen) Deutschen begründet für die Ehefrau die Staatsangehörigkeit des Mannes.

§ 6

Die Aufnahme sowie die Naturalisation (§ 2 Nr. 4 und 5) erfolgt durch eine von der höheren Verwaltungsbehörde ausgefertigte Urkunde.

§ 7

Die Aufnahme-Urkunde wird jedem Angehörigen eines anderen Bundesstaates erteilt, welcher um dieselbe nachsucht und nachweist, daß er in dem Bundesstaate, in welchem er die Aufnahme nachsucht, sich niedergelassen habe, sofern kein Grund vorliegt, welcher nach den §§ 2 bis 5 des Gesetzes über die Freizügigkeit vom 1. November 1867 (Bundesgesetzblatt S. 55) die Abweisung eines Neuanziehenden oder die Versagung der Fortsetzung des Aufenthaltes rechtfertigt.

§ 8

Die Naturalisations-Urkunde darf Ausländern nur dann erteilt werden, wenn sie

1. nach den Gesetzen ihrer bisherigen Heimat dispositionsfähig sind, es sei denn, daß der Mangel der Dispositionsfähigkeit durch die Zustimmung des Vaters, des Vormundes oder Kurators des Aufzunehmenden ergänzt wird;
2. einen unbescholtenen Lebenswandel geführt haben;
3. an dem Orte, wo sie sich niederlassen wollen, eine eigene Wohnung oder ein Unterkommen finden;
4. an diesem Orte nach den daselbst bestehenden Verhältnissen sich und ihre Angehörigen zu ernähren imstande sind.

Vor Erteilung der Naturalisations-Urkunde hat die höhere Verwaltungsbehörde die Gemeinde, bzw. den Armenverband desjenigen Orts, wo der Aufzunehmende sich niederlassen will, in Beziehung auf die Erfordernisse unter Nr. 2, 3 und 4 mit ihrer Erklärung zu hören.

§ 9

Eine von der Regierung oder von einer Zentral- oder höheren Verwaltungsbehörde eines Bundesstaates vollzogene oder bestätigte Bestallung, für einen in den mittelbaren oder unmittelbaren Staatsdienst oder in den Kirchen-, Schul- oder Kommunaldienst aufgenommenen Ausländer oder Angehörigen eines anderen Bundesstaates vertritt die Stelle der Naturalisations-Urkunde bzw. Aufnahme-Urkunde, sofern nicht ein entgegenstehender Vorbehalt in der Bestallung ausgedrückt wird.

Ist die Anstellung eines Ausländers im Bundesdienst erfolgt, so erwirbt der Angestellte die Staatsangehörigkeit in demjenigen Bundesstaate, in welchem er seinen dienstlichen Wohnsitz hat.

§ 10

Die Naturalisations-Urkunde bzw. Aufnahme-Urkunde begründet mit dem Zeitpunkte der Aushändigung alle mit der Staatsangehörigkeit verbundenen Rechte und Pflichten.

§ 11

Die Verleihung der Staatsangehörigkeit erstreckt sich, insofern nicht dabei eine Ausnahme gemacht wird, zugleich auf die Ehefrau und auf diejenigen minderjährigen Kinder, deren gesetzliche Vertretung dem Aufgenommenen oder Naturalisierten kraft elterlicher Gewalt zusteht. Ausgenommen sind Töchter, die verheiratet sind oder verheiratet waren.

§ 12

Der Wohnsitz innerhalb eines Bundesstaates begründet für sich allein die Staatsangehörigkeit nicht.

§ 13

Die Staatsangehörigkeit geht fortan nur verloren:

1. durch Entlassung auf Antrag (§§ 14 ff.);
2. durch Ausspruch der Behörde (§§ 20 und 22);
3. durch zehnjährigen Aufenthalt im Auslande (§ 21);
4. bei unehelichen Kindern durch eine den gesetzlichen Bestimmungen gemäß erfolgte Legitimation, wenn der Vater einem anderen Staate angehört als die Mutter;
5. bei einer (Norddeutschen) Deutschen durch Verheiratung mit dem Angehörigen eines anderen Bundesstaates oder mit einem Ausländer.

§ 14

Die Entlassung wird durch eine von der höheren Verwaltungsbehörde des Heimatstaates ausgefertigten Entlassungs-Urkunde erteilt.

§ 14a

Die Entlassung eines Staatsangehörigen, der unter elterlicher Gewalt oder Vormundschaft steht, kann von dem gesetzlichen Vertreter nur mit Genehmigung des Vormundschaftsgerichts beantragt werden.

Die Genehmigung des Vormundschaftsgerichts ist nicht erforderlich, wenn der Vater oder die Mutter die Entlassung für sich und zugleich kraft elterlicher Gewalt für ein Kind beantragt. Erstreckt sich der Wirkungskreis eines der Mutter bestellten Beistandes auf die Sorge für die Person des Kindes, so bedarf die Mutter in einem solchen Falle der Genehmigung des Beistandes zu dem Antrag auf Entlassung des Kindes.

§ 15

Die Entlassung wird jedem Staatsangehörigen erteilt, welcher nachweist, daß er in einem anderen Bundesstaate die Staatsangehörigkeit erworben hat.

In Ermangelung dieses Nachweises darf sie nicht erteilt werden:

1. Wehrpflichtigen, welche sich in dem Alter vom vollendeten siebenzehnten bis zum vollendeten fünfundzwanzigsten Lebensjahre befinden, bevor sie ein Zeugnis der Kreis-Ersatzkommission darüber beigebracht haben, daß sie die Entlassung nicht bloß in der Absicht nachsuchen, um sich der Dienstpflicht im stehenden Heere oder in der Flotte zu entziehen;
2. Militärpersonen, welche zum stehenden Heere oder zur Flotte gehören, Offizieren des Beurlaubtenstandes und Beamten, bevor sie aus dem Dienste entlassen sind;
3. den zur Reserve des stehenden Heeres und zur Landwehr sowie den zur Reserve der Flotte und zur Seewehr gehörigen und nicht als Offiziere angestellten Personen, nachdem sie zum aktiven Dienste einberufen sind.

§ 16

Aufgehoben durch § 9 des Gesetzes vom 22. April 1871 (RGBl. S. 89).

§ 17

Aus anderen als aus den in den §§ 15 und 16 bezeichneten Gründen darf in Friedenszeiten die Entlassung nicht verweigert werden. Für die Zeit eines Krieges oder einer Kriegsgefahr bleibt dem Bundespräsidium der Erlaß besonderer Anordnung vorbehalten.

§ 18

Die Entlassungs-Urkunde bewirkt mit dem Zeitpunkt der Aushändigung den Verlust der Staatsangehörigkeit.

Die Entlassung wird unwirksam, wenn der Entlassene nicht binnen sechs Monaten vom Tage der Aushändigung der Entlassungsurkunde an seinen Wohnsitz außerhalb des Bundesgebiets verlegt oder die Staatsangehörigkeit in einem anderen Bundesstaate erwirbt.

§ 19

Die Entlassung erstreckt sich, insofern nicht dabei eine Ausnahme gemacht wird, zugleich auf die Ehefrau und auf diejenigen Kinder, deren gesetzliche Vertretung dem Entlassenen kraft elterlicher Gewalt zusteht.

Diese Vorschrift findet keine Anwendung bei Töchtern, die verheiratet sind oder verheiratet gewesen sind, sowie auf Kinder, die unter der elterlichen Gewalt der Mutter stehen, falls die Mutter zu dem Antrage auf Entlassung der Kinder nach § 14a Abs. 2 Satz 2 der Genehmigung des Beistandes bedarf.

§ 20

(Norddeutsche) Deutsche, welche sich im Auslande aufhalten, können ihrer Staatsangehörigkeit durch einen Beschluß der Zentralbehörde ihres Heimatstaates verlustig erklärt werden, wenn sie im Falle eines Krieges oder einer Kriegsgefahr einer durch das Bundespräsidium für das ganze Bundesgebiet anzuordnenden ausdrücklichen Aufforderung zur Rückkehr binnen der darin bestimmten Frist keine Folge leisten.

§ 21

(Norddeutsche) Deutsche, welche das Bundesgebiet verlassen und sich zehn Jahre lang ununterbrochen im Auslande aufhalten, verlieren dadurch ihre Staatsangehörigkeit. Die vorbezeichnete Frist wird von dem Zeitpunkte des Austritts aus dem Bundesgebiete oder, wenn der Austretende sich im Besitz eines Reisepapiers oder Heimatscheines befindet, von dem Zeitpunkte des Ablaufs dieser Papiere an gerechnet. Sie wird unterbrochen durch die Eintragung in die Matrikel eines Bundeskonsulats. Ihr Lauf beginnt von neuem mit dem auf die Löschung in der Matrikel folgenden Tage.

Der hiernach eingetretene Verlust der Staatsangehörigkeit erstreckt sich zugleich auf die Ehefrau und auf diejenigen Kinder, deren gesetzliche Vertretung dem Ausgetretenen kraft elterlicher Gewalt zusteht, soweit sich die Ehefrau oder die Kinder bei dem Ausgetretenen befinden. Ausgenommen sind Töchter, die verheiratet sind oder verheiratet gewesen sind.

Für (Norddeutsche) Deutsche, welche sich in einem Staate des Auslandes mindestens fünf Jahre lang ununterbrochen aufhalten und in demselben zugleich die Staatsangehörigkeit erwerben, kann durch Staatsvertrag die zehnjährige Frist bis auf eine fünfjährige vermindert werden, ohne Unterschied, ob die Beteiligten sich im Besitze eines Reisepapieres oder Heimatscheines befinden oder nicht.

(Norddeutschen) Deutschen, welche ihre Staatsangehörigkeit durch zehnjährigen Aufenthalt im Auslande verloren und keine andere Staatsangehörigkeit erworben haben, kann die Staatsangehörigkeit in dem früheren Heimatstaate wieder verliehen werden, auch ohne daß sie sich dort niederlassen.

(Norddeutsche) Deutsche, welche ihre Staatsangehörigkeit durch zehnjährigen Aufenthalt im Auslande verloren haben und demnächst in das Gebiet des (Norddeutschen Bundes) Deutschen Reichs zurückkehren, erwerben die Staatsangehörigkeit in demjenigen Bundesstaate, in welchem sie sich niedergelassen haben, durch eine von der höheren Verwaltungsbehörde ausgefertigte Aufnahme-Urkunde, welche auf Nachsuchen ihnen erteilt werden muß.

§ 22

Tritt ein (Norddeutscher) Deutscher ohne Erlaubnis seiner Regierung in fremde Staatsdienste, so kann die Zentralbehörde seines Heimatstaates denselben durch Beschluß seiner Staatsangehörigkeit verlustig erklären, wenn er einer ausdrücklichen Aufforderung zum Austritte binnen der darin bestimmten Frist keine Folge leistet.

§ 23

Wenn ein (Norddeutscher) Deutscher mit Erlaubnis seiner Regierung bei einer fremden Macht dient, so verbleibt ihm seine Staatsangehörigkeit.

§ 24

Die Erteilung von Aufnahme-Urkunden und in den Fällen des § 15, Abs. 1 von Entlassungs-Urkunden erfolgt kostenfrei.

Für die Erteilung von Entlassungs-Urkunden in anderen als den im § 15 Abs. 1 bezeichneten Fällen darf an Stempelabgaben und Ausfertigungsgebühren zusammen nicht mehr als höchstens ein Taler erhoben werden.

§ 25

Für die beim Erlasse dieses Gesetzes im Auslande sich aufhaltenden Angehörigen derjenigen Bundesstaaten, nach deren Gesetzen die Staatsangehörigkeit durch einen zehnjährigen oder längeren Aufenthalt im Auslande verloren ging, wird der Lauf dieser Frist durch dieses Gesetz nicht unterbrochen.

Für die Angehörigen der übrigen Bundesstaaten beginnt der Lauf der im § 21 bestimmten Frist mit dem Tage der Wirksamkeit dieses Gesetzes.

§ 26

Alle diesem Gesetz zuwiderlaufenden Vorschriften werden aufgehoben.

§ 27

Dieses Gesetz tritt am 1. Januar 1871 in Kraft.

2. Reichs- und Staatsangehörigkeitsgesetz vom 22. Juli 1913*

(RGBl. 1913 S. 583)

in der Fassung des 3. StAngRgG vom 19. 8. 1957 (BGBl. Teil I S. 1239)

Erster Abschnitt

Allgemeine Vorschriften

§ 1

Deutscher ist, wer die Staatsangehörigkeit in einem Bundesstaat (§§ 3 bis 32) oder die unmittelbare Reichsangehörigkeit (§§ 33 bis 35) besitzt.

§ 2

Elsaß-Lothringen gilt im Sinne dieses Gesetzes als Bundesstaat. Die Schutzgebiete gelten im Sinne dieses Gesetzes als Inland.

Zweiter Abschnitt

Staatsangehörigkeit in einem Bundesstaate

§ 3

Die Staatsangehörigkeit in einem Bundesstaate wird erworben:
1. durch Geburt (§ 4),
2. durch Legitimation (§ 5),
3. durch Erklärung (§ 6 Abs. 2),
4. für einen Deutschen durch Aufnahme (§§ 7, 14, 16),
5. für einen Ausländer durch Einbürgerung (§§ 8 bis 16).

§ 4

Durch die Geburt erwirbt das eheliche Kind eines Deutschen die StAng. des Vaters, das uneheliche Kind einer Deutschen die StAng. der Mutter.

Ein Kind, das in dem Gebiete eines Bundesstaates aufgefunden wird (Findelkind), gilt bis zum Beweise des Gegenteiles als Kind eines Angehörigen dieses Bundesstaates.

*) Durch spätere Gesetze ausdrücklich aufgehobene Bestimmungen sind kursiv gesetzt.

§ 5

Eine nach den deutschen Gesetzen wirksame Legitimation durch einen Deutschen begründet für das Kind die Staatsangehörigkeit des Vaters.

§ 6

(1) Eine Ausländerin, die mit einem Deutschen die Ehe schließt, hat einen Anspruch auf Einbürgerung, solange die Ehe besteht und der Ehemann die deutsche Staatsangehörigkeit besitzt. Endet die Ehe durch Tod oder wird sie ohne Verschulden der Ehefrau geschieden, so steht der Ehefrau der Anspruch auf Einbürgerung noch bis zum Ablauf eines Jahres nach dem Tode ihres Mannes oder nach Rechtskraft der schuldlosen Scheidung zu.

(2) Wird die Ehe vor einem deutschen Standesbeamten geschlossen, so kann die Ausländerin die deutsche Staatsangehörigkeit auch dadurch erwerben, daß sie bei der Eheschließung zu Protokoll des Standesbeamten erklärt, deutsche Staatsangehörige werden zu wollen.

(3) Minderjährige stehen Volljährigen geich.

(4) Das Verfahren gemäß Absatz 1 und 2 ist gebührenfrei.

§ 7

Die Aufnahme muß einem Deutschen von jedem Bundesstaat, in dessen Gebiet er sich niedergelassen hat, auf seinen Antrag erteilt werden, falls kein Grund vorliegt, der nach den §§ 3—5 des Gesetzes über die Freizügigkeit vom 1. November 1867 (Bundesgesetzbl. S. 55) die Abweisung eines Neuanziehenden oder die Versagung der Fortsetzung des Aufenthaltes rechtfertigt. Der Antrag einer Ehefrau bedarf der Zustimmung des Mannes; die fehlende Zustimmung kann durch die Vormundschaftsbehörde ersetzt werden. Für eine unter elterlicher Gewalt oder unter Vormundschaft stehende Person wird, wenn sie das 16. Lebensjahr noch nicht vollendet hat, der Antrag von dem gesetzlichen Vertreter gestellt; hat sie das 16. Lebensjahr vollendet, so bedarf ihr Antrag der Zustimmung des gesetzlichen Vertreters.

§ 8

Ein Ausländer, der sich im Inland niedergelassen hat, kann von dem Bundesstaat, in dessen Gebiet die Niederlassung erfolgt ist, auf seinen Antrag eingebürgert werden, wenn er

1. nach den Gesetzen seiner bisherigen Heimat unbeschränkt geschäftsfähig ist oder nach den deutschen Gesetzen unbeschränkt geschäftsfähig sein würde oder der Antrag in entsprechender Anwendung des § 7, Abs. 2, Satz 2 von seinem gesetzlichen Vertreter oder mit dessen Zustimmung gestellt wird,

2. einen unbescholtenen Lebenswandel geführt hat,

3. an dem Orte seiner Niederlassung eine eigene Wohnung oder ein Unterkommen gefunden hat und

4. an diesem Orte sich und seine Angehörigen zu ernähren imstande ist.

Vor der Einbürgerung ist über die Erfordernisse unter Nr. 2—4 die Gemeinde des Niederlassungsorts, und sofern diese keinen selbständigen Armenverband bildet, auch der Armenverband zu hören.

§ 9

Die Einbürgerung in einen Bundesstaat darf erst erfolgen, wenn nachdem durch den Reichskanzler festgestellt worden ist, daß keiner der übrigen Bundesstaaten Bedenken dagegen erhoben hat; erhebt ein Bundesstaat Bedenken, so entscheidet der Bundesrat. Die Bedenken können nur auf Tatsachen gestützt werden, welche die Besorgnis rechtfertigen, daß die Einbürgerung des Antragstellers das Wohl des Reichs oder eines Bundesstaats gefährden würde.

Die Vorschriften des Abs. 1 finden keine Anwendung:

1. auf ehemalige Angehörige des Bundesstaates, bei denen der Antrag gestellt wird, auf deren Kinder oder Enkel sowie auf Personen, die von einem Angehörigen des Staats an Kindes Statt angenommen sind, es sei denn, daß der Antragsteller einem ausländischen Staate angehört;

2. auf Ausländer, die im Deutschen Reiche geboren sind, wenn sie sich in dem Bundesstaate, bei dem der Antrag gestellt wird, bis zur Vollendung des 21. Lebensjahres dauernd aufgehalten haben und die Einbürgerung innerhalb zweier Jahre nach diesem Zeitpunkt beantragen.

§ 10

Die Witwe oder geschiedene Frau eines Ausländers, die zur Zeit ihrer Eheschließung eine Deutsche war, muß auf ihren Antrag von dem Bundesstaat, in dessen Gebiet sie sich niedergelassen, eingebürgert werden, wenn sie den Erfordernissen des § 8, Abs. 1 Nr. 1, 2 entspricht. Über das Erfordernis unter Nr. 2 ist vor der Einbürgerung die Gemeinde des Niederlassungsorts zu hören.

§ 11

Ein ehemaliger Deutscher, der als Minderjähriger die Reichsangehörigkeit durch Entlassung verloren hat, muß auf seinen Antrag von dem Bundesstaat, in dessen Gebiet er sich niedergelassen hat, eingebürgert werden, wenn er den Erfordernissen des § 8, Abs. 1 entspricht und den Antrag innerhalb zweier Jahre nach der Volljährigkeit stellt. Die Vorschrift des § 8, Abs. 2 findet Anwendung.

§ 12

Ein Ausländer, der mindestens ein Jahr wie ein Deutscher im Heer oder in der Marine aktiv gedient hat, muß auf seinen Antrag von dem Bundesstatt, in dessen Gebiet er sich niedergelassen hat, eingebürgert werden, wenn er den Erfordernissen des § 8, Abs. 1 entspricht und die Einbürgerung nicht das Wohl des Reichs oder eines Bundesstaats gefährden würde. Die Vorschriften des § 8, Abs. 2 und des § 9, Abs. 1 finden Anwendung.

§ 13

Ein ehemaliger Deutscher, der sich nicht im Inland niedergelassen hat, kann von dem Bundesstaat, dem er früher angehört hat, auf seinen Antrag eingebürgert werden, wenn er den Erfordernissen des § 8, Abs. 1, Nr. 1, 2 entspricht; dem ehemaligen Deutschen steht gleich, wer von einem solchen abstammt oder an Kindes Statt angenommen ist. Vor der

Einbürgerung ist dem Reichskanzler Mitteilung zu machen. Die Einbürgerung unterbleibt, wenn der Reichskanzler Bedenken erhebt.

§ 14

Die von der Regierung oder der Zentral- oder höheren Verwaltungsbehörde eines Bundesstaates vollzogene oder bestätigte Anstellung im unmittelbaren oder mittelbaren Staatsdienst, im Dienste einer Gemeinde oder eines Gemeindeverbandes, im öffentlichen Schuldienst oder im Dienste einer von dem Bundesstaate anerkannten Religionsgesellschaft gilt für einen Deutschen als Aufnahme, für einen Ausländer als Einbürgerung, sofern nicht in der Anstellungs- oder Bestätigungsurkunde ein Vorbehalt gemacht wird.

Diese Vorschrift findet keine Anwendung auf die Anstellung als Offizier oder Beamter des Beurlaubtenstandes.

§ 15

Die im Reichsdienst erfolgte Anstellung eines Ausländers, der seinen dienstlichen Wohnsitz in einem Bundesstaate hat, gilt als Einbürgerung in diesen Bundesstaat, sofern nicht in der Anstellungsurkunde ein Vorbehalt gemacht wird.

Hat der Angestellte seinen dienstlichen Wohnsitz im Ausland und bezieht er ein Diensteinkommen aus der Reichskasse, so muß er von dem Bundesstaate, bei dem er den Antrag stellt, eingebürgert werden; bezieht er kein Diensteinkommen aus der Reichskasse, so kann er mit Zustimmung des Reichskanzlers eingebürgert werden.

§ 16

Die Aufnahme oder Einbürgerung wird wirksam mit der Aushändigung der von der höheren Verwaltungsbehörde hierüber ausgefertigten Urkunde *oder der Urkunde über die unter den Voraussetzungen des § 14 oder des § 15, Abs. 1 erfolgten Ausstellung.* Die Aufnahme oder Einbürgerung erstreckt sich, insofern nicht in der Urkunde ein Vorbehalt gemacht wird, zugleich auf die Ehefrau und auf diejenigen Kinder, deren gesetzliche Vertretung dem Aufgenommenen oder Eingebürgerten kraft elterlicher Gewalt zusteht. Ausgenommen sind Töchter, die verheiratet sind oder verheiratet gewesen sind.

§ 17

Die Staatsangehörigkeit geht verloren:

1. durch Entlassung (§§ 18 bis 24),
2. durch Erwerb einer ausländischen Staatsangehörigkeit (§ 25),
3. durch Nichterfüllung der Wehrpflicht (§§ 26, 29),
4. durch Ausspruch der Behörde (§§ 27 bis 29),
5. für ein uneheliches Kind durch eine von dem Angehörigen eines anderen Bundesstaates oder von einem Ausländer bewirkte und nach den deutschen Gesetzen wirksame Legitimation,
6. *für eine Deutsche durch Eheschließung mit dem Angehörigen eines anderen Bundesstaat oder mit einem Ausländer.*

§ 18

Die Entlassung einer Ehefrau kann nur von dem Manne und, sofern dieser ein Deutscher ist, nur zugleich mit seiner Entlassung beantragt werden. Der Antrag bedarf der Zustimmung der Frau.

§ 19

Die Entlassung einer Person, die unter elterlicher Gewalt oder unter Vormundschaft steht, kann nur von dem gesetzlichen Vertreter und nur mit Genehmigung des deutschen Vormundschaftsgerichts beantragt werden. Gegen die Entscheidung des Vormundschaftsgerichts steht auch der Staatsanwaltschaft die Beschwerde zu; gegen den Beschluß des Beschwerdegerichts ist die weitere Beschwerde unbeschränkt zulässig.

Die Genehmigung des Vormundschaftsgerichts ist nicht erforderlich, wenn der Vater oder die Mutter die Entlassung für sich und zugleich kraft elterlicher Gewalt für ein Kind beantragt und dem Antragsteller die Sorge für die Person dieses Kindes zusteht. Erstreckt sich der Wirkungskreis eines der Mutter bestellten Beistandes auf die Sorge für die Person des Kindes, so bedarf die Mutter zu dem Antrag auf Entlassung des Kindes der Genehmigung des Beistandes.

§ 20

Die Entlassung aus der Staatsangehörigkeit in einem Bundesstaate bewirkt gleichzeitig die Entlassung aus der Staatsangehörigkeit in jedem anderen Bundesstaate, soweit sich der Entlassene nicht die Staatsangehörigkeit in einem anderen Bundestaate durch eine Erklärung gegenüber der zuständigen Behörde des entlassenden Staates vorbehält. Dieser Vorbehalt muß in der Entlassungsurkunde vermerkt werden.

§ 21

Die Entlassung muß jedem Staatsangehörigen auf seinen Antrag erteilt werden, wenn er die Staatsangehörigkeit in einem anderen Bundesstaate besitzt und sich diese gemäß § 20 vorbehält.

§ 22

Fehlt es an den Voraussetzungen des § 21, so wird die Entlassung nicht erteilt

1. Wehrpflichtigen, über deren Dienstverpflichtung noch nicht endgültig entschieden ist, sofern sie nicht ein Zeugnis der Ersatzkommission darüber beibringen, daß nach der Überzeugung der Kommission die Entlassung nicht in der Absicht nachgesucht wird, die Erfüllung der aktiven Dienstpflicht zu umgehen,

2. Mannschaften des aktiven Heeres, der aktiven Marine oder der aktiven Schutztruppe,

3. Mannschaften des Beurlaubtenstandes der im § 56 Nr. 2—4 des Reichsmilitärgesetzes bezeichneten Art, sofern die nicht die Genehmigung der Militärbehörde erhalten haben,

4. sonstigen Mannschaften des Beurlaubtenstandes, nachdem sie eine Einberufung zum aktiven Dienst erhalten haben,

5. Beamten und Offizieren, mit Einschluß derer des Beurlaubtenstandes, bevor sie aus dem Dienst entlassen sind.

Aus anderen als den in Abs. 1 bezeichneten Gründen darf in Friedenszeiten die Entlassung nicht versagt werden. Für die Zeit eines Krieges oder einer Kriegsgefahr bleibt dem Kaiser der Erlaß besonderer Anordnungen vorbehalten.

§ 23

Die Entlassung wird wirksam mit der Aushändigung einer von der höheren Verwaltungsbehörde des Heimatstaats ausgefertigten Entlassungsurkunde. Die Urkunde wird nicht ausgehändigt an Personen, die verhaftet sind oder deren Verhaftung oder Festnahme von einer Gerichts- oder Polizeibehörde angeordnet ist.

Soll sich die Entlassung zugleich auf die Ehefrau oder die Kinder des Antragstellers beziehen, so müssen auch diese Personen in der Entlassungsurkunde mit Namen aufgeführt werden.

§ 24

Die Entlassung gilt als nicht erfolgt, wenn der Entlassene beim Ablauf eines Jahres nach der Aushändigung der Entlassungsurkunde seinen Wohnsitz oder seinen dauernden Aufenthalt im Inlande hat.

Diese Vorschrift findet keine Anwendung, wenn der Entlassene sich die Staatsangehörigkeit in einem anderen Bundesstaate gem. § 20 vorbehalten hat.

§ 25

Ein Deutscher, der im Inland weder seinen Wohnsitz noch seinen dauernden Aufenthalt hat, verliert seine Staatsangehörigkeit mit dem Erwerb einer ausländischen Staatsangehörigkeit, wenn dieser Erwerb auf seinen Antrag oder auf den Antrag des Ehemannes oder des gesetzlichen Vertreters erfolgt, die Ehefrau oder der Vertretene jedoch nur, wenn die Voraussetzungen vorliegen, unter denen nach den §§ 18, 19 die Entlassung beantragt werden könnte.

Die Staatsangehörigkeit verliert nicht, wer vor dem Erwerbe der ausländischen Staatsangehörigkeit auf seinen Antrag die schriftliche Genehmigung der zuständigen Behörde seines Heimatstaats zur Beibehaltung seiner Staatsangehörigkeit erhalten hat. Vor der Erteilung der Genehmigung ist der deutsche Konsul zu hören.

Unter Zustimmung des Bundesrats kann von dem Reichskanzler angeordnet werden, daß Personen, welche die Staatsangehörigkeit in einem bestimmten ausländischen Staate erwerben wollen, die im Abs. 2 vorgesehene Genehmigung nicht erteilt werden darf.

§ 26

Ein militärpflichtiger Deutscher, der im Inland weder seinen Wohnsitz noch seinen dauernden Aufenthalt hat, verliert seine Staatsangehörigkeit mit der Vollendung des 31. Lebensjahres, sofern er bis zu diesem Zeitpunkt noch keine endgültige Entscheidung über seine Dienstverpflichtung herbeigeführt hat, auch eine Zurückstellung über diesen Zeitpunkt hinaus nicht erfolgt ist.

Ein fahnenflüchtiger Deutscher, der im Inland weder seinen Wohnsitz noch seinen dauernden Aufenthalt hat, verliert seine Staatsangehörigkeit mit dem Ablauf von 2 Jahren nach Bekanntmachung des Beschlusses, durch den er für fahnen-flüchtig erklärt worden ist (§ 360 Mil.-Strafgerichtsordnung). Diese Vorschrift findet keine Anwendung auf Mannschaften der Reserve, der Land- und Seewehr und der Ersatzreserve, die für fahnenflüchtig erklärt worden sind, weil sie einer Einberufung zum Dienst keine Folge geleistet haben, es sei denn, daß die Einberufung nach Bekanntmachung der Kriegsbereitschaft oder nach Anordnung der Mobilmachung erfolgt ist.

Wer auf Grund der Vorschriften des Abs. 1 seine Staatsangehörigkeit verloren hat, kann von einem Bundesstaate nur nach Anhörung der Militärbehörde eingebürgert werden. Weist er nach, daß ihm ein Verschulden nicht zur Last fällt, so darf ihm die Einbürgerung von dem Bundesstaate, dem er früher angehörte, nicht versagt werden.

§ 27

Ein Deutscher, der sich im Ausland aufhält, kann seiner Staatsangehörigkeit durch Beschluß der Zentralbehörde seines Heimatstaates verlustig erklärt werden, wenn er im Falle eines Krieges oder einer Kriegsgefahr einer vom Kaiser angeordneten Aufforderung zur Rückkehr keine Folge leistet.

Gehört er mehreren Bundesstaaten an, so verliert er durch den Beschluß die Staatsangehörigkeit in allen Bundesstaaten.

§ 28

Ein Deutscher, der ohne Erlaubnis seiner Regierung in ausländische Staatsdienste getreten ist, kann seiner Staatsangehörigkeit durch Beschluß der Zentralbehörde seines Heimatstaats verlustig erklärt werden, wenn er einer Aufforderung zum Austritt nicht Folge leistet.

Gehört er mehreren Bundesstaaten an, so verliert er durch den Beschluß die Staatsangehörigkeit in allen Bundesstaaten.

§ 29

Der Verlust der Staatsangehörigkeit in den Fällen des § 26 Abs. 1, 2 und der §§ 27, 28 sowie der Wiedererwerb der Staatsangehörigkeit in den Fällen des § 26, Abs. 3, Satz 2 erstreckt sich zugleich auf die Ehefrau und auf diejenigen Kinder, deren gesetzliche Vertretung dem Ausgeschiedenen oder dem Wiedereingebürgerten kraft elterlicher Gewalt zusteht, soweit sich die Ehefrau oder die Kinder mit ihm in häuslicher Gemeinschaft befinden. Ausgenommen sind Töchter, die verheiratet sind oder verheiratet gewesen sind.

§ 30

Ein ehemaliger Deutscher, der vor Inkrafttreten dieses Gesetzes die Reichsangehörigkeit durch Entlassung verloren hat, aber bei Anwendung der Vorschrift des § 24, Abs. 1 als nicht entlassen gelten würde, muß auf seinen Antrag von dem Bundesstaat, in dessen Gebiet er sich niedergelassen hat, eingebürgert werden, wenn er seit dem in § 24, Abs. 1 be-

zeichneten Zeitpunkt seinen Wohnsitz im Inland behalten hat und den Erfordernissen des § 8, Abs. 1 entspricht, auch den Antrag innerhalb eines Jahres nach dem Inkrafttreten dieses Gesetzes stellt. Die Vorschrift des § 8, Abs. 2 findet Anwendung.

§ 31

Ein ehemaliger Deutscher, der vor dem Inkrafttreten dieses Gesetzes die Reichsangehörigkeit nach § 21 des Gesetzes über die Erwerbung und den Verlust der Bundes- und Staatsangehörigkeit vom 1. Juni 1870 (Bundesgesetzblatt S. 355) durch zehnjährigen Aufenthalt im Auslande verloren hat, muß von dem Bundesstaat, in dessen Gebiet er sich niedergelassen hat, eingebürgert werden, wenn er keinem Staate angehört.

Das gleiche gilt von dem ehemaligen Angehörigen eines Bundesstaates oder eines in einen solchen einverleibten Staates, der bereits vor dem Inkrafttreten des Gesetzes vom 1. Juni 1870 nach Landesrecht seine Staatsangehörigkeit durch Aufenthalt außerhalb seines Heimatstaates verloren hat.

§ 32

Ein militärpflichtiger Deutscher, der zur Zeit des Inkrafttretens dieses Gesetzes im Inland weder seinen Wohnsitz noch seinen dauernden Aufenthalt hat und vor diesem Zeitpunkt das 29., aber noch nicht das 43. Lebensjahr vollendet hat, verliert seine Staatsangehörigkeit mit dem Ablauf zweier Jahre, sofern er innerhalb dieser Frist keine endgültige Entscheidung über seine Dienstverpflichtung herbeigeführt hat.

Ein fahnenflüchtiger Deutscher der im § 26, Abs. 2 bezeichneten Art, der zur Zeit des Inkrafttretens dieses Gesetzes im Inland weder seinen Wohnsitz noch seinen dauernden Aufenthalt hat und vor diesem Zeitpunkt das 43. Lebensjahr noch nicht vollendet hat, verliert seine Staatsangehörigkeit mit dem Ablauf zweier Jahre, sofern er sich nicht innerhalb dieser Frist vor den Militärbehörden gestellt.

Die Vorschriften des § 26, Abs. 3 und des § 29 finden entsprechende Anwendung.

Dritter Abschnitt

Unmittelbare Reichsangehörigkeit

§ 33

Die unmittelbare Reichsangehörigkeit kann verliehen werden:

1. einem Ausländer, der sich in einem Schutzgebiete niedergelassen hat, oder einem Eingeborenen in einem Schutzgebiet;

2. einem ehemaligen Deutschen, der sich nicht im Inland niedergelassen hat; dem ehemaligen Deutschen steht gleich, wer von ihm abstammt oder an Kindes Statt angenommen ist.

§ 34

Einem Ausländer, der im Reichsdienst angestellt ist und seinen dienstlichen Wohnsitz im Ausland hat, muß auf seinen Antrag die unmittel-

bare Reichsangehörigkeit verliehen werden, wenn er ein Diensteinkommen aus der Reichskasse bezieht; sie kann ihm verliehen werden, wenn er ein solches Einkommen nicht bezieht.

§ 35

Auf die unmittelbare Reichsangehörigkeit finden die Vorschriften dieses Gesetzes über die Staatsangehörigkeit in einem Bundesstaate mit Ausnahme der Vorschriften des § 4, Abs. 2, des § 8, Abs. 2, des § 10, Satz 2, des § 11, Satz 2, des § 12, Satz 2 und der §§ 14, 21 mit der Maßgabe entsprechende Anwendung, daß an die Stelle der Zentralbehörde des Bundesstaats der Reichskanzler und an die Stelle der höheren Verwaltungsbehörde der Reichskanzler oder die von ihm bezeichnete Behörde treten.

Vierter Abschnitt

Schlußbestimmungen

§ 36

Unberührt bleiben die Staatsverträge, die von Bundesstaaten mit ausländischen Staaten vor dem Inkrafttreten dieses Gesetzes geschlossen sind.

§ 37

Soweit in Reichsgesetzen oder in Landesgesetzen auf Vorschriften des Gesetzes über die Erwerbung und den Verlust der Bundes- und Staatsangehörigkeit vom 1. Juni 1870 oder des Gesetzes, betreffend die Naturalisation von Ausländern, welche im Reichsdienst angestellt sind, vom 20. Dezember 1875 verwiesen ist, treten an deren Stelle die entsprechenden Vorschriften dieses Gesetzes.

§ 38

(Fassung des RG vom 5. 11. 1923 RGBl. 1923 S. 1077)

Die Reichsregierung erläßt mit Zustimmung des Reichsrats Vorschriften über die Höchstsätze von Gebühren und Abgaben, die in den Fällen des § 7 und der §§ 10, 11, 12 des § 15 Abs. 2 erster Halbsatz, des § 31 und des § 34 erster Halbsatz für die Erteilung von Aufnahme- oder Einbürgerungsurkunden erhoben werden.

Das Gleiche gilt für die Erteilung von Entlassungsurkunden.

§ 39

Der Bundesrat erläßt Bestimmungen über die Aufnahme-, Einbürgerungs- und Entlassungsurkunden sowie über die Urkunden, die zur Bescheinigung der Staatsangehörigkeit dienen.

Die Landeszentralbehörden bestimmen, welche Behörden im Sinne dieses Gesetzes als höhere Verwaltungsbehörden und als Militärbehörden anzusehen sind.

§ 40

Gegen die Ablehnung des Antrags auf Aufnahme gemäß § 7 auf Einbürgerung in den Fällen der §§ 10, 11, 15, des § 26, Abs. 3, der §§ 30, 31, des § 32, Abs. 3 oder des Antrags auf Entlassung in den Fällen der §§ 21, 22 ist der Rekurs zulässig.

Die Zuständigkeit der Behörden und das Verfahren bestimmen sich nach den Landesgesetzen und, soweit landesgesetzliche Vorschriften nicht vorhanden sind, nach den §§ 20, 21 der Gewerbeordnung.

§ 41

Dieses Gesetz tritt am 1. Januar 1914 gleichzeitig mit einem Gesetze zur Abänderung des Reichsmilitärgesetzes sowie des Gesetzes betreffend Änderungen der Wehrpflicht vom 11. Februar 1888 in Kraft.

3. Elfte Verordnung zum Reichsbürgergesetz

vom 25. November 1941 (RGBl. I S. 722)

(Auszug)

§ 1

Ein Jude, der seinen gewöhnlichen Aufenthalt im Ausland hat, kann nicht deutscher Staatsbürger sein. Der gewöhnliche Aufenthalt im Ausland ist dann gegeben, wenn sich ein Jude im Ausland unter Umständen aufhält, die erkennen lassen, daß er dort nicht nur vorübergehend weilt.

§ 2

Ein Jude verliert die deutsche Staatsangehörigkeit,

a) wenn er bei Inkrafttreten dieser Verordnung seinen gewöhnlichen Aufenthalt im Ausland hat, mit dem Inkrafttreten der Verordnung,

b) wenn er seinen gewöhnlichen Aufenthalt später im Ausland nimmt, mit der Verlegung des gewöhnlichen Aufenthalts ins Ausland.

4. Verordnung zur Regelung von Staatsangehörigkeitsfragen

vom 20. Januar 1942 (RGBl. I S. 40)

Der Ministerrat für die Reichsverteidigung verordnet mit Gesetzeskraft:

§ 1

(1) Ein Ausländer kann — abgesehen von den §§ 13, 15 Abs. 2, §§ 33 und 34 des Reichs- und Staatsangehörigkeitsgesetzes vom 22.Juli 1913 (RGBl. S. 583) — auch ohne Begründung einer Niederlassung im Inland eingebürgert werden. Für die Verleihung der deutschen Staatsangehörigkeit gelten im übrigen die Vorschriften des Reichs- und Staatsangehörigkeitsgesetzes vom 22. Juli 1913 (RGBl. S. 583), der Verordnung über die deutsche Staatsangehörigkeit vom 5. Februar 1934 (RGBl. I S. 85) und des Gesetzes zur Änderung des Reichs- und Staatsangehörigkeitsgesetzes vom 15. Mai 1935 (RGBl. I S. 593).

(2) Der Reichsminister des Innern bestimmt die für die Einbürgerung zuständige Behörde.

(3) Der Reichsminister des Innern kann Gruppen von Ausländern, die in einem unter deutscher Hoheit stehenden Gebiet ihre Niederlassung haben oder aus einem solchen Gebiet stammen, durch allgemeine Anordnung die Staatsangehörigkeit verleihen. Er kann anordnen, daß die Verleihung im Einzelfall binnen zehn Jahren widerrufen werden kann.

§ 2

Der Reichsminister des Innern kann Länder bezeichnen, deren Staatsangehörigkeit auf eigenen Antrag oder auf Antrag des Ehemannes oder des gesetzlichen Vertreters erworben werden kann, ohne daß ein Verlust der deutschen Staatsangehörigkeit damit verbunden ist.

§ 3

Ein unter elterlicher Gewalt oder unter Vormundschaft stehender deutscher Volkszugehöriger, der auf Grund einer zwischenstaatlichen Vereinbarung selbständig den Wunsch nach Umsiedlung in das Deutsche Reich äußern kann oder konnte, kann nach der Umsiedlung auf seinen Antrag eingebürgert werden, auch ohne daß der gesetzliche Vertreter für ihn den Antrag stellt oder der Stellung des Antrages zustimmt. Sind solche Einbürgerungen bereits vorgenommen worden, obwohl die nach den bisherigen Vorschriften erforderliche Beteiligung des gesetzlichen Vertreters unterblieben ist, so sind sie mit Rückwirkung vom Tage der Aushändigung der Einbürgerungsurkunde an rechtswirksam.

§ 4

(1) Ein deutscher Staatsangehöriger fremder Volkszugehörigkeit, der auf Grund einer zwischenstaatlichen Vereinbarung in ein anderes Land umgesiedelt wird, verliert die deutsche Staatsangehörigkeit mit dem Tage, an dem er das Deutsche Reich im Zuge der Umsiedlung verläßt. Ist in der zwischenstaatlichen Vereinbarung ein anderer Zeitpunkt für den Verlust der deutschen Staatsangehörigkeit vorgesehen, so ist dieser Zeitpunkt maßgebend.

(2) In den Fällen, in denen eine Umsiedlung deutscher Staatsangehöriger fremder Volkszugehörigkeit bereits durchgeführt ist, ist der Verlust der deutschen Staatsangehörigkeit mit dem Tage eingetreten, an dem der Umsiedler das Deutsche Reich verlassen hat.

§ 5

(1) Der § 26 des Reichs- und Staatsangehörigkeitsgesetzes vom 22. Juli 1913 (RGBl. S. 583) tritt außer Kraft.

(2) Soweit der Verlust der deutschen Staatsangehörigkeit auf Grund des § 26 Abs. 1 des Reichs- und Staatsangehörigkeitsgesetzes nach Wiedereinführung der allgemeinen Wehrpflicht durch das Wehrgesetz vom 21. Mai 1935 (RGBl. I S. 609) eingetreten ist, gilt er als nicht erfolgt.

§ 6

Der Reichsminister des Innern erläßt die zur Durchführung und Ergänzung dieser Verordnung erforderlichen Rechts- und Verwaltungsvorschriften.

5. Erlaß des Führers über den Erwerb der deutschen Staatsangehörigkeit durch Einstellung in die deutsche Wehrmacht, die Waffen-SS, die deutsche Polizei oder die Organisation Todt

vom 19. Mai 1943 (RGBl. I S. 315)

I.

(1) Deutschstämmige Ausländer, die der deutschen Wehrmacht, der Waffen-SS, der deutschen Polizei oder der Organisation Todt angehören, erwerben mit der Verkündung dieses Erlasses die deutsche Staatsangehörigkeit.

(2) Deutschstämmige Ausländer, die in die deutsche Wehrmacht, die Waffen-SS, die deutsche Polizei oder die Organisation Todt eingestellt werden, erwerben mit dem Tage ihrer Einstellung die deutsche Staatsangehörigkeit.

(3) Im Einzelfall kann etwas anderes bestimmt werden.

II.

Das Nähere zur Durchführung und Ergänzung dieses Erlasses bestimmt der Reichsminister des Innern im Einvernehmen mit den beteiligten Stellen.

6. Runderlaß des Reichsministers des Innern betr. den Erwerb der deutschen Staatsangehörigkeit durch deutschstämmige Angehörige der Wehrmacht, der Waffen-SS, der Polizei, des Reichsarbeitsdienstes und der Organisation Todt

vom 23. Mai 1944 (RMBliV S. 551)

Auf Grund der mir erteilten Ermächtigung bestimme ich im Einvernehmen mit den beteiligten Stellen zur Durchführung und Ergänzung des Führererlasses vom 19. 5. 1943 (RGBl. I S. 315) folgendes:

(1) Auf Anordnung des Führers gilt der Führererlaß vom 19. 5. 1943 auch für deutschstämmige Ausländer, die am 25. 5. 1943 dem Reichsarbeitsdienst angehörten oder später in ihn eingestellt werden.

(2) Die deutsche Staatsangehörigkeit wird von den unter den Führererlaß fallenden deutschstämmigen Ausländern kraft des Führererlasses erworben. Zu ihrer Geltendmachung bedarf es jedoch einer von Fall zu Fall zu treffenden Feststellung des Staatsangehörigkeitserwerbs durch die Einwandererzentralstelle. Diese kann im Einzelfall feststellen, daß der Staatsangehörigkeitserwerb nicht eingetreten ist.

(3) Deutschstämmig sind Personen mit mindestens zwei deutschen Großeltern; Personen mit artfremdem Bluteinschlag sind nicht deutschstämmig.

(4) Der Führererlaß bezieht sich nicht auf Frauen.

(5) Der Erwerb der deutschen Staatsangehörigkeit nach dem Führererlaß erstreckt sich nicht ohne weiteres auf Ehefrauen und Kinder.

Bei der Durchführung dieser Anordnung ist folgendes zu beachten:

a) Bei Ausländern, die keine zwei deutschen Großeltern besitzen, kann gleichwohl Deutschstämmigkeit angenommen werden, wenn der Beteiligte von der deutschen Volksgruppe seiner Heimat als Deutscher angesehen wird. Personen mit zwei oder mehr deutschen Großeltern kommen für den Erwerb der deutschen Staatsangehörigkeit ausnahmsweise nicht in Frage, wenn sie eindeutig im fremden Volkstum aufgegangen sind. Auch Mischlinge zweiten Grades können regelmäßig nicht als deutschstämmig angesehen werden.

b) Ausländer sind Personen, die eine fremde Staatsangehörigkeit besitzen oder staatenlos sind. Im Sinne des Führererlasses rechnen nicht zu den Ausländern die Staatsangehörigen auf Widerruf, die Schutzangehörigen und die Protektoratsangehörigen.

c) Die Zugehörigkeit zu einer der am Kopf der vorstehenden Anordnung erschöpfend aufgezählten Organisationen ist eng auszulegen. Die Angehörigen des Wehrmachtgefolges und die Hilfswilligen sind vom Staatsangehörigkeitserwerb ausgeschlossen; ebenso begründet der kurzfristige Wehrdienst nicht den Erwerb der deutschen Staatsangehörigkeit. Bei der Polizei fallen die bei der Ordnungspolizei, bei der Sicherheitspolizei und beim Sicherheitsdienst (SD) des RFSS eingestellten Ausländer unter den Führererlaß. Beim Reichsarbeitsdienst erstreckt sich der Führererlaß auf die Angehörigen des Stammpersonals und auf die Freiwilligen des Reichsarbeitsdienstes, bei der Organisation Todt auf die Angehörigen des Schutzkommandos (SK).

d) Der Erwerb der deutschen Staatsangehörigkeit kann bei Erfüllung der Voraussetzungen auch zugunsten von Deutschstämmigen festgestellt werden, die vor der Verkündung des Führererlasses gefallen oder während der Zugehörigkeit zu einer der genannten Organisationen infolge von Umständen, die mit dem Dienst in Zusammenhang stehen, gestorben sind. Als Zeitpunkt des Staatsangehörigkeitserwerbs gilt alsdann der dem Todestag voraufgehende Tag. Deutschstämmige Ausländer, die bereits vor der Verkündung des Führererlasses wegen einer Kriegsdienstbeschädigung aus der Wehrmacht usw. entlassen worden sind, haben die deutsche Staatsangehörigkeit an dem Tage vor ihrer Entlassung erworben.

e) Auch wenn die Voraussetzungen für den Erwerb der deutschen Staatsangehörigkeit nach dem Führererlaß erfüllt wären, kann die Einwandererzentralstelle (EWZ) feststellen, daß der Staatsangehörigkeitserwerb nicht eingetreten ist, wenn dies aus besonderen Gründen angezeigt ist. Dies kommt auch in Frage, wenn der Beteiligte einen unerwünschten Bevölkerungszuwachs darstellt. Ein Widerspruch des Beteiligten gegen den Erwerb der deutschen Staatsangehörigkeit gibt nur dann Anlaß, eine Ausnahme von dem Erwerb zu machen, wenn der Widerspruch als sachlich begründet anzusehen ist. Soweit sich nachträglich im Einzelfall ergibt, daß eine wesentliche Voraussetzung für den Erwerb der deutschen Staatsangehörigkeit nicht erfüllt ist, kann die Feststellung, daß der Erwerb der deutschen Staatsangehörigkeit eingetreten ist, wieder rückgängig gemacht werden.

f) Über die Aufnahme der Frauen und Kinder in den Schutzverband des Großdeutschen Reichs wird nach dem Kriege entschieden werden. Besonders gelagerten Fällen kann gegebenfalls durch Einzeleinbürgerungen Rechnung getragen werden.

g) Die obersten Stellen der Wehrmacht, der Waffen-SS, der Polizei, des Reichsarbeitsdienstes und der OT geben den Führererlaß und die Durchführungsbestimmungen ihren Dienststellen mit der Weisung bekannt, die mutmaßlich unter den Führererlaß fallenden Personen (einschl. der Gefallenen, Verstorbenen und wegen Kriegsdienstbeschädigung aus der Wehrmacht usw. Entlassenen — vgl. Buchstabe c) — der EWZ zu melden.

h) Die EWZ übersendet den Einheiten für jeden gemeldeten Mann einen Fragebogen, nach dessen Eingang sie die etwa sonst noch erforderlichen Ermittlungen vornimmt. Sie trifft dann abschließend die Feststellung, daß der einzelne Wehrmachtsangehörige usw. die Staatsangehörigkeit auf Grund des Führererlasses erlangt hat oder nicht. Diese Entscheidung ist der Einheit, die den deutschstämmigen Ausländer gemeldet hat, mit dem Hinweis mitzuteilen, daß die EWZ im Bedarfsfall — z. B. zum Zwecke der Eheschließung — einen Staatsangehörigkeitsausweis ausstellt. Die deutschstämmigen Wehrmacht- usw. -angehörigen sind durch ihre Einheit von der Entscheidung der EWZ zu unterrichten.

i) Die EWZ führt über alle Personen, die nach dem Führererlaß die deutsche Staatsangehörigkeit erworben haben, eine nach Wehrmacht, Waffen-SS, Polizei, Reichsarbeitsdienst und OT getrennte Zentralkartei.

B. Allgemeine Gesetze der Bundesrepublik Deutschland

1. Aus dem Grundgesetz für die Bundesrepublik Deutschland vom 23. Mai 1949

Art. 3

Alle Menschen sind vor dem Gesetze gleich.

Männer und Frauen sind gleichberechtigt.

Niemand darf wegen seines Geschlechtes, seiner Abstammung, seiner Rasse, seiner Sprache, seiner Heimat und Herkunft, seines Glaubens, seiner religiösen oder politischen Anschauungen benachteiligt oder bevorzugt werden.

Art. 16

Die deutsche Staatsangehörigkeit darf nicht entzogen werden. Der Verlust der Staatsangehörigkeit darf nur auf Grund eines Gesetzes und gegen den Willen des Betroffenen nur dann eintreten, wenn der Betroffene dadurch nicht staatenlos wird.

B. Allgemeine Gesetze der Bundesrepublik Deutschland

Art. 33

Jeder Deutsche hat in jedem Lande die gleichen staatsbürgerlichen Rechte und Pflichten.

Jeder Deutsche hat nach seiner Eignung, Befähigung und fachlichen Leistung gleichen Zugang zu jedem öffentlichen Amte.

Art. 73

Der Bund hat die ausschließliche Gesetzgebung über:

. . . 2. Die Staatsangehörigkeit im Bunde.

Art. 74

Die konkurrierende Gesetzgebung erstreckt sich auf folgende Gebiete:

. . . 8. Die Staatsangehörigkeit in den Ländern.

Art. 116

Deutscher im Sinne dieses Grundgesetzes ist vorbehaltlich anderweitiger gesetzlicher Regelung, wer die deutsche Staatsangehörigkeit besitzt oder als Flüchtling oder Vertriebener deutscher Volkszugehörigkeit oder als dessen Ehegatte oder Abkömmling in dem Gebiete des Deutschen Reiches nach dem Stande vom 31. Dezember 1937 Aufnahme gefunden hat.

Frühere deutsche Staatsangehörige, denen zwischen dem 30. Januar 1933 und dem 8. Mai 1945 die Staatsangehörigkeit aus politischen, rassischen oder religiösen Gründen entzogen worden ist, und ihre Abkömmlinge sind auf Antrag wieder einzubürgern. Sie gelten als nicht ausgebürgert, sofern sie nach dem 8. Mai 1945 ihren Wohnsitz in Deutschland genommen haben und nicht einen entgegengesetzten Willen zum Ausdruck gebracht haben.

Art. 124

Recht, das Gegenstände der ausschließlichen Gesetzgebung des Bundes betrifft, wird innerhalb seines Geltungsbereiches Bundesrecht.

Art. 125

Recht, das Gegenstände der konkurrierenden Gesetzgebung des Bundes betrifft, wird innerhalb seines Geltungsbereiches Bundesrecht,

1. soweit es innerhalb einer oder mehrerer Besatzungszonen einheitlich gilt.

2. Aus dem Bundesbeamtengesetz vom 14. Juli 1953

(BGBl. 1953 I S. 551)

§ 188

Ist bei einem Bundesbeamten in der Zeit vom 1. Juli 1937 bis zum Inkrafttreten dieses Gesetzes bei der Berufung in das Beamtenverhältnis die deutsche Staatsangehörigkeit des Bewerbers zu Unrecht angenommen worden, so steht dieser Mangel der Wirksamkeit der Ernennung nicht entgegen.

B. Allgemeine Gesetze der Bundesrepublik Deutschland

§ 194

Das Reichs- und Staatsangehörigkeitsgesetz vom 22. Juli 1913 (RGBl. S. 583) wird wie folgt geändert:

1. Die §§ 14 und 15 Abs. 1 werden aufgehoben.
2. In § 16 werden die Worte „oder der Urkunde über die unter den Voraussetzungen des § 14 oder des § 15 Abs. 1 erfolgte Anstellung" gestrichen.

3. (Erstes) Gesetz zur Regelung von Fragen der Staatsangehörigkeit vom 22. Februar 1955

(BGBl. 1955 I S. 65)

in der Fassung des 3. StAngRglGesetzes vom 19. 8. 1957 (BGBl. 1957 S. 1239)

Erster Abschnitt

Staatsangehörigkeitsverhältnisse deutscher Volkszugehöriger, denen die deutsche Staatsangehörigkeit in den Jahren 1938 bis 1943 durch Sammeleinbürgerung verliehen worden ist

§ 1

(1) Die deutschen Volkszugehörigen, denen die deutsche Staatsangehörigkeit auf Grund folgender Bestimmungen verliehen worden ist:

a) Vertrag zwischen dem Deutschen Reich und der Tschechoslowakischen Republik über Staatsangehörigkeits- und Optionsfragen vom 20. November 1938 (Reichsgesetzbl. II S. 895),

b) Vertrag zwischen dem Deutschen Reich und der Republik Litauen über die Staatsangehörigkeit der Memelländer vom 8. Juli 1939 (Reichsgesetzbl. II S. 999),

c) Verordnung über den Erwerb der deutschen Staatsangehörigkeit durch frühere tschechoslowakische Staatsangehörige deutscher Volkszugehörigkeit vom 20. April 1939 (Reichsgesetzbl. I S. 815) in Verbindung mit der Verordnung zur Regelung von Staatsangehörigkeitsfragen gegenüber dem Protektorat Böhmen und Mähren vom 6. Juni 1941 (Reichsgesetzbl. I S. 308),

d) Verordnung über die Deutsche Volksliste und die deutsche Staatsangehörigkeit in den eingegliederten Ostgebieten vom 4. März 1941 (Reichsgesetzbl. I S. 118) in der Fassung der Zweiten Verordnung über die Deutsche Volksliste und die deutsche Staatsangehörigkeit in den eingegliederten Ostgebieten vom 31. Januar 1942 (Reichsgesetzbl. I S. 51),

e) Verordnung über den Erwerb der Staatsangehörigkeit in Gebieten der Untersteiermark, Kärnten und Krains vom 14. Oktober 1941 (Reichsgesetzbl. I S. 648),

f) Verordnung über die Verleihung der deutschen Staatsangehörigkeit an die in die Deutsche Volksliste der Ukraine eingetragenen Personen vom 19. Mai 1943 (Reichsgesetzbl. I S. 321) sind nach Maßgabe der genannten Bestimmungen deutsche Staatsangehörige geworden, es sei denn, daß sie die deutsche Staatsangehörigkeit durch ausdrückliche Erklärung ausgeschlagen haben oder noch ausschlagen.

(2) Dasselbe gilt für die Ehefrau und die Kinder eines Ausschlagungsberechtigten, soweit sie nach Deutschem Recht ihre Staatsangehörigkeit von ihm ableiten, unabhängig davon, ob er von seinem Ausschlagungsrecht Gebrauch macht. Ehefrauen, die im Zeitpunkt der Eheschließung die deutsche Staatsangehörigkeit besaßen, haben diese behalten.

§ 2

Hat ein Ausschlagungsberechtigter einen Tatbestand erfüllt, an den sich der Verlust der deutschen Staatsangehörigkeit knüpfte, und macht er von seinem Ausschlagungsrecht keinen Gebrauch, so hat er die deutsche Staatsangehörigkeit nur bis zum Eintritt des Verlusttatbestandes besessen.

§ 3

Die Ausschlagung hat die Wirkung, daß der Ausschlagende die deutsche Staatsangehörigkeit nach Maßgabe des § 1 nicht erworben hat.

§ 4

Hat ein Ausschlagungsberechtigter vor der Ausschlagung einen Tatbestand erfüllt, der den Erwerb der deutschen Staatsangehörigkeit zur Folge hatte, so bewirkt die Ausschlagung, daß er im Zeitpunkt der Erfüllung des Erwerbstatbestandes deutscher Staatsangehöriger geworden ist.

§ 5

(1) Nach dem Inkrafttreten dieses Gesetzes kann die Ausschlagung nur noch bis zum Ablauf eines Jahres erklärt werden.

(2) Jeder Ausschlagungsberechtigte ist befugt, vor Ablauf der Ausschlagungsfrist auf das Ausschlagungsrecht zu verzichten.

Zweiter Abschnitt

Staatsangehörigkeitsverhältnisse der Personen, die auf Grund des Artikels 116 Abs. 1 des Grundgesetzes Deutsche sind, ohne die deutsche Staatsangehörigkeit zu besitzen

§ 6

(1) Wer auf Grund des Artikels 116 Abs. 1 des Grundgesetzes Deutscher ist, ohne die deutsche Staatsangehörigkeit zu besitzen, muß auf seinen Antrag eingebürgert werden, es sei denn, daß Tatsachen die Annahme rechtfertigen, daß er die innere oder äußere Sicherheit der Bundesrepublik oder eines deutschen Landes gefährdet.

(2) Mit der Unanfechtbarkeit des die Einbürgerung ablehnenden Bescheides verliert der Antragsteller die Rechtsstellung eines Deutschen.

§ 7

(1) Hat ein Deutscher, der die deutsche Staatsangehörigkeit nicht besitzt, das Gebiet des Deutschen Reiches nach dem Stande vom 31. Dezember 1937 (Deutschland) freiwillig wieder verlassen und seinen dauernden Aufenthalt in dem fremden Staat genommen, aus dessen Gebiet er vertrieben worden ist, oder in einem anderen der in § 1 Abs. 2 Nr. 3 des Bundesvertriebenengesetz vom 19. Mai 1953 (Bundesgesetzbl. I S. 201) genannten Staaten, so verliert er die Rechtsstellung eines Deutschen im Sinne des Grundgesetzes im Zeitpunkt des Inkrafttretens dieses Gesetzes.

(2) Wird der dauernde Aufenthalt erst nach Inkrafttreten dieses Gesetzes nach Maßgabe des Absatzes 1 verlegt, so tritt der Verlust der Rechtsstellung eines Deutschen im Sinne des Grundgesetzes im Zeitpunkt der Aufenthaltsverlegung ein.

Dritter Abschnitt

Staatsangehörigkeitsverhältnisse weiterer Personengruppen

§ 8

(1) Ein deutscher Volkszugehöriger, der nicht Deutscher im Sinne des Grundgesetzes ist, aber in Deutschland seinen dauernden Aufenthalt hat und dem die Rückkehr in seine Heimat nicht zugemutet werden kann, hat einen Anspruch auf Einbürgerung nach Maßgabe des § 6. Wird er eingebürgert, so hat auch sein Ehegatte einen Einbürgerungsanspruch.

(2) Wird der dauernde Aufenthalt in Deutschland nach dem Inkrafttreten dieses Gesetzes aufgegeben, so erlischt der Anspruch auf Einbürgerung im Zeitpunkt der Aufgabe des Aufenthaltes.

§ 9

(1) Ein deutscher Volkszugehöriger, der nicht Deutscher im Sinne des Grundgesetzes ist, kann die Einbürgerung vom Ausland her beantragen, wenn er die Rechtsstellung eines Vertriebenen nach § 1 des Bundesvertriebenengesetzes hat oder als Aussiedler im Sinne des § 1 Abs. 2 Nr. 3 desselben Gesetzes im Geltungsbereich dieses Gesetzes Aufnahme finden soll. § 13 des Reichs- und Staatsangehörigkeitsgesetzes vom 22. Juli 1913 (Reichsgesetzbl. S. 583) gilt entsprechend. Wird die Einbürgerung beantragt, so kann in bestehender Ehe der Ehegatte, der nicht deutscher Volkszugehöriger ist, ebenfalls vom Ausland her einen Einbürgerungsantrag stellen.

(2) Einem Einbürgerungsantrag muß stattgegeben werden, wenn der Antragsteller die Voraussetzungen des Absatzes 1 erfüllt, im zweiten Weltkrieg Angehöriger der deutschen Wehrmacht oder eines ihr angeschlossenen oder gleichgestellten Verbandes war, nach seiner Vertreibung keine neue Staatsangehörigkeit erworben hat und nicht aus einem Staate stammt, der die durch Sammeleinbürgerung in den Jahren 1938 bis 1945 eingebürgerten als seine Staatsangehörigen in Anspruch nimmt.

Gleiches gilt für Einbürgerungsanträge der Ehefrauen, Witwen und der im Zeitpunkt der Antragstellung noch minderjährigen Kinder solcher Personen.

§ 10

Der Dienst in der deutschen Wehrmacht, der Waffen-SS, der deutschen Polizei, der Organisation Todt und dem Reichsarbeitsdienst hat für sich allein den Erwerb der deutschen Staatsangehörigkeit nicht zur Folge gehabt; deutsche Staatsangehörige sind nur diejenigen geworden, für die ein Feststellungsbescheid der zuständigen Stellen vor Inkrafttreten dieses Gesetzes ergangen und zugestellt worden ist.

§ 11

Wer aus rassischen Gründen von einer der in § 1 Abs. 1 genannten Sammeleinbürgerungen ausgeschlossen worden ist, hat einen Anspruch auf Einbürgerung, wenn er in Deutschland seinen dauernden Aufenthalt hat, es sei denn, daß er in der Zwischenzeit eine andere Staatsangehörigkeit erworben hat.

§ 12

(1) Der Anspruch auf Einbürgerung steht auch dem früheren deutschen Staatsangehörigen zu, der im Zusammenhang mit Verfolgungsmaßnahmen aus politischen, rassischen oder religiösen Gründen in der Zeit vom 30. Januar 1933 bis zum 8. Mai 1945 vor Inkrafttreten dieses Gesetzes eine fremde Staatsangehörigkeit erworben hat, auch wenn er seinen dauernden Aufenthalt im Ausland beibehält.

(2) Der Anspruch auf Einbürgerung steht den Abkömmlingen der in Absatz 1 genannten Personen bis zum 31. Dezember 1970 zu.

§ 13

Ein Einbürgerungsanspruch nach § 9 Abs. 2, § 11 und § 12 besteht nicht, wenn Tatsachen vorliegen, welche die Annahme rechtfertigen, daß der Antragsteller die innere oder äußere Sicherheit der Bundesrepublik oder eines deutschen Landes gefährden wird.

Vierter Abschnitt

Verfahrensvorschriften

a) Gemeinsame Vorschriften

§ 14

Wer das 18. Lebensjahr vollendet hat, steht bei Ausübung des Ausschlagungsrechts (§ 5 Abs. 1), bei Abgabe der Verzichtserklärung (§ 5 Abs. 2) und bei Geltendmachung des Einbürgerungsanspruchs (§§ 6, 8, 9 Abs. 2, §§ 11 und 12) einem Volljährigen gleich.

§ 15

(1) Wer das 18. Lebensjahr noch nicht vollendet hat oder wer zwar über 18 Jahre alt, jedoch geschäftsunfähig oder aus anderen Gründen als

wegen Minderjährigkeit in der Geschäftsfähigkeit beschränkt ist, wird durch seinen gesetzlichen Vertreter in persönlichen Angelegenheiten vertreten.

(2) Der Vormund eines unehelichen Kindes bedarf der Zustimmung der Mutter des Kindes, wenn dieser die Sorge für die Person des Kindes zusteht. Das gilt auch, wenn der Vormund von dem Recht auf Ausschlagung und dem Anspruch auf Einbürgerung nicht Gebrauch machen will. Kommt eine Einigung zwischen Vormund und Mutter nicht zustande, so ist der Vormund verpflichtet, eine Entscheidung des Vormundschaftsgerichts herbeizuführen.

§ 16

Die Erklärung eines Ehegatten bedarf nicht der Zustimmung des anderen Ehegatten.

§ 17

(1) Zuständig zur Entgegennahme der Ausschlagungserklärungen, die nach dem Inkrafttreten dieses Gesetzes abgegeben werden (§ 5 Abs. 1), und der Verzichtserklärungen (§ 5 Abs. 2) sowie zur Einbürgerung (§§ 6, 8, 9, 11 und 12) ist die Einbürgerungsbehörde, in deren Bereich der Erklärende oder der Antragsteller seinen dauernden Aufenthalt hat.

(2) Hat der Erklärende oder der Antragsteller seinen dauernden Aufenthalt außerhalb Deutschlands, so ist die Einbürgerungsbehörde zuständig, in deren Bereich er zuletzt seinen dauernden Aufenthalt gehabt hat. Hatte er niemals dauernden Aufenthalt in Deutschland, so ist die Einbürgerungsbehörde zuständig, in deren Bereich sein Vater oder seine Mutter dauernden Aufenthalt haben oder zuletzt gehabt haben.

(3) Ergibt sich aus Abs. 1 oder Abs. 2 die Zuständigkeit einer Behörde außerhalb des Geltungsbereichs dieses Gesetzes oder fehlt es an einer zuständigen Behörde, so ist der Bundesminister des Innern zuständig.

(4) Für einen unter elterlicher Gewalt stehenden Minderjährigen (§ 15 Abs. 1) ist die Einbürgerungsbehörde des vertretungsberechtigten Elternteils zuständig.

(5) Eine Verbindung von Verfahren, die bei verschiedenen Behörden anhängig sind, ist im gegenseitigen Einvernehmen der beteiligten Behörden zulässig.

b) Ausschlagung

§ 18

(1) Die Ausschlagungserklärung muß, wenn sie nach dem Inkrafttreten dieses Gesetzes abgegeben wird, zu Protokoll einer Behörde oder in öffentlich beglaubigter Form abgegeben werden.

(2) Hat der Ausschlagungsberechtigte seinen dauernden Aufenthalt außerhalb des Geltungsbereichs dieses Gesetzes, so kann die Ausschlagungserklärung zu Protokoll einer diplomatischen oder konsularischen Vertretung oder einer sonstigen Verbindungsstelle der Bundesrepublik Deutschland abgegeben oder von einer dieser Dienststellen beglaubigt werden.

(3) Steht dem Ausschlagungsberechtigten keine der in Absatz 1 oder Absatz 2 genannten Möglichkeiten zur Verfügung, so genügt einfache Schriftform unter der Voraussetzung, daß in anderer Weise nachgewiesen wird, daß die Unterschrift von dem Träger des unterzeichneten Namens herrührt.

§ 19

(1) Wer ohne sein Verschulden außerstande war, die Ausschlagungsfrist einzuhalten, kann die Ausschlagungserklärung noch bis zum Ablauf von sechs Monaten nach Fortfall des Hindernisses abgeben.

(2) Als unverschuldetes Hindernis gilt auch der Umstand, daß der Ausschlagungsberechtigte seinen dauernden Aufenthalt in der sowjetisch besetzten Zone Deutschlands, dem sowjetisch besetzten Sektor von Berlin oder in einem der fremd verwalteten deutschen Gebiete hat.

§ 20

Die Ausschlagungsfrist ist auch gewahrt, wenn die Ausschlagungserklärung innerhalb der Frist bei einer örtlich oder sachlich unzuständigen Behörde im Geltungsbereich dieses Gesetzes oder bei einer diplomatischen oder konsularischen Vertretung oder einer sonstigen Verbindungsstelle der Bundesrepublik Deutschland eingegangen ist.

§ 21

Ist ein Ausschlagungsberechtigter vor Ablauf der Ausschlagungsfrist verstorben, ohne daß er von dem Ausschlagungsrecht Gebrauch gemacht oder darauf verzichtet hat, so ist jeder Verwandte auf- und absteigender Linie sowie der überlebende Ehegatte bei Glaubhaftmachung eines rechtlichen Interesses bis zum Ablauf der Ausschlagungsfrist befugt, eine Ermächtigung des zuständigen Nachlaßgerichtes zu beantragen, für den Verstorbenen das Ausschlagungsrecht auszuüben oder darauf zu verzichten. Das Gericht muß vor Entscheidung über den Antrag allen Antragsberechtigten Gelegenheit zur Äußerung geben, soweit nicht zwingende Gründe entgegenstehen. Auf das Verfahren finden die Vorschriften des Gesetzes über die Angelegenheiten der Freiwilligen Gerichtsbarkeit vom 17. Mai 1898 (Reichsgesetzbl. S. 189) Anwendung.

§ 22

Wer von seinem Ausschlagungsrecht Gebrauch gemacht hat, erhält eine Urkunde des Inhalts, daß er die deutsche Staatsangehörigkeit durch die in § 1 Abs. 1 bezeichnete Verleihung oder durch Ableitung von einer so verliehenen deutschen Staatsangehörigkeit nicht erworben hat. Nur durch diese Ausschlagungsurkunde kann der Nachweis des Nichterwerbs der deutschen Staatsangehörigkeit erbracht werden.

§ 23

(1) Die Ausschlagungserklärung und die Verzichtserklärung können wegen Irrtums über den Inhalt der Erklärung sowie wegen Zwangs oder Drohung angefochten werden.

(2) Die Anfechtung erfolgt durch Erklärung gegenüber der nach § 17 zuständigen Behörde. Die Anfechtungserklärung ist zu Protokoll der Behörde oder in öffentlich beglaubigter Form abzugeben.

(3) Die Anfechtungsfrist beträgt einen Monat und beginnt mit der Kenntnis des Irrtums oder mit der Beendigung der Zwangslage, frühestens jedoch mit dem Inkrafttreten dieses Gesetzes. Sie endet spätestens sechs Monate nach Zustellung der Ausschlagungsurkunde.

c) Einbürgerung

§ 24

(1) Waren bei einer Einbürgerung (§§ 6, 8, 9, 11 und 12) durch das Verschulden des Antragstellers Tatsachen nicht bekannt, die der Einbürgerung entgegengestanden hätten, so ist die Einbürgerung unwirksam, sofern nicht die Einbürgerungsbehörde die Voraussetzungen für eine Einbürgerung gemäß § 8 oder § 13 des Reichs- und Staatsangehörigkeitsgesetzes für gegeben erachtet.

(2) Die Unwirksamkeit ist durch förmliche Entscheidung auszusprechen. Die Entscheidung kann nur bis zum Ablauf von 5 Jahren nach erfolgter Einbürgerung ergehen; sie bedarf der Zustellung an den Betroffenen. Ist dessen Aufenthalt nicht bekannt oder kann eine Zustellung, die außerhalb des Geltungsbereichs dieses Gesetzes erfolgen müßte, nicht vorgenommen werden, so tritt an die Stelle der Zustellung die Veröffentlichung im Bundesanzeiger.

§ 25

Das Heimatrecht der Vertriebenen und die sich aus ihm künftig ergebenden Regelungen ihrer Staatsangehörigkeit werden durch die auf Grund dieses Gesetzes abgegebenen Erklärungen nicht berührt.

§ 26

Die auf diesem Gesetz beruhenden Verfahren sind gebührenfrei.

§ 27

§ 17 gilt, soweit er die örtliche Zuständigkeit regelt, auch für die Staatsangehörigkeitsangelegenheiten des Reichs- und Staatsangehörigkeitsgesetzes.

§ 28

Die deutsche Staatsangehörigkeit „auf Widerruf" steht der deutschen Staatsangehörigkeit gleich, soweit nicht bis zum 8. Mai 1945 von dem Widerrufrecht Gebrauch gemacht worden ist.

§ 29

Dieses Gesetz gilt nach Maßgabe des § 13 des Dritten Überleitungsgesetzes vom 4. Januar 1952 (Bundesgesetzbl. I S. 1) auch im Land Berlin.

§ 30

Dieses Gesetz tritt am Tage nach seiner Verkündung in Kraft.

4. Zweites Gesetz zur Regelung von Fragen der Staatsangehörigkeit vom 17. Mai 1956

(BGBl. 1956 Teil I S. 431)

Der Bundestag hat mit Zustimmung des Bundesrates das folgende Gesetz beschlossen:

Es wird festgestellt, daß das Reichsgesetz über die Wiedervereinigung Österreichs mit dem Deutschen Reich vom 13. März 1938 (Reichsgesetzbl. I S. 237) außer Kraft getreten ist. Die hierdurch auf dem Gebiete der Staatsangehörigkeit entstandenen Rechtsfragen werden wie folgt geregelt:

§ 1

Die Verordnungen über die deutsche Staatsangehörigkeit im Lande Österreich vom 3. Juli 1938 (Reichsgesetzbl. I S. 790) und vom 30. Juni 1939 (Reichsgesetzbl. I S. 1072) werden mit Wirkung vom 27. April 1945 aufgehoben. Die deutsche Staatsangehörigkeit derer, die nach Maßgabe der §§ 1, 3 und 4 der Verordnung vom 3. Juli 1938 oder nach Maßgabe des Artikels 1 der Verordnung vom 30. Juni 1939 am 26. April 1945 deutsche Staatsangehörige waren, ist mit Ablauf dieses Tages erloschen.

§ 2

§ 1 Satz 2 gilt nicht für Frauen, die in der Zeit vom 13. März 1938 bis zum Ablauf des 26. April 1945 einen deutschen Staatsangehörigen geheiratet haben, dessen deutsche Staatsangehörigkeit nicht auf den genannten Bestimmungen beruhte, sowie für Kinder, die in der Zeit vom 13. März 1938 bis zum Ablauf des 26. April 1945 durch einen solchen deutschen Staatsangehörigen legitimiert worden sind.

§ 3

(1) Die Personen, deren deutsche Staatsangehörigkeit nach Maßgabe des § 1 Satz 2 erloschen ist, haben das Recht, sie durch Erklärung mit Rückwirkung auf den Zeitpunkt des Erlöschens wiederzuerwerben, wenn sie ihren dauernden Aufenthalt seit dem 26. April 1945 im Gebiet des Deutschen Reiches nach dem Stande vom 31. Dezember 1937 (Deutschland) haben.

(2) Das Recht auf rückwirkenden Erwerb der deutschen Staatsangehörigkeit durch Erklärung haben auch

1. Frauen, die nach dem 26. April 1945, jedoch vor Ablauf des 31. März 1953 einen Mann geheiratet haben, der die deutsche Staatsangehörigkeit nach Maßgabe des Absatzes 1 wiedererwirbt, auch wenn die Ehe nicht mehr besteht,
2. nach dem 26. April 1945 ehelich geborene oder legitimierte Kinder, deren Vater, sowie nach dem 26. April 1945 unehelich geborene Kinder, deren Mutter die deutsche Staatsangehörigkeit nach Maßgabe des Absatzes 1 wiedererwirbt,

sofern sie seit der Eheschließung oder seit der Geburt oder Legitimation ihren dauernden Aufenthalt in Deutschland haben.

(3) Wer nach dem 26. April 1945 die deutsche Staatsangehörigkeit erworben hat, ist auch dann erklärungsberechtigt, wenn er nach dem Erwerb der deutschen Staatsangehörigkeit seinen dauernden Aufenthalt in Deutschland aufgegeben hat.

(4) Hat ein Erklärungsberechtigter nach dem 26. April 1945 einen Tatbestand erfüllt, der den Verlust der deutschen Staatsangehörigkeit zur Folge hatte, so erwirbt er die deutsche Staatsangehörigkeit nur bis zu dem Zeitpunkt der Erfüllung des Verlustbestandes.

(5) Das Erklärungsrecht besteht nicht, wenn Tatsachen die Annahme rechtfertigen, daß der Betroffene die innere und äußere Sicherheit der Bundesrepublik oder eines deutschen Landes gefährdet.

§ 4

Hat eine deutsche Staatsangehörige in der Zeit vom 13. März 1938 bis einschließlich 26. April 1945 mit einem Manne die Ehe geschlossen, der nach Maßgabe der in § 1 Satz 2 genannten Bestimmungen deutscher Staatsangehöriger war, und gehörte sie selbst nicht zu diesem Personenkreis, so ist ihre deutsche Staatsangehörigkeit mit Ablauf des 26. April 1945 erloschen, wenn sie damals ihren dauernden Aufenthalt außerhalb Deutschlands hatte oder ihn vor dem 1. Mai 1952 ins Ausland verlegt hat. Sie hat jedoch ein Erklärungsrecht gemäß § 3 Abs. 1, wenn sie seit dem 1. Januar 1955 ihren dauernden Aufenthalt in Deutschland hat.

§ 5

(1) Wer glaubhaft macht, daß es ihm erschwert war, seinen dauernden Aufenthalt seit dem 26. April 1945 in Deutschland zu haben, wird im Rahmen dieses Gesetzes behandelt, als ob er diese Voraussetzung erfüllte, wenn er spätestens am 23. Mai 1949 dauernden Aufenthalt in Deutschland genommen und ununterbrochen behalten hat. Das gleiche gilt für Personen, die zwar erst nach dem 23. Mai 1949, aber im Anschluß an ihre Flucht, Vertreibung, Ausweisung oder Aussiedlung aus einem der in § 1 Abs. 2 Nr. 3 des Bundesvertriebenengesetzes vom 19. Mai 1953 (Bundesgesetzbl. I S. 201) genannten Gebiete oder im Anschluß an ihre Entlassung aus dem Gewahrsam einer fremden Macht dauernden Aufenthalt in Deutschland genommen haben oder nehmen.

(2) War es einer der in § 3 Abs. 2 genannten Personen erschwert, ihren dauernden Aufenthalt rechtzeitig in Deutschland zu nehmen, so steht ihr das Recht, die deutsche Staatsangehörigkeit mit Rückwirkung auf den Zeitpunkt der Eheschließung, Geburt oder Legitimation zu erwerben, auch zu, wenn sie alsbald nach Wegfall des Erschwernisses ihren dauernden Aufenthalt in Deutschland genommen hat oder nimmt und behalten hat.

§ 6

(1) § 2 Abs. 1 der Verordnung vom 3. Juli 1938 hat den Erwerb der deutschen Staatsangehörigkeit nur bewirkt, wenn deren Verleihung dem Willen des einzelnen entsprach.

(2) Besaß er die deutsche Staatsangehörigkeit am 26. April 1945 noch, so ist er deutscher Staatsangehöriger geblieben, wenn er erklärt, daß er den Fortbestand der deutschen Staatsangehörigkeit gewollt hat; § 3 Abs. 4 gilt entsprechend.

§ 7

(1) Eine Ausländerin, die nach dem 12. März 1938 einen deutschen Staatsangehörigen geheiratet hat, der die deutsche Staatsangehörigkeit gemäß § 6 Abs. 1 oder 2 besaß, ist, wenn die Ehe vor dem 1. April 1953 geschlossen wurde, durch die Eheschließung deutsche Staatsangehörige geworden, es sei denn, daß sie die deutsche Staatsangehörigkeit ausschlägt; das Ausschlagungsrecht steht auch den Frauen zu, die im Zeitpunkt der Eheschließung die deutsche Staatsangehörigkeit besaßen.

(2) Wer gemäß § 4 oder gemäß § 5 des Reichs -und Staatsangehörigkeitsgesetzes vom 22. Juli 1913 (Reichsgesetzbl. S. 583) als Abkömmling eines nach Maßgabe des § 6 Abs. 1 oder 2 deutschen Staatsangehörigen deutscher Staatsangehöriger geworden ist, hat das Recht, die deutsche Staatsangehörigkeit auszuschlagen, bei Ableitung von einem gemäß § 6 Abs. 2 deutschen Staatsangehörigen jedoch nur, wenn Geburt oder Legitimation vor Abgabe der gemäß § 6 Abs. 2 erforderlichen Erklärung erfolgt sind. Das Ausschlagungsrecht steht auch denen zu, die im Zeitpunkt der Legitimation die deutsche Staatsangehörigkeit besaßen.

(3) Die Ausschlagung hat die Wirkung, daß der Ausschlagende nicht deutscher Staatsangehöriger geworden ist.

§ 8

(1) Die in diesem Gesetz vorgesehenen Erklärungen können nur bis zum 30. Juni 1957 abgegeben werden. Für die gemäß § 3 Abs. 2, § 5 Abs. 2 und § 7 Erklärungsberechtigten endet die Erklärungsfrist erst am 31. Dezember 1957; in den Fällen des § 5 endet sie nicht vor Ablauf von sechs Monaten nach Aufenthaltnahme in Deutschland.

(2) Jeder Erklärungsberechtigte ist befugt, vor Ablauf der Erklärungsfrist auf sein Erklärungsrecht zu verzichten.

§ 9

(1) Für alle nach diesem Gesetz abzugebenden Erklärungen gelten die §§ 14 bis 21 und § 23 des Gesetzes zur Regelung von Fragen der Staatsangehörigkeit vom 22. Februar 1955 (Bundesgesetzbl. I S. 65) entsprechend mit der Maßgabe, daß § 21 Satz 1 auch auf solche Personen anwendbar ist, die nur deswegen nicht erklärungsberechtigt geworden sind, weil sie vor dem Inkrafttreten dieses Gesetzes gestorben sind oder weil sie bis zu ihrem Tode im Gewahrsam einer fremden Macht waren und daher ihren Willen, in Deutschland dauernden Aufenthalt zu nehmen, nicht mehr verwirklichen konnten. Für die Ausschlagungserklärung (§ 7) gilt außerdem § 22. Die gesetzliche Vertretung richtet sich nach deutschem bürgerlichen Recht.

(2) Wer auf Grund dieses Gesetzes die deutsche Staatsangehörigkeit erworben oder beibehalten hat, erhält darüber eine Urkunde.

(3) Die Verfahren einschließlich der Ausstellung der Urkunde sind gebührenfrei.

§ 10

Personen, die vor dem Inkrafttreten dieses Gesetzes ein rechtskräftiges verwaltungsrechtliches Urteil erstritten haben, daß sie infolge der Eingliederung Österreichs die deutsche Staatsangehörigkeit besitzen oder Anspruch auf eine Staatsangehörigkeitsurkunde haben, sind deutsche Staatsangehörige, es sei denn, daß sie nach Erlaß des Urteils einen Tatbestand erfüllt haben, der den Verlust der deutschen Staatsangehörigkeit nach sich zog.

§ 11

Dieses Gesetz gilt nach Maßgabe des § 13 Abs. 1 des Dritten Überleitungsgesetzes vom 4. Januar 1952 (Bundesgesetzbl. I S. 1) auch im Lande Berlin.

§ 12

Das Gesetz tritt am Tage nach seiner Verkündung in Kraft.

Die Bundesregierung hat dem vorstehenden Gesetz die nach Artikel 113 des Grundgesetzes erforderliche Zustimmung erteilt.

Das vorstehende Gesetz wird hiermit verkündet.

Bonn, den 17. Mai 1956.

Für den Bundespräsidenten
Der Präsident des Bundesrates
von Hassel

Der Stellvertreter des Bundeskanzlers
Blücher

Der Bundesminister des Innern
Dr. Schröder

Der Bundesminister der Finanzen
Schäffer

5. Zweites Gesetz zur Änderung und Ergänzung des Bundesvertriebenengesetzes

vom 27. Juli 1957 (BGBl. I S. 1207)

(Auszug)

Der Bundestag hat mit Zustimmung des Bundesrates das folgende Gesetz beschlossen:

Artikel I

Das Bundesvertriebenengesetz vom 19. Mai 1953 (Bundesgesetzbl. I S. 201) in der Fassung des Ersten Gesetzes zur Änderung und Ergänzung des Bundesvertriebenengesetzes vom 3. August 1954 (Bundesgesetzbl. I S. 231) wird wie folgt geändert und ergänzt:

1. b) § 1 Absatz 2 erhält folgende Fassung:

„(2) Vertriebener ist auch, wer als deutscher Staatsangehöriger oder deutscher Volkszugehöriger

1. nach dem 30. Januar 1933 die in Absatz 1 genannten Gebiete verlassen und seinen Wohnsitz außerhalb des Deutschen Reiches genommen hat, weil aus Gründen politischer Gegnerschaft gegen den Nationalsozialismus oder aus Gründen der Rasse, des Glaubens oder der Weltanschauung nationalsozialistische Gewaltmaßnahmen gegen ihn verübt worden sind oder ihm drohten,
2. auf Grund der während des zweiten Weltkrieges geschlossenen zwischenstaatlichen Verträge aus außerdeutschen Gebieten oder während des gleichen Zeitraumes auf Grund von Maßnahmen deutscher Dienststellen aus den von der deutschen Wehrmacht besetzten Gebieten umgesiedelt worden ist (Umsiedler),
3. nach Abschluß der allgemeinen Vertreibungsmaßnahmen die zur Zeit unter fremder Verwaltung stehenden deutschen Ostgebiete, Danzig, Estland, Lettland, Litauen, die Sowjetunion, Polen, die Tschechoslowakei, Ungarn, Rumänien, Bulgarien, Jugoslawien, Albanien oder China verlassen hat oder verläßt, es sei denn, daß er erst nach dem 8. Mai 1945 einen Wohnsitz in diesen Gebieten begründet hat (Aussiedler),
4. ohne einen Wohnsitz gehabt zu haben, sein Gewerbe oder seinen Beruf ständig in den in Absatz 1 genannten Gebieten ausgeübt hat und diese Tätigkeit infolge Vertreibung aufgeben mußte,
5. seinen Wohnsitz in den in Absatz 1 genannten Gebieten gemäß § 10 des Bürgerlichen Gesetzbuchs durch Eheschließung verloren, aber seinen ständigen Aufenthalt dort beibehalten hatte und diesen infolge Vertreibung aufgeben mußte,
6. in den in Absatz 1 genannten Gebieten als Kind einer unter Nummer 5 fallenden Ehefrau gemäß § 11 des Bürgerlichen Gesetzbuchs keinen Wohnsitz, aber einen ständigen Aufenthalt hätte und diesen infolge Vertreibung aufgeben mußte.“

6. Drittes Gesetz zur Regelung von Fragen der Staatsangehörigkeit

vom 19. August 1957 (BGBl. I S. 1251)

Der Bundestag hat mit Zustimmung des Bundesrates das folgende Gesetz beschlossen:

Erster Abschnitt

Änderung des Reichs- und Staatsangehörigkeitsgesetzes

Artikel I

An die Stelle der mit Ablauf des 31. März 1953 außer Kraft getretenen § 3 Nr. 3 und § 6 des Reichs- und Staatsangehörigkeitsgesetzes vom 22. Juli 1913 (RGBl. S. 583) treten folgende Bestimmungen:

1. § 3 Nr. 3:

„3. durch Erklärung (§ 6 Abs. 2)“

2. § 6:

„§ 6

(1) Eine Ausländerin, die mit einem Deutschen die Ehe schließt, hat einen Anspruch auf Einbürgerung, solange die Ehe besteht und der Ehemann die deutsche Staatsangehörigkeit besitzt. Endet die Ehe durch Tod oder wird sie ohne Verschulden der Ehefrau geschieden, so steht der Ehefrau der Anspruch auf Einbürgerung noch bis zum Ablauf eines Jahres nach dem Tode ihres Mannes oder nach Rechtskraft der schuldlosen Scheidung zu.

(2) Wird die Ehe vor einem deutschen Standesbeamten geschlossen, so kann die Ausländerin die deutsche Staatsangehörigkeit auch dadurch erwerben, daß sie bei der Eheschließung zu Protokoll des Standesbeamten erklärt, deutsche Staatsangehörige werden zu wollen.

(3) Minderjährige stehen Volljährigen gleich.

(4) Das Verfahren gemäß Absatz 1 und 2 ist gebührenfrei."

Artikel II

(1) Frauen, die in der Zeit vom 1. April 1953 bis zum Inkrafttreten dieses Gesetzes als Ausländerinnen mit deutschen Staatsangehörigen die Ehe geschlossen haben, haben einen Anspruch auf Einbürgerung gemäß § 6 Abs. 1 des Reichs- und Staatsangehörigkeitsgesetzes in der Fassung dieses Gesetzes.

(2) Sie können innerhalb einer Ausschlußfrist von einem Jahr erklären, daß sie die deutsche Staatsangehörigkeit mit Rückwirkung auf den Zeitpunkt der Eheschließung erworben haben wollen. Die Erklärung muß gegenüber der zuständigen Einbürgerungsbehörde in öffentlich beglaubigter Form oder zu Protokoll der Behörde abgegeben werden und bewirkt den rückwirkenden Erwerb der deutschen Staatsangehörigkeit für die erklärende und für die Personen, die die deutsche Staatsangehörigkeit von ihr abgeleitet hätten. Ist sie vor Inkrafttreten dieses Gesetzes gestorben oder stirbt sie vor Ablauf der Erklärungsfrist, so gilt § 21 des Gesetzes zur Regelung von Fragen der Staatsangehörigkeit vom 22. Februar 1955 (BGBl. I S. 65) entsprechend. Das Erklärungsrecht besteht auch, wenn die Ausländerin vor dem Inkrafttreten dieses Gesetzes eingebürgert worden ist.

(3) § 6 Abs. 3 und 4 des Reichs- und Staatsangehörigkeitsgesetzes in der Fassung dieses Gesetzes finden Anwendung.

Zweiter Abschnitt

Änderung des Gesetzes zur Regelung von Fragen der Staatsangehörigkeit

Artikel III

§ 12 des Gesetzes zur Regelung von Fragen der Staatsangehörigkeit vom 22. Februar 1955 (BGBl. I S. 65) erhält folgende Fassung:

„§ 12

(1) Der Anspruch auf Einbürgerung steht auch dem frühren deutschen Staatsangehörigen zu, der im Zusammenhang mit Verfolgungsmaßnahmen

aus politischen, rassischen oder religiösen Gründen in der Zeit vom 30. Januar 1933 bis zum 8. Mai 1945 vor Inkrafttreten dieses Gesetzes eine fremde Staatsangehörigkeit erworben hat, auch wenn er seinen dauernden Aufenthalt im Ausland beibehält.

(2) Der Anspruch auf Einbürgerung steht den Abkömmlingen der in Absatz 1 genannten Personen bis zum 31. Dezember 1970 zu."

Dritter Abschnitt

Schlußbestimmungen

Artikel IV

Dieses Gesetz gilt nach Maßgabe des § 13 Abs. 1 des Dritten Überleitungsgesetzes vom 4. Januar 1952 (BGBl. I S. 1) auch im Land Berlin.

Artikel V

Dieses Gesetz tritt am Tage nach seiner Verkündung in Kraft.

(Ausgabetag: 23. 8. 1957.)

C. Gesetze der Deutschen Demokratischen Republik

1. Aus der Verfassung der Deutschen Demokratischen Republik vom 7. Oktober 1949

Art. 1

(1) Deutschland ist eine unteilbare demokratische Republik.

(4) Es gibt nur eine deutsche Staatsangehörigkeit.

Art. 7

(1) Mann und Frau sind gleichberechtigt.

(2) Alle Gesetze und Bestimmungen, die der Gleichberechtigung der Frau entgegenstehen, sind aufgehoben.

Art. 112

(1) Die Republik hat das Recht der ausschließlichen Gesetzgebung über: . . .

Die Staatsangehörigkeit.

2. Anordnung des Innenministers der Deutschen Demokratischen Republik über die Gleichberechtigung der Frau im Staatsangehörigkeitsrecht vom 30. August 1954

Veröffentlicht im Zentralblatt der DDR 1954 Nr. 35

Die Verfassung der Deutschen Demokratischen Republik hat die Gleichberechtigung von Mann und Frau im gesellschaftlichen Leben festgelegt und alle Rechtsnormen aufgehoben, die die Frau gegenüber dem Mann benachteiligen.

Dadurch wird auch die Gleichstellung der Frau im Staatsangehörigkeitsrecht bedingt.

Bis zum Zeitpunkt einer gesetzlichen Regelung und Klärung der neuen Rechtslage sind alle Bestimmungen im Staasangehörigkeitsrecht, die eine Beschränkung oder Minderung der Rechte der Frau festlegen, nicht mehr anzuwenden.

Zur Gewährleistung einer einheitlichen Anwendung des Staatsangehörigkeitsrechts wird folgendes angeordnet:

§ 1

Eine Ausländerin oder Staatenlose, die mit einem Deutschen die Ehe eingeht, erwirbt durch die Eheschließung nicht die deutsche Staatsangehörigkeit.

§ 2

(1) Eine Deutsche, die mit einem Ausländer oder einem Staatenlosen die Ehe eingeht, verliert durch die Eheschließung in keinem Falle die deutsche Staatsangehörigkeit.

(2) Deutschen Staatsangehörigen, die durch Eheschließung gemäß § 17 Abs. 6 des Reichs- und Staatsangehörigkeitsgesetzes vom 22. Juli 1913 nach Inkrafttreten der Verfassung der Deutschen Demokratischen Republik staatenlos geworden sind und bisher eine andere Staatsangehörigkeit nicht erworben haben, wird auf Antrag die deutsche Staatsangehörigkeit zuerkannt.

§ 3

Kinder, von denen einer der Elternteile deutscher Staatsangehöriger ist, besitzen die deutsche Staatsangehörigkeit. Sollten diese Kinder durch das Heimatrecht des anderen Ehegatten eine mehrfache Staatsangehörigkeit besitzen, ist es einer späteren gesetzlichen Regelung vorbehalten, unter welchen Umständen sie sich für eine dieser Staatsbürgerschaften entscheiden können.

§ 4

Diese Anordnung tritt mit Wirkung vom 1. September 1954 in Kraft.

3. Verordnung über das Verfahren in Staatsangehörigkeitsfragen

vom 28. November 1957 (GBl. 1957 S. 616)

Zur Durchführung eines einheitlichen Verfahrens bei der Verleihung der deutschen Staatsangehörigkeit, der Entlassung aus der deutschen Staatsangehörigkeit sowie der Ausstellung von Staatsangehörigkeitsausweisen wird folgendes verordnet:

§ 1

(1) Anträge auf Verleihung der deutschen Staatsangehörigkeit sind bei dem Rat des Kreises, Abteilung innere Angelegenheiten, einzureichen, in dessen Bereich der Antragsteller seinen Wohnsitz hat.

(2) Anträge auf Verleihung der deutschen Staatsangehörigkeit, auf Entlassung aus der deutschen Staatsangehörigkeit sowie auf Ausstellung

von Staatsangehörigkeitsausweisen von Personen, die ihren Wohnsitz im Ausland haben, sind bei der für sie zuständigen Vertretung der Deutschen Demokratischen Republik oder beim Ministerium für Auswärtige Angelegenheiten der Deutschen Demokratischen Republik einzureichen.

§ 2

Über Anträge auf Verleihung der deutschen Staatsangehörigkeit, auf Entlassung aus der deutschen Staatsangehörigkeit sowie über Anträge auf Ausstellung von Staatsangehörigkeitsausweisen entscheidet der Minister des Innern.

§ 3

Personen, denen die deutsche Staatsangehörigkeit verliehen wird oder die aus der deutschen Staatsangehörigkeit entlassen werden, erhalten hierüber eine Urkunde.

§ 4

Die Form der in den §§ 2 und 3 genannten Staatsangehörigkeitsurkunden bestimmt der Minister des Innern.

§ 5

Für die Verleihung der deutschen Staatsangehörigkeit, die Entlassung aus der deutschen Staatsangehörigkeit sowie für die Ausstellung von Staatsangehörigkeitsausweisen werden Gebühren gemäß der Verordnung vom 28. Oktober 1955 über die staatlichen Verwaltungsgebühren (GBl. I S. 787) erhoben.

§ 6

Durchführungsbestimmungen erläßt der Minister des Innern.

§ 7

Diese Verordnung tritt mit ihrer Verkündung in Kraft.

D. Gesetze der Stadt Berlin

1. (Berliner) Gesetz zur Übernahme des Gesetzes zur Regelung von Fragen der Staatsangehörigkeit vom 19. März 1955

Gesetz- und Verordnungsblatt für Berlin 1955, S. 222

Das Abgeordnetenhaus hat das folgende Gesetz beschlossen:

Artikel I

Das Gesetz zur Regelung von Fragen der Staatsangehörigkeit vom 22. Februar 1955 (BGBl. I S. 65) — Anlage — findet in Berlin Anwendung.

Artikel II

Der Wortlaut von Rechtsverordnungen, die auf Grund des in Artikel I genannten Gesetzes erlassen werden, wird im Gesetz- und Verordnungsblatt für Berlin, der Wortlaut von Verwaltungsvorschriften im Amtsblatt für Berlin von dem zuständigen Mitglied des Senats veröffentlicht.

Artikel III

Dieses Gesetz mit der Anlage tritt mit Wirkung vom 26. Februar 1955 in Kraft.

2. (Berliner) Gesetz zur Übernahme des Zweiten Gesetzes zur Regelung von Fragen der Staatsangehörigkeit vom 8. Juni 1956

Gesetz- und Verordnungsblatt für Berlin 1956, S. 630

Artikel I

Das Abgeordnetenhaus hat das folgende Gesetz beschlossen:

Das Zweite Gesetz zur Regelung von Fragen der Staatsangehörigkeit vom 17. Mai 1956 (BGBl. I S. 431) — Anlage — findet in Berlin Anwendung.

Artikel II

Der Wortlaut von Verwaltungsvorschriften, die auf Grund des in Artikel I genannten Gesetzes erlassen werden, wird im Amtsblatt für Berlin von dem zuständigen Mitglied des Senats veröffentlicht.

Artikel III

Dieses Gesetz mit der Anlage tritt mit Wirkung vom 24. Mai 1956 in Kraft.

3. (Berliner) Gesetz zur Übernahme des Dritten Gesetzes zur Regelung von Fragen der Staatsangehörigkeit
vom 5. September 1957 (GVBl. Berlin S. 1125)

Das Abgeordnetenhaus hat das folgende Gesetz beschlossen:

Artikel I

Das Dritte Gesetz zur Regelung von Fragen der Staatsangehörigkeit vom 19. August 1957 (BGBl. I S. 1251) — Anlage — findet in Berlin Anwendung.

Artikel II

Der Wortlaut von Verwaltungsvorschriften, die auf Grund des in Artikel I genannten Gesetzes erlassen werden, wird im Amtsblatt für Berlin von dem zuständigen Mitglied des Senats veröffentlicht.

Artikel III

Dieses Gesetz mit der Anlage tritt mit Wirkung vom 24. August 1957 in Kraft.

E. Rechtsquellen zur Regelung der Staatsangehörigkeit im Saarland

1. Staatsangehörigkeitsgesetz des Saarlandes

Gesetz Nr. 33

betreffend die saarländische Staatsangehörigkeit vom 15. Juli 1948 (ABl. Nr. 61/48 S. 947) unter Berücksichtigung

a) des Gesetzes Nr. 104, Gesetz zur Änderung des Gesetzes betreffend die saarländische Staatsangehörigkeit vom 25. Juni 1949 (ABl. Nr. 52/49 S. 641),

b) des Gesetzes Nr. 394, Zweites Gesetz zur Änderung des Gesetzes betreffend die saarländische Staatsangehörigkeit vom 10. Juli 1953 (ABl. Nr. 31/53 S. 409)[1]).

Der Landtag des Saarlandes hat auf Grund des Artikels 66 Abs. 2 und des Artikels 67 der Verfassung des Saarlandes folgendes Gesetz beschlossen, das hiermit verkündet wird:

Abschnitt I

§ 1

Besitz der Staatsangehörigkeit kraft Gesetzes

(1) Die saarländische Staatsangehörigkeit besitzt:

a) wer im Saarland geboren ist;

b) wer, wenn er außerhalb des Saarlandes geboren ist, von einem Vater oder (bei unehelicher Geburt) einer Mutter abstammt, die im Saarland geboren sind;

c) wer vor dem 30. Januar 1933 im Saarland wohnhaft war und hier seinen dauernden Aufenthalt 10 Jahre lang beibehalten hat;

*) d) wer mit einem Manne verheiratet oder Witwe eines solchen ist, der nach lit. a) b) c) oder e) die saarländische Staatsangehörigkeit besitzt oder besessen hätte;

e) wer als Kind eines Vaters oder (bei unehelicher Geburt) einer Mutter geboren ist, hinsichtlich deren die Voraussetzungen nach lit. b) oder c) vorliegen.

(2) Die Vorschriften des Absatzes 1 finden Anwendung auf Personen, die am Tage des Inkrafttretens dieses Gesetzes im Saarland wohnhaft sind.

**) (3) Personen, die die Voraussetzungen des Absatzes 1 Buchstabe a) oder b) erfüllen und denen von der Regierung des Saarlandes die Rückkehr in das Saarland gestattet worden ist, erwerben am Tage der Rückkehr die saarländische Staatsangehörigkeit von Rechts wegen.

---

1) In der Neufassung des Sonderdrucks, veröffentlicht im Amtsblatt des Saarlandes vom 6. Februar 1954, S. 83.

*) Änderung durch das Gesetz Nr. 104, Gesetz zur Änderung des Gesetzes betreffend die saarländische Staatsangehörigkeit vom 25. Juni 1949, in Kraft getreten am 19. Juli 1949.

**) Änderung durch das Gesetz Nr. 394, Zweites Gesetz zur Änderung des Gesetzes Nr. 33 betreffend die saarländische Staatsangehörigkeit vom 10. Juli 1953, in Kraft getreten am 23. Juli 1953.

(4) Personen, die die Voraussetzungen des Absatzes 1, lit. a) oder b) erfüllen und sich im Ausland aufhalten, erwerben die saarländische Staatsangehörigkeit von Rechts wegen, wenn die Auswanderung oder Deportation nach dem 30. Januar 1933 aus politischen Gründen erfolgt ist.

**) (5) Personen, die durch Kriegsereignisse evakuiert oder aus politischen Gründen zwangsversetzt, ausgewandert oder deportiert worden sind, können, sofern sie die Voraussetzungen des Absatzes 1, nicht aber auch die des Absatzes 2 erfüllen, die saarländische Staatsangehörigkeit beantragen, wenn eine Reklamation auf Grund der bisher geltenden Bestimmungen nicht erfolgt ist. Die Staatsangehörigkeit wird mit Genehmigung des Antrages erworben.

**) (6) Der Besitz und Erwerb der saarländischen Staatsangehörigkeit gemäß Absätze 1 bis 5 erstreckt sich auch auf die Ehefrau und die minderjährigen Kinder, soweit sie den Wohnsitz der Eltern teilen oder das Kind sich bei der Mutter befindet, der die Sorge für die Person des Kindes übertragen worden ist.

**) (7) (entfällt) [2].

§ 2

Verlust der deutschen Staatsangehörigkeit

Personen, die die saarländische Staatsangehörigkeit nach § 1 besitzen oder erwerben, und die bisher die deutsche Staatsangehörigkeit besaßen, gelten in ihrem Verhältnis zum Saarland nur noch als saarländische Staatsangehörige.

§ 3

**) (entfällt) [3])

Abschnitt II

§ 4

**) (entfällt) [4])

§ 5

Erwerb der Staatsangehörigkeit durch Geburt

(1) Durch die Geburt erwirbt das eheliche Kind eines Saarländers die Staatsangehörigkeit des Vaters, das uneheliche Kind einer Saarländerin die Staatsangehörigkeit der Mutter.

---

[2]) § 1 Abs. 7 hatte folgenden Wortlaut:
Als Saarland im Sinne des Abs. 1 ist das gesamte Gebiet in seinem am 17. 12. 1947, dem Tage des Inkrafttretens der Verfassung, bestehenden Umfang anzusehen.

[3]) § 3 hatte folgenden Wortlaut:
Wer gemäß § 1 die saarländische Staatsangehörigkeit besitzt oder von Rechts wegen erwirbt, kann binnen 6 Monaten nach Inkrafttreten des Gesetzes auf diese verzichten. Der Verzicht muß der Landesregierung gegenüber erklärt werden. § 14 gilt entsprechend. Wird der Verzicht erklärt, so verbleibt es hinsichtlich der Staatsangehörigkeit bei dem bisherigen Zustand.

[4]) § 4 hatte folgenden Wortlaut:
(1) Deutschen oder Staatenlosen, die in der Zeit vor dem 13. 1. 1935 mindestens ein Jahr lang im Saarland wohnhaft waren und sich bis zur Beendigung des Abstimmungskampfes aktiv gegen das nationalsozialistische Regime betätigt haben, kann auf Antrag die Staatsangehörigkeit verliehen werden.
(2) Der Antrag kann nur innerhalb eines Jahres nach Inkrafttreten dieses Gesetzes gestellt werden.

(2) Ein Kind, das im Saarland von unbekannten Eltern geboren wird, gilt bis zum Beweis des Gegenteils als Kind eines saarländischen Staatsangehörigen. Dasselbe gilt hinsichtlich eines im Saarland aufgefundenen Kindes.

§ 6

Andere Erwerbsgründe

Die saarländische Staatsangehörigkeit wird außer in den Fällen des § 5 erworben:

1. durch Legitimation oder Adoption (§ 7),
2. durch Eheschließung (§ 8),
3. durch Einbürgerung (§ 9),
4. durch Wiedereinbürgerung (§ 10).

§ 7

Erwerb durch Legitimation oder Adoption

**) Eine nach dem saarländischen Gesetz wirksame Legitimation oder Adoption begründet für das Kind die Staatsangehörigkeit des Vaters bzw. des Adoptierenden. Ein Erwerb der saarländischen Staatsangehörigkeit findet nicht statt, wenn es sich um die Adoption eines Volljährigen handelt und dieser vor der Adoption erklärt, die bisherige Staatsangehörigkeit beibehalten zu wollen.

§ 8

Erwerb durch Eheschließung

Durch die Eheschließung mit einem Saarländer erwirbt die Frau die Staatsangehörigkeit des Mannes, sofern sie nicht vor der Eheschließung erklärt, ihre bisherige Staatsangehörigkeit beizubehalten.

§ 9

Erwerb durch Einbürgerung

**) (1) Ein Ausländer kann auf seinen Antrag eingebürgert werden, wenn er

a) vor der Stellung seines Einbürgerungsantrages mindestens fünf Jahre hindurch ohne Unterbrechung seinen Wohnsitz im Saarland hatte,
b) nach den saarländischen Gesetzen unbeschränkt geschäftsfähig ist, unbeschadet der Vorschrift des Abs. 4,
c) einen unbescholtenen Lebenswandel geführt hat,
d) eine eigene Wohnung oder ein Unterkommen gefunden hat und
e) im Saarland sich und seine Angehörigen zu ernähren imstande ist.

**) (2) Von dem Erfordernis des Absatzes 1 Buchstabe a kann abgesehen werden, wenn der Antragsteller mit einer Frau verheiratet ist, die die saarländische Staatsangehörigkeit besitzt. Ferner soll von der Voraussetzung des fünfjährigen Wohnsitzes abgesehen werden, wenn der Antragsteller

a) die Voraussetzung des § 1 Abs. 1 Buchstabe c erfüllt oder

b) von einer Mutter abstammt, die die Voraussetzung des § 1 Abs. 1 Buchstabe a oder b erfüllt oder

c) öffentlicher Beamter, Geistlicher oder Religionsdiener einer Kirche oder anerkannten Religionsgemeinschaft im Saarland ist.

Von der Voraussetzung des Absatzes 1 Buchstabe a kann durch Beschluß der Regierung des Saarlandes in besonders begründeten Fällen abgesehen werden. Dies gilt insbesondere, wenn der Antragsteller dem Saarland außergewöhnliche Dienste geleistet hat oder mit einem saarländischen Staatsangehörigen

a) in gerader Linie oder

b) in der Seitenlinie bis zum zweiten Grad verwandt oder verschwägert ist.

(3) Vor der Einbürgerung ist über die Erfordernisse nach Abs. 1 die Gemeindebehörde des Niederlassungsortes zu hören.

(4) Für eine unter elterlicher Gewalt oder unter Vormundschaft stehende Person wird der Antrag von dem gesetzlichen Vertreter gestellt.

§ 10

Wiedereinbürgerung

(1) Die Witwe oder geschiedene Frau eines Ausländers, die zur Zeit ihrer Eheschließung Saarländerin war, kann auf ihren Antrag eingebürgert werden, wenn die Voraussetzungen des § 9, Abs. 1, lit. b) und c) vorliegen. Über das Erfordernis nach § 9, Abs. 1, lit. c) ist vor der Einbürgerung die Gemeindebehörde des Niederlassungsortes zu hören.

(2) Ein ehemaliger Saarländer, der als Minderjähriger die saarländische Staatsangehörigkeit durch Entlassung verloren hat, kann auf seinen Antrag eingebürgert werden, wenn er den Erfordernissen des § 9, Abs. 1, lit. b) bis e) entspricht und den Antrag innerhalb zweier Jahre nach Erlangung der Volljährigkeit stellt.

(3) Die Anwendung der Vorschriften der Absätze 1 und 2 setzt voraus, daß die Einzubürgernden von der Stellung ihres Einbürgerungsantrages im Saarland einen Wohnsitz oder dauernden Aufenthalt begründet haben; im übrigen brauchen die Voraussetzungen des § 9, Abs. 1, lit. a) nicht vorzuliegen.

§ 11

Wirksamwerden der Einbürgerung

*) (1) Die Einbürgerung oder Wiedereinbürgerung wird mit der Veröffentlichung im Amtsblatt des Saarlandes wirksam.

(2) Die Einbürgerung oder Wiedereinbürgerung erstreckt sich, sofern nicht in der Urkunde ein Vorbehalt gemacht wird, zugleich auf die Ehefrau und diejenigen Kinder, deren gesetzliche Vertretung dem Eingebürgerten kraft elterlicher Gewalt zusteht. Ausgenommen sind Töchter, die verheiratet sind oder verheiratet gewesen sind.

E. Regelung der Staatsangehörigkeit im Saarland

§ 12

Verlustgründe

Die Staatsangehörigkeit geht verloren:

1. durch Entlassung (§§ 13—15),
2. durch Erwerb einer fremden Staatsangehörigkeit (§ 16),
3. durch den Ausspruch der Behörde (§ 17),
4. durch eine von einem Ausländer bewirkte und nach den saarländischen Gesetzen wirksame Legitimation (bei unehelichen Kindern) oder durch rechtswirksame Adoption durch einen Ausländer,

**) 5. für eine Saarländerin durch Eheschließung mit einem Ausländer; es sei denn, daß sie spätestens innerhalb eines Jahres nach erfolgter Eheschließung der zuständigen Behörde gegenüber erklärt, die saarländische Staatsangehörigkeit beibehalten zu wollen.

§ 13

Entlassung

**) Die Entlassung kann saarländischen Staatsangehörigen auf Antrag erteilt werden, wenn sie eine fremde Staatsangehörigkeit erworben oder beantragt haben. Die Entlassung einer Ehefrau kann nur zugleich mit der Entlassung des Ehemannes beantragt werden.

§ 14

Entlassung eines Minderjährigen

(1) Die Entlassung einer Person, die unter elterlicher Gewalt oder unter Vormundschaft steht, kann nur von dem gesetzlichen Vertreter und nur mit Genehmigung des saarländischen Vormundschaftsgerichts beantragt werden.

(2) Die Genehmigung des Vormundschaftsgerichts ist nicht erforderlich, wenn der Vater oder die Mutter die Entlassung für sich und zugleich kraft elterlicher Gewalt für ein Kind beantragt und dem Antragsteller die Sorge für die Person dieses Kindes zusteht. Erstreckt sich der Wirkungskreis eines der Mutter gestellten Beistandes auf die Sorge für die Person des Kindes, so bedarf die Mutter zu dem Antrag auf Entlassung des Kindes der Genehmigung des Beistandes.

§ 15

Wirksamwerden der Entlassung

(1) Die Entlassung wird wirksam mit der Aushändigung einer von dem Minister des Innern ausgefertigten Entlassungsurkunde. Die Urkunde wird nicht ausgehändigt an Personen, die verhaftet sind oder deren Verhaftung oder Festnahme von einer Gerichts- oder Polizeibehörde angeordnet ist.

(2) Soll sich die Entlassung zugleich auf die Ehefrau oder die Kinder des Antragstellers beziehen, so müssen auch diese Personen in der Entlassungsurkunde mit Namen aufgeführt werden.

E. Regelung der Staatsangehörigkeit im Saarland

§ 16

Erwerb einer fremden Staatsangehörigkeit

(1) Ein Saarländer, der im Inland nicht seinen dauernden Aufenthalt hat, verliert seine Staatsangehörigkeit mit dem Erwerb einer fremden Staatsangehörigkeit, wenn dieser Erwerb auf seinen Antrag oder auf den Antrag des gesetzlichen Vertreters erfolgt. Bei Ehefrauen oder unter elterlicher Gewalt oder Vormundschaft stehenden Personen tritt der Verlust der saarländischen Staatsangehörigkeit jedoch nur dann ein, wenn die Voraussetzungen vorliegen, unter denen nach § 14 die Entlassung beantragt werden kann.

(2) Die Vorschriften des Absatzes 1 finden keine Anwendung auf Saarländer, die ihren Wohnsitz oder ihren dauernden Aufenthalt innerhalb der Französischen Union haben.

§ 17

Eintritt in fremden öffentlichen Dienst

**) (1) Ein Saarländer, der eine Stellung im öffentlichen Dienste einer ausländischen Behörde bekleidet, verliert die saarländische Staatsangehörigkeit, wenn er der Aufforderung der Regierung des Saarlandes, diese Stellung aufzugeben, nicht entspricht. Ein Saarländer, der als Abgeordneter eines ausländischen Parlaments ein Mandat ausübt oder sich um ein Mandat bewirbt, verliert die saarländische Staatsangehörigkeit. Das gleiche gilt für einen Saarländer, der als Vertreter einer politischen Körperschaft des Auslandes, deren Mitglieder gewählt oder ernannt werden, ohne Zustimmung der Regierung des Saarlandes ein Mandat ausübt oder sich um ein Mandat bewirbt.

**) (2) entfällt[5]).

(3) Der Verlust der Staatsangehörigkeit erstreckt sich zugleich auf die Ehefrau und auf diejenigen Kinder, deren gesetzliche Vertretung dem Ausgeschiedenen kraft elterlicher Gewalt zusteht, soweit sich die Ehefrau oder die Kinder mit ihm in häuslicher Gemeinschaft befinden. Ausgenommen sind Töchter, die verheiratet sind oder verheiratet gewesen sind.

**) (4) entfällt[6]).

§ 18

Aberkennung der saarländischen Staatsangehörigkeit

**) (1) Personen, die die saarländische Staatsangehörigkeit auf Grund der §§ 9 und 10 erworben haben, kann durch Beschluß der Regierung

---

5) § 17 Abs. 2 hatte folgenden Wortlaut:
Sechs Monate nach Zustellung der in Absatz 1 bezeichneten Aufforderung wird der Betroffene durch Beschluß des Ministers des Innern der saarländischen Staatsangehörigkeit verlustig erklärt, es sei denn, daß nachgewiesen wird, daß es ihm unmöglich war, der Aufforderung nachzukommen. Im letzteren Falle läuft die Frist von 6 Monaten erst von dem Tage ab, an dem die Unmöglichkeit gemäß Satz 1 weggefallen war.

6) § 17 Abs. 4 hatte folgenden Wortlaut:
Vorstehende Bestimmungen finden keine Anwendung auf Personen saarländischer Staatsangehörigkeit, die im Rahmen der saarländischen Verfassung in einer französischen Verwaltung oder in einer französischen Körperschaft des öffentlichen Rechts ein Amt ausüben.

des Saarlandes die saarländische Staatsangehörigkeit aberkannt werden, wenn sie

a) durch ein Gericht des Saarlandes wegen einer strafbaren Handlung verurteilt worden sind, die ein Verbrechen oder Vergehen gegen die innere oder äußere Sicherheit des Saarlandes darstellt, oder sich fortgesetzt oder in schwerwiegender Weise verfassungswidrig betätigen,

b) durch ein Gericht des Saarlandes wegen einer nach §§ 105—111 oder 113—116 des Strafgesetzbuches strafbaren Handlung verurteilt worden sind,

c) zugunsten einer fremden Macht Handlungen begangen haben, die mit der saarländischen Staatsangehörigkeit unvereinbar und den Interessen des Saarlandes abträglich sind,

d) im Saarland oder im Ausland wegen einer strafbaren Handlung, die sich als Verbrechen darstellt, zu einer Freiheitsstrafe von mindestens fünf Jahren verurteilt worden sind,

**) e) den Erwerb der saarländischen Staatsangehörigkeit durch arglistige Täuschung, falsche Angaben oder Verschweigung wesentlicher Umstände erschlichen haben.

**) (2) Die Aberkennung ist nur zulässig, wenn die im Absatz 1 bezeichneten Handlungen innerhalb einer Frist von 10 Jahren seit Erwerb der saarländischen Staatsangehörigkeit begangen wurden. Sie kann nur innerhalb einer Frist von 10 Jahren seit Begehung dieser Handlung ausgesprochen werden.

(3) Die Aberkennung kann auf die Ehefrau und die minderjährigen Kinder des Betroffenen ausgedehnt werden, sofern dieselben nicht saarländischer Herkunft sind und eine fremde Staatsangehörigkeit beibehalten haben. Eine Ausdehnung auf die Kinder kann nur erfolgen, wenn sie auch gleichzeitig hinsichtlich der Ehefrau ausgesprochen wird.

§ 19

Bekanntmachung von Entscheidungen und Erklärungen betreffend die saarländische Staatsangehörigkeit

**) Die Einbürgerung (§ 9), die Wiedereinbürgerung (§ 10), die Entlassung (§ 13), die Aberkennung (§ 18) sind im Amtsblatt des Saarlandes bekanntzugeben.

Abschnitt III

§ 20

Schlußbestimmungen

Der Minister des Innern erläßt die Bestimmungen über das Verfahren, die Einbürgerungs- und Entlassungsurkunden sowie über die Urkunden, die zur Bescheinigung der Staatsangehörigkeit dienen.

§ 21

Inkrafttreten des Gesetzes

Dieses Gesetz tritt mit dem Tage seiner Verkündung in Kraft[7]).

[7]) Das Gesetz ist am 14. 8. 1948 im Amtsblatt des Saarlandes verkündet worden.

2. Drittes (saarländisches) Gesetz Nr. 493 zur Änderung des Gesetzes Nr. 33 betreffend die saarländische Staatsangehörigkeit vom 15. Juli 1948 (ABl. S. 947) in der Fassung vom 6. Februar 1954 (ABl. S. 83)

Vom 16. März 1956

Amtsblatt des Saarlandes vom 6. April 1956, Nr. 30, S. 433.

Der Landtag des Saarlandes hat, vorbehaltlich einer späteren Entscheidung über die Frage einer besonderen saarländischen Staatsangehörigkeit, folgendes Gesetz beschlossen, das hiermit verkündet wird:

§ 1

§ 2 sowie § 17 Absatz 1 Sätze 2 und 3 des Gesetzes Nr. 33 betreffend die saarländische Staatsangehörigkeit vom 15. Juli 1948 (ABl. S. 947) in der Fassung vom 6. Februar 1954 (ABl. S. 83) werden aufgehoben.

§ 2

Der Minister des Innern erläßt die zur Ausführung dieses Gesetzes erforderlichen Rechts- und Verwaltungsvorschriften.

§ 3

Dieses Gesetz tritt mit dem Tage seiner Veröffentlichung im Amtsblatt des Saarlandes in Kraft.

3. Aus dem Vertrag zwischen der Bundesrepublik Deutschland und der Französischen Republik zur Regelung der Saarfrage vom 27. Oktober 1956

(BGBl. II S. 1589)

Artikel 2

(1) Niemand soll auf Grund der von ihm in der Vergangenheit gegenüber der Saarfrage eingenommenen Haltung beeinträchtigt werden.

(2) Die Art und Weise der Anwendung dieses Grundsatzes ist in Anlage 1 (Vereinbarung über den Schutz von Personen) festgelegt.

Anlage 1

Vereinbarung über den Schutz von Personen
(Auszug)

Artikel 1

(1) Keine natürliche oder juristische Person in der Bundesrepublik Deutschland oder in der Französischen Republik darf, ungeachtet ihrer Staatsangehörigkeit und ihres Aufenthalts, wegen der politischen Haltung, die sie bis zum Zeitpunkt des Inkrafttretens dieser Vereinbarung zur Saarfrage bekundet hat, durch irgendwelche allgemeinen oder besonderen Maßnahmen der öffentlichen Gewalt in ihren Rechten beeinträchtigt werden. Diese Bestimmung bezieht sich insbesondere auf die Freiheit, die Sicherheit, das Eigentum und die Ausübung eines Berufes.

E. Regelung der Staatsangehörigkeit im Saarland

Artikel 2

(1) In Anwendung des Artikels 1 dürfen bis zum Inkrafttreten dieser Vereinbarung erworbene Rechte der Beamten, Angestellten und Arbeiter der Verwaltungen des Staates, der Gemeinden und der sonstigen Körperschaften, Anstalten und Stiftungen des öffentlichen Rechts im Saarland wegen der Haltung dieser Personen im Sinne des Artikels 1 nicht beeinträchtigt werden. Als Beamte im Sinne dieser Vereinbarung gelten auch Personen, die ein Ministeramt bekleidet und auf Grund dessen einen Anspruch auf Ruhegehalt erworben haben.

(2) Das Recht des Dienstherrn, politische Beamte im Sinne des § 44 des deutschen Beamtengesetzes in der bei Inkrafttreten dieser Vereinbarung im Saarland geltenden Fassung in den Wartestand zu versetzen, wird durch die vorstehende Bestimmung nicht berührt.

Artikel 3

(1) Ein Beamter auf Lebenszeit oder auf Zeit der in Artikel 2 Absatz (1) bezeichneten Verwaltungen ist auf seinen Antrag in den Ruhestand zu versetzen, wenn er aus uneigennützigen Gründen, die auf seiner Haltung im Sinne des Artikels 1 beruhen, den Wunsch äußert, aus dem Dienst auszuscheiden. Der Antrag kann nur bis zum Ablauf eines Jahres nach Inkrafttreten dieser Vereinbarung gestellt werden.

(2) Ein Beamter auf Lebenszeit oder auf Zeit der in Artikel 2 Absatz (1) bezeichneten Verwaltungen kann mit seiner Zustimmung wegen seiner Haltung im Sinne des Artikels 1 in den Ruhestand versetzt werden.

(3) Für Angestellte und Arbeiter der in Artikel 2 Absatz (1) bezeichneten Verwaltungen, die auf Grund einer Dienstordnung, einer Ruhelohnordnung, einer Satzung oder eines Vertrages eine Anwartschaft auf eine vom Arbeitgeber zu gewährende Versorgung besitzen, gelten die vorstehenden Absätze (1) und (2) sinngemäß.

Artikel 4

(1) Die Rechtsstellung eines Beamten oder Ruhestandsbeamten der in Artikel 2 Absatz (1) bezeichneten Verwaltungen oder eines versorgungsberechtigten Hinterbliebenen, der nicht Deutscher ist und bei Inkrafttreten dieser Vereinbarung die Eigenschaft als Saarländer besitzt, wird durch den Mangel der deutschen Staatsangehörigkeit nicht berührt. Jedoch kann ein Beamter auf Lebenszeit oder auf Zeit in den Ruhestand versetzt werden, falls er nicht innerhalb eines Jahres nach Inkrafttreten dieser Vereinbarung einen Antrag auf Verleihung der deutschen Staatsangehörigkeit gestellt hat oder falls einem solchen Antrag nicht entsprochen worden ist. Ein Beamter auf Widerruf oder ein Beamter ohne Dienstbezüge kann unter den Voraussetzungen des Satzes 2 entlassen werden.

(2) Für Angestellte und Arbeiter der Verwaltungen des Staates, der Gemeinden und der sonstigen Körperschaften, Anstalten und Stiftungen des öffentlichen Rechts im Saarland gilt Absatz (1) Satz 1 sinngemäß. Ferner gelten sinngemäß

(a) für Angestellte, die unter Artikel 3 Absatz (3) dieser Anlage fallen, Absatz (1) Satz 2 dieses Artikels,

(b) für sonstige Angestellte der Verwaltungen des Staates, der Gemeinden und der sonstigen Körperschaften, Anstalten und Stiftungen des öffentlichen Rechts im Saarland Absatz (1) Satz 3 dieses Artikels.

Artikel 5

(1) Wer bei Inkrafttreten dieser Vereinbarung die Eigenschaft als Saarländer besitzt und nach dem Grundgesetz der Bundesrepublik Deutschland den Status eines Deutschen hat, hat binnen einer Frist von zwei Jahren das Recht, diesen Status durch öffentlich beglaubigte Erklärung gegenüber den zuständigen Behörden aufzugeben, es sei denn, daß er dadurch staatenlos würde.

(2) Beantragt eine Person, die bei Inkrafttreten dieser Vereinbarung die Eigenschaft als Saarländer besitzt, aber nicht Deutscher war, die Verleihung der deutschen Staatsangehörigkeit, so wird ihr diese wegen ihrer Haltung im Sinne des Artikels 1 nicht verweigert werden.

Artikel 6

(1) Personen, die nicht Deutsche sind, jedoch bei Inkrafttreten dieser Vereinbarung die Eigenschaft als Saarländer besitzen, können, wenn sie zu diesem Zeitpunkt einen freien Beruf im Saarland ausüben, diesen unter den gleichen Voraussetzungen wie Deutsche ausüben.

(2) Personen, die nicht Deutsche sind, jedoch bei Inkrafttreten dieser Vereinbarung die Eigenschaft als Saarländer besitzen und die zu diesem Zeitpunkt einen unselbständigen Beruf im Saarland ausüben, bedürfen für die Fortführung eines solchen Berufs keiner Aufenthalts- und Arbeitserlaubnis.

(3) Personen, die in den Genuß der in den vorstehenden Absätzen genannten Vergünstigungen gelangen wollen, haben innerhalb eines Jahres nach Inkrafttreten dieser Vereinbarung den zuständigen Behörden hiervon Mitteilung zu machen.

(4) Auf Antrag wird ihnen eine amtliche Bescheinigung darüber ausgestellt, daß ihnen die Vergünstigungen nach Absatz (1) oder (2) zustehen.

(5) Auf die Vergünstigungen nach Absatz (1) und (2) können sich Personen nicht mehr berufen, die nach Inkrafttreten dieser Vereinbarung eine andere als die deutsche Staatsangehörigkeit erwerben.

(6) Die Bestimmungen dieses Artikels gelten nicht für die in Artikel 88 des Vertrags genannten Personen[1]).

Artikel 9

Im Sinne dieser Vereinbarung besitzen die Eigenschaft als Saarländer diejenigen Personen, welche die Voraussetzungen der in Artikel 1 und 5 ff. des Gesetzes vom 15. Juli 1948 in der im Amtsblatt des Saarlandes vom 6. Februar 1954 veröffentlichten Fassung erfüllen.

---

1) Artikel 88 des Saarvertrages: Die Stellung der französischen Ingenieure, Gleichgestellten und Angestellten, die gegenwärtig im Dienst der „Saarbergwerke" stehen und insbesondere derjenigen, die ausscheiden, ist in Anlage 30 geregelt.

F. Regelung der deutsch-österreichischen Staatsangehörigkeit

Artikel 10

Macht in einem Verfahren vor einem saarländischen Gericht des ersten Rechtszuges eine der Parteien geltend, daß sie wegen ihrer Haltung im Sinne des Artikels 1 dieser Vereinbarung durch eine gegen die Bestimmungen dieser Vereinbarung verstoßende Maßnahme in ihren Rechten verletzt sei, so kann sie das Rechtsmittel der Berufung gegen das Urteil des ersten Rechtszuges wahlweise unmittelbar bei dem zuständigen oberen Bundesgericht einlegen. Legt die Gegenpartei Berufung ein, so entscheidet auf Antrag des Berufungsbeklagten auch über diese das zuständige obere Bundesgericht, wenn das Urteil des ersten Rechtszuges auf der Feststellung beruht, daß die vom Berufungsbeklagten geltend gemachte Beeinträchtigung besteht. Der Antrag des letzteren muß bei dem Gericht, bei dem die Berufung eingelegt worden ist, vor dem Termin zur ersten mündlichen Verhandlung eingereicht werden.

4. Aus dem Gesetz über die Eingliederung des Saarlandes vom 23. Dezember 1956

(BGBl. 1956 I S. 1011)

§ 1

(1) Das Grundgesetz für die Bundesrepublik Deutschland gilt vom Inkrafttreten dieses Gesetzes an auch im Saarland. Die Bestimmungen dieses Gesetzes und des Vertrages zwischen der Bundesrepublik Deutschland und der Französischen Republik zur Regelung der Saarfrage (Saarvertrag) bleiben unberührt.

(2) Das Saarland wird mit dem Inkrafttreten dieses Gesetzes ein Land der Bundesrepublik Deutschland. Die in Artikel 29 Abs. 2 und 6 des Grundgesetzes vorgesehenen Fristen beginnen mit dem Ende der Übergangszeit nach Artikel 3 des Saarvertrages zu laufen.

(3) Das bei Inkrafttreten dieses Gesetzes in der Bundesrepublik geltende Staatsangehörigkeitsrecht gilt auch im Saarland.

§ 20

Dieses Gesetz tritt am 1. Januar 1957 in Kraft.

F. Rechtsquellen zur Regelung der deutsch-österreichischen Staatsangehörigkeitsfragen

1. Deutsche Verordnung über die deutsche Staatsangehörigkeit im Lande Österreich

vom 3. Juli 1938 (RGBl. I S. 790)

Auf Grund von Artikel III des Gesetzes über die Wiedervereinigung Österreichs mit dem Deutschen Reich vom 13. März 1938 (RGBl. I S. 237) wird folgendes verordnet:

F. Regelung der deutsch-österreichischen Staatsangehörigkeit

§ 1

(1) Die bisherige österreichische Bundesbürgerschaft und die Landesbürgerschaft in den ehemaligen österreichischen Bundesländern fallen fort.

(2) Es gibt nur die deutsche Staatsangehörigkeit (Reichsangehörigkeit).

(3) Soweit nach geltendem österreichischem Landesrecht der Besitz der österreichischen Bundesbürgerschaft rechtserheblich ist, ist für die Rechtsanwendung maßgebend, ob der deutsche Staatsangehörige bei der Wiedervereinigung Österreichs mit dem Deutschen Reich die österreichische Bundesbürgerschaft besaß oder von einem solchen ehemaligen Bundesbürger seine deutsche Staatsangehörigkeit ableitet.

§ 2

(1) Bescheide, mit denen österreichische Bundesbürger deutschen oder artverwandten Blutes auf Grund der Verordnung der österreichischen Bundesregierung vom 16. August 1933 (BGBl. Nr. 396) ausgebürgert wurden, gelten als nicht erlassen.

(2) Deutsche Staatsangehörige, die die deutsche Staatsangehörigkeit seit dem 7. März 1933 durch Einbürgerung oder Anstellung im öffentlichen Dienst erworben und dadurch die österreichische Bundesbürgerschaft verloren haben, sind rechtlich so zu behandeln, als ob der Verlust der österreichischen Bundesbürgerschaft nicht eingetreten wäre.

§ 3

(1) Personen, die die deutsche Staatsangehörigkeit durch Widerruf der Einbürgerung oder Aberkennung der Staatsangehörigkeit auf Grund des Gesetzes vom 14. Juli 1933 (RGBl. I S. 480) verloren und später die österreichische Bundesbürgerschaft erworben haben, haben durch die Wiedervereinigung Österreichs mit dem Deutschen Reich die deutsche Staatsangehörigkeit nicht erworben.

(2) Das gleiche gilt für Personen, die den Besitz der österreichischen Bundesbürgerschaft von ihnen ableiten.

§ 4

(1) Bis auf weiteres regelt sich der Verlust der Staatsangehörigkeit von deutschen Staatsangehörigen, die durch die Wiedervereinigung Österreichs mit dem Deutschen Reich die deutsche Staatsangehörigkeit erworben haben, nach den Vorschriften des österreichischen Landesrechts, so weit sich aus dieser Verordnung nichts anderes ergibt.

(2) Das gleiche gilt für den Erwerb oder Verlust der Staatsangehörigkeit von Personen, die ihre Staatsangehörigkeit von solchen deutschen Staatsangehörigen ableiten.

§ 5

(1) Die deutsche Staatsangehörigkeit darf erst verliehen werden, wenn der Reichsminister des Innern zugestimmt hat. Die Verordnung der österreichischen Bundesregierung vom 24. November 1933 (BGBl. Nr. 523) wird aufgehoben.

(2) Die Verleihung erfolgt nach den Vorschriften des österreichischen Landesrechts mit der Maßgabe, daß das gesetzliche Erfordernis des vierjährigen Wohnsitzes entfällt und daß ein Anspruch auf Verleihung nicht besteht.

(3) Auf Personen, denen die deutsche Staatsangehörigkeit nach Absatz 1 verliehen wird, finden § 1 Absatz 3 und § 4 sinngemäß Anwendung.

§ 6

(1) Zuständige Behörde in Staatsangehörigkeitsangelegenheiten ist der Landeshauptmann (Bürgermeister von Wien).

(2) Eine Anrufung des Bundesgerichtshofs gegen Bescheide auf Grund dieser Verordnung findet nicht statt.

§ 7

(1) Der Reichsminister des Innern erläßt Bestimmungen über die Einbürgerungsurkunden und die Urkunden, die zur Bescheinigung des Besitzes der Staatsangehörigkeit und des Ausscheidens aus der Staatsangehörigkeit dienen.

(2) Die Vorschriften des österreichischen Landesrechts über Gebühren und Abgaben in Staatsangehörigkeitsangelegenheiten bleiben bis auf weiteres unberührt.

§ 8

Diese Verordnung tritt mit Wirkung vom 13. März 1938 in Kraft.

2. Österreichisches Gesetz über die Überleitung in die österreichische Staatsbürgerschaft (Staatsbürgerschafts-Überleitungsgesetz)

vom 10. Juli 1945 (StGBl. Nr. 59)

in der Fassung der Kundmachung der Bundesregierung vom 4. November 1949 (BGBl. Nr. 276) und der Bundesgesetze vom 25. Januar 1950 (BGBl. Nr. 65), vom 22. November 1950 (BGBl. Nr. 242) und vom 15. Dezember 1951 (BGBl. 1952 Nr. 12).

(Auszug)

§ 1

Österreichische Staatsbürger sind ab 27. April 1945

a) die Personen, die am 13. März 1938 die österreichische Bundesbürgerschaft besessen haben;

b) die Personen, die in der Zeit vom 13. März 1938 bis 27. April 1945 bei Weitergeltung des Bundesgesetzes vom 30. Juni 1925, BGBl. Nr. 285, über den Erwerb und den Verlust der Landes- und Bundesbürgerschaft in der am 13. März 1938 geltenden Fassung die Bundesbürgerschaft durch Rechtsnachfolge nach einem österreichischen Bundesbürger (Abstammung, Legitimation, Ehe) erworben hätten;

alle diese Personen jedoch nur dann, wenn in ihrer Person vor dem 27. April 1945 kein Tatbestand eingetreten ist, mit dem nach den Bestimmungen des in lit. b) genannten Gesetzes der Verlust der Bundesbürgerschaft verbunden ist. Hierbei ist der Verlust der Bundesbürgerschaft durch freiwilligen Eintritt in den Militärdienst eines fremden Staates nicht eingetreten bei Personen, die in den Armeen der Vereinten Nationen gedient haben.

§ 2

(betr. Erwerb der Staatsangehörigkeit seitens alteingesessener Ausländer durch Abgabe einer Treueerklärung)

§ 2a

Frauen, die am 13. März 1938 zwar die österreichische Bundesbürgerschaft besessen haben, sie aber wegen einer vor dem 27. April 1945 eingegangenen Ehe nicht mehr besitzen, erwerben durch Erklärung, der österreichischen Republik als getreue Staatsbürger angehören zu wollen, die Staatsbürgerschaft, wenn sie nicht eine Verurteilung wegen eines Verbrechens oder Vergehens erlitten haben, die nicht getilgt ist. Noch nicht eigenberechtigte, aus einer solchen Ehe stammende Kinder erlangen durch die Erklärung der Mutter ebenfalls die Staatsbürgerschaft, wenn der gesetzliche Vertreter zustimmt. Die mangelnde Zustimmung kann durch das Gericht ersetzt werden. Auch uneheliche, nicht eigenberechtigte Kinder erlangen durch die Erklärung der Mutter die Staatsbürgerschaft. Nicht eigenberechtigte Kinder weiblichen Geschlechts folgen der Staatsbürgerschaft der Mutter nur dann, wenn sie ledig sind.

§ 3

(1) Die in den §§ 2 und 2a vorgesehene Erklärung ist bis 31. Dezember 1953 schriftlich bei dem nach dem Wohnsitz zuständigen Amte der Landesregierung abzugeben.

(2) Ob die in den §§ 2 und 2a festgesetzten Bedingungen zutreffen, ist von Amts wegen festzustellen. Treffen sie zu, so ist der Partei über die abgegebene Erklärung eine Bescheinigung auszufertigen, die den Erwerb der Staatsbürgerschaft vom Zeitpunkt der Erklärung an bestätigt.

§ 4

(betr. Widerruf von Ausbürgerungen)

3. Österreichisches Bundesgesetz, betreffend den Erwerb der Staatsbürgerschaft durch Volksdeutsche

vom 2. Juni 1954 (ÖBGBl. Nr. 142)

§ 1

(1) Personen deutscher Sprachzugehörigkeit, die staatenlos sind oder deren Staatsangehörigkeit ungeklärt ist (Volksdeutsche), erwerben durch Erklärung, der österreichischen Republik als getreue Staatsbürger angehören zu wollen, die Staatsbürgerschaft, wenn sie die im § 2 vorgeschriebenen Bedingungen erfüllen.

(2) Die Erklärung kann auch von einer Ehefrau abgegeben werden.

(3) Volksdeutsche im Sinne des Abs. 1 sind insbesondere Personen, die in ihrem Personalausweis (Ausländerausweis — Verordnung, BGBl. Nr. 33/1946) die Eintragung „Volksdeutscher" aufweisen, es sei denn, daß sie auf Grund von Umständen, die sich nach dieser Eintragung ereigneten, als Angehörige eines fremden Staates zu gelten haben.

(4) Der Erwerb der Staatsbürgerschaft durch Volksdeutsche nach den Bestimmungen des Staatsbürgerschaftsgesetzes 1949, BGBl. Nr. 276/1949, wird durch dieses Bundesgesetz nicht berührt.

§ 2

(1) Die Erklärung kann, unbeschadet der Bestimmungen des Abs. 2, nur abgegeben, wer

a) eigenberechtigt ist,
b) durch Ereignisse nach dem zweiten Weltkrieg staatenlos geworden ist oder dessen Staatsangehörigkeit aus diesen Gründen ungeklärt ist,
c) in der Zeit vom 1. Jänner 1944 bis 31. Dezember 1949 einen Wohnsitz im Gebiete der Republik begründet und ihn zumindest seit 1. Jänner 1950 beibehalten hat,
d) keine Verurteilung erlitten hat, die bei sinngemäßer Anwendung des § 24 der Nationalrats-Wahlordnung den Ausschluß vom Wahlrechte im Zeitpunkte der Verurteilung zur Folge gehabt hätte und
e) auf Grund seines bisherigen Verhaltens Gewähr dafür gibt, daß er zur unabhängigen Republik Österreich bejahend eingestellt ist und die öffentliche Ruhe, Ordnung und Sicherheit nicht gefährdet.

(2) Für nicht eigenberechtigte Volksdeutsche kann der gesetzliche Vertreter die Erklärung abgeben. Die Bestimmung des Abs. 1 lit. c) gilt nicht, wenn die Erklärung von einem Kriegsgefangenen (Internierten) oder von einem im Rahmen der Familienzusammenführung mit Zustimmung der österreichischen Behörden nach Österreich eingereisten Volksdeutschen abgegeben wird, der erst nach seiner Entlassung aus der Kriegsgefangenschaft oder Einreise nach Österreich seinen Wohnsitz im Gebiete der Republik begründet und ihn seither beibehalten hat. Getilgte Verurteilungen bilden kein Hindernis im Sinne des Abs. 1 lit. d).

§ 3

(1) Erklärungen gemäß § 1 können bis 31. Dezember 1955 beim zuständigen Amte der Landesregierung schriftlich abgegeben werden.

(2) Das Amt der Landesregierung hat von Amts wegen zu ermitteln, ob die in diesem Bundesgesetze für den Erwerb der Staatsbürgerschaft, gegebenenfalls auch für den Erwerb der Staatsbürgerschaft durch Rechtsfolge (§ 4) vorgeschriebenen Bedingungen erfüllt sind. Hierüber ist ein Bescheid zu erlassen. Sind die Bedingungen erfüllt, ist im Bescheid auszusprechen, daß der Erklärende, gegebenenfalls auch die im § 4 bezeichneten Personen die Staatsbürgerschaft im Zeitpunkte der Abgabe der Erklärung (Abs. 1) erworben haben.

§ 4

Wird die Staatsbürgerschaft durch Erklärung erworben, gilt für die Rechtsfolge in die Staatsbürgerschaft nachstehendes:

1. Durch die Erklärung des Mannes erlangt auch die Ehefrau die Staatsbürgerschaft.
   Nicht eigenberechtigte eheliche Kinder folgen dem Vater, solche weiblichen Geschlechts nur dann, wenn sie ledig sind.
2. Wird die Erklärung von einer Frau abgegeben, so erlangen ihre nicht eigenberechtigten Kinder, solche weiblichen Geschlechtes nur dann, wenn sie ledig sind, die Staatsbürgerschaft, wenn der gesetzliche Vertreter der Kinder zustimmt. Die mangelnde Zustimmung kann durch die Zustimmung des Gerichtes ersetzt werden.
3. Nicht eigenberechtigte uneheliche Kinder, solche weiblichen Geschlechtes nur dann, wenn sie ledig sind, folgen der Staatsbürgerschaft der Mutter.
4. Die in den Ziffern 1 bis 3 bezeichneten Personen erlangen die Staatsbürgerschaft durch Rechtsfolge nur dann, wenn sie die im § 2 Abs. 1 lit. d) und e) vorgeschriebenen Bedingungen auch ihrerseits erfüllen, die in Ziffer 1 und 3 bezeichneten Personen überdies nur dann, wenn sie dem Erwerb der Staatsbürgerschaft gegebenenfalls durch ihren gesetzlichen Vertreter, spätestens vor Erlassung des Bescheides (§ 3 Abs. 2) zustimmen.

§ 5

Mit der Vollziehung dieses Bundesgesetzes ist, soweit sie dem Bunde zusteht, das Bundesministerium für Inneres, soweit sie einem Bundeslande zukommt, die Landesregierung betraut.

G. Internationale Rechtsquellen

1. Gesetz Nr. 12 der Alliierten Hohen Kommission über Nichtigkeit von nationalsozialistischen Rechtsvorschriften über Staatsangehörigkeit

vom 17. November 1949 (ABl. der AHK S. 36)

Die nationalsozialistische Regierung erließ im Zuge der Gebietseinverleibung gesetzliche Vorschriften, welche unter Verletzung der Grundsätze des Völkerrechts Personen oder Gruppen von Personen die deutsche Staatsangehörigkeit aufzwingen; einige dieser Vorschriften berühren französische und luxemburgische Staatsangehörige.

Der Rat der Alliierten Hohen Kommission erläßt daher folgendes Gesetz:

Es wird hiermit festgestellt, daß die Reichsverordnung vom 23. 8. 1942 (RGBl. I S. 533) und der Erlaß des Führers vom 19. 5. 1943 (RGBl. I S. 315), soweit sie die zwangsweise Übertragung der deutschen Staatsangehörigkeit auf französische und luxemburgische Staatsangehörige zum Gegenstand haben, von Anfang an nichtig und rechtsunwirksam gewesen sind.

2. Das Haager Abkommen über Staatsangehörigkeitsfragen vom 12. April 1930 und die zugehörigen Protokolle[1])

1. Abkommen über einzelne, aus mangelnder Übereinstimmung der Staatsangehörigkeitsgesetze sich ergebende Fragen[2])

[Bezeichnung der vertragschließenden Teile]

In der Erwägung, daß es zweckmäßig erscheint, durch internationale Vereinbarung die aus mangelnder Übereinstimmung der Staatsangehörigkeitsgesetze sich ergebenden Fragen zu regeln, und

in der Überzeugung, daß es im allgemeinen Interesse der internationalen Gemeinschaft liegt, wenn alle ihre Mitglieder sich die Auffassung zu eigen machen, wonach jeder Mensch eine StA., und zwar nur eine einzige besitzen sollte,

in der Erkenntnis also, daß das Ziel, dem die Menschheit auf diesem Gebiet zustreben sollte, die gänzliche Beseitigung der Staatenlosigkeit und der Doppelstaatigkeit ist,

in der Meinung andererseits, daß es bei der gegenwärtigen wirtschaftlichen und sozialen Lage der einzelnen Länder nicht möglich ist, schon jetzt eine einheitliche Regelung aller vorgenannten Probleme herbeizuführen,

gleichwohl von dem Wunsche geleitet, dieses große Werk dadurch mit einem ersten Versuch fortschreitender Kodifikation zu beginnen, daß diejenigen der aus mangelnder Übereinstimmung der Staatsangehörigkeitsgesetze sich ergebenden Fragen geregelt werden, über die eine internationale Verständigung gegenwärtig möglich ist,

haben beschlossen, ein Abkommen zu schließen und haben zu diesem Zwecke zu ihren Bevollmächtigten ernannt

[Namen der Bevollmächtigten],

die nach Hinterlegung ihrer in guter und gehöriger Form befundenen Vollmachten die nachstehenden Bestimmungen vereinbart haben:

Kapitel I

Allgemeine Grundsätze

Art. 1. Dem einzelnen Staate steht es zu, durch seine Gesetzgebung zu bestimmen, wer seine StA. besitzt. Die anderen Staaten müssen diese Gesetzgebung anerkennen, so weit sie mit den internationalen Verträgen,

[1]) Deutsche Übersetzung in der zwischen den Regierungen Deutschlands, Österreichs, der Schweiz und der Freien Stadt Danzig abgestimmten Fassung; französischer und englischer Text abgedruckt in Société des Nations-Recueil des Traités Bd. CLXXIX S. 89, 115, Bd. CLXXVIII S. 227.

[2]) In Kraft getreten am 1. 7. 1937. Unterzeichnerstaaten: Deutschland, Österreich, Belgien, Großbritannien und Nordirland (einschießlich aller Mitglieder des Empire, die nicht selbständige Mitglieder des Völkerbundes sind), Kanada, Australien, Südafrikanische Union, Irland, Indien, Chile, China, Columbien, Dänemark, Danzig, Ägypten, Spanien, Estland, Frankreich, Griechenland, Ungarn, Island, Italien, Japan, Lettland, Luxemburg, Mexico, Niederlande, Peru, Polen, Portugal, Salvador, Schweden, Schweiz, Tschechoslowakei, Uruguay, Jugoslawien. Deutschland hat das Abkommen nicht ratifiziert.

der internationalen Übung und den auf dem Gebiet der StA. allgemein anerkannten Rechtsgrundsätzen im Einklang steht.

Art. 2. Darüber, ob jemand einem Staat angehört, ist stets nach den Gesetzen dieses Staates zu entscheiden.

Art. 3. Wer zwei oder mehr Staatsangehörigkeiten besitzt, kann vorbehaltlich der Bestimmungen dieses Abkommens von jedem der Staaten, denen er angehört, als sein StA. angesehen werden.

Art. 4. Ein Staat kann seinem StAng. den diplomatischen Schutz nicht gewähren gegenüber einem Staate, dem der Beteiligte gleichfalls angehört.

Art. 5. Wer mehreren Staaten angehört, ist in einem dritten Staate so zu behandeln, als besäße er nur eine StA. Der dritte Staat braucht auf seinem Gebiet, unbeschadet der Rechtsnormen, die dort hinsichtlich des Personalstatuts gelten, und unter Vorbehalt bestehender Staatsverträge, von den Staatsangehörigkeiten der Beteiligten ausschließlich diejenige des Staates anzuerkennen, in dessen Gebiet der Beteiligte seinen gewöhnlichen und hauptsächlichen Aufenthalt hat, oder die StA. des Staates, mit dem der Beteiligte den Umständen nach tatsächlich am meisten verbunden zu sein scheint.

Art. 6. Wer ohne eigene ausdrückliche Willenserklärung zwei Staaten angehört, kann vorbehaltlich des Rechtes eines jeden Staates, die Aufgabe der StA. in weiterem Umfange zuzulassen, auf eine seiner beiden Staatsangehörigkeiten mit Genehmigung des Staates verzichten, dessen StA. er aufgeben will.

Hat der Verzichtende seinen gewöhnlichen und hauptsächlichen Aufenthalt im Ausland, so soll der Staat, auf dessen StA. verzichtet wird, die Genehmigung nicht versagen, sofern nach seinem Rechte die Bedingungen des Verzichts erfüllt sind.

Kapitel II

Entlassung aus der Staatsangehörigkeit

Art. 7. Die Entlassung hat, soweit sie gesetzlich vorgesehen ist, den Verlust der StA. des entlassenden Staates nur zur Folge, wenn der Entlassene bereits eine zweite StA. besitzt, andernfalls erst zu dem Zeitpunkt, wo er eine neue StA. erwirbt.

Die Entlassung wird unwirksam, wenn der Beteiligte nicht binnen der vom entlassenden Staate festgesetzten Frist eine neue StA. erwirbt. Diese Bestimmung findet auf denjenigen keine Anwendung, der im Zeitpunkt der Entlassung bereits eine andere StA. besitzt.

Der Staat, dessen StA. der Inhaber einer Entlassungsurkunde erworben hat, teilt diesen Erwerb dem entlassenden Staate mit.

Kapitel III

Staatsangehörigkeit der Ehefrau

Art. 8. Verliert eine Frau nach den Gesetzen ihres Heimatstaats ihre StA. durch die Eheschließung mit einem Ausländer, so tritt diese Wirkung nur ein, wenn die Frau die StA. des Ehemanns erwirbt.

Art. 9. Verliert eine Frau nach den Gesetzen ihres Heimatstaats ihre StA. dadurch, daß der Ehemann während der Ehe seine StA. wechselt, so tritt der Verlust nur ein, wenn die Frau die neue StA. ihres Ehemanns erwirbt.

Art. 10. Wird ein Ehemann während der Ehe in einem Staate eingebürgert, so hat dies für die Frau nur dann einen Wechsel der StA. zur Folge, wenn sie der Einbürgerung zugestimmt hat.

Art. 11. Hat eine Frau nach den Gesetzen ihres Heimatstaats ihre StA. durch die Eheschließung verloren, so erwirbt sie nach Auflösung der Ehe ihre frühere StA. nur auf ihren Antrag und gemäß den Gesetzen ihres früheren Heimatstaats wieder. In diesem Falle verliert sie die StA., die sie durch die Eheschließung erworben hatte.

Kapitel IV

Staatsangehörigkeit der Kinder

Art. 12. Die gesetzlichen Vorschriften, wonach die StA. eines Staates durch die Geburt auf seinem Gebiet erworben wird, finden nicht ohne weiteres Anwendung auf Kinder, deren Eltern im Geburtsland des Kindes diplomatische Vorrechte genießen.

Besitzen Kinder von Berufskonsuln oder von solchen Beamten ausländischer Staaten, die von ihrer Regierung mit einer amtlichen Aufgabe betraut sind, durch ihre Geburt Doppelstaatigkeit, so muß ihnen die gesetzliche Möglichkeit gegeben sein, durch Ausschlagung oder auf andere Weise die StA. des Staates aufzugeben, wo sie geboren sind. Dabei ist jedoch Voraussetzung, daß sie die StA. ihrer Eltern behalten.

Art. 13. Die Einbürgerung der Eltern erstreckt sich auf diejenigen Kinder, die nach dem Rechte des einbürgernden Staates minderjährig sind. Das Recht dieses Staates kann hierbei den Erwerb der StA. durch die Kinder von besonderen Voraussetzungen abhängig machen. Erstreckt sich nach dem Rechte eines Staates die Einbürgerung der Eltern nicht auf die minderjährigen Kinder, so behalten diese ihre StA.

Art. 14. Ein Kind, dessen beide Eltern unbekannt sind, besitzt die StA. des Staates, wo es geboren ist. Wird die Abstammung des Kindes nachträglich festgestellt, so bestimmt sich seine StA. nach den Vorschriften für Fälle, in denen die Abstammung bekannt ist.

Bei einem Findelkind wird bis zum Beweis des Gegenteils vermutet, daß es im Gebiet des Staates geboren sei, wo es aufgefunden wurde.

Art. 15. Wird die StA. eines Staates nicht ohne weiteres durch die Geburt im Gebiet des Staates erworben, so kann ein Kind, das dort von staatenlosen Eltern oder Eltern unbekannter StA. geboren ist, die StA. dieses Staates erlangen. Die Voraussetzungen, die in solchem Falle für den Erwerb der StA. erfüllt sein müssen, richten sich nach dem Rechte dieses Staates.

Art. 16. Verliert ein uneheliches Kind nach dem Rechte des Staates, dessen StA. es besitzt, diese durch eine Änderung des Personenstandes

(Legitimation, Anerkennung), so tritt der Verlust nur ein, wenn es die StA. eines anderen Staates nach dessen Rechtsvorschriften über den Einfluß einer Änderung des Personenstandes auf die StA. erwirbt.

Kapitel V

Annahme an Kindes Statt

Art. 17. Tritt nach dem Rechte eines Staates der Verlust der StA. durch Annahme an Kindes Statt ein, so ist er davon abhängig, daß das angenommene Kind die StA. des Annehmenden nach den Bestimmungen des Heimatsrechts des letzteren über den Einfluß der Annahme an Kindes Statt auf die StA. erwirbt.

Kapitel VI

Allgemeine und Schlußbestimmungen

Art. 18. Die vertragschließenden Teile kommen überein, vom Tage des Inkrafttretens dieses Abkommens an die in den vorstehenden Artikeln enthaltenen Grundsätze und Regeln in ihren gegenseitigen Beziehungen anzuwenden.

Die Aufnahme dieser Grundsätze und Regeln in das Abkommen soll in keiner Weise der Entscheidung der Frage vorgreifen, ob diese Grundsätze und Regeln schon gegenwärtig dem internationalen Recht angehören oder nicht.

Ferner besteht Einverständnis darüber, daß bei jedem Punkte, der nicht Gegenstand einer der vorstehenden Bestimmungen ist, die Grundsätze und Regeln des internationalen Rechts in Kraft bleiben.

Art. 19. Dieses Abkommen läßt die Bestimmungen von Verträgen, Abkommen oder Vereinbarungen unberührt, die zwischen den vertragschließenden Teilen über StA. oder damit zusammenhängende Fragen bestehen.

Art. 20. Bei der Unterzeichnung oder der Ratifikation dieses Abkommens oder dem Beitritt dazu kann jeder vertragschließende Teil einzelne Bestimmungen der Art. 1 bis 17 und 21 durch ausdrücklichen Vorbehalt von der Annahme ausschließen.

Die auf diese Weise ausgeschlossenen Bestimmungen können weder dem vertragschließenden Teil, der solche Vorbehalte gemacht hat, entgegengehalten werden, noch kann er sich selbst gegenüber einem anderen vertragschließenden Teil auf sie berufen.

Art. 21. Entsteht zwischen den vertragschließenden Teilen Streit über die Auslegung oder Anwendung des Abkommens und kann dieser auf diplomatischem Wege nicht in befriedigender Weise beseitigt werden, so ist er gemäß den Bestimmungen zu erledigen, die über die Erledigung internationaler Streitfälle zwischen den Parteien in Kraft sind.

Bestehen keine solchen Bestimmungen zwischen den am Streit beteiligten Parteien, so werden diese den Streitfall nach Maßgabe ihres Verfassungsrechts einem Schieds- oder Gerichtsverfahren unterwerfen. Einigen sie sich nicht über die Wahl eines anderen Gerichts, so werden sie den Streitfall dem Ständigen Internationalen Gerichtshof unterbreiten, sofern sie sämtlich an dem auf diesen Gerichtshof bezüglichen Protokoll v. 16. 12. 1920 beteiligt sind, andernfalls einem Schiedsgericht, das auf Grund des Haager Abkommens v. 18. 10. 1907 über die friedliche Erledigung internationaler Streitfälle bestellt wird.

Art. 22. Dieses Abkommen kann bis zum 31. 12. 1930 von jedem Mitgliedstaat des Völkerbundes und ferner von jedem Nichtmitgliedstaat unterzeichnet werden, der zur ersten Kodifikationskonferenz eingeladen worden war oder von dem Völkerbundsrat zwecks Unterzeichnung eine Ausfertigung dieses Abkommens erhalten hat.

Art. 23. Dieses Abkommen soll ratifiziert und die Ratifikationsurkunden sollen beim Völkerbundssekretariat hinterlegt werden.

Der Generalsekretär gibt den Mitgliedstaaten des Völkerbundes und den im Art. 22 bezeichneten Nichtmitgliedstaaten jede Hinterlegung unter Angabe des Tages, an dem sie erfolgt ist, bekannt.

Art. 24. Vom 1. 1. 1931 an kann jeder Mitgliedstaat des Völkerbundes und jeder der im Art. 22 bezeichneten Nichtmitgliedstaaten, die das Abkommen bis zu diesem Tage nicht unterzeichnet haben, dem Abkommen beitreten.

Der Beitritt erfolgt durch eine beim Völkerbundssekretariat zu hinterlegende Urkunde. Der Generalsekretär gibt den Beitritt allen Mitgliedstaaten des Völkerbundes und allen im Art. 22 bezeichneten Nichtmitgliedstaaten unter Angabe des Tages bekannt, an dem die Beitrittsurkunde hinterlegt worden ist.

Art. 25. Sobald zehn Mitgliedstaaten oder Nichtmitgliedstaaten des Völkerbundes ihre Ratifikations- oder Beitrittsurkunde hinterlegt haben, nimmt der Generalsekretär des Völkerbundes eine Niederschrift darüber auf[3]).

Von dieser Niederschrift teilt der Generalsekretär des Völkerbundes jedem Mitgliedstaat des Völkerbundes und jedem der im Art. 22 bezeichneten Nichtmitgliedstaaten je eine beglaubigte Abschrift mit.

Art. 26. Dieses Abkommen tritt für die Mitgliedstaaten des Völkerbundes und die Nichtmitgliedstaaten, die bis zum Tage der Aufnahme der im Art. 25 bezeichneten Niederschrift ihre Ratifikations- oder Beitrittsurkunde hinterlegt haben, am neunzigsten Tage nach Aufnahme der Niederschrift in Kraft[4]).

Für Mitgliedstaaten und Nichtmitgliedstaaten, die ihre Ratifikations- oder Beitrittsurkunde später hinterlegen, tritt es jeweils am neunzigsten Tage nach der Hinterlegung der einzelnen Ratifikations- oder Beitrittsurkunde in Kraft.

Art. 27. Vom 1. 1. 1936 an kann jeder Mitgliedstaat des Völkerbundes und jeder Nichtmitgliedstaat, für den dieses Abkommen zu jenem Zeitpunkt in Kraft ist, beim Generalsekretär des Völkerbundes die Abänderung einzelner oder aller Bestimmungen dieses Abkommens beantragen. Wird ein solcher Antrag, nachdem er den übrigen Mitgliedstaaten oder Nichtmitgliedstaaten mitgeteilt worden ist, für die dieses Abkommen zu jenem Zeitpunkt gilt, von wenigstens neun unter ihnen binnen Jahres-

---

[3]) Dies ist geschehen am 2. 4. 1937.

[4]) Also am 1. 7. 1937, vgl. Anm. zu Art. 25.

frist unterstützt, so entscheidet der Völkerbundsrat nach Anhörung der Mitgliedstaaten und der im Art. 22 bezeichneten Nichtmitgliedstaaten darüber, ob hierzu eine Sonderkonferenz einberufen oder die Abänderung auf die Tagesordnung der nächsten Konferenz zur Kodifikation des internationalen Rechts gesetzt werden soll.

Die vertragschließenden Teile kommen dahin überein, daß im Falle der Abänderung dieses Abkommens das neue Abkommen eine Bestimmung enthalten kann, wonach sein Inkrafttreten für sämtliche Teilnehmer des vorliegenden Abkommens alle oder einzelne Bestimmungen desselben aufhebe.

Art. 28. Dieses Abkommen kann gekündigt werden.

Die Kündigung ist dem Generalsekretär des Völkerbundes schriftlich mitzuteilen, der sie allen Mitgliedstaaten des Völkerbundes und den im Art. 22 bezeichneten Nichtmitgliedstaaten bekanntgibt.

Die Kündigung gilt nur für den Mitgliedstaat oder Nichtmitgliedstaat, der gekündigt hat, und wird ein Jahr nach dem Tage wirksam, an dem sie der Generalsekretär empfangen hat.

Art. 29. 1. Jeder vertragschließende Teil kann nach der Unterzeichnung, der Ratifikation oder dem Beitritt erklären, daß er durch die Annahme dieses Abkommens keinerlei Verpflichtung hinsichtlich der Gesamtheit oder irgendeines Teiles seiner Kolonien, Protektorate, überseeischen Gebiete, oder der seiner Oberhoheit oder seinem Mandat unterstellten Gebiete oder für einzelne Bevölkerungsteile dieser Gebiete zu übernehmen gewillt sei. In diesem Falle findet dieses Abkommen auf die Gebiete und die Bevölkerungsteile, die den Gegenstand einer solchen Erklärung bilden, keine Anwendung.

2. Jeder vertragschließende Teil kann dem Generalsekretär des Völkerbundes späterhin mitteilen, daß er beabsichtige, die Anwendbarkeit dieses Abkommens auf die Gesamtheit oder einen Teil seiner Gebiete oder deren Bevölkerungsteile auszudehnen, die den Gegenstand einer nach Maßgabe des vorhergehenden Absatzes abgegebenen Erklärung gebildet haben. In diesem Falle findet das Abkommen auf die in der Mitteilung genannten Gebiete oder Bevölkerungsteile sechs Monate nach Empfang der Mitteilung durch den Generalsekretär des Völkerbundes Anwendung.

3. Ebenso kann jeder vertragschließende Teil jederzeit erklären, daß dieses Abkommen auf die Gesamtheit oder einen Teil seiner Kolonien, Protektorate, überseeischen Gebiete oder der seiner Oberhoheit oder seinem Mandat unterstellten Gebiete oder auf einzelne Bevölkerungsteile dieser Gebiete nicht mehr anwendbar sein solle. In diesem Falle findet das Abkommen auf die Gebiete oder Bevölkerungsteile, die Gegenstand einer solchen Erklärung sind, nach Ablauf eines Jahres seit dem Eintreffen der Erklärung beim Generalsekretär des Völkerbundes keine Anwendung mehr.

4. Jeder vertragschließende Teil kann bei der Unterzeichnung, der Ratifikation oder dem Beitritt oder bei der im Abs. 2 dieses Artikels vorgesehenen Mitteilung Vorbehalte gemäß Art. 20 dieses Abkommens wegen der Gesamtheit oder eines Teiles seiner Kolonien, Protektorate,

überseeischen Gebiete oder der seiner Oberhoheit oder seinem Mandat unterstellten Gebiete oder wegen einzelner Bevölkerungsteile dieser Gebiete machen.

5. Der Generalsekretär des Völkerbundes gibt allen Mitgliedstaaten des Völkerbundes und allen im Art. 22 bezeichneten Nichtmitgliedstaaten die auf Grund dieses Artikels empfangenen Erklärungen und Mitteilungen bekannt.

Art. 30. Der Generalsekretär des Völkerbundes hat dieses Abkommen einzutragen, sobald es in Kraft getreten ist.

Art. 31. Der französische und der englische Wortlaut dieses Abkommens sind in gleicher Weise maßgebend.

2. Protokoll
über militärische Pflichten in gewissen Fällen von Doppelstaatigkeit[5])

Die unterzeichneten Bevollmächtigten haben im Namen ihrer Regierungen zwecks Regelung der militärischen Pflichten solcher Personen, die zwei oder mehr StA. besitzen, nachstehende Bestimmungen vereinbart:

Art. 1. Wer zwei oder mehr Staaten angehört, im Gebiet eines dieser Staaten seinen gewöhnlichen Aufenthalt hat und mit diesem Staat tatsächlich am meisten verbunden ist, unterliegt keinerlei militärischen Pflichten in einem anderen Heimatstaat.

Eine solche Befreiung kann den Verlust der StA. in jedem dieser anderen Staaten für ihn zur Folge haben.

Art. 2. Wer zwei oder mehr Staaten angehört und nach dem Recht eines dieser Staaten bei Erreichung der Volljährigkeit auf die StA. dieses Staates verzichten oder sie ausschlagen kann, ist vorbehaltlich der Bestimmungen des Art. 1 dieses Protokolls während der Minderjährigkeit vom Militärdienst in diesem Staate befreit.

Art. 3. Wer die StA. eines Staates nach dessen Rechte verloren und eine andere StA. erworben hat, unterliegt in dem Staate, dessen StA. er verloren hat, keinen militärischen Pflichten.

[Die Art. 4 bis 17 sowie die Schlußformel entsprechen den Art. 18 bis 31 und der Schlußformel des Abkommens.]

3. Protokoll
über einen Sonderfall von Staatenlosigkeit[6])

Die unterzeichneten Bevollmächtigten haben im Namen ihrer Regierungen zwecks Verhinderung der Entstehung von Staatenlosigkeit in einem Sonderfalle nachstehende Bestimmungen vereinbart:

---

[5]) In Kraft getreten am 25. 5. 1937. Unterzeichnerstaaten: Deutschland, USA, Österreich, Belgien, Großbritannien und Nordirland, Kanada, Irland, Indien, Chile, Columbien, Cuba, Dänemark, Ägypten, Frankreich, Griechenland, Luxemburg, Mexico, Niederlande, Peru, Salvador, Schweden, Uruguay. Deutschland hat das Protokoll nicht ratifiziert.

[6]) In Kraft getreten am 1. 7. 1937. Unterzeichnerstaaten: Belgien, Großbritannien, Australien, Kanada, Südafrikanische Union, Irland, Chile, China, Columbien, Cuba, Dänemark, Danzig, Ägypten, Spanien, Estland, Frankreich, Griechenland, Japan, Lettland, Luxemburg, Mexico, Niederlande, Peru, Polen, Portugal, Tschechoslowakei, Uruguay.

Art. 1. Ein Kind, dessen Vater staatenlos oder unbekannter StA. ist, besitzt die StA. des Geburtsstaates, sofern die Mutter sie besitzt, auch dann, wenn die StA. dieses Staates nicht schon durch die bloße Tatsache der Geburt auf dessen Gebiet erworben ist.

[Die Art. 2—15 sowie die Schlußformel entsprechen den Art. 18—31 und der Schlußformel des Abkommens.]

4. Sonderprotokoll über Staatenlosigkeit[7])

Die unterzeichneten Bevollmächtigten haben im Namen ihrer Regierungen zwecks Regelung gewisser Beziehungen der Staatenlosen zu dem Staate, dem sie zuletzt angehörten, nachstehende Bestimmungen vereinbart:

Art. 1 Wer nach Einreise in einen ausländischen Staat seine bisherige StA. verloren hat, ohne eine andere zu erwerben, muß von dem Staate, dem er zuletzt angehörte, auf Antrag des Aufenthaltstaats übernommen werden, wenn er

1. infolge unheilbarer Krankheit oder aus irgendeinem anderen Grunde in dauernder Notlage ist oder
2. im Aufenthaltsstaat zu einer Gefängnisstrafe von wenigstens einem Monat verurteilt und die Strafe von ihm verbüßt oder ihm ganz oder zum Teil erlassen worden ist.

Im ersten Falle kann der Staat, dem der Beteiligte zuletzt angehörte, die Übernahme ablehnen, wenn er sich verpflichtet, die Fürsorgekosten im Aufenthaltsstaat vom dreißigsten Tage nach Stellung des Antrags an zu tragen. Im zweiten Falle hat der Staat, der den Übernahmeantrag gestellt hat, die Beförderungskosten zu tragen.

[Die Art. 2—15 sowie die Schlußformel entsprechen den Art. 18—31 und der Schlußformel des Abkommens.]

3. Übereinkommen über die Staatsangehörigkeit der verheirateten Frau

vom 29. Januar 1957

Die Vertragsstaaten,

In der Erkenntnis, daß im Staatsangehörigkeitsrecht und in der Staatsangehörigkeitspraxis Überschneidungen entstehen als Folge der Vorschriften über den Verlust oder Erwerb der Staatsangehörigkeit seitens der Frau als Folge der Eheschließung, der Ehescheidung oder des Wechsels der Staatsangehörigkeit des Ehemannes während der Ehe,

In der Erkenntnis, daß in Artikel 15 der Allgemeinen Erklärung der Menschenrechte die Generalversammlung der Vereinten Nationen proklamiert hat, daß „jeder Mensch Anspruch auf Staatsangehörigkeit hat“ und daß „niemandem willkürlich seine Staatsangehörig-

[7]) Noch nicht in Kraft getreten. Unterzeichnerstaaten: Österreich, Belgien, Großbritannien, Kanada, Südafrikanische Union, Irland, Indien, China, Columbien, Cuba, Ägypten, Spanien, Griechenland, Luxemburg, Mexico, Peru, Portugal, Salvador, Uruguay.

keit entzogen noch das Recht versagt werden darf, die Staatsangehörigkeit zu wechseln",

In dem Wunsche, mit den Vereinten Nationen bei der Förderung der allgemeinen Anerkennung und Beachtung der Menschenrechte und Grundfreiheiten für alle Menschen ohne Unterschied des Geschlechts zusammenarbeiten,

kommen hiermit wie folgt überein:

Artikel 1

Die Vertragsstaaten kommen überein, daß weder die Schließung noch die Auflösung der Ehe zwischen einem oder einer seiner Staatsangehörigen und einem Ausländer bzw. einer Ausländerin, noch der Wechsel der Staatsangehörigkeit seitens des Ehemannes während der Ehe sich automatisch auf die Staatsangehörigkeit der Ehefrau auswirkt.

Artikel 2

Die Vertragsstaaten kommen überein, daß weder der freiwillige Erwerb der Staatsangehörigkeit eines anderen Staates noch der Verzicht auf die Staatsangehörigkeit durch einen seiner Staatsangehörigen der Beibehaltung dieser Staatsangehörigkeit seitens der Ehefrau eines solchen Staatsangehörigen entgegensteht.

Artikel 3

1. Die Vertragsstaaten kommen überein, daß die ausländische Ehefrau eines seiner Staatsangehörigen auf ihren Antrag die Staatsangehörigkeit ihres Ehemannes durch besonders privilegierte Einbürgerungsverfahren erwerben kann; die Gewährung der Staatsangehörigkeit kann von solchen Bedingungen abhängig gemacht werden, wie sie möglicherweise im Interesse der nationalen Sicherheit oder der öffentlichen Ordnung[1]) auferlegt werden.

2. Die Vertragsstaaten kommen überein, daß dieses Übereinkommen nicht als Rechtsvorschriften oder einer Rechtspraxis entgegenstehend ausgelegt werden darf, durch die die ausländische Ehefrau eines ihrer Staatsangehörigen auf ihren Antrag die Staatsangehörigkeit ihres Ehemannes von Rechts wegen erwirbt.

Artikel 4

1. Dieses Übereinkommen liegt für jeden Mitgliedstaat der Vereinten Nationen und für jeden anderen Staat, der bereits Mitglied einer der Sonderorganisationen der Vereinten Nationen ist oder nach diesem Zeitpunkt deren Mitgliedschaft erwirbt, oder der am Statut des Internationalen Gerichtshofes beteiligt ist oder sich nach diesem Zeitpunkt beteiligt, oder für jeden anderen Staat, an den eine Einladung durch die Generalversammlung der Vereinten Nationen gerichtet wird, zur Unterzeichnung und Ratifizierung auf.

---

1) Englischer Wortlaut: public policy; französischer Wortlaut: ordre public.

2. Dieses Übereinkommen bedarf der Ratifizierung; die Ratifikationsurkunden werden beim Generalsekretär der Vereinten Nationen hinterlegt.

Artikel 5

1. Der Beitritt zu diesem Übereinkommen steht allen Staaten offen, auf die in Artikel 4 Absatz 1 Bezug genommen ist.

2. Der Beitritt erfolgt durch Hinterlegung einer Beitrittsurkunde beim Generalsekretär der Vereinten Nationen.

Artikel 6

1. Dieses Übereinkommen tritt am neunzigsten Tage nach Hinterlegung der sechsten Ratifikations- oder Beitrittsurkunde in Kraft.

2. Für jeden Staat, der nach Hinterlegung der sechsten Ratifikations- oder Beitrittsurkunde dieses Übereinkommen ratifiziert oder ihm beitritt, tritt das Übereinkommen am neunzigsten Tage nach Hinterlegung der Ratifikations- oder Beitrittsurkunde seitens dieses Staates in Kraft.

Artikel 7

1. Dieses Übereinkommen findet auf alle Gebiete ohne Selbstverwaltung, Treuhand-, Kolonial- und andere nicht zum Mutterland gehörenden Gebiete Anwendung, für deren internationale Beziehungen ein Vertragsstaat verantwortlich ist; der betreffende Vertragsstaat gibt — unter Berücksichtigung von Absatz 2 — bei der Unterzeichnung, Ratifizierung oder beim Beitritt die nicht zum Mutterland gehörenden Gebiete bekannt, auf die dieses Übereinkommen ipso facto als Folge dieser Unterzeichnung, Ratifikation oder dieses Beitrittes Anwendung findet.

2. Wird in Fragen der Staatsangehörigkeit ein nicht zum Mutterland gehörendes Gebiet nicht wie ein zum Mutterland gehörendes Gebiet behandelt oder bedarf nach dem Verfassungsrecht oder der Verfassungspraxis des Vertragsstaates oder des nicht zum Mutterland gehörenden Gebietes die Anwendung dieses Übereinkommens auf das betreffende Gebiet der vorherigen Zustimmung dieses Gebietes, so bemüht sich der betreffende Vertragsstaat, die erforderliche Zustimmung des nicht zum Mutterland gehörenden Gebietes innerhalb von zwölf Monaten nach der Unterzeichnung dieses Übereinkommens seitens des Vertragsstaates herbeizuführen; sobald diese Zustimmung erlangt ist, zeigt der Vertragsstaat dem Generalsekretär der Vereinten Nationen dies an. Dieses Übereinkommen findet auf die in dieser Anzeige benannten Gebiete vom Zeitpunkt des Einganges der Anzeige beim Generalsekretär Anwendung.

3. Nach Ablauf der in Absatz 2 erwähnten zwölf Monate informieren die betreffenden Vertragsstaaten den Generalsekretär über die Ergebnisse der Konsultationen mit den nicht zum Mutterland gehörenden Gebieten, für deren internationale Beziehungen sie verantwortlich sind und deren Zustimmung zur Anwendung dieses Übereinkommens noch aussteht.

Artikel 8

1. Jeder Staat kann bei der Unterzeichnung, Ratifizierung oder dem Beitritt zu allen Artikeln dieses Übereinkommens mit Ausnahme von Artikel 1 und 2 Vorbehalte machen.

2. Falls ein Staat einen Vorbehalt gemäß Absatz 1 macht, so ist das Übereinkommen mit Ausnahme der Bestimmungen, auf die sich der Vorbehalt bezieht, zwischen dem den Vorbehalt machenden Staat und den anderen Vertragsparteien wirksam. Der Generalsekretär der Vereinten Nationen übermittelt allen Staaten, die Vertragsparteien des Übereinkommens sind oder werden, den Wortlaut des Vorbehalts. Jeder Staat, der Vertragspartei des Übereinkommens ist oder wird, kann dem Generalsekretär anzeigen, daß er sich nicht bereit erklärt, sich gegenüber dem den Vorbehalt machenden Staate durch das Übereinkommen gebunden zu erachten. Diese Anzeige muß durch einen Staat, der bereits Vertragspartei ist, innerhalb von neunzig Tagen vom Zeitpunkt der Übermittlung durch den Generalsekretär, durch einen Staat, der später Vertragspartei wird, innerhalb von neunzig Tagen nach der Hinterlegung der Ratifikations- oder Beitrittsurkunde erfolgen. Wird eine solche Anzeige abgegeben, so gilt das Übereinkommen zwischen dem die Anzeige abgebenden und dem den Vorbehalt machenden Staat nicht als wirksam.

3. Jeder Staat, der einen Vorbehalt nach Absatz 1 macht, kann diesen jederzeit, nachdem er angenommen ist, ganz oder teilweise durch eine entsprechende an den Generalsekretär der Vereinten Nationen gerichtete Anzeige zurückziehen. Eine solche Anzeige wird am Tage ihres Einganges wirksam.

Artikel 9

1. Jeder Vertragsstaat kann dieses Übereinkommen durch schriftliche Anzeige an den Generalsekretär der Vereinten Nationen kündigen. Die Kündigung wird ein Jahr nach Eingang der Anzeige beim Generalsekretär wirksam

2. Dieses Übereinkommen tritt mit Wirksamwerden der Kündigung, die die Zahl der Vertragsparteien unter sechs sinken läßt, außer Kraft.

Artikel 10

Jede die Auslegung oder Anwendung dieses Übereinkommens betreffende Meinungsverschiedenheit, die zwischen zwei oder mehr Vertragsstaaten entsteht und die auf dem Verhandlungswege nicht beigelegt werden kann, wird auf Antrag einer der an der Meinungsverschiedenheit beteiligten Vertragsparteien dem Internationalen Gerichtshof zur Entscheidung unterbreitet, es sei denn, daß sich die Vertragsparteien auf eine andere Art der Beilegung einigen.

Artikel 11

Der Generalsekretär der Vereinten Nationen zeigt allen Mitgliedstaaten der Vereinten Nationen und den in Artikel 4 Absatz 1 dieses Übereinkommens berücksichtigten Nichtmitgliedstaaten an:

(a) Die gemäß Artikel 4 erfolgten Unterzeichnungen und Eingänge von Ratifikationsurkunden;
(b) die gemäß Artikel 5 erfolgten Eingänge von Beitrittsurkunden;
(c) den Zeitpunkt, an dem dieses Übereinkommen gemäß Artikel 6 in Kraft tritt;
(d) die gemäß Artikel 8 erfolgten Eingänge von Mitteilungen und Anzeigen;
(e) die gemäß Artikel 9 erfolgten Eingänge von Kündigungsanzeigen;
(f) das gemäß Artikel 9 Absatz 2 erfolgte Außerkrafttreten des Übereinkommens.

Artikel 12

1. Dieses Übereinkommen, dessen chinesischer, englischer, französischer, russischer und spanischer Wortlaut gleichermaßen verbindlich ist, wird im Archiv der Vereinten Nationen hinterlegt.

2. Der Generalsekretär der Vereinten Nationen übermittelt jedem Mitgliedstaat der Vereinten Nationen und jedem in Artikel 4 Absatz 1 berücksichtigten Nichtmitgliedstaat eine beglaubigte Abschrift des Übereinkommens.

III.

Kommentar

1. Zu den Artikeln des Grundgesetzes für die Bundesrepublik Deutschland vom 23. Mai 1949

Art. 3

(1) Alle Menschen sind vor dem Gesetz gleich.[1]

(2) Männer und Frauen sind gleichberechtigt.[2]

(3) Niemand darf wegen seines Geschlechtes, seiner Abstammung, seiner Rasse, seiner Sprache, seiner Heimat und Herkunft, seines Glaubens, seiner religiösen oder politischen Anschauungen benachteiligt oder bevorzugt werden.[3]

1. Keine Stufen der Staatsangehörigkeit

Aus dem Gleichheitssatz des Abs. 1 und 2 folgt für die Staatsangehörigkeit, daß es keine Abstufungen der Staatsangehörigkeit geben kann. Unterscheidungen wie zwischen deutschen Staatsangehörigen und der deutschen Kolonialbevölkerung in der Kaiserzeit oder wie zwischen Reichsbürgern und Nurstaatsangehörigen zur nationalsozialistischen Zeit wären verfassungswidrig. Es kann keine Bürger 2. Klasse geben. Auch die „Nurdeutschen" im Sinne des Art. 116 Abs. 1 GG sind keinesfalls Deutsche minderen Rechts. Immerhin läßt sich nicht in Abrede stellen, daß sie in mancher Beziehung benachteiligt sind, denn sie bedürfen zum Erwerb der Vollstaatsangehörigkeit der Einbürgerung und diese kann ihnen versagt werden. Die Bestimmung ist daher nur als Übergangsbestimmung erträglich und dürfte nicht dazu führen, für dauernd eine zweite Klasse von Staatsangehörigkeit zu schaffen. Nicht ohne Bedenken ist in dieser Beziehung auch die Verwirkung der Grundrechte nach Art. 18, wenn diese auf Lebenszeit ausgesprochen würde. Eine vorübergehende Entziehung politischer Rechte als Folge strafrechtlicher Verurteilung verstößt nicht gegen rechtsstaatliche Grundsätze. Anders wäre es jedoch, wenn Personen lediglich wegen politischer Betätigung die wichtigsten Grundrechte auf Lebenszeit entzogen würden. Dies würde die Schaffung von Staatsangehörigen minderen Rechts bedeuten und würde dem Grundsatz der Art. 3 und 33 GG widersprechen. Bedenken äußern v. Mangoldt Art. 18 GG Anm. 2, Maunz, Deutsches Staatsrecht 5. Aufl. S. 104. Vgl. auch Ipsen in Grundrechte Bd. 2 S. 142.

2. Die Staatsangehörigkeit der Ehefrau

Aus diesem Grundrechtssatz hat sich die eigene Staatsangehörigkeit der Ehefrau entwickelt. Der Ausgangspunkt war in allen europäischen Ländern die einheitliche Staatsangehörigkeit der Familie, die von der Staatsangehörigkeit des Mannes bestimmt wurde. Zu den alten Forderungen der Frauenrechtlerinnen gehörte jedoch der Anspruch auf die selbständige Staatsangehörigkeit der Frau, d. h. daß die Ehe ohne Einfluß auf Erwerb oder Verlust der Staatsangehörigkeit der Frau sein sollte. Die Frage ist in den letzten Jahrzehnten in allen europäischen Ländern sowie internationalrechtlich diskutiert worden. (Vgl. Beitzke in Grundrechte Bd. 2 S. 213, Makarov, La nationalité de la femme mariée in Recueil des Cours de l'Académie de Droit internat. 1937 II S. 116, Leiber, Zur Gleichberechtigung der Frau im Staatsangehörigkeitsrecht, Die Verwaltung 1953 S. 623.) Obgleich die Verselbständigung der Staatsangehörigkeit der Frau für diese keineswegs nur einen Vorteil bedeutet, sondern sie auch Gefahren aussetzt, hat der Grundsatz sich mehr und mehr durchgesetzt, so daß er heute als herrschend angesehen werden kann. (Vgl. Naccary, La nationalité de la femme mariée dans les principaux pays, Thèse, Genf 1925, Wold, Effect of marriage upon nationality 1928, Zepf, Die Staatsangehörigkeit der verheirateten Frau, Tübingen, Dissertation 1929, Raape, Die Staatsangehörigkeit kraft Abstammung 1948, Simson, Die Staatsangehörigkeit der verheirateten Frau im heutigen Europa, Arch. d. öfftl. R. Bd. 76 (1950) S. 55, Makarov, Art. 3 des Bonner GG und das Staatsangehörigkeitsrecht in Festschrift für Rudolf Laun Gegenwartsfragen des internat. Rechts u. der Rechtsphilosophie 1953 S. 659). Er hat namentlich auch die Vereinten Nationen gewonnen, deren Generalversammlung am 20. Februar 1957 auf Vorschlag der Commission de la condition de la femme einen Konventionsentwurf angenommen und zur allgemeinen Zeichnung durch die Staaten ausgelegt hat, der ihn ausdrücklich ausspricht. (Vgl. Revue des Nations Unies 1957 Heft 4 S. 83 — die Konvention ist oben S. 73 abgedruckt.)

Die Verfasser des Grundgesetzes waren sich bei der Fassung des Art. 3 wohl selbst nicht ganz klar darüber, daß aus dieser Verfassungsbestimmung die eigene Staatsangehörigkeit der Frau hergeleitet werden müßte, wie aus der Fassung des Art. 16 GG hervorgeht, welcher der Frau bei der Eheschließung die Möglichkeit eröffnen wollte, die deutsche Staatsangehörigkeit zu behalten, falls sie die des Mannes nicht erwarb. (Vgl. Schätzel, in Grundrecht Bd. 2 S. 578). Der Grundsatz ist in der Bundesrepublik erst allmählich fast gewohnheitsrechtlich durchgedrungen und stieß anfangs auch auf Widerspruch. Abs. 2 war nach Art. 117 I GG bis zum 1. April 1953 suspendiert, um dem Gesetzgeber die Möglichkeit zu geben, die vielen aus diesem Grundsatz sich ergebenden Folgen gesetzlich zu regeln. Diese Gesetzgebung kam jedoch zunächst nicht zustande, so daß Art. 3 II ohne nähere gesetzliche Erläuterung am 1. April 1953 in Kraft trat. Die Frage der Gleichberechtigung auf dem Gebiete des bürgerlichen Rechts wurde zunächst durch das sogenannte Gleichberechtigungsgesetz vom 18. Juni 1957 (BGBl. I S. 609) geregelt, doch enthielt dieses Gesetz nichts über die Frage der Staatsangehörigkeit. Dort blieb es daher zunächst bei dem bisherigen Rechtszustand und wurde die Entscheidung der Frage in die Hände der Rechtsprechung gelegt. Der Gesetzgeber konnte sich anscheinend nur schwer mit dem Gedanken der selbständigen Staatsangehörigkeit der Frau abfinden. Ein erster Gesetzentwurf (Bundesratsdrucksache 190/53) wollte an dem alten Grundsatz festhalten, daß die Frau die Staatsangehörigkeit des Mannes erhält, und ihr nur ein Ausschlagungsrecht geben. (Der Entwurf ist abgedruckt bei Maßfeller, Dtsch.StAngRecht Erg.Bd. S. 277. Dazu Makarov DÖV 1953 S. 545). Es war besonders der Bundesrat, der sich für diese Lösung einsetzte. Die Frage blieb daher zunächst weiter offen. Nach anfänglichem Schwanken setzte sich in den folgenden Jahren in Schrifttum und Rechtsprechung der Grundsatz der selbständigen Staatsangehörigkeit der Ehefrau durch. Dieser Auffassung paßte sich der Gesetzgeber an. Dies geht aus § 7 des 2. Staatsangehörigkeitsregelungsgesetzes vom 17. Mai 1956 hervor, der zwar nur von der Kategorie der „Anschlußdeutschen" spricht, aber für diese bestimmt, daß sie die deutsche Staatsangehörigkeit nur bis zum 1. April 1953 auf die ausländische Frau übertragen konnten. Darin liegt die Anerkennung des Grundsatzes der eigenen Staatsangehörigkeit der Frau. Danach wurde als feststehend angenommen, daß die entgegenstehenden Bestimmungen der §§ 6 und 17 Ziff. 6 StAngG abgeschafft waren. Die Innenminister der deutschen Länder schlossen sich dann auch dieser Auffassung an und erließen entsprechende Erlasse und Verfügungen: Bad.-Württemb. 22. 8. 1953 GABl. S. 264, StAZ 1953 S. 248; Bayern 12. 10. 1953 MABl. S. 670 StAZ 1953 S. 249; Hamburg 8. 6. 1953 StAZ 1953 S. 202; Hessen 19. 9. 1953 StAZ 1953 S. 250; Niedersachsen 7. 8. 1953 StAZ 203; Nordrhein-Westfalen 24. 12. 1953 MBl. 1954 S. 22 StAZ S. 35; Rheinland-Pfalz 31. 7. 1953 MBl. 1953 S. 459 StAZ S. 206; Schleswig-Holstein 10. 12. 1953 ABl. 1953 S. 551 StAZ 1954 S. 36.

Schließlich gelangte auch der Bundesgesetzgeber zu einer gesetzlichen Regelung. Dies ist im 3. StAngRegG vom 19. August 1957 geschehen. Danach ist der Rechtszustand so, wie er sich durch die Auslegung von Art. 3 GG herausgebildet hatte: Die deutsche Frau, die einen Ausländer heiratet, bleibt deutsch; die Ausländerin erwirbt durch die Ehe mit einem Deutschen nicht die deutsche Staatsangehörigkeit, doch hat ihr der Gesetzgeber einen Einbürgerungsanspruch gegeben. Mehr enthält das Gesetz nicht. Die folgerichtige Durchführung des Grundsatzes erfordert jedoch ferner, daß § 18 StAngG fällt, d. h. die Ehefrau kann jetzt selbständig und ohne Zustimmung des Ehemannes ihre Entlassung aus der deutschen Staatsangehörigkeit beantragen; ebenso ist im § 25 StAngG die Staatsangehörigkeit der Frau von der des Mannes zu lösen: Die Frau kann unabhängig vom Mann eine fremde Staatsangehörigkeit erwerben; er ist nicht mehr zu einem Antrag für sie befugt, sie muß ihn selbst stellen. Die Ehefrau kann auch bei bestehender Ehe durch Legitimation die Staatsangehörigkeit wechseln (§§ 5, 17 Ziff. 5 StAngG).

Ders. Ansicht Maßfeller, 2. Aufl. (1955) S. 40, 80; Lichter 2. Aufl. (1955) S. 70.

In der DDR gilt der Grundsatz der selbständigen Staatsangehörigkeit der Frau seit dem Inkrafttreten ihrer Verfassung (7. Oktober 1949), im Saargebiet seit dem 1. Januar 1957. Vgl. oben S. 60.

Es ist nicht sicher, ob die Entwicklung damit abgeschlossen ist. Aus dem Gleichheitssatz läßt sich auch die Folgerung ziehen, daß die Ehefrau nunmehr kraft jus sanguinis auch ihre Staatsangehörigkeit auf ihr eheliches Kind übertragen müsse. Das französische Recht hat diesen Rechtssatz bereits eingeführt (Code de la nationalité vom 19. Okt. 1945 Art. 18, 19); schwerer wiegt, daß Praxis und Rechtsprechung der DDR diese Folge aus dem Gleichheitssatz gezogen haben (Anordnung des Ministeriums d. I. vom 30. Aug. 1954 § 3). Vgl. oben S. 46. Man wird dieser Auffassung in der Bundesrepublik die Anerkennung kaum versagen können. Zum mindesten wäre zu erwägen, ob das jus sanguinis der ehelichen Mutter nicht dann angebracht wäre, wenn der Vater nach der Gesetzgebung seines Staates dem Kinde keine Staatsangehörigkeit vererben kann und es ganz staatenlos würde. Der deutschen Auffassung würde die Staatsangehörigkeitsverleihung an ein sonst staatenloses Kind kraft jus sanguinis der ehelichen Mutter jedenfalls näher liegen als eine Staatsangehörigkeit kraft jus soli. (Dem jus sanguinis der Mutter zuneigend Hildegard Krüger in Ehe u. Familie 1957 S. 435.) Das griechische Staatsangehörigkeitsgesetz vom 30. 9. 1955 Ziff. I wählt diesen Weg.

Eine allgemeine Anerkennung des jus sanguinis der ehelichen Mutter würde allerdings zahlreiche Doppelstaatigkeiten zur Folge haben, was nur dann erträglich wäre, wenn ebenso wie bei der Staatsangehörigkeit der Ehefrau, durch weitgehendes Options- und Ausschlagungsrecht der Weg zur einheitlichen Staatsangehörigkeit der Familie soweit als möglich geebnet würde.

3. Zeitliche Begrenzung

Außerordentlich zweifelhaft ist die zeitliche Begrenzung und Wirkung dieser Bestimmung. Keinesfalls hat sie rückwirkende Kraft. Auch nachdem der Gleichheitssatz am 1. April 1953 uneingeschränkt in Kraft getreten ist, sind vorher entstandene Ungleichheiten nicht von selbst beseitigt worden. Es bleibt also dabei, daß die vor diesem Datum eingetretenen Folgen der Eheschließung weiter in Kraft bleiben. Noch am 31. März 1953 hat ein deutscher Mann seine Staatsangehörigkeit auf seine ausländische Frau übertragen können und hat eine deutsche Frau ihre Staatsangehörigkeit durch Verheiratung verlieren können. Die Härte, die darin liegt, könnte nur durch ein ihr nachträglich gewährtes Rückoptionsrecht auf die deutsche Staatsangehörigkeit gemildert werden. Das 3. StAngRegG enthält ein solches Optionsrecht nicht.

Zweifel erwecken in bezug auf die Frage der Rückwirkung die später zu erörternden Änderungsgesetze von 1955 und 1956. Sie enthalten vielfach Bestimmungen, welche die Staatsangehörigkeit mit rückwirkender

Kraft regeln, und greifen über den 1. April 1953 zurück. Es erhebt sich dabei die Frage, ob sie bei solchen Regelungen den neuen Satz der selbständigen Staatsangehörigkeit der Ehefrau zugrundelegen müssen oder ob sie für die Vergangenheit noch mit der alten abgeleiteten Staatsangehörigkeit der Frau arbeiten dürfen. Sie sind nicht ganz einheitlich verfahren. Z. T. geben sie der Frau eigene Rechte, aber grundsätzlich gehen sie für die Zeit vor dem 1. April 1953 von der abgeleiteten Staatsangehörigkeit der Frau aus. Offenbar nehmen sie an, daß dies eine logische Folge der Rückwirkung wäre. Ich habe gegen diese Auffassung Bedenken. Wenn heute der Grundsatz der eigenen Staatsangehörigkeit der Frau gilt, so kann der Gesetzgeber sie auch nicht nachträglich an die Staatsangehörigkeit des Mannes binden und ihr eine bisher nicht bestrittene deutsche Staatsangehörigkeit nehmen, weil sie vor dem 1. April 1953 einen Ausländer geheiratet hat. Eine Anfechtung dieser Bestimmungen wegen Verfassungswidrigkeit dürfte zur Feststellung der Nichtigkeit dieser Bestimmungen führen.

Art. 16

Die deutsche Staatsangehörigkeit[1] darf nicht entzogen werden.[2] Der Verlust[3] der Staatsangehörigkeit darf nur auf Grund eines Gesetzes und gegen den Willen des Betroffenen nur dann eintreten, wenn der Betroffene dadurch nicht staatenlos wird.[4, 5]

1. Deutsche Staatsangehörigkeit

Diese Bestimmung ist auf Initiative des Abgeordneten von Mangoldt erst vom Parlamentarischen Rat eingeführt worden. (Vgl. Jahrb. d. öfftl. R. N.F. Bd. 1 S. 159 ff.). Sie ist von grundsätzlicher Bedeutung, weil sie die Frage des Verhältnisses der Begriffe deutsche Staatsangehörigkeit und Bundesangehörigkeit aufwirft und damit an die Grundfrage des Verhältnisses Deutsches Reich—Bundesrepublik rührt. Die ursprüngliche Fassung des Entwurfes lautete: „Niemand darf willkürlich seiner Bundesangehörigkeit beraubt werden." Erst der Allgemeine Redaktionsausschuß ersetzte das Wort „Bundesangehörigkeit" durch „Staatsangehörigkeit" mit der Begründung: „Da zur Zeit die Bundesangehörigkeit noch nicht geregelt ist und es vorläufig nur die deutsche Staatsangehörigkeit gibt, empfiehlt es sich, kurzerhand von Staatsangehörigkeit zu sprechen". Der Grundsatzausschuß griff wieder zu dem Ausdruck Staatsangehörigkeit des Bundes zurück und entschied sich schließlich doch für die deutsche Staatsangehörigkeit, da zu der Verfassung doch auch „die anderen Deutschen" eingeladen werden sollten.

Man war sich danach bewußt, daß deutsche Staatsangehörigkeit und Bundesangehörigkeit nicht identisch sind. Deutsche Staatsangehörigkeit ist der weitere Begriff; er umfaßt auch die „anderen Deutschen", also namentlich die in der DDR wohnenden Deutschen (vgl. Maunz, Deutsches Staatsrecht 5. Aufl. S. 27). Auch die Verfassung der DDR geht von diesem alle Deutschen umfassenden Begriff aus. Dann erheben sich allerdings Zweifel, ob die Bundesrepublik überhaupt imstande wäre, allein über die deutsche Staatsangehörigkeit zu befinden, insbesondere den Verlust der deutschen Staatsangehörigkeit zu bestimmen oder anzuerkennen (vgl. Wengler, Deutschland als Rechtsbegriff in Festschrift für Nawiasky S. 55).

Von Bedeutung ist dies für die Verfügung über die deutsche Staatsangehörigkeit durch völkerrechtlichen Vertrag. Ebenso wie nur ein Gesamtdeutschland über Gebietsabtretungen bindende völkerrechtliche Abmachungen treffen könnte, steht die Entscheidung darüber, ob im Zusammenhang mit einer territorialen Neuordnung gewisse deutsche Bevölkerungsgruppen die deutsche Staatsangehörigkeit verlieren sollen, nur einer gesamtdeutschen Regierung zu. Jede Neuregelung des Staatsangehörigkeitsrechtes durch die Bundesrepublik allein begegnet daher grundsätzlichen Bedenken, da dadurch das Band der gemeinsamen deutschen Staatsangehörigkeit durchschnitten werden könnte.

Diese gemeinsame deutsche Staatsangehörigkeit ist nicht nur eine Fiktion, wie Ruby (L'évolution de la nationalité allemande 1954 S. 351) meint. Solange sie besteht, kann es nicht mehrere deutsche Staaten geben. Sie ist auch völkerrechtlich wegen des diplomatischen Schutzrechtes von Bedeutung. Jeder deutsche Diplomat im Ausland ist zur Vertretung jedes deutschen Staatsangehörigen berechtigt. Die gesamtdeutsche Staatsangehörigkeit ist auch bei den Olympischen Spielen in Melbourne 1956 praktisch geworden, indem sie die Aufstellung einer gesamtdeutschen Mannschaft ermöglichte, was nach den olympischen Regeln die Gemeinsamkeit der Staatsangehörigkeit voraussetzte.

2. Entziehung

a) Zweifelhaft ist die Auslegung des Wortes „Entziehung" der Staatsangehörigkeit. Gemeint sind damit Akte einer Zwangsausbürgerung (Denationalisation) von Einzelpersonen und Volksgruppen, wie sie aus politischen Gründen in der jüngsten politischen Geschichte nicht nur in Deutschland vorgekommen sind. Die Bestimmung ist dem Art. 15 der Deklaration der Menschenrechte der Vereinten Nationen vom 10. Dezember 1948 nachgebildet, in dem es heißt: „Jeder Mensch hat Anspruch auf eine Staatsangehörigkeit. Niemand darf seiner Staatsangehörigkeit willkürlich beraubt werden." (Vgl. Jahrb. d. öfftl. R. N. F. Bd. 1 S. 159). Sicher fallen darunter Verwaltungsakte und Gerichtsurteile gegen Einzelpersonen. Um jeden Mißbrauch der Bestimmung gegen politische Gegner zu verhindern, hat man sich entschlossen, auch das Wort „willkürlich" zu streichen, das ursprünglich vorgesehen war (vgl. von Mangoldt, Kommentar Art. 16 Anm. 1 GG).

Umstritten ist, ob das Wort „Entziehung der Staatsangehörigkeit" auch ein Verbot für den Gesetzgeber bedeutet. Ich habe früher (Grundrechte Bd. 2 S. 570) angenommen, daß nur Sondergesetze gegen einzelne Personen verboten seien, während im übrigen für den Gesetzgeber nur die Schranke des Satz 2 gälte. Maßfeller (S. 80) und Lichter (S. 40) legen dem Satz dagegen auch Geltung für den Gesetzgeber bei. Die Auslegung ist im Hinblick auf die Änderungsgesetze von 1955 und 1956 von Bedeutung. Nach der Entstehungsgeschichte (Jahrb. d. öfftl. R. N. F. Bd. 1 S. 159) scheint mir meine frühere Auslegung zu eng. Das Wort „Entziehung" soll danach wohl doch jede einseitige Wegnahme der Staatsangehörigkeit durch den Staat, gleichviel in welcher Form, verbieten, die, auch wenn das Wort „willkürlich" gestrichen ist, als willkürlich oder als Beraubung empfunden wird. Es kann damit natürlich nicht jeder gesetzlich vorgesehene Verlust der Staatsangehörigkeit gemeint sein, wie aus Satz 2 hervorgeht, der dem Gesetzgeber das Recht vorbehält, in gewissen Fällen den Verlust der Staatsangehörigkeit zu verfügen. Es besteht danach ein Unterschied zwischen der (illegitimen) Entziehung der Staatsangehörigkeit und dem (legitimen) Verlust. Fraglich kann sein, wo der Unterschied zu finden ist. Es ist von jeher in allen Rechten üblich, den Verlust der Staatsangehörigkeit an gewisse Tatbestände, meist Handlungen oder Unterlassungen des Individuums, zu knüpfen, z. B. Bitte um Entlassung, Erwerb einer fremden Staatsangehörigkeit, Verletzung der militärischen Dienstpflicht usw. Der Gesetzgeber hat in diesen Verlustgründen sicher keine „Entziehung" der Staatsangehörigkeit sehen wollen. Eine nachgesuchte Entlassung fällt daher keinesfalls unter das Entziehungsverbot, obgleich rein logisch auch in diesem Falle eine Entziehung vorliegt, da der einzelne seine Staatsangehörigkeit nicht einseitig ablegen, sondern der Staat sie ihm auf seine Bitte abnehmen, also entziehen muß. Man wird das entscheidende Kriterium darin sehen müssen, daß zwar der Verlust der Staatsangehörigkeit gesetzlich an gewissen Handlungen oder Unterlassungen des Betroffenen geknüpft werden darf — sofern dieser dadurch nicht ganz staatenlos wird —, daß jedoch der Staat ohne eine solche Voraussetzung auch nicht durch Gesetz Einzelpersonen oder Bevölkerungsgruppen seiner Staatsangehörigkeit berauben darf. Jeder Bürger ist in seine Staatsangehörigkeit hineingeboren, er ist Mitträger der staatlichen Souveränität, seine Staatsangehörigkeit steht daher nicht zur freien Disposition des Staates. Es bedarf immer einer gewissen Mitwirkung, Handlung oder Unterlassung des Individuums, um einen Verlust der Staatsangehörigkeit herbeizuführen und zu legitimieren. Ohne eine solche Voraussetzung darf der Staat auch als Gesetzgeber nicht das Band der Staatsangehörigkeit lösen, läge eine verbotene Entziehung vor.

b) Dem „Entziehungsverbot" kommt keine rückwirkende Kraft zu. Unrichtig ist daher die Annahme von Maßfeller (S. 80), daß aus dieser Bestimmung des GG die Nichtigkeit des Gesetzes vom 14. Juli 1933 über den „Widerruf von Einbürgerungen und die Aberkennung der Staatsangehörigkeit" folge. Dieses Gesetz widerspricht zweifellos der dieser Grundrechtsnorm zugrundeliegenden Rechtsauffassung, aber, da dieser keine Rückwirkung zukommt, bedurfte es einer besonderen Aufhebung und Rückgängigmachung der eingetretenen Folgen. Keinesfalls kann aus Art. 16 Satz 1 GG gefolgert werden, daß alle vom NS-Staat vorgenommenen Ausbürgerungen von selbst hinfällig wären.

3. Verlust

Auch der vom Grundgesetz erlaubte „Verlust" unterliegt Einschränkungen:

a) Da jedem Deutschen die Ausübung der Grundrechte des GG garantiert ist, kann der Gesetzgeber aus dieser Ausübung niemals einen Verlustgrund der Staatsangehörigkeit herleiten. Selbst die Betätigung in einer durch das Bundesverfassungsgericht als verfassungswidrig festgestellten Partei kann nicht zu einem strafweisen Verlust der Staatsangehörigkeit führen.

b) Der Gesetzgeber wünscht offenbar, daß dem Willen des Betroffenen weitgehend Rechnung zu tragen ist. Das geht so weit, daß dem Individuum sogar der Zugang zur Staatenlosigkeit erlaubt wird, falls dies sein Wille ist. Hier sind Zweifel am Platz. In der heute in Staaten eingeteilten Welt wird es sich jeder gefallen lassen müssen, einem Staate zugeteilt zu sein. Ihm ist durch die Grundrechte der Vereinten Nationen der Staatsangehörigkeitswechsel garantiert, er hat Anspruch auf eine Staatsangehörigkeit, er hat die Auswahl zwischen Dutzenden von Staatsangehörigkeiten, aber man wird hinzufügen müssen, daß die internationale Ordnung ihm auch die Verpflichtung auferlegt, eine Staatsangehörigkeit zu haben (a. A. P. Weis, Nationality and Statelessness 1956 S. 128). Ein Recht auf Staatenlosigkeit widerspricht der internationalen Ordnung. Die Gewährung der Entlassung ist daher sehr zweifelhaft, wenn sie zur Staatenlosigkeit führt. Vgl. näheres § 22 StAngGes. Anm. 1 d.

c) Der Wille des Individuums ist auch im Falle völkerrechtlicher Staatsangehörigkeitsregelungen zu beachten. Nach alter Übung enthalten Gebietsabtretungsverträge in der Regel auch Bestimmungen über einen Staatsangehörigkeitswechsel der Bevölkerung, doch wird fast regelmäßig der betroffenen Bevölkerung ein Optionsrecht für die alte Staatsangehörigkeit eingeräumt (vgl. Kunz, Die völkerrechtliche Option 1925, 1928; Szlechter, Les options conventionnelles de nationalité à la suite de cessions de territoires 1948; Hansjörg Jellinek, Der automatische Erwerb und Verlust der Staatsangehörigkeit durch völkerrechtliche Vorgänge 1951; P. Weis, a.a.O. S. 139). Aus Art. 16 ist herzuleiten, daß der Bund auch durch völkerrechtliche Verträge niemals deutsche Staatsangehörige in die Staatenlosigkeit stoßen darf, weil dies eine verbotene Entziehung bedeutete, und daß er ihnen bei einer Aufoktroyierung einer fremden Staatsangehörigkeit mindestens die Möglichkeit einer Staatswahl und der Beibehaltung der deutschen Staatsangehörigkeit eröffnen muß. Ein Verstoß hiergegen würde ebenfalls eine verbotene Entziehung bedeuten.

4. Verhinderung der Staatenlosigkeit

Der Hauptzweck des Satzes 2 ist die Verhinderung der Staatenlosigkeit.

a) Im Sinne einer internationalen Ordnung liegt ebenso die Verhinderung oder Einschränkung der Doppelstaatigkeit wie der Staatenlosigkeit. Zwar verbietet Art. 16 dem Staat die Entziehung der deutschen Staatsangehörigkeit auch gegenüber einem Doppelstaater, aber er ist freier bei der Schaffung von Tatbeständen, welche den Verlust der deutschen Staatsangehörigkeit mit sich bringen. Möglich wäre es daher, bei Doppelstaatern den Verlust der deutschen Staatsangehörigkeit eintreten zu lassen, wenn sie es vorziehen, der Wehrpflicht in dem anderen Staat statt der deutschen nachzukommen; er könnte sie bei Erreichung der Volljährigkeit auch vor die Wahl stellen, sich für die eine oder andere Staatsangehörigkeit entscheiden zu müssen.

b) Der deutsche Staatsangehörige soll jedenfalls davor bewahrt bleiben, völlig staatenlos zu werden. Daraus folgt, daß alle früheren Bestimmungen, welche einen Verlust der deutschen Staatsangehörigkeit bei Verletzung der Wehrpflicht, der Rückkehraufforderung, der Meldepflicht bei Konsuln festsetzten, gegenüber Nurdeutschen abgeschafft sind. Eine Rückwirkung kommt dieser Bestimmung allerdings nicht zu. War der Verlust schon eingetreten, so bleibt es dabei.

c) Art. 16 Abs. I Satz 2 hat vor dem 1. April 1953 eine erhebliche Rolle im Falle der Ehe einer deutschen Frau mit einem Ausländer gespielt, der ihr nach seinem Recht seine Staatsangehörigkeit nicht übertrug, z. B. mit einem amerikanischen Besatzungsangehörigen. Die Standesbeamten waren angewiesen, sie darauf aufmerksam zu machen, daß sie durch die Eheschließung staatenlos würde, dies aber vermeiden könne, wenn sie zu Protokoll erklärte, daß sie Deutsche bleiben wolle. Ist die Befragung unterblieben, so ist, zum mindestens bei Eheschließung in Deutschland, anzunehmen, daß die völlige Staatenlosigkeit nicht dem Willen der Frau entsprach und sie Deutsche bleiben wollte (so BGHZ 19 S. 266). Ebenso ist anzunehmen, daß eine deutsche Staatsangehörige bei Eingehung der Ehe mit einem Deutschen nach Art. 116 I GG ihre deutsche Staatsangehörigkeit behalten wollte (Ebenso Hildegard Krüger in Ehe u. Fam. 1957 S. 435). Durch die neuere Auslegung von Art. 3 GG ist ein Rückgreifen auf Art. 16, um der Frau die deutsche Staatsangehörigkeit zu erhalten, bei allen nach dem 31. 3. 1953 geschlossenen Ehen überflüssig geworden.

5. Deutsche nach Art. 116 I GG

Die Frage, ob Art. 16 auch für die „Deutschen" i. S. des Art. 116 Abs. I GG gilt, ist besonders anläßlich des 1. StAngRegGes. strittig geworden, vgl. unten S. 267 (vgl. Makarov, JZ 1955 S. 662; Hoffmann I S. 41).

Art. 33[1]

Jeder Deutsche[2] hat in jedem Lande[3] die gleichen staatsbürgerlichen Rechte[4] und Pflichten.[5]

Jeder Deutsche hat nach seiner Eignung, Befähigung und fachlichen Leistung gleichen Zugang zu jedem öffentlichen Amte.[6, 7]

1. Grundrechtscharakter

Art. 33 ist ein weiterer Ausbau des Gleichheitssatzes des Art. 3. Der Grundsatzausschuß des Parlamentarischen Rates wollte ihn daher auch ursprünglich in den Grundrechtsteil eingliedern (Jahrb. d. öfftl. R. N. F. Bd. 1 S. 306). Wenn er im GG in dem Abschnitt Bund und Länder steht, ändert dies nichts an seinem Grundrechtscharakter, da jeder Verstoß gegen Art. 33 wohl zugleich auch Art. 3 verletzen wird.

2. Jeder Deutsche

a) Die Fassung „jeder Deutsche" war in den Verhandlungen des Parlamentarischen Rates hart umkämpft. Eine Gegenmeinung wollte statt dessen „jeder Bundesangehörige" setzen. Nur mit knapper Mehrheit ist schließlich die Fassung „jeder Deutsche" angenommen worden.
b) „Jeder Deutsche" ist bewußt als der weiteste Begriff gewählt worden; er umfaßt also auch die Deutschen im Sinne von Art. 116 Abs. 1.
c) Er umschließt ferner alle Deutschen, die nicht Angehörige der Bundesrepublik sind, wie die Entstehungsgeschichte deutlich zeigt (Jahrb. d. öfftl. R. N. F. Bd. 1 S. 308). Dazu gehören also alle Deutschen in der DDR und östlich der Oder-Neiße-Linie. Gerade weil es streitig war, ob man den Bewohnern der DDR die vollen Rechte geben sollte, wurde um den Ausdruck gerungen.
d) Da das Saarland nach deutscher Auffassung stets deutsch war, galt die Bestimmung auch für Saarländer. Vgl. unten S. 114.
e) Auch der Grundsatz der Gleichheit von Mann und Frau ist hier nochmals ausgesprochen. Darin liegt, daß namentlich auch beim Wahlrecht kein Unterschied gemacht werden darf. Die Aufstellung getrennter Wahlurnen dürfte hiergegen nicht verstoßen.
f) Daß dagegen das Alter berücksichtigt und für gewisse Stellen ein bestimmtes Lebensalter verlangt werden darf, ist selbstverständlich. Nur wäre die Gewährung von Pluralstimmen an ältere Wähler unzulässig, da damit eine Gruppe von bevorzugten Staatsangehörigen geschaffen würde.

3. Jedes Land

Gemeint sind die deutschen Länder, welche die Bundesrepublik bilden. Ursprünglich hatte man daran gedacht, in Anknüpfung an das Vorbild der Weimarer Reichsverfassung zu bestimmen, daß alle Bundesangehörigen in allen Ländern die gleichen Rechte wie die Landesangehörigen haben sollten, man hat dann jedoch darauf verzichtet, an dieser Stelle die Begriffe Bundesangehörigkeit und Landesangehörigkeit einzuführen und sie in die Art. 73 und 74 verwiesen. Vgl. S. 89. Einigkeit besteht darüber, daß jeder Deutsche in jedem deutschen Lande auch die gleichen politischen Rechte, besonders das Wahlrecht zu den Landtagen hat und daß dieses nur von einer Mindestwohnsitzdauer abhängig gemacht werden darf. Das gilt auch von Deutschen, die aus der DDR zuziehen und in der Bundesrepublik einen Wohnsitz begründen. Bestimmungen älterer Landesverfassungen, welche das Wahlrecht den eigenen Landesangehörigen vorbehielt, (z. B. bayr. Verf. v. 2. 12. 1946 Art. 14) sind damit überholt.

4. Landesangehörigkeit

An dem Grundsatz der Gleichheit aller Deutschen könnte auch nichts dadurch geändert werden, daß ein deutsches Land eine besondere Landesangehörigkeit schafft. Auch in diesem Falle wäre eine Bevorzugung der eigenen Landesangehörigen gegenüber den anderen Deutschen unzulässig. Insofern wäre die Schaffung einer Landesangehörigkeit also bedeutungslos. Von Bedeutung könnte sie nur für die Frage werden, ob außerhalb des Landes wohnhafte Landesangehörige ihr politisches Wahlrecht behalten und ausüben können. Der Grundsatzausschuß des Parlamentarischen Rates hatte dies ausschließen und nach schweizerischem Vorbild bestimmen wollen, daß niemand in mehr als einem Lande die staatsbürgerlichen Rechte ausüben dürfe (Vgl. Jahrb. d. öfftl. R. N. F. Bd. 1 S. 307). Die Bestimmung ist zwar nicht in das Grundgesetz aufgenommen, sie dürfte jedoch trotzdem gelten, da ein doppeltes Wahlrecht eine Bevorzugung und damit einen Verstoß gegen den Gleichheitssatz bedeutete.

5. Gleiche Pflichten

Die Frage der Gleichheit der Pflichten ist bei der Einführung der allgemeinen Wehrpflicht aufgetaucht, da diese nur Männer trifft. Der Gleichheitssatz verlangt sicher nicht von allen Staatsangehörigen völlig gleiche Leistungen, doch wäre in der Tat zu erwägen, ob der Staat sich nicht mindestens vorbehalten sollte, Frauen zu gleichwertigen Leistungen heranzuziehen.

6. Eignung

Auch um die Fassung dieses Satzes ist im Parlamentarischen Rat gerungen worden (Vgl. Jahrb. d. öfftl. R. N. F. Bd. 1 S. 312). Die Fassung ist das Ergebnis eines Kompromisses, das in dem Wort „Eignung“ steckt. So könnten Ostflüchtlinge als Volksschullehrer in Württemberg ungeeignet erscheinen, weil sie den Landesdialekt nicht können und daher Schwierigkeiten in der Verständigung mit den Kindern hätten.

7. Schutz im Ausland

Nicht aufgenommen ist die Bestimmung, daß jeder Deutsche im Ausland Anspruch auf Schutz der Bundesrepublik hat, wie sie sich entsprechend in Art. 3 Abs. 6 der alten Reichsverfassung und in Art. 112

Abs. 2 der Weimarer Reichsverfassung fand. In der politischen Lage, in der sich Deutschland 1949 befand, konnte ein solcher Schutz nicht zugesichert werden, auch wäre dann die heikle Frage aufgetaucht, welchen Deutschen die Bundesrepublik ihren Schutz zusagen sollte. Daß trotzdem ein solcher Anspruch bestehen geblieben ist und Grundrechtscharakter hat, dürfte anzunehmen sein. (Vgl. Geck, Der Anspruch des Staatsbürgers auf Schutz gegenüber dem Ausland nach deutschem Recht, ZaöRV 17 [1957] S. 476.) Diese Schutzverpflichtung besteht für die BRep. auch gegenüber Maßnahmen der DDR.

Art. 73

Der Bund hat die ausschließliche Gesetzgebung[1] über:
. . . 2. Die Staatsangehörigkeit im Bunde.[2, 3]

1. Kompetenz des Bundes

Sowohl im Bismarckschen wie im Weimarer Reich gehörte die gesamte Gesetzgebung über die Staatsangehörigkeit in Reich und Ländern zur ausschließlichen Zuständigkeit des Reiches. In gleicher Weise war bei den Vorarbeiten zum Grundgesetz beabsichtigt, diese Materie der ausschließlichen Gesetzgebung des Bundes vorzubehalten (Vgl. von Mangoldt, Art. 74 Anm. 1; Jahrb. d. öfftl. R. N. F. Bd. 1 S. 473). Entsprechend dem Memorandum der Militärgouverneure vom 2. März 1949 wurde dann jedoch die Regelung der Landesangehörigkeit in den Katalog der konkurrierenden Gesetzgebung überführt (jetzt Art. 74 Ziff. 8), so daß für den Bund als ausschließliche Gesetzgebung nur die Regelung der Staatsangehörigkeit im Bunde blieb.

2. Bundesangehörigkeit

Mit Absicht ist der Ausdruck „Staatsangehörigkeit im Bunde" an Stelle des ebenfalls vorgeschlagenen Ausdrucks „Bundesangehörigkeit" gewählt. Man war sich wie bei den Beratungen über Art. 33 des Unterschieds zwischen deutscher Staatsangehörigkeit und Bundesangehörigkeit voll bewußt (Vgl. Jahrb. d. öfftl. R. N. F. Bd. 1 S. 306, 473). Bei den Beratungen ist häufig von Bundesangehörigkeit gesprochen worden, man nahm als selbstverständlich an, daß die Bundesrepublik als Staat Bundesangehörige haben müsse. Im Gegensatz hierzu galt der Ausdruck „die deutsche Staatsangehörigkeit" als der weitere, auch „die anderen Deutschen" umfassende Begriff. Zweifelhaft konnte nur sein, welche Kompetenz der neuzuschaffende Staat sich auf dem Gebiete des Staatsangehörigkeitsrechts zulegen sollte. Das Recht, seine eigene „Bundesangehörigkeit" zu regeln, stand ihm sicher zu. Aber damit wollte man sich nicht begnügen; auch hätte die ausdrückliche Schaffung einer Bundesangehörigkeit an Stelle der Fortsetzung der gemeinsamen deutschen Staatsangehörigkeit zur Zerreißung Deutschlands geführt. So gab man dem neuen Bund Kompetenz, „die Staatsangehörigkeit" im Bunde zu regeln, d. h. alle Staatsangehörigkeitsfragen im weitesten Sinne, deutsche Staatsangehörigkeit wie Bundesangehörigkeit. Dabei mußte man das Risiko in Kauf nehmen, ob die abgesplitterten deutschen Gebietsteile eine von der Bundesregierung vorgenommene Regelung des deutschen Staatsangehörigkeitsrechts anerkennen würden. Am zweifelhaftesten war dies bezüglich der DDR. Dazu unten S. 108. Die Fassung der Grundgesetz-Bestimmung ließ alle Möglichkeiten offen. Der Bund hätte durch Sondergesetz eine besondere staatliche Zugehörigkeit für seine Bewohner entwickeln können. Tatsächlich ist das in der Folge nicht geschehen. Der Bund nahm in zunehmendem Maße das Recht für sich in Anspruch, im Namen des alten Staates aufzutreten und zu sprechen, sei es, daß er sich als das übriggebliebene Kernstück des Reiches betrachtete, sei es, daß er schließlich die Identität mit dem alten Staat für sich allein in Anspruch nahm. Von diesem Standpunkt war es verständlich, daß der Begriff „Bundesangehörigkeit" zurücktreten mußte und statt dessen die gesamtdeutsche Staatsangehörigkeit zur Grundlage der Gesetzgebung gemacht wurde. Alle Gesetze des Bundes haben nur sie zum Gegenstand, unbekümmert, ob und inwieweit die anderen deutschen Gebietsteile diese gesetzliche Neuregelungen anerkennen werden oder nicht.

Auch in anderen Gesetzen hat der Bund es systematisch vermieden, von Bundesangehörigen zu sprechen, obgleich diese juristische Kategorie vielfach unvermeidlich war. So weist das Wahlgesetz vom 7. Mai 1956 (BGBl. I S. 385) das Wahlrecht den Deutschen zu, die seit drei Monaten ihren Wohnsitz in der Bundesrepublik haben; in ähnlicher Weise unterwirft das Wehrgesetz vom 21. Juni 1956 (BGBl. I S. 651) der Wehrpflicht alle männlichen Deutschen mit Wohnsitz in der Bundesrepublik. Es gibt also in der Gesetzessprache überhaupt keine Bundesangehörigen, sondern nur deutsche Staatsangehörige mit Wohnsitz in der Bundesrepublik. Auch die von der Bundesrepublik ausgestellten Pässe bescheinigen nicht die Bundesangehörigkeit, sondern die deutsche Staatsangehörigkeit.

3. Erwerb und Verlust der Bundesangehörigkeit

Da die Bundesangehörigkeit als Rechtsbegriff, obschon vorhanden, nicht entwickelt ist, fehlt es namentlich an Bestimmungen über Erwerb und Verlust der Bundesangehörigkeit. Sie existiert nur im Schatten der deutschen Staatsangehörigkeit, und man muß annehmen, daß sie sich für Bewohner der Bundesrepublik nach denselben Regeln und automatisch überträgt oder untergeht wie die „deutsche Staatsangehörigkeit". Nur deutsche Staatsangehörige können Bundesangehörige sein. Aber nicht alle deutschen Staatsangehörigen sind Bundesangehörige. Hier stößt die „Identitätstheorie" auf eine logische Unmöglichkeit. Wenn der Bund wirklich mit dem Reich identisch wäre, müßte auch Identität zwischen deutschen Staatsangehörigen und Bundesangehörigen bestehen. Dies ist offensichtlich nicht der Fall. (Über die gegenwärtige Rechtslage Deutschlands vgl. M a u n z , Deutsches Staatsrecht 5. Aufl. 1955 S. 14 mit ausführlicher Literatur; das BVerfG hat im Konkordatsurteil vom 26. März 1957 E 6, 338 an der Identitätstheorie festgehalten.) Wenn man den Begriff Bundesangehörigkeit definieren will, so ist sie eine species des Oberbegriffs „deutsche Staatsangehörigkeit", die denjenigen Deutschen zukommt, welche ihren ständigen Wohnsitz in der Bundesrepublik haben. Sie wird für jeden Deutschen durch die bloße Tatsache der Begründung eines Wohnsitzes im Bund automatisch begründet. Die Saarländer waren nicht Bundesangehörige, aber mit der Wohnsitzverlegung nach der Bundesrepublik wurden sie es, ohne daß es eines Aufnahmeaktes bedurfte. Das gleiche muß für die deutschen Bewohner der DDR gelten. Die bloße Begründung eines Wohnsitzes im Bund macht sie zu Bundesangehörigen mit allen sich daraus ergebenden Pflichten wie Wehr- oder Steuerpflicht, aber auch mit allen Rechten wie Wahlrecht und Aufenthaltsrecht.

Soweit ein Wohnsitz nicht begründet wird, kann ein Deutscher nicht Bundesangehöriger sein. Alle Deutschen mit Wohnsitz im Ausland oder in den Gebieten östlich der Oder-Neiße-Linie können nicht als Bundesangehörige angesehen werden. Das schließt nicht aus, daß die Organe der Bundesrepublik ihnen gewünschte Legitimationspapiere und Pässe ausstellen, da es gesamtdeutsche Dienststellen nicht gibt, doch wird kein Auslandsdeutscher mit der Annahme eines Passes der Bundesrepublik von selbst Bundesangehöriger, da die Bundesangehörigkeit nach der gegenwärtigen Rechtslage eine an den Wohnsitz gebundene Eigenschaft ist. Besteht ein solcher Wohnsitz, so dauert die Eigenschaft als Bundesangehöriger auch bei Auslandsreisen an. Es gibt also im Ausland sowohl Deutsche mit Bundesangehörigkeit wie deutsche Staatsangehörige, welche diese Eigenschaft nicht besitzen.

Art. 74

Die konkurrierende Gesetzgebung[1] erstreckt sich auf folgende Gebiete:

. . . 8. Die Staatsangehörigkeit[2] in den Ländern.[3]

1. Konkurrierende Gesetzgebung

Ursprünglich war vorgesehen, wie im Bismarckschen und im Weimarer Reich das gesamte Gebiet der Staatsangehörigkeit der ausschließlichen Gesetzgebung des Bundes vorzubehalten. Entsprechend dem Wunsche der alliierten Militärgouverneure (Memorandum vom 2. März 1949) ist in der endgültigen Fassung die Gesetzgebung über die Landesangehörigkeit in die konkurrierende Gesetzgebung einrangiert worden. Vgl. oben Art. 73 Anm. 1.

2. Landesangehörigkeit

Nach dem Vorbild der Weimarer RV Art. 110 lautete die im Parlamentarischen Rat ursprünglich vorgeschlagene Fassung des Art. 13: „Jeder Landesangehörige ist zugleich Bundesangehöriger" (Jahrb. d. öfftl. R. N. F. Bd. 1 S. 306). Da die Länder nach dem Zusammenbruch 1945 das primär Vorhandene waren und eigene Staatsgewalt entwickelt hatten, lag es nahe, den neuen Bundesstaat wie 1867 den Norddeutschen Bund durch den Zusammenschluß dieser Länder zu gründen und die gemeinsame

Bundesangehörigkeit mittelbar von der Landesangehörigkeit der Gliedstaaten abzuleiten. Aber der Vergleich paßte nicht. In der Vorstellung aller Deutschen lebte noch der deutsche Gesamtstaat und war der Ausgangspunkt die seit 1934 bestehende einheitliche unmittelbare Reichsangehörigkeit. Die deutsche Bevölkerung war auch so durcheinander gewürfelt, daß sich Vorstellungen von einer neuen Landesangehörigkeit noch nicht gebildet hatten. Solche mochten vielleicht in Ländern noch vorhanden sein, die auf eine Jahrhunderte alte Geschichte zurückblicken konnten und in den alten Grenzen wieder auflebten wie Bayern oder Hamburg, aber nicht in den von den Okkupationsmächten nach militärischen Gesichtspunkten neu gebildeten Verwaltungsbezirken. Daher verzichtete man auf die Festlegung dieses Satzes, der weder der inzwischen eingetretenen Entwicklung, noch den Vorstellungen eines Großteils der deutschen Bevölkerung entsprach.

Trotzdem ist nicht zu bestreiten, daß man während der Neuschaffung des Grundgesetzes stark unter der Vorstellung stand, daß der neue Staat in seinen Gliedern besondere Landesangehörigkeiten haben würde. Eine Reihe der neuen Länderverfassungen sprach von diesen oder wenigstens von ihren Staatsbürgern (Bayern Art. 6 ff.; Württ.-Bad. Art. 5; Württ.-Hohenz. Art. 4; Rheinland-Pfalz Art. 75). Die Bayrische Verfassung enthielt sogar schon eine Reihe von Normen über die neue bayrische Landesangehörigkeit. Dementsprechend trug auch der Verfassungsentwurf von Herrenchiemsee kein Bedenken, in Art. 36 von der Landesangehörigkeit zu sprechen, und wurde die Landesangehörigkeit in den endgültigen Katalog der konkurrierenden Gesetzgebung aufgenommen.

In der Folge ist auch hier die Entwicklung anders gelaufen. So wenig wie die Bundesangehörigkeit ist die Landesangehörigkeit ausgebildet worden. Bayern hat zweimal einen Anlauf dazu genommen (T s c h i r a, Bayr. Staatsangehörigkeit? Bayr. Verw.Bl. 1955 S. 261). Es zeigte sich sofort die Schwierigkeit, als man an die alte bayrische Landesangehörigkeit anknüpfen wollte. Das paßte weder für die inzwischen in Bayern angesiedelten Flüchtlinge, noch auf die Bewohner der Pfalz, die auf alliiertes Kommando dem neugebildeten Land Rheinland-Pfalz zugeschlagen war. Das größte Hindernis war wohl, daß sich in den neu geschaffenen Militärverwaltungsbezirken so schnell kein Staatsbewußtsein der Bevölkerung bilden wollte. Es ist kein Zufall, daß die nach 1949 geschaffenen Länderverfassungen den Begriff einer Landesangehörigkeit nicht mehr kennen (Nordrh.-Westfalen Art. 31; Bad.-Württ. Art. 26).

Es fragt sich, ob es eine Landesangehörigkeit heute überhaupt gibt oder ob diese genau so im Embryonalzustand stecken geblieben ist wie die Bundesangehörigkeit. Nach dem Buchstaben des Grundgesetzes müßte man annehmen, daß die Schaffung einer solchen Landesangehörigkeit mindestens im Belieben der Länder läge, daß sie diese zwar schaffen könnten, aber nicht dazu gezwungen wären. Dies ist die überwiegende Annahme des Schrifttums, (Vgl. S c h ä t z e l, Arch. d. öfftl. R. Bd. 81 S. 270; M a ß f e l l e r S. 84; M a u n z, Deutsches Staatsrecht 5. A S. 25). Die ursprüngliche Rechtsvorstellung, daß ein Bundesstaat notwendigerweise

Einzelstaatsangehörigkeiten haben müßte, ist nicht zwingend und heute nicht mehr haltbar. (Lichter, S. 20, 21 hält an der Ansicht von der notwendigen Existenz einer Landesangehörigkeit fest; ebenso Hoffmann, Arch. d. öfftl. R. Bd. 81 S. 311). Wie das Beispiel der Vereinigten Staaten von Amerika zeigt, verlangt ein Bundesstaat nicht unbedingt die Schaffung von Einzelstaatsangehörigkeiten.

Daß die Tendenz gegen die Entwicklung von Landesangehörigkeiten geht, zeigt die Eingliederung des Saarlandes am 1. Januar 1957. Dort fand man eine eigene Staatsangehörigkeit vor, die unschwer als Landesangehörigkeit aufrechterhalten werden konnte. Dies ist nicht geschehen, sondern die saarländische Staatsangehörigkeit ist mit dem 1. Januar 1957 beseitigt worden. Vgl. unten S. 115. Der Vorgang ist bezeichnend für die Einstellung zu der Frage Landesangehörigkeit. Es spricht alles dafür, daß die Landesangehörigkeiten nicht wieder aufleben werden.

3. Rechtliche Ausgestaltung der Landesangehörigkeit.

Falls jemals der politische Wille zur Schaffung einer Landesangehörigkeit entstehen sollte, stellen sich ihm folgende Schwierigkeiten entgegen:

a) Der Gleichheitssatz des Art. 33. Kein Land dürfte seine Staatsangehörigen gegenüber den anderen Deutschen bevorzugen und ihnen gewisse Ämter vorbehalten, (z. B. bayer. Verf. Art. 44); er könnte auch in anderen deutschen Ländern wohnende Deutsche nicht als seine Angehörigen in Anspruch nehmen und ihnen politische Rechte geben (so auch Hoffmann Arch. d. öfftl. R. Bd. 81 S. 322) Vgl. Art. 33 Anm. 4. Man kann in einem Bundesstaat für die Zuteilung der Bevölkerung nur entweder das System der Einzelstaatsangehörigkeit oder das der Wohnsitzzuständigkeit anwenden, aber nicht beide Systeme neben- und durcheinander.

b) Er könnte, wenn er eine Landesangehörigkeit schüfe, sie jedenfalls nicht Personen geben, welche nicht deutsche Staatsangehörige wären und könnte keine eigenen Erwerbs- und Verlustgründe schaffen, die nicht mit dem Erwerb und dem Verlust der deutschen Staatsangehörigkeit zusammenfielen.

c) Es tauchte schließlich die weitere Frage auf, wieweit die Länder in ihrer Gesetzgebung über eine Landesangehörigkeit durch Art. 124/125 beengt wären. Darüber unten Art. 124 Anm. 1.

d) Irgendeine völkerrechtliche Bedeutung hätte eine solche Landesangehörigkeit nicht; den Ländern käme kein diplomatisches Schutzrecht zu, vielmehr liegt dieses ausschließlich bei der Bundesrepublik. So auch Hoffmann (Arch. d. öfftl. R. Bd. 81. S. 318).

Art. 116

(1) Deutscher[1] im Sinne dieses Grundgesetzes ist vorbehaltlich anderweitiger gesetzlicher Regelung,[2] wer die deutsche Staatsangehörigkeit besitzt[3] oder als Flüchtling oder Vertriebener[4] deutscher Volkszugehörigkeit[5] oder als dessen Ehegatte oder Abkömmling[6] in

dem Gebiete des Deutschen Reiches nach dem Stande vom 31. Dezember 1937 Aufnahme gefunden hat.[7]

(2) Frühere deutsche Staatsangehörige, denen zwischen dem 30. Januar 1933 und dem 8. Mai 1945 die Staatsangehörigkeit aus politischen, rassischen oder religiösen Gründen entzogen worden ist,[8] **und ihre Abkömmlinge sind auf Antrag**[9] **wieder einzubürgern. Sie gelten als nicht ausgebürgert, sofern sie nach dem 8. Mai 1945 ihren Wohnsitz in Deutschland genommen haben**[10, 11] **und nicht einen entgegengesetzten Willen**[12] **zum Ausdruck gebracht haben.**[13]

1. Deutscher

a) Deutscher im Sinne dieser Grundgesetzbestimmung ist ein Rechtsbegriff und braucht mit dem Volkstum im ethnographischen Sinne nicht zusammenzufallen. Es gibt viele Deutsche, die nicht unter diese Bestimmung fallen, und es gibt nicht wenige Fremdnationale, welche rechtlich als Deutsche zu gelten haben.

b) Die Schaffung des Begriffes war eine Notlösung, als nach dem 2. Weltkrieg Millionen von Volksdeutschen nach Restdeutschland hineinströmten, z. T. sogar von den alliierten Mächten auf Grund von Abmachungen mit fremden Regierungen dorthin umgesiedelt wurden. Die Staatsangehörigkeitsverhältnisse dieser Flüchtlinge waren gänzlich ungeklärt; z. T. mochte ihnen durch die Gesetzgebung ihrer alten Wohnsitzländer die bisherige Staatsangehörigkeit aberkannt sein (so namentlich in der Tschechoslowakei, Polen), bei anderen war jedoch kein Rechtsgrund ersichtlich, warum sie diese verloren haben sollten. Eine rechtliche Regelung und Sichtung war angesichts der in Deutschland herrschenden Zustände unmöglich. Man nahm sie daher einstweilen auf und behandelte sie, „als ob sie Deutsche wären“. Es wurde durch die Gerichtspraxis geradezu die Kategorie der „Als-ob-Deutschen“ geschaffen. (Zuerst Landgericht Berlin, Urteil von 16. Jan. 1947 Neue Justiz 1947 S. 63). Die gleiche Rechtsstellung wurde für Volksdeutsche in Deutschland angenommen, denen die Rückkehr in ihr Heimatland unmöglich geworden war (Landgericht Berlin, Urteil vom 29. April 1948; Makarov Rechtsprechung 1945—1949 Nr. 108). Die westliche und die sowjetische Besatzungszone gingen nun verschiedene Wege. In der DDR entwickelte sich die Rechtsauffassung, daß mit der endgültigen Aufnahme und der darüber ausgestellten Bescheinigung die volle deutsche Staatsangehörigkeit erworben würde. (Vgl. unten S. 112). In den westlichen Besatzungszonen setzte sich jedoch eine gleiche Ansicht nicht durch, hielt man zunächst jedenfalls an der „Als-ob“-Fiktion fest, d. h. man nahm nicht an, daß damit irgendein Staatsangehörigkeitsstatus entstanden wäre, sondern hielt daran fest, daß diese fremdstaatsangehörigen Flüchtlinge nur das Privileg hätten, während ihres Asyls in Deutschland ebenso wie deutsche Staatsangehörige behandelt zu werden. Diese Deutung gebot sich auch aus außenpolitischen Gründen. Ein immerhin nicht unbeträchtlicher Teil der volksdeutschen Flüchtlinge hatte nicht die Absicht, sich in Deutschland niederzulassen, sondern wollte weiter wandern. Das war nach der gesamtpolitischen Lage damals nur durch Vermittlung der von den Vereinten Nationen eingesetzten Organisationen (Unrra, Iro) möglich, die sich statutenmäßig zwar mit Flüchtlingen, nicht aber mit Deutschen befassen durften. Eine Aufoktroyierung der deutschen Staatsangehörigkeit hätte diese Flüchtlinge der Hilfe der Organisationen der Vereinten Nationen beraubt. Durch die Behandlung nach der „Als-ob“ Formel fühlten sich diese Organisationen dagegen nicht behindert und nahmen sich dieser Personengruppen als Ostflüchtlingen an. Nicht wenige dieser Flüchtlinge sind auf diesem Wege nach Übersee weitergeleitet worden. Die Rechtsansicht der Organisationen der Vereinten Nationen ging erkennbar dahin, daß diese Flüchtlinge mit der Auswanderung auch jedes Band zu Deutschland lösten und ihre Rechtsstellung als „Als-ob-Deutsche“ damit erledigt war. Es ist nichts darüber bekannt, daß man in Deutschland diese Rechtsansicht nicht geteilt hätte. Man wird daher annehmen können, daß mindestens bis zum Inkrafttreten des Grundgesetzes am 23. Mai 1949 diese deutschen Flüchtlinge nach der „Als-ob“-Fiktion behandelt sind. Daran hat sich auch durch das Grundgesetz nichts geändert, das sich keine rückwirkende Kraft beigelegt hat. Vor dem 23. Mai 1949 hat es den Status aus Art. 116 I GG nicht gegeben.

c) Die Vorarbeiten zum Grundgesetz fanden die „Als-ob-Fiktion“ vor. Was über die Entstehungsgeschichte des Art. 116 I GG bekannt geworden ist, ist wenig ertragreich (v. Mangoldt Art. 116 Anm. 3; Jahrb. d. öfftl. R. I S. 823). Man war sich zwar einig, daß den Flüchtlingen durch eine privilegierte Stellung geholfen werden mußte, aber ebenso auch, daß ihnen nicht sofort die volle deutsche Staatszugehöriggegeben werden sollte. So ist es zu der Fassung von Art. 116 I GG gekommen, ohne daß man sich völlig klar geworden ist, was der neugeschaffene Status aus Art. 116 I GG nun rechtlich eigentlich darstellte.

d) Daher ist bis heute streitig, wie der Status aus Art. 116 I GG rechtlich zu deuten ist. Mehrere Auffassungen sind möglich. Die einfachste, die sich an die vorgefundene „Als-ob-Theorie“ anlehnt, ist die, daß diese Auffassung gewissermaßen legalisiert werden sollte. Art. 116 I GG würde danach über die Staatsangehörigkeit der Flüchtlinge garnichts aussagen, sondern nur vorschreiben, daß die Flüchtlinge in allen Fällen, wo Gesetze von Deutschen sprechen, ebenso behandelt werden sollen. Es scheint, daß der BGH sich von dieser Auffassung hat leiten lassen, indem er entschied, daß die Deutschen nach Art. 116 I GG weder auf dem Gebiet des internationalen Privatrechts noch des Prozeßrechts die Stellung deutscher Staatsangehöriger haben. (NJW 1957, 100). Eine andere Deutung knüpft anscheinend an die nach dem ersten Weltkrieg geschaffene Institution der „Nansenflüchtlinge“ an und nimmt an, daß diese volksdeutschen Flüchtlinge eine privilegierte Gruppe von Staatenlosen oder defacto-Staatenlosen seien (H. J. Jellinek, Der automatische Erwerb und Verlust der Staatsangehörigkeit durch völkerrechtl. Vorgänge, S. 92; Lichter S. 92). Schließlich ist die Deutung möglich, daß der Status aus Art. 116 I GG, auch wenn es der Gesetzgeber nicht ausgesprochen hat, eine Art deutsche Minderstaatsangehörigkeit sei. (Schätzel, Arch. d. öfftl. R. Bd. 74 S. 271). Da der ursprünglich nur als provisorisch gedachte Status sich fortsetzte und jahrelang bestehen blieb, so gewann die Auffassung der Minderstaatsangehörigkeit an Boden. Rein gewohnheitsrechtlich gelangte man dazu, die Mehrzahl der Sätze des deutschen Staatsangehörigkeitsgesetzes auch auf diesen Status anzuwenden, namentlich was Erwerb und Verlust anlangt. Auch die Regierungsbegründung zum 1. Staatsangehörigkeitsregelungsgesetz von 1955 (Maßfeller S. 372) geht offensichtlich von dieser Annahme aus, und der Gesetzgeber hat es nicht einmal für nötig gehalten, den Status aus Art. 116 I GG näher gesetzlich zu regeln. Die Theorie der qualifizierten Staatenlosigkeit dürfte als überholt anzusehen sein. Gegen sie spricht auch, daß die volksdeutschen Flüchtlinge eine fremde Staatsangehörigkeit mitgebracht haben können. Man kann nicht gut diese fremde Staatsangehörigkeit mit einer Staatenlosigkeit besonderer Art in der Weise kombinieren, daß diese Staatenlosigkeit vorgeht. Faßt man dagegen diesen Status als eine Art deutsche Staatsangehörigkeit auf, so geht sie in Deutschand nach allgemeiner völkerrechtlicher Regel einer etwa daneben weiter bestehenden fremden Staatsangehörigkeit vor.

e) Im Zusammenhang mit dieser Frage steht die andere, ob die Eigenschaft als Deutscher eine Staatsangehörigkeit im völkerrechtlichen Sinne ist oder ob sie nur innerstaatliche Bedeutung hat. Lichter (S. 41) und H. Jellinek (a. a. O. S. 92) nehmen letzteres — von ihrem Standpunkt aus folgerichtig — an. Mir scheint die andere Lösung richtiger, da diese Deutschen von der Bundesrepublik Auslandspässe erhalten und von ihr im Ausland vertreten werden. Der einzige Unterschied gegenüber deutschen Staatsangehörigen besteht darin, daß im Paß bei ihnen statt deutscher Staatsangehöriger „Deutscher" eingetragen wird. (Bay. St. M. d. I. vom 5. 4. 1954 StAZ 1954 S. 129; Schätzel, Arch. d. öfftl. R. Bd. 81 S. 271 Anm. 11). Diese Pässe werden von ausländischen Staaten anstandslos visiert, und das deutsche Schutzrecht wird anerkannt, selbst wenn daneben die Staatsangehörigkeit des früheren Heimatstaates besteht. Nur bei Besuchsreisen nach den ehemaligen Heimatländern könnte das Schutzrecht der Bundesrepublik bestritten werden. Es ist daher zu empfehlen, daß vor solchen Reisen die deutsche Einbürgerung nachgesucht wird, wodurch in der Regel die alte Staatsangehörigkeit zum Erlöschen gebracht wird.

f) Das Ergebnis ist, daß nunmehr der Begriff Deutscher der Oberbegriff darstellt und daß er sich in die Unterbegriffe „deutscher Staatsangehöriger" und „volksdeutscher Flüchtling" gliedert. Zweifelhaft ist das Verhältnis der beiden Kategorien zu einander, ob sie sich gegenseitig ausschließen oder auch decken können (Schlichting, Zweifelsfragen zu Art. 116 I GG/StAZ 1956 S. 129). An sich spricht der Wortlaut des Gesetzes für den gegenseitigen Ausschluß. Der geflohene Staatsangehörige hat einen Anspruch auf Aufnahme infolge des Grundsatzes der Freizügigkeit. Bei den volksdeutschen Flüchtlingen handelt es sich im Grunde nur um die Gewähr des völkerrechtlichen Asyls. Die Rechtsstellung der beiden Kategorien ist also prinzipiell verschieden. Trotzdem hat der Gesetzgeber sie im 1. Staatsangehörigkeitsregelungsgesetz kombiniert. Er nimmt an, daß ein deutscher Staatsangehöriger, der von dem ihm in § 1 dieses Gesetzes gewährte Ausschlagungsrecht Gebrauch macht, dadurch in den Status des Deutschen nach Art. 116 I GG hinüberwechselt. Vgl. unten S. 262. Diese „Kumulierungstheorie“ wirft jedoch andere Fragen auf. Wenn sich Staatsangehörigkeit und Status nach Art. 116 I GG bei der Ausschlagung der Staatsangehörigkeit spalten können, so erhebt sich die Frage, ob eine solche Spaltung auch in anderen Fällen vorkommen kann. Insbesondere kommt hier die Entlassung aus der Staatsangehörigkeit in Frage. Bisher nahm die Praxis an, daß es eine Entlassung aus dem Status aus Art. 116 I GG nicht gäbe. Sind aber Staatsangehörigkeit und Status aus Art. 116 I GG nicht untrennbar mit einander verkettet, sondern können sie sich bei der Ausschlagung der Staatsangehörigkeit scheiden, so liegt der Schluß nahe, daß auch die Entlassung nur den Verlust der Staatsangehörigkeit zur Folge hat, aber eine etwa vorhandene Eigenschaft als Deutscher aus Art. 116 I GG weiter besteht.

2. Weitere gesetzliche Regelung

Dem Vorbehalt weiterer gesetzlicher Regelung ist folgendes zu entnehmen:

a) Die Bestimmung hat Übergangscharakter. Sie enthält die Anweisung an den Bundesgesetzgeber, diese Kategorie der „Deutschen“, sobald angängig, aufzulösen.

b) Dies soll durch Bundesgesetz geschehen. Bei der Gestaltung dieser Gesetzgebung ist der Bundesgesetzgeber nicht völlig frei. Namentlich ist ihm keine Ermächtigung erteilt, von anderen Bestimmungen des Grundgesetzes abweichen zu dürfen. Die Grundsätze der Art. 3, 16, 33 können daher durch die in Art. 116 vorbehaltene Gesetzgebung nicht angetastet werden. Auch ein Gesetz zur Ausführung von Art. 116 muß daher den Grundsatz der eigenen Staatsangehörigkeit der Frau respektieren. Ein Gesetz zur Ausführung dieser gesetzlichen Auflage ist das (erste) Regelungsgesetz vom 22. Februar 1955. Es bestehen Zweifel, ob es sich in dem ihm gesetzten Rahmen gehalten hat. Vgl. unten S. 256.

c) Bei Verletzung der genannten Grundgesetzbestimmungen Art. 3, 16, 33 stehen den Volksdeutschen die gleichen Rechtsmittel zur Seite wie bei Beeinträchtigung der deutschen Staatsangehörigen, also Verwaltungsrechtsweg, eventuell Verfassungsbeschwerde.

3. Deutscher Staatsangehöriger

a) Deutsche Staatsangehörige auf Grund rechtsgültiger Titel, also durch Abstammung, Eheschließung, Einbürgerung. Auch Sammeleinbürgerungen können ein rechtsgültiger Titel sein, sofern sie nicht aus völkerrechtlichen Gründen als nichtig oder nicht mehr gültig angesehen werden müssen. Vgl. hierzu Art. 124 Anm. 1. Die in dieser Beziehung bestehenden Zweifel sollten durch die beiden Regelungsgesetze von 1955 und 1956 ausgeräumt werden.

b) Das Wort „besitzt“ ist nicht in dem Sinne zu verstehen, daß nur die Personen gemeint waren, die sie am 23. Mai 1949 besaßen. Es fallen unter die Bestimmung auch alle, welche sie später auf Grund eines rechtsgültigen Titels erworben haben. Auch von der DDR vorgenommene Einbürgerungen stellen einen solchen rechtsgültigen Titel dar. Vgl. unten S. 109. Die Saarländer sind in der Bundesrepublik wie in der DDR stets als deutsche Staatsangehörige betrachtet worden. Vgl. unten S. 114.

4. Flüchtling oder Vertriebener

a) Wer zu der Kategorie der Flüchtlinge und Vertriebenen gehört, ist zwingend in § 1 des BVertriebenenG (BVFG) vom 19. März 1953 (BGBl. 1953 I S. 201), Neufassung im 2. Änderungsgesetz zum BVFG vom 27. Juli 1957 (oben S. 43) bestimmt. Es werden darunter — abgesehen von Familienangehörigen — nur Deutsche verstanden, die aus Staaten mit fremdnationaler Mehrheit wegen ihrer deutschen Volkszugehörigkeit vertrieben sind. Also nicht Zuwanderer aus Ländern mit einer deutschen Mehrheitsbevölkerung wie Österreich, Schweiz oder Liechtenstein. (§ 6 des BVFG). Dagegen gehören in diese Gruppe die Flüchtlinge aus Frankreich (Elsaß-Lothringen), Belgien, Niederlande und Luxemburg. (Vgl. Schätzel in Grundrechte Bd. 2 S. 543; Maßfeller S. 87).

b) Das (erste) Staatsangehörigkeitsregelungsgesetz vom 22. Februar 1955 hat den Kreis der Volksdeutschen etwas ausgedehnt. Einen Anspruch auf Einbürgerung haben auch nichtvertriebene Deutsche erhalten, denen die Rückkehr in ihre Heimat unmöglich geworden ist. Sie haben damit jedoch nicht den Status aus Art. 116 I GG erhalten. Vgl. unten S. 272.

c) Nicht in diese Kategorie gehören Flüchtlinge, namentlich Mischlinge, die sich nach 1945 in ihrer Heimat zunächst zu dem dortigen Mehrheitsvolk bekannt haben und in der Folge aus allgemeinen politischen Gründen geflüchtet sind. Es genügt nicht, wenn sie sich nach ihrer Flucht nachträglich zum deutschen Volkstum bekennen.

5. Deutsche Volkszugehörigkeit

a) Den Begriff „deutsche Volkszugehörigkeit“ erläutert § 6 des BVFG: „Deutscher Volkszugehörigkeit ist im Sinne dieses Gesetzes, wer sich in seiner Heimat zum deutschen Volkstum bekannt hat, sofern dieses Bekenntnis durch bestimmte Merkmale wie Abstammung, Sprache,

Erziehung, Kultur bestätigt wird." Es werden also sog. subjektive und objektive Merkmale gemischt. Das bloße Bekenntnis genügt nicht, es muß mindestens ein objektives Merkmal hinzukommen. Dieses braucht nicht unbedingt die Sprache zu sein. In den östlichen Ländern zurückgebliebene Kinder beherrschen sie vielfach nicht. Sie sind deutsch kraft Abstammung. Entscheidend ist außer der Abstammung die Einstellung zum Deutschtum, wie sich z. B. die Memelländer mit litauischer Muttersprache kraft Jahrhunderte alter Tradition entschieden zum deutschen Kulturkreis bekannt und dies während des Bestehens des Memellandes bei den Wahlen auch deutlich zum Ausdruck gebracht haben. Sie haben daher auch jetzt einen Anspruch darauf, als deutsche Volkszugehörige anerkannt zu werden.
Das uneheliche Kind einer deutschen Mutter dürfte stets als volksdeutsch anzusehen sein, auch wenn es der Vater nicht ist. Im umgekehrten Fall, daß der Vater volksdeutsch, die uneheliche Mutter aber fremdnational ist, wird man dann deutsche Vokszugehörigkeit annehmen können, wenn es der Vater nach Deutschland mitgebracht hat und für deutsche Erziehung sorgt. (Schlichting, Zweifelsfragen zu Art. 116 I GG, StAZ 1956, 129.)

b) Die Eigenschaft als volksdeutscher Flüchtling wird nicht dadurch ausgeschlossen, daß die betreffende Person noch eine fremde Staatsangehörigkeit hat. Es wird auch von ihr nicht verlangt, daß sie diese ablegt. Vielfach wird der Flüchtling staatenlos sein, oder sein bisheriger Heimatstaat wird sich um ihn nicht kümmern und ihm seinen Schutz versagen, so daß eine sog. De-facto-Staatenlosigkeit vorliegt. Neuerdings erinnern sich jedoch die Ursprungsländer vielfach ihrer geflohenen Staatsangehörigen, nehmen in Anspruch, sie zu vertreten und zu schützen und machen Propaganda für ihre Rückkehr. Deutschland wird dadurch in die nicht einfache Lage versetzt, diese Flüchtlinge gegen ihren Heimatstaat Asylrecht gewähren zu müssen. Da sie aber Deutsche sind, genießen sie den Auslieferungsschutz des Art. 16 Abs. 2 GG. Die deutsche Regierung dürfte sie nicht einmal zum Gegenstand eines Austauschvertrages machen. Vgl. Henrichs zum Asylrecht der de-facto-Staatenlosen in „Integration" Bd. 4 (1957) S. 29. Besonders schwierig wird die Lage, wenn sich diese Flüchtlinge mit deutschem Paß ins Ausland begeben und ihr früherer Heimatstaat dort für sie ein Vertretungsrecht in Anspruch nimmt. Die Ansicht von Lichter und H. Jellinek, daß die Eigenschaft als Deutscher keine eigentliche Staatsangehörigkeit sei, könnte hier das deutsche Schutzrecht in Frage stellen. Auch dies spricht dafür, daß diese Rechtsfigur so bald wie möglich beseitigt werden sollte.

6. Ehegatten und Abkömmlinge

a) Bei dem Ehegatten und Abkömmlingen, die von dieser Gesetzesbestimmung betroffen werden, kann es sich nur um Nichtdeutsche handeln. Denn wenn sie Deutsche wären, würden sie schon unter den Vertriebenenbegriff fallen und dadurch die Eigenschaft als Deutsche erwerben. Auch die polnische Frau eines aus Polen geflohenen Volksdeutschen erhält danach den Status als Deutsche, obgleich sie vielleicht die Flucht nicht wegen nationaler Verfolgung, sondern allein aus Liebe zu Mann und Kindern mitgemacht hat und sich als Nationalpolin fühlt. Dieser Fall kann Zweifel auslösen. Es liegt nahe, darin einen Verstoß gegen das Grundrecht der Frau auf eigene Staatsangehörigkeit zu sehen, da ihr gegen ihren Willen allein auf Grund der Ehe und der Staatsangehörigkeit des Mannes der für sie nicht passende Status einer Deutschen aufoktroyiert wird. Maßfeller S. 88 nimmt daher an, daß diesen Status nicht besitzt, wer einen entgegenstehenden Willen zum Ausdruck gebracht hat. Dies würde vorliegen, wenn sich die Frau einen Paß ihrer Nationalität besorgte und bei den deutschen Behörden als Ausländerin registrieren ließe. Man wird annehmen können, daß diese Vollstaatsangehörigkeit des Heimatstaates dem schwächeren Status als Deutsche im Sinne von Art. 116 vorgeht.

b) Da das Gesetz allgemein von Ehegatten spricht, gilt es auch für den Fall, daß nur die Frau Deutsche ist, Mann und Kinder dagegen fremdnational. Gerade dieser Fall zeigt, daß es wohl doch richtiger war, nicht sofort die volle deutsche Staatsangehörigkeit zuzuerteilen, sondern einen Übergangsstatus zu schaffen, der zur deutschen Vollstaatsangehörigkeit nur durch Einbürgerung auf Antrag führen kann.

7. Übertragung des Status aus Art. 116 I GG

Der Wortlaut des Gesetzes ergibt, daß nur Ehegatten und Abkömmlinge gemeint sind, die selbst Aufnahme gefunden haben. Nicht geregelt ist im Grundgesetz und auch später nicht, wie es mit den Ehegatten bei Verheiratung nach der Flucht und bei später geborenen Kindern steht. Es erhebt sich die Frage, ob der Status aus Art. 116 I wie eine Staatsangehörigkeit auf derivativem Wege weiter übertragen werden kann. Dies wird gewohnheitsrechtlich bejaht. Man nimmt an, daß auf den Status aus Art. 116 I die Bestimmungen des deutschen Reichs- und Staatsangehörigkeitsgesetzes analog anzuwenden seien. So Maßfeller S. 88, 336; Lichter S. 40; Schätzel Arch. d. öfftl. R. Bd. 81 S. 275. Daraus ist gefolgert, daß die Eheschließung bis zum 31. März 1953 bei Volksdeutschen die gleichen Folgen des Erwerbs oder Verlustes des Status aus Art. 116 I hatte, wie im Gesetz als Folgen der Eheschließung von Staatsangehörigen bestimmt ist. Seit dem 1. April 1953 soll auch hier jede Rechtsfolge der Verheiratung weggefallen sein. Es wäre erwünscht gewesen, wenn das (erste) Regelungsgesetz von 1955 dies ausdrücklich bejaht hätte. Aus seinem Schweigen muß man wohl entnehmen, daß es die gewohnheitsrechtlich entstandenen Rechtssätze billigt und daß der Gesetzgeber tatsächlich von der analogen Anwendung des Reichs- und Staatsangehörigkeitsgesetzes auf den Status aus Art. 116 I ausgeht.

8. Politisch Verfolgte

a) Art. 116 Abs. 2 regelt die Rechtsstellung der deutschen Staatsangehörigen, denen in der NS-Zeit die deutsche Staatsangehörigkeit entzogen ist. Es handelt sich dabei besonders um die Auswirkungen der Gesetze vom 14. Juli 1933 (RGBl. I S. 480) und der 11. VO zum Reichsbürgergesetz vom 25. November 1941 (RGbl. I S. 722). In Frage kommen jedoch auch Ausbürgerungen wegen Verletzung der Wehrpflicht oder der Meldepflicht, die mitunter auch aus politischen Gründen vorgenommen sind. Ebenso Maßfeller S. 90.

b) Aus der gesetzlichen Regelung ergibt sich, daß die Maßnahmen der NS-Regierung jedenfalls nicht als nichtig angesehen werden. Die Tatsache der vollzogenen Zwangsausbürgerung mit allen Rechtsfolgen wird also zunächst hingenommen und anerkannt. (OLG Bamberg Beschl. v. 23. 12. 1951 JZ 1951 S. 510). Dies war realpolitisch gesehen richtig, zumal ein erheblicher Teil der Zwangsausgebürgerten daraus die entsprechenden Folgerungen gezogen und seine staatsbürgerlichen Verhältnisse neugeregelt hatte. Eine einfache Nichtigkeitserklärung der früheren Ausbürgerung wäre auf eine Neuaufoktroyierung der deutschen Staatsangehörigkeit mit rückwirkender Kraft hinausgekommen, welche bei einem großen Teil der Emigranten, die sich auch innerlich von Deutschland gelöst hatten, ihrem Willen nicht entsprach. Es kam hinzu, daß die Aberkenung der deutschen Staatsangehörigkeit für die Emigranten auch den Vorteil mit sich brachte, daß sie im Kriege von den Alliierten nicht als feindliche Staatsangehörige angesehen, also nicht interniert und ihre Vermögen nicht liquidiert werden konnten. Daher hat auch die ausländische Praxis die Wirksamkeit dieser Zwangsausbürgerungen anerkannt. (Vgl. Schweizerisches Bundesgericht v. 8. Okt. 1948 in Sachen Rosenthal; Cour d'appel Colmar v. 21. Juli 1948 in Sachen Lennhof, Arch. d. Völkerrechts Bd. 2 [1950] S. 229 ff.)

c) Es konnte sich daher nur darum handeln, jene den rechtsstaatlichen Grundsätzen widersprechenden Maßnahmen in ihren Folgen rückgängig zu machen, falls die Betroffenen dies wünschten. (Makarow, Die deutschen Ausbürgerungen 1933—1945, Festschrift für Raape 1948).

Es ergingen zunächst gleichlautende Gesetze in den einzelnen deutschen Ländern, nach welchen diesen Personen im Falle ihrer Rückkehr nach Deutschland die deutsche Staatsangehörigkeit wieder verliehen werden konnte. (Bayer. Gesetz v. 27. März 1948 [GVBl. S. 52]; Baden-Württ. Gesetz v. 11. April 1948 [GVBl. S. 65]; Badisches Gesetz v. 11. März 1948 [ABl. Sp. 169]. Vgl. Makarov, Das Gesetz über die Staatsangehörigkeit von Ausgebürgerten, in DRZ 1948, S. 280 ff. Abdruck der Gesetze: Maßfeller S. 414). Diese Gesetze sahen vor, daß auf Antrag die Ausbürgerung mit rückwirkender Kraft für nichtig zu erklären war. Jede betroffene Person mußte den Antrag für sich persönlich stellen; der Antrag hatte auch nur Wirkungen bezüglich der Person des Antragstellers, wirkte also namentlich nicht für seine Frau und seine Kinder. Diese Beschränkung der Wirkung stellt an sich eine begrüßenswerte Regelung dar, da die Kinder Ausgebürgerter, die im Ausland aufgewachsen sind, häufig kein Interesse am Erwerb der deutschen Staatsangehörigkeit haben; jedoch ist nicht zu verkennen, daß die Bestimmung vom logischen Standpunkt mit dem Grundsatz der Rückwirkung nicht ganz vereinbar ist. Diese unter der Geltung der Landesgesetze vorgenommenen Maßnahmen haben auch nach Inkrafttreten des Grundgesetzes ihre Wirksamkeit mit allen Folgen behalten.

9. Wiedererwerb bei Wohnsitz im Ausland

Bei der Abfassung des Grundgesetzes war man der Ansicht, daß die Wiedergutmachung zu schwach wäre, wenn man den Wiedererwerb der deutschen Staatsangehörigkeit in allen Fällen von einem Antrage abhängig machte. (Vgl. Jahrb. d. ö. R. N. F. I S. 824.) Die Frage ist daher neu geregelt worden. Danach bedarf es eines Antrages dieser Personen nur, wenn sie ihren Wohnsitz nicht in Deutschland haben. Dabei macht es nichts aus, ob sie nach ihrer Ausbürgerung eine andere Staatsangehörigkeit erworben haben, obgleich sie in diesem Falle auch nach § 25 StAngG die deutsche Staatsangehörigkeit verloren hätten. Dies ist eine Ausdehnung der Wiedereinbürgerung, deren Berechtigung zweifelhaft ist und die unnötigerweise zu Doppelstaatsangehörigkeiten führen kann. Da es nicht im Sinne des Grundgesetzes liegt, irgend jemand die deutsche Staatsangehörigkeit gegen seinen Willen aufzuoktoyieren, wird man annehmen müssen, daß der Antrag nur individuelle Wirkung hat, d. h. daß Frauen und volljährige Abkömmlinge eigene Anträge zu stellen haben und daß der Antrag des Mannes keine Wirkung für die Frau und der des Vaters keine Wirkung für die volljährigen Kinder hat. Nicht beigetreten werden kann der Ansicht, daß der Wiedererwerb der deutschen Staatsangehörigkeit durch den Mann sich automatisch auch auf die im Ausland geheiratete fremdnationale Frau erstrecken soll. (So Maßfeller S. 90; anders Bayer. StMdJ. v. 30. Juli 1953 MABl. S. 506; StAZ 1953 S. 231.) Der bayr. Erlaß besagt ausdrücklich, daß ein Rechtsanspruch der im Ausland geheirateten Frau nicht besteht, sofern sie nicht selbst Verfolgte ist, daß jedoch ein solcher Antrag wohlwollend zu prüfen sei. Die rechtliche Möglichkeit, ihm stattzugeben, folgt aus der aufrechterhaltenen VO vom 20. Jan. 1942.

Die Wiederverleihung der deutschen Staatsangehörigkeit hat keine rückwirkende Kraft. Wohl aber war, wie erwähnt, eine rückwirkende Kraft in den genannten Landesgesetzen vorgesehen. Es wird daher gegebenenfalls auf den Tag der Antragstellung ankommen. Mit dem Tage des Inkrafttretens des Grundgesetzes waren jedenfalls die Ländergesetze überholt und richteten sich daher die Rechtsfolgen nur nach Art. 116 II GG.

Der Anspruch auf Wiedereinbürgerung setzt nicht die Erfüllung des in § 8 StAngG vorgeschriebenen Bedingungen voraus (ebenso Maßfeller S. 90; Lichter S. 43) und kann nicht aus politischen Gründen abgelehnt werden. Er steht daher auch geflüchteten Nationalsozialisten zu. (BVerwG Bd. 1 S. 234 — Fall Strasser, Bd. 7 S. 785).

10. Wiedererwerb bei Wohnsitz in Deutschland

Anders regelt das Grundgesetz den Fall, daß die Ausgebürgerten ihren Wohnsitz in Deutschland wiedergenommen haben. In diesem Falle gilt die gesetzliche Fiktion, daß sie als nicht ausgebürgert gelten, d. h. daß ihnen die deutsche Staatsangehörigkeit mit rückwirkender Kraft vom Tage ihrer Ausbürgerung an wiederverliehen wird. Diese Regelung hat manche Zweifel ausgelöst. Streitig war, ob der automatische Wiedererwerb der deutschen Staatsangehörigkeit auch eintritt, wenn der Rückkehrer inzwischen eine andere Staatsangehörigkeit erworben hat. Maßfeller (1. Aufl. Anm. 2b zu Art. 116) wollte darin den Ausdruck eines entgegenstehenden Willens sehen, er hat sich aber in der 2. Auflage S. 90 der anderen Ansicht angeschlossen. Für Wiedererwerb auch Lichter (S. 45), Schätzel Grundrechte II S. 545. Einen zum Ausdruck gebrachten entgegengesetzten Willen wird man höchstens annehmen können, wenn ein Rückkehrer sich ausdrücklich bei der Polizei als Ausländer anmeldet, doch wird man einer solchen Anmeldung vor dem 23. Mai 1949 die gleiche Bedeutung nicht beimessen können.

11. Verhältnis von Art. 116 II zu 116 I GG

Das 2. Bundesgesetz zur Änderung und Ergänzung des Bundesvertriebenengesetzes vom 27. Juli 1957 bestimmt in Art. I, daß Vertriebener auch ist, wer als deutscher Staatsangehöriger oder deutscher Volkszugehöriger nach dem 30. Januar 1933 aus Deutschland geflohen ist, weil ihm wegen seiner Gegnerschaft gegen den Nationalsozialismus oder aus rassischen Gründen Verfolgungen drohten. Das bedeutet, daß die politischen Emigranten aus der NS-Zeit den Deutschen aus Art. 116 I GG gleichgestellt werden. Sie erfüllen also gleichzeitig die Erfordernisse beider Absätze, sie sind rückwirkend deutsche Staatsangehörige und zugleich Deutsche nach Art. 116 I GG. Beide Eigenschaften sollen sich nach der Ansicht der Bundesregierung nicht ausschließen, sondern kumulieren. Vgl. oben Anm. 1 f. Das führt allerdings zu rechtlichen Schwierigkeiten, wenn sie aus irgendwelchen Gründen den Wiedererwerb der deutschen Staatsangehörigkeit nicht wünschen und diese ausschlagen. Es erhebt sich dann die Frage, ob trotz der Ausschlagung der Status als Deutscher nach Art. 116 I GG übrigbleibt. Vgl. hierzu Anm. 13.

12. Personen mit abgeleiteter Staatsangehörigkeit

Zweifel können auch bezüglich der Rückwirkungen auf Personen mit abgeleiteter Staatsangehörigkeit bestehen, besonders bezüglich der inzwischen volljährig gewordenen Kinder, wenn diese nicht ebenfalls ihren Wohnsitz nach Deutschland verlegen. Bei streng logischer Folgerung könnte man zu dem Schluß kommen, daß solche etwa 1935 in Amerika geborenen und dort gebliebenen Kinder bei Rückkehr des Vaters nach Deutschland ebenfalls die deutsche Staatsangehörigkeit erwürben; ja, man könnte dies selbst für die in Amerika geheiratete und inzwischen wieder geschiedene amerikanische Frau annehmen. Folgerungen dieser Art liegen offenbar dem Grundgesetz fern. Die einzig mögliche Lösung ist die, daß nur Personen, welche zurückgekehrt sind und in Deutschland selbst Wohnsitz genommen haben, von der automatischen Wiedereinbürgerung erfaßt werden.

13. Entgegenstehender Wille

Ein entgegenstehender Wille kann aus den verschiedensten Gründen vorliegen. Nicht wenige zurückgekehrte Emigranten fühlen sich als Ausländer unter dem Schutz ihres neuen Heimatstaates sicherer. Auch die vom deutschen Gesetzgeber verfügte Rückwirkung kann ihnen Schwierigkeiten machen. Da es sich um eine Rückwirkung über einen sehr langen Zeitraum handelt, haben die betroffenen Personen in der Zwischenzeit zum großen Teil rechtsgeschäftliche, namentlich familienrechtliche Akte vorgenommen, deren Wirksamkeit zweifelhaft werden könnte, wenn sie mit rückwirkender Kraft wieder dem deutschen Recht unterstellt werden. Die Rückwirkung könnte auch ihr Auslandsvermögen der feindlichen Liquidation unterwerfen. Man kann wohl annehmen, daß es nicht im Sinne des deutschen Gesetzgebers gelegen hat, durch die rückwirkende Verleihung der deutschen Staatsangehörigkeit den betroffenen Personen Nachteile zuzufügen. Solche lassen sich jedoch vermeiden, wenn der Betreffende zunächst seinen entgegengesetzten Willen zum Ausdruck bringt, d. h. die deutsche Staatsangehörigkeit ausschlägt, und dann, wenn jede Gefahr, die ihm aus dem Wiedererwerb der deutschen Staatsangehörigkeit droht, abgewandt ist, die deutsche Staatsangehörigkeit o h n e Rückwirkung im Wege der Einbürgerung wieder erwirbt.

Der Gesetzgeber hat bisher nicht bestimmt, in welcher Weise der entgegengesetzte Wille zum Ausdruck gebracht werden kann. Es liegt nahe, die Bestimmungen über die Ausschlagung aus dem 1. Staatsangehörigkeitsregelungsgesetz entsprechend anzuwenden, doch ist sie an keine Frist gebunden. Dann erhebt sich allerdings folgender Zweifel: die Ausschlagungsberechtigten nach dem 1. Staatsangehörigkeitsregelungsgesetz behalten trotz Ausschlagung den Status aus Art. 116 I GG. Wenn man die in Art. 116 II GG eingeräumte Ausschlagung ebenso behandelte, behielten die ausschlagenden Emigranten trotzdem die Eigenschaft als Deutsche, d. h. sie würden gegen ihren Willen festgehalten. Eine solche Absicht des Gesetzgebers wird man jedoch gerade diesen Personen gegenüber nicht annehmen können. Es bleibt daher nichts anderes übrig, als diese Ausschlagung anders zu behandeln als die im 1. Staatsangehörigkeitsregelungsgesetz vorgesehene, d. h., daß mit der Ausschlagung der deutschen Staatsangehörigkeit auch die Eigenschaft aus Art. 116 I GG verloren geht. Diese verschiedene Behandlung der Ausschlagung der Kollektiveingebürgerten und der zurückgekehrten Emigranten ist vom logischen Standpunkt allerdings schwer zu erklären.

14. Verfolgte als Mitglieder der Besatzungsmächte

Keine Rückkehr im Sinne des Art. 116 II GG liegt vor, wenn ein Emigrant als Angehöriger der Besatzungsmächte wieder nach Deutschland gekommen ist, da er alsdann als exterritorial gilt. Hat er den

Wunsch, wieder Deutscher zu werden, so bedarf es eines Antrages. Dies ist nicht erforderlich, wenn er nach Beendigung des alliierten Dienstverhältnisses seinen Wohnsitz in Deutschland behält.

Art. 124

Recht,[1] das Gegenstände der ausschließlichen Gesetzgebung des Bundes betrifft, wird innerhalb seines Geltungsbereiches Bundesrecht.[2, 3]

1. Recht

a) Recht jeder Art, also an erster Stelle das alte Reichsrecht, so das Reichs- und Staatsangehörigkeitsgesetz von 1913, ferner alle späteren reichsrechtlichen Änderungsgesetze. Dazu gehören auch die zahlreichen Gesetze und Verordnungen der Hitlerzeit. Ihre rechtliche Grundlage kann zweifelhaft sein, da die Gesetzgebungskompetenz durchweg auf das sog. Ermächtigungsgesetz vom 24. März 1933 gestützt ist, dessen Gültigkeit umstritten ist. Das französische Tribunal Général in Rastatt hatte sich 1946 in der Sache Tillessen auf den Standpunkt gestellt, daß dieses Gesetz als nichtig anzusehen sei (Jour. off. der franz. Besatzungszone 2. Jahrg. Nr. 61 S. 605 ff.) Thoma wies demgegenüber auf den Satz hin, daß auch ein unter Rechtsbruch zustande gekommenes Recht nach dem Grundsatz der siegreichen Revolution sich durchsetzen könnte. (DRZ 1948 S. 142.) Arndt meint, daß eine Aufrechterhaltung solcher unter Rechtsbruch zustande gekommener Gesetze höchstens aus dem Gesichtspunkt der Bildung von Gewohnheitsrecht möglich sei (DRZ 1948 S. 240). Für die Aufrechterhaltung des NS-Rechts spricht die Proklamation Nr. 2 des Generals Eisenhower vom 19. September 1945 Art. 2, in der bestimmt wird, daß das bei der Besetzung in Kraft befindliche Recht weiter anwendbar sein solle, soweit es von den Alliierten nicht ausdrücklich aufgehoben werde (Vgl. Schätzel, Arch. d. öfftl. R. Bd. 74 S. 275). Neuerdings hat das Bundesverfassungsgericht in seinem Urteil im Konkordatsstreit vom 26. März 1957 entschieden, daß das Ermächtigungsgesetz vom 24. März 1933 zwar, gemessen an den Vorschriften der Weimarer Reichsverfassung, rechtswidrig gewesen sei, aber trotzdem als eine Stufe der revolutionären Begründung der nationalsozialistischen Gewaltherrschaft eine neue Kompetenzordnung geschaffen und daher als Grundlage für die folgende Gesetzgebung angesehen werden müsse (E 6 S. 338). Danach wird man den aus der Hitlerzeit stammenden Gesetzen zur Änderung des Staatsangehörigkeitsgesetzes wegen verfassungsrechtlicher Mängel die Anerkennung nicht versagen können, soweit sie nicht ausdrücklich aufgehoben sind.

b) Deutsches Reichsrecht waren auch die in innerstaatliches Recht transformierten völkerrechtlichen Verträge zur Regelung von Staatsangehörigkeitsfragen, insbesondere die vielen Optionsverträge nach dem 1. Weltkrieg. Dabei kann die Frage außer Betracht bleiben, inwieweit sie etwa durch den Ausbruch des 2. Weltkrieges ihre völkerrechtliche Verbindlichkeit verloren haben. Sie sind jedenfalls geltendes Reichsrecht gewesen und als solches aufrecht erhalten.

c) Bundesrecht geworden sind auch die Gesetze der Länder, die zwischen 1945 und 1949 zur Regelung von Staatsangehörigkeitsfragen ergangen sind. So insbesondere die Gesetze der Länder der amerikanischen Besatzungszone zur Regelung der Staatsangehörigkeit der in der NS-Zeit ausgebürgerten Personen. (Vgl. Art. 116 Anm. 8c.) An sich waren die Länder zur Regelung der reichsrechtlich geordneten Staatsangehörigkeit nicht zuständig. In der Übergangszeit von 1945 bis 1949 fehlte es jedoch an einem Reichsgesetzgeber und lag die gesamte Staatsgewalt in den Händen der Länder. Das Bundesverfassungsgericht hat daher im Urteil im Konkordatsstreit vom 26. März 1957 gefolgert: „Dieser Sachlage entsprach es, daß die Länder während dieser Zeit früheres Reichsrecht abändern konnten.“ Gegen die auf Grund dieser Ländergesetze vorgenommenen Wiederverleihungen der deutschen Staatsangehörigkeit können daher keine Bedenken bestehen.

2. **Nicht mehr geltendes Recht**

a) Das Recht muß beim Zusammenbruch 1945 noch in Geltung gewesen sein. Daraus folgt, daß Gesetzesbestimmungen, welche zur Hitlerzeit aufgehoben sind, nicht von selbst wieder aufgelebt sind.

b) Altes Reichsrecht kann auch aus völkerrechtlichen Gründen seine Wirksamkeit verloren haben. Dieser Gesichtspunkt hat eine große Rolle bei der Ausdehnung der deutschen Staatsangehörigkeit auf die vor und während des Krieges einverleibten Gebiete gespielt (Österreich, Sudetenland, Memel, Danzig usw.). Die dabei aufgetauchten Fragen sind bei den Staatsangehörigkeits-Regelungsgesetzen behandelt. Im Zweifel wird man sich für die Aufrechterhaltung der verliehenen Staatsangehörigkeit entscheiden müssen, solange nicht auch die zur Ausführung des völkerrechtlichen Aktes ergangenen Reichsgesetze aufgehoben sind.

c) Eine Reihe der in der Hitlerzeit ergangenen Gesetze ist durch den Kontrollrat und die Alliierten aufgehoben worden. So hat der Rat der Alliierten Hohen Kommission durch Gesetz vom 17. November 1949 (ABl. d. AHK 1949 S. 36) die Verleihung der deutschen Staatsangehörigkeit an französische und luxemburgische Staatsangehörige für nichtig erklärt. An sich könnte es zweifelhaft sein, ob ein Okkupant überhaupt die Staatsangehörigkeit des Okkupierten regeln kann und, falls man dies im Falle Deutschland bejaht, ob ein solches Gesetz die Okkupation überdauert. Man wird jedoch annehmen können, daß die Okkupationsgesetze nach Beendigung der alliierten Besetzung in Deutsches Recht transformiert sind, zumal die Bundesregierung vertraglich die Weitergeltung aller Okkupationsgesetze übernommen hat (Art. 1 des Pariser Vertrages zur Regelung aus Krieg und Besatzung entstandener Fragen vom 23. Oktober 1954), vorbehaltlich des Rechts späterer Abänderung, soweit es sich nicht um Kontrollratsrecht handelt.

3. Örtlicher Geltungsbereich

Die Worte „innerhalb seines Geltungsbereichs“ können Zweifel auslösen. Geltungsbereich im Sinn des Grundgesetzes ist der Umfang der in der Bundesrepublik zusammengeschlossenen deutschen Länder. Den Gegensatz dazu bilden die DDR, das Gebiet von Großberlin und die Gebiete östlich der Oder-Neiße-Linie. Nun ist es aber die Eigentümlichkeit des Staatsangehörigkeitsrechts, daß es über die Grenzen hinaus wirkt und die Angehörigen im Ausland erfaßt. Art. 116 II trifft ausdrücklich Bestimmungen über deutsche Emigranten im Ausland. Da die Bundesrepublik den Anspruch erhebt, mit dem alten Reich identisch zu sein (so BVerfG im Urteil im Konkordatsstreit vom 26. 3. 1957 E 6, 338; BGH [Gr. Ziv. S.] NJW 1954, 1077), nimmt sie an, daß sich ihre Gesetzgebung zur Staatsangehörigkeit auch auf alle ehemaligen Reichsdeutschen im Ausland erstreckt. Zum mindesten sind diese in der Lage, sich der Bundesrepublik gegenüber auf deren Gesetze zu berufen.

Art. 125

Recht, das Gegenstände der konkurrierenden Gesetzgebung des Bundes betrifft, wird innerhalb seines Geltungsbereiches Bundesrecht,

1. soweit es innerhalb einer oder mehrerer Besatzungszonen[2] einheitlich gilt.

2. soweit es sich um Recht handelt, durch das nach dem 8. Mai 1945 früheres Reichsrecht abgeändert worden ist.

1. Gesetze über Landesangehörigkeit

Nach Art. 74 Ziff. 8 (oben S. 91) gehört die Gesetzgebung über die Landesangehörigkeit zur konkurrierenden Zuständigkeit. Es fragt sich danach, ob die Länder Landesstaatsangehörigkeitsgesetze erlassen könnten. Bisher ist diese Möglichkeit nur in Bayern erörtert. Dagegen wird geltend gemacht, daß die Landesangehörigkeit früher durch Reichsrecht geregelt war und danach Recht ist, das in mehreren Besatzungszonen einheitlich galt. (Vgl. Schätzel, Grundrechte Bd. 2 S. 539). Dabei werden ohne weiteres die neuen deutschen Länder den alten gleich gesetzt und wird angenommen, daß die Staatsangehörigkeitsverhältnisse der neuen Länder untereinander und gegenüber dem Bund ebenso sein müßten wie nach dem Staatsangehörigkeitsgesetz von 1913. (So Braga, Ehe und Familie 1957 S. 39.) Dies ist jedoch nicht der Fall. Früher kannte man die mehrfache Landesangehörigkeit, wurde sie sogar vom Gesetz begünstigt, während sie mit dem Wohnsitzprinzip der Bundesrepublik nicht verträglich ist. Zudem wird übersehen, daß das gesamte Recht der Landesangehörigkeit seit 1934 aufgehoben war, also niemals in den Besatzungszonen gegolten hat. Der Art. 125 stände daher Landesgesetzen über die Landesangehörigkeit nicht entgegen.

2. Landesgesetze aus der Zeit vor Entstehung der BRep.

Hierzu würden die Gesetze der Länder der amerikanischen Besatzungszone gehören, welche die Staatsangehörigkeit der Ausgebürgerten regeln (Vgl. Art. 116 Anm. 8c). Diese Ländergesetze sind Bundesgesetze geworden, aber durch die neue Bestimmung des Art. 116 II ersetzt, jedoch nicht mit rückwirkender Kraft. Vorgänge vor Inkrafttreten des Grundgesetzes sind daher nach jenen Gesetzen zu beurteilen.

2. Zu den Artikeln der Verfassung der Deutschen Demokratischen Republik vom 7. Oktober 1949

Art. 1

(1) Deutschland ist eine unteilbare demokratische Republik.[1]
(4) Es gibt nur eine deutsche Staatsangehörigkeit.[2]

1. Rechtsstellung der DDR

Die DDR hat in den ersten Jahren ihres Bestehens fast noch stärker als die Bundesrepublik den Fortbestand und die Einheit des Reiches betont, aber für sich in Anspruch genommen, die einzig legitime Regierung zu sein. Diese Auffassung findet ihren Ausdruck z. B. in der Fortführung der Bezeichnung „Reichsbahn“ und der Beibehaltung der reichsdeutschen Uniformen. In den letzten Jahren hebt sich jedoch eine andere Auffassung ab, ohne daß der Text der Verfassung geändert wäre. Die offizielle These der DDR spricht jetzt von den „beiden deutschen Staaten“, und sie wird in dieser Auffassung von der Sowjet-Union und den Staaten des Sowjetblocks unterstützt. Nach dieser neuen Ansicht haben sich auf dem Boden des alten Reiches originär zwei völlig neue und unabhängige Staaten gebildet. (So Brandweiner, Ztschr. f. dtsch. Außenpolitik 1956 S. 497). Ob über den beiden Staaten noch ein Restbestand des alten Reiches als imaginäre Dachorganisation anerkannt wird, bleibt dabei zweifelhaft. Die Auffassung von den zwei deutschen Staaten liegt auch dem Angebot der DDR vom 27. Juli 1957 zugrunde, mit der Bundesrepublik einen Staatenbund zu bilden. Sie wird von der Bundesrepublik entschieden bekämpft, die jeder fremden Regierung, welche die DDR als Staat anerkennt, den Abbruch der diplomatischen Beziehungen angedroht und im Falle Jugoslawien am 19. Okt. 1957 ihre Drohung durchgeführt hat.

2. Gemeinsame Staatsangehörigkeit

a) Schwer verständlich bleibt, wie bei der Theorie der beiden deutschen Staaten eine gemeinsame deutsche Staatsangehörigkeit aufrechterhalten bleiben könnte. Brandweiner (aaO S. 497) sucht eine Erklärung dieses Widerspruchs dadurch, daß er aus Art. 1 Abs. 4 nur die Ablehnung jeder Landesangehörigkeit herauslesen will, ihn dagegen nicht auf das Verhältnis der DDR zur Bundesrepublik bezieht. Diese Auslegung dürfte kaum dem Sinn der Verfassungsbestimmung zur Zeit ihrer Entstehung entsprochen haben. Neuerdings zeigen sich Tendenzen, den Begriff einer eigenen Staatsangehörigkeit der DDR zu schaffen. So spricht die DDR in kürzlich abgeschlossenen Konsularverträgen von ihren Staatsangehörigen (z. B. Konsularvertrag mit der Sowjetunion vom 10. März 1957 Art. 10 Gesetzbl. d. DDR 1957 I S. 438, Konsularvertrag mit der Tschechoslowakischen Republik vom 8. Aug. 1957 Art. 11 Gbl. d. DDR 1957 I S. 446). Es kann wohl kaum zweifelhaft sein, daß in diesen Verträgen von der DDR nicht alle deutschen Staatsangehörigen, sondern nur die innerhalb ihrer Grenzen wohnhaften Deutschen gemeint sind.

b) Dagegen hält die innerdeutsche Verwaltungspraxis beider deutscher Länder an der gemeinsamen deutschen Staatsangehörigkeit fest. In der Bundesrepublik besteht keinerlei Zweifel an der Einheitlichkeit der Staatsangehörigkeit. Von Behörden der DDR ausgestellte Pässe und Staatsangehörigkeitsbescheinigungen sind vollgültige Beweise der deutschen Staatsangehörigkeit. Auch die Verwaltungspraxis der DDR folgt bisher der gleichen Auffassung, da sie jeden Deutschen mit Wohnsitz in der Bundesrepublik als Deutschen und bei Wohnsitzverlegung ohne weiteres als politisch vollberechtigten Bürger anerkennt. Es gibt bisher im Verhältnis Bundesrepublik-DDR keine Ein- und Ausbürgerung. Allein der Wohnsitz entscheidet.

c) Die DDR nimmt in Anspruch, in den östlichen Ländern, in welchen nur sie diplomatische Vertreter unterhält, alle deutschen Staatsangehörigen zu vertreten. Umgekehrt haben es die Behörden der Bundesrepublik, die um Schutz angegangen wurden, bisher nicht abgelehnt, ihn Deutschen aus der DDR zu gewähren und sie notfalls mit den entsprechenden Dokumenten zu versehen. (Zu dem Vertretungsrecht der Bundesrepublik vgl. W e n g l e r in Festschrift für Nawiasky S. 61).

d) Es gilt in der DDR weiter das deutsche Reichs- und Staatsangehörigkeitsgesetz von 1913, jedoch ohne die von der Bundesrepublik vorgenommenen Änderungen.

e) Da die Bundesrepublik an der Einheit der Staatsangehörigkeit festhält, wird sie notwendigerweise auch Regierungsakte der DDR in Staatsangehörigkeitssachen, also Einbürgerung und Entlassung anerkennen müssen, soweit nicht ausnahmsweise unter dem Gesichtspunkt des ordre public Bedenken bestehen. (BGH. Beschl. v. 23. 2. 1954 DVBl. 1955 S. 66; BGHSt. 5 S. 317; M a ß f e l l e r S. 52.) Andernfalls würden im Laufe der Zeit nicht wenige Fälle entstehen, in denen eine Person in einem der deutschen Gebiete als Deutscher, im anderen nicht als solcher angesehen würde. Eine solche auf weite Sicht verhängnisvolle Aufspaltung der Staatsangehörigkeit kann nur durch gegenseitige Anerkennung der Hoheitsakte in Staatsangehörigkeitsfragen vermieden werden. Eine solche Anerkennung entspricht auch nur der feststehenden Praxis der Anerkennung von anderen Statusakten wie Legitimation oder Adoption. Auch das in der DDR auf 18 Jahre festgelegte Volljährigkeitsalter wird in der Bundesrepublik anerkannt. (BVerfG E 5, 17; D r o b n i g, Interzonales Privatrecht B 1 1956 Nr. 26 ff.)

Art. 7

(1) Mann und Frau sind gleichberechtigt.[1]

(2) Alle Gesetze und Bestimmungen, die der Gleichberechtigung der Frau entgegenstehen, sind aufgehoben.[2, 3]

Die Bestimmung entspricht an sich dem Art. 3 GG. Trotz des auf beiden Seiten bestehenden Bestrebens, das Band der gemeinsamen Staatsangehörigkeit nicht abreißen zu lassen, bestehen in der Auslegung und Anwendung dieser Bestimmung jedoch Unterschiede.

1. Gleichheitssatz

Auch in der DDR wird aus dem Gleichheitssatz der Grundsatz der eigenen Staatsangehörigkeit der Frau hergeleitet. Während in der Bundesrepublik jedoch die Durchführung dieses Grundsatzes bis zum 1. April 1953 aufgeschoben war, ist er in der DDR bereits mit dem 7. Oktober 1949 in Kraft getreten. Seit diesem Zeitpunkt hat die Ehe keinen Einfluß auf die Staatsangehörigkeit der Frau gehabt. So Anordnung des Innenmin. vom 30. August 1954 (oben S. 46). Wenn in dieser Anordnung gesagt ist, daß die Anordnung am 1. September 1954 in Kraft tritt, so bedeutet das nicht, daß es vorher anders gewesen wäre. Die Anordnung hat nur deklaratorische Bedeutung, zumal der Innenminister nicht Gesetzgeber ist. Er wollte nur eine authentische Auslegung der Verfassungsbestimmung geben.

2. Anordnung vom 30. August 1954

Schwer vereinbar mit dieser Auffassung ist allerdings § 2 Abs. 2 der Anordnung vom 30. August 1954, wonach Frauen, welche n a c h Inkrafttreten der Verfassung der DDR nach § 17 des Reichs- und Staatsangehörigkeitsgesetzes von 1913 durch Eheschließung die deutsche Staatsangehörigkeit verloren hätten, einen Anspruch auf „Zuerkennung" der deutschen Staatsangehörigkeit haben. Konsequenterweise durften sie diese seit dem 7. Oktober 1949 nicht verloren haben. Es dürfte sich um eine ungenaue Fassung handeln. Gemeint ist eine Anweisung an alle Behörden, diese Frauen als deutsche Staatsangehörige zu behandeln.

Andrerseits geht aus der Anordnung hervor, daß die Eheschließungen vor dem 7. Oktober 1949 die Wirkungen des Reichs- und Staatsangehörigkeitsgesetzes von 1913 gehabt und behalten haben und daß für diese Frauen ein Anspruch auf Wiedererwerb der deutschen Staatsangehörigkeit nicht besteht.

3. Jus sanguinis der ehelichen Mutter

In der DDR ist aus dem Grundsatz der Gleichheit der Rechte der Frau eine weitere wichtige Folgerung gezogen worden. Nach § 3 der Anordnung

2. Zu den Artikeln d. Verfassung d. Deutschen Demokratischen Republik

vom 30. August 1954 besitzen Kinder, deren einer Elternteil Deutscher ist, die deutsche Staatsangehörigkeit. Es ist dies die bewußte und gewollte Anerkennung des jus sanguinis der ehelichen Mutter, wie wir es im französischen Staatsangehörigkeitsrecht seit 1945 haben. Die Kinder einer deutschen Mutter sind auch dann Deutsche, wenn sie kraft jus sanguinis des Vaters von diesem eine andere Staatsangehörigkeit erhalten haben. Auf den Wohnsitz kommt es nicht an.

Die Bestimmung ist so allgemein gefaßt, als ob sie für alle Zeiten und Altersstufen gelten sollte. Da sie jedoch nichts als eine Auslegung des am 7. Oktober 1949 in Kraft getretenen Gleichheitssatzes ist, ergibt sich, daß sie auch erst mit diesem Zeitpunkt Gültigkeit erlangt hat, d. h. also, daß die Kinder einer deutschen Mutter nur dann die deutsche Staatsangehörigkeit erlangt haben, wenn sie später als am 6. Oktober 1949 geboren sind. Bei früher geborenen bleibt es beim alten Recht. Geschwister können danach eine verschiedene Staatsangehörigkeit haben.

Für die Bundesrepublik erhebt sich die Frage der Anerkennung dieser Gesetzesauslegung. Sie ist, wie das Beispiel Frankreich zeigt, logisch nicht unmöglich, auch wird man nicht sagen können, daß sie dem ordre public der Bundesrepublik widerspräche. Ihre Anerkennung ist daher rechtlich möglich und wohl auch geboten, um Aufspaltungen des Staatsangehörigkeitsrechtes zu vermeiden. Da das Bundesverfassungsgericht in der Konkordatsentscheidung vom 26. März 1957 ausdrücklich den deutschen Ländern das Recht zuerkennt, in der Zeit zwischen 1945 und dem Inkrafttreten des Grundgesetzes altes Reichsrecht zu ändern, wird man der bisher außerhalb der Bundesrepublik stehenden DDR das gleiche Recht nicht gut bestreiten können. Der Erwerb der deutschen Staatsangehörigkeit kraft jus sanguinis der ehelichen Mutter wird für alle im Bereich der DDR geborenen Kinder daher auch in der Bundesrepublik anerkannt werden müssen. Zweifel können nur bei Auslandsdeutschen bestehen.

Art. 112

(1) Die Republik hat das Recht der ausschließlichen Gesetzgebung[1] über die Staatsangehörigkeit.[2]

1. Ausschließliches Gesetzgebungsrecht

Anders als in der Bundesrepublik ist das gesamte Gebiet des Staatsangehörigkeitsrechts dem Gesetzgebungsrecht des Gesamtstaates vorbehalten. Es gibt in der DDR keine Landesangehörigkeit und hat sie nie gegeben (Maunz, 5. A. S. 276).

2. Verschiedenheit des StAngRechts in der DDR

Die DDR hat bisher in das vorgefundene Staatsangehörigkeitsrecht durch besondere Gesetze nicht eingegriffen. Trotzdem sind im Laufe der Zeit, sei es durch Verschiedenheit der Auslegung, sei es durch die Rückwirkung anderer Gesetze Unterschiede entstanden.

a) Da das Volljährigkeitsalter in der DDR 18 Jahre ist, hört mit diesem Alter auch die Abhängigkeit der Staatsangehörigkeit von der des Vaters auf.

b) Da die DDR keine allgemeine Wehrpflicht hat, entfallen dort alle Bestimmungen, welche an die Verletzung der Wehrpflicht Folgen für die Staatsangehörigkeit knüpfen.

c) In der Bundesrepublik hat das Bundesbeamtengesetz vom 14. Juli 1953 § 194 (oben S. 32) die §§ 14, 15 Staatsangehörigkeitsgesetz aufgehoben. Daraus folgt, daß mit der Anstellung als Beamter in der Bundesrepublik die deutsche Staatsangehörigkeit nicht mehr erworben wird. In der DDR sind diese Paragraphen und ihre Wirkungen nicht aufgehoben.

d) Die Aufnahme der volksdeutschen Flüchtlinge ist in der DDR anders geordnet. Man kennt dort keine Deutschen nach Art. 116 I GG. Jeder Flüchtling, der als volksdeutsch anerkannt und aufgenommen ist, hat damit die volle deutsche Staatsangehörigkeit erworben. So Beschluß des Landtags der Provinz Sachsen-Anhalt vom 4. Dezember 1946: (Gesetzbl. 1947 S. 157) „Als deutsche Staatsbürger mit allen ihnen zustehenden Rechten sind bis zur endgültigen Regelung der Staatszugehörigkeit diejenigen Personen zu behandeln, die auf Grund der Potsdamer Beschlüsse als Angehörige der deutschen Bevölkerungsteile nach Deutschland überführt worden sind oder noch überführt werden und in Sachsen-Anhalt wohnen.“ Ebenso VO Nr. 111 von Mecklenburg-Vorpommern über die Staatsangehörigkeit der Umsiedler vom 1. Juli 1946 (Amtsbl. 1946 S. 86) § 1 „Umsiedler, die nicht deutsche Staatsangehörige sind, erwerben die deutsche Staatsangehörigkeit mit Wirkung vom 1. Juni 1946, soweit sie bis zu diesem Zeitpunkt ihren Wohnsitz oder dauernden Aufenthalt im Lande Mecklenburg-Vorpommern genommen haben. Umsiedler, die nach dem 1. Juni 1946 ihren Wohnsitz oder dauernden Aufenthalt im Lande Mecklenburg-Vorpommern nehmen, erwerben die deutsche Staatsangehörigkeit mit der Begründung des Wohnsitzes oder dauernden Aufenthaltes.“ Die letztgenannte Verordnung ist allerdings durch eine Bekanntmachung des Landtages vom 19. August 1949 (Reg.Bl. f. Meckl. 1949 S. 137) mit rückwirkender Kraft wieder aufgehoben worden, aber anscheinend nur, weil es den Ländern an jeder Zuständigkeit in Staatsangehörigkeitsfragen fehlt. Sachlich ist es bei der in allen Ländern der DDR befolgten Übung geblieben. Über die Aufnahme ausgestellte Bescheinigungen bedeuten zugleich die Bestätigung der erworbenen deutschen Staatsangehörigkeit. Kommt ein solcher in der DDR aufgenommener Volsdeutscher später in die Bundesrepublik, so wird seine volle deutsche Staatsangehörigkeit anzuerkennen sein. Er kann in der Bundesrepublik nicht nachträglich in die Kategorie der Deutschen nach Art. 116 I eingeordnet werden.

Es scheint, daß der Begriff des Flüchtlings, in der DDR Umsiedler genannt, dort enger gefaßt wird. Die genannte Verordnung von Mecklenburg-Vorpommern vom 1. Juli 1946 beschreibt ihn in § 3 als:

„Umsiedler im Sinne dieser Verordnung sind Personen deutscher Muttersprache, die in Gebieten außerhalb der Alliierten Besatzungszonen ihren Wohnsitz oder dauernden Aufenthalt hatten und die diesen infolge des Krieges haben aufgeben müssen.“ Danach würden fremdnationale Ehegatten deutscher Umsiedler nicht unter diesen Begriff fallen.

In der Bundesrepublik wohnhafte Deutsche, welche die Eigenschaft aus Art. 116 I GG haben, werden in der DDR als deutsche Staatsangehörige angesehen.

e) Die Vereinigung Österreichs mit dem Reich wird für die Zeit von 1938—1945 anerkannt. Alle Österreicher haben auch nach der Ansicht der DDR in dieser Zeit die deutsche Staatsangehörigkeit besessen, jedoch mit der Loslösung Österreichs wieder verloren. So Präsident d. Provinzialverwaltung Brandenburg in einem Erlaß vom 4. Dezember 1945: (VOBl. der Prov. Verwaltg. Mark Brandenbg. 1946 S. 30) „Ich bemerke dazu, daß diejenigen Personen, die vor der Vereinigung Österreichs mit dem Deutschen Reiche im Jahre 1938 die österreichische Bundesbürgerschaft besessen haben, nach Lösung dieser Vereinigung wieder als Ausländer zu betrachten sind.“

f) Dagegen werden die anderen Annexionen der Hitlerzeit nicht anerkannt. Der vorerwähnte brandenburgische Erlaß betont dies besonders für Elsaß-Lothringer und Luxemburger, welche die französische bzw. die luxemburgische Staatsangehörigkeit besessen haben. Nicht ganz klar ist die Einstellung der DDR zu den Sudetendeutschen. Es wird zwar in der DDR daran festgehalten, daß das Münchener Abkommen vom 29. September 1938, durch welches das Sudetenland an Deutschland fiel, völkerrechtlich nichtig war, doch scheint es, daß trotzdem die deutsche Staatsangehörigkeit der Sudetendeutschen seit diesem Tage nicht bestritten wird. So heißt es in dem vorerwähnten Erlaß des Präsidenten der Provinzialverwaltung der Mark Brandenburg vom 4. Dezember 1945 (VOBl. d. Prov.Verw. Mark Brandenbg. 1946 S. 30): „Dagegen sind als Inländer zu betrachten die Sudetendeutschen, die bei der Eingliederung des sudetendeutschen Gebietes in das Reich im Jahre 1938 die deutsche Staatsangehörigkeit erworben hatten.“

g) Über die Staatsangehörigkeit der in der Hitlerzeit aus politischen Gründen ausgebürgerten Personen fehlen ausdrückliche gesetzliche Bestimmungen, wie sie in der Bundesrepublik in Art. 116 II GG getroffen sind. Doch sind Verwaltungsanordnungen ergangen. So bestimmt ein Erlaß des Präsidenten der Provinzialverwaltung der Mark Brandenburg vom 30. November 1945 (VOBl. d. Prov.Verw. Mark Brandenbg. 1946 S. 115), daß er bereit sei, auf Antrag diesen Verlust der Staatsangehörigkeit rückgängig zu machen. Es bedarf dazu jedoch eines ausführlich begründeten Antrags, und die Ortspolizeibehörde hat dazu eingehend Stellung zu nehmen. Eine ähnliche Anordnung ist in Mecklenburg-Vorpommern unter dem 1. Juli 1946 ergangen (Amtsbl. 1946 S. 96). In dieser VO wird zwar gesagt, daß die Ausbürgerungen „nichtig“ seien, doch heißt dies offenbar, da ein Antrag erforderlich ist,

daß sie für nichtig erklärt werden können. Antragsberechtigt sind Personen mit Wohnsitz in Mecklenburg-Vorpommern.
Nach den genannten Verordnungen dürfte die Rechtslage folgendermaßen sein:
Die in der Hitlerzeit vorgenommenen Ausbürgerungen behalten ihre Wirksamkeit, jedoch können die Betroffenen, wenn sie ihren Wohnsitz in der DDR haben, den Antrag stellen, sie mit rückwirkender Kraft für nichtig zu erklären. Da die Behörde sich die Nachprüfung und damit das Recht auf Ablehnung des Antrages in Einzelfällen vorbehält, kann von einem Anspruch auf Wiederverleihung der Staatsangehörigkeit nicht gesprochen werden. Es ist nur eine privilegierte Wiedereinbürgerung mit rückwirkender Kraft.
Kommen solche Personen nach der Bundesrepublik, so sind sie dort nach Art. 116 II 2 GG als deutsche Staatsangehörige zu behandeln.

3. Zu dem Gesetz über die Eingliederung des Saarlandes vom 23. September 1956 (BGBl. I S. 1011)

§ 1

(1) Das Grundgesetz für die Bundesrepublik Deutschland gilt vom Inkrafttreten dieses Gesetzes an auch im Saarland. Die Bestimmungen dieses Gesetzes und des Vertrages zwischen der Bundesrepublik Deutschland und der Französischen Republik zur Regelung der Saarfrage (Saarvertrag) bleiben unberührt.

(2) Das Saarland wird mit dem Inkrafttreten dieses Gesetzes ein Land der Bundesrepublik Deutschland. Die in Artikel 29 Abs. 2 und 6 des Grundgesetzes vorgesehenen Fristen beginnen mit dem Ende der Übergangszeit nach Artikel 3 des Saarvertrages zu laufen.

(3) Das bei Inkrafttreten dieses Gesetzes in der Bundesrepublik geltende Staatsangehörigkeitsrecht gilt auch im Saarland.

§ 20

Dieses Gesetz tritt am 1. Januar 1957 in Kraft.

1. Das Saarland vor dem 1. Januar 1957

Während der Zeit des staatlichen Sonderlebens des Saarlandes bestanden Zweifel über die Staatsangehörigkeitsverhältnisse. Die Saarregierung vertrat die Ansicht, daß das Saarland als losgelöster Teil des Reiches die deutsche Staatsangehörigkeit verloren und eine eigene begründet habe. Die Bundesrepublik wie die DDR nahmen dagegen an, daß das Saarland weiter zum Reich gehöre und die Bewohner die deutsche Staatsangehörigkeit behalten hätten. (Vgl. Schätzel, Grundrechte Bd. 2 S. 543; Rasche, S. 144, Maßfeller S. 404, Lichter S. 870; Löffler,

Bemerkungen zum Begriff der saarl. StAng., Saarl. Rechts- u. Steuer-Ztschr. 1957 S. 33; VBerfG Urteil vom 4. 5. 1955 E 4, 157).

Die Bundesrepublik hat dementsprechend Anordnungen getroffen, die Saarländer in der Bundesrepublik als deutsche Staatsangehörige zu behandeln (Runderlaß v. BMin. d. Innern vom 9. November 1950, Maßfeller S. 411) und hat ihre Rechtsansicht auch wiederholt dem Ausland gegenüber vertreten, ohne auf Widerspruch zu stoßen. Saarländer wurden demgemäß in der Bundesrepublik von allen deutschen Behörden als deutsche Staatsangehörige behandelt. (Ebenso Bonner Kommentar z. GG Art. 16 Anm. II 3 b; Makarov, DRZ 1948 S. 278 ff.). Andererseits wurden ihre saarländischen Pässe anerkannt. Die Saarregierung selbst nahm den Standpunkt der Bundesrepublik stillschweigend hin. Sichtlich vorsichtig gefaßt war § 2 des saarländischen Staatsangehörigkeitsgesetzes, in dem es heißt, daß die betroffenen Personen „in ihrem Verhältnis zum Saarland nur noch als saarländische Staatsangehörige gelten." Die allerdings rechtlich nicht maßgebende Überschrift lautete jedoch „Verlust der deutschen Staatsangehörigkeit". So bestand jahrelang zwar eine grundsätzlich verschiedene Ansicht, aber auch eine stillschweigende Duldung der anderen Auffassung.

Dem Ausland gegenüber wurden Saarländer von der französischen Republik vertreten. Frankreich selbst hatte das Saarland als Völkerrechtssubjekt anerkannt und suchte seine Stellung nach dem Vorbild des völkerrechtlichen Protektorats auszubauen. (Vgl. Héraud, Le statut politique de la Sarre, Rev. Gen. de Droit int. publ. Bd. 52 [1948] S. 189; Laurent, L'évolution de l'union franco-sarroise, Clunet Bd. 79 [1952] S. 84; Bd. 82 [1955] S. 522; Münch, Zum Saarvertrag vom 27. Okt. 56 ZaöRV Bd. 18 [1957] S. 1).

2. Rechtslage nach dem 1. Januar 1957

Der Eintritt des Saarlandes in die Bundesrepublik bedeutet praktisch den Sieg der deutschen Auffassung, ohne daß Frankreich diese für die Vergangenheit ausdrücklich anerkannt hätte. Die neue Saarregierung hat dagegen schon durch Gesetz vom 16. März 1956 (oben S. 57) den § 2 des saarländischen Staatsangehörigkeitsgesetzes aufgehoben und damit ihre Ansicht zu erkennen gegeben, daß die Saarländer deutsche Reichsangehörige waren. Die Fassung des Saarvertrages vom 27. Okt. 1956 läßt die Frage für die Vergangenheit offen, indem sie nur für die Zeit ab 1. Januar 1957 die Geltung des Staatsangehörigkeitsrechts der Bundesrepublik vorschreibt. Dies rechtfertigt jedoch nicht zu dem Umkehrschluß, daß das deutsche Staatsangehörigkeitsrecht vorher nicht im Saarland gegolten hätte. Die Wortfassung hatte nur die Aufgabe, einen in Wirklichkeit bestehenden Dissens über die bisherigen Staatsangehörigkeitsverhältnisse zu verdecken. (Die deutsche Fassung des Saarvertrages vom 27. Okt. 1956 spricht von Eigenschaft als Saarländer, das französische Gesetz vom 27. Dez. 1956 von nationalité sarroise). Die folgerichtige Durchführung des deutschen Standpunktes kann nur sein: Das deutsche Staatsangehörigkeitsgesetz von 1913 hat im Saarland stets gegolten. Jedoch ist erst mit dem 1. Januar 1957 die Staatsangehörigkeitsgesetzgebung der Bundesrepublik dort eingeführt worden, aber diese Einführung hat keine rückwirkende Kraft (M ü n c h ZaöRV 18 [1957] S. 27).

3. Abschaffung der saarl. Staatsangehörigkeit

Mit dem 1. Januar 1957 ist die saarländische Staatsangehörigkeit aufgehoben worden. Seit diesem Zeitpunkt ist auch die Vertretung der Saarländer im Ausland auf die Bundesrepublik übergegangen. An sich hätte die Möglichkeit bestanden, die Saarstaatsangehörigkeit als untergeordnete Landesangehörigkeit im Sinne von Art. 73 GG weiter bestehen zu lassen. Politische Gründe standen dem entgegen. Sie hatte in der Vergangenheit einen deutschfeindlich-separatistischen Charakter gehabt, auch wäre mit ihrer Anerkennung die Frage weiterer Landesangehörigkeiten wie der bayrischen aufgeworfen worden, was vermieden werden sollte.

Trotz der Aufhebung der Saarstaatsangehörigkeit ist noch heute von Interesse, was sie in der Vergangenheit gewesen ist. In Deutschland war man geneigt, sie als eine Spielart der deutschen Staatsangehörigkeit zu deuten und der deutschen Staatsangehörigkeit in der DDR gleichzustellen vgl. S c h ä t z e l, Grundrechte Bd. 2 S. 536). Aber ein Unterschied darf nicht übersehen werden. Die DDR hat niemals eine separatistische Eigenstaatsangehörigkeit geschaffen, sondern betont an der gemeinsamen deutschen Staatsangehörigkeit festgehalten. Die Saarstaatsangehörigkeit wollte sich nicht mit der Rolle einer der Reichsangehörigkeit untergeordneten Landesangehörigkeit begnügen, sondern wollte sie verdrängen. Ein ähnlicher Vorgang hat sich vor der Gründung der Bundesrepublik in Bayern abgespielt. Auch die bayrische Verfassung vom 2. Dezember 1946 spricht von Bayern im Gegensatz zu deutschen Staatsangehörigen (Art. 8: „Die deutschen Staatsangehörigen, die in Bayern ihren Wohnsitz haben, besitzen die gleichen Rechte und haben die gleichen Pflichten wie die bayrischen Staatsangehörigen"). Aber dieser Standpunkt hat sich nicht durchgesetzt und ist mit dem Eintritt Bayerns in die Bundesrepublik aufgegeben. Wenn es heute eine bayrische Staatsangehörigkeit geben sollte, so ist sie jedenfalls nur eine untergeordnete Landesangehörigkeit nach Art. 73 GG.

Im Saarland hat der Zustand einer separatistischen Eigenstaatsangehörigkeit fast ein Jahrzehnt gedauert. Allerdings könnte man sich fragen, ob nicht schon 1955 nach der Volksabstimmung eine Wendung eingetreten ist. Die Aufhebung des § 2 des saarländischen Staatsangehörigkeitsgesetzes bedeutete die Aufgabe des bisherigen Standpunktes. Danach hat das Saarland in der letzten Periode seiner politischen Sonderexistenz nicht mehr geleugnet, Bestandteil Deutschlands zu sein, hat dies vielmehr ausdrücklich in Anspruch genommen und hat die saarländische Staatsangehörigkeit der gesamtdeutschen untergeordnet. Fast könnte man sagen, daß aus einer reichsfeindlichen Sonderstaatsangehörigkeit zum Schluß eine deutschfreundliche Landesangehörigkeit mit Unterordnung unter die gemeinsame deutsche Staatsangehörigkeit geworden ist.

4. Gründe für die Abschaffung der saarl. Staatsangehörigkeit

Aber dies ist eine juristische Konstruktion, die nicht in das Bewußtsein der Saarbevölkerung gedrungen ist. Ihr schien die Saarstaatsangehörigkeit ein vom Okkupanten einseitig geschaffener Status, der ihr die deutsche Staatsangehörigkeit nehmen sollte. Daher war es nicht möglich, beim Eintritt in die Bundesrepublik an diese Saarstaatsangehörigkeit anzuknüpfen.

Nach zahlreichen völkerrechtlichen Vorbildern hätte es nahe gelegen, alle Personen mit Saarstaatsangehörigkeit ohne weiteres als deutsche Staatsangehörige zu übernehmen. (Vgl. Schätzel, Der Staatsangehörigkeitswechsel bei Gebietsveränderungen, Ztschr. f. Völkerrecht Bd. 12 S. 86; Kunz, Die völkerrechtliche Option Bd. 1 (1925) S. 18; Hansjörg Jellinek, Der automatische Erwerb und Verlust der Staatsangehörigkeit durch völkerrechtliche Vorgänge 1951 S. 29).

Die politische Vorgeschichte schloß dies aus. Auch hätte es nicht im Sinne der Franzosen gelegen, die sich in den vergangenen Jahren in dem Glauben im Saarland niedergelassen hatten, daß es gewissermaßen ein Nebenland Frankreichs sei, und die nie den Willen gehabt hatten, die deutsche Staatsangehörigkeit zu erwerben. Man konnte sie ihnen daher nicht einfach aufoktroyieren, ohne ihr politisches Selbstbestimmungsrecht gröblich zu verletzen. Aus der Anlage I zum deutsch-französischen Saarvertrag vom 27. Oktober 1956 „Vereinbarung über den Schutz von Personen“ (oben S. 57) folgt, daß beide Vertragsparteien einen allgemeinen automatischen Staatsangehörigkeitswechsel nicht wollten. Wenn nicht einmal Beamte die deutsche Staatsangehörigkeit von selbst erwerben, sondern eine Optionserklärung abgeben müssen, so kann ein automatischer Erwerb der deutschen Staatsangehörigkeit bei anderen Bevölkerungsklassen erst recht nicht angenommen werden.

Nachdem der allgemeine Staatsangehörigkeitswechsel und die Anknüpfung an die Saarstaatsangehörigkeit abgeleht war, blieb nichts anderes übrig, als die Saarstaatsangehörigkeit ersatzlos untergehen zu lassen.

5. Nachwirkungen

Damit war jedoch nicht gesagt, daß die Saarstaatsangehörigkeit und die Bestimmungen des saarländischen Staatsangehörigkeitsgesetzes vom 15. Juli 1948 überhaupt keine Wirkungen hinterlassen haben. Hier handelt es sich insbesondere um das in § 1 eingeführte jus soli. Daß es mit dem 1. Januar 1957 wieder abgeschafft ist, ist unstreitig. In Zukunft kann es kein Erwerbsgrund mehr sein. Es hat aber immerhin eine Reihe von Jahren gegolten und in nicht seltenen Fällen einen Erwerbsgrund für die saarländische Staatsangehörigkeit bedeutet. Man könnte sich fragen, ob daraus etwas über den Erwerb der deutschen Staatsangehörigkeit folgt.

Seit 1871 gilt der Grundsatz, daß Reichsangehörigkeit und Landesangehörigkeit sich decken mußten. Es konnte keinen Landesangehörigen geben, der nicht zugleich deutscher Reichsangehöriger war. Es besteht auch heute kein Zweifel, daß die Länder im Rahmen des Art. 73 GG keine Erwerbs- und Verlustgründe schaffen könnten, durch welche Landesangehörige entständen, die nicht zugleich deutsche Staatsangehörige wären. Nach dem gegenwärtigen Rechtszustand ist den Ländern diese Möglichkeit schon dadurch genommen, daß es ihnen an der nötigen gesetzgeberischen Zuständigkeit fehlt. In der Übergangszeit zwischen 1945 und 1949 haben die deutschen Länder jedoch allgemein die Kompetenz für sich in Anspruch genommen, Reichsgesetze auch über die Zuständigkeitsverteilung des Weimarer Verfassungsrechts hinaus zu ändern, und das Bundesverfassungsgericht hat in dem Urteil im Konkordatsstreit vom 26. März 1957 diese Zuständigkeit der Länder ausdrücklich bestätigt. Sie haben auch eine Zuständigkeit in Fragen des Staatsangehörigkeitrechts für sich in Anspruch genommen (Vgl. die Ländergesetze für zurückgekehrte Emigranten oben S. 101) und die Rechtsgültigkeit dieser Gesetze wird durch Art. 124 anerkannt (Vgl. oben S. 106). Dann hätte es auch nicht außerhalb der Gesetzgebungskompetenz der Länder gelegen, das jus soli-Prinzip einzuführen. Wenn dieser Schluß trotzdem nicht zu einer Anerkennung von Jus-soli-Saar-Deutschen führen kann, so liegt es allein daran, daß die Saarstaatsangehörigkeit keine deutsche Staatsangehörigkeit sein wollte und sein sollte, sondern mit Vorbehalt etwas anderes, was die deutsche Staatsangehörigkeit verdrängte. Hätte die Saarregierung sich als Teil Deutschlands bekannt und nur die in ihrem Teilgebiet geltenden Erwerbsgründe für die deutsche Staatsangehörigkeit ändern wollen, so hätte man dem die Anerkennung nicht versagen können; es ist jedoch nicht möglich, den Erwerb der deutschfeindlichen Saarstaatsangehörigkeit in einen Erwerb der deutschen Staatsangehörigkeit umzudeuten.

6. Erwerb der deutschen Staatsangehörigkeit im Saarland

Angehörige der Bundesrepublik sind daher mit dem 1. Januar 1957 nur diejenigen Personen geworden, welche nach dem reichsdeutschen Gesetz die deutsche Staatsangehörigkeit besaßen (Goebel, StAZ 1957 S. 59). Dieses Wiederaufleben der alten deutschen Staatsangehörigkeit bedeutet bis zu einem gewissen Grade eine rückwirkende Wiederverleihung, da sie in der Zwischenzeit im Saargebiet überhaupt nicht in Erscheinung trat. Es ist nunmehr so anzusehen, als hätte es das Zwischenspiel der Saarstaatsangehörigkeit vom 14. August 1948 bis 31. Dezember 1956 nicht gegeben und als hätte stets das deutsche Staatsangehörigkeitsrecht gegolten. Die Regelung ähnelt daher der gesetzlichen Regelung im Falle des Wiederauflebens der österreichischen Staatsangehörigkeit 1945. Wie jener Fall bringt diese Regelung Überraschungen und nicht erwartete Staatsangehörigkeitsänderungen für manche Personen. Eine Französin, die in der Zwischenzeit einen Saarländer geheiratet hat, muß nun feststellen, daß sie mit der Ehe nicht die ihr bekannte und gewünschte Saarstaatsangehörigkeit, sondern die nicht bekannte und unerwünschte deutsche erhalten hat. Ein Deutscher, der die deutsche Staatsangehörigkeit ablegen wollte, sich aus der deutschen Staatsangehörigkeit nach § 24 Staatsangehörigkeitsgesetz entlassen ließ und im Saarland Wohnsitz nahm, muß sich sagen lassen, daß seine Entlassung unwirksam ist, da er Deutschland nicht verlassen hat (ebenso Löffler, aaO S. 34). In dem erstgenannten Fall könnte die Französin nach Art. 5 der deutsch-französischen Vereinbarung über den Schutz von Personen vom 27. Oktober 1956 (oben S. 59) die deutsche Staatsangehörigkeit ausschlagen und nach dem französischen Gesetz vom 27. Dezember 1956 (Jour.off. 1956 S. 12607) die „Reintegration" in die französische Staatsangehörigkeit beantragen, falls sie diese verloren haben sollte (Vgl. Münch, ZaöRV 18 [1957] S. 29).

7. Einzelfragen

Im einzelnen ergibt sich bei der logischen Durchführung des eingenommenen Ausgangspunktes folgendes:

a) Einbürgerungen, welche durch die Saarregierung vorgenommen sind, haben jede Wirkung verloren. Sie hatten nur den Erwerb der untergegangenen Saarstaatsangehörigkeit zur Folge. Ein Miterwerb der deutschen Staatsangehörigkeit war damit nicht verbunden (ebenso Löffler, aaO S. 34). Haben die betroffenen Personen mit der Einbürgerung im Saarland ihre alte Staatsangehörigkeit verloren, so sind sie staatenlos (Goebel, StAZ 1957 S. 59). Dies Ergebnis ist logisch einwandfrei, fordert jedoch zur Kritik heraus, da die internationalen Bestrebungen gerade dahin gehen, Staatenlosigkeit zu vermeiden und die betroffenen Personen ohne ihr Verschulden in den Zustand der Staatenlosigkeit versetzt werden. Braga (Ehe und Familie 1957 S. 39) versucht daher den Standpunkt zu verteidigen, daß die untergegangene Saarstaatsangehörigkeit als Landesangehörigkeit nach § 1 des Staatsangehörigkeitsgesetzes von 1913 die Reichsangehörigkeit vermittelt haben müsse. Dieser Ansicht kann nicht gefolgt werden, da die Saarstaatsangehörigkeit, wie unter 3 ausgeführt ist, keine deutsche Landesangehörigkeit mit Unterordnung unter die Reichsangehörigkeit, sondern eine separatistische, die deutsche Reichsangehörigkeit verdrängende Staatsangehörigkeit sein wollte.

b) Entlassungen aus der Saarstaatsangehörigkeit haben nur diese, nicht die deutsche Staatsangehörigkeit betroffen. Die betreffenden Personen sind daher wieder als Deutsche zu betrachten.

c) Der Art. 3 GG, der Grundsatz der Gleichberechtigung von Mann und Frau mit seinen Wirkungen auf die Staatsangehörigkeit der Frau, ist im Saarland erst am 1. Januar 1957 in Kraft getreten. Mit dem gleichen Datum hat das Saarland auch seiner Verfassung die gleiche Bestimmung eingefügt (Ges. Nr. 548 vom 20. Dezember 1956 zur Änderung der Verfassung des Saarlandes, ABl. d. Saarlandes 1956 S. 1657). Bis dahin galt dort der alte Satz der abhängigen Staatsangehörigkeit der Frau, da man die alte Verfassungsbestimmung des Art. 12 „Männer und Frauen haben die gleichen staatsbürgerlichen Rechte und Pflichten" nur als einen Programmsatz ansah, aus dem keine konkreten Folgerungen gezogen wurden (Vgl. Braga, Ehe und Familie 1957 S. 37). Es bestand also zwischen dem 1. April 1953 und dem 1. Januar 1957 eine Verschiedenheit der Ehewirkung zwischen der Bundesrepublik und dem Saarland. Dadurch ergeben sich Zweifel in Kollisionsfällen. Man wird es auf den persönlichen Status und nicht auf den Ort der Eheschließung abstellen müssen. Ein bundesangehöriger Mann hat auch bei Eheschließung im Saarland zwischen dem 1. April 1953 und 1. Januar 1957 seine Staatsangehörigkeit nicht mehr auf seine ausländische Frau übertragen können; eine bundesdeutsche Frau hat sie in dem gleichen Zeitraum nicht mehr verlieren können. Umgekehrt muß der saardeutsche Mann bei Eheschließung in der Bundesrepublik in diesem Zeitraum seine deutsche Staatsangehörigkeit noch übertragen haben.

Die Einführung des Bundesrechts im Saarland hat keine rückwirkende Kraft. Es bleibt bei einmal eingetretenen Ehewirkungen. Hat eine deutsche Frau dadurch die deutsche Statsangehörigkeit verloren, so müßte sie die Wiedereinbürgerung nachsuchen, die ihr wohl nicht verweigert werden kann. Es wäre angebracht gewesen, zur Herstellung der Rechtsgleichheit für diese Fälle ein Optionsrecht durch das 3. StAngRegG zu schaffen.

d) Es galten die §§ 14, 15 Reichs- und Staatsangehörigkeitsgesetz unverändert fort, welche bestimmen, daß die Aushändigung einer Urkunde über Anstellung im öffentlichen Dienst — Land oder Gemeinde — Erwerb der Staatsangehörigkeit bedeutet. Hieran knüpft sich der Zweifel, ob alle von der Saarregierung oder von saarländischen Gemeinden angestellten Beamten durch Aushändigung der Anstellungsurkunden die deutsche Staatsangehörigkeit erworben haben. Hierzu ist folgendes zu sagen:

aa) Soweit Ausländer ein Amt im Saarland unter ausdrücklichem Ausschluß des Erwerbs der Saarstaatsangehörigkeit angenommen haben, z. B. Schweizer oder Österreicher bei Berufung an die Universität Saarbrücken, wird man daraus schließen müssen, daß sie auch die deutsche Staatsangehörigkeit nicht erwerben wollten. Hätten sie an diese Möglichkeit überhaupt gedacht, so hätten sie auch diesen Erwerb ausschließen lassen.

bb) Für französische Beamte ergibt sich die Regelung aus Art. 4 der deutsch-französischen Vereinbarung über Schutz von Personen vom 27. Oktober 1956 (oben S. 58). Danach haben sie die Möglichkeit, binnen Jahresfrist einen Antrag auf Erwerb der deutschen Staatsangehörigkeit zu stellen. Das führt notwendigerweise zu dem Schluß, daß sie sie nach der Ansicht der Vertragsparteien nicht schon besitzen. Gegen diese Ansicht bestehen allerdings erhebliche Bedenken, da nicht einzusehen ist, warum die §§ 14, 15 Staatsangehörigkeitsgesetz nicht auch zugunsten angestellter Franzosen gelten sollten. Die vertraglich niedergelegte Regelung bedeutet eigentlich, daß den französischen Beamten die deutsche Staatsangehörigkeit genommen und durch ein Optionsrecht auf die deutsche Staatsangehörigkeit ersetzt wird. Man wird diese Lösung hinnehmen können; sie erscheint nicht unbillig, denn keiner dieser französischen Beamten hat den Willen gehabt, die deutsche Staatsangehörigkeit zu erwerben, diese Regelung widerspricht auch nicht dem Art. 16 GG, denn es handelt sich um einen völkerrechtlich ausgehandelten Verlust der deutschen Staatsangehörigkeit, welcher die Betroffenen nicht staatenlos macht, da sie ja noch die französische Statsangehörigkeit besitzen.

cc) Bei allen übrigen Beamten ist die Rechtslage zweifelhaft. Die allgemeine Fassung des Art. 4 der Vereinbarung über den Schutz von Personen vom 27. Oktober 1956 deutet daraufhin, daß man von deutscher Seite bei keinem ausländischen Beamten einen Erwerb der deutschen Staatsangehörigkeit annahm. Aber es fragt sich, ob diese Annahme zutraf. Nachdem die Bundesrepublik jahrelang konsequent den Standpunkt vertreten hat, daß das Saarland noch ein Teil Deutschlands sei, ist die Anwendung der §§ 14, 15 StAngG nahezu unausweichlich. Es ist nicht gut zu bestreiten, daß die Anstellung im Saarland Anstellung in einem deutschen öffentlichen Dienst bedeutete. Hätte man dieser Schlußfolgerung entgehen wollen, so hätte man die Rechtsgültigkeit der Beamtenanstellung selbst bestreiten müssen, weil sie von einer nicht legitimen Regierung vorgenommen wäre. Dieser Standpunkt wird jedoch nicht eingenommen. Im Gegenteil, die Gültigkeit aller Anstellungen im Saarland, auch der von Ausländern, wird ausdrücklich bestätigt. Ist dem aber so, so ist nicht ersichtlich, wie man den Erwerb der deutschen Staatsangehörigkeit in Abrede stellen könnte. Anders als bei den französischen Beamten wird im Falle des Verlustes der deutschen Staatsangehörigkeit in der Mehrzahl der Fälle Staatenlosigkeit die Folge sein. Dies dürfte aber gegen Art. 16 GG verstoßen. Es ist nicht gut möglich, daß in einem deutschen Lande vorgefundenen deutschen Beamten in demselben Augenblick, wo die schützende Bestimmung des Art. 16 GG eingeführt wird, die deutsche Staatsangehörigkeit ersatzlos genommen wird. Damit würde zugleich gegen einen der wichtigsten Grundsätze der Deklaration der Menschenrechte und gegen das Bestreben der Vereinten Nationen verstoßen, welche durch die Kommission für internationales Recht Konventionsentwürfe zur Verhinderung der Staatenlosigkeit haben ausarbeiten lassen.

e) Die vielfachen Härten der sich ergebenden Staatsangehörigkeitsregelung hätten durch Optionsrechte gemildert werden können. Dies ist nur in einem sehr beschränkten Umfang geschehen. Art. 5 der Vereinbarung über den Schutz der Personen gewährt ein Recht der Ausschlagung der deutschen Staatsangehörigkeit denjenigen saarländischen Staatsangehörigen, welche noch eine andere Staatsangehörigkeit besitzen. Sie müssen also drei Staatsangehörigkeiten besitzen oder besessen haben, die deutsche, die saarländische und eine fremde. Diese Ausschlagung ist entgegen § 24 StAngG auch dann gültig, wenn die betroffenen Personen nicht abwandern.

Staatenlos gewordene Saarländer haben keinen Anspruch auf Verleihung der deutschen Staatsangehörigkeit. Ihnen ist in Art. 5 Abs. 2

der Vereinbarung nur zugesagt, daß ihnen diese nicht wegen ihrer politischen Tätigkeit verweigert werden würde. Im übrigen handelt es sich jedoch um eine Einbürgerung, welche den allgemeinen Bedingungen unterliegt.

Alle Personen, die im Besitz der untergegangenen Saarstaatsangehörigkeit waren, haben nach Art. 2 des französischen Gesetzes vom 27. Dezember 1956 (Jour. off. 1956 S. 12607) das Recht, die Verleihung der französischen Staatsangehörigkeit nachzusuchen, ohne daß sie den Wohnsitzbedingungen des französischen Rechts zu genügen brauchen.

f) Auch im Saarland haben volksdeutsche Flüchtlinge Aufnahme gefunden. Art. 116 I GG bestimmt zwar, daß den Status eines Deutschen jeder Volksdeutsche erwirbt, der im Gebiet des Deutschen Reiches nach dem Stande vom 31. Dezember 1937 Aufnahme gefunden hat, aber diese Bestimmung konnte sich auf das Saarland nicht erstrecken, da es dort nicht galt und zwischen dem deutschen Bundesgesetzgeber und einem Volksdeutschen ohne deutscher Staatsangehörigkeit keinerlei rechtliches Band bestand. Mit dem 1. Januar 1957 hat jedoch auch im Saarland der Art. 116 I GG gesetzliche Kraft gefunden und ist der Status eines Deutschen nach Art. 116 auch dort eingeführt worden.

g) Auch Art. 116 II GG ist erst mit dem 1. Januar 1957 im Saarland wirksam geworden. Ausgebürgerte ehemalige Deutsche, die ihren Wohnsitz im Saarland genommen haben, gelten mit diesem Datum und mit rückwirkender Kraft wieder als deutsche Staatsangehörige, vorbehaltlich des Rechts, nunmehr einen entgegengesetzten Willen zum Ausdruck zu bringen. Der Wiedererwerb der deutschen Staatsangehörigkeit ist auch automatisch eingetreten, wenn sie sich mit einer fremden Staatsangehörigkeit, z. B. der französischen, im Saarland niedergelassen hatten, es sei denn, daß sie die deutsche Staatsangehörigkeit ausschlagen.

4. Reichs- und Staatsangehörigkeitsgesetz vom 22. Juli 1913

Vorbemerkungen

1. Name des Gesetzes

Das Staatsangehörigkeitsgesetz von 1870 sprach von der Bundes- und Staatsangehörigkeit. Bundesangehörigkeit bedeutete Angehörigkeit im Norddeutschen Bund, Staatsangehörigkeit war die Angehörigkeit zu einem der Einzelstaaten, die nach dem Sprachgebrauch des Gesetzes mit dem Namen Bundesstaat bezeichnet wurden. Aus der Bundesangehörigkeit wurde mit dem 1. Januar 1871 die Reichsangehörigkeit, während seit der Weimarer Verfassung vom 11. August 1919 die Einzelstaaten den Namen Land erhielten und demgemäß die Staatsangehörigkeit richtigerweise mit Landesangehörigkeit bezeichnet wurde.

4. Reichs- und Staatsangehörigkeitsgesetz

Mit dem sogenannten Neuaufbaugesetz vom 30. Januar 1934 verschwanden die Länder und die Landesangehörigkeit. Es blieb nur die unmittelbare Reichsangehörigkeit. Nach 1945 entstanden in einigen der sich neubildenden Länder wieder Landesangehörigkeiten vgl. oben S. 88. Für diese Landesangehörigkeiten neuer Art gelten jedoch nicht ohne weiteres die früheren Bestimmungen über Landesangehörigkeit. Das Gesetz regelt daher in seiner gegenwärtigen Form ausschließlich den Erwerb der unmittelbaren Reichsangehörigkeit. Sein richtiger Name wäre daher Reichsangehörigkeitsgesetz.

2. Einteilung des Gesetzes

Das Gesetz von 1870 kannte nur die sogenannte mittelbare Reichsangehörigkeit, das heißt die Reichsangehörigkeit als Folgeerscheinung der Staatsangehörigkeit in einem der Gliedstaaten. Es war daher nicht in Abschnitte eingeteilt. Erst bei der Neufassung des Gesetzes 1913 entschloß man sich, die inzwischen entstandene unmittelbare Reichsangehörigkeit mit in das Gesetz hineinzuarbeiten. Da der Regierungsentwurf jedoch von dem Gesetz von 1870 ausgegangen war und nur die mittelbare Reichsangehörigkeit kannte, so wollte man an dem Entwurf und an dem bestehenden Rechtszustand nicht allzu viel ändern. Daher setzte man vor den Regierungsentwurf einen neuen Abschnitt „allgemeine Vorschriften“, es folgt der zweite Abschnitt über Staatsangehörigkeit in einem Bundesstaat, das heißt Gliedstaat oder Land, und es folgen dann die neuen Bestimmungen über die unmittelbare Reichsangehörigkeit und in einem vierten Abschnitt die Schlußbestimmungen. Diese Einteilung und dieser Aufbau des Gesetzes hat es bewirkt, daß es für die heutige Zeit nicht ganz paßt. Gerade das, was es am ausführlichsten regelt, die Staatsangehörigkeit in einem Gliedstaate, ist heute ohne Bedeutung. Daher kommt es, daß eine große Anzahl von Bestimmungen heute überholt ist. Zu einer Neufassung des Gesetzes ist es seitdem nicht gekommen. Es gelten daher neben dem Reichs- und Staatsangehörigkeitsgesetz zahlreiche Einzelgesetze, besonders aus der Hitlerzeit und aus der Zeit nach dem Zusammenbruch. Die wichtigsten Ergänzungen bilden die Staatsangehörigkeits-Regelungsgesetze von 1955, 1956 und 1957.

3. Frühere Gesetze

Das Gesetz von 1913 war eine zusammenfassende Kodifizierung aller früheren reichsgesetzlichen Staatsangehörigkeitsbestimmungen. Daher ist die Reichsangehörigkeit in Elsaß-Lothringen und in den Schutzgebieten in das Gesetz mit hineingearbeitet worden. Mit dem Augenblick seines Inkrafttretens konnte es keinerlei deutsche Reichs- oder Staatsangehörigkeit außerhalb seines Rahmens geben.

Das Gesetz von 1913 ist am 1. Januar 1914 in Kraft getreten. Es hatte keinerlei rückwirkende Wirkung. Für alle Tatbestände vor diesem Datum, Geburt, Eheschließung usw., galten daher die alten Bestimmungen weiter. Soweit diese keine Regelung durch das Gesetz von 1870 finden und noch weiter zurückgegangen werden muß, sind auch heute noch die einzelstaatlichen Bestimmungen vor 1870 nicht ohne rechtliche Bedeutung.

4. Spätere Gesetze

Durch spätere Gesetze sind eine Reihe von Paragraphen des Staatsangehörigkeitsgesetzes abgeschafft worden. Dagegen sind die später getroffenen Neuregelungen nicht in das Gesetz hineingearbeitet worden, so daß neben dem Gesetz heute zahlreiche Nebengesetze bestehen.

In der Weimarer Zeit ergab sich zunächst die Notwendigkeit einer Neuregelung zahlreicher Landesangehörigkeiten infolge der Veränderung der Landesgrenzen. Die Bildung des Landes Thüringen, die Eingliederung von Koburg in den bayrischen Staat, die Vereinigung erst von Waldeck und dann von ganz Pyrmont mit dem preußischen Staat brachte auch eine entsprechende Änderung der Landesangehörigkeit. Diese Bestimmungen sind jedoch heute ohne praktische Bedeutung.

Von größerer Bedeutung waren die zahlreichen Änderungen der Staatsangehörigkeit infolge des Versailler Vertrages, durch den etwa 6 Millionen Menschen die deutsche Staatsangehörigkeit verloren. Die maßgebenden Bestimmungen zur Regelung dieser Veränderung der Staatsangehörigkeit waren im Versailler Vertrag selbst enthalten. Sie erwiesen sich dort jedoch in der Folge als unzureichend. Infolgedessen wurden in den Jahren nach dem 1. Weltkrieg eine große Anzahl von Staatsangehörigkeits- und Optionsverträgen geschlossen, so mit Belgien, Dänemark, Danzig, Litauen, Polen und der Tschechoslowakei. Vgl. die Zusammenstellung der einschlägigen Gesetze und Verträge unten S. 375. Ausführlichste Darstellung Siedler-Schätzel in Crusen-Maas-Siedler S. 844—1002. Kunz, Die völkerrechtliche Option Bd. 1 1925; Maßfeller S. 123. Auch durch die Gesetzgebung des 3. Reiches wurden viele Änderungen des Staatsangehörigkeitsrechts vorgenommen. Sie sind bei den betroffenen Paragraphen behandelt worden. Die Ausdehnung des Hitlerreiches auf zahlreiche eingegliederte Gebiete brachte ferner eine Ausdehnung der deutschen Staatsangehörigkeit mit sich. Wie weit diese Staatsangehörigkeit nach dem Zusammenbruch erhalten blieb, war nach 1945 umstritten. Zu ihrer Regelung sind die beiden Staatsangehörigkeitsregelungsgesetze von 1955 und 1956 ergangen. Die aufgetauchten Streitfragen werden bei der Erläuterung dieser Gesetze behandelt.

5. Juristische Personen

Das Staatsangehörigkeitsgesetz von 1913 gilt wie in den Kommissionsberichten ausdrücklich festgestellt ist (s. 70) nur für natürliche Personen. Bestimmungen für juristische Personen hat man nicht für erforderlich gehalten. Juristische Personen haben entweder die Staatsangehörigkeit ihres Sitzes (Domizilprinzip) oder die der ihre Geschäftsführung bestimmenden Personengruppe (Kontrollprinzip). Vgl. Isay, Die Staatsangehörigkeit der juristischen Personen, Berlin 1907, Mamelock, Die Staatsangehörigkeit der juristischen Personen, Berlin 1918, Roman, La nationalité des sociétés civiles et commerciales, Paris 1919, Pépy, La nationalité des sociétés, Paris 1921, Marburg, Staatsangehörigkeit und feindlicher Charakter juristischer Personen, Berlin 1927, Travers, La nationalité des sociétés commerciales, Académie de droit international Recueil des Cours Bd. 33 (1930) S. 1 ff., Rühland, Le problème des personnes morales en droit int.privé, Académie de droit int. Recueil des Cours Bd. 45 (1933) S. 391 ff. Strehl, Die Staatsangehörigkeit bei jurist. Personen des Privatrechts (Beitr. zum intern. Privatrecht 4 (1933).

Erster Abschnitt

Allgemeine Vorschriften

§ 1

Deutscher[1, 2] ist, wer die Staatsangehörigkeit[3] in einem Bundesstaat[4] (§§ 3 bis 32) oder die unmittelbare Reichsangehörigkeit (§§ 33 bis 35) besitzt.[5, 6, 7]

1. Entstehung

Der Regierungsentwurf lautete in Anlehnung an § 1 des Gesetzes von 1870: Die Reichsangehörigkeit wird durch die Staatsangehörigkeit in einem Bundesstaate erworben und erlischt mit deren Verlust. Diese Fassung, die mit der Einführung der unmittelbaren Reichsangehörigkeit in den Kolonien tatsächlich unrichtig geworden war (eine Preußin, die einen unmittelbaren Reichsdeutschen heiratete, verlor die preußische, aber nicht die Reichsangehörigkeit) ist mit Recht vom Reichstag geändert worden. Mittelbare und unmittelbare Reichsangehörige wurden gleichberechtigt nebeneinander gestellt.

2. Deutscher

Die früher einmal richtige Definition ist inzwschen von Art. 116 GG überholt, wonach Deutscher nicht nur der Staatsangehörige, sondern auch der Flüchtling oder Vertriebene deutscher Volkszugehörigkeit ist, der sich im Reichsgebiet innerhalb der Grenzen vom 31. Dezember 1937 niedergelassen hat. Art. 116 schränkt seine Geltung allerdings auf das GG ein („Deutscher im Sinn dieses GG"), aber man muß sinngemäß eine weitere Geltung annehmen und in allen neueren Gesetzen (Wahlgesetz, Wehrgesetz) das Wort Deutscher im Sinne des GG und nicht des Staatsangehörigkeitsgesetzes auslegen.

3. Reichsangehörigkeit und nationalité allemande

Völkerrechtliche Verträge wie namentlich der Versailler Vertrag und die in seiner Ausführung ergangenen Staatsangehörigkeits- und Optionsverträge pflegen von der nationalité allemande und den ressortissants allemands zu sprechen. Beides deckt sich nicht völlig mit dem Begriff der Reichsangehörigkeit im Sinne des Gesetzes. Der Begriff ressortissant allemand ist weiter und umfaßt alle Arten deutscher Untertanen, auch die Eingeborenen der deutschen Kolonien. Auch die Deutschen im Sinne des Art. 116 GG sind ressortissants allemands.

4. Bundesstaat

Während die juristische Doktrin mit dem Ausdruck Bundesstaat den Gesamtsstaat zu bezeichnen pflegt, hat die Bismarcksche Verfassung ihn für die Gliedstaaten verwendet. Das Gesetz hält in Anlehnung an die alte Verfassung an dieser Bezeichnung fest. Nach heutigem Sprachgebrauch ist das Wort Bundesstaat mit Land identisch.

5. Mittelbare und unmittelbare Reichsangehörigkeit

Die Unterscheidung paßt nicht mehr, da seit dem Neuaufbaugesetz vom 30. Januar 1934 die Landesangehörigkeit abgeschafft und für alle Deutschen die unmittelbare Reichsangehörigkeit eingeführt ist. (VO vom 5. Febr. 1934). Auch wenn die neuen deutschen Länder eine neue Landesangehörigkeit schaffen würden, würde dies an der unmittelbaren Reichsangehörigkeit nichts ändern.

6. Zeitliche und örtliche Tragweite

a) Das Gesetz regelt nur die Staatsangehörigkeitsverhältnisse seit dem 1. Januar 1914. Für die Zeit vor seinem Inkrafttreten ist es bei den alten Bestimmungen des Gesetzes von 1870 geblieben. Seine Erwerbs- und Verlustarten sind nicht ausschließlich und sind in der Folge durch zahlreiche spätere Gesetze geändert worden, namentlich infolge der Ereignisse der beiden Weltkriege und der NS-Periode. Es gilt durchweg der Grundsatz, daß das jüngere Gesetz vorgeht.

b) Durch das GG sind jedoch einige Staatsangehörigkeitsbestimmungen zu Verfassungssätzen erhoben worden (Art. 3, 16, 116). Sie sind daher von stärkerer Kraft als einfache Gesetze, und es muß daher bei den späteren Gesetzen geprüft werden, ob sie mit dem GG in Einklang stehen. Zweifel sind bei verschiedenen Bestimmungen der Regelungsgesetze von 1955 und 1956 aufgetaucht.

c) Das Gesetz von 1913 war auf den damaligen Umfang des Reichs beschränkt. Staatsangehörigkeitsgesetze dehnen sich bei völkerrechtlichem Gebietserwerb nicht von selbst aus. So hat das Gesetz von 1870 in Elsaß-Lothringen erst besonders eingeführt werden müssen, obwohl die Elsaß-Lothringer seit dem Versailler Präliminarfrieden von 1871 deutsche Reichsangehörige im völkerrechtlichen Sinne waren. Ebensowenig hat sich das Reichs- u. Staatsangehörigkeitsgesetz von 1913 von selbst auf die im Brester Frieden und im deutsch-russischen Ergänzungsvertrag vom 27. August 1918 vorübergehend erworbenen östlichen Gebiete erstreckt, obwohl die Bewohner dieser Gebiete bis zu ihrem Wiederverlust unter deutscher Staatshoheit standen, also eine Art deutscher Untertanen im völkerrechtlichen Sinne waren. Keiner dieser Bewohner ist je deutscher Reichsangehöriger im Sinne des Reichs- und Staatsangehörigkeitsgesetzes gewesen.

Aus dem Grundsatz der Nichtausdehnung von Staatsangehörigkeitsgesetzen folgt, daß im Falle von Gebietsausdehnungen und Verleihung der Staatsangehörigkeit an die Bevölkerung dieser Gebiete Erwerb und Verlust der Staatsangehörigkeit in diesen Gebieten sich nach dem vorgefundenen örtlichen Recht richtet. So hat sich das preußische Staatsangehörigkeitsgesetz von 1842 nicht auf die 1866 einverleibten Provinzen ausgedehnt. Erwerb und Verlust der preußischen Staatsangehörigkeit in Hannover hat sich daher 1866—1871 nach hannoveranischem Gewohnheitsrecht gerichtet. Die deutsche Staatsangehörigkeit in Elsaß-Lothringen wurde 1871—1873 nach den Staatsangehörigkeitsbestimmungen des Code civil erworben, die deutsche Staatsangehörigkeit in Österreich 1938 bis zur Einführung des deutschen Staatsangehörigkeitsrechts (VO vom 30. Juni 1939) nach österreichischem Recht. Dies ist von Bedeutung, da sich die Bestimmungen über die Erwerbs- und Verlustarten nicht vollständig gedeckt haben.

7. Doppelte Staatsangehörigkeit und Staatenlosigkeit

Das Gesetz besagt nichts über den Fall, daß ein Deutscher neben der deutschen eine weitere Staatsangehörigkeit besitzt. Es verbietet seinen Angehörigen nicht grundsätzlich, neben der deutschen eine fremde Staatsangehörigkeit zu besitzen, und erkennt umgekehrt auch den Fall der Staatenlosigkeit an. Über die aus der Überschneidung entstehenden Fragen der Staatenlosigkeit und Doppelstaatigkeit vgl. Keller-Trautmann S. 37 ff.; Hörnig, Die mehrfache StAng. in Rechtspr. Verwaltg. u. Gesetzgebung, Tüb.Diss. 1939; Gargas, Die Staatenlosen, Bibliotheca Visseriana VII; Makarov, Allgemeine Lehren des Staatsangehörigkeitsrechts 1947 S. 278 ff.; P. Weis, Nationality and Statelessness, 1956 S. 165 ff.; Lichter, S. 821 ff. Da es bisher nicht geglückt ist, die in den internationalen Beziehungen unerwünschten Erscheinungen der Staatenlosigkeit und der Doppelstaatigkeit zu beseitigen, besteht die einzige Möglichkeit einer Regelung in der Schaffung sogenannter Kollisionsnormen, d. h. von Rechtssätzen, die bestimmen, welche der in Betracht kommenden Staatsangehörigkeitsgesetze anzuwenden sind. Staatenlose werden weitgehend der lex loci unterstellt. Für Doppelstaater gilt, daß sie in jedem ihrer Heimatländer nur als dessen Angehöriger angesehen werden und sich nicht auf die andere Staatsangehörigkeit berufen dürfen. Insoweit entfällt auch jedes diplomatische Schutzrecht. In dritten Ländern haben sie die Wahl, auf welche Staatsangehörigkeit sie sich berufen wollen. Gewisse Vorschriften einer internationalen Regelung sind enthalten in der Haager Konvention über einige Fragen des Konflikts von Staatsangehörigkeitsgesetzen vom 12. April 1930 und in der im Rahmen der Vereinten Nationen zustande gekommenen Staatenlosenkonvention vom 28. September 1954, vgl. oben S. 66.

Doppelstaater, die in exterritorialer Eigenschaft kommen (als Diplomaten oder Angehörige des Besatzungsheeres), werden als Ausländer und nicht als Inländer behandelt.

§ 2

Elsaß-Lothringen gilt im Sinne dieses Gesetzes als Bundesstaat.[1] Die Schutzgebiete gelten im Sinne dieses Gesetzes als Inland.[2]

1. Elsaß-Lothringen

Elsaß-Lothringen ist von Deutschland erworben worden durch den Versailler Präliminarfrieden vom 26. Februar 1871, in Kraft seit 2. März 1871. Bestimmungen über den Staatsangehörigkeitswechsel der Bevölkerung enthielt jedoch erst der endgültige Frankfurter Frieden vom 10. Mai 1871, in Kraft seit 20. Mai 1871. Die deutsche Reichsangehörigkeit der Elsaß-Lothringer datiert daher seit 20. Mai 1871 mit rückwirkender Kraft ab 2. März 1871, und zwar wurden die Elsaß-Lothringer zunächst unmittelbare Reichsangehörige der Reichsprovinz Elsaß-Lothringen. Die Einführung des Staatsangehörigkeitsgesetzes von 1870 in Elsaß-Lothringen erfolgte durch Reichsgesetz vom 8. Januar 1873, in Kraft seit 28. Januar 1873. Seit diesem Datum gab es eine besondere den Staatsangehörigkeiten der verschiedenen deutschen Gliedstaaten nachgebildete elsaß-lothringische Landesangehörigkeit. Bis zu einer eigenen Staatlichkeit nach dem Muster der anderen deutschen Gliedstaaten hat es Elsaß-Lothringen unter deutscher Herrschaft nie gebracht. Die elsaß-lothringische Landesangehörigkeit ist daher stets nur eine Form der unmittelbaren Reichsangehörigkeit gewesen.

Durch den Versailler Vertrag vom 28. Juni 1919, in Kraft seit 10. Januar 1920 ist Elsaß-Lothringen wieder an Frankreich abgetreten, und zwar mit rückwirkender Kraft vom 11. November 1918. Die französische Staatsangehörigkeit hat jedoch nur der Bevölkerungsteil rein elsaß-lothringischer Abstammung, — etwa 60 % der Gesamtbevölkerung — erhalten, und zwar ebenfalls mit rückwirkender Kraft ab 11. November 1918. (Die sog. Reintegrierten.) Der aus Altdeutschland stammende Bevölkerungsteil, etwa 27 %, ist deutsch geblieben und größtenteils ausgewiesen. Nur diejenigen Deutschen, die zu den reintegrierten Elsaß-Lothringern in gewissen verwandtschaftlichen Beziehungen standen, etwa 10 % der Gesamtbevölkerung, haben ein Reklamationsrecht für die französische Staatsangehörigkeit ohne rückwirkende Kraft erhalten und zum größten Teil ausgeübt. Vgl. Versailler Vertrag Art. 54 und Anlage zu Abschnitt 5 Teil III. Der im Friedensvertrag verwandte Ausdruck Alsaciens-Lorrains deckt sich also keineswegs mit dem Begriff elsaß-lothringische Landesangehörige im Sinne des Reichs- und Staatsangehörigkeitsgesetzes. Ein Altelsaß-Lothringer, der vor dem Kriege die elsaß-lothringische Landesangehörigkeit mit der preußischen vertauscht hatte, hat die französische Staatsangehörigkeit erworben, ein Altdeutscher, die die elsaß-lothringische Landesangehörigkeit erworben hatte, dagegen nicht. Hieran knüpfte sich die Streitfrage nach der Staatsangehörigkeit der nicht französisch gewordenen Elsaß-Lothringer. Die im Schrifttum und Rechtsprechung herrschende Ansicht nahm an, daß sie deutsch geblieben seien, so Schätzel, Die elsaß-lothringische Staatsangehörigkeitsregelung und das Völkerrecht 1928; Schwartz, Staatsangehörigkeit seit 1914 S. 169; Kunz, Option Bd. 2 S. 43, OLG Celle Beschl. v. 1. Febr. 1921, JW 1922 S. 1459, KG DJZ 1924, S. 68; Franz. Kassationshof, Urteil v. 11. 11. 1923, Rev.jur. d'Alsace-Lorr. 1924 S. 170.

Demgegenüber vertrat jedoch das Reichsministerium des Innern die Ansicht, daß sie nach Fortfall der elsaß-lothringen Landesangehörigkeit staatenlos geworden seien. So Schwalb, Ztschr. f. Völkerrecht Bd. 14 S. 30 ff. Man wollte durch Vertretung dieser Ansicht die betroffenen Personen „sicherheitshalber" zwingen, die deutsche Einbürgerung nachzusuchen, um ihre Staatsangehörigkeit gegen etwaige französische Ansprüche sicherzustellen. (Vgl. E. Isay, Staatenlose Elsaß-Lothringer? in JW 1929 S. 1941; Lessing, Das Problem der Staatenlosigkeit ehemaliger Elsaß-Lothringer 1932; Sick, Die Staatsangehörigkeit der Alt-Elsaß-Lothringer im Reich 1940). Das RG hat sich der Staatenlosentheorie angeschlossen, RGZ 120 S. 198, ist jedoch fast durchweg auf Ablehnung im Schrifttum gestoßen.

Einen weiteren jahrelangen Streitpunkt bildete die Auslegung der Bestimmung des § 1 Ziff. 2 Annex zu Art. 54 des Versailler Vertrages, welche von der Reintegration in die französische Staatsangehörigkeit diejenigen Personen ausnimmt, die einen Vorfahren väterlicherseits haben, der nach dem 15. Juli 1870 in Elsaß-Lothringen eingewandert ist. Es handelte sich um den Fall, daß zwar ein solcher Vorfahre vorhanden, aber nicht eingewandert war. Das Schrifttum, auch das französische nahm an, daß in diesem Falle eine Reintegration nicht eingetreten sei, so Ripert, Journal de droit internat. 1920 S. 36; Wilhelm, Revue juridique d'Alsace et de Lorraine 1920 S. 455; Schätzel, Elsaß-Lothringische Staatsangehörigkeitsregelung S. 50. Der französische Kassationshof legte dagegen die fragliche Vertragsbestimmung rein wörtlich aus und bejahte die französische Staatsangehörigkeit, obgleich es sich dabei überwiegend um Personen handelte, die ihren Wohnsitz in Deutschland hatten. (Urteil vom 9. November 1925, Rev. jurid. d'Alsace et de Lorr. 1926 S. 45; Schätzel aaO S. 203.) Erst mit Urteil vom 27. April 1950 hat der französische Kassationshof (Chambres réunies) diese Rechtsprechung aufgegeben und nunmehr deutsche Staatsangehörigkeit anerkannt. (Arch. d. Völkerrechts Bd. 3 S. 111.)

2. Schutzgebiete

a) Weiße Bevölkerung

Die nicht gerade geschickte Fassung des Gesetzes will besagen, daß es für die weiße Bevölkerung in den Schutzgebieten galt. Weiße Ausländer, die sich in den Schutzgebieten niedergelassen hatten, konnten dort eingebürgert werden, vgl. § 33, auch die ausnahmsweise Einbürgerung von Eingeborenen war vorgesehen. Eheverbot zwischen Weißen und Eingeborenen bestand nicht. Die farbige Frau eines Weißen erlangte durch die Heirat die Rechtsstellung einer deutschen Staatsangehörigen, die weiße Frau eines Eingeborenen teilte dessen Rechtsstellung.

Kommentar

Durch den Versailler Vertrag sind die deutschen Kolonien mit dem 10. Januar 1920 verloren gegangen, um unter die Souveränität des Völkerbundes zu treten. (Bestritten, andere nahmen Souveränität der Ententehauptmächte oder eigene ruhende Souveränität der Kolonien an. Vgl. Millot, Les Mandats internationaux Paris 1924; Berichte Fleischmann und Mendelssohn Bartholdy auf der Tagung der deutschen Gesellschaft für Völkerrecht 1925, Mitteilungen der Dtsch. Ges. f. Völkerrecht Heft 6 S. 44 ff.).

Bestimmungen über einen Staatsangehörigkeitswechsel der weißen Bevölkerung enthielt der Versailler Vertrag nicht, da deren restlose Ausweisung vorgesehen war. Diese ist in den meisten deutschen Kolonien auch durchgeführt, nicht jedoch in Südwestafrika, wo nur die deutschen Beamten und Soldaten ausgewiesen wurden. Neuseeland verzichtete in Samoa auf eine Ausweisung der mit eingeborenen Frauen verheirateten Deutschen. Alle in den Schutzgebieten zurückgebliebenen Deutschen haben die deutsche Staatsangehörigkeit behalten und nach den Regeln des deutschen Staatsangehörigkeitsgesetzes weiter übertragen.

Eine Sonderregelung wurde für Südwestafrika getroffen. Dort war die deutsche Bevölkerung nicht bereit, die ihr angebotene südafrikanischen Staatsangehörigkeit durch Nachsuchung der Einbürgerung zu erwerben, da sie damit nach § 25 StAngG die deutsche verloren hätte. Infolgedessen kam zwischen dem Reich und der Südafrikanischen Union durch einen Briefwechsel in London vom 23. Oktober 1923 ein Übereinkommen dahin zustande, daß sich Deutschland mit der Sammeleinbürgerung der Deutschen in Südwestafrika vorbehaltlich eines Ausschlagungsrechts einverstanden erklärte. Diese geschah dann durch südafrikanisches Gesetz vom 12. September 1924 (Abdruck Schätzel, Regelung der Staatsangehörigkeit S. 146 ff.; Leske-Löwenfeld, Rechtsverfolgung im Ausland Bd. 7 S. 997; Maßfeller S. 192). Deutschland setzte sich dafür ein, daß die betroffenen Deutschen von ihrem Ausschlagungsrecht keinen Gebrauch machten. Sie wurden damit doppelstaatig. (Siedler-Schätzel in Leske-Löwenfeld Bd. 7 S. 997 ff.) Im zweiten Weltkrieg wurde durch Naturalization and Status of Aliens Amendment Act 35/1942 die Einbürgerung der Deutschen widerrufen, wodurch sie für die Kriegsdauer zu feindlichen Staatsangehörigen wurden, interniert werden konnten, aber vom Militärdienst befreit waren. Dieses Kriegsgesetz ist seinerseits nach dem Kriege wieder durch Gesetz 44/1949 aufgehoben, das den Deutschen teils auf Grund des jus soli, teils auf Antrag die südafrikanische Staatsangehörigkeit wieder gibt. Siehe Steinberg, Die Staatsangehörigkeitsfrage in Südwestafrika seit dem Versailler Vertrag in Arch. d. Völkerrechts Bd. 4 S. 456 und Steinberg, Das Staatsangehörigkeitsrecht der Südafrikanischen Union 1955, Maßfeller S. 191 ff.

b) Eingeborenenbevölkerung

Die Eingeborenenbevölkerung in den deutschen Schutzgebieten (etwa 13 Mill.) hatte zwar völkerrechtlich die deutsche Staatsangehörigkeit, galt aber nicht als staatsangehörig im Sinne des deutschen Staatsangehörigkeitsgesetzes. Köbner, Deutsches Kolonialrecht in Kohlers Enzyklopädie Bd. 2 S. 1077 ff. Daß sie eine richtige Staatsangehörigkeit hatte, zeigt z. B. das deutsch-französische Kamerun-Kongo-Abkommen vom 2. Februar 1912, das Bestimmungen über die Staatsangehörigkeit der Eingeborenenbevölkerung mit Abwanderungsrecht enthält. Der Status der Eingeborenen wurde als „Schutzangehörigkeit" bezeichnet (Köbner, Kolonialpolitik 1908 S. 103), in Deutsch-Ostafrika Landesangehörigkeit. In diese Landesangehörigkeit konnten auch fremde Farbige, die sich im Schutzgebiet niedergelassen hatten, eingebürgert werden. (VO vom 24. Oktober 1903; Laband, Reichsstaatsrecht 5. A. 1909 S. 196; Von Hoffmann, Deutsches Kolonialrecht 1907 S. 30.)

Mit dem deutschen Verzicht auf den gesamten Kolonialbesitz im Versailler Vertrag schieden die Eingeborenen mit dem 10. Januar 1920 aus diesem Rechtsverhältnis zu Deutschland aus.Ihr Status war zunächst umstritten, da die Mandatsmächte geneigt waren, sie als ihre Angehörigen anzusehen. Der Völkerbundrat hat jedoch durch eine Entschließung vom 23. April 1923 ausgesprochen, daß die Eingeborenenbevölkerung nicht die Staatsangehörigkeit des Mandatars erwürbe, sondern eine eigene habe (Leske-Löwenfeld Bd. 7 S. 997; Schätzel, Regelung der Staatsangehörigkeit S. 145; Abendroth, Die völkerrechtl. Stellung der B- und C-Mandate, 1936). Man muß daher annehmen, daß in jedem Mandatsgebiet, heute Treuhandgebiete der Vereinten Nationen, eine besondere Staatsangehörigkeit besteht. Der Westteil der ehemaligen Kolonie Togo ist inzwischen (1957) mit der benachbarten englischen Kolonie Goldküste zum Staat Ghana vereinigt worden und in die Vereinten Nationen aufgenommen. Sämtliche Einwohner haben damit die neue Staatsangehörigkeit des Staates Ghana erhalten.

Zweiter Abschnitt

Staatsangehörigkeit in einem Bundesstaate

§ 3

Die Staatsangehörigkeit[1] *in einem Bundesstaate*[2] wird erworben:[3, 4]

1. **durch Geburt (§ 4),**
2. **durch Legitimation (§ 5),**
3. **durch Erklärung (§ 6 Abs. 2),**
4. *für einen Deutschen durch Aufnahme (§§ 7, 14, 16),*
5. **für einen Ausländer durch Einbürgerung (§§ 8 bis 16).[5, 6]**

Kommentar

1. Deutsche nach Art. 116 I GG

Auch die Eigenschaft eines nicht staatsangehörigen Deutschen im Sinne von Art. 116 I GG folgt den gleichen Regeln. Vgl. oben S. 96.

2. Bundesstaat

Die Worte „in einem Bundesstaate" sind seit dem 30. Januar 1934 bedeutungslos geworden, mit diesem Datum ist die Landesangehörigkeit beseitigt. Die Gesetzesbestimmung regelt nur noch den Erwerb der (unmittelbaren) Reichsangehörigkeit und der Eigenschaft als Deutscher nach Art. 116 I GG. Soweit Länder nach 1945 wieder eine eigene Landesangehörigkeit geschaffen haben oder schaffen sollten, folgt deren Erwerb nicht dem alten § 3, sondern es müßten neue gesetzliche Bestimmungen getroffen werden.

3. Entstehungsgeschichte

Der Paragraph folgt fast wörtlich dem Vorbild des Gesetzes von 1870, das folgende 5 Erwerbsgründe kannte: Abstammung, Legitimation, Verheiratung, Aufnahme für einen Norddeutschen und Naturalisation für einen Ausländer. Der Regierungsentwurf hatte die Aufnahme und Naturalisation zu einem Institut der Aufnahme zusammenziehen wollen; der Reichstag hat diesen Konstruktionsfehler wieder beseitigt. In der Tat waren beide Institute, die Aufnahme und Naturalisation nach Voraussetzungen und Wirkungen so verschiedenartig, daß sie nicht gemeinsam geregelt werden konnten.

Nach dem Fortfall der Länderstaatlichkeit 1934 interessierte die Aufnahme nicht mehr. Heute wäre sie nach Schaffung neuer Landesangehörigkeiten theoretisch denkbar, doch ist bisher ein Bedürfnis nach ihrer Regelung nicht hervorgetreten. Die Ausübung landesstaatlicher politischer Rechte ist heute nur vom Wohnsitz abhängig.

4. System der Erwerbsgründe

Die 5 Erwerbsgründe des Gesetzes sind weder vollständig, noch systematisch einwandfrei geordnet. Ein wirklich vollständiges Schema ergibt folgendes Bild:

Erwerb der Reichsangehörigkeit

A. auf Grund des Reichs- und Staatsangehörigkeitsgesetzes
   1. Abstammung (jus sanguinis) § 4
   2. Geburt (jus soli, ausnahmsweise bei Findelkindern) § 4
   3. Legitimation, § 5
   4. Eheschließung, § 6 (alte Fassung)
   5. Naturalisation für einen Ausländer, § 8
   6. Inanspruchnahme, §§ 10, 11, 30, 31.

B. auf Grund anderer deutscher Gesetzesbestimmungen
   1. Wohnsitzbegründung bei Volksdeutschen und zurückgekehrten Emigranten, Art. 116 GG
   2. Anspruch auf Einbürgerung, Art. 116, 1. StAngRegelungsgesetz vom 22. Februar 1955 und 3. StAngRegelungsgesetz vom 19. August 1957
   3. Erklärung gemäß 2. StAngRegelungsgesetz vom 17. Mai 1956

4. Reichs- und Staatsangehörigkeitsgesetz

C. auf Grund völkerrechtlicher Akte
1. Gebietserwerb
2. Option und Rückoption
3. Wohnsitz
4. Geburt (jus soli)

5. Die im Gesetz nicht geregelten staatsrechtlichen Erwerbsgründe

a) Wohnsitznahme

Wie in der Einleitung ausgeführt, hat bis in die Mitte des 19. Jahrhunderts die Wohnsitzbegründung den Erwerb der Staatsangehörigkeit mit sich gebracht. Dieser Erwerbstitel ist in Preußen durch das Staatsangehörigkeitsgesetz von 1842 abgeschafft (§ 13: Der Wohnsitz innerhalb Unserer Staaten soll in Zukunft für sich allein die Eigenschaft als Preuße nicht begründen), die übrigen deutschen Länder sind um die Mitte des 19. Jahrhunderts dieser neueren Rechtsauffassung gefolgt.

Neuerdings hat jedoch Art. 116 GG die Wohnsitznahme zu einem Erwerbstitel der Staatsangehörigkeit gemacht. Art. 116 I GG verleiht den volksdeutschen Flüchtlingen und deren Frauen und Kindern die Eigenschaft als Deutsche, wenn sie in Deutschland „Aufnahme" gefunden haben. Aufnahme ist etwas weniger als Wohnsitz, aber mehr als Aufenthalt. Ein in Österreich wohnhafter Volksdeutscher hat bei Besuch in Deutschland nicht die Rechtsstellung aus Art. 116 I GG. Aufnahme bedeutet die Absicht, in Deutschland bleiben und hier den Wohnsitz begründen zu wollen. Aufnahme deutet weiter auf eine gewisse Fürsorgetätigkeit einer deutschen Behörde hin. Aufnahme konnte ein Flüchtling daher auch in der DDR oder im Saarland finden; keine „Aufnahme" liegt jedoch vor, wenn ein volksdeutscher Flüchtling sich etwa in Breslau niedergelassen hat.

Art. 116 II GG macht die Staatsangehörigkeit der ausgebürgerten Emigranten von der Wohnsitznahme in Deutschland abhängig. Dabei ist es ohne Bedeutung, ob sie nach ihrer Ausbürgerung noch aus einem anderen Grunde (Erwerb einer fremden Staatsangehörigkeit, § 25, Ehe § 17 z. B.) die deutsche Staatsangehörigkeit verloren hätten oder eine andere besitzen. Sie gelten als nicht ausgebürgert, d. h. die deutsche Staatsangehörigkeit wird ihnen mit rückwirkender Kraft vom Tage des Verlustes wieder verliehen. Der Erwerb tritt von selbst mit der Begründung des Wohnsitzes ein.

Unter Wohnsitz wird der Hauptwohnsitz zu verstehen sein, ein bloßer Nebenwohnsitz unter Beibehaltung eines Wohnsitzes im Ausland genügt nicht, wie der Praxis der nach dem 1. Weltkrieg geschlossenen Staatsangehörigkeitsverträge analog zu entnehmen ist. Der Hauptwohnsitz einer Person ist der überwiegende Schwerpunkt der wirtschaftlichen und sonstigen Lebensverhältnisse dieser Person (deutsch-tschechosl. Staatsangehörigkeitsvertrag vom 29. Juni 1920; Schätzel, Regelung der Staatsangehörigkeit S. 50), ihr festes und dauerndes Heim (deutsch-dän. Staatsangehörigkeitsvertrag vom

10. April 1922; S c h ä t z e l, aaO. S. 135) ist établi de manière à y poursuivre la rélisation des buts qu'il s'est posés pour l'existence et qu'il y réside habituellement et de façon régulière sans intention de quitter (deutsch-poln. Staatsangehörigkeitsvertrag vom 30. August 1924; S c h ä t z e l, aaO. S. 69).

b) Anspruch auf Einbürgerung

Ein solcher Anspruch ist in Art. 116 II GG den im Ausland lebenden ausgebürgerten Emigranten gegeben. Der Unterschied von der gewöhnlichen Einbürgerung besteht darin, daß diese im freien Willen des Staates steht, während hier ein klageweise verfolgbarer Anspruch besteht und die Erfordernisse der §§ 8 ff. StAngG nicht erfüllt zu sein brauchen.

Einbürgerungsansprüche hat das 1. Staatsangehörigkeitsregelungsgesetz vom 22. Februar 1955 ferner einer Reihe von Personengruppen gegeben. Vgl. unten S. 266.

c) Erklärung nach dem 2. Staatsangehörigkeitsregelungsgesetz vom 17. Mai 1956

Näheres hierüber siehe unten S. 336.

6. Die im Gesetz nicht geregelten völkerrechtlichen Erwerbsgründe.

a) Gebietserwerb

Nach altem Völkergewohnheitsrecht bedeutet Gebietserwerb in der Regel auch Ausdehnung der Staatsangehörigkeit auf die Bevölkerung des erworbenen Gebietes. (K u n z, Die völkerrechtliche Option 1925, 1928; S z l e c h t e r, Les options conventionelles de nationalité à la suite de cessions de territoire 1948; H a n s j ö r g J e l l i n e k, Der automatische Erwerb und Verlust der Staatsangehörigkeit durch völkerrechtliche Vorgänge 1951; P a u l W e i s, Nationality and Statelessness 1956).

Die NS-Regierung ist nach dieser Regel verfahren und hat zwischen 1938 und 1945 zahlreichen Bevölkerungen durch sogenannte Sammel- oder Kollektiveinbürgerungen die deutsche Staatsangehörigkeit verliehen. Nach dem Kriege war die Rechtsgültigkeit dieser Einbürgerungen umstritten. Zu ihrer Regelung sind die beiden Staatsangehörigkeitsregelungsgesetze von 1955 und 1956 ergangen. Siehe unten S. 249.

b) Option und Rückoption

Das Völkerrecht hat ferner zur Wahrung der freien Entscheidung des Individuums über seine Zugehörigkeit zu dem einen oder anderen Staat bei Gebietsveränderungen das Institut der Option entwickelt, d. h. der Staatswahl durch eine zu beurkundende Erklärung des Betroffenen. Es wird in der Regel durch ein Rückoptionsrecht ergänzt, das Personen zusteht, für welche während ihrer Geschäftsunfähigkeit oder beschränkten Geschäftsfähigkeit das Optionsrecht durch gesetzliche Vertreter ausgeübt ist. Auch der Versailler Vertrag und die zu seiner Ausführung geschlossenen Verträge kannten ein solches

Optionsrecht mit Ausnahme des Falles Elsaß-Lothringen. Es haben daher zahlreiche deutsche Staatsangehörige, die an sich durch die Bestimmungen des Versailler Vertrages die deutsche Staatsangehörigkeit verloren hatten, diese im Wege der Option wieder erlangt. Über die Regelung des Versailler Vertrages und der in seiner Folge geschlossenen Staatsangehörigkeitsverträge vgl. Siedler-Schätzel in Leske-Löwenfeld, Bd. 7 S. 844 ff.; Isay, S. 75 ff.; Maßfeller, S. 123.

Option ist die Abgabe einer einseitigen empfangsbedürftigen Willenserklärung über die Wahl einer Staatsangehörigkeit. Die gewählte Staatsangehörigkeit tritt mit der Abgabe der Erklärung ein. Es bedarf keines Einbürgerungsaktes. Die über die Option ausgestellte Urkunde hat nur deklaratorische Bedeutung. Es ist der Mangel der Neuregelung nach dem zweiten Weltkrieg, daß es nicht zur Einräumung vertraglicher Optionsrechte gekommen ist.

c) Wohnsitznahme

In der älteren völkerrechtlichen Übung genügte im Falle von Gebietsabtretungen eine Abwanderung innerhalb bestimmter Frist, um die alte Staatsangehörigkeit zu erhalten. Erst im 19. Jahrhundert hat man das weitere Erfordernis der Abgabe einer Optionserklärung sei es bei einer Behörde des alten, sei es des neuen Staates hinzugefügt. Der Versailler Vertrag wollte sich mit der Abwanderung nicht begnügen und verlangte ausdrücklich Optionserklärungen. Die einsetzenden Massenwanderungen und das mangelnde Einverständnis der beteiligten Staaten machte jedoch eine ordnungsmäßige Durchführung des Optionsverfahrens vielfach unmöglich, sodaß man sich nachträglich mit der Tatsache der Verlegung des Wohnsitzes bis zu einem bestimmten Datum begnügte. (So deutsch-dän. Staatsangehörigkeitsvertrag vom 10. April 1922 Art. 1 Ziffer 4, deutsch-poln. Staatsangehörigkeitsvertrag vom 30. August 1924 Art. 4 § 2; Schätzel, Regelung der Staatsangehörigkeit S. 136 und 72).

d) Geburt, jus soli

Das deutsche Staatsangehörigkeitsrecht folgt dem Abstammungsprinzip, jus sanguinis, d. h. das Kind erhält die Staatsangehörigkeit des Vaters, bzw. der unehelichen Mutter. Das in vielen anderen Staatsangehörigkeitsgesetzen angewandte Prinzip des jus soli, d. h. des Erwerbs der Staatsangehörigkeit durch Geburt innerhalb des Staates ist dem Gesetz fremd. Trotzdem greift es in Ausnahmefällen Platz. Bei der Regelung in Oberschlesien hat Deutschland eine Bestimmung des jus soli mit übernehmen müssen. Der Oberschlesien-Vertrag vom 15. Mai 1922 (Schätzel, Regelung S. 28) bestimmt in Art. 28, daß alle vor der Teilung im Abstimmungsgebiet geborenen Personen ohne Staatsangehörigkeit, als Staatsangehörige des Staates anerkannt werden, welchem der Gebietsteil bei der Teilung zufällt. Dieser Erwerbsgrund muß auch heute noch anerkannt werden.

Ähnlich ist es im Falle Danzig verlaufen. Das Danziger Staatsange-

hörigkeitsgesetz vom 30. Mai 1922 (Maßfeller, S. 140) verlieh in § 2 einem im Gebiet der Freien Stadt geborenen Kind, dessen Vater oder dessen uneheliche Mutter staatenlos waren, kraft jus soli die Danziger Staatsangehörigkeit, falls es sich fünf Jahre im Staatsgebiet aufhielt. Diese Gesetzesbestimmung wurde erst durch VO vom 11. November 1938 aufgehoben, jedoch nicht mit rückwirkender Kraft. Da das Eingliederungsgesetz vom 1. September 1939 (Maßfeller, S. 239) sämtliche Staatsangehörigen der Freien Stadt Danzig zu deutschen Staatsangehörigen macht, so werden damit auch Personen erfaßt, die allein kraft jus soli Danziger geworden waren.
Dagegen hat das im Saargebiet eingeführte jus soli für die Saarstaatsangehörigkeit keinen Erwerb der deutschen Staatsangehörigkeit mit sich gebracht. Vgl. oben S. 117.

§ 4

Durch die Geburt erwirbt das eheliche Kind eines Deutschen[1] die Staatsangehörigkeit[2] des Vaters,[3] das uneheliche Kind[4] einer Deutschen die Staatsangehörigkeit der Mutter.

Ein Kind, das in dem Gebiete eines Bundesstaates aufgefunden wird (Findelkind),[5] gilt bis zum Beweise des Gegenteils als Kind eines Angehörigen dieses Bundesstaates.[6]

1. Deutscher

Gemeint sind nach der Ausdrucksweise des Gesetzes deutsche Staatsangehörige. Die Bestimmung wird jedoch auf Deutsche im Sinne von Art. 116 I GG analog angewandt, ohne daß dies gesetzlich bestimmt wäre.

2. Deutsche Staatsangehörigkeit und Eigenschaft als Deutscher nach Art. 116 I GG

Das Kind erwirbt den Status, den der Vater hatte, also je nachdem die deutsche Staatsangehörigkeit oder den Status nach Art. 116 I GG. Dies gilt selbst dann, wenn die eheliche Mutter die deutsche Staatsangehörigkeit hatte. Auch die nach der Flucht geborenen Kinder der vertriebenen Deutschen haben den Status aus Art. 116 I GG, ohne daß es bei ihnen auf den Wohnsitz ankommt.

3. Jus sanguinis und jus soli

a) Bis zum heutigen Tage ist es nicht möglich gewesen, zwischen den Staaten ein allgemein anerkanntes Grundprinzip über die Staatsangehörigkeit der Neugeborenen zu erzielen. Die beiden Extreme sind das jus sanguinis, wonach das Kind ohne Rücksicht auf den Ort der Geburt ausschließlich der Staatsangehörigkeit des Vaters bzw. der unehelichen Mutter folgt, und das jus soli, wonach das Kind ausschließlich die Staatsangehörigkeit seines Geburtslandes erhält. Vertreter des jus sanguinis sind Deutschland und Österreich, Anhänger des jus soli-Prinzips hauptsächlich die amerikanischen Staaten.

4. Reichs- und Staatsangehörigkeitsgesetz

Eine Anzahl europäischer Staaten hat im Laufe der Zeit das jus sanguinis mit dem jus soli kombiniert, so daß sowohl die Abstammung wie die Geburt innerhalb des Staatsgebiets, letztere unter den verschiedensten Bedingungen die Staatsangehörigkeit verleihen. Solche kombinierten Systeme haben das Britische Reich und Frankreich.

Auch bei der Beratung des Gesetzes von 1913 wurden die Fragen des jus sanguinis und des jus soli eingehend diskutiert, die Regierung hat sich jedoch vollkommen ablehnend gegen jede Konzession an das jus soli verhalten, da nur das jus sanguinis „den völkischen Charakter und die deutsche Eigenart zu erhalten und zu bewahren" geeignet sei. De lege ferenda erscheint es zweifelhaft, ob die starre Durchhaltung des jus sanguinis möglich sein wird. Wenn man überhaupt Fremde während mehrerer Generationen im Inlande duldet, sie damit also als nützliche Mitglieder der staatlichen Gesellschaft anerkennt, so ist es unlogisch, ihnen die inländische Staatsangehörigkeit dauernd zu versagen, zumal eine große Wahrscheinlichkeit dafür spricht, daß sie im Laufe der langen Jahre dem deutschen Kulturkreis und der deutschen Sprache endgültig gewonnen sind. Der in vielen Staatsangehörigkeitsrechten aufgenommene Grundsatz, daß die im Inland geborene zweite Generation von Ausländern, sei es bei Geburt, sei es bei erreichter Volljährigkeit, die Staatsangehörigkeit erwirbt, ist sehr beachtlich. Die nationale Geschlossenheit wahrt sich nur durch Verhinderung des Zustroms unerwünschter Zuwanderer, aber nicht durch Versagung der Staatsangehörigkeit an seit Generationen im Inlande lebende Fremde.

Auf der anderen Seite ist es wenig wünschenswert, daß eine Staatsangehörigkeit bei Auswanderern durch Generationen erhalten bleibt, nachdem jede Beziehung zum ursprünglichen Heimatland abgerissen ist. Ebenso schon ein vom Institut de Droit international 1895 angenommenes Prinzip: „La nationalité d'origine ne doit pas se transmettre à l'infini de génération en génération établies à l'étranger. (Annuaire de l'Institut de Droit int. Bd. 14 S. 194.)

b) Das eheliche Kind eines deutschen Vaters.

Art. 18 EGBGB bestimmt: Die eheliche Abstammung eines Kindes wird nach den deutschen Gesetzen beurteilt, wenn der Ehemann der Mutter zur Zeit der Geburt des Kindes Deutscher ist oder falls er vor der Geburt des Kindes gestorben ist, zuletzt Deutscher war.

Die Vorschriften über die eheliche Abstammung sind in den §§ 1591 ff. BGB enthalten.

Sowohl die Frage der Gültigkeit der Ehe, wie der Ehelichkeit des Kindes, wie endlich die der Staatsangehörigkeit des Vaters werden ausschließlich nach deutschem Recht beurteilt. Unerheblich ist, wo die Geburt erfolgt, ob der Vater neben der deutschen Staatsangehörigkeit noch eine weitere besitzt, welches die Staatsangehörigkeit der Mutter ist und wie andere Rechte die Frage der Ehe und der Ehelichkeit des Kindes beurteilen. Es ist daher durchaus möglich, daß das Kind infolge der Bestimmungen des Geburtslandes vermöge der Geburt eine weitere Staatsangehörigkeit erwirbt oder dort nicht als ehelich anerkannt wird.

c) Unbekannt ist dem Gesetzgeber ein jus sanguinis der ehelichen Mutter. Es war solange bedeutungslos, als die Frau die Staatsangehörigkeit des Mannes teilte. Seitdem dies nicht mehr der Fall ist, taucht ernstlich die Frage auf, ob aus dem Grundsatz der Gleichberechtigung von Mann und Frau auch ein jus sanguinis der ehelichen Mutter herzuleiten ist. Frankreich und die DDR haben diesen Schluß bereits gezogen (vgl. oben S. 81), die Bundesrepublik nicht. Der Gesetzgeber der Bundesregierung ist anscheinend nicht geneigt, diese letzte Schlußfolgerung zu ziehen. Es zeigen sich bisher auch keine Ansätze in der westdeutschen Rechtsprechung. Andrerseits wird es nicht möglich sein, die Rechtsauffassung der DDR schlechthin abzulehnen. Bedenken aus dem Gesichtspunkt des ordre public lassen sich jedenfalls nicht erheben. Daher dürfte die deutsche Staatsangehörigkeit der Personen anzuerkennen sein, welche nach den in der DDR geltenden Grundsätzen die deutsche Staatsangehörigkeit seit dem 7. Oktober 1949 kraft jus sanguinis der ehelichen Mutter besitzen.

d) Für die Staatsangehörigkeit von Kindern aus aufgelösten Ehen gilt folgendes:

Ohne Bedeutung für die Staatsangehörigkeit der Kinder ist der Tod des Vaters oder die Scheidung der Ehe. Sie behalten die Staatsangehörigkeit des Vaters, auch wenn die Mutter eine andere Staatsangehörigkeit besitzt oder annimmt. Dies gilt heute und ist auch früher nicht anders gewesen.

Für die Frage der Nichtigkeit der Ehe gelten die Vorschriften des bürgerlichen Rechts. Das werden heute in der großen Mehrzahl der Fälle die §§ 16 ff. des Ehegesetzes in der Fassung des Kontrollratsgesetzes 16 vom 20. Februar 1946 sein. Vor dem Ehegesetz von 1938 galten jedoch die §§ 1323 ff. BGB, welche durch das Ehegesetz nicht mit rückwirkender Kraft beseitigt sind. Bei Vertriebenen, welche unter der Herrschaft anderer bürgerlicher Gesetze geheiratet haben, können die gesetzlichen Bestimmungen ihrer früheren Heimat in Betracht kommen. Für Deutsche aus den an Polen abgetretenen ehemals preußischen Gebietsteilen hat weiter das BGB in seiner alten Fassung gegolten. Die Grundsätze des intertemporalen und interlokalen Privatrechts sind daher zu beachten. Eine nichtige Ehe hat, solange sie nicht gerichtlich für nichtig erklärt ist, die vollen Wirkungen der Ehe. Die Kinder gelten daher als ehelich und erwerben die Staatsangehörigkeit des deutschen Vaters. Wird die nichtige Ehe durch Urteilsspruch aufgelöst, so behalten seit dem Ehegesetz von 1938 die Kinder die Rechtsstellung als eheliche Kinder und damit die Staatsangehörigkeit des Vaters. Das gilt auch dann, wenn das Sorgerecht auf die Mutter mit anderer Staatsangehörigkeit übergehen sollte. Das Ergebnis kann anders sein, wenn nach dem anzuwendenden früheren oder fremden bürgerlichen Recht ein Kind etwa unehelich wird (vgl. früher § 1699 BGB). Alsdann würde das Kind die Staatsangehörigkeit des Vaters verlieren. Ob es in diesem Fall die Staatsangehörigkeit der unehelichen Mutter erhält, richtet sich nach den für ihre Staatsangehörigkeit geltenden Bestimmungen. Es kann sein, daß die Kinder damit staatenlos werden. Zu der früheren gesetzlichen Regelung vgl. Keller-Trautmann, S. 66 ff.

Durch das Ehegesetz ist die frühere Anfechtung der Ehe durch die Aufhebung der Ehe ersetzt, §§ 28 ff. Eheges. Die heutige Aufhebung der Ehe hat für die Staatsangehörigkeit der Kinder die Wirkungen der Scheidung, die frühere Anfechtung die Wirkung der Nichtigkeitserklärung. Heute bleibt daher bei der Auflösung von Ehen nach den Vorschriften des Ehegesetzes die Staatsangehörigkeit der Kinder unberührt. Bei der früheren Anfechtung oder bei einer etwa anwendbaren anderen bürgerlich-rechtlichen Bestimmung wäre jedoch zu prüfen, ob die Eigenschaft als eheliches Kind und damit die auf jus sanguinis des Vaters beruhende Staatsangehörigkeit verloren geht.

4. Uneheliche Kinder

a) Sie folgen stets der Staatsangehörigkeit der unehelichen Mutter, ohne daß es einen Unterschied machte, ob der uneheliche Vater die Vaterschaft anerkannt hat oder nicht. Da nun eine Reihe fremder Rechte, namentlich das französische Recht, die Staatsangehörigkeit des unehelichen Kindes von der Anerkennung durch Vater oder Mutter abhängig macht, so sind hier Kollisionen möglich. Das uneheliche Kind einer französischen Mutter, das in Deutschland geboren wird, hat die französische Staatsangehörigkeit nur, wenn die Mutter es anerkennt. Das uneheliche Kind einer deutschen Mutter, das in Frankreich geboren wird, hat zwar nach deutschem Recht die deutsche Staatsangehörigkeit, erwirbt aber nach französischem außerdem die französische, wenn der uneheliche französische Vater es zuerst anerkennt. Es eröffnet sich hier also eine weitere Quelle für Staatenlosigkeit und Doppelstaatigkeit.

b) Die Regeln über die unehelichen Kinder sind von Bedeutung geworden für die zahlreichen „Besatzungskinder“, deren Väter feindliche Soldaten waren. Sie sind bei deutscher Staatsangehörigkeit der Mutter deutsch; es ist auch ohne Bedeutung, wenn der fremde Vater es anerkennt und ihm dadurch seine Staatsangehörigkeit gibt. Der fremde Staat gewinnt damit kein Recht, die Auslieferung des Kindes zu verlangen. (Vgl. Art. 4 des Haager Staatsangehörigkeitsabkommens.)

c) Mit der erfolgreichen Anfechtung der Ehelichkeit eines Kindes wird es unehelich. Seine Staatsangehörigkeit wird sich nunmehr nach dem nationalen Recht seiner Mutter richten.

5. Findelkinder

Die Bestimmung ist erst durch die Initiative des Reichstages in das Gesetz hineingebracht, nachdem sie von der Regierung als unerwünschte Durchbrechung des reinen jus sanguinis-Prinzips bekämpft war.

Findelkinder sind nicht nur Neugeborene, sondern alle Kinder in einem Alter, in dem es nicht möglich ist, aus den Angaben des Kindes selbst irgendwelche Anhaltspunkte über die mutmaßlichen Eltern zu gewinnen.

Sie gelten „bis zum Beweise des Gegenteils“ als Deutsche. Der Zusatz bis zum Beweise des Gegenteils ist irreführend. Es genügt nicht der negative Beweis, daß eine Abstammung von einem Deutschen unmöglich ist, sondern es muß der positive Beweis seiner ehelichen oder unehelichen Abstammung von bestimmten Personen erbracht werden. Wenn also z. B. in einem kleinen Ort ein neugeborenes Negerkind gefunden wird, so genügt nicht der Nachweis, daß im ganzen Ort keine Negermutter oder Negervater zu finden ist. Die Beratungen des Gesetzes lassen keinen Zweifel darüber, daß hier tatsächlich das jus soli-Prinzip bis zum positiven Nachweis einer bestimmten Abstammung zur Anwendung gebracht werden sollte. Die Bestimmung sollte eigentlich lauten: Ein Findelkind gilt als deutsch. Läßt sich eine bestimmte Abstammung ermitteln, so hört es auf, Findelkind zu sein, und die Bestimmung entfällt aus diesem Grunde. Die heutige mißverständliche Fassung verdankt ihre Entstehung nur dem Bestreben, eine jus soli-Bestimmung in dem Kleid einer jus sanguinis-Norm erscheinen zu lassen.

Eine Bestimmung gleicher Art gilt übrigens heute in der großen Mehrzahl der Staaten. Es entspricht diese Regelung auch dem Art. 14 des Haager Staatsangehörigkeitsabkommen. Siehe S. 68.

6. Kinder unbekannter Staatsangehörigkeit

Von dem Findelkind zu unterscheiden ist das Kind unbekannter Staatsangehörigkeit. Es sind dies entweder Kinder von Eltern unbekannter Staatsangehörigkeit oder größere gefundene Kinder, die zwar schon Angaben über ihre Eltern machen können, die aber noch nicht zur Feststellung der Staatsangehörigkeit genügen. Kinder von Eltern unbekannter Staatsangehörigkeit, also namentlich von Staatenlosen, erwerben nach deutschem Recht nicht von selbst die deutsche Staatsangehörigkeit. Die Mehrzahl der fremden Rechte neigt dagegen in diesem Falle zur Verleihung der inländischen Staatsangehörigkeit. Auch Danzig hatte eine entsprechende Bestimmung in sein nach deutschem Muster geformtes Staatsangehörigkeitsgesetz eingefügt. (§ 2 Danz. StAngG.) Da alle Danziger bei der Vereinigung 1939 deutsche Staatsangehörige geworden sind, ist diese Bestimmung noch heute beachtlich. Das gleiche gilt für den 1923 deutsch gebliebenen Teil von Oberschlesien. Vgl. oben S. 135. Der Grundsatz galt auch in dem durch das Münchener Abkommen vom 29. September 1938 Deutschland angegliederten Sudetenland. Die deutsche Rechtsprechung hat mit der Vermutung geholfen, daß eine in Deutschland befindliche Person unbekannter Herkunft solange als deutsch gilt, bis die Ausländereigenschaft genügend festgestellt oder überwiegende Gründe dafür sprechen. Bundesamt f. das Heimatwesen, Bd. 66 S. 136.

§ 5

Eine nach den deutschen Gesetzen[1] wirksame Legitimation[2] durch einen Deutschen[3] begründet für das Kind[4] die Staatsangehörigkeit des Vaters.[5, 6]

1. Deutsches Gesetz

Dazu gehören auch die Gesetze der DDR und des Saarlandes während seines Sonderdaseins.

2. Wirksame Legitimation

a) Der Entwurf zum Gesetz von 1913 wollte die Legitimationswirkungen auf eine „nach den deutschen Gesetzen bewirkte" Legitimation beschränken. Diese Fassung ist als zu eng durch die des Gesetzes ersetzt worden, welche zum Ausdruck bringen will, daß auch eine nach fremdem Recht bewirkte Legitimation ausreicht, sofern diese fremdrechtliche Legitimation nur der Vorschrift des Art. 22 EGBGB entspricht, welcher allerdings seinerseits verlangt, daß die von einem deutschen Vater vollzogene Legitimation den Erfordernissen des deutschen Rechts genügen muß. Eine in Frankreich vollzogene Ehe zwischen Kindvater und Kindmutter verschafft diesem also ipso jure die deutsche Staatsangehörigkeit, da sie zwar nicht nach deutschen Gesetzen bewirkt ist, aber den Erfordernissen des deutschen Rechts genügt. Vgl. Keller-Trautmann, S. 73.

b) Erfolgt die Legitimation nach deutschem Recht, so kommen die §§ 1719 ff. zur Anwendung. Das deutsche Recht kennt zwei Arten der Legitimation, die durch nachfolgende Eheschließung der Eltern und die durch Ehelichkeitserklärung. Die erstere bewirkt von selbst, daß das Kind die Stellung eines ehelichen Kindes erhält, die zweite dagegen ist ein in das freie Ermessen der Staatsgewalt (Landesregierung) gestellter Gnadenakt. Keine der beiden Legitimationsarten hat rückwirkende Kraft. Es tritt daher auch der Staatsangehörigkeitserwerb erst mit der Eheschließung der Eltern oder der Ehelichkeitserklärung ein, und er ändert nicht rückwirkend die Staatsangehörigkeit seit der Geburt. Ebenso Cahn, S. 34; Isay, S. 25.

c) Das deutsche Recht hat die sogenannte postmortale Eheschließung gekannt. (Gesetz über die Rechtswirkungen des Ausspruchs einer nachträglichen Eheschließung vom 29. März 1951 BGBl. I S. 215). Ein Zweck dieses Gesetzes war es, den Kindern gefallener Väter die Stellung eines ehelichen Kindes zu verschaffen. Die Legitimation trat in diesen Fällen mit dem Ausspruch des Standesbeamten ein.

d) Wird ein ausländisches Kind legitimiert, so geschieht die rechtliche Beurteilung auch nur nach deutschem Recht. Es ist daher ohne Bedeutung, ob das fremde Recht die Legitimation und die Staatsangehörigkeits-Verleihung anerkennt. Ob es seine bisherige Staatsangehörigkeit verliert, beurteilt sich ausschließlich nach dem Rechte seiner bisherigen Staatsangehörigkeit. Es kann daher sehr wohl der Fall eintreten, daß es durch die Legitimation die deutsche Staatsangehörigkeit erhält, ohne die fremde zu verlieren, also doppelstaatig wird.

3. Deutscher

Das Gesetz meint an sich nur deutsche Staatsangehörige, die Gesetzesbestimmung ist jedoch gewohnheitsrechtlich auch auf die Fälle der Legitimation durch einen Deutschen im Sinne des Art. 116 I GG ausgedehnt worden. Dabei muß man es hinnehmen, daß sich in diesem Fall die Rechtsstellung des unehelichen Kindes einer deutschen Mutter verschlechtert, da es durch die Legitimation seine deutsche Staatsangehörigkeit verliert und den Status als Deutscher nach Art. 116 I GG erwirbt.

4. Kind

a) Nach den Bestimmungen des BGB unterliegt es keinem Zweifel, daß das zu legitimierende „Kind" auch volljährig sein kann. Ist dies der Fall, so bedarf es bei der Ehelichkeitserklärung seiner Zustimmung, dagegen erwirbt es die Stellung eines ehelichen Kindes durch die nachfolgende Ehe seiner Eltern auch ohne seine Zustimmung.

Man hat aus diesen Bestimmungen des BGB gefolgert, daß unter Kind auch im Sinne des Reichs- u. Staatsangehörigkeitsgesetzes ein Volljähriger verstanden werden könne und daß also z. B. ein 40jähriger Mann nebst Frau und Kindern ohne seine Zustimmung eine andere Staatsangehörigkeit erhalte, wenn sich seine Eltern heirateten. Dieser Schluß kann als richtig nicht anerkannt werden. Der Begriff Kind im Reichs- u. Staatsangehörigkeitsgesetz deckt sich nicht mit dem Begriff des BGB. Ein Kind im Sinne des Reichs- und Staatsangehörigkeitsgesetzes kann niemals eine volljährige Person sein, da es ein allgemein anerkannter Grundsatz aller Staatsangehörigkeitsgesetze ist, daß nur Minderjährige der Staatsangehörigkeit ihrer gesetzlichen Vertreter folgen. Die neueren Friedensverträge setzen an die Stelle der Volljährigkeit sogar durchweg das 18. Lebensjahr. Es wäre eine durch nichts gerechtfertigte unlogische Ausnahme, wenn im Falle der Legitimation die Wirkungen auf einen Volljährigen ausgedehnt werden sollten, ohne daß diesem wenigstens ein Wahlrecht für seine bisherige Staatsangehörigkeit gegeben würde. Der Gesetzgeber hat anscheinend auch selbst nicht an den Fall gedacht, denn wenn er in § 11 dem als Minderjährigen ausgebürgerten Deutschen einen Anspruch auf Wiedereinbürgerung gibt, so wäre nicht zu verstehen, warum er den gleichen Anspruch nicht auch den ohne seine Zustimmung ausgebürgerten Volljährigen geben sollte. Hier müßte de lege ferenda klar gestellt werden, daß die Wirkungen der Legitimation über die Volljährigkeit oder das 18. Lebensjahr bezüglich der Staatsangehörigkeit hinausgehen. Die herrschende Meinung vertritt den gegenteiligen Standpunkt. Vgl. Keller-Trautmann, S. 76; Isay, S. 25; Lichter, S. 69. Die fremden Rechte, z. B. das französische und das schweizerische beschränken die Legitimationswirkung bezüglich der Staatsangehörigkeit ausdrücklich auf Minderjährige.

b) Auch die herrschende Ansicht macht bezüglich der Wirkung auf Volljährige einige Einschränkungen. So wird allgemein angenommen, daß bei verheirateten Töchtern, welche die Staatsangehörigkeit des Ehemannes teilen, keine Verleihung der Staatsangehörigkeit des Vaters eintritt. Keller-Trautmann, S. 77; Cahn, S. 35; Lichter, S. 69; Maßfeller, S. 35. Diese Ansicht ist jedoch seit der selbständigen Staatsangehörigkeit der Frau nicht mehr haltbar. Ist ihre Staatsangehörigkeit nicht mehr von der Staatsangehörigkeit des Mannes abhängig, so entfällt das alte Augument und wird man sie bezüglich der Wirkung der Legitimation dem volljährigen Sohn gleichstellen müssen. Zweifel bezüglich der Staatsangehörigkeitsverleihung sind weiter bei volljährigen Söhnen am Platze, die bereits selbständig eine andere Staatsangehörigkeit erworben haben oder Handlungen vorgenommen haben, welche den Erwerb der Staatsangehörigkeit nach sich gezogen hätten, z. B. Eintritt in den Staatsdienst. Vgl. Keller-Trautmann, S. 76.

c) Die herrschende Lehre nimmt weiter an, daß bei der Legitimation eines verheirateten Sohnes die Staatsangehörigkeitsübertragung sich auch noch auf seine Ehefrau ausdehne. So Keller-Trautmann, S. 77 unter Berufung auf den Grundsatz der Einheit der Staatsangehörigkeit der Familie. Lichter, S. 69; Massfeller, S. 35 will unterscheiden, ob die Legitimation vor oder nach dem 31. März 1953 stattgefunden hat und nimmt für die Zeit nach diesem Datum keine Wirkung auf die Ehefrau an. Dieser Ansicht wird man sich zumindest anschließen müssen. Isay, S. 25 macht die weitere Einschränkung, daß keine Wirkung auf die Schwiegertochter eintritt, wenn der Sohn des Legitimierenden schon gestorben ist.

d) Nimmt man eine Wirkung auch auf volljährige verheiratete Söhne an, so ergibt sich der notwendige Schluß, daß auch bei den Enkelkindern ein Erwerb der deutschen Staatsangehörigkeit eintreten muß. (Keller-Trautmann, S. 77; Isay, S. 25; Lichter, S. 69). Eine Ausnahme nimmt Isay, S. 25 an, wenn der Sohn des Legitimierenden schon gestorben ist, da dann das familienrechtliche Band abgerissen sei.

5. Staatsangehörigkeit der Mutter

Das Gesetz geht von seinem Standpunkt aus, daß die Staatsangehörigkeit sich vom Vater herleitet und es auf die Mutter nicht ankommt. Dieser Grundsatz ist jedoch inzwischen verlassen, und man muß sich ernstlich fragen, ob die alte Bestimmung seit dem 1. April 1953 noch unverändert aufrecht erhalten werden kann oder eine zeitgemäße Anpassung verlangt.

Heiratet ein Deutscher die ausländische Mutter seines unehelichen Kindes, so erlangt die Mutter nicht die deutsche Staatsangehörigkeit. Es fragt sich sehr, ob es mit dem Grundsatz der Gleichberechtigung der Frau noch vereinbar ist, daß das Kind, das bisher ihre Staatsangehörigkeit hatte, ohne ihre Zustimmung in die Staatsangehörigkeit des Mannes hinüberwechselt. Die Beantwortung dieser Frage wird von ihrem nationalen Recht abhängen. Nach geltendem deutschen Recht bekommt das Kind jedenfalls die deutsche Staatsangehörigkeit, es besteht jedoch durchaus die Möglichkeit, daß es die Staatsangehörigkeit der Mutter daneben behält und doppelstaatig wird. Lebt die Familie im Ausland, so würde dort sogar die fremde Staatsangehörigkeit vorgehen und jedes Schutzrecht eines deutschen Konsuls entfallen. Noch bedenklicher ist der umgekehrte Fall, daß ein fremder Staatsangehöriger, z. B. ein Besatzungssoldat, durch Legitimation dem unehelichen Kinde einer deutschen Mutter die deutsche Staatsangehörigkeit nimmt, ihm seine Staatsangehörigkeit verleiht und sodann Herausgabe des Kindes verlangt (Zweifel äußert auch Hildegard Krüger in Ehe u. Fam. 1957 S. 435).

Erfolgt die Ehelichkeitserklärung durch Staatsakt, so bedarf es bis zur Volljährigkeit des Kindes nach § 1726 BGB der Zustimmung der unehelichen Mutter. Der uneheliche Vater kann ihr nicht gegen ihren Willen das Kind nehmen. Es ist also der Staatsangehörigkeitswechsel des Kindes an die Zustimmung der Mutter gebunden und damit dem Grundsatz der Gleichberechtigung der Frau Genüge getan.

6. Adoption

Eine Adoption ist ohne Einfluß auf die Staatsangehörigkeit des adoptierten Kindes, nach der Regierungsbegründung, um mißbräuchliche Benutzung zum Zwecke des Staatsangehörigkeitserwerbs zu vermeiden. Schon das Gesetz von 1870 § 2 bestimmte ausdrücklich, daß die Adoption für sich allein keine Wirkung auf die Staatsangehörigkeit hätte. Immerhin hat die Adoption die Wirkung, daß sie die Einbürgerung erleichtert. (§§ 8, 13 des Gesetzes).

§ 6

(1) Eine Ausländerin, die mit einem Deutschen die Ehe schließt, hat einen Anspruch auf Einbürgerung, solange die Ehe besteht und der Ehemann die deutsche Staatsangehörigkeit besitzt. Endet die Ehe durch Tod oder wird sie ohne Verschulden der Ehefrau geschieden, so seht der Ehefrau der Anspruch auf Einbürgerung noch bis zum Ablauf eines Jahres nach dem Tode ihres Mannes oder nach Rechtskraft der schuldlosen Scheidung zu.

(2) Wird die Ehe vor einem deutschen Standesbeamten geschlossen, so kann die Ausländerin die deutsche Staatsangehörigkeit auch dadurch erwerben, daß sie bei der Eheschließung zu Protokoll des Standesbeamten erklärt, deutsche Staatsangehörige werden zu wollen.

(3) Minderjährige stehen Volljährigen gleich.

(4) Das Verfahren gemäß Absatz 1 und 2 ist gebührenfrei.

Bis zum 31. März 1953 geltender Text:

4. Reichs- und Staatsangehörigkeitsgesetz

§ 6

Durch die Eheschließung mit einem Deutschen erwirbt die Frau die Staatsangehörigkeit des Mannes.

Vorbemerkung

Wie oben S. 79 ausgeführt, wurde schon seit Jahren allgemein angenommen, daß § 6 des Gesetzes durch Art. 3 GG seit dem 1. April 1953 überholt und damit außer Kraft getreten sei. Für die DDR würde das maßgebende Datum der 7. Oktober 1949, für das Saarland der 1. Januar 1957 sein. Vgl. oben S. 110, 119. Diese Ansicht ist durch das 3. Staatsangehörigkeitsregelungsgesetz vom 19. August 1957 bestätigt worden. Das Gesetz hebt den § 6 nicht auf, stellt vielmehr fest, daß er mit dem 31. März 1953 außer Kraft getreten ist, und ersetzt ihn — ohne Rückwirkung — durch die neue Fassung. Für alle vor den angegebenen Daten geschlossenen Ehen bewahrt § 6 jedoch seine alte Bedeutung.

Mit der neuen Rechtsauffassung ist eine jahrzehntelange Entwicklung zum Abschluß gekommen.

Seit langem standen sich bezüglich der Staatsangehörigkeit der Ehefrau zwei entgegengesetzte Grundsätze gegenüber. Der eine verlangte die Einheit der Staatsangehörigkeit der Ehegatten, der zweite wollte dagegen jeden Einfluß der Ehe auf die Staatsangehörigkeit der Frau beseitigen. Nach dem ersten müßte die Frau mit der Eheschließung ihre Staatsangehörigkeit gegen die des Mannes vertauschen, nach dem zweiten würde sie ihre bisherige Staatsangehörigkeit behalten.

Vor dem 1. Weltkriege schien es so, als ob der Grundsatz der einheitlichen Staatsangehörigkeit der Ehegatten sich allgemein durchsetzen würde. Ihm folgte namentlich die große Mehrzahl der europäischen Staaten. Abseits standen damals nur südamerikanische Staaten. Bei den Beratungen des Gesetzes von 1913, bei denen sich bereits eine Minderheit für die selbständige Staatsangehörigkeit der Ehefrau einsetzte, konnte ihr entgegengehalten werden, daß der Grundsatz der Einheit der Staatsangehörigkeit nahezu ein Grundsatz der gesamten Kulturwelt sei und daß sich daher eine Abweichung von ihm bereits aus internationalrechtlichen Gründen verbiete.

Seit dem 1. Weltkrieg hat sich die Auffassung der Staaten über diese Frage sehr geändert. Mit dem Erwerb der politischen Rechte durch die Frau in der Mehrzahl der europäischen Staaten lebte die Frage ihrer Staatsangehörigkeit erneut auf. In unerwartet rascher Zeit ist der Grundsatz der einheitlichen Staatsangehörigkeit der Ehegatten so erschüttert worden. Noch die Pariser Friedensverträge nach dem 1. Weltkrieg gingen von der einheitlichen Staatsangehörigkeit der Familie aus und ließen die Frau der Staatsangehörigkeit des Mannes folgen. Jedoch enthielten sie bereits im Falle Elsaß-Lothringen eine Ausnahme, die in der Folge in der deutsch-polnischen Staatsangehörigkeitsregelung eine Nachahmung erhielt. Vor allem aber wandten bereits sämtliche Friedensverträge Sowjetrußlands den umgekehrten Grundsatz an. In rascher Folge hat er sich dann nicht nur die innerrussische Gesetzgebung erobert, vielmehr gingen auch zahlreiche andere Staaten mehr oder weniger zu ihm über oder suchten nach vermittelnden Regelungen. Nach dem heutigen Stande können folgende verschiedene Systeme festgestellt werden:

a) Einheit der Staatsangehörigkeit der Ehegatten.

b) Einheit der Staatsangehörigkeit der Ehegatten, jedoch behält die Frau dann ihre Abstammungsstaatsangehörigkeit, wenn sie durch die Eheschließung keine neue erwirbt, der Mann also staatenlos ist oder ihr nach seinem Heimatstatut seine Staatsangehörigkeit nicht überträgt.

c) Einheit der Staatsangehörigkeit, jedoch erhält die Frau das Recht, wahlweise neben der Staatsangehörigkeit des Mannes durch besondere Erklärung ihre Staatsangehörigkeit beizubehalten.

d) Die Frau behält grundsätzlich ihre Staatsangehörigkeit, sofern Eheschließung oder erster ehelicher Wohnsitz im Lande ihrer Staatsangehörigkeit liegt. Ausnahme nur bei Verzicht oder bei Eheschließung im Ausland.

e) Die Eheschließung bleibt ohne jeden Einfluß auf die Staatsangehörigkeit.

Von diesen verschiedenen Systemen, von denen sich jedes einzelne mit wichtigen Gründen verteidigen läßt, geben nur die beiden ersten und das letzte, das reine Einheitsprinzip und das scharf durchgeführte Trennungsprinzip die Möglichkeit des Ausschlusses von Doppelstaatsangehörigkeiten und Staatenlosigkeiten, dies allerdings auch nur, wenn das eine oder andere System in sämtlichen Staaten der Welt vollkommen gleichmäßig angewandt würde. Beide Systeme nebeneinander müssen zu zahlreichen Kollisionsfällen, Doppelstaatigkeiten und Staatenlosigkeit führen. Alle Mischsysteme schließlich schaffen mehr oder weniger bewußt Doppelstaatsangehörigkeiten.

Das Ringen um die verschiedenen Systeme dürfte heute mit dem Siege der selbständigen Staatsangehörigkeit der Frau entschieden sein. Ihm folgt auch der von der Commission de la condition de la femme ausgearbeitete Konventionsentwurf von 1957, vgl. oben S. 73, dem voraussichtlich auch die Bundesrepublik beitreten wird. Insgesamt ist die Rechtslage der Staatsangehörigkeit der Ehefrau heute in der ganze Welt sehr unübersichtlich, da sich ebenso wie die Bundesrepublik viele Staaten in einem Übergangsstadium befinden. Es bedarf daher in jedem Fall einer sehr genauen Prüfung an Hand des fremden Gesetzes unter genauer Beachtung der in Frage kommenden Daten.

I. Altes Recht

Da es für alle vor dem 1. April 1953 geschlossenen Ehen gültig bleibt, seien seine wichtigsten Grundsätze dargestellt.

4. Reichs- und Staatsangehörigkeitsgesetz

1. Eheschließung

Nur eine nach deutschem Recht als gültig anerkannte Ehe hat die deutsche Staatsangehörigkeit des Ehemannes übertragen. Die Gültigkeit der Ehe richtete sich, was die Form der Eheschließung anlangt, nach dem Grundsatz locus regit actum, nach den Ehevoraussetzungen nach den für die beiden Verlobten geltenden nationalen Gesetzen. (Art. 11 und 13 EGBGB). Vgl. die ausführliche Anmerkung zu dieser Frage bei Keller-Trautmann, S. 80 ff.

Der in Deutschland durchgeführte Grundsatz der standesamtlichen Ehe hindert nicht, daß in anderen Ländern kirchlich geschlossene Ehen als gültig anzuerkennen sind, wenn diese Form der dortigen Gesetzgebung entsprach. Gültig sind auch Ehen, die vor deutschen diplomatischen und konsularischen Vertretern geschlossen sind, sofern diese vom Auswärtigen Amt zur Vornahme der Eheschließung ermächtigt sind. Es trifft dies heute nur noch für wenige Staaten zu.

Gültige Ehen sind auch die durch die 3. VO zum PStG vom 4. November 1939 (RGBl I S. 2163), bzw. die Personenstands-VO der Wehrmacht vom 17. Oktober 1942 (RGBl I S. 597) für die Dauer des Krieges zugelassenen sogenannten Ferntrauungen. Sie hatten auch nach dem Kriege noch Bedeutung für Kriegsgefangene. Das Ehegesetz von 1946 kennt sie nicht mehr, doch sind sie in der britischen Besatzungszone bis zum 31. Januar 1949 zugelassen worden (VO vom 5. Januar 1949, VOBl f. d. Brit. Zone 1949 S. 15; Maßfeller, S. 37.)

Die 3. AVO zum PStG ließ auch die Eheschließung vor dem richterlichen Militärjustizbeamten zu. Streitig ist, bis zu welchem Zeitpunkt diese Ermächtigung der Militärjustizbeamten bestanden hat, insbesondere ob auch die nach der Gefangennahme geschlossenen sogenannten Lagerehen gültig sind. (Vgl. Maßfeller, S. 38; OLG Freiburg in NJW 1949 S. 185; OLG Hamburg in das Bayr. Standesamt 1949 S. 10).

In den letzten Kriegsmonaten und der ersten Zeit des Waffenstillstands sind ferner vielfach Ehen vor unzuständigen Stellen geschlossen worden, da zuständige Standesbeamten nicht mehr vorhanden waren, z. B. vor einem Geistlichen während der Flucht. Über diese Ehen trifft das Gesetz über die Anerkennung von Nottrauungen vom 2. Dezember 1950 (BGBl. S. 778) Bestimmungen. Es bedurfte alsdann der nachträglichen Eintragung in das Familienbuch des Hauptstandesamtes in Hamburg.

Als Ehe anerkannt sind auch die sogenannten Ehen rassisch und politisch Verfolgter (BG vom 23. Juni 1950, BGBl. I S. 226 nebst Änderung vom 7. März 1956). Auch eine solche Ehe hatte den Erwerb der deutschen Staatsangehörigkeit zur Folge. (Hoffmann, StAZ 1956, 133).

2. Eheschließung mit einem Deutschen

a) Gemeint war nach der Sprache des Gesetzes ein deutscher Staatsangehöriger, doch ist die Bestimmung gewohnheitsrechtlich auch auf die Deutschen im Sinne des Art. 116 I GG angewandt. Durch Eheschließung mit einem solchen erwarb die ausländische Frau dessen

Status als Deutscher, nicht jedoch die deutsche Staatsangehörigkeit. Besaß sie diese, so verlor sie sie, um den Status der Deutschen anzunehmen.

b) Die deutsche Staatsangehörigkeit nahmen auch bis zur 11. VO zum Reichsbürgergesetz vom 25. November 1941 (RGBl. I S. 722) die jüdischen Emigranten aus Deutschland mit. Sie verloren sie, falls sie nicht nach dem Reichsgesetz vom 14. Juli 1933 (RGBl. I S. 480) individuell ausgebürgert waren, automatisch erst mit der genannten VO, besaßen sie daher bis zu diesem Zeitpunkt und konnten sie auf ihre im Ausland geheirateten fremden Frauen übertragen. Da von der Ausbürgerung nur die Juden selbst erfaßt wurden, behielten ihre ausländischen Frauen, sofern sie nicht auch Juden waren, die deutsche Staatsangehörigkeit. Die deutsche Staatsangehörigkeit ist auf diese Weise auf zahlreiche ausländische Frauen übertragen worden, die sich dessen vielfach nicht bewußt sind.

3. Automatischer Erwerb der Staatsangehörigkeit des Mannes

a) Der Erwerb trat, gleichviel wo und mit wem die Ehe geschlossen wurde, automatisch ein. Es nützte daher nichts, wenn die Frau vor einem fremden Standesbeamten erklärte, daß sie die deutsche Staatsangehörigkeit nicht erwerben wolle, z. B. die Amerikanerin, die bei der Eheschließung mit einem deutschen jüdischen Emigranten ausdrücklich die deutsche Staatsangehörigkeit ablehnte. Das deutsche Recht kannte kein Ausschlagungsrecht der Frau. Sie konnte, wenn sie die deutsche Staatsangehörigkeit nicht mochte, nicht einmal die Entlassung aus der deutschen Staatsangehörigkeit nachsuchen, da nach § 18 die gesonderte Entlassung der Frau aus der deutschen Staatsangehörigkeit unzulässig war. Erst seit dem 1. April 1953 ist dieser Weg gangbar. Vgl. § 18 Anm. 3.

b) Die Frau behält die Staatsangehörigkeit des Mannes auch bei Auflösung der Ehe durch Tod, Scheidung oder Aufhebung, doch kennen die meisten Staatsangehörigkeitsgesetze in diesem Fall einen Anspruch auf Wiedereinbürgerung der Frau. Stellt sie einen solchen Anspruch, so würde sie damit die deutsche nach § 25 verlieren, sofern sie ihren Wohnsitz im Ausland hat.

4. Nichtige Ehe

a) Nur im Falle der Nichtigkeitserklärung, nach dem Recht des BGB vor dem Ehegesetz von 1938 auch im Falle der erfolgreichen Anfechtung, ging die Staatsangehörigkeit der Frau mit rückwirkender Kraft verloren. Zur Wirkung der nichtigen Ehe auf die Staatsangehörigkeit der Frau mit rückwirkender Kraft, vgl. Keller-Trautmann S. 240; Cahn S. 397; Endemann Familienrecht 9. Aufl. S. 172). Jedoch hat die nichtige Ehe noch während des Schwebens des Prozesses die vollen Wirkungen einer gültigen und behält die Frau bis zum Urteil der letzten Instanz die Staatsangehörigkeit des Mannes und ihren Anspruch auf den Paß seines Staates. (RGZ Bd. 132, 419). Erst nach dem rechtskräftigen Nichtigkeitsurteil kann ihr Paß eingezogen werden. Ob sie mit der Nichtigkeitserklärung der Ehe und dem Verlust ihrer Heiratsstaatsangehörigkeit ihre ursprüngliche Staatsangehörigkeit wieder erwirbt, hängt von ihrem Heimatrecht ab. Es kann sein, daß sie zunächst völlig staatenlos wird und der Wiedereinbürgerung in ihre alte Staatsangehörigkeit bedarf, auf die sie allerdings in der Regel einen Anspruch hat.

b) Vorübergehend hat auch das Verbot der sogenannten Staatsangehörigkeitsehe bestanden. Aus der Vorschrift des § 1325 a BGB, der eine Ehe für nichtig erklärte, wenn sie ausschließlich oder vorwiegend zu dem Zwecke geschlossen war, der Frau die Führung des Familiennamens des Mannes zu ermöglichen, hatte das Reichsgericht durch Analogieschluß bereits die Nichtigkeit der Ehe hergeleitet, wenn sie zum Zwecke der Staatsangehörigkeitsübertragung geschlossen war (RG HRR 38 S. 805). Der NS-Gesetzgeber nahm diesen Rechtssatz in sein Ehegesetz vom 6. Juli 1938 § 23 auf und verfügte, daß auch eine seit dem 8. November 1918 geschlossene Ehe als Staatsangehörigkeitsehe für nichtig erklärt werden könne. (§ 86 Abs. 2, Volkmar, Großdeutsches Eherecht 1939.) Das Kontrollratsgesetz Nr. 16 vom 20. Februar 1946, welches das nationalsozialistische Ehegesetz ersetzte, übernahm zwar das Verbot der Namensehe, strich jedoch aus dem neugefaßten § 19 das Wort Staatsangehörigkeit. Danach bildete der Wunsch des Erwerbs der Staatsangehörigkeit keinen Nichtigkeitsgrund mehr. Da in § 79 gleichzeitig das Ehegesetz von 1938 und alle widersprechenden Vorschriften aufgehoben wurden, entfiel auch die Möglichkeit der Anfechtung früher geschlossener Ehen. Ein Analogieschluß von der Namensehe auf die Staatsangehörigkeitsehe ist heute nicht mehr möglich (Hoffmann-Stephan, Ehegesetz 1946 § 19 Anm. 3); wohl aber Nichtigkeitserklärung wegen Scheinehe. LG München 1 R 800/57 v. 10. 12. 57.

Zu bemerken ist, daß auch im Falle der Staatsangehörigkeitsehe die Staatsangehörigkeit zunächst einmal übertragen wurde und solange als bestehend anerkannt werden mußte, bis die Ehenichtigkeit rechtskräftig festgestellt war. Erst mit diesem Zeitpunkt entfiel die deutsche Staatsangehörigkeit der Frau mit rückwirkender Kraft.

Seit der Einführung der selbständigen Staatsangehörigkeit der Ehefrau (1. April 1953) ist diese Frage bedeutungslos.

5. Kinder der Frau

Obwohl das deutsche Recht von dem Grundsatz der Einheit der Staatsangehörigkeit der Familie ausging, erwarben von der Frau in die Ehe mitgebrachte Kinder nicht auch deren durch die Heirat erworbene Staatsangehörigkeit, sondern behielten ihre. Eine Ausnahme bestand nur bei Kindern, deren Vater der Ehemann ihrer Mutter war und die durch die Ehe legitimiert wurden. Alle anderen ehelichen oder unehelichen Kinder wurden dagegen von der Eheschließung nicht erfaßt. Für ihre Staatsangehörigkeitsänderung blieb nur der Weg der Einbürgerung gangbar.

Die Gesetze anderer Staaten haben diese Frage mitunter anders geordnet und die Kinder an dem Staatsangehörigkeitswechsel der Mutter teilnehmen lassen. Das war z. B. im Danziger Staatsangehörigkeitsgesetz vom 30. Mai 1922 § 4 Abs. 2 bestimmt. („Die minderjährigen Kinder einer Ausländerin erwerben durch die gültige Eheschließung ihrer Mutter mit einem Danziger Staatsangehörigen die Danziger Staatsangehörigkeit, wenn sie mit der Mutter ihren dauernden Wohnsitz in dem Gebiet der Freien Stadt nehmen.“) Da bei der Vereinigung von Danzig mit dem Reich alle Danziger ohne Ausnahme die deutsche Statsangehörigkeit erhalten haben, ist diese Bestimmung des Danziger Gesetzes auch heute noch nicht ohne Bedeutung.

II. Neues Recht

1. Grundsatz der selbständigen Staatsangehörigkeit der Frau

Er ist nicht neu eingeführt, sondern der Gesetzgeber erkennt an, daß er seit dem 1. April 1953 gilt und der alte § 6 damit von selbst außer Kraft getreten ist. Heute steht danach fest, daß eine Ausländerin durch Ehe mit einem Deutschen seit dem 1. April 1953 die deutsche Staasangehörigkeit nicht mehr erworben hat. Daran ändert es auch nichts, wenn sie in der ersten Zeit, als die Rechtslage verschieden beurteilt wurde, einen deutschen Paß erhalten haben sollte. Da der Paß nur deklaratorische Bedeutung hat, liegt in seiner Aushändigung keine Staatsangehörigkeitsverleihung.

2. Einbürgerungsanspruch

a) Der Anspruch besteht ohne Rüchsicht darauf, ob die Frau ihre bisherige Staatsangehörigkeit behält oder durch die deutsche verliert. Vielfach wird sie sie verlieren, da die meisten Staatsangehörigkeitsgesetze heute den Grundsatz kennen, daß beantragter Erwerb einer fremden Staatsangehörigkeit den Verlust der bisherigen zur Folge hat. Doch geht diese Frage die deutsche Einbürgerungsbehörde nichts an. Die deutsche Staatsangehörigkeit ist zu erteilen, auch wenn die Frau dadurch doppelstaatig wird.

b) Die Einbürgerung hängt auch nicht von der Erfüllung irgendwelcher Erfordernisse ab. Namentlich kommt es nicht auf den Wohnsitz an. Auch die im Ausland wohnhafte Ehefrau eines Deutschen hat den Einbürgerungsanspruch.

c) Es ist auch kein Einwand aus dem Gesichtspunkt der Bescholtenheit möglich. Auch eine sittlich anstößige oder vorbestrafte Ehefrau muß eingebürgert werden. Eine Ausnahme besteht nur für die schuldig geschiedene Frau. Dies gilt auch bei Scheidung aus beiderseitigem Verschulden.

d) Der Einbürgerungsanspruch ist jedoch zeitlich befristet. Solange die Ehe besteht, hat der Gesetzgeber keine Frist bestimmt. Nach Auflösung der Ehe durch Tod oder Scheidung muß der Anspruch jedoch binnen eines Jahres geltend gemacht werden. Auch in diesem Fall kommt es nicht auf den Wohnsitz an. Nicht erwähnt ist die Lösung der Ehe durch Aufhebungsurteil. Da dieses in seinen Wirkungen der Scheidung gleich steht, müssen die Sätze über das Scheidungsurteil wohl analog angewandt werden. Daraus würde folgen, daß die Ehefrau keinen Anspruch auf Einbürgerung hat, wenn die Aufhebung der Ehe etwa darauf beruht, daß sie die Ehe durch arglistige Täuschung erschlichen hat.

e) Die Verleihung der beantragten deutschen Staatsangehörigkeit hat keine rückwirkende Kraft. Sie wird nicht auf den Tag der Eheschließung zurückdatiert.

3. Erwerb der Staatsangehörigkeit durch Erklärung

Absatz 2 sieht einen einfacheren Weg vor, wenn die Ehe vor einem deutschen Standesbeamten geschlossen wird. Alsdann kann die Frau die deutsche Staatsangehörigkeit durch Erklärung zu Protokoll des Standesbeamten erwerben. Es ist dies das, was man gemeinhin ein Optionsrecht zu nennen pflegt. In diesem Fall tritt der Erwerb mit der Abgabe der Erklärung ein, sie ist jedoch empfangsbedürftig, bedarf der Protokollierung. Die Erklärung muß bei der Eheschließung abgegeben werden, kann also nicht mehr nachgeholt werden, sobald der Standesbeamte sein Protokoll geschlossen hat.

4. Zwischen dem 1. April 1953 und dem 23. August 1957 geschlossene Ehen

Bei diesen Ehen ist nach der inzwischen allgemein durchgedrungenen Auslegung von Art. 3 GG ein Erwerb der deutschen Staatsangehörigkeit nicht eingetreten. Der Gesetzgeber wollte sie jedoch so stellen, als ob das 3. Staatsangehörigkeitsregelungsgesetz zur Zeit ihres Eheschlusses schon bestanden hätte. Er stellt ihnen zwei Wege zur Verfügung.

a) Sie haben den gleichen Einbürgerungsanspruch wie eine Ehefrau, die nach dem 31. März 1953 geheiratet hat. Dieser Anspruch ist zeitlich nicht befristet und kann während der ganzen Dauer der Ehe gestellt werden. Der Erwerb tritt erst mit der Aushändigung der Einbürgerungsurkunde ein und hat keine rückwirkende Kraft.

b) Daneben gibt ihnen Art. II Ziff. 2 des 3. Staatsangehörigkeitsregelungsgesetzes das Recht des Staatsangehörigkeitserwerbes durch Erklärung. Dabei bleibt unklar, ob dieses Erklärungsrecht neben dem Weg der Einbürgerung besteht oder ob es den gestellten Einbürgerungsantrag voraussetzt. Da im Falle der Eheschließung nach dem 1. April 1953 die Erklärung neben dem Einbürgerungsantrag als selbständiger Erwerbsgrund geschaffen ist, kann man das gleiche wohl auch für die Erklärungen des Art. II annehmen. Dies bedeutet, daß die Ehefrau neben dem Weg der Einbürgerung auch den der Erklärung gehen kann. Diese Erklärung muß in öffentlich beglaubigter Form — es genügt also Unterschriftsbeglaubigung — oder zu Protokoll der Einbürgerungsbehörde abgegeben werden. Die Erklärung kann nur binnen eines Jahres, also spätestens bis zum 22. August 1958 abgegeben werden und hat rückwirkende Kraft auf den Tag der Eheschließung. Dieses Erklärungsrecht besteht auch, wenn die ausländische Ehefrau inzwischen die deutsche Staatsangehörigkeit im Wege der Einbürgerung erworben hat, da es die deutsche Staatsangehörigkeit rückwirkend ausdehnt.

c) Der Gesetzgeber erwähnt hier auch die Personen, die von ihr ihre Staatsangehörigkeit ableiten. Gemeint sein können wohl nur uneheliche Kinder, da der Gesetzgeber der Bundesrepublik ein jus sanguinis der ehelichen Mutter nicht kennt.

d) Es ist selbst der Fall vorgesehen, daß die Ehefrau vor Ablauf der Erklärungsfrist stirbt. Alsdann soll § 21 des 1. Staatsangehörigkeitsregelungsgesetzes von 1955 entsprechend gelten, d. h. es kann jeder Verwandte auf- und absteigender Linie und der Ehemann beim Nachlaßgericht beantragen, ihn zur Abgabe der Erklärung zu ermächtigen. Näheres zu diesem Verfahren unten S. 303.

5. Vor dem 1. April 1953 geschlossene Ehen

Sie unterstanden dem alten Recht. Die Frau erwarb daher die deutsche Staatsangehörigkeit. Der Gesetzgeber hat es nicht für angebracht gehalten, ihr nachträglich einen Anspruch auf Entlassung aus der deutschen Staatsangehörigkeit zu geben. Sie kann ein solches Gesuch stellen, und ihm muß auch stattgegeben werden, nur wird es in den Fällen eines Wohnsitzes in Deutschland daran scheitern, daß nach § 24 die Entlassung als nicht erfolgt gilt, wenn sie nach Ablauf eines Jahres diesen Wohnsitz nicht aufgegeben hat.

6. Minderjährige Ehefrauen

Der Gesetzgeber bestimmt für die sämtlichen im 3. Staatsangehörigkeitsregelungsgesetz geordneten Fälle, daß minderjährige Ehefrauen Volljährigen gleichstehen. Das gilt an sich nur für den in diesem Gesetz vorgesehenen Einbürgerungsantrag und das Erklärungsrecht. Man wird daraus aber herleiten können, daß sie damit auch weiter über ihre Staatsangehörigkeit wie Volljährige verfügen können, also nachdem sie die deutsche Staatsangehörigkeit durch eigene Willenserklärung erworben haben, sie auch selbständig wieder aufgeben können. Vgl. § 18 Anm. 4.

§ 7

Die Aufnahme muß einem Deutschen von jedem Bundesstaat, in dessen Gebiet er sich niedergelassen hat, auf seinen Antrag erteilt werden, falls kein Grund vorliegt, der nach den §§ 3—5 des Gesetzes über die Freizügigkeit vom 1. November 1867 (Bundesgesetzbl. S. 55) die Abweisung eines Neuanziehenden oder die Versagung der Fortsetzung des Aufenthaltes rechtfertigt. Der Antrag einer Ehefrau bedarf der Zustimmung des Mannes; die fehlende Zustimmung kann durch die Vormundschaftsbehörde ersetzt werden. Für eine unter elterlicher Gewalt oder unter Vormundschaft stehende Person wird, wenn sie das 16. Lebensjahr noch nicht vollendet hat, der Antrag

von dem gesetzlichen Vertreter gestellt; hat sie das 16. Lebensjahr vollendet, so bedarf ihr Antrag der Zustimmung des gesetzlichen Vertreters.

1. Altes Recht

Diese Gesetzesbestimmung ist zwar niemals aufgehoben, hat aber praktisch ihre Bedeutung mit der Beseitigung der Landesangehörigkeit durch das Neuaufbaugesetz vom 30. Januar 1934 verloren. Früher spielte sie eine nicht unerhebliche Rolle. Der Gesetzgeber von 1913, der die Landesangehörigkeit aufrecht erhielt, wollte ein stärkeres Zusammenwachsen der deutschen Stämme dadurch erleichtern, daß er jedem Deutschen gleichviel welcher Landesangehörigkeit ein Recht auf Aufnahme in dem deutschen Lande gab, in dem er seinen Wohnsitz begründet hatte. Mit dieser Aufnahme war nicht der Verlust seiner bisherigen Landesangehörigkeit verbunden, so daß jeder Deutsche seine Landesangehörigkeiten häufen konnte. Er hatte dann auch in mehreren deutschen Ländern politische Rechte.

Das Rechtsinstitut der Aufnahme folgte entsprechend der Grundeinstellung des Gesetzes von 1913 dem sogenannten Kollektivsystem, d. h. sie umfaßte automatisch die Frau und die minderjährigen Kinder. Hier war jedoch das Kollektivsystem z. T. durchbrochen. Es konnte die Frau, allerdings nur mit Genehmigung des Mannes, schon einen getrennten Antrag auf Aufnahme stellen, z. B. eine in München wohnhafte Bayerin, die durch Heirat Preußin geworden war, auf Wiederaufnahme in die bayrische Landesangehörigkeit.

2. Neues Recht

Diese gesetzliche Bestimmung ist nicht dadurch aufgelebt, daß einige deutsche Länder neue Landesangehörigkeiten geschaffen haben, z. B. Bayern in seiner Verfassung vom 8. Dezember 1946 in Art. 6. Ebenso Maßfeller, S. 41. Dagegen neigt Lichter, S. 73 dazu, ein Wiederaufleben mindestens als möglich anzunehmen. Eine praktische Bedeutung könnte die Frage nur gewinnen, wenn etwa im Beamtenrecht die „Landesangehörigen" bei der Anstellung bevorzugt werden. Das BVG hat eine gewisse Differenzierung als nicht verfassungswidrig angesehen. BVG Bd. 1, 242; 2, 151; 3, 145.

3. Jugendliche

Beachtenswert ist, daß Minderjährige bereits vom 16. Lebensjahr ab selbst antragsberechtigt waren, allerdings nur mit Zustimmung des gesetzlichen Vertreters. Diese Bestimmung hat ihre Bedeutung dadurch behalten, daß auf sie in dem noch gültigen § 8 Bezug genommen wird.

§ 8

Ein Ausländer,[1] der sich im Inland[2] niedergelassen[3] hat, kann von dem Bundesstaat, in dessen Gebiet die Niederlassung erfolgt ist, auf seinen Antrag[4] eingebürgert[5] werden, wenn er[6]

1. nach den Gesetzen seiner bisherigen Heimat unbeschränkt geschäftsfähig ist oder nach den deutschen Gesetzen unbeschränkt geschäftsfähig sein würde oder der Antrag in entsprechender Anwendung des § 7, Abs. 2, Satz 2 von seinem gesetzlichen Vertreter oder mit dessen Zustimmung gestellt wird,

2. einen unbescholtenen Lebenswandel geführt hat,

3. an dem Orte seiner Niederlassung eine eigene Wohnung oder ein Unterkommen gefunden hat und

4. an diesem Orte sich und seine Angehörigen zu ernähren imstande ist.

Vor der Einbürgerung ist über die Erfordernisse unter Nr. 2—4 die Gemeinde des Niederlassungsorts und, sofern diese keinen selbständigen Armenverband bildet, auch der Armenverband zu hören.

1. Ausländer

Ausländer sind Personen, die einem oder mehreren fremden Staaten angehören, sowie Personen mit unbestimmter Staatsangehörigkeit und Staatenlose. Auch ehemalige Deutsche, die keine andere Statsangehörigkeit erworben haben, sind Ausländer.

2. Inland

Als Inland kann im Sinne dieser Bestimmung nur das Bundesgebiet einschließlich Saarland gelten, Lichter, S. 77 nimmt dagegen an, daß das gesamte Reichsgebiet nach dem Umfang vom 31. Dezember 1937 gemeint sei. Diese Gebietsbestimmung ist zwar für die Mehrzahl der Gesetze maßgebend, es ist aber schwer vorstellbar, wie jemand, der sich in Breslau niedergelassen hat, in der Bundesrepublik eingebürgert werden könnte (Vgl. 1. StAngReglG § 9 Anm. 3).

3. Niederlassung

a) Das Erfordernis der Niederlassung wurde früher sehr ernst genommen und bildet auch heute noch die Regel, da der Gesetzestext nicht geändert ist. Niederlassung ist nicht identisch mit Wohnsitz, sie bedeutet etwas Tatsächliches, während Wohnsitz ein Rechsbegriff ist und z. B. bei Minderjährigen, welche den Wohnsitz des gesetzlichen Vertreters teilen, auch ohne Niederlassung bestehen kann. Die Niederlassung erfordert den Besitz einer eigenen Wohnung oder eines Unterkommens mit der Absicht, dort dauernden Aufenthalt zu nehmen. Keller-Trautmann, S. 92; Isay, S. 28. Ein zu Studienzwecken dienender Aufenthalt ist keine Niederlassung, kann aber dazu werden, wenn später die Absicht des dauernden Aufenthalts hinzukommt, die betreffende Person sich z. B. nach Abschluß ihrer Ausbildung um Anstellung im Aufenthaltslande bemüht (PrOVG 70 S. 3161). In den meisten Fällen werden sich wohl Wohnsitz und Niederlassung decken. Da Niederlassung etwas Tatsächliches ist, kann sie nur an einem Orte bestehen; eine weitere Niederlassung im

Ausland ist daneben nicht möglich und würde die Einbürgerung ausschließen.

b) Diese Erfordernisse haben in der NS-Periode eine Änderung erfahren.

Das Erfordernis der Niederlassung im Inland wurde durch die VO des Ministerrats für die Reichsverteidigung zur Regelung von Staatsangehörigkeitsfragen vom 20. Januar 1942 (RGBl. I S. 40) aufgehoben. Danach konnten auch Bewerber mit Wohnsitz im Ausland eingebürgert werden. Ich habe früher (Arch.öR 74 S. 289) die Verfassungsmäßigkeit dieser VO bezweifelt. Auch die Regierungsbegründung zum 1. StAngReglG weist darauf hin, daß die Rechtsgültigkeit dieser VO umstritten ist. Inzwischen hat sich jedoch die Rechtsprechung mit der gesamten Gesetzgebung des NS-Staates abgefunden und ihren Fortbestand angenommen, soweit nicht einzelne Gesetze ausdrücklich aufgehoben sind oder sie typisch nationalsozialistisches Gedankengut enthalten. Das BVerfG hat letzthin im Urteil im Konkordatsstreit vom 26. März 1957 (E 6 S. 331) diese Ansicht gebilligt und die Rechtsverbindlichkeit des grundlegenden Ermächtigungsgesetzes vom 24. März 1933 anerkannt. Die verfassungsmäßigen Bedenken gegen die VO vom 20. Januar 1942 werden daher nicht aufrecht erhalten werden können. Der Bundestag hat in der Beratung des 1. Staatsangehörigkeitsregelungsgesetzes vom 22. Februar 1955 diese Ansicht geteilt und mit Absicht von einer Aufhebung des § 1 Abs. 1 der VO vom 20. Januar 1942 Abstand genommen, da noch ein Bedürfnis für seine Beibehaltung bestände. (M a ß f e l l e r , S. 108). Danach kann im Einzelfall ein Ausländer auch ohne Begründung einer inländischen Niederlassung eingebürgert werden, aber man wird verlangen müssen, daß dann bereits eine Beziehung irgendwelcher Art zu Deutschland besteht. Der Präzedenzfall, der zu der VO vom 20. Januar 1942 Anlaß gegeben hat, waren die Südtiroler Optanten, die an sich nach den vertraglichen Abmachungen mit Italien ihre italienische Staatsangehörigkeit bis zur tatsächlichen Abwanderung behalten sollten, die deutsche aber gern vorzeitig zu erwerben wünschten, um nicht zum italienischen Heeresdienst eingezogen zu werden. Bei ihnen war jedenfalls die Beziehung zu Deutschland durch Abgabe der Optionserklärung hergestellt.

c) Von jeher war Niederlassung im Inland nicht erforderlich in den Fällen der §§ 33 Ziff. 2 und 34. Siehe unten S. 233.

4. Antrag.

Jede Einbürgerung setzt einen Antrag voraus. Daraus entnahm eine frühere Auffassung, daß die Einbürgerung ein auf Antrag des Bewerbers zustande gekommener Vertrag sei. So A. W e i s s , La nationalité 2. A. 1907 S. 8: „C'est dans un contrat synallagmatique, intervenu entre l'Etat et chacun des individus qui le composent, que se trouve, selon nous, le fondement juridique de la nationalité." Aus dieser Lehre folgte, daß beim Fehlen des Antrags das ganze Rechtsgeschäft der Einbürgerung nicht zustande gekommen war. Gegen diese Auffassung wandte sich

Otto Mayer, Verw. R. 3. A. Bd. 2 S. 151 mit der Lehre vom Verwaltungsakt auf Unterwerfung, indem er betonte, daß das Entscheidende der staatliche Hoheitsakt sei. Er folgerte daraus, daß dieser Bestand habe und beim Fehlen des Antrags nur rückgängig gemacht werden könnte. Im folgten jedoch die Lehre und Rechtsprechung nicht. Die herrschende Ansicht vertritt die Lehre von W. Jellinek, Verw. R. 3. A. S. 250, derselbe, Zweiseitiger Verwaltungsakt und Verwaltungsakt auf Unterwerfung, Festgabe f. d. PrOVG S. 84, vom zweiseitigen Verwaltungsakt. Sie gelangt zu dem Ergebnis, daß Einbürgerung ohne Antrag nicht nur rücknehmbar, sondern nichtig ist. (So Jellinek, a. a. O. S. 251; Fleiner, Verw. R. 8. A. S. 194. Im Ergebnis zustimmend, in der Begründung anders Forsthoff, Verw. R. § 11 Nr. 4, Peters, Lehrb. d. Verw. S. 54; Turegg, Lehrb. d. Verw. R. S. 159).

Da der Regel nach eine gültige Einbürgerung einen Antrag voraussetzt, sind die ohne Antrag vorgenommenen Sammel- oder Kollektiveinbürgerungen in ihrer völkerrechtlichen Gültigkeit umstritten. Als zulässig anerkannt und sogar als regelmäßig eintretend sind sie bei Gebietsveränderungen anerkannt, doch pflegt in diesem Fall der Bevölkerung ein Optionsrecht zugestanden zu werden. Ist dagegen der Gebietserwerb selbst in seiner Gültigkeit zweifelhaft, hat er sich z. B. durch einseitigen Annexionsakt vollzogen oder ist er im Kriege vor Friedensschluß ausgesprochen, so wird damit auch der Staatsangehörigkeitserwerb in Frage gestellt. Diese Sachlage ist in zahlreichen Fällen der jüngsten Vergangenheit gegeben gewesen. Die beiden Staatsangehörigkeitsregelungsgesetze haben hauptsächlich die Aufgabe, die aus diesen Fällen entstandenen Streitfragen zu lösen. Vgl. unten S. 246.

5. Einbürgerung

a) Das deutsche Wort Einbürgerung ersetzt den französischen Ausdruck Naturalisation, der sich noch im Gesetz von 1870 fand, gebraucht ihn allerdings nur bei der Erteilung der mittelbaren Reichsangehörigkeit, während es bei der unmittelbaren von Verleihung der Reichsangehörigkeit spricht. In der heutigen Rechtssprache hat sich das Wort Einbürgerung durchgesetzt.

b) Die Einbürgerung ist ein auf Antrag erfolgender begünstigender Staatshoheitsakt. Sie muß von der Option und der Inanspruchnahme (Reklamation) unterschieden werden.

Bei der Option besteht ein Rechtsanspruch auf Erwerb einer bestimmten Staatsangehörigkeit. Dieser Anspruch wird durch die vor einer Behörde abzugebenden Optionserklärung geltend gemacht. Die gewünschte Staatsangehörigkeit wird mit dieser Erklärung erworben. Die darüber ausgestellte Optionsurkunde hat nur deklaratorische Bedeutung.

Bei der Inanspruchnahme (Reklamation) ist Personen, die gewisse Voraussetzungen erfüllen, ebenfalls ein Rechtsanspruch gegeben (so die früher geltenden §§ 10, 11, 30, 31). Sie können diesen jedoch nur durch einen an die Behörde zu richtenden Antrag geltend machen, und die Behörde entscheidet darüber nach Prüfung der Voraussetzungen. Die Entscheidung der Behörde ist eine Einbürgerung und der zu erteilenden Urkunde kommt konstitutive Bedeutung zu. Der Unterschied zur gewöhnlichen Einbürgerung besteht darin, daß der Bewerber einen Rechtsanspruch hat und diesen in der Regel auch im Klagewege gegen die Behörde durchsetzen kann.

c) Die gewöhnliche Einbürgerung ist dagegen ein in das pflichtgemäße Ermessen der Behörde gestellter Staatshoheitsakt, auf den niemand einen Anspruch hat. Für die Entscheidung der Behörde ist an erster Stelle das Staatsinteresse bestimmend. Menschenarme Staaten pflegen daher bei der Einbürgerung freigiebiger zu sein als übervölkerte und unter Arbeitslosigkeit leidende. Deutschland ist in der Einbürgerung stets sehr zurückhaltend gewesen. Streitig ist, ob bei der Einwanderungspolitik der Staaten ein sog. diskriminierendes Verhalten völkerrechtlich zulässig ist, d. h. daß ein Staat nur Bewerber bestimmter Nationalitäten oder Rassen zuläßt. Vgl. Schätzel, Les limites à la souveraineté de l'Etat en matière d'immigration et de naturalisation, Revue int. franç. du Droit des Gens Bd. 23 S. 24).

Die Einbürgerung bleibt auch dann ein in das freie Ermessen gestellter Hoheitsakt, wenn dem Bewerber im Falle der Abweisung ein Rechtsweg eröffnet wird. Früher gab es bei Abweisung eines Einbürgerungsgesuches in Deutschland keinen Rechtsweg. Der abgewiesene Bewerber konnte gegen den Bescheid des Regierungspräsidenten nur Beschwerde bei dem zuständigen Landesminister des Inneren einlegen. Dieser Weg ist auch heute noch gangbar. Daneben ist jedoch nunmehr der Rechtsweg getreten. Man folgert aus Art. 19 GG, daß dieser eröffnet sein müsse, auch wenn die Entscheidung in das freie Ermessen der Behörden gestellt ist. Ein Erfolg ist allerdings im Regelfall nicht zu erwarten. Das Verw. G. könnte nur feststellen, daß die Klage zwar zulässig aber nicht begründet sei, da die Verwaltungsbehörde in der Ablehnung der Einbürgerung frei sei und nicht einmal die Gründe ihrer Ablehnung anzugeben brauche.

d) Das Gesetz kannte nur eine Art der Einbürgerung, welche die volle Staatsangehörigkeit und alle damit verbundenen Rechte verleiht. Die manchen Staatsangehörigkeitsrechten geläufige Unterscheidung zwischen großer und kleiner Naturalisation und der Vorbehalt des Widerrufs binnen einer Bewährungsfrist ist ihm unbekannt. Die 12. VO zum Reichsbürgergesetz vom 25. April 1943 (RGBl. I S. 268) hatte jedoch eine solche Widerrufsstaatsangehörigkeit geschaffen. Sie war in der VO über die Staatsangehörigkeit auf Widerruf vom 25. April 1943 (RGBl. I S. 269) näher geregelt. Der Widerruf konnte binnen 10 Jahren erfolgen. Diese VO ist durch Kontrollratsgesetz Nr. 1 aufgehoben. Es blieb jedoch die Rechtsfrage, ob damit die widerruflich verliehene Staatsangehörigkeit unwiderruflich geworden war. Die Frage ist durch § 28 des 1. StAngRegelungsgesetz vom 22. Februar 1955 dahin geregelt, daß der Widerruf, soweit er nicht schon ausgesprochen, entfallen und die Widerrufsstaatsangehörigkeit in eine endgültige Staatsangehörigkeit umgewandelt ist.

e) Der Satz, daß die Einbürgerung in „das freie Ermessen“ der Behörden gestellt ist, besagt nur, daß keine rechtliche Bindung gegenüber den Bewerbern besteht.

Wohl aber können Verpflichtungen gegenüber anderen Staaten oder allgemeine völkerrechtliche Sätze bestehen, welche eine Einbürgerung entweder vorschreiben oder verbieten. Aus den in der neusten Zeit nicht seltenen Umsiedlungsverträgen folgt im allgemeinen eine völkerrechtliche Verpflichtung zur Einbürgerung der Umsiedler, soweit in ihrer Person nicht besondere Hinderungsgründe bestehen. Vgl. die S. 381 aufgeführten deutschen Umsiedlungsverträge. Man wird weiter annehmen können, daß nach den Grundsätzen der Verträge zugunsten Dritter damit auch ein Rechtsanspruch des Interessenten entsteht. Es kommt umgekehrt vor, daß sich Staaten verpflichten, keine Einbürgerungen vorzunehmen, wenn der Bewerber nicht das Ausscheiden aus seiner bisherigen Staatsangehörigkeit nachweist.

Sehr umstritten ist, inwieweit allgemeine völkerrechtliche Schranken die Einbürgerungsfreiheit des Staates beschränken. Der Haager Ständige Intern. Gerichtshof hat im britisch-französischen Streit über die Staatsangehörigkeit in Tunis in seinem Gutachten vom 7. Februar 1923 den Grundsatz anerkannt, daß der Staat in der Zuteilung seiner Staatsangehörigkeit frei ist. (Publication de la Cour Permanente de Justice internationale Série B No. 4). Auch das Haager Staatsangehörigkeitsabkommen von 1930 bestimmt ausdrücklich, daß es Sache jedes Staates sei, zu bestimmen, wer sein Staatsangehöriger ist. Siehe oben S. 66. Ein Staat, der bisher dem jus sanguinis folgt, könnte daher zum jus soli übergehen und damit Tausende von Personen ungefragt zu seinen Angehörigen machen. Die völkerrechtliche Doktrin nimmt jedoch an, daß er dies nur kann, wenn diese Personen in irgendwelcher Beziehung zu ihm stehen, sei es daß sie in ihm ihren Wohnsitz haben oder in ihm geboren sind oder seine Beamten oder Soldaten sind, daß aber ein Staat ohne jede Beziehung dieser Art dies nicht könne, er namentlich fremden Staaten nicht ihre Untertanen rauben dürfe. (Vgl. Makarov, Allg. Lehren d. StAngR. S. 68 ff.; P. Weis, Nationality and Statelessness S. 67 ff.; Leibholz, Wörterbuch des Völkerrechts Bd. 2 (1925) S. 589; Dubois, Die Frage der völkerrechtl. Schranken landesrechtl. Regelung der Staatsangehörigkeit 1955). Eine weitere Einschränkung des freien Willens des Staates liegt in dem Abschluß von Staatsangehörigkeitsverträgen. Wenn sich der Staat in diesen vertraglich auf eine bestimmte Regelung der Staatsangehörigkeit festlegt, wird er keine andersgearteten Kollektiveinbürgerungen im Wege der Gesetzgebung vornehmen dürfen, die dieser vertraglichen Regelung widersprächen oder sie illusorisch machten. Dagegen bleibt ihm der Weg der auf Antrag erfolgenden Einzeleinbürgerung auch in diesem Falle offen. Es ist aus einem Staatsangehörigkeitsvertrag nicht zu entnehmen, daß die

Staaten sich in alle Ewigkeit verpflichteten, nicht von ihrem Einbürgerungsrecht im Einzelfall Gebrauch zu machen.

Eine weitere Schranke hat man in Art. 45 der Haager Landkriegsordnung gefunden, welche dem Okkupanten die Abnahme des Treueids der Bevölkerung des besetzten Gebiets untersagt. In früheren Zeiten ist es nicht selten vorgekommen, daß der militärische Okkupant noch während des Krieges das besetzte Gebiet für einverleibt erklärte und der Bevölkerung den Treueid abnahm. Man hat, da heute der Treueid nicht mehr üblich ist, daraus den allgemeinen Satz hergeleitet, daß der Okkupant während der Dauer des Krieges die Staatsangehörigkeit der Bewohner des besetzten Gebietes nicht ändern dürfe, sie also nicht zu seinen Staatsangehörigen machen dürfe.

Diese Forderung ist zum Schutze der Bevölkerung notwendig. Der Okkupant könnte sie sonst durch Aufoktroyierung seiner Staatsangehörigkeit zum Heeresdienst gegen ihr ehemaliges Heimatland zwingen und würde sie damit diesem gegenüber in eine sehr heikle Lage bringen, da dieses selbstverständlich die Verleihung der neuen Staatsangehörigkeit nicht anerkennen, sondern an der alten festhalten und in ihnen Landesverräter sehen würde.

f) Zur Frage der Nichtigkeit und Zurücknahme der Einbürgerung vgl. unten § 16 Anm. 5.

6. Voraussetzungen der Einbürgerung

a) Geschäftsfähigkeit

Der Antragsteller muß nach seinem Heimatrecht vollgeschäftsfähig oder mindestens 21 Jahre alt sein. In vielen Staaten liegt das Volljährigkeitsalter heute schon bei 18 Jahren. Es ist auch das in neueren Staatsangehörigkeitsverträgen üblicherweise angewandte Alter. Auch die DDR ist zu diesem Alter übergegangen, sodaß sich auch bei uns eine Herabsetzung auf 18 Jahre empfiehlt. Vgl. L i c h t e r, S. 78. Solange das nicht geschehen ist, müssen Staatenlose 21 Jahre sein, da sie in dieser Beziehung dem deutschen Recht unterstellt werden, auch wenn in dem Staate ihrer letzten Zugehörigkeit das Volljährigkeitsalter niedriger sein sollte.

Eigenartig ist die Bezugnahme auf § 7 Abs. 2 Satz 2. Danach haben Personen über 16 Jahre ein eigenes Antragsrecht mit Zustimmung des gesetzlichen Vertreters.

Bei Geisteskranken oder wegen Geistesschwäche entmündigten Personen liegt das Antragsrecht in den Händen des gesetzlichen Vertreters.

Ehefrauen sind selbständig antragsberechtigt.

b) Unbescholtenheit

Der Begriff der Unbescholtenheit besagt nicht nur Straffreiheit im Sinne strafrechtlicher Verurteilungen, sondern umfaßt auch das sittliche und nach der Verwaltungspraxis das politische Vorleben des

Antragstellers. Vgl. PrOVG Bd. 73 S. 311. Geringfügige Bestrafungen stehen der Einbürgerung nicht unbedingt entgegen.

c) Unterkommen

In der Forderung einer eigenen Wohnung oder eines Unterkommens liegt in Zeiten der Wohnungsknappheit und Wohnungsbewirtschaftung eine große Schwierigkeit für Ausländer, da sie bei der Wohnungszuteilung vor ihrer Einbürgerung nicht berücksichtigt werden. Man wird daher die Anforderungen nicht überspannen dürfen. Provisorische Aufnahme in Sammellagern genügt in der Regel nicht. Eine Wohnsitzmindestdauer ist nicht vorgeschrieben.

d) Auch der Nachweis, daß der Bewerber sich und seine Angehörigen ernähren kann, ist für ältere Bewerber und Angehörige geistiger Berufe oft nicht leicht zu erbringen, da z. B. fremde Examina für den Beruf als Arzt oder Rechtsanwalt in der Regel nicht anerkannt werden. Ausnahmsweise sind solche Prüfungen bei den Umsiedlungsverträgen der NS-Regierung anerkannt worden.

e) Da erwerbslose Personen im Notfall der Fürsorge der Gemeinde zur Last fallen, ist diese von der Regierung vor der Einbürgerung zu hören. Ihr Widerspruch ist jedoch für den Regierungspräsidenten kein absolutes Hindernis für die Einbürgerung.

7. Einbürgerung in die DDR

Da die Bundesrepublik grundsätzlich an der gemeinsamen gesamtdeutschen Staatsangehörigkeit festhält, muß sie folgerichtig auch die in der DDR vorgenommenen Einbürgerungen anerkennen, soweit nicht in Ausnahmefällen etwa Gesichtspunkte des ordre public entgegenstehen. (Ähnlich BGH St 5, 317). Jeder andere Standpunkt müßte unweigerlich zur Spaltung der deutschen Staatsangehörigkeit führen, zumal die DDR dann sicher auch die Einbürgerungen der Bundesrepublik nicht anerkennen würde. Allerdings kann der Nachweis verlangt werden, daß die Einbürgerungen in einer den Vorschriften des Staatsangehörigkeitsgesetzes entsprechenden Form vorgenommen ist.

8. Einbürgerung im Saarland

Die Einbürgerung im Saarland hat bis zum 31. Dezember 1956 nur die saarländische, nicht die deutsche Staatsangehörigkeit verschafft. Da die saarländische Staatsangehörigkeit mit dem 1. Januar 1957 weggefallen ist, ist die eingebürgerte Person staatenlos, wenn sie nicht neben der saarländischen Staatsangehörigkeit eine andere besitzt. Vgl. oben S. 119. Um die deutsche zu erwerben, bedarf es einer erneuten Einbürgerung.

§ 9

Die Einbürgerung in einen Bundesstaat darf erst erfolgen, nachdem durch den Reichskanzler festgestellt worden ist, daß keiner der übrigen Bundesstaaten Bedenken dagegen erhoben hat; erhebt ein Bundesstaat

Bedenken, so entscheidet der Bundesrat. Die Bedenken können nur auf Tatsachen gestützt werden, welche die Besorgnis rechtfertigen, daß die Einbürgerung des Antragstellers das Wohl des Reichs oder eines Bundesstaats gefährden würde.

Die Vorschriften des Abs. 1 finden keine Anwendung:

1. auf ehemalige Angehörige des Bundesstaates, bei dem der Antrag gestellt wird, auf deren Kinder oder Enkel sowie auf Personen, die von einem Angehörigen des Staates an Kindes Statt angenommen sind, es sei denn, daß der Antragsteller einem ausländischen Staate angehört;

2. auf Ausländer, die im Deutschen Reiche geboren sind, wenn sie sich in dem Bundesstaate, bei dem der Antrag gestellt wird, bis zur Vollendung des 21. Lebensjahres dauernd aufgehalten haben und die Einbürgerung innerhalb zweier Jahre nach diesem Zeitpunkt beantragen.

1. Frühere Bedeutung

Die Gesetzesbestimmung ist durch die VO vom 5. Februar 1934 aufgehoben, hat aber früher eine erhebliche Bedeutung gehabt. Das Gesetz von 1870 ließ das freie Ermessen der einzelnen deutschen Gliedstaaten in Einbürgerungsfragen völlig unberührt. Erst ein Bundesratsbeschluß vom 22. Januar 1891 ersuchte die einzelnen Regierungen, vor der Einbürgerung den ehemaligen Heimat- oder Wohnsitzstaaten der Antragsteller Gelegenheit zur Äußerung zu geben. Die Gesetzesfassung von 1913 führt diesen Gedanken in einer der föderalistischen Idee angepaßten Form weiter aus.

Das Verfahren ist auch in der Weimarer Zeit angewandt worden und hat dort z. B. zum Widerspruch Preußens gegen die von Bayern beabsichtigte Einbürgerung von Adolf Hitler geführt. Nach dem Übergang zum Einheitsstaat und zur unmittelbaren Reichsangehörigkeit 1934 erschien sie entbehrlich. Sie wurde daher durch § 3 der VO vom 5. Februar 1934 (RGBl. I S. 85) aufgehoben und durch die Bestimmung ersetzt: „Die deutsche Staatsangehörigkeit darf erst verliehen werden, nachdem der Reichsminister des Innern zugestimmt hat."

2. Gegenwärtiger Rechtszustand

Nachdem Deutschland vom Einheitsstaat wieder zum Bundesstaat geworden ist, hätte es nicht fern gelegen, die alte Bestimmung wieder herzustellen. Das ist nicht geschehen; man hat auch nirgends angenommen, daß sie von selbst wieder aufgelebt wäre. Man nimmt vielmehr die fortdauernde Wirksamkeit der VO vom 5. Februar 1934 an und folgert daraus, daß an die Stelle des Reichsministers des Innern der Bundesminister des Innern getreten sei. (Lichter, S. 91; Maßfeller, S. 44, 77). Die Folgerung ist logisch nicht unanfechtbar. Der Grundgedanke des § 9 war, daß alle Länder an der Handhabung der Einbürgerungspolitik ein Interesse hätten und deshalb ein Veto erhalten sollten. Im Einheitsstaat war hierfür begreiflicherweise kein Platz. Den nunmehr wieder geltenden föderalistischen Grundsatz würde es mehr entsprechen, wenn den Ländern dies alte Recht wieder gegeben würde, zumal bei der verschiedenartigen Zusammensetzung der Länderregierungen alle parteipolitischen Richtungen damit die Möglichkeiten zur Äußerung erhielten.

3. Einbürgerungen in der DDR und im Saarland

Die in der DDR vorgenommenen Einbürgerungen sind grundsätzlich anzuerkennen. Dagegen haben die bis zum 31. Dezember 1956 im Saarland vorgenommenen Verleihungen der saarländischen Staatsangehörigkeit keinen Erwerb der deutschen Staatsangehörigkeit mit sich gebracht. Vgl. oben S. 119.

4. Nichtbeachtung der VO vom 5. Februar 1934

Streitig ist, welche Folgen eintreten, wenn die vorgeschriebene Zustimmung des Bundesinnenministers nicht vorliegt. Für die frühere Regelung, Widerspruchsrecht der Länder, habe ich früher angenommen, daß eine unter Verletzung von § 9 vorgenommenen Einbürgerung trotzdem gültig sei (1. Aufl. S. 61). Die schärfere Fassung der VO von 1934 macht diese Lösung zweifelhaft. Ist die Mitbeteiligung einer anderen Behörde bei einem Verwaltungsakt vorgesehen und fehlt diese, so liegt sicherlich ein fehlerhafter Verwaltungsakt vor. Fraglich ist nur, ob dieser Mangel so schwer ist, daß man daraus auf die absolute Nichtigkeit des Verwaltungsaktes schließen muß. Forsthoff, Verw. R. S. 195, sieht in einem solchen Mangel einen schweren Fehler. Nebinger, Verw. R. Allg. Teil S. 210, erwähnt sogar die ausgebliebene Zustimmung nach § 3 der VO vom 5. 2. 1934 als Beispiel für die Nichtigkeit eines Verwaltungsaktes. Trotzdem möchte ich mich dieser Ansicht nicht anschließen. Die vorgeschriebene Zustimmung des Bundesinnenministers hat nur die politische Bedeutung, daß eine gewisse Einheitlichkeit der Einbürgerungspraktik gewahrt bleibt, ohne daß damit eine Beschränkung der rechtlichen Befugnis des Regierungspräsidenten beabsichtigt war. Die Annahme absoluter Nichtigkeit könnte auch, wenn die fehelende Zustimmung nach Jahr und Tag festgestellt wird, zu sehr unerwünschten Ergebnissen führen. Den Bedürfnissen der Praxis ist besser gedient, wenn man auf diesen Fall auch die allgemeinen Regeln anwendet, daß fehlerhafte Staatsakte als gültig zu behandeln sind, bis sie zurückgenommen werden.

§ 10

Die Witwe oder geschiedene Frau eines Ausländers, die zur Zeit ihrer Eheschließung eine Deutsche war, muß auf ihren Antrag von dem Bundesstaat, in dessen Gebiet sie sich niedergelassen, eingebürgert werden, wenn sie den Erfordernissen des § 8, Abs. 1, Nr. 1, 2 entspricht. Über das Erfordernis unter Nr. 2 ist vor der Einbürgerung die Gemeinde des Niederlassungsorts zu hören.

1. Einbürgerungsanspruch

Neu an dem Gesetz von 1913 war, daß es entsprechend modernen Auffassungen, welche in vielen neueren Staatsangehörigkeitsgesetzen ihren Ausdruck gefunden hatten, eine Reihe von Fällen schuf, in welchen ein Anspruch auf Einbürgerung (Reklamationsrecht) gegeben wurde (§§ 10, 11, 12, 15 Abs. 2, 26 Abs. 3, 31, 32 Abs. 3, 34). Die NS-Regierung war von ihrem Standpunkt der uneingeschränkten Staatsgewalt nicht geneigt, einen solchen Anspruch gegen den Staat anzuerkennen, zumal er ihre Nachprüfung auf die rassischen Erfordernisse vereitelt hätte. Durch Reichsgesetz zur Änderung des Reichs- und Staatsangehörigkeitsgesetzes vom 15. Mai 1935 wurden daher kurzer Hand sämtliche Fälle eines Anspruchs auf die deutsche Staatsangehörigkeit beseitigt.

Die Beseitigung des Anspruchs der Ehefrau nach Auflösung der Ehe wiegt dabei besonders schwer und paßt garnicht zu den modernen Bestrebungen. In fast sämtlichen fremden Rechten hat die Frau einen solchen Anspruch, der vielfach sogar in der vereinfachten Form einer Option geltend gemacht werden kann. Mitunter lebt die alte Staatsangehörigkeit sogar automatisch wieder auf. (Vgl. Keller-Trautmann, S. 136; Lichter, S. 92). Eine Versagung dieses Anspruchs ist heute umso weniger gerechtfertigt, als seit dem 1. April 1953 auch in der Bundesrepublik der Grundsatz der selbständigen Staatsangehörigkeit der Frau gilt. Anscheinend hatte auch der NS-Gesetzgeber das Empfinden, daß die Aufhebung des § 10 zu unbilligen Ergebnissen führen könnte. Daher ordnete ein Runderlaß des Reichsministers des Innern vom 26. Juli 1935 an, daß Fälle, welche den Gegenstand der aufgehobenen Gesetzesbestimmungen bildeten, bevorzugt und mit größtem Wohlwollen zu behandeln seien, soweit sie „im Sinne übergeordneter staats- und bevölkerungspolitischer Gesichtspunkte" schutzwürdig seien. Der Sinn des Vorgehens der NS-Machthaber war, sich von der Fessel des Gesetzes zu befreien, um alle Anträge vom Standpunkt ihrer Rassenpolitik prüfen zu können.

Es hat etwas Peinliches an sich, daß die heutige Verwaltungspraxis noch auf die Anwendung dieses Runderlasses von 1935 angewiesen ist. Die Wiederherstellung des alten § 10 wäre entschieden vorzuziehen. Eine Besserstellung der Frau ist dadurch eingetreten, daß heute in allen Fällen der Ablehnung eines Einbürgerungsantrags ein Klagerecht vor den Verwaltungsgerichten anerkannt wird. Im Regelfall wird dies jedoch nichts nützen, da die Behörde bei der Einbürgerung völlig freie Hand hat. In den Fällen des § 10 könnte die Frau sich jedoch darauf berufen, daß sie im Sinne des Runderlasses des NS-Innenministers „schutzwürdig" sei und daher ein Ermessensmißbrauch vorliege. Es könnte sich auf diese Weise wieder ein Anspruch im Umfange der aufgehobenen Gesetzesbestimmung entwickeln.

2. Voraussetzungen

Ein heute geltend gemachter Anspruch wird, wenn er Erfolg haben will, den Voraussetzungen des § 10 entsprechen müssen, da andernfalls wohl kaum ein „Ermessensmißbrauch" vorgeworfen werden kann. Die von der früheren Rechtsprechung entwickelten Grundsätze und Auslegungen sind daher auch heute noch von Bedeutung. (Keller-Trautmann, S. 139; Lichter, S. 92). Als Witwe anzuerkennen ist daher auch die Frau, deren Mann für tot erklärt ist. Der geschiedenen Frau ist die Frau gleichzusetzen, deren Ehe entsprechend der neueren Regelung des Eherechts seit 1938 aufgehoben ist, da die Aufhebung der Ehe die Wirkung der Ehescheidung hat. Das Gesetz von 1913 konnte dies noch nicht bestimmen, da damals die Fälle der Aufhebung der Ehe als Eheanfechtung geregelt waren und bei Eheanfechtung Nichtigkeit eintrat. Im Falle der Nichtigkeit einer Ehe, sei es auf Anfechtungsklage, sei es auf Nichtigkeitsklage, wurde jedoch allgemein ein automatisches Aufleben der deutschen Staatsangehörigkeit der Ehefrau angenommen. (Vgl. Keller-Trautmann, S. 240). Es bedurfte daher hier keiner Wiedereinbürgerung.

Eine Bescholtenheit der Frau kann nicht schon daraus hergeleitet werden, daß sie im Scheidungsurteil für allein schuldig erklärt ist. (Pr OVG 73 S. 311).

§ 10 setzte eine Niederlassung im Inland voraus. Bei Wohnsitz im Ausland verwies man früher auf § 13, der auch eine Einbürgerungsmöglichkeit eröffnete, aber keinen Anspruch gab. Die gleiche Möglichkeit ergibt sich aus § 1 der VO vom 20. Januar 1942 (RGBl. I S. 40), der eine Einbürgerung auch ohne Begründung eines inländischen Wohnsitzes zuläßt.

3. Folgen für die Kinder

a) Über die Kinder einer Witwe übt sie als Mutter die elterliche Gewalt aus. Nach § 16 Abs. 2 folgen sie daher ihrer Staatsangehörigkeit, werden also mit eingebürgert, sofern in der Einbürgerungsurkunde kein negativer Vorbehalt gemacht wird.

b) Im Falle der Scheidung, der Aufhebung der Ehe und ihrer Nichtigkeitserklärung ändert sich nichts an der elterlichen Gewalt des Vaters. Eheliche Kinder folgen nach jus sanguinis der Staatsangehörigkeit des Vaters, es sei denn, daß das Vormundschaftsgericht der Mutter die elterliche Gewalt überträgt. Vgl. S. 186.

§ 11

Ein ehemaliger Deutscher, der als Minderjähriger die Reichsangehörigkeit durch Entlassung verloren hat, muß auf seinen Antrag von dem Bundesstaat, in dessen Gebiet er sich niedergelassen hat, eingebürgert werden, wenn er den Erfordernissen des § 8, Abs. 1 entspricht und den Antrag innerhalb zweier Jahre nach der Volljährigkeit stellt. Die Vorschrift des § 8, Abs. 2 findet Anwendung.

Auch diese Gesetzesbestimmung ist durch das Gesetz zur Änderung des Reichs- und Staatsangehörigkeitsgesetzes vom 15. Mai 1935 (RGBl. I

S. 593) aufgehoben worden, da der NS-Gesetzgeber grundsätzlich keinen Anspruch auf die deutsche Staatsangehörigkeit dulden wollte, der ihm die Prüfung der rassischen Eignung abschnitt. Der Runderlaß des Reichsinnenministers vom 26. Juli 1935 betraf jedoch auch diesen Fall, sodaß solche Anträge bevorzugt und mit größtem Wohlwollen zu behandeln sind. Bei Ablehnung des Antrags ist Klage im Verwaltungsstreitverfahren möglich, in welchem Ermessensmißbrauch geltend gemacht werden kann, wenn der ministeriellen Anordnung zuwider gehandelt ist.

Bei einer solchen Klage würde es dann auch heute noch auf die Tragweite der aufgehobenen Gesetzesbestimmung ankommen. Dabei zeigt sich, daß die alte Bestimmung in ihrer Fassung recht angreifbar war. Des Gesetz beschränkt das Reklamationsrecht auf den Fall des Verlustes der früheren deutschen Reichsangehörigkeit im Wege der Entlassung. Für den Minderjährigen macht es aber keinen Unterschied, ob sich sein Vater vor der Auswanderung erst aus der deutschen Staatsangehörigkeit hat entlassen lassen, oder ob der Verlust durch Erwerb einer fremden Staatsangehörigkeit eingetreten ist. Die enge Fassung des Gesetzes kann nur historisch erklärt werden. Für den Fall des Erwerbs einer anderen Staatsangehörigkeit sah es das Gesetz von 1870 als den normalen Weg an, daß sich die betreffende Person erst feierlich aus der deutschen Staatsangehörigkeit entlassen ließ, um dann die fremde Staatsangehörigkeit zu erwerben. Nachdem jedoch fast die gesamte Kulturwelt und mit ihr das Gesetz von 1913 zu dem Grundsatz übergegangen ist, daß freiwilliger Erwerb einer fremden Staatsangehörigkeit gleichzeitig den Verlust der bisherigen Staatsangehörigkeit bedeutet, ist das Institut der Entlassung völlig antiquiert. In der weitaus überwiegenden Zahl der Fälle wird der Verlust der Reichsangehörigkeit jetzt nicht mehr durch Entlassung, sondern durch Erwerb einer fremden Staatsangehörigkeit eintreten. Ein solcher Minderjähriger fällt aber nicht unter das Privileg des § 11.

Es waren weitere Fälle des unfreiwilligen Verlustes denkbar, die nicht minder würdig des Vorteils des § 11 erschienen, so wenn eine deutsche Witwe einen Ausländer heiratete und bei dieser Gelegenheit die minderjährigen Kinder ihre deutsche Staatsangehörigkeit mit der des Stiefvaters vertauschten. Warum sollten diese deutschen Kinder eines deutschen Vaters, die zur Zeit der Volljährigkeit ihren Wohnsitz in Deutschland hatten, nicht des gleichen Reklamationsrechtes teilhaftig werden? Auch die Kinder der zwangsausgebürgerten Deutschen, namentlich im Falle der Wehrpflichtverletzung, könnten sich mit Recht über Benachteiligung beklagen. Es lag kein Grund vor, die minderjährigen Kinder den Fehler des Vaters büßen zu lassen. Ebenso war nicht einzusehen, warum einem stets in Deutschland ansässigen jungen Mann das Reklamationsrecht versagt wurde, weil seine Mutter etwa später ausgewandert und im Ausland seinen ihm völlig unbekannten unehelichen Vater heiratete. Der letztere Fall war sogar bei den Beratungen des Gesetzes behandelt worden; ein dahin gehender Antrag, auch die Legitimation neben der Entlassung aufzunehmen, war jedoch ausdrücklich abgelehnt worden. Bei dieser Sachlage konnte nichts anderes übrig bleiben, als den Paragraphen streng nach dem Wortlaut auszulegen und jede analoge Ausdehnung auf die Fälle eines andersartigen Verlustes der früheren deutschen Reichsangehörigkeit abzulehnen, ein Ergebnis, das sehr wenig befriedigte und bei der heutigen minderen Bedeutung der Entlassung gegenüber den übrigen Verlustgründen dem Paragraphen seinen Hauptwert nahm.

Es wäre zu erwägen, ob eine Bestimmung ähnlichen Inhalts, aber weiter gefaßt, in eine Neufassung des Staatsangehörigkeitsgesetzes aufgenommen werden sollte.

§ 12

Ein Ausländer, der mindestens ein Jahr wie ein Deutscher im Heer oder in der Marine aktiv gedient hat, muß auf seinen Antrag von dem Bundesstaat, in dessen Gebiet er sich niedergelassen hat, eingebürgert werden, wenn er den Erfordernissen des § 8, Abs. 1 entspricht und die Einbürgerung nicht das Wohl des Reichs oder eines Bundesstaats gefährden würde. Die Vorschriften des § 8, Abs. 2 und des § 9, Abs. 1 finden Anwendung.

1. Geschichtlicher Überblick

Auch dieser Anspruch auf die deutsche Staatsangehörigkeit ist durch das Staatsangehörigkeitsänderungsgesetz vom 15. Mai 1935 (RGBl. I S. 593) aufgehoben und bisher nicht wieder eingeführt worden. Die Gesetzesbestimmung wirft die Frage der Beziehung zwischen Staatsangehörigkeit und Erfüllung der Wehrpflicht auf. (Schätzel, Wehrpflicht und Staatsangehörigkeit in Mensch und Staat in Recht und Geschichte, Festschrift f. Herbert Kraus 1954 S. 179). In der Zeit der Söldnerheere war man weit entfernt davon, eine Verbindung zwischen beiden zu sehen. Der Söldner war im 18. Jahrhundert während seines Dienstes subditus temporalis und schied mit der Beendigung des Dienstes von selbst aus. (Moser, Von der Landeshoheit in Ansehung der Unterthanen 1773 S. 32). Nur wenn er nach Ableistung seines Militärdienstes im Lande blieb, konnte er subditus perpetuus werden, aber dies geschah dann nicht auf Grund seines Militärdienstes, sondern kraft seiner genehmigten Niederlassung (Moser, Von der Teutschen Unterthanen Rechten und Pflichten 1774 S. 7). Der Gedanke einer Verbindung von Staatsangehörigkeit und Wehrpflicht stammt aus der französischen Revolutionszeit, welche die Erfüllung der Vaterlandsverteidigung zu einer Grundpflicht des Bürgers proklamierte (franz. Verf. 1795 Art. 9). In Deutschland, wo seit Jahrhunderten Militärdienste bei anderen Landesherren üblich waren, fand die Vorstellung nur sehr allmählich Eingang. Das Gesetz von 1870 kannte eine solche Verbindung noch nicht, abgesehen von dem später bei § 14 zu behandelnden Fall der Offiziere, bei denen man Einbürgerung aus dem Empfang des Offizierpatentes herleitete. In das Gesetz von 1913 ist das Vorzugsrecht der Soldaten fast zufällig hineingekommen, da der Reichstag gleichzeitig mit einer großen Wehrvorlage befaßt war. Aus dem Schlagwort „ohne Wehrgemeinschaft keine Volksgemeinschaft“

leitete man im Wege des Umkehrschlusses her, daß Ableistung des Wehrdienstes einen Anspruch auf die Staatsangehörigkeit geben müsse. Mit der Abschaffung der allgemeinen Wehrpflicht nach dem Ersten Weltkrieg verlor die Bestimmung zunächst ihre Bedeutung, zumal in die neue Reichswehr grundsätzlich nur deutsche Staatsangehörige eingestellt wurden. Im nationalsozialistischen Staat wurde die Bestimmung bei Einführung der allgemeinen Wehrpflicht aufgehoben.

2. Verhältnis von Wehrpflicht und Staatsangehörigkeit

Da heute in Deutschland wieder die allgemeine Wehrpflicht gilt, erhebt sich die grundsätzliche Frage, ob ein Bedürfnis für die Wiedereinführung dieser Bestimmung besteht. Zwar sind nach alteuropäischer Auffassung nur eigene Staatsangehörige der allgemeinen Wehrpflicht unterworfen. Dies gilt auch nach dem neuen Wehrgesetz der Bundesrepublik vom 21. April 1956 I 1 (BGBl. I 652). Aber es sind vielfach, besonders in Kriegszeiten auch fremde Staatsangehörige eingestellt worden. England hat vor dem ersten Weltkrieg das Söldnersystem gehabt und zahlreiche fremde Staatsangehörige angeworben. Ebenso sind Frankreich und Spanien bei ihren Fremdenlegionen verfahren. Das deutsche ReichsMilGes. vom 22. Juli 1913 unterwarf in § 11 auch in Deutschland wohnhafte staatenlose Personen der allgemeinen Wehrpflicht. Nach heutigem amerikanischen Recht entsteht die Wehrpflicht bei einem Aufenthalt in USA von über einem Jahr. Ihre Ableistung ist die Voraussetzung für den Erwerb der amerikanischen Staatsangehörigkeit. (Vgl. sec. 323, 324a, 701 ff. des amerik. Nationality Act of 1940, Ferid, Das Staatsangehörigkeitsrecht der Vereinigten Staaten von Nordamerika 1951, S. 57 f.). Dies hat zu entsprechenden gesetzlichen Bestimmungen in anderen Ländern geführt. So bestimmt das deutsche Wehrpflichtgesetz vom 21. Juli 1956 § 2 (BGBl. I S. 652), daß Ausländer, deren Heimatstaat Deutsche gesetzlich zum Wehrdienst verpflichtet, unter den gleichen Voraussetzungen, unter denen Deutsche dort wehrpflichtig sind, durch Rechtsverordnung der Wehrpflicht unterworfen werden können. Desgleichen ist die Wehrpflicht Staatenloser, die im Bundesgebiet wohnen, vorbehalten.

Es scheint daher, daß der Gedanke einer Verbundenheit von Staatsangehörigkeit und Wehrpflicht heute noch stark verbreitet ist. Er dürfte jedoch abzulehnen sein. Jedenfalls ist die Erfüllung einer Friedenswehrpflicht von einem Jahr kein hinreichender Titel, um einen Anspruch auf die Staatsangehörigkeit zu geben. Der Gesetzgeber von 1913 hat dies wohl auch empfunden, denn der dem fremden Rekruten gegebene „Anspruch“ auf Einbürgerung war nicht durch ein Klagerecht geschützt, war also nur ein jus imperfectum. Es gibt sicherlich verdienstvollere Tätigkeiten als eine einjährige Wehrdiensterfüllung im Frieden, die viel eher einen gewissen Anspruch auf Einbürgerung geben könnten.

3. Die Kriegsfreiwilligen

Anders als der Friedensdienst ist die Leistung von Kriegsdienst zu beurteilen. Wer sein Leben für ein anderes Volk einsetzt, kann wohl erwarten, daß er auch in dieses aufgenommen wird. Daher haben Staaten vielfach bei Ausbruch von Kriegen fremden Kriegsfreiwilligen die Verleihung der Staatsangehörigkeit zugesagt. Vom internationalen Standpunkt ist hiergegen nichts einzuwenden.

Im nationalsozialistischen Staat hat zunächst eine Verordnung vom 4. September 1939 (RGBl. I S. 1741) eine bevorzugte Einbürgerung von fremden Kriegsfreiwilligen eingeführt. Es blieb danach jedoch bei dem System der Einzeleinbürgerung, und es bedurfte eines Antrages. Gegen die heutige Anerkennung solcher ordnungsgemäß durchgeführter Einbürgerungen können keine Bedenken bestehen. Dies gilt selbst dann, wenn die eingebürgerten Soldaten feindliche Staatsangehörige waren. Die Haager LKO Art. 45 untersagt dem Okkupanten nur, der Bevölkerung des besetzten Gebietes den Treueid abzunehmen, woraus man gefolgert hat, daß er ihr nicht durch einseitigen Gesetzesakt seine Staatsangehörigkeit aufoktroyieren kann. Diese völkerrechtliche Bestimmung steht jedoch einer Einzeleinbürgerung nicht entgegen. Auch das Gesetz Nr. 12 der All. Hoh. Kom. vom 17. November 1949 über die Nichtigkeit von nationalsozialistischen Vorschriften über Staatsangehörigkeit (ABl. d. AHK 1949 S. 36) hat an diesem Rechtszustand bei den auf Grund der VO vom 4. September 1939 eingebürgerten französischen und luxemburgischen Staatsangehörigen nichts geändert.

Eine andere Frage ist, ob die betroffenen Personen mit der deutschen Einbürgerung ihre bisherige Staatsangehörigkeit verloren haben. Das hängt von ihrem nationalen Recht ab. Haben sie sie danach nicht verloren, so sind sie doppelstaatig geworden. Dies bedeutet, daß bei Wohnsitz im alliierten Gebiet die dortige Staatsangehörigkeit der deutschen vorgeht und sie sich dort nicht auf die deutsche Staatsangehörigkeit berufen können. In Deutschland sind sie dagegen ohne Rücksicht auf die fremde Staatsangehörigkeit als Deutsche zu behandeln.

4. Der Führererlaß vom 19. Mai 1943

Der nationalsozialistische Staat hat sich im Laufe des Krieges mit der auf Antrag erfolgten Einbürgerung fremder Kriegsfreiwilliger nicht begnügt, sondern ist durch den Führererlaß vom 19. Mai 1943 (RGBl. I S. 315) dazu übergegangen, fremden Soldaten im deutschen Heer automatisch die deutsche Staatsangehörigkeit zu verleihen, was deswegen besonders bedenklich war, weil in Luxemburg und Elsaß-Lothringen drei Jahresklassen zum Heeresdienst eingezogen waren. Die Einführung der allgemeinen Wehrpflicht im besetzten Gebiet war zweifellos völkerrechtswidrig. Ebenso verstieß die nicht beantragte Verleihung der deutschen Staatsangehörigkeit an diese eingezogenen fremden Rekruten gegen Art. 45 der LKO. Das Ges. Nr. 12 der All. Hoh. Kom. vom 17. November 1949 (ABl. d. AHK 1949 S. 36) stellt daher fest, daß diese Staatsangehörigkeitsverleihungen von Anfang an nichtig und rechtsunwirksam gewesen sind. Der deutsche Gesetzgeber hat die Frage durch § 10 des 1. Staatsangehörigkeitsregelungsgesetz von 1955 geregelt. Vgl. unten S. 280.

§ 13

Ein ehemaliger[1] Deutscher,[2] der sich nicht im Inland niedergelassen hat,[3] kann[4] von dem Bundesstaat, dem er früher angehört hat, auf seinen Antrag eingebürgert werden, wenn er den Erfordernissen[5] des § 8, Abs. 1, Nr. 1, 2 entspricht; dem ehemaligen Deutschen steht gleich, wer von einem solchen abstammt oder an Kindes Statt angenommen ist. Vor der Einbürgerung ist dem Reichskanzler[6] Mitteilung zu machen. Die Einbürgerung unterbleibt, wenn der Reichskanzler Bedenken erhebt.[7]

1. Entstehungsgeschichte

§ 21 Abs. 4 des Gesetzes von 1870 sah die Möglichkeit einer Wiederverleihung der deutschen Reichsangehörigkeit an Personen vor, die durch 10jährigen Aufenthalt im Ausland die deutsche Reichsangehörigkeit verloren hatten, ohne daß in diesem Falle eine erneute Niederlassung im Inland erforderlich gewesen wäre. Der § 13 des neuen Gesetzes, der bereits im Regierungsentwurf enthalten gewesen war, verallgemeinert diese Wiedereinbürgerungsmöglichkeit auch für den Fall anderer Verlustgründe und dehnt sie auf die Abkömmlinge ehemaliger Deutscher aus.

2. Personenkreis

Als Deutscher dürfte neben den deutschen Staatsangehörigen auch ein Deutscher im Sinne des Art. 116 I GG anzusehen sein. Ohne Bedeutung ist, ob der ehemalige Deutsche staatenlos ist oder ob er eine fremde Staatsangehörigkeit besitzt. Ebenso macht es nichts aus, auf welche Weise er die deutsche Staatsangehörigkeit verloren hat.

Die Wortfassung, „wer von einem solchen abstammt" ist zu eng. Es ist nicht einzusehen, warum Abkömmlinge eines Vorfahren, der die deutsche Staatsangehörigkeit nicht verloren hat, schlechter gestellt werden sollen. Der frühere Pr. Minister des Innern hat daher durch Runderlaß vom 15. Juli 1929 die Gleichbehandlung angeordnet. Der hessische Minister des Innern hat sich durch Runderlaß vom 28. November 1952 dieser Ansicht angeschlossen.

3. Grund und Zweck der Bestimmung

Durch den früheren Verlustgrund des 10jährigen Aufenthalts im Auslande waren dem Reiche zahlreiche Deutsche verloren gegangen, die nicht einmal eine fremde Staatsangehörigkeit erworben hatten. Nachdem dieser Verlustgrund von Deutschland wie von den anderen europäischen Staaten, die ihn in ähnlicher Form früher kannten, abgeschafft war, handelte es sich darum, diesen nach neuer Auffassung versehentlich ausgebürgerten Personen die deutsche Staatsangehörigkeit wieder zu beschaffen. Eine automatische Wiederverleihung war praktisch unmöglich; man begnügte sich daher mit einem Antragsrecht. Dieses Antragsrecht ist nicht mit einem Rechtsanspruch verbunden, also nicht zu einem wirklichen Reklamationsrecht ausgestaltet, anderseits aber gegenüber dem gewöhnlichen Einbürgerungsantrag bedeutend bevorzugt, indem von dem Erfordernis der Niederlassung im Inland, sowie den Erfordernissen 3 und 4 des § 8 abgesehen wird.

4. Klagerecht

Da heute allgemein eine Klage auf Einbürgerung zugelassen ist, wäre bei Ablehnung des Antrags Beschreitung des Prozeßweges möglich. Auch wenn im Gesetzestext nur das Wort „kann" steht, dürfte im Regelfall der Gesetzgeber die Einbürgerung als erwünscht ansehen. Die Bedenken, die erhoben werden, können in erster Reihe außenpolitischer Art sein. Zuständig ist für die Einbürgerung im Ausland heute die durch das 1. Staatsangehörigkeitsregelungsgesetz vom 22. Februar 1955 geschaffene Einbürgerungsbehörde.

5. Voraussetzungen

Der Grund des früheren Verlustes der Reichsangehörigkeit ist bedeutungslos. Außer dem Verlustgrund der zehnjährigen Abwesenheit kommen daher sämtliche übrigen Verlustgründe in Frage. Namentlich gilt dies für den Fall, daß sich jemand aus der deutschen Reichsangehörigkeit hat entlassen lassen, aber in der Folge eine andere Staatsangehörigkeit nicht erworben hat. Auch die verwitwete oder geschiedene Frau, welche vor der Eheschließung die deutsche Staatsangehörigkeit besaß, kann sie auf diesem Wege wieder erlangen, wenn sie dem Wohnsitzerfordernis des § 10 nicht genügt, also ihren Wohnsitz im Ausland beibehalten hat.

Selbst in dem Falle, daß der Verlust der Reichsangehörigkeit durch Zwangsausbürgerung wegen Wehrpflichtverletzung oder infolge des freiwilligen Erwerbs einer fremden Staatsangehörigkeit erfolgt war, war die Anwendung der vorliegenden Gesetzesbestimmung nicht ausgeschlossen. Allerdings hatte sie nicht den Zweck, wie auch von Regierungsseite bei den Beratungen des Gesetzes ausdrücklich erklärt wurde, jene Verlustgründe wieder illusorisch zu machen. In der Regel wird daher bei dem Vorliegen dieser Verlustgründe keine Veranlassung zur Anwendung dieser Gesetzesbestimmung bestehen. Immerhin sind Fälle denkbar, wo ihre Anwendung auch bei diesen Verlustgründen nicht der Billigkeit widerspricht und wo namentlich auch keinerlei Bedenken internationalrechtlicher Natur dagegen bestehen können. In Betracht kommen können hier beispielsweise die Fälle, daß ein ehemaliger Deutscher nach fremder Naturalisation in seinem neuen Heimatstaat auf Grund der Kriegsgesetzgebung zwangsweise wieder ausgebürgert und liquidiert ist und damit gänzlich staatenlos geworden ist, oder daß die Ehefrau und Kinder eines früheren fahnenflüchtigen Deutschen die Wiederverleihung der deutschen Staatsangehörigkeit nachsuchen. Nicht ausgeschlossen ist schließlich auch die Anwendung dieser Gesetzesbestimmung in den Fällen, in denen ein ehemaliger Deutscher seine Reichsangehörigkeit ohne sein Zutun durch die Bestimmungen eines völkerrechtlichen Vertrages mit einer fremden Staatsangehörigkeit vertauscht hat.

6. Widerspruchsrecht des Reichskanzlers

Es ist streitig, wer an die Stelle des Reichskanzlers heute getreten ist. Nach der Meinung von Maßfeller S. 45 ist es der Bundesminister des Innern. Dem widerspricht Lichter S. 101, der das Auswärtige Amt für die richtige Stelle hält. Die Ansicht von Lichter scheint mir vorzuziehen zu sein. Wenn früher dem Reichskanzler das Widerspruchsrecht gegeben wurde, so deutet das darauf hin, daß man Schwierigkeiten mit anderen Staaten vermeiden wollte. Es könnte sehr wohl sein, daß fremde Staaten es nicht gern sähen, wenn bei ihnen wohnhafte Personen, die vielleicht sogar ihre Staatsangehörigkeit erworben haben, sich auf diese Weise wieder ihrem alten Heimatstaat unterstellen. Über diese Bedenken entscheidet besser das Auswärtige Amt als der Innenminister.

7. Verhältnis zu der VO vom 20. Januar 1942

Die genannte VO (RGBl. I S. 40) läßt die Einbürgerung ganz allgemein auch ohne Wohnsitzgründung zu. Da sie vom Ministerrat für die Reichsverteidigung ohne jede gesetzliche Ermächtigung erlassen ist, habe ich früher (Arch. d. ö. R. Bd. 74 S. 289; Bd. 81 S. 291) ihre Rechtsgültigkeit bezweifelt. Die Bundesregierung hat diese Zweifel anscheinend geteilt und gelegentlich des 1. StAngReglG die Aufhebung dieser VO vorgeschlagen. Der Bundestag hat dem Vorschlag jedoch nicht entsprochen, weil die VO seiner Ansicht nach noch gebraucht werden könnte. (Maßfeller S. 108). Es hat also die verfassungsmäßigen Bedenken nicht für durchschlagend gehalten. Ich halte das für bedauerlich, aber sie werden heute auch schwer aufrecht erhalten werden können, nachdem das Bundesverfassungsgericht im sogenannten Konkordatsstreit (Entscheid. d. BVerfG. Bd. 6 S. 331) die Prüfung der gesetzlichen Maßnahmen der Hitlerzeit an den Vorschriften der Weimarer Reichsverfassung abgelehnt und das Ermächtigungsgesetz vom 24. März 1933 als eine „Stufe der revolutionären Begründung der nationalsozialistischen Gewaltherrschaft" bezeichnet hat, durch welche eine neue Kompetenzverteilung vorgenommen wurde. Nun gründet sich die Kompetenz des Ministerrats für die Reichsverteidigung zwar nicht auf das Ermächtigungsgesetz vom 24. März 1933, sondern auf einen bloßen Führererlaß. Aber Führererlasse haben in der nationalsozialistischen Zeit wiederholt Recht gesetzt und stellen, um mit dem Bundesverfassungsgericht zu sprechen, wohl gleichfalls nur eine weitere Stufe der revolutionären „Begründung der nationalsozialistischen Gewaltherrschaft" dar, vor der das Bundesverfassungsgericht kapituliert hat. Es würde eine allgemeine Rechtsunsicherheit bedeuten, wenn man die einen gesetzlichen Maßnahmen der nationalsozialistischen Periode als verfassungswidrig und nichtig ansehen wollte, während eine so wichtige Maßnahme wie der verfassungswidrige Abschluß eines Konkordats als vollgültig und verpflichtend anerkannt wird. Damit ist im Grunde die gesamte Gesetzgebung der Hitlerzeit legitimiert. Es bleibt daher nun nichts mehr übrig, als auch die VO vom 20. Januar 1942 als gültig anzuerkennen. Daraus ergibt sich, daß § 13 durch die weitergehende VO überholt wird.

Allerdings scheint die Bundesregierung Bedenken zu haben, sich ihrer zu bedienen, denn sie hat im 1. Staatsangehörigkeitsregelungsgesetz § 9 sich erneut die Möglichkeit der Einbürgerung von Personen mit Wohnsitz im Ausland eröffnen lassen. Auch diese gesetzliche Bestimmung wäre überflüssig, wenn die VO vom 20. Januar 1942 noch voll anwendbar wäre. Über diese Frage vgl. 1. StAngRegIG § 9 Anm. 1.

§ 14

Die von der Regierung oder der Zentral- oder höheren Verwaltungsbehörde eines Bundesstaates vollzogene oder bestätigte Anstellung im unmittelbaren oder mittelbaren Staatsdienst, im Dienste einer Gemeinde oder eines Gemeindeverbandes, im öffentlichen Schuldienst oder im Dienste einer von dem Bundesstaate anerkannten Religionsgesellschaft gilt für einen Deutschen als Aufnahme, für einen Ausländer als Einbürgerung, sofern nicht in der Anstellungs- oder Bestätigungsurkunde ein Vorbehalt gemacht wird.

Diese Vorschrift findet keine Anwendung auf die Anstellung als Offizier oder Beamter des Beurlaubtenstandes.

1. Vorbemerkung

Der § 14, Ernennung zu einem Landesbeamten, ist ebenso wie § 15, Ernennung zu einem Reichsbeamten, durch das Bundesbeamtengesetz vom 14. Juli 1953 (BGBl. I S. 551) § 194 mit Wirkung vom 1. September 1953 aufgehoben worden. Der Aufhebung kommt jedoch keine rückwirkende Kraft zu, sodaß er für alle vor dem 1. September 1953 angestellten Beamten noch heute seine frühere Bedeutung behält. Er erspart namentlich bei zweifelhafter Staatsangehörigkeit ein Zurückgehen auf frühere Generationen.

2. Geschichtliche Entwicklung

Bis zur Kodifikation des Staatsangehörigkeitsrechts in der Mitte des 19. Jahrhunderts regelte sich die Staatsangehörigkeit der Beamten nach den bestehenden gewohnheitsrechtlichen Sätzen über den subditus perpetuus und subditus temporalis. Da der Beamte zur Wahrnehmung seiner Amtsgeschäfte seinen Wohnsitz im Lande seines Amtes nehmen mußte (Residenzpflicht), war er aller Regel nach subditus perpetuus, mindestens aber temporalis. Behielt er seinen Wohnsitz nach Beendigung seines Dienstes bei, so änderte sich an seiner Staatsangehörigkeit nichts; zog er weg, so schied er damit von selbst aus, wobei es ohne Bedeutung war, ob er eine Pension bezog.

Erst als die neue Staatsangehörigkeitsgesetzgebung im 19. Jahrhundert zum Prinzip des jus sanguinis überging, tauchte die Frage der Staatsangehörigkeit des Beamten auf. Für Preußen geschah dies mit dem Gesetz vom 30. Dezember 1842. Offenbar wollte man an dem alten Grundsatz festhalten, daß jeder Beamte auch eigener Staatsangehöriger sein müsse. Aus der neuen Rechtslage zog man den zutreffenden Schluß, daß dann mit der Beamtenernennung eine Naturalisation verbunden werden müsse. Eigentlich hätte es daher zweier getrennter Akte bedurft, der Anstellung und daneben der Naturalisation. Man vereinfachte es sich, indem § 6 des preußischen Gesetzes bestimmte, daß die Anstellungsurkunde zugleich die Naturalisationsurkunde ersetzte. Die anderen deutschen Länder folgten dem preußischen Vorbild.

Diese Rechtslage fand das Reichs- und Staatsangehörigkeitsgesetz 1870 vor. Es übernahm sie nahezu unverändert. Dabei tritt der Unterschied zwischen der Beamtenernennung und der Naturalisation noch deutlich in Erscheinung, da in § 9 bestimmt ist, daß die Beamtenbestallung die Naturalisationsurkunde „vertritt". Der Erwerb der Staatsangehörigkeit ist also nicht eine Folge der Beamtenstellung für sich allein, sondern es wird die Ernennungsurkunde in eine Naturalisationsurkunde umgedeutet (Keller-Trautmann S. 169). Daraus hat die Praxis den festen Grundsatz hergeleitet, daß der Erwerb der Staatsangehörigkeit nicht von der Wahrnehmung des Amtes, sondern von dem Empfang der Urkunde abhängig war. (Cahn S. 95). Unterblieb die Aushändigung der Urkunde versehentlich, so wurde auch die Staatsangehörigkeit nicht erworben. Da jedoch die Bestallungsurkunde beamtenrechtlich vorgeschrieben war, so kann bis zum Beweise des Gegenteils unterstellt werden, daß sie jeder Beamte auch erhalten hat.

An diesem Grundsatz änderte sich auch nichts, als die Rechtsprechung des Reichsgerichts den Rechtssatz entwickelte, daß man außer durch Anstellung auch durch Betrauung mit hoheitsrechtlichen Funktionen Beamter werden konnte. (Vgl. RGZ 90, 260; 134, 17; 138, 316; 139, 305; Brandt, DBG, 3. Aufl. S. 324; Daniels in Handbuch des deutschen Staatsrechts, 1932 II S. 39). Die Regierung versuchte hiergegen zwar anzukämpfen, indem § 4 RBeamtenG von 1907, das preußische KommunalbeamtenG vom 30. Juli 1899 § 1 und die pr. Sparverordg. vom 12. Sept. 1931 Kap. VIII § 1 die Aushändigung einer Ernennungsurkunde vorschrieben. Das Reichsgericht ist jedoch von seinem Standpunkt nicht abgegangen (RGZ 134, 17; 139, 305). Man konnte danach auch ohne Bestallungsurkunde Beamter werden. Mit einem solchen Erwerb der Beamteneigenschaft war jedoch für einen Ausländer der Erwerb der Staatsangehörigkeit nicht verbunden.

Das Gesetz von 1913 hat den alten Text von 1870 fast unvorsichtig geändert, indem es bestimmt, daß die „Anstellung" als Einbürgerung „gelte". Gemeint war trotzdem nicht die Anstellung als solche, sondern die Aushändigung der Anstellungsurkunde, wie aus dem Nachsatz hervorgeht. Man hat an dem alten Grundsatz von 1870 nichts ändern wollen (Keller-Trautmann S. 180). Es galt jedenfalls weiter die alte Übung, daß auch ein Ausländer ohne vorherige Einbürgerung zum Beamten ernannt werden konnte und daß er mit dem Empfang der Anstellungsurkunde die deutsche Staatsangehörigkeit erwarb, ohne daß dies in der Anstellungsurkunde vermerkt wurde.

Die Folge des Staatsangehörigkeitserwerbs trat mit der Aushändigung jener Anstellungsurkunde ein. Es war nicht Anstellung auf Lebenszeit erforderlich. Auch Referendare erwarben daher die Staatsangehörigkeit.

Diese Rechtslage änderte sich mit dem Beamtenrechtsänderungsgesetz vom 30. Juni 1933, das nunmehr zwingend die Aushändigung einer Ernennungsurkunde vorschrieb. Das RG änderte darauf seine Rechtsprechung (RGZ 142, 56). Der neue Rechtssatz wurde übernommen in das Deutsche Beamtengesetz vom 26. Januar 1937 § 26. Nunmehr wurde vorgeschrieben, daß der Beamtenanwärter die deutsche Staatsangehörigkeit besitzen müsse, um angestellt werden zu können. Ein Verstoß gegen diese Vorschrift hatte sogar die Nichtigkeit der Beamtenernennung zur Folge (§ 32 DBG). Damit hatten die §§ 14, 15 R. u. StAngG ihre bisherige Bedeutung verloren. Sie wurden jedoch zunächst nicht aufgehoben und behielten ihre Wirksamkeit für die Ausnahmefälle, daß mit Genehmigung des Reichsinnenministers ein Ausländer zum deutschen Beamten ernannt wurde (§ 26 II DBG). Praktisch war diese Regelung im damaligen Zeitpunkt nicht, da aus den Staatsangehörigkeitsregelungen nach dem 1. Weltkrieg noch zahlreiche unklare Staatsangehörigkeitsverhältnisse übrig geblieben waren, z. B. bei Personen in den polnisch gewordenen Gebieten, und es eine gewisse Erleichterung war, wenn man bei ihrer Anstellung die undurchsichtigen Staatsangehörigkeitsfragen nicht erst zu lösen brauchte (z. B. bei der Referendarernennung von Söhnen von Grundbesitzern im polnischen Korridor).

Das deutsche Beamtengesetz schrieb für alle Arten der Beamten zwingend die Form der Anstellung vor, sodaß damit der Erwerb der Beamtenstellung durch Ausübung von Hoheitsbefugnissen endgültig ausschied. Soweit ein Ausländer mit Genehmigung des Reichsinnenministers noch ausnahmsweise deutscher Beamter werden konnte, bedurfte es jedenfalls der Aushändigung einer Urkunde in der vorgeschriebenen Form. Sonst wurde weder die Beamteneigenschaft, noch die deutsche Staatsangehörigkeit erworben.

3. Offiziersdienst

Offiziersdienst war bei der deutschen Kleinstaaterei im 18. Jahrhundert vielfach in anderen deutschen Ländern üblich. Es wurde auch vielfach nicht als Lebensstellung angesehen. Die Staatsangehörigkeit des Offiziers richtete sich nach den damals üblichen Regeln über den subditus perpetuus und subditus temporalis. Der Offizier, der nur zeitweilig bei einem anderen Landesherren Dienst tun wollte, gehörte wenigstens der 2. Kategorie an und schied mit Aufgabe aus dem Heer auch aus der Staatsangehörigkeit seines bisherigen militärischen Kriegsherrn aus (der alte Dessauer, der Prinz von Homburg, der Herzog von Braunschweig).

In Preußen entwickelte sich die Auffassung, daß Offiziersdienst dem sonstigen Staatsdienst gleichstehe. Daraus wurde hergeleitet, daß das Offizierspatent gleich der Bestallung der Beamten die preußische Staatsangehörigkeit verleihe, auch wenn dies im preußischen StAngG von 1842 nicht ausdrücklich ausgesprochen war. Solche Patente erhielten die Offiziere vom Fähnrich ab. Unteroffiziere wurden dagegen vom Oberst durch Regimentsbefehl ernannt und erhielten über die erfolgte Ernennung eine deklaratorische Urkunde, welche nicht die Wirkungen der §§ 14, 15 StAngG hatten. Andere deutsche Länder haben dem Offizierspatent diese Wirkungen in Bezug auf die Staatsangehörigkeit jedoch nicht beigelegt (vgl. R ö n n e, Staatsrecht der preußischen Monarchie 2. Aufl. 1864 Bd. I 2. Abt. S. 11) und sind, da auch das Gesetz von 1870 den Offiziersdienst nicht ausdrücklich erwähnt, zunächst bei ihrer Ansicht geblieben. Sachsen und Bayern haben ihre abweichende Auffassung erst gegen Ende der achtziger Jahre aufgegeben. (Vgl. K e l l e r - T r a u t m a n n S. 184). Aus § 14 II des Gesetzes von 1913, der Reserveoffiziere ausdrücklich ausnahm, ergibt sich einwandfrei die Ansicht des Gesetzgebers, daß die Ernennung zum Offizier den Erwerb der Staatsangehörigkeit bedeutete. Von Bedeutung war dabei, daß Preußen durch Militär-Konventionen mit den deutschen Ländern das Militär aller Einzelstaaten mit Ausnahme von Bayern, Württemberg und Sachsen übernahm. Die Ernennung zum Offizier im preußischen Kontingent bedeutete also auch für einen Badener oder Mecklenburger den Erwerb der preußischen Staatsangehörigkeit. (C a h n, 4. Aufl. S. 85).

Da auch Reserveoffiziere ein Patent erhielten, wurde daraus gefolgert, daß auch sie die Staatsangehörigkeit des betreffenden Kontingentsherrn erwarben. (Vgl. RG Str. 23, 17; 29, 21; pr. OVG 35, 423; 38, 404; 48, 396; C a h n, 2. Aufl. 1896 S. 92, 4. Aufl. 1914 S. 93.) Das Gesetz von 1913 mißbilligte jedoch diesen Erwerb und schaffte ihn daher ab, doch hatte es keine Rückwirkung, sodaß es bei dem bereits erfolgten Erwerb blieb.

4. Rechtszustand nach 1945

Nach 1945 nahmen die neu entstandenen deutschen Länder für sich in Anspruch, an Stelle des fehlenden Reichsgesetzgebers auch Reichsgesetze ändern zu können. Sie befolgten auch vielfach nicht die Vorschriften des Deutschen Beamtengesetzes von 1937 über die Beamtenernennung. Es wurden in großer Zahl zurückgekehrte Emigranten mit fremder Staatsangehörigkeit und Volksdeutsche zu Beamten ernannt, und es wurden die Formen der Beamtenernennung nicht gewahrt. In einigen Ländern ergingen neue Beamtengesetze, welche die Bestimmungen des Deutschen Beamtengesetzes abänderten. (Vgl. hierzu BGHZ 3, 28; 10, 184). Dadurch sind viele Zweifel entstanden. Das Bundesbeamtengesetz vom 14. Juli 1953 hat daher in § 188 bestimmt, daß die fehlende deutsche Staatsangehörigkeit der wirksamen Ernennung in der Vergangenheit nicht entgegengestanden habe, wenn die deutsche Staatsangehörigkeit bei dem Bewerber zu Unrecht angenommen sei. Gleichlautende Gesetze haben die deutschen Länder erlassen, z. B. Beamtengesetz f. das Land Nordrhein-Westfalen vom 15. Juni 1954 § 209 (GVBl. NRW S. 237). Ist nach diesen Gesetzesbestimmungen aber die Ernennung zum Beamten wirksam, so haben auch die Bestimmungen der §§ 14,

15 StAngG eingegriffen, d. h. die an sich fehlerhaft ernannten Beamten haben mit ihrer Ernennung die deutsche Staatsangehörigkeit erworben. (Maßfeller S. 47; RdErl. d. IM NRW vom 17. Juli 1954, MinBl. NRW S. 1285).

Die Bestimmung des § 188 BBG ist zu eng und umfaßt nicht alle Fälle. Es ist vielfach die deutsche Staatsangehörigkeit nicht zu Unrecht angenommen worden, sondern man hat in voller Kenntnis der fremden Staatsangehörigkeit die Ernennungen vorgenommen, ohne eine vorherige Einbürgerung zu verlangen. In einer großen Anzahl von Fällen werden die ernannten Beamten mit fremder Staatsangehörigkeit später unter Art. 116 II GG (zurückgekehrte Emigranten) gefallen sein, also die deutsche Staatsangehörigkeit erworben haben. Art. 116 II GG schafft die gesetzliche Fiktion, daß ein Verlust der deutschen Staatsangehörigkeit nicht eingetreten sei, hat also rückwirkende Kraft. Daraus ergibt sich, daß das fehlende Erfordernis der deutschen Staatsangehörigkeit nun nachträglich geschaffen und damit die Beamtenernennung jeder Anfechtung entzogen ist. In zahlreichen anderen Fällen wird es sich um geflüchtete Volksdeutsche handeln, die später unter Art. 116 I GG gefallen sind. Im Gegensatz zu Art. 116 II GG hat Art. 116 I GG keine rückwirkende Kraft. Diese Beamten hatten also zur Zeit ihrer Ernennung durch die deutschen Länder noch nicht die Eigenschaft als Deutsche, soweit sie sich diese nicht nach den ergangenen Ländergesetzen verschafft hatten. Trotzdem wird man diese Ernennung für gültig ansehen können, da offenbar der Wille bestand, diese Personen in die deutsche Staatsangehörigkeit aufzunehmen. Sie haben daher mit der Aushändigung der Anstellungsurkunde die — volle — deutsche Staatsangehörigkeit erhalten. Ebenso kann nicht zweifelhaft sein, daß nach Inkrafttreten des Grundgesetzes alle Deutschen nach Art. 116 I GG durch ihre Ernennnung zum Beamten bis zum Inkrafttreten des Bundesbeamtengesetzes vom 14. Juli 1953 (1. September 1953) die volle deutsche Staatsangehörigkeit erhalten haben.

In jenen Jahren sind auch vielfach Österreicher zu deutschen Beamten ernannt worden. Da die Staatsangehörigkeit der Österreicher umstritten war und vielfach Fortdauer der deutschen Staatsangehörigkeit neben der wieder aufgelebten österreichischen angenommen wurde, fallen diese Ernennungen sicher unter § 188 des BBG und die entsprechen Ländergesetze.

Es bleibt allerdings ein Rest von Ernennungen, bei denen bewußt fremde Staatsangehörigkeit in deutsche Beamtenstellungen berufen sind und bei denen weder mit § 188 BBG, noch mit Art. 116 GG geholfen werden kann. Auch diese Fälle dürften jedoch als gültig anzusehen sein. Man wird annehmen können, daß die Länder als alleinige Träger deutscher Souveränität in jenen Jahren befugt waren, die Beamtenernennungen nach ihrem Willen zu gestalten. Waren aber diese Ernennungen gültig, so haben sie damit auch die deutsche Staatsangehörigkeit vermittelt, soweit in den Ernennungsurkunden kein Vorbehalt gemacht war. Die Ernannten müssen es sich dann aber auch gefallen lassen, als Deutsche behandelt zu werden und können sich auf ihre fremde Staatsangehörigkeit nicht berufen.

5. Ernennungen durch die Besatzungsmächte

In den ersten Jahren nach 1945 sind zahlreiche deutsche Beamte, Minister, Regierungspräsidenten, Landräte und Bürgermeister durch die Besatzungsmächte ein-(und ab-)gesetzt worden. Diese Einsetzungen waren nach den Vorschriften der Haager LKO zulässig, sie hatten jedoch nicht den Charakter der Beamtenernennung, auch wenn die Formulare der deutschen Anstellungsurkunden benutzt wurden. Sie schufen daher nicht die Eigenschaft als deutscher Beamter, da die Befugnis zur Ausübung deutscher Hoheitsrechte nur von Trägern deutscher Souveränität übertragen werden kann. Das muß erst recht für die Verleihung der deutschen Staatsangehörigkeit gelten. Es ist rechtlich unmöglich, daß durch einen Verwaltungsakt einer Besatzungsbehörde die deutsche Staatsangehörigkeit begründet werden könnte.

6. Die Rechtslage seit Aufhebung von § 14

Seit dem 1. September 1953 hat die Beamtenernennung nicht mehr die Wirkung der Verleihung der deutschen Staatsangehörigkeit. Das gilt dann auch für die Deutschen im Sinne von Art. 116 I GG. Nach Art. 33 GG können sie gültig zu Beamten ernannt werden, ohne daß ihre vorherige Einbürgerung nötig wäre. Bis zum 1. September 1953 erhielten sie dann mit der Aushändigung der Ernennungsurkunde die volle deutsche Staatsangehörigkeit. Das ist heute nicht mehr der Fall. Sie müssen jetzt, wenn sie diese erwerben wollen, nach dem 1. Staatsangehörigkeitsregelungsgesetz einen Einbürgerungsantrag stellen, und es besteht sogar die Möglichkeit, daß dieser Antrag abgelehnt wird, sodaß sie dadurch staatenlos werden.

Dieselben Ergebnisse gelten für Offiziere, auf welche die beamtenrechtlichen Grundsätze angewandt werden. Ein Deutscher im Sinne des Art. 116 Abs. I GG kann zum deutschen Offizier ernannt werden, doch erwirbt er damit nicht die volle deutsche Staatsangehörigkeit.

Es wäre besser gewesen, wenn man die §§ 14, 15 wenigstens für die Fälle der Deutschen im Sinne des Art. 116 Abs. I GG aufrechterhalten hätte.

7. DDR und Saarland

a) DDR.

Die Aufhebung des § 14 durch das Bundesbeamtengesetz vom 14. Juli 1953 hat sich nur auf den Umfang des Bundesgebietes erstreckt. Daher ist § 14 in der DDR weiter geltendes Recht geblieben und tritt dort nach wie vor mit einer gültigen Beamtenernennung der Erwerb der deutschen Staatsangehörigkeit ein.

b) Saarland.

Auch im Saarland ist das Gesetz vom 14. Juli 1953 nicht gleich in Kraft getreten. Die §§ 14, 15 sind daher dort weiter in Geltung geblieben. Da das Gesetz über die Eingliederung des Saarlandes vom 23. Dezember 1956 in § 1 Abs. 3 bestimmt, daß das in der Bundesrepublik geltende Staatsangehörigkeitsrecht auch im Saarland gelten solle, ist anzunehmen, daß die Aufhebung der §§ 14, 15 dort mit dem 1. Januar 1957 wirksam geworden ist.

Daraus ergibt sich, daß die §§ bis zu diesem Zeitpunkt dort gegolten haben müssen. Da Dienst im Saarland deutscher öffentlicher Dienst war, muß die Beamtenernennung den Erwerb der deutschen Staatsangehörigkeit zur Folge gehabt haben. Über diese Frage vgl. oben S. 120.

8. Verlust der Staatsangehörigkeit und Beamtenstellung

Die Ernennung zum Beamten setzt den Besitz der deutschen Staatsangehörigkeit voraus. Daraus folgt aber nicht im Wege des Umkehrschlusses, daß mit Verlust der deutschen Staatsangehörigkeit auch die Eigenschaft als deutscher Beamter verloren geht. Die Staatsangehörigkeitsregelungen im Anschluß an die beiden Weltkriege haben es vielfach mit sich gebracht, daß im Amt befindliche Beamte ohne ihr Zutun die deutsche Staatsangehörigkeit verloren (z. B. Elsaß-Lothringer nach der ersten, Österreicher nach dem zweiten Weltkrieg). Ihre Beamtenstellung ist dadurch nicht beeinträchtigt worden. Im deutsch-französischen Saarvertrag vom 27. Okober 1956 ist für saarländische Beamte ausdrücklich bestimmt, daß sie ohne Rücksicht auf die Staatsangehörigkeit im Amt bleiben.

Vielfach werden die Beamten die deutsche Staatsangehörigkeit nach § 14 wiedererlangt haben. Jede Beförderung steht der Neuernennung gleich, da es üblich ist, daß für jede neue Stelle eine neue Bestallungsurkunde ausgefertigt und ausgehändigt wird. Bloße Versetzungsverfügungen haben dagegen nicht die gleiche Wirkung.

Fraglich kann sein, ob von einem Beamten, der durch internationale Regelungen die deutsche Staatsangehörigkeit verloren hat, ein Wiedereinbürgerungsantrag verlangt werden kann. Der deutsch-französische Saarvertrag vom 27. Oktober 1956 Art. 4 sieht vor, daß ein Beamter, der nicht binnen eines Jahres einen Einbürgerungsantrag stellt, in den Ruhestand versetzt werden kann, doch handelt es sich hierbei um Nichtdeutsche, welche die deutsche Staatsangehörigkeit erst erwerben sollen. Hat dagegen ein Deutscher durch ein von der deutschen Regierung abgeschlossenes Abkommen die deutsche Staatsangehörigkeit verloren, so wird man ihm kaum zumuten können, daß er um Einbürgerung bittet. Man wird daher seinen Einbürgerungsantrag auch nicht unter Androhung des Disziplinarverfahrens erzwingen können.

§ 15

Die im Reichsdienst erfolgte Anstellung eines Ausländers, der seinen dienstlichen Wohnsitz in einem Bundesstaate hat, gilt als Einbürgerung in diesen Bundesstaat, sofern nicht in der Anstellungsurkunde ein Vorbehalt gemacht wird.

Hat der Angestellte seinen dienstlichen Wohnsitz im Ausland und bezieht er ein Diensteinkommen aus der Reichskasse, so muß er von dem Bundesstaate, bei dem er den Antrag stellt, eingebürgert werden; bezieht er kein Diensteinkommen aus der Reichskasse, so kann er mit Zustimmung des Reichskanzlers eingebürgert werden.

1. Aufhebung des § 15

Abs. 1 ist ebenso wie § 14 durch das Bundesbeamtengesetz vom 14. Juli 1953 (BGBl. I S. 551) § 194 mit Wirkung vom 1. September 1953 aufgehoben worden. Diese Aufhebung galt jedoch nur für das Bundesgebiet, sodaß § 15 in der DDR und im Saarland weiter in Geltung blieb.

Abs. 2 war schon durch Reichsgesetz vom 15. Mai 1935 (RGBl. I S. 593) mit dem Tage seiner Verkündung (17. 5. 35) aufgehoben, da der NS-Staat keinen Anspruch auf Einbürgerung dulden wollte.

Eine Rückwirkung kommt beiden Gesetzen nicht zu. Es bleibt also bei der vorher eingetretenen Rechtsfolge des Erwerbs der (vollen) deutschen Staatsangehörigkeit.

2. Frühere Bedeutung des § 15

Auch diese Gesetzesbestimmung war schlecht gefaßt. Nicht die Anstellung des Ausländers, sondern die mit Willen der Anstellungsbehörde vorgenommene Aushändigung der Anstellungsurkunde hatte den Erwerb der deutschen Staatsangehörigkeit zur Folge (Keller-Trautmann S. 209). Die Ausübung hoheitsrechtlicher Funktionen allein genügte daher nicht zum Erwerbe der deutschen Staatsangehörigkeit. Entsprechend der Konstruktion der deutschen Staatsangehörigkeit als primäre Landesangehörigkeit mit daraus abgeleiteter Reichsangehörigkeit erwarb der Reichsbeamte auch an erster Stelle eine Landesangehörigkeit und erst durch diese die mittelbare Reichsangehörigkeit. Dabei hatte die Auswahl der Landesangehörigkeit fast etwas Zufälliges, denn es war z. B. bei der Anstellung eines Ausländers im Postdienst nicht ohne weiteres vorauszusehen, wo sein erster dienstlicher Wohnsitz sein würde. Davon hing aber die erworbene Landesangehörigkeit ab. Es kam auf den dienstlichen und nicht den tatsächlichen Wohnsitz an. Ein in Altona wohnhafter, in Hamburg beschäftigter Postbeamter erwarb die Hamburger Staatsangehörigkeit.

In der kaiserlichen Zeit stand Anstellung im Militärdienst des Landheeres der Anstellung als Landesbeamter gleich. Es wurde damit die Landesangehörigkeit des betreffenden Kontingents erworben. Vgl. oben S. 174. Ein als Offizier eingestellter Ausländer konnte daher nur die preußische, bayrische, sächsische oder württembergische Landesangehörigkeit erwerben, Im Weimarer Staat war dagegen Militärdienst Reichsdienst. Nunmehr wäre § 15 auf die Offiziersernennung an sich anwendbar gewesen, doch schrieb das Gesetz über die Abschaffung der allgemeinen Wehrpflicht vom 21. August 1920 (RGBl. 1920 S. 1908) ausdrücklich deutsche Staatsangehörigkeit für den Eintritt in das Heer vor.

Dienst in der Marine ist stets Reichsdienst gewesen. Da alle Dienststellen der Marine in Preußen lagen, erwarben alle in der Marine als Offizier angestellten Ausländer die preußische Staatsangehörigkeit.

Auch im Falle des § 15 trat der Erwerb der Staatsangehörigkeit nur bei Fähnrichen und Offizieren ein, nicht dagegen bei Unteroffizieren aller Dienstgrade, da ihre Ernennung durch Regimentsbefehl ausgesprochen wurde und die darüber ausgestellte Urkunde nur deklaratorische Bedeutung hatte.

Die Eisenbahnen waren in der kaiserlichen Zeit Landesangelegenheit, doch wurde in einer Reihe deutscher Länder die Bahn als preußisch-hessische Gemeinschaftsverwaltung betrieben. Die Eisenbahnbeamten waren damals Landesbeamte, für ihre Anstellung galt § 14. In der Weimarer Zeit war die Eisenbahn Reichsangelegenheit. Es galt nunmehr für sie § 15.

Die elsaß-lothringischen Beamten galten als Landesbeamte (Keller-Trautmann S. 209). Ausländer erwarben bei Anstellung im elsaß-lothringischen Staatsdienst die elsaß-lothringische Landesangehörigkeit und erst mittelbar die Reichsangehörigkeit.

Seit dem sogenannten Neuaufbaugesetz vom 30. Januar 1934 gab es nur noch Reichs- und Kommunalbeamte, aber keine Landesbeamte mehr. Damit dehnte sich das Anwendungsgebiet von § 15 aus. Es wurde wieder eingeschränkt, nachdem das DBG vom 26. Januar 1937 § 26 als Voraussetzung für die Beamtenernennung die deutsche Staatsangehörigkeit vorschrieb. Der Bewerber mußte sich nunmehr in der Regel vorher einbürgern lassen, um zum Beamten ernannt zu werden. Bedeutung behielt der § 15 nur noch für die seltenen Fälle des § 26 II DBG, daß die Anstellung des Ausländers mit Genehmigung des Reichsinnenministers stattfand.

3. Die Rechtslage seit 1945

Da der staatliche Aufbau nach dem Zusammenbruch sich in den Ländern vollzog, konnten keine Reichsbeamten ernannt werden. Auch diejenigen Beamtenkategorien, die im Weimarer Staat Reichsbeamte waren, wie Post- und Eisenbahnbeamte, wurden zunächst als Landesbeamte angesehen und als solche angestellt. Bei der Anstellung von Ausländern kam daher ausschließlich § 14 und nicht § 15 zur Anwendung.

Seit der Errichtung der Bundesrepublik tauchten die im Gesetz nicht vorgesehenen Bundesbeamten auf. Es ist von Anfang an nicht zweifelhaft gegewesen, daß sie entweder unter § 14 oder unter § 15 fallen mußten. Welche dieser beiden Gesetzesbestimmungen anwendbar ist, ist zweifelhaft und hängt von der Beurteilung der staatsrechtlichen Verhältnisse Deutschlands in der Nachkriegszeit ab. Folgt man der amtlichen Auffassung der Bundesrepublik, daß diese mit dem Deutschen Reich identisch ist, so müßte man die Bundesbeamten den Reichsbeamten gleichsetzen. Hält man dagegen an der Dachorganisationsthese fest, wonach über dem Teilstaat Bundesrepublik noch der imaginäre Gesamtstaat Deutschland steht, so müßte man die Bundesbeamten wohl als eine Art Landesbeamte ansehen. Je nach der rechtlichen Konstruktion ist also § 14 oder § 15 anwendbar. Die Beamten der DDR, von Großberlin und des Saarlandes bis zum 1. Januar 1957 können auf jeden Fall nur als Landesbeamte angesehen werden, auch wenn sie in Verwaltungszweigen tätig sind, die nach der Regelung des GG zur Zuständigkeit des Bundes gehören.

4. Verstöße gegen § 26 DBG von 1937

§ 26 DBG von 1937 machte die Anstellung eines Beamten vom Besitz der deutschen Staatsangehörigkeit abhängig. Ein Verstoß dagegen hatte die Nichtigkeit der Ernennung zur Folge. War aber die Ernennung nichtig, so konnte auch § 15 nicht eingreifen, und ein Erwerb der deutschen Staatsangehörigkeit trat nicht ein.

In den Übergangsjahren nach 1945 ist in den neu entstandenen deutschen Ländern vielfach gegen § 26 DBG verstoßen worden und sind Ausländer, besonders zurückgekehrte Emigranten, Volksdeutsche und Österreicher zu Beamten ernannt worden. Über die in diesen Fällen aufgetauchten Rechtsfragen vgl. § 14 Anm. 4. Der Bundesgesetzgeber hat versucht, diese Fälle nachträglich zu legitimieren, indem § 188 BBG vom 14. Juli 1953 bestimmte, daß die fehlende deutsche Staatsangehörigkeit der wirksamen Ernennung in der Vergangenheit nicht entgegengestanden habe, wenn die deutsche Staatsagehörigkeit des Bewerbers zu Unrecht angenommen sei. Damit wird die große Mehrzahl der Fälle gedeckt sein. Es bleiben Zweifel nur in denjenigen Fällen, in denen Ausländer in Kenntnis ihrer ausländischen Staatsangehörigkeit angestellt sind und sich die Anstellungsbehörde nicht über die Staatsangehörigkeit, sondern über die Weitergeltung des aus der NS-Zeit stammenden § 26 DBG irrte. Man wird auch diese Anstellungen, welche dem staatlichen Willen voll entsprachen, mindestens solange für gültig ansehen müssen, als sie nicht ausdrücklich für nichtig erklärt sind.

5. Absatz 2

Diese Gesetzesbestimmung ist durch das Gesetz vom 15. Mai 1935 (RGBl. I S. 593) abgeschafft. Zur Zeit ihrer Geltung bedeutete sie ein rechtliches Kuriosum. Das Gesetz ging nun mal von dem Grundsatz der primären Landesangehörigkeit und der abgeleiteten Reichsangehörigkeit aus und wollte diesen Grundsatz auch bei den im Ausland beschäftigten Reichsbeamten durchführen. Daher mußte dem als Beamten, z. B. als Konsul, angestellten Ausländer der Katalog der 26 deutschen Landesangehörigkeiten zur Auswahl überlassen werden. Als bei den Reichstagsverhandlungen die unmittelbare Reichsangehörigkeit dem Gesetz hinzugefügt wurde, gab man dem Auslandsbeamten auch einen für ihn besser passenden Anspruch auf die unmittelbare Reichsangehörigkeit, § 34. Während aber der Einbürgerungsanspruch aus § 15 II in § 40 mit einem Klageanspruch versehen wurde, ist dies bei § 34 nicht der Fall. Der als Beamter angestellte Ausländer konnte also auf die preußische Staatsangehörigkeit und die daraus abgeleitete mittelbare Reichsangehörigkeit, nicht aber auf die unmittelbare Reichsangehörigkeit klagen.

Es kann keinem Zweifel unterliegen, daß dieses Klagerecht mit dem Gesetz vom 15. Mai 1935 zunächst fiel. Art. 19 GG hat jedoch bei jeder ungünstigen Verwaltungsentscheidung den Rechtsweg eröffnet. Daraus ergibt sich trotz des Gesetzes vom 15. Mai 1935, daß nun doch eine Klage auf Einbürgerung prozessual möglich ist. Materiell ist jedoch das Gesetz vom 15. Mai 1935 in Wirksamkeit geblieben, d. h. der Kläger kann sich nicht mehr auf § 15 II berufen, da diese Bestimmung wirksam abgeschafft ist. Immerhin ist eine Berufung auf Ermessensmißbrauch oder die Grundsätze von Treu und Glauben nicht unmöglich, z. B. wenn dem Ausländer bei der Beamtenernennung die spätere Einbürgerung in Aussicht gestellt ist.

§ 16

Die Aufnahme[1] oder Einbürgerung[2] wird wirksam mit der Aushändigung[3] der von der höheren Verwaltungsbehörde hierüber ausgefertigten Urkunde[4] oder der Urkunde über die unter den Voraussetzungen des § 14 oder des § 15, Abs. 1 erfolgten Anstellung. Die Aufnahme oder Einbürgerung erstreckt sich, insofern nicht in der Urkunde ein Vorbehalt gemacht wird, zugleich auf die Ehefrau[5] und auf diejenigen Kinder,[6] deren gesetzliche Vertretung dem Aufgenommenen oder Eingebürgerten kraft elterlicher Gewalt zusteht. Ausgenommen sind Töchter, die verheiratet sind oder verheiratet gewesen sind.

1. Aufnahme

Sie schied aus, seitdem durch das Neuaufbaugesetz vom 30. Januar 1934 die Länder und damit die Landesangehörigkeit abgeschafft waren. Sie ist auch nach 1945 nicht wieder aufgelebt, selbst nicht in den Ländern der Bundesrepublik, welche den Begriff des Staatsbürgers wieder eingeführt haben. Soweit es heute eine Landesangehörigkeit gibt, ist der Wohnsitz entscheidend.

2. Einbürgerung

Das Wort Einbürgerung ersetzt das Wort Naturalisation des Gesetzes von 1870. Es war der gleiche rechtliche Vorgang gemeint. Das Wort steht in keinen Beziehungen zu dem Begriff Reichsbürger der Nürnberger Gesetze. Der Erwerb der unmittelbaren deutschen Staatsangehörigkeit wird mit Verleihung bezeichnet. Heute, wo es nur den Erwerb der unmittelbaren deutschen Staatsangehörigkeit gibt, wird diese allgemein als Einbürgerung bezeichnet.

4. Reichs- und Staatsangehörigkeitsgesetz

Die Grundsätze der Einbürgerung gelten auch für die Fälle einer Wiedereinbürgerung (C a h n S. 97).

3. Aushändigung einer Urkunde

a) Die Einbürgerung ist ein rechtsverleihender (konstitutiver) Staatsakt. Vgl. oben § 8 Anm. 5 b. Da sie erst mit der Aushändigung der Einbürgerungsurkunde wirksam wird, ist sie an die Schriftform gebunden (L i c h t e r S. 107; W. J e l l i n e k, Verw. R. S. 269). Üblicherweise werden dazu vorgedruckte Formulare verwandt, deren Text gemäß § 39 des Gesetzes vom Bundesrat vorgeschrieben ist, doch ist ihre Gültigkeit nicht vom Gebrauch des Formulares abhängig. Vgl. unten § 39.

b) Aushändigung bedeutet, daß die Urkunde mit Willen der zuständigen Behörde in die Hände des Empfängers oder seines gesetzlichen Vertreters gelangen muß (C a h n S. 99; L i c h t e r S. 108). Gelangt sie etwa versehentlich oder durch Unterschlagung vorzeitig in den Verkehr, so liegt keine Aushändigung vor (K e l l e r - T r a u t m a n n S. 217; Pr. OVG 54, 237). Die Aushändigung kann durch persönliche Empfangnahme gegen Quittung erfolgen oder durch Übersendung. Der Gesetzgeber vermeidet das im Prozeßrecht übliche Wort Zustellung, und sie folgt anderen Grundsätzen als die prozessuale Zustellung. (K e l l e r - T r a u t m a n n S. 218.) Innerdienstlich ist seit der Verfügung des prß. Ministers des Innern vom 7. Febr. 1924 (MinBl. i. V. 1924 S. 140) die Zustellung durch eingeschriebenen Brief gegen Rückschein mit dem Vermerk, „nur an Empfänger persönlich" vorgeschrieben. Diese Verfügung ist niemals aufgehoben und kann noch heute mindestens als Richtschnur gelten (L i c h t e r S. 108). Dies ist jedoch nur eine Dienstinstruktion, deren Nichtbefolgung die Zustellung nicht nichtig macht. Das Wesentliche ist, daß der Adressat die Urkunde in die Hände bekommt. Es genügt daher, wenn dies durch Vermittlung eines Familienangehörigen geschieht, dem der Postbote die Urkunde entgegen der ministeriellen Verfügung ausgehändigt hat. Anderseits genügt nicht Ersatzzustellung durch Niederlegung beim Wirt oder beim nächsten Postamt. (Vgl. L a b a n d, Staatsrecht des D. R. I, 167 Anm. 2; R ö n n e, Prß. Staatsrecht 3. Aufl. I 2 S. 25 Anm. 3; Amtl. Nachrichten des Reichsversicherungsamts 1903 S. 474; Reichsmilitärversorgungsgericht I, 165.)

4. Zeitpunk der Wirksamkeit

a) Die Wirksamkeit tritt mit dem Zeitpunkt der Aushändigung an den Einzubürgernden ein. Daraus geht hervor, daß er persönlich oder sein gesetzlicher Vertreter die Urkunde in die Hand bekommen muß. Übergabe an Familienangehörige reicht nicht, wenn die Weitergabe an ihn versehentlich unterbleibt. Um das entscheidende Datum festzustellen, ist Rückschein zu empfehlen und in der Min.Vfg. vom 7. Febr. 1924 vorgeschrieben.

b) Da die Wirksamkeit trotz Ausfertigung der Urkunde bis zur Aushändigung aufgeschoben ist, ergibt sich, daß die Behörde die Einbürgerung bis zu diesem Zeitpunkt zurücknehmen kann, z. B. wenn sie nach Absendung erfährt, daß der Bewerber straffällig geworden ist (W. Jellinek, Verw.R. S. 270). Mit der Aushändigung tritt dagegen die Unwiderruflichkeit der Einbürgerung ein.

c) Ist die Behörde nicht gebunden, so ist es auch der Bewerber nicht. Er kann bis zur Aushändigung der Einbürgerungsurkunde seinen Antrag zurücknehmen. Er kann die Einbürgerung noch im letzten Augenblick verhindern, indem er die Annahme der Einbürgerungsurkunde verweigert.

5. Fehler bei der Einbürgerung

a) Ohne Bedeutung sind Fehler in der Ausfertigung und Zustellung, wenn die Urkunde nur den Willen der Behörde zur Einbürgerung zweifelsfrei erkennen läßt und die Urkunde in die Hände des richtigen Adressaten gelangt. Dabei macht auch eine lange Verzögerung nichts aus.

b) Die frühere Rechtsprechung des pr. OVG nahm ferner an, daß auch Irrtümer jeder Art bei der Einbürgerungsbehörde bedeutungslos wären und keine Rücknahme der Einbürgerung rechtfertigten. (Pr. OVG 12, 412; 27, 416; 55, 235. So auch Keller-Trautmann S. 215.) Man neigt heute dazu, die Grundsätze des fehlerhaften Staatsaktes auch auf die Einbürgerung anzuwenden. (Volkmann, Irrtum und Erschleichung bei der Einbürgerung 1931; von Dobschütz, Der Widerruf einer Einbürgerung 1936; Stoelting, Fehlerhafte Staatsakte im Staatsangehörigkeitsrecht 1936.) Danach wäre eine Personenverwechslung zwar bedeutsam und rechtfertigte zur Rücknahme, nicht dagegen ein Irrtum der Behörde über Vorleben, Unbescholtenheit, Arbeitsfähigkeit usw. des Gesuchstellers (W. Jellinek, Fehlerhafter Staatsakt S. 77). Keinesfalls ist eine ordnungsgemäß ausgestellte Einbürgerungsurkunde von selbst nichtig.

c) Umstritten ist, ob die Einbürgerung als nichtig anzusehen ist, wenn der vorgeschriebene Antrag fehlt oder nicht dem Gesetz entspricht. Nach den Regeln des fehlerhaften Staatsaktes ist in einem solchen Fall Nichtigkeit anzunehmen. So wenig der Name einer Person ohne ihren ausgesprochenen Willen von der Behörde geändert werden kann, so wenig kann ihr eine nicht erbetene Staatsangehörigkeit durch Verwaltungsakt aufoktroyiert werden. (W. Jellinek, Verw. R. S. 271; Forsthoff, Lehrb. d. Verw. R. S. 194.) Vgl. oben § 8 Anm. 4.

d) Sehr umstritten ist schließlich die sogenannte erschlichene Einbürgerung, d. h. die dadurch erreichte Einbürgerung, daß der Bewerber unrichtige Personalangaben gemacht oder für die Einbürgerung wichtige Tatsachen z. B. Vorstrafen, verschwiegen hat. Das Pr. OVG nahm früher an, daß selbst eine durch Betrug erlangte Einbürgerung gültig und unwiderruflich sei (Pr. OVG 13, 402; ders. Ansicht Keller-Trautmann S. 216, dagegen Fleiner, Institutionen des dtsch.

Verw.R. 8. Aufl. S. 208). Heute wendet man die Grundsätze des fehlerhaften Staatsaktes auch auf diese Fälle an. Daraus folgt, daß auch die erschlichene Einbürgerung nicht von selbst nichtig, wohl aber widerrufbar ist (W. Jellinek, Verw.R. S. 284; Forsthoff, Lehrb. d. Verw.R. S. 200; v. Dobschütz Widerruf einer Einbürgerung S. 16).

5. Erstreckung der Wirkung auf die Ehefrau

a) Rechtszustand bis zum 1. April 1953

Sowohl das Gesetz vom 1870 wie das von 1913 standen auf dem Standpunkt der Einheit der Staatsangehörigkeit der Familie. Daraus wurde der Schluß hergeleitet, daß die Einbürgerung sich notwendigerweise auch auf die Ehefrau erstreckte und es auf deren Willen überhaupt nicht ankam. Selbst wenn sie von dem Einbürgerungsantrag ihres Mannes nichts wußte, von ihm getrennt lebte, oder sogar ausdrücklich widersprach, wurde sie von der Einbürgerung des Mannes mit erfaßt. Es machte auch nichts aus, wenn der Ehemann bei der Stellung seines Antrags die Tatsache seiner Verheiratung verschwieg. Auch die der Behörde unterschlagene Ehefrau wurde automatisch mit eingebürgert, sofern die Urkunde nicht ausdrücklich einen negativen Vorbehalt machte, der aber gerade unterblieb, wenn der Einbürgerungsanwärter sich als unverheiratet ausgab. Die Gültigkeit der Ehe beurteilte sich nicht nach deutschem, sondern dem bisher für die Ehegatten zuständigen Recht. (Zu dem früheren Rechtszustand vgl. Keller-Trautmann S. 219; Cahn S. 100.)

Auf der anderen Seite fehlte der Frau, auch der getrennt lebenden, jedes eigene Antragsrecht. Sie konnte selbst mit Zustimmung des Ehemannes für sich allein ihre Staatsangehörigkeit nicht ändern.

Diese Regelung brachte manche Unzuträglichkeiten mit sich, zumal viele andere Staatsangehörigkeitsgesetze diese Frage in anderer Weise regelten und die Erstreckung der Einbürgerung der Ehefrau von ihrem besonderen Antrag oder wenigstens von ihrer Zustimmung abhängig machten. Es wurden auf diese Weise vielfach unerwünschte Doppelstaatigkeiten geschaffen. Die Bestimmung mußte in ihrer letzten Folgerung sogar dazu führen, daß auch der bei der Einbürgerung nicht angegebene Harem eines Mohammedaners mit eingebürgert wurde.

b) Rechtszustand seit dem 1. April 1953

Das 3. Staatsangehörigkeitsregelungsgesetz vom 19. August 1957 erwähnt zwar den § 16 nicht ausdrücklich, es besteht jedoch Einigkeit darüber, daß seit dem Inkrafttreten des Gleichberechtigungsgrundsatzes der Mann durch seinen Antrag allein die Staatsangehörigkeit der Ehefrau nicht mehr ändern kann. Es bedarf daher heute eines besonderen Antrages der Ehefrau. (Ebenso Lichter S. 110; Maßfeller S. 52.) Eine andere Frage ist, ob die Einbürgerungsbehörde einem solchen Antrag der Frau, der ohne Kenntnis des Mannes oder sogar gegen dessen Widerspruch gestellt wird, stattgibt. Es besteht immer noch verwaltungsmäßig eine gewisse Vorliebe für die Aufrechterhaltung der Einheit der Staatsangehörigkeit der Familie. Mehrstaatige Ehen sind bei den Behörden nicht beliebt. Die allein den Antrag stellende Frau muß daher aus diesem Grunde mit der Möglichkeit der Ablehnung rechnen und könnte diese auch nicht mit einer Klage auf Einbürgerung überwinden.

6. Erstreckung der Wirkung auf die Kinder

a) Eheliche Kinder folgen bei der Einbürgerung nach wie vor von selbst der Staatsangehörigkeit des Vaters, sofern kein Vorbehalt gemacht wird. Es kommt nicht darauf an, ob sie in der Urkunde mit aufgeführt sind, wenn dies der Ordnung halber auch geschehen soll (L i c h t e r S. 110). Es ist sogar ohne Bedeutung, wenn sie verschwiegen werden. Ausgenommen sind nur Töchter, die verheiratet sind oder waren, sowie Kinder, welche durch Adoption unter die eheliche Gewalt des Adoptivvaters getreten sind. Umstritten ist, nach welchem Recht zu beurteilen ist, ob dem Vater die elterliche Gewalt zusteht. Dies dürfte das für ihn vor der Einbürgerung maßgebende Recht sein, nicht das deutsche. (So L i c h t e r S. 112; I s a y S. 47; anders M a ß - f e l l e r S. 52.)

Das Gleichberechtigungsgesetz (in Kraft ab 1. Juli 1958) hat an diesem Rechtszustand bei bestehender Ehe nichts geändert, da die gesetzliche Vertretung des Kindes nach dem neugefaßten § 1629 BGB allein dem Vater zusteht. Der Staatsangehörigkeitserwerb des Kindes tritt also in Zukunft auch dann ein, wenn die Frau ihre Staatsangehörigkeit behält und dem Staatsangehörigkeitswechsel des Kindes nicht zustimmt oder widerspricht. Die Frau könnte in diesem Falle auch das Vormundschaftsgericht nicht anrufen, um die Einbürgerung des Kindes zu verhindern. (Ebenso M a ß f e l l e r S. 52.)

Eine Änderung bringt das Gleichberechtigungsgesetz insofern, als bei geschiedener Ehe das Vormundschaftsgericht die Bestimmung trifft, welchem Ehegatten die gesetzliche Vertretung des Kindes zustehen soll. Es kann sie daher auch der Mutter übertragen. In diesem Falle kann der Vater die Staatsangehörigkeit des Kindes nicht ändern, sondern folgt es der Staatsangehörigkeit der Mutter.

b) Uneheliche Kinder sind von der Bestimmung des § 16 nicht betroffen, wenn nach dem maßgebenden Heimatrecht weder der natürliche Vater noch die uneheliche Mutter ihre gesetzliche Vertretung haben, sondern diese beim Vormund liegt. Eine Einbürgerung der unehelichen Mutter erstreckt sich daher nicht auf ihre Kinder, (C a h n S. 101; K e l l e r - T r a u t m a n n S. 221), es sei denn, daß ihr nationales Recht ihr die volle gesetzliche Vertretung der Kinder gibt. Die Einbürgerung des Vormundes allein ist für die Kinder bedeutungslos. Anders ist die Rechtslage nur, wenn ein Elternteil, also etwa die Mutter zum Vormund bestellt ist.

c) Umstritten ist, ob auch Adoptivkinder unter diese Vorschrift fallen. (Dafür W e c k § 16 Anm. 9, K e l l e r - T r a u t m a n n S. 221, dagegen

Cahn S. 100.) Ich sehe keinen Grund, um den Adoptivvater anders als den ehelichen Vater zu behandeln. Ein Widerspruchsrecht des leiblichen Vaters besteht in diesem Falle nicht.

7. Einbürgerung und Namensrecht

a) Die Einbürgerung hat an sich nichts mit dem Recht zur Führung eines bestimmten Namens zu tun. Aber da die Einbürgerungsurkunde zugleich die Person des Eingebürgerten identifizieren muß, ist sie als Beweisurkunde für dessen Namen von erheblicher praktischer Bedeutung. Allerdings besteht ein Unterschied. Als Einbürgerungsurkunde hat sie konstitutive Wirkung. Das gilt aber nicht für den in ihr angegebenen Namen, auch wenn die Urkunde von derselben Behörde ausgestellt wird, die in Namenssachen und namentlich für Namensänderung zuständig ist (Regierungspräsident). Eine Einbürgerungsurkunde hat nicht die Kraft einer Genehmigung zur Namensänderung. Dazu bedürfte es eines weiteren konstitutiven Verwaltungsaktes. Hat sich also jemand unter falschem Namen einbürgern lassen, so sind zwar die Wirkungen der Einbürgerung eingetreten, nicht aber hat der Eingebürgerte damit ein Recht erworben, den in der Einbürgerungsurkunde angegebenen unrichtigen Namen nunmehr als seinen legitimen Namen zu führen. Wie jede öffentliche Urkunde hat die Einbürgerungsurkunde die Vermutung der Richtigkeit für sich. Sie ist daher auch für den Namen als Beweisdokument nicht ohne Bedeutung, insofern jedoch jederzeit widerlegbar und abänderbar. Der Grundsatz der Unwiderruflichkeit und Unabänderlichkeit der Einbürgerungsurkunde umfaßt nicht notwendige Namensberichtigungen. Diese Grundsätze bedürfen jedoch einer Einschränkung. Es ist in allen Rechten üblich, daß die gebräuchlichen Vornamen in der landesüblichen Form geschrieben werden. Es wird daher nichts entgegenstehen, den Elsässer Charles Schmidt unter dem Namen Karl Schmidt einzubürgern, und es erscheint überflüssig, daß er wegen der Verdeutschung seines Vornamens ein besonderes Namensänderungsverfahren einleitet. Zum Teil wird die Verdeutschung der Vornamen sogar zur Vermeidung von Irrtümern nötig sein. So wird aus dem französischen Vornamen Auguste der deutsche August werden, weil er andernfalls nach dem deutschen Sprachgebrauch auf eine weibliche Person hindeutete. Bei einer ganzen Reihe von französischen Vornamen wird das stumme Schluß-e in Fortfall kommen können: Philippe, Emile, Eugene usw.

Zweifelhafter sind schon Schreibänderungen des Nachnamens, doch wird man auch hier geringe sprachtechnische Angleichungen als zulässig, vielleicht sogar notwendig, ansehen müssen, z. B. Müller statt Muller, Buchholz statt Boucholtz, Schulz statt Šuls. Auch die Wiederherstellung der ursprünglichen deutschen Schreibweise muß möglich sein, indem z. B. aus einem litauischen Šileris wieder ein deutscher Schiller wird. Bei den zwangsweise ins Italienische übersetzten Namen von Südtirolern bereitet das allerdings Schwierigkeiten, da die italienische Sprachform für deutsche Hörer den ursprünglichen deutschen Namen kaum noch erkennen läßt.

b) Noch eine andere Wirkung auf den Namen hat die Einbürgerung, nämlich seine Fixierung. Es gibt heute noch zahlreiche Länder, z. B. England, USA, wo der Name nicht staatlich festgelegt ist, sondern jeder seinen Namen beliebig ändern darf, wie es früher auch auf dem europäischen Festland die Regel des gemeinen römischen Rechtes war. Ein Angehöriger solcher Länder ist noch frei, unter welchem Namen er sich einbürgern lassen will, mit dem Empfang der Einbürgerungsurkunde ist sein Name als Deutscher jedoch festgelegt und darf er ihn nunmehr in Deutschland nicht mehr ändern. Hat er etwa neben der deutschen die bisherige Staatsangehörigkeit behalten, so mag er in seinem früheren Heimatland vielleicht noch seinen Namen ändern dürfen, als deutscher Staatsangehöriger darf er sich jedoch nur so nennen, wie er in der Einbürgerungsurkunde angegeben ist. Es kann dann also vorkommen, daß eine doppelstaatige Person in ihren beiden Heimatländern legitimerweise verschiedene Namen führt, ein international äußerst unerwünschter Fall.

c) Von besonderer Bedeutung werden die angegebenen Grundsätze für den adligen Namen. Die Verschiedenheit der gesetzlichen Regelung in den einzelnen Ländern in dieser weiteren Frage bereitet erhebliche Schwierigkeiten. Die Mittel- und westeuropäischen Länder pflegten die Zugehörigkeit zum Adel durch einen Partikel „von", „de", „di", usw. kenntlich zu machen. Andere Länder wie Rußland oder Ungarn kannten dies nicht. Es ist daher nicht möglich, einen aus diesen Ländern stammenden Adligen mit deutschem Adelspartikel einzubürgern, (M a k a r o v, die dtsch. Rechtspr. auf dem Gebiete des internat. Privatrechts 1952/53 S. 20 ff. Entscheidungen). Es gibt Länder, welche die Adelspartikel noch heute als Standesbezeichnungen kennen, z. B. England, andere, welche sie nach Abschaffung des Adels als Bestandteil des bürgerlichen Namens beibehalten haben, z. B. Deutschland und Frankreich, und schließlich solche, bei denen sie ganz fortgefallen sind, wie Österreich, Tschechoslowakei, Rußland und baltische Staaten. Für die Namensführung gilt das Personalstatut, d. h. jeder hat sich auch im Ausland so zu nennen, wie es ihm sein heimisches Recht vorschreibt, (RGZ 117, 218; BGH JZ Bd. 8, 1953 S. 728; M a k a r o v, Rechtspr. 1952/53 S. 19). Nur unter diesem Namen kann er sich einbürgern lassen, ein österreichischer Graf X, dem in Österreich der Graf gestrichen ist, daher auch nur als Herr X. Ist er dann Deutscher und legt er Wert darauf, sich wieder Graf X zu nennen, so kann er eine entsprechende Namensänderung beantragen. Lautet die Einbürgerungsurkunde etwa fehlerhaft auf Graf X, so hat er damit noch kein Recht auf Führung dieses Namens erworben und die Berichtigung ist jederzeit möglich.

Anders liegt die Rechtslage, wenn der Träger eines adligen Namens ausgebürgert ist. Ist dies geschehen, bevor die Namensgesetzgebung seines alten Staates ihm die Adelsbezeichnung nahm, so konnte er diese als nunmehr Staatenloser weiterführen und wurde von einer nachfolgenden Gesetzgebung seines früheren Heimatstaates nicht mehr erfaßt, da das Band der Staatsangehörigkeit zerschnitten war (Makarov, Rechtspr. 1952/53 S. 29; StAZ 1954 S. 111). Er konnte daher unter seinem früheren adligen Namen in Deutschland eingebürgert werden. Dies ist bei zahlreichen deutsch-baltischen Familien geschehen, die nach russischen Gesetzen zur Führung der deutschen Adelsprädikate berechtigt waren.

Diese theoretisch klare Unterscheidung zwischen der Einbürgerung eines fremdnationalen und eines staatenlosen Adligen begegnet allerdings in der Praxis den größten Schwierigkeiten. Es ist für die Einbürgerungsbehörde kaum mit Sicherheit festzustellen, in welcher Reihenfolge sich bei dem Bewerber Ausbürgerung und Adelsentziehung in seiner alten Heimat gefolgt sind. Es ist dies auch fast eine Zufälligkeit, sodaß sich bei völlig gleichliegenden Tatbeständen verschiedene Ergebnisse ergeben. Hier mögen in der Vergangenheit Fehler vorgekommen sein, deren Berichtigung nach nunmehr fast vier Jahrzehnten kaum noch möglich ist. Man wird sich daher an den Satz halten müssen, daß die Richtigkeit einer öffentlichen Urkunde vermutet wird. Es war Pflicht der Einbürgerungsbehörde, vor Ausstellung der Urkunde die nötigen Ermittlungen über den Namen des Antragstellers anzustellen. Man muß unterstellen, daß sie diese Pflicht erfüllt und der Antragsteller ihr seine Berechtigung zur Führung des angegebenen Namens nachgewiesen hat. Daraus folgt, daß die Beweislast für die Unrichtigkeit der ausgestellten Einbürgerungsurkunde der Behörde obliegt. Sie hat also, wenn die Führung des Adelsprädikats jetzt bestritten wird, den Beweis zu erbringen, daß die Bezeichnung in der Einbürgerungsurkunde falsch war, dagegen hat der Eingebürgerte selbst nicht zu beweisen, daß sie richtig ist. Unter diesem Gesichtspunkt kommt der Einbürgerungsurkunde für die Namensführung doch erhebliche Bedeutung zu und zwingt daher die Einbürgerungsbehörde, vor Ausstellung der Urkunde auch die Namensfrage gründlich zu prüfen.

§ 17

Die Staatsangehörigkeit geht verloren:[1, 2]

1. durch Entlassung (§§ 18 bis 24),[3]

2. durch Erwerb einer ausländischen Staatsangehörigkeit (§ 25),

3. durch Nichterfüllung der Wehrpflicht (§§ 26, 29),

4. durch Ausspruch der Behörde (§§ 27 bis 29),

5. für ein uneheliches Kind durch eine von dem Angehörigen eines anderen Bundesstaates oder von einem Ausländer bewirkte und nach den deutschen Gesetzen wirksame Legitimation,

6. für eine Deutsche durch Eheschließung mit dem Angehörigen eines anderen Bundesstaates oder mit einem Ausländer.

1. Altes Recht vor dem preußischen Gesetz vom 31. Dezember 1842

Da vor der Kodifikation des Staatsangehörigkeitsrechts die Staatsangehörigkeit — Untertanschaft — vom Wohnsitz abhing, gab es praktisch nur einen Endigungsgrund. Man konnte die bisherige Staatsangehörigkeit nur ablegen, indem man den Wohnsitz aufgab und ins Ausland auswanderte. Damit erlosch die einheimische Staatsangehörigkeit von selbst. Alle deutschen Auswanderer, die in der ersten Hälfte des 19. Jahrhunderts nach Amerika auswanderten, haben allein auf Grund der Auswanderung die Staatsangehörigkeit ihres bisherigen Heimatstaates verloren.

Das preußische Gesetz von 1842 hat diesen Rechtszustand bewußt ändern wollen. Es verlangte Genehmigung der Auswanderung. Wer ohne solche auswanderte, machte sich strafbar, aber verlor nicht von selbst die Staatsangehörigkeit. Dafür wurde der neue Verlustgrund der 10jährigen Abwesenheit im Ausland geschaffen, § 23 des preuß. Gesetzes von 1842, der dann in das Reichsgesetz von 1870, § 21, übernommen wurde. In Preußen war daher die Auswanderung als Verlustgrund der Staatsangehörigkeit seit 1842 abgeschafft. Die Mehrzahl der deutschen Länder folgte in eigenen Gesetzen dem preußischen Vorbild. Einige, z. B. Hannover, brachte es jedoch nicht zu eigenen Gesetzen, sodaß sich dort bis zu dem Reichsgesetz von 1870 der alte gewohnheitsrechtliche Verlustgrund der Auswanderung hielt.

2. Der Verlustgrund der 10jährigen Abwesenheit.

Er hat bis zum 1. Januar 1914 gegolten und ist durch das Gesetz von 1913, jedoch ohne Rückwirkung abgeschafft. Er war daher besonders in den Jahren der größten deutschen Auswanderung in Wirksamkeit und ist aus diesem Grunde noch heute nicht ohne Bedeutung.

Die 10jährige Frist begann bei unerlaubter Abwanderung mit dem Verlassen des Heimatstaates, bei Abwanderung mit Paß vom Zeitpunkt des Ablaufs der Gültigkeit des Passes. Sie wurde durch Eintragung in dem Matrikel der deutschen Konsuln im Ausland unterbrochen und begann dann von neuem zu laufen.

Die Bestimmung ist namentlich im ersten Weltkrieg zum Teil auch noch im 2. Weltkrieg von großer praktischer Bedeutung gewesen, als die Feindstaaten dazu übergingen, deutsche Staatsangehörige im Ausland zu internieren und ihr Vermögen zu liquidieren. Es ist dann in sehr vielen Fällen die Frage aufgetaucht, ob sie noch deutsche Staatsangehörige waren oder ob sie die deutsche Staatsangehörigkeit durch Fristablauf verloren hatten. Die alliierten Behörden stellten sich dabei meist auf den Standpunkt, daß, wer behauptete, nicht mehr Deutscher zu sein, dafür den Beweis zu erbringen hätte.

Dieser Beweis war jedoch bei der deutschen Auslegung des § 21 des Gesetzes von 1870 nur schwer zu führen. Die Interpretation dieser Gesetzesbestimmung war in Deutschland jahrzehntelang umstritten. (Keller-Trautmann, S. 324; Cahn S. 145.) Die Praxis der Mehrzahl der deutschen Verwaltungsgerichte neigte dazu, die 10jährige Abwesenheit als vollendet anzusehen, sobald eine Person 10 Jahre lang nicht in Deutschland polizeilich gemeldet war; gelegentliche Heimatbesuche während dieser Frist bei Beibehaltung des ausländischen Wohnsitzes unterbrach nach dieser Ansicht die 10jährige Frist nicht. (Vgl. Pr. OVG 40, 417; DJZ 1925, 973; JW 1926, 400; Bay. VGH Reger 26, 136 und 29, 110; BadVGH v. 12. 10. 25; HambVGer. v. 26. 11. 23 und 23. 6. 26; JW 1926, 2862). Nach der anderen Ansicht bedeuten dagegen auch vorübergehende Besuche eine Unterbrechung der Frist, die von der letzten Unterbrechung neu zu laufen begann. (So RGSt. 26, 427 und 37, 380, groß. Senat des RWirtsch. Ger. v. 6. 3. 26, besonders eingehend BremVGer. JW 1927, 827).

Der bayrische Verwaltungsgerichtshof hat in seinen Entscheidungen folgende Grundsätze aufgestellt:

1) Der Auslandsaufenthalt wird nicht unterbrochen durch einen in der Absicht alsbaldiger Rückkehr in das Ausland erfolgten kurzen Übertritt in das Gebiet des Deutschen Reiches, auch nicht durch eine bloße (kurze) Reise in das Inland, selbst nicht durch einen mehrere Tage dauernden Aufenthalt innerhalb der Reichsgrenzen, inbesondere dann nicht, wenn gleichzeitig die bisherigen Beziehungen zum Auslande fortbestanden und der Heimgekehrte sich auch wieder dahin zurückbegab, ohne in irgendeiner äußerlich erkennbaren Form seine Beziehung zum Vaterland wieder anzuknüpfen.
2) Einer bloßen Reise in das Inland kommt die Rechtswirkung der Unterbrechung des Auslandsaufenthalts dagegen dann zu, wenn nach den begleitenden Umständen die Reise mit der Heimat- und Staatsangehörigkeit im Inlande in unmittelbarem Zusammenhang steht und die Absicht erkennen läßt, sich diese Heimat- und Staatsangehörigkeit zu erhalten.
3) Schon die häufige Rückkehr in das Inland kann die Annahme eines ununterbrochenen Aufenthalts im Auslande ausschließen.
4) Eine Unterbrechung des Auslandsaufenthalts wird ferner bewirkt durch Rückverlegung des Wohnsitzes in das Inland.

Die Rechtsausführungen des bayrischen Verwaltungsgerichtshofes haben im Schrifttum Anerkennung gefunden. (Vgl. Schnurre DJZ 1926, 563.) Sie sind letzthin auch einer ausführlich begründeten Entscheidung des OVG Münster vom 28. Februar 1956 (VII A 914/52) zugrundegelegt.

Da durch den Verlustgrund der 10jährigen Abwesenheit zahlreiche Staatenlosigkeiten entstanden waren, hat das Gesetz von 1913 für die betroffenen Personen eine erleichterte Wiedereinbürgerung vorgesehen, § 31, vgl. unten S. 231.

3. Der Katalog der Verlustgründe.

Er sollte nach dem Willen des Gesetzgebers vollständig sein, doch enthielt er absichtlich nichts über mögliche völkerrechtliche Verlustgründe. Zu den einzelnen Verlustgründen ist bei den betreffenden Paragraphen das Nötige gesagt. Entfallen ist seit dem 1. April 1953 für die Frau der Verlustgrund der Heirat mit einem ausländischen Mann. Der Verlustgrund der Wehrpflichtverletzung ist in den Perioden der Abschaffung der Wehrpflicht bedeutungslos gewesen. Der Katalog der Verlustgründe entspricht dem herkömmlichen rechtsstaatlichen Denken. Gegen die aufgeführten Verlustgründe ist daher grundsätzlich nichts einzuwenden.

Durch Einzelgesetze sind weitere hinzugekommen. Das Steuerfluchtges. vom 26. Juli 1918 (RGBl. 1918 S. 951) sah für Steuerdefraudanten, die ins Ausland flüchteten, die Zwangsausbürgerung vor. § 452 der Reichsabgabenordnung vom 13. Dezember 1919 hielt diese Bestimmung aufrecht. Sie ist inzwischen durch Zeitablauf erledigt. Eine Bestimmung dieser Art ist entschieden abzulehnen. Die Staatsangehörigkeit sollte nicht für fiskalische Zwecke mißbraucht werden.

Der NS-Staat hat die Entziehung der Staatsangehörigkeit zu einem politischen Kampfmittel gegen Emigranten und rassisch Unerwünschte gemacht. Es sind dies besonders das Gesetz über den Widerruf von Einbürgerungen und die Aberkennung der deutschen Staatsangehörigkeit wegen Verletzung der Treuepflicht vom 14. Juli 1933 (RGBl. I 1933 S. 480) und die 11. VO zum Reichsbürgergesetz vom 25. November 1941 (RGBl. I 1941 S. 722), welche eine allgemeine Ausbürgerung aller ins Ausland gegangenen oder transportierten Juden vorsah. Art. 116 II GG hat sich bemüht, dieses Unrecht wieder gut zu machen. Vgl. oben Art. 116 Anm. 8.

Die Nachkriegszeit hat sich solcher willkürlichen politischen Maßnahmen enthalten, hat jedoch in dem Bestreben, begangenes Unrecht gut zu machen und den Alliierten entgegen zu kommen, ihrerseits Bestimmungen getroffen, bei denen sich die Frage erhebt, ob sie nicht auf eine Entziehung der Staatsangehörigkeit hinauskommen. Solche Zweifel sind besonders bei der Regelung der deutsch-österreichischen Staatsangehörigkeitsfragen und bei der durch Kriegsdienst erworbenen deutschen Staatsangehörigkeit aufgetaucht. Die Fragen sind in dem 1. und 2. Staatsangehörigkeitsregelungsgesetz geordnet und werden unten S. 246 ff. behandelt.

Auch an der Westgrenze hat die Bundesrepublik Staatsangehörigkeitsverleihungen der NS-Zeit rückgängig gemacht oder ihre Rücknahme anerkannt. Eine VO vom 23. Aug. 1942 (RGBl. I 1942 S. 533) verlieh die deutsche Staatsangehörigkeit an alle deutschstämmigen Elsässer, Lothringer und Luxemburger, die zu deutschem Heeresdienst einberufen oder als bewährte Deutsche anerkannt wurden. Da drei Jahrgänge ausgehoben wurden, war die Zahl der Betroffenen nicht gering. Runderlässe d. Reichsministers des Innern vom 26. August 1942 (MBliV S. 1741) und 9. Juli 1943 (MBliV S. 1141) enthielten weitere Ausführungsbestimmungen (Abdruck der Bestimmungen Maßfeller S. 274 ff.). Im Elsaß und in Lothringen wurde mit Wirkung vom 24. bzw. 29. August 1942 das deutsche Staatsangehörigkeitsgesetz von 1913 eingeführt. Durch eine VO des Chefs der Zivilverwaltung in Lothringen vom 29. August 1942 wurde allen deutschstämmigen Lothringern, soweit sie in den Listen der deutschen Volksgemeinschaft eingetragen waren, die deutsche Staatsangehörigkeit auf Widerruf verliehen. Diese Ausdehnung der deutschen Staatsangehörigkeit auf Personen des besetzten Gebietes stand im Widerspruch mit Art. 45 der Haager Landkriegsordnung, der dem Okkupanten verbietet, der Bevölkerung des besetzten Gebietes einen Treueid abzunehmen, und war daher völkerrechtswidrig. Infolgedesessen bestimmte das Gesetz Nr. 12 der Alliierten Hohen Kommission vom 17. November 1949 (ABl d. AHK S. 36): „Es wird festgestellt, daß die ReichsVO vom 23. Aug. 1942 (RGBl. I S. 533) und der Erlaß des Führers vom 19. Mai 1943 (RGBl. I S. 315), soweit sie die zwangsweise Übertragung der deutschen Staatsangehörigkeit auf französische und luxemburgische Staatsangehörige zum Gegenstand haben, von Anfang an nichtig und rechtsunwirksam gewesen sind."

Gegen die Berechtigung dieses Gesetzes ist nichts einzuwenden. Es ist auch von den Alliierten reiflich überlegt und von ihrem Blickpunkt aus völlig richtig gefaßt (Ruby S. 278). Die Aufoktroyierung der deutschen Staatsangehörigkeit hatte den betroffenen Elsässern, Lothringern und Luxemburgern ihre französische und luxemburgische Staatsangehörigkeit nicht genommen. Die Alliierten waren daher im Recht, sie nur als ihre Staatsangehörigen zu behandeln und die ihnen in völkerrechtswidriger Weise verliehene deutsche als nicht vorhanden, „als nichtig und unwirksam" zu betrachten. Kraft Okkupationsrechts konnten sie auch Befolgung dieser ihrer Ansicht im besetzten Gebiet seitens der deutschen Behörden beanspruchen. Das ist dann auch geschehen. Es ist kein Fall bekannt geworden, daß deutsche Behörden entgegen dem alliierten Gesetz Elsässer, Lothringer oder Luxemburger als Deutsche in Anspruch genommen hätten.

Trotzdem sind Zweifel geblieben. Das alliierte Gesetz konstatiert die Völkerrechtswidrigkeit und Wirkungslosigkeit der deutschen gesetzlichen Maßnahmen gegenüber französischen und luxemburgischen Staatsangehörigen, aber hebt das Gesetz nicht allgemein auf. Nun ist aber ein völkerrechtswidriges Gesetz nicht ohne weiteres nichtig, sondern durchaus in der Lage, im Inland Rechtswirkungen hervorzubringen. Dies gilt besonders bei einer völkerrechtswidrig verliehenen Staatsangehörigkeit (Verdross, Völkerrecht 3. Aufl. S. 237). Der verletzte Staat kann in einem solchen Fall verlangen, daß das ihn verletzende Gesetz aufgehoben wird, aber er kann es nicht mit Rechtswirksamkeit von sich aus für nichtig erklären. Dies muß ganz besonders in Staatsangehörigkeitsfragen gelten. Kein Staat kann durch sein Gesetz die Staatsangehörigkeit eines anderen regeln. (Dubois, Die Frage der völkerrechtlichen Schranken landesrechtl. Regelung der Staatsangehörigkeit 1955 S. 20; Makarov, S. 59; Verdross, Völkerrecht 3. Aufl. S. 236). Deutschland hatte — völkerrechtswidrig — seine Staatsangehörigkeit verliehen. Die Alliierten konnten von sich aus diese Verleihung durch eine eigene gesetzliche Maßnahme nicht rückgängig machen, sondern nur von Deutschland die Rücknahme verlangen. Sie haben bisher nur erklärt, daß sie die deutschen Maßnahmen für ihre Staatsangehörigen nicht anerkennen und die betreffenden Personen nicht als Deutsche behandelt würden. Es fehlt aber eigentlich die entsprechende deutsche gesetzliche Maßnahme, die Rücknahme der völkerrechtswidrigen Akte.

Anscheinend hält man weder auf deutscher noch auf alliierter Seite ein weiteres deutsches Gesetz für erforderlich. Dieser Standpunkt läßt sich vielleicht mit folgenden Erwägungen verteidigen: Das alliierte Gesetz ist zu einer Zeit ergangen, als die deutsche Souveränität noch nicht wieder hergestellt war und die Alliierten für sich in Anspruch nahmen, jedes deutsche Gesetz aufzuheben. Es spricht zwar die Aufhebung nicht ausdrücklich aus, kann aber mindestens als partielle Aufhebung angesehen werden. Der zwischen Deutschland und den Westalliierten abgeschlossene Vertrag zur Regelung aus Krieg und Besatzung entstandener Fragen vom 25. Mai 1952 hält in Art. 1 ausdrücklich das Besatzungsrecht aufrecht, soweit die deutsche Regierung es nicht abändert. Da Besatzungsrecht normalerweise mit der Beendigung der Besatzung von selbst seine Wirksamkeit verliert (vgl. Mérignhac, Les lois et coutûmes de la guerre sur terre 1903 S. 237; Rolin, Le droit moderne de la guerre 1920 Bd. 1 S. 438) so ist in dieser vertraglichen Bestimmung eine Art Transformation des Besatzungsrechts in innerstaatliches Recht zu sehen. Von deutscher Seite sind Einwendungen gegen das alliierte Gesetz auch nach Beendigung des Okkupationsregimes nicht erhoben, daraus läßt sich die Auffassung Deutschlands herleiten, daß dieses alliierte Gesetz nunmehr auch als deutsches Gesetz weiter gelten soll. Jedenfalls hat Deutschland diese Frage bei Erlaß des ersten Staatsangehörigkeitsregelungsgesetzes für erledigt angesehen.

Auch bei Annahme dieses Standpunktes bleibt das Bedenken, daß das alliierte Gesetz nur von der „zwangsweisen" Übertragung der deutschen Staatsangehörigkeit spricht. Nun ist diese Übertragung aber durchaus nicht immer „zwangsweise" geschehen, sondern von manchen deutschgesinnten Elsässern, Lothringern und Luxemburgern nachgesucht worden (Vgl. Ruby S. 283). Verbietet das Völkerrecht auch die Aufoktroyierung der Staatsangehörigkeit an die okkupierte Bevölkerung, so steht doch einer freiwilligen Einbürgerung nichts entgegen. Den Einwand der Freiwilligkeit wollen die Alliierten aber nicht hören. Sie haben unter dem 29. Aug. 1950 eine verbindliche Auslegung ihres Gesetzes gegeben, daß als zwangsweise Übertragung der deutschen Staatsangehörigkeit jede Verleihung der deutschen Staatsangehörigkeit auf Grund der genannten Vorschriften anzusehen sei (Maßfeller S. 413; Text der franz. Note Ruby S. 283). Dies dürfte zu weit gehen; es ist nicht einzusehen, wieso eine solche Auslegung noch nach Beendigung der Okkupation bindend sein soll. Auf keinen Fall werden durch das alliierte Gesetz Einzeleinbürgerungen getroffen, die auf dem normalen Verwaltungsweg auf freiwillig gestellten Antrag vorgenommen sind. Soweit deutschgesinnte Elsässer, Lothringer und Luxemburger in Deutschland verbleiben wollen, empfiehlt es sich, ihnen die erneute Einbürgerung anzuraten.

Ähnliche Zweifel sind bei der Staatsangehörigkeitsfrage von Eupen-Malmedy aufgetaucht. Diese ehemals deutsche Bevölkerung hatte durch den Versailler Vertrag Art. 32 1920 die belgische Staatsangehörigkeit erhalten. Durch Führererlaß vom 18. Mai 1940 (RGBl. I S. 777) wurden diese Gebiete dem deutschen Reich wieder eingefügt. Ein Durchführungserlaß des Reichsinnenministers vom 23. Mai 1940 (RGBl. I S. 803) bestimmte, daß alle Bewohner deutschen und artverwandten Blutes mit dem 18. Mai 1940 die deutsche Staatsangehörigkeit erworben hätten. Eine VO vom 23. Sept. 1941 (RGBl. I S. 584), neugefaßt am 22. 10. 1941 (RGBl. I S. 652), enthielt eine genauere Regelung (Maßfeller S. 264). Auch diese Regelung widersprach dem völkerrechtlichen Grundsatz, daß der Okkupant die Staatsangehörigkeit der Bevölkerung des besetzten Gebietes nicht ändern darf. Belgien hat daher die deutsche Annexion nie als rechtsverbindlich anerkannt und die Bevölkerung weiter als belgische Staatsangehörige betrachtet und ist gegen Personen, die sich im deutschen Sinne betätigt hatten, strafrechtlich eingeschritten (Circulaire du Service des Affaires Etrangères vom 2. März 1953, abgedruckt bei Ruby S. 401). Sie ist bei Deutschland wegen einer Rückgängigmachung der Verleihung der deutschen Staatsangehörigkeit vorstellig geworden. Die deutsche Regierung hat darauf unter dem 25. Januar 1954 der belgischen Regierung eine Verbalnote überreichen lassen, in der es heißt (BAnz. Nr. 84 vom 4. Mai 1954 StAZ 1954 S. 128):

> Die in den ersten Jahren nach Erlaß des Grundgesetzes herrschende Unsicherheit der Staatsangehörigkeit kollektiv eingebürgerte Personen ist seit dem Beschluß des Bundesverfassungsgerichts vom 28. Mai 1952, veröffentlicht in Bd. I der Entscheidungssammlung des Bundesverfassungsgerichts auf Seite 322, beseitigt. In dieser Entscheidung hat das Bundesverfassungsgericht festgestellt, daß Deutschland nicht berechtigt ist, Personen, die zwischen 1938 und 1945 kollektiv eingebürgert worden sind, als deutsche Staatsangehörige zu behandeln, wenn sie von ihrem früheren Heimatstaat als seine Staatsangehörigen in Anspruch genommen werden. Demnach haben der Erlaß zur Durchführung der Wiedervereinigung der Gebiete von Eupen-Malmedy und Moresnet vom 23. Mai 1940 (RGBl. I S. 803) und die Verordnung über die Staatsangehörigkeit der Bewohner von Eupen-Malmedy und Moresnet vom 23. Sept. 1941 (RGBl. I S. 584) in der Fassung der Berichtigung vom 22. Okt. 1941 (RGBl. I S. 652) für die von ihr erfaßten Personen den Erwerb der deutschen Staatsangehörigkeit nicht zur Folge gehabt.
>
> Bei dieser Rechtslage bedarf es der Aufhebung der genannten Bestimmungen nicht. Ein sie aufhebendes Gesetz wäre nicht einmal möglich, weil es nur die schon bestehende Rechtslage bestätigen könnte.

Aus dieser Note geht hervor, daß Deutschland die Bevölkerung von Eupen-Malmedy nicht mehr als deutsch betrachtet. Belgien hat sich mit dieser Erklärung zufrieden gegeben.

Wieder ist fraglich, ob diese Form der Erledigung wirklich genügt. Aus der Feststellung der Völkerrechtswidrigkeit der Einverleibung von Eupen-Malmedy folgt nicht die Nichtigkeit der Staatsangehörigkeitsverleihung. Es hätte daher wohl doch des contrarius actus, eines deutschen Gesetzes bedurft. Zweifel bestehen insbesondere bezüglich der Staatsangehörigkeit derjenigen Personen, denen in Gerichtsverfahren wegen ihrer deutschen Betätigung die belgische Staatsangehörigkeit abgesprochen wurde. (Vgl. Schätzel in Grundrechte II S. 562). Der maßgebende Gesichtspunkt, daß sie von Belgien in Anspruch genommen werden, versagt bei ihnen. Es ist daher kein Grund ersichtlich, warum sie die deutsche Staatsangehörigkeit verloren haben sollten, zum mindesten würden sie bei Aufnahme in Deutschland wohl unter Art. 116 I GG fallen.

Keine Sonderregelung gilt für Personen aus Eupen-Malmedy, die es wegen ihrer Betätigung während des Krieges vorgezogen haben, ihren Wohnsitz nach Deutschland zu verlegen. Nach belgischer Auffassung besteht auch bei ihnen die belgische Staatsangehörigkeit fort. Ob sie nach der deutschen Verbalnote vom 25. Januar 1954 noch als Deutsche im Sinne von Art. 116 I GG behandelt werden dürfen, ist zweifelhaft. Legen sie Wert darauf, Deutsche zu sein, so empfiehlt sich erneute Einbürgerung.

4. Völkerrechtliche Verlustgründe

Das deutsche Gesetz schließt weitere völkerrechtliche Verlustgründe nicht aus. Soweit ein solcher Verlust die Folge eines völkerrechtlichen Vertrages ist, der in deutsches Recht transformiert ist, können rechtliche Bedenken nicht bestehen. Lex posterior derogat legi priori. Das spätere Ratifikationsgesetz geht dem älteren Staatsangehörigkeitsgesetz von 1913 vor. Auf diesem Wege haben durch und im Anschluß an den Versailler Vertrag zahlreiche deutsche Staatsangehörige ihre Staatsangehörigkeit verloren und eine neue erworben. (Vgl. Schätzel, Die Regelung der Staatsangehörigkeit n. d. Weltkrieg 1927; Siedler-Schätzel in Crusen-Maas-Siedler S. 843 ff.).

In der Zeit nach dem 2. Weltkrieg liegen die Verhältnisse rechtlich schwieriger. In keinem Fall ist es bisher zu einer vertraglichen Regelung gekommen. Es liegen nur einseitige gesetzliche Maßnahmen, teils von deutscher Seite, teils von Seiten der betroffenen Staaten vor, teils ist man auf die recht unsicheren völkerrechtlichen Sätze angewiesen. Daher sind bei der Regelung der Staatsangehörigkeitsfragen an den östlichen und südöstlichen Grenzen Deutschlands überall Zweifel aufgetaucht, welche durch die beiden Staatsangehörigkeitsregelungsgesetze von 1955 und 1956 ausgeräumt werden sollten. Wieweit das gelungen ist, wird unten S. 246 ff. dargestellt.

Eine grundsätzliche Frage erhebt sich: Das Grundgesetz hat den Besitz der deutschen Staatsangehörigkeit unter verfassungsmäßigen Schutz gestellt, Art. 3, 16, 116 GG. Das war bisher nicht der Fall. Die deutsche Staatsangehörigkeit stand bisher zur Disposition des deutschen Gesetzgebers und konnte durch ratifizierte und transformierte völkerrechtliche Verträge jederzeit aufgegeben werden. Durch Art. 16 GG ist zwar der Bundesregierung nicht die Möglichkeit genommen, auf völkerrechtlichem Wege die Staatsangehörigkeit ihrer Angehörigen zu ändern oder aufzugeben, es sind ihrem freien Willen jedoch Schranken gesetzt. Auch beim Abschluß völkerrechtlicher Verträge und bei Gesetzen, welche die deutsche Rechtslage völkerrechtlichen Begebenheiten anpassen sollen, bestehen diese Schranken. Sie spielen bei den Staatsangehörigkeitsregelungsgesetzen von 1955 und 1956 eine besondere Rolle und sind dort behandelt.

§ 18

Die Entlassung[1] einer Ehefrau kann nur von dem Manne[2] und, sofern dieser ein Deutscher ist, nur zugleich mit seiner Entlassung beantragt werden. Der Antrag bedarf der Zustimmung der Frau[3].

1. Geschichtliches

Die breite Ausgestaltung des heute wenig bedeutsamen Instituts der Entlassung hat geschichtliche Gründe. Da Abwanderung ohne Erlaubnis verboten war, bedurfte es der vorherigen Entlassung. „Untertanen, welche ohne vorgängige Entlassung auswandern, sind nach den darüber bestehenden Gesetzen zu bestrafen" bestimmte das preußische Staatsangehörigkeitsgesetz von 1842. Es regelte daher die Entlassung in 6 Paragraphen. Aus dem preußischen Gesetz ist die Entlassung dann in die Reichsgesetze von 1870 und 1913 gelangt.

2. Kollektivsystem

a) Die bisherige Staatsangehörigkeitsgesetzgebung stand auf dem Grundsatz der einheitlichen Staatsangehörigkeit der Familie und der notwendigen Abhängigkeit der Staatsangehörigkeit der Ehefrau von der des Mannes. Das preußische Gesetz von 1842 und das Reichsgesetz von 1870 führten den Grundsatz folgerichtig durch. Es gab kein eigenes Recht der Frau. Sie wurde um ihre Zustimmung nicht gefragt und konnte nicht getrennt entlassen werden. Das führte zu Unzuträglichkeiten, da der Grundsatz selbst bei getrennt lebenden Ehegatten galt. War z. B. der Mann allein nach Amerika ausgewandert und beantragte er von dort die Entlassung, so wurde auch seine in Deutschland zurückgebliebene Frau ungefragt mitentlassen und damit staatenlos. Das Gesetz von 1913 brachte hier bereits eine Einschränkung des ehemännlichen Rechts. Ein Entlassungsantrag für sie bedurfte ihrer Zustimmung. War diese nicht erteilt, so behielt sie die deutsche Staatsangehörigkeit. Der Grundsatz der unbedingten Einheit der Staatsangehörigkeit der Familie war damit aufgegeben. Die Frau blieb in ihren Rechten aber immer noch beschränkt, denn sie konnte ihre Entlassung nicht beantragen, sondern nur der Ehemann mit Zustimmung der Frau.

b) Der Grundsatz der Einheit der Staatsangehörigkeit der Ehegatten hat sich in den Weltkriegen ungünstig ausgewirkt, da dadurch das Vermögen der ursprünglich ausländischen Frau der Liquidation durch die Feindmächte ausgesetzt wurde, während es bei Aufrechterhaltung der Abstammungsstaatsangehörigkeit der Frau davor bewahrt geblieben wäre. Angesichts der Vorschrift des § 6 konnte der Erwerb der deutschen Staatsangehörigkeit für die Ausländerin nicht ausgeschlossen werden. Man ist in Fällen dieser Art auf den Ausweg verfallen, die ausländische Ehefrau sofort nach der Eheschließung wieder aus der deutschen Staatsangehörigkeit zu entlassen. Das war zwar contra legem, angesichts des Zweckes jedoch vertretbar. Eine solche Entlassung war trotz ihrer Fehlerhaftigkeit voll wirksam. Auch eine

Rücknahme durch die den fehlerhaften Staatsakt erlassende Behörde kommt nicht in Frage, da sie den Fehler bewußt und gewollt begangen hat.

3. Außerkraftsetzung des § 18

Man war sich von Anfang nicht im Zweifel, daß die Regelung des § 18 dem Grundsatz der Gleichberechtigung widersprach und daher dem Art. 3 GG weichen mußte. Mit dem 1. April 1953 ist daher diese gesetzliche Bestimmung als aufgehoben anzusehen. (Ebenso L i c h t e r S. 121; M a ß f e l l e r S. 55.) Für die Entlassung einer Ehefrau gelten daher heute die allgemeinen Regeln. Der Antrag des Mannes hat keine Wirkung für sie. Sie muß einen eigenen Antrag stellen. Sie ist auch allein antragsberechtigt, der Mann hat kein Widerspruchsrecht. Eine andere Frage ist, ob ein Antrag der Frau entgegen dem Willen des Mannes etwa als ehewidrig anzusehen wäre. Das hängt von den Umständen ab, geht die Verwaltungsbehörde aber nichts an.

4. Minderjährige Ehefrauen

Mit der Annahme des Gleichberechtigungsgrundsatzes ist die Frage des eigenen Antragsrechts der minderjährigen Ehefrau aufgetaucht. Bisher gab es diese Frage nicht, da ihre Entlassung nur durch den Mann beantragt werden konnte. Nachdem dieser dieses Recht nicht mehr hat, muß man sich fragen, wer es ausübt, wenn z. B. der Mann mit seiner 20jährigen Ehefrau auswandern will. Der Entlassungsantrag für Minderjährige wird nach § 19 grundsätzlich vom gesetzlichen Vertreter gestellt. § 19 des Gesetzes von 1870 nahm jedoch ausdrücklich Töchter aus, die verheiratet sind oder verheiratet waren. Der Gesetzgeber von 1913 hat diesen Satz für entbehrlich gehalten, weil nach § 18 nur der Ehemann der minderjährigen Frau die Entlassung beantragen konnte und damit jedes Recht des Vaters entfiel. Der Gesetzgeber von 1957 hat nicht gemerkt, daß mit dem Wegfall des Rechts des Mannes die Frage des Vertretungsrechts des Vaters auftauchen mußte. § 6 Abs. 3 des 3. StAngRglG bestimmt für die Einbürgerung der ausländischen Ehefrau, daß die minderjährige Frau der volljährigen gleichsteht. Es bleibt nichts anderes übrig, als diese Gesetzesbestimmung analog auch auf den Fall der Entlassung anzuwenden.

§ 19

Die Entlassung einer Person, die unter elterlicher Gewalt[1] oder unter Vormundschaft steht, kann nur von dem gesetzlichen Vertreter und nur mit Genehmigung des deutschen Vormundschaftsgerichts[4] beantragt werden. Gegen die Entscheidung des Vormundschaftsgerichts steht auch der Staatsanwaltschaft[6] die Beschwerde zu; gegen den Beschluß des Beschwerdegerichts ist die weitere Beschwerde unbeschränkt zulässig.

Die Genehmigung des Vormundschaftsgerichts ist nicht erforderlich, wenn der Vater[2] oder die Mutter[3] die Entlassung für sich und zugleich kraft elterlicher Gewalt für ein Kind[5] beantragt und dem

Antragsteller die Sorge für die Person dieses Kindes zusteht. Erstreckt sich der Wirkungskreis eines der Mutter bestellten Beistandes auf die Sorge für die Person des Kindes, so bedarf die Mutter zu dem Antrag auf Entlassung des Kindes der Genehmigung des Beistandes.

1. Minderjährigkeit

In der Bundesrepublik und im Saarland ist die Altersgrenze des BGB von 21 Jahren aufrechterhalten. In der DDR wird dagegen wie in den Oststaaten die Volljährigkeit mit 18 Jahren erreicht (Volljährigkeitsges. vom 17. Mai 1950). Diese Bestimmung ist in der Bundesrepublik anzuerkennen. Sie widerspricht auch nicht dem ordre public. Wenn nach dem Personalstatut 19jährige Russen und Polen in der Bundesrepublik als volljährig zu behandeln sind, kann aus Gründen der öffentlichen Ordnung nichts entgegenstehen, bei einem Sachsen ebenso zu verfahren (fast einstimmige westdeutsche Rechtsprechung. Vgl. die bei Drobnig Entscheidungen z. interzon. Privatrecht Bd. 1 S. 59 ff. abgedruckten Entscheidungen). Aus diesem Grundsatz folgt ferner, daß ein aus der DDR in die Bundesrepublik Zugewanderter seine bereits erreichte Volljährigkeit behält. Man kann einen bereits Volljährigen nicht wieder zu einem Minderjährigen machen. Nach der DDR aus der Bundesrepublik Übersiedelnde werden mit der dortigen Niederlassung volljährig.

Wenn danach auch in der Bundesrepublik für die Entlassung auf eigenen Antrag das Volljährigkeitsalter festgehalten ist, so kann doch nicht übersehen werden, daß in zahlreichen völkerrechtlichen Verträgen und Einzelgesetzen das 18. Lebensjahr für die Entscheidung über die eigene Staatsangehörigkeit als maßgebend festgesetzt ist. Dies gilt für sämtliche Staatsangehörigkeitsbestimmungen des Versailler Vertrages und der zu seiner Ausführung ergangenen Abkommen. Auch für die Staatsangehörigkeitsregelungsgesetze von 1955 und 1956 ist für die Entscheidung in Staatsangehörigkeitsfragen die Vollendung des 18. Lebensjahres maßgebend (1. StAngRglG § 14). Es ist angesichts dieser Bestimmungen wenig befriedigend, daß Personen zwischen 18 und 21 Jahren bei verschiedenen Akten aus dem Staatsangehörigkeitsrecht verschieden, teils als volljährig, teils als minderjährig behandelt werden sollen. So könnte ein 18jähriger nach dem 1. StAngRglG durch Geltendmachung des Einbürgerungsanspruchs die deutsche Staatsangehörigkeit erworben haben. Es ist dann nicht folgerichtig, daß er für den Antrag auf Entlassung wieder als minderjährig angesehen werden soll. Ich möchte daher bei meiner unwidersprochen gebliebenen Ansicht bleiben (1. Aufl. S. 89), daß ein über 18 Jahre alter Minderjähriger, der einmal entsprechend den gesetzlichen Bestimmungen selbständig seine Staatsangehörigkeit gewählt hat, damit auch in Zukunft über seine Staatsangehörigkeit frei entscheiden kann und nicht mehr in den Status des Minderjährigen zurückverfällt.

Die einfachste Lösung wäre, wenn in Staatsangehörigkeitsfragen allgemein das 18. Lebensjahr zur selbständigen Entscheidung als ausreichend anerkannt würde, wie es ein vorliegender Gesetzesentwurf vorschlägt (vgl. Maßfeller S. 60).

2. Eheliche Kinder bei bestehender Ehe

Nach dem Kollektivsystem erstreckte sich zwar die Einbürgerung des Vaters von selbst auf die Kinder, bei der Entlassung tritt eine solche Erstreckung auf die Kinder nicht von selbst ein. Es bedarf eines ausdrücklichen Antrags auch für die Kinder. Zu diesem Antrag ist jedoch allein der Vater als gesetzlicher Vertreter berechtigt, nicht das Kind selbst, nicht die Mutter. Beide werden auch nicht gehört.

Nach Inkrafttreten des Gleichberechtigungsgrundsatzes wurde es zweifelhaft, ob es bei dem Alleinvertretungsrecht des Vaters bleiben konnte oder ob jetzt auch noch die Zustimmung der Mutter verlangt werden mußte. Man neigte dazu, die Gesamtvertretung durch beide Elternteile zu verlangen (Vgl. Haegele Justiz 1955 S. 25; Maßfeller S. 57). Niedersachsen empfahl daher zur Vermeidung von Rechtsunsicherheit durch Rundvfg. des Innenministers v. 7. Aug. 1953 StAZ 1953 S. 203 die Stellung des Antrags durch beide Ehegatten.

Diese Zweifel können heute als ausgeräumt betrachtet werden. Die neue Fassung des § 1629, Gleichberechtigungsges. v. 18. Juni 1957 (BGBl. I S. 609) läßt es bei dem Alleinvertretungsrecht des Vaters. Die Mutter hat kein Widerspruchsrecht.

Auf Adoptivkinder sind die Bestimmungen über eheliche Kinder in vollem Umfang anwendbar (Lichter S. 124; Maßfeller S. 58).

3. Eheliche Kinder bei getrennter Ehe

Eine verwitwete Frau übt die volle elterliche Gewalt über die Kinder aus. Daran ändert sich auch nichts im Falle ihrer Wiederverheiratung. Die frühere Bestimmung des § 1697 BGB, daß sie in diesem Falle die elterliche Gewalt verliert, ist seit dem 1. April 1953 als aufgehoben anzusehen (Maßfeller S. 58). Erwirbt sie durch diese eine andere Staatsangehörigkeit und hat sie (vor dem 1. April 1953) dadurch die deutsche verloren, so bleibt die deutsche Staatsangehörigkeit der Kinder unberührt. Allerdings lassen manche fremde Rechte in diesem Fall einen Erwerb der Staatsangehörigkeit der Kinder eintreten, so daß diese dann doppelstaatig werden. Will sie in diesem Fall die Staatsangehörigkeit der Kinder ändern, so bedarf es der Genehmigung des Vormundschaftsgerichts, da diese Genehmigung nur entfällt, wenn Mutter und Kinder gleichzeitig entlassen werden.

Ist eine Ehe geschieden oder für nichtig erklärt, so bestimmt nach dem neugefaßten § 1671 BGB (ab 1. Juli 1958) das Vormundschaftsgericht, welchem Elternteil die elterliche Gewalt zusteht. Dieser entscheidet in Staatsangehörigkeitssachen dann auch allein. Eine Mitwirkung oder Zustimmung des anderen ist nicht vorgesehen. Der andere Teil könnte die Entlassung des Kindes aus der deutschen Staatsangehörigkeit nur verhindern, indem er beim Vormundschaftsgericht eine Übertragung der elterlichen Gewalt auf sich beantragt und durchsetzt.

Die Bestimmung Abs. 2 Satz 2, wonach in dem Fall der Bestellung eines Beistandes, dessen Wirkungskreis sich auch auf die Person des Kindes erstreckt, dessen Genehmigung bedarf, ist als überholt anzusehen, da sie dem Grundsatz der Gleichberechtigung widerspricht.

4. Getrennte Entlassung nicht voll Geschäftsfähiger

Es kommen folgende Entlassungen in Frage:

a) Eheliche Kinder, die ohne gleichzeitige Entlassung des vertretungsberechtigten Elternteils entlassen werden sollen;

b) unter Vormundschaft stehende Kinder. Dies sind Waisenkinder und alle unehelichen Kinder, es sei denn, daß die uneheliche Mutter zum Vormund bestellt ist;

c) entmündigte und unter vorläufige Vormundschaft gestellte Personen.

In all diesen Fällen bedarf es der Mitwirkung des Vormundschaftsgerichts. Das Verfahren vor dem Vormundschaftsgericht und das Beschwerderecht der Beteiligten richtet sich nach den Bestimmungen des FGG, §§ 20 und 57 ff. Gegen die Versagung der Genehmigung durch das Vormundschaftsgericht hat der gesetzliche Vertreter und, falls der Vertretene das 14. Lebensjahr vollendet hat, auch dieser ein Beschwerderecht; der Staatsanwaltschaft steht das Beschwerderecht sowohl im Falle der Erteilung wie in dem der Versagung der Genehmigung zu. Der Minderjährige kann sich über die Erteilung der Genehmigung nicht beschweren. Da er jedoch vor der Erteilung zu hören ist, falls er das 14. Lebensjahr vollendet hat, hat er die Gelegenheit, seinen ablehnenden Willen zum Ausdruck zu bringen.

Unterbleibt die Einholung der Genehmigung des Vormundschaftsgerichts versehentlich, so ist die ausgesprochene Entlassung trotzdem gültig. (Lichter S. 124; Keller-Trautmann S. 250.)

5. Die Rechte des Minderjährigen

Bis zur Vollendung des 14. Lebensjahres wird er in keinem Fall gefragt. Vom 14. Lebensjahr ab ist er zu hören, wenn er allein entlassen werden soll, nicht dagegen wenn es sich um die Entlassung zusammen mit dem vertretungsberechtigten Elternteil handelt. Es kann danach eintreten, daß ein Zwanzigjähriger ungefragt aus der deutschen Staatsangehörigkeit entlassen wird.

Hier wollte der frühere § 11 helfend eingreifen, indem er dem volljährig Gewordenen einen Anspruch auf Wiedereinbürgerung innerhalb der beiden auf seine Volljährigkeit folgenden Jahre gab. Diese Gesetzesbestimmung ist jedoch durch den nationalsozialistischen Gesetzgeber aufgehoben worden (Gesetz zur Änderg. d. R. u. StAngG vom 15. Mai 1935 RGBl. I S. 593) und bisher nicht wieder eingeführt. Der Betreffende ist daher heute auf den Weg der normalen Einbürgerung angewiesen. Vgl. oben S. 164.

6. Staatsanwaltschaft

Im Gegensatz zu den früheren Gesetzen hat das Gesetz von 1913 eine Mitwirkung der Staatsanwaltschaft vorgesehen. Sie kommt allerdings nur in den Fällen in Frage, daß das Vormundschaftsgericht eine Genehmigung zu erteilen hat, nicht dagegen, wenn der vertretungsberechtigte Elternteil die Entlassung des Kindes zugleich mit der eigenen beantragt. Wie die Bemerkungen von Keller-Trautmann S. 253 zeigen, ist die Einfügung dieser Bestimmung auf militärisch-politische Erwägungen zurückzuführen. Man fürchtete, der Vormund könnte die Entlassung beantragen, um den Minderjährigen der künftigen Wehrpflicht zu entziehen. Die Sorge scheint unbegründet, denn die Entlassung wird nach § 24 unwirksam, wenn nicht binnen eines Jahres der Wohnsitz ins Ausland verlegt wird. Wird der Wohnsitz tatsächlich dorthin verlegt, so kann die Erfüllung der Wehrpflicht sowieso nicht erzwungen werden.

§ 20

Die Entlassung aus der Staatsangehörigkeit in einem Bundesstaate bewirkt gleichzeitig die Entlassung aus der Staatsangehörigkeit in jedem anderen Bundesstaate, soweit sich der Entlassene nicht die Staatsangehörigkeit in einem anderen Bundesstaate durch eine Erklärung gegenüber der zuständigen Behörde des entlassenden Staates vorbehält. Dieser Vorbehalt muß in der Entlassungsurkunde vermerkt werden.

1. Jetzige Bedeutungslosigkeit des § 20.

Nachdem mit dem Neuaufbaugesetz vom 30. Januar 1934 und der DVO vom 5. Februar 1934 die Landesangehörigkeiten beseitigt sind, ist diese Gesetzesbestimmung ohne formelle Aufhebung bedeutungslos geworden. Selbst wenn man annimmt, daß in der Bundesrepublik Landesangehörigkeiten wieder aufgelebt sind (vgl. oben S. 91) ist diese Gesetzesbestimmung auf diese neuen Landesangehörigkeiten nicht anwendbar.

2. Frühere Bedeutung.

Diese Gesetzesbestimmung befand sich nicht im Gesetz von 1870 und wurde in das Gesetz von 1913 erst durch den Reichstag eingefügt. Sie wurde dadurch notwendig, daß das Gesetz von 1913 die Häufung der Landesangehörigkeiten bewußt begünstigte, um das nationale Zusammenwachsen der deutschen Stämme zu fördern. Die Zahl der Deutschen mit mehrfachen Landesangehörigkeiten war ständig im Steigen. Ohne die neu eingefügte Bestimmung wäre die Auslegung möglich gewesen, daß in einem deutschen Land aus der Angehörigkeit entlassene Personen eine zweite in einem anderen doch noch behalten hätten und damit Reichsangehörige geblieben wären, während ihr Wille in der Regel doch wohl dahin ging, auch aus der Reichsangehörigkeit auszuscheiden.

§ 21

Die Entlassung muß jedem Staatsangehörigen auf seinen Antrag erteilt werden, wenn er die Staatsangehörigkeit in einem anderen Bundesstaate besitzt und sich diese gemäß § 20 vorbehält.

Auch ohne formelle Aufhebung ist diese Gesetzesbestimmung dadurch gegenstandslos geworden, daß die Landesangehörigkeit durch das Neuaufbaugesetz vom 30. Januar 1934 und die VO vom 5. Februar 1934 beseitigt ist. Auch soweit die neuen deutschen Länder der Bundesrepublik eine Landesangehörigkeit kennen, gibt es keine Entlassung aus dieser.

Es ist vielmehr anzunehmen, daß diese neue deutsche Landesangehörigkeit ausschließlich vom Wohnsitz abhängt und mit ihm begründet und aufgegeben wird. Vgl. oben S. 92.

§ 22

Fehlt es an den Voraussetzungen des § 21, so wird die Entlassung[1] nicht erteilt

1. Wehrpflichtigen,[2] über deren Dienstverpflichtung noch nicht endgültig entschieden ist, sofern sie nicht ein Zeugnis der Ersatzkommission darüber beibringen, daß nach der Überzeugung der Kommission die Entlassung nicht in der Absicht nachgesucht wird, die Erfüllung der aktiven Dienstpflicht zu umgehen,

2. Mannschaften des aktiven Heeres, der aktiven Marine oder der aktiven Schutztruppe,

3. Mannschaften des Beurlaubtenstandes der im § 56 Nr. 2—4 des Reichsmilitärgesetzes bezeichneten Art, sofern sie nicht die Genehmigung der Militärbehörde erhalten haben,

4. sonstigen Mannschaften des Beurlaubtenstandes, nachdem sie eine Einberufung zum aktiven Dienst erhalten haben,

5. Beamten und Offizieren, mit Einschluß derer des Beurlaubtenstandes, bevor sie aus dem Dienst entlassen sind.

Aus anderen als den in Abs. 1 bezeichneten Gründen[3] darf in Friedenszeiten die Entlassung nicht versagt werden. Für die Zeit eines Krieges oder einer Kriegsgefahr bleibt dem Kaiser der Erlaß besonderer Anordnungen vorbehalten.

1. Die Entlassung.

a) Oben § 18 Anm. 1 ist dargestellt, wie es zur Schaffung des Instituts der Entlassung gekommen ist. Da Auswanderung grundsätzlich von staatlicher Genehmigung abhing, mußte der Auswanderer vorher entlassen werden.

b) Inzwischen setzte sich jedoch der Grundsatz der Auswanderungsfreiheit durch. Die preußische Verfassungsurkunde vom 31. Januar 1850 enthielt in Art. 11 die Bestimmung: „Die Freiheit der Auswanderung kann von Staats wegen nur in Bezug auf die Wehrpflicht beschränkt werden.“ Für das Reich bestimmte die Weimarer Reichsverfassung 1919 in Art. 112: „Jeder Deutsche ist berechtigt, nach außerdeutschen Ländern auszuwandern.“ Die Vereinten Nationen haben die Auswanderungsfreiheit und das Recht auf Wechsel der Staatsangehörigkeit in der Deklaration der Menschenrechte vom 10. Dezember 1948 Art. 13 Ziff. 2 und 15, Ziff. 2 zu Grundrechten des Individuums erklärt. Der Auswanderer bedarf heute in der Bundesrepublik keiner besonderen Genehmigung mehr. Damit hat das Institut der Entlassung seine Hauptbedeutung verloren. Es wäre von dem Auswanderer sogar unvorsichtig, vor der Auswanderung seine

Entlassung nachzusuchen, da er bei den heute erschwerten Einwanderungsbestimmungen der überseeischen Länder nicht sicher ist, ob er in dem Lande der beabsichtigten Einwanderung auch aufgenommen und eingebürgert werden wird, und er sich daher der Gefahr der Staatenlosigkeit aussetzt. Reist er mit seiner bisherigen Staatsangehörigkeit, so bleibt ihm für den Fall des Mißlingens der Auswanderung jedenfalls der Schutz seines bisherigen Staates, der ihn notfalls sogar auf seine Kosten zurückbefördern muß. Bei einer Entlassung könnte er dagegen völlig hilflos dastehen. Das Institut der Entlassung ist daher als gefährlich abzulehnen.

c) Es ist heute auch nicht mehr nötig, da der deutsche Gesetzgeber von 1913 in § 25 den neuen Verlustgrund des Erwerbs einer fremden Staatsangehörigkeit aufgenommen hat, den das Gesetz von 1870 noch nicht kannte. Das Gesetz von 1870 stellte sich die Umbürgerung des Auswanderers in der Weise vor, daß er sich vor der Abfahrt entlassen ließ und er bei der Ankunft in der neuen Heimat sofort eingebürgert wurde. Die Entlassung erschien auch notwendig, um Doppelstaatigkeit zu vermeiden. Seit der Einführung des neuen Verlustgrundes des § 25 läuft die Umbürgerung viel besser und nahtloser. Der Auswanderer fährt noch mit der alten Staatsangehörigkeit ab und verliert sie erst im Augenblick der tatsächlichen Einbürgerung im anderen Land. Er ist damit niemals staatenlos und niemals doppelstaatig. Das Institut der Entlassung ist daher entbehrlich und ist in vielen modernen Staatsangehörigkeitsrechten inzwischen auch abgeschafft.

d) Es ist auch unerwünscht, weil es die Tür zur Staatenlosigkeit öffnet. Allgemein herrscht die Auffassung, daß Staatenlose in größerer Zahl geeignet sind, die internationale Ordnung zu stören. Daher geht das Bestreben dahin, die Entstehung von Staatenlosigkeit zu unterbinden. Dem Grundsatz der internationalen Freizügigkeit ist vollauf genügt, wenn der Heimatstaat des Auswanderers ihn aus seiner Staatsangehörigkeit im Augenblick des Erwerbs einer fremden Staatsangehörigkeit freigibt. Ein Recht des Individuums auf völlige Staatenlosigkeit wird nicht anerkannt. Daher machen manche Staatsangehörigkeitsrechte, welche die Entlassung noch kennen, sie davon abhängig, daß der um Entlassung Bittende den Besitz oder den Erwerb einer fremden Staatsangehörigkeit nachweist. Bei dieser Einschränkung ist die Entlassung vertretbar und sogar nützlich. Das deutsche Recht kennt jedoch diese Einschränkung nicht. Der Regierungspräsident kann die Entlassung nicht vom Nachweis des Besitzes oder des Erwerbs einer fremden Staatsangehörigkeit abhängig machen. Er muß dem Gesuchsteller auch in die völlig ungewisse Staatenlosigkeit entlassen.

2. Versagung aus wehrrechtlichen Gründen

a) Schon das preußische Gesetz von 1842 und das Reichsgesetz von 1870 kannten die Versagung die Entlassung aus Gründen der Wehrpflicht. Das Gesetz von 1913 fand das Wehrgesetz vom 29. November 1867 BGBl. S. 131, die Reichsverfassung von 1871 Art. 57, das Gesetz betreffend Änderung der Wehrpflicht vom 11. Februar 1888, RGBl. S. 11 und die Wehrordnung vom 22. 11. 1888 vor. Auf diese gesetzlichen Bestimmungen war der § 22 zugeschnitten. Die Entlassung mußte aus den aufgeführten Gründen versagt werden. Eine trotzdem erteilte Entlassung war jedoch gültig und nicht widerruflich.

b) In der Weimarer Zeit wurde die Wehrpflicht abgeschafft. Reichsgesetz vom 21. August 1920 (RGBl. 1920 S. 1608). Die neue Reichswehr gründete sich auf das Reichswehrgesetz vom 23. März 1921 (RGBl. 1921 S. 329, das in § 48 alle früheren gesetzlichen Bestimmungen, die auf die allgemeine Wehrpflicht Bezug hatten, aufhob.) Damit verloren die Ziffern 1, 3 und 4 ihre Grundlage. Dagegen wurde angenommen, daß die Ziffern 2 und 5 weiter in Geltung blieben, soweit sie Angehörige der neuen Reichswehr betrafen. (So Isay S. 55; Schätzel 1. Aufl. S. 93).

c) Im NS-Staat wurde die allgemeine Wehrpflicht durch Reichsgesetz vom 21. Mai 1935 (RGBl. I S. 609) wieder eingeführt. Da § 22 niemals ausdrücklich aufgehoben war, gewann er nun wieder seine volle Kraft und wurde den 5 in § 22 aufgezählten Kategorien die Entlassung verweigert.

d) In der Zeit nach dem 2. Weltkrieg wurde zunächst die allgemeine Wehrpflicht wieder abgeschafft, die deutsche Wehrmacht aufgelöst und durch Gesetze und Anordnungen der Besatzungsmächte jede militärische Ausbildung verboten, Proklam. 2, Gesetz 8 und 34 des Kontrollrats. Während dieser Zeit konnte lediglich die Ziff. 5, soweit sie sich auf Beamte bezog, noch Wirksamkeit besitzen.

e) Wieder eingeführt wurde die allgemeine Wehrpflicht durch das Wehrpflichtgesetz vom 21. Juli 1956 (RGBl. I S. 651). Damit haben die Bestimmungen des § 22 über Verweigerung der Entlassung an Wehrpflichtige zum drittenmal ihre volle Kraft und Bedeutung wiedergewonnen.

3. Andere Versagungsgründe

a) Aus anderen als wehrrechtlichen Gründen darf die Entlassung grundsätzlich nicht verweigert werden. (Lichter S. 127; Isay S. 55). Verweigerung der Entlassung wegen Steuerrückständen ist unzulässig. (Pr. OVG 15, 405). Dementsprechend ordnet auch eine Verfügung des preuß. Innenministers Ministerialbl. f. d. i. V. 1922 S. 605 an, daß Vorenthalt der Entlassungsurkunde wegen Steuerrückständen zu unterbleiben habe, verweist jedoch gleichzeitig für diesen Fall auf § 352 der Reichsabgabenordnung vom 13. Dezember 1919 (RGBl. 1919 S. 1993), welcher die Möglichkeit eines Personalarrestes zur Sicherstellung von Steuerforderungen vorsieht. Erfolgt Verhaftung auf Grund dieser Vorschrift, so unterbleibt die Aushändigung der Entlassungsurkunde nach § 23 Abs. 1 Satz 2.

b) Da ein Anspruch auf Entlassung besteht, kann im Falle der Ablehnung vor dem Verwaltungsgericht auf Erteilung der Entlassungsurkunde geklagt werden. § 40 des Gesetzes.

4. Entlassung von Deutschen nach Art. 116 I GG

Dem Staatsangehörigkeitsgesetz ist nur zu entnehmen, daß deutsche Staatsangehörige ein Recht auf Entlassung haben. Für die Flüchtlinge und Vertriebenen, die in Deutschland Aufnahme gefunden und nach Art. 116 I GG den Status als Deutscher ohne deutsche Staatsangehörigkeit erhalten haben, ist gesetzlich nichts bestimmt. Es fragt sich daher, ob und wie sie entlassen werden können. Im allgemeinen nimmt man an, daß die Grundsätze des heutigen Staatsangehörigkeitsgesetzes auf die „Nurdeutschen" analog anzuwenden sind. Dies gilt insbesondere für die Übertragung des Status durch Abstammung und Verheiratung. Es ist daher nicht einzusehen, warum es nicht auch eine Entlassung aus dem Status des Art. 116 I GG geben soll. Es scheint jedoch, daß die Praxis einen solchen Anspruch nicht anerkennt. (Vgl. Hoffmann I. S. 33). Allerdings wäre eine Entlassung dieser Personen überflüssig, wenn man meiner Annahme folgt, daß sie mit der Aufgabe des Wohnsitzes in Deutschland von selbst die Eigenschaft aus Art. 116 I GG verlieren. Vgl. zu dieser Frage unten S. 268.

§ 23

Die Entlassung[1] wird wirksam mit der Aushändigung einer von der höheren Verwaltungsbehörde des Heimatstaats ausgefertigten[2] Entlassungsurkunde.[3, 4] Die Urkunde wird nicht ausgehändigt[5] an Personen, die verhaftet sind oder deren Verhaftung oder Festnahme von einer Gerichts- oder Polizeibehörde angeordnet ist.

Soll sich die Entlassung zugleich auf die Ehefrau oder die Kinder des Antragstellers beziehen, so müssen auch diese Personen in der Entlassungsurkunde mit Namen aufgeführt werden.[6]

1. Entlassungsurkunde

Gleich der Einbürgerung bedarf die Entlassung, um wirksam zu werden, der Aushändigung einer Entlassungsurkunde. Erforderlich sind: Antrag, gültige Ausstellung der Entlassungsurkunde, Aushändigung. Das rechtlich Entscheidende ist der Staatsakt. Die Entlassung ist ein antragsbedingter Hoheitsakt. Sie unterscheidet sich dadurch von dem Verzicht oder der negativen Option, bei denen die Rechtswirkung mit Abgabe der Willenserklärung der betroffenen Person gegenüber der zuständigen Behörde eintritt.

2. Antrag

Das Gesetz sagt nicht ausdrücklich, daß zur wirksamen Entlassung ein Antrag erforderlich ist. Der Gesetzgeber spricht jedoch in §§ 18 ff. wiederholt von Antragsteller und dem Antrag. Daraus ist sein Wille zu entnehmen, daß die Entlassung eines Antrags bedarf. Eine Entlassung ohne gültigen Antrag käme einer Zwangsausbürgerung, d. h. Entziehung der Staatsangehörigkeit, gleich, die nach Art. 16 GG verboten ist. Liegt dagegen der Antrag vor, so kann nach der Auffassung des Gesetzgebers nicht von Entziehung gesprochen werden. Art. 16 GG steht einer beantragten Entlassung nicht entgegen. Der Mangel eines rechtsgültigen Antrags macht daher die Entlassung nichtig, ohne daß es einer Aufhebung der Entlassungsverfügung bedürfte. Andererseits ist ein zu Unrecht Entlassener beschwert und kann auf Feststellung der Nichtigkeit, nicht auf Aufhebung klagen. Es ist auch kein Zivilgericht gehindert, die auf dem Mangel des Antrags beruhende Nichtigkeit festzustellen.

3. Zeitpunkt der Wirksamkeit

Wie bei der Einbürgerung ist der Eintritt der Wirksamkeit von der Aushändigung an den richtigen Adressaten abhängig und tritt die Entlassung erst mit diesem Zeitpunkt in Kraft. Das über die Aushändigung bei der Einbürgerung Gesagte gilt auch hier. Vgl. § 16 Anm. 3. Das Gesetz sieht keine Entlassung mit rückwirkender Kraft vor. Sie kann daher auch von der entlassenden Behörde nicht verfügt werden. Ein trotzdem aufgenommener Vermerk über eine Rückdatierung gälte als nicht geschrieben, machte aber die Entlassung nicht unwirksam. Sie tritt nach den gesetzlichen Vorschriften mit der Aushändigung der Urkunde ein.

4. Fehler bei der Entlassung

Das über die fehlerhafte Einbürgerung Gesagte (oben § 16 Anm. 5) gilt auch hier entsprechend. Die Entlassung ist — außer beim Fehlen des Antrags — niemals absolut nichtig, sie ist jedoch im Falle der Erschleichung, z. B. Täuschung über Wehrverhältnis, widerruflich.

5. Nichtaushändigung an Verhaftete

Dieser Vorschrift liegt der Gedanke zugrunde, daß zunächst der Justiz Genüge zu leisten ist. Erfolgt versehentlich die Aushändigung trotzdem, so behält die Entlassung ihre volle Wirksamkeit.

Diese Vorschrift kann benutzt werden, um Steuerdefraudanten festzuhalten. Es ist zwar verboten, die Entlassung wegen Steuerrückständen zu verweigern, vgl. oben § 22 Anm. 3, aber die Vorschriften der RAO § 352 sehen die Möglichkeit der Festnahme eines fluchtverdächtigen Steuerschuldners vor. Alsdann kann praktisch die Entlassung doch bis zur Erledigung der Steuerangelegenheit verzögert werden. Unzulässig wäre es jedoch, die Entlassung unter der Bedingung der Steuernachzahlung auszusprechen. Die Entlassung kann weder befristet noch bedingt erteilt werden.

6. Absatz 2

a) Nach § 16 Abs. 2 ergreift die Aufnahme und Naturalisation des Familienhauptes von selbst die Ehefrau und die minderjährigen Kinder. Die Namhaftmachung dieser Personen in der Aufnahme- und Naturalisationsurkunde ist nur Sollvorschrift. Unterbleibt sie versehentlich, so tritt die Wirkung des Staatsangehörigkeitserwerbes bei Ehefrau und Kindern trotzdem ein.

Das Gesetz von 1870 enthielt in § 19 eine genau entsprechende Bestimmung für den Fall der Entlassung. Auch dort dehnten sich die Wirkungen der Entlassung des Familienhauptes mangels eines Vorbehaltes in der Entlassungsurkunde automatisch auf Frau und minderjährige Kinder aus. Das Gesetz von 1913 hatte hier eine wichtige Änderung getroffen: die Ausdehnung der Wirkung auf die Familienmitglieder fand nur noch statt, wenn diese tatsächlich in der Entlassungsurkunde des Familienhauptes namentlich aufgeführt sind. Unterblieb die namentliche Aufführung, obgleich die Entlassung für die ganze Familie beantragt war, so war die Entlassung gleichwohl nur in der Person des Familienhauptes wirksam, während die Familienmitglieder die bisherige Reichsangehörigkeit oder Landesangehörigkeit behielten. Es bedurfte in diesem Falle einer besondern Entlassungsurkunde für die vergessenen Personen.

b) Seit der Gleichberechtigung der Frau genügt der Antrag des Mannes nicht mehr, selbst wenn die Frau zugestimmt hat. Es ist daher ohne rechtliche Bedeutung, wenn die Frau in der Entlassungsurkunde zwar mit aufgeführt ist, jedoch kein besondere Antrag von ihr vorliegt. Die Urkunde ist dann bezüglich der Frau nichtig, behält für den Mann jedoch ihre Wirksamkeit. Hat sie einen selbständigen Antrag gestellt, so steht auch heute nichts entgegen, daß die Entlassung der Eheleute in einer gemeinsamen Urkunde geschieht. Nur muß alsdann auch die Aushändigung an die Frau persönlich erfolgen, wenn sie ihrem Mann keine Empfangsvollmacht erteilt hat.

c) Das Gesetz spricht allgemein von Kindern, nicht von Minderjährigen, und es fragt sich daher, ob auch volljährige Kinder gemeint sind. Diese Frage wird von Keller-Trautmann S. 279 und Lichter S. 130 bejaht. Ich habe Bedenken gegen diese Auslegung. Das Gesetz von 1870 § 19 sprach deutlich von Kindern, deren gesetzliche Vertretung dem Entlassenen kraft elterlicher Gewalt zusteht. Es war sicher nicht der Wille des Gesetzgebers von 1913 die Wirkungen der Entlassung des Vaters automatisch auf die volljährigen Kinder auszudehnen. Keller-Trautmann und Lichter verlangen daher aaO. für volljährige Kinder einen besonderen Antrag und praktischerweise eine besondere Entlassungsurkunde. Keinesfalls könnte es genügen, daß die Entlassungsurkunde nur dem Vater ausgehändigt wird. Die Streitfrage beschränkt sich darauf, ob bei der besonders zu beantragenden Entlassung volljähriger Kinder trotzdem die ganze Familie auf derselben Urkunde entlassen werden kann. Nach dem Wortlaut des Gesetzes ist das nicht ausgeschlossen. Da es jedoch einer besonderen Aushändigung an die volljährigen Kinder bedarf, spricht eigentlich alles gegen ein solches Verfahren.

d) Für die minderjährigen Kinder hat sich durch die Gleichberechtigung der Frau nichts geändert, da der Vater nach § 1629 BGB allein vertretungsberechtigt bleibt. Ihre auf den Antrag des Vaters vorgenommene Aufzählung genügt der gesetzlichen Vorschrift und bewirkt ihre gültige Entlassung. Da nach der Gleichberechtigung auch die Mutter die gesetzliche Vertretung haben kann, so ist die Vorschrift analog auch auf den Fall anzuwenden, daß eine Mutter die Entlassung für sich und die unter ihrer elterlichen Gewalt stehenden Kinder beantragt.

e) Ist ein bereits volljährig gewordenes Kind in der Entlassungsurkunde versehentlich als minderjährig mit aufgeführt, so kommt es darauf an, ob Antrag und Aushändigung bezüglich seiner Person in Ordnung sind. War das Kind zur Zeit der Antragstellung noch minderjährig, so war der Vater zur Antragstellung legitimiert und konnte die Behörde auch nach inzwischen eingetretener Volljährigkeit des Kindes die Entlassung verfügen, da ein ausreichender Antrag vorlag. Vorsichtiger wäre es allerdings, wenn die Behörde in einem solchen Fall das inzwischen volljährig gewordene Kind hörte. Erst bei der Aushändigung macht sich die inzwischen eingetretene Volljährigkeit bemerkbar. Jetzt genügt Aushändigung an den Vater nicht mehr. Zu empfehlen wäre, daß nunmehr eine besondere Entlassungsurkunde für das volljährig gewordene Kind ausgefertigt und diesem ausgehändigt würde. Geschieht das nicht, so wäre die Entlassung gleichwohl wirksam, wenn die Urkunde auch in die Hand des volljährig gewordenen Kindes kommt oder dieses beim Vater davon Kenntnis nimmt, ohne eine eigene Entlassungsurkunde zu verlangen.

f) Verheiratete Töchter sind in § 16 Abs. 2 bei der Einbürgerung dem Antragsrecht des Vaters entzogen. Auch § 19 des Gesetzes von 1870 nahm verheiratete und verheiratet gewesene Töchter ausdrücklich aus. In § 22 Abs. 2 fehlt eine entsprechende Bestimmung. Sie wurde für entbehrlich gehalten, da nach § 18 eine Ehefrau nur auf den Antrag des Mannes, nicht aber den eigenen entlassen werden konnte. Daraus ergab sich, daß der Vater als gesetzlicher Vertreter seiner minderjährigen Tochter für sie keinen Entlassungsantrag stellen konnte. Mit dem Fortfall des Antragsrechts des Mannes hat sich die Rechtslage aber geändert. Jetzt kann nur noch die Frau den Antrag selbst stellen, und da sie dies als Minderjährige nicht kann, so müßte man notwendigerweise ein Antragsrecht des Vaters annehmen. Daraus würde das nicht annehmbare Ergebnis folgen, daß ein auswandernder Vater seine in Deutschland verheiratete und hier verbleibende Tochter mit in die Entlassungsurkunde aufnehmen lassen könnte und sie danach ungefragt entlassen würde. Sie brauchte die Urkunde nicht einmal in die Hand zu bekommen und von der Entlassung nichts zu erfahren.

Dies Ergebnis kann nur vermieden werden, wenn man aus § 16 Abs. 2 die Bestimmung „Ausgenommen sind Töchter, die verheiratet sind oder verheiratet gewesen sind" analog auch in § 22 Abs. 2 übernimmt, wie es das Gesetz von 1870 schon bestimmt hatte. Man wird dies umso eher können, als das 3. Staatsangehörigkeitsregelungsgesetz vom 19. Aug. 1957 den § 6 StAngG dahin geändert hat, daß bei dem der ausländischen Ehefrau eingeräumten Recht des Erwerbs der deutschen Staatsangehörigkeit durch Erklärung Minderjährige den Volljährigen gleichstehen. Man wird daraus den Willen des Gesetzgebers herleiten können, daß auch die minderjährige Ehefrau ihre Staatsangehörigkeit selbst bestimmen kann. Mit diesem Grundsatz wäre es unvereinbar, wenn ihr Vater als gesetzlicher Vertreter, ohne sie zu fragen und vielleicht sogar gegen ihren Willen über ihre eigene Staatsangehörigkeit verfügte. Änderung des Gesetzestextes wäre jedoch dringend erwünscht.

g) Über 18 Jahre alte Kinder sind in der DDR volljährig. Der Antrag des Vaters genügt daher zu ihrer Entlassung nicht, sondern sie müssen ihn selbst stellen.

Aus der DDR nach der Bundesrepublik verziehende Personen vom vollendeten 18. Lebensjahr behalten die einmal erworbene Volljährigkeit. Vgl. § 19 Anm. 1.

Ebenso ist anzunehmen, daß Minderjährigen über 18 Jahre das volle Verfügungsrecht über ihre Staatsangehörigkeit zusteht, wenn sie zu den Personen gehören, denen nach dem ersten und zweiten Staatsangehörigkeitsregelungsgesetz von 1955 und 1956 ein eigenes Entscheidungsrecht über ihre Staatsangehörigkeit zusteht. Vgl. oben § 19 Anm. 1.

§ 24

Die Entlassung gilt als nicht erfolgt, wenn der Entlassene beim Ablauf eines Jahres nach der Aushändigung der Entlassungsurkunde seinen Wohnsitz oder seinen dauernden Aufenthalt im Inlande hat.

Diese Vorschrift findet keine Anwendung, wenn der Entlassene sich die Staatsangehörigkeit in einem anderen Bundesstaate gemäß § 20 vorbehalten hat.

1. Entstehungsgeschichte

Die Bestimmung entspricht im wesentlichen der des bisherigen § 18 Abs. 2 jedoch unter Verlängerung der dort vorgesehenen Frist von 6 Monaten auf ein Jahr. War die alte Sechsmonatsfrist am 1. Januar 1914 noch nicht voll abgelaufen, so ist an ihre Stelle die neue Jahresfrist getreten.

2. Zweck der Bestimmung

Die Bestimmung soll verhindern, daß sich Personen aus der deutschen Staatsangehörigkeit entlassen lassen, welche nicht die Absicht haben, wirklich auszuwandern. Es wird hierbei offenbar, daß der Gesetzgeber bei der Einrichtung und Aufrechterhaltung des Instituts der Entlassung ausschließlich an den Fall der Auswanderung gedacht hat, wie dies in gleicher Weise bei dem früheren Verlustgrund der 10jährigen Abwesenheit der Fall war. In Wahrheit soll nach der ratio legis noch gar nicht die Entlassung, sondern erst die Entlassung plus Auswanderung den Verlustgrund der Staatsangehörigkeit bilden. Eine Entlassung ohne Auswanderung gilt als in fraudem legis nachgesucht. Anstatt nun aber die Entlassung von der Auswanderung abhängig zu machen, haben sowohl das Gesetz von 1870 wie das von 1913 zu der sehr zweifelhaften legislatorischen Regelung der Einfügung einer Resolutivbedingung gegriffen: die Entlassung soll wieder unwirksam werden, und zwar mit rückwirkender Kraft, wenn der Entlassene nach Ablauf der Frist wieder oder noch im Lande ist. Dagegen hatte das Danziger Staatsangehörigkeitsgesetz § 18

Abs. 2 aus der Resolutivbedingung eine Voraussetzung der Entlassung gemacht: Die Entlassung durfte überhaupt nur erfolgen, wenn der Antragsteller seinen Wohnsitz in einem anderen Staate nahm. Er mußte daher entweder seinen Wohnsitz in Danzig schon aufgegeben oder bereits einen ausländischen gegründet haben. Diese gesetzliche Bestimmung kann auch heute noch beachtlich werden, da alle Danziger am 1. September 1939 die deutsche Staatsangehörigkeit erhalten haben.

3. Die Aufgabe des Wohnsitzes

a) Es kommt nur darauf an, ob der Entlassene ein Jahr nach der Aushändigung der Entlassungsurkunde seinen Wohnsitz oder dauernden Aufenthalt in Deutschland hat. Dabei ist es gleichgültig, ob er den Wohnsitz noch oder wieder hat. Auch die Begründung eines zweiten Wohnsitzes im Ausland ist bedeutungslos. Hat der Entlassene am Stichtag keinen Wohnsitz in Deutschland, kehrt er aber später zurück, so kann die Frage auftauchen, ob die Wohnsitzaufgabe ernstlich gemeint war oder nur scheinbar erfolgt ist, um die Vorschrift des Gesetzes zu umgehen. In letzterem Falle würde § 24 eingreifen. War die Verlegung des Wohnsitzes jedoch ernst gemeint, so ist ein nach Jahresfrist zurückgekehrter Auswanderer als Ausländer zu behandeln und kann nur eingebürgert werden.

b) Inland im Sinne des § 24 ist das gesamte Reichsgebiet nach dem Stande vor Ausbruch des 2. Weltkrieges. Die vom NS-Staat eingegliederten Gebiete müssen für die damalige Zeit als Inland gelten. Ein in Berlin Ausgebürgerter, der nach Jahresfrist seinen Wohnsitz in Wien hatte, ist Deutscher geblieben.

c) Eine Schwierigkeit der Anwendung dieser gesetzlichen Bestimmung liegt darin, daß keine Nachprüfung vorgesehen ist, ob der Wohnsitz tatsächlich verlegt ist. Der einmal Entlassene bleibt also im Besitz der Entlassungsurkunde. Wenn die Behörde ihm die Unwirksamkeit der Entlassung entgegenhalten will, trifft sie die Beweislast. Verlangt sie von ihm Rückgabe der Entlassungsurkunde, so ist gegen diese Verfügung die Klage vor den Verwaltungsgerichten gegeben.

4. Die Rechtsstellung des Entlassenen während des Schwebens der Resolutivbedingung

Die im Staatsangehörigkeitsrecht ganz verfehlte Einrichtung des Erwerbs und Verlustes einer Staatsangehörigkeit mit auflösender Bedingung oder mit rückwirkender Kraft mußte und hat Streitfragen über die Rechtsstellung der resolutiv Entlassenen während der Schwebefrist hervorgerufen. Der Streit dreht sich um die Wirkungen der Entlassung. Nach der einen Ansicht — stärkere Wirkung der Entlassung — wird angenommen, daß der Entlassene tatsächlich zum Ausländer wird (Lichter S. 132; Keller-Trautmann S. 282), während der Jahresfrist also wie jeder Ausländer der Ausweisung unterliegt und daß es unerheblich ist, ob in der Person des Entlassenen in der Schwebezeit etwa weitere Verlustgründe, wie freiwilliger Erwerb einer fremden Staatsangehörigkeit eingetreten sind. Ein nach Brasilien ausgewanderter Entlassener, der dort auf seinen Antrag die brasilianische Staatsangehörigkeit erworben hätte, vor Ablauf des Jahres aber nach Deutschland zurückkehrte, weil er keine geeignete Stellung gefunden hat oder das Klima nicht verträgt, wäre bei folgerichtiger Durchführung dieser Ansicht ipso jure wieder Deutscher, wenn er am Stichtag der einjährigen Frist wieder seinen Wohnsitz oder ständigen Aufenthalt in Deutschland hätte. Nach der anderen mehr der Absicht des Gesetzgebers entsprechenden Auslegung — schwächere Wirkung der Entlassung — bleibt während des „Reu- und Überlegungsjahres" (Keller-Trautmann S. 281) noch ein Schatten der ehemaligen deutschen Reichsangehörigkeit zurück. Der Entlassene unterliegt danach nicht der Ausweisung, damit ihm nicht das beneficium des automatischen Wiedererwerbs der deutschen Staatsangehörigkeit genommen wird. (Cahn S. 134; Isay S. 57). Man prüft auch nach, ob während des Reujahres etwa andere Gründe in der Person des Entlassenen eingetreten sind, die, wenn er noch Deutscher wäre, ihm die deutsche Staatsangehörigkeit genommen hätten. In dem erwähnten Fall des brasilianischen Auswanderers träte daher der automatische Wiedererwerb der deutschen Staatsangehörigkeit nicht ein.

5. Wirkung auf Familienmitglieder

a) Hierbei ist zu beachten, daß bis zum 1. April 1953 nach dem Grundsatz des § 16 der Erwerb der deutschen Staatsangehörigkeit von selbst seine Wirkungen auf die Ehefrau und die minderjährigen Kinder erstreckt hat, daß dagegen eine solche automatische Erstreckung im Falle der Entlassung nach § 23 Abs. 2 nicht eintrat. Hieraus ist zu folgern, daß ein Wiedererwerb der deutschen Staatsangehörigkeit durch das Familienhaupt in Anwendung der Resolutivbedingung des § 24 den Familienangehörigen ebenfalls von selbst die deutsche Staatsangehörigkeit gab, und dies auch in dem Fall, daß sie sich im Ausland befanden und an eine Rückkehr nicht dachten. Dagegen war die Verlustfrage für jedes Familienmitglied individuell zu beurteilen. Der Verlust trat nicht ein in der Person derjenigen Familienmitglieder, die am Stichtage ihren Wohnsitz oder dauernden Aufenthalt noch oder wieder in Deutschland hatten. (Ebenso Isay S. 57; anders Keller-Trautmann, S. 285, wenn durch die individuelle Beurteilung der Grundsatz der Einheitlichkeit der Staatsangehörigkeit der Familie gestört wurde.)

b) Seit dem 1. April 1953 fällt jede Wirkung auf die Ehefrau fort. Die tatsächlich ausgewanderte Ehefrau erhält daher die deutsche Staatsangehörigkeit nicht zurück, wenn der Ehemann am Stichtag seinen Wohnsitz noch oder wieder in Deutschland hat.

Bezüglich der Kinder hat sich gegenüber dem Rechtszustand vor dem 1. April 1953 nur dann etwas geändert, wenn nach Scheidung der Ehe der Frau die elterliche Gewalt übertragen ist. Dann folgen sie der Staatsangehörigkeit der Mutter und nicht der Staatsangehörigkeit des Vaters.

c) Hat der Entlassene in dem auf die Entlassung folgenden Jahr die Ehe geschlossen, so hat er als Ausländer auch vor dem 1. April 1953 eine deutsche Staatsangehörigkeit nicht auf die Ehefrau übertragen können, eine deutsche Ehefrau hat durch die Ehe mit einem Entlassenen ihre Staatsangehörigkeit verloren und ist staatenlos geworden. Hat der Mann am Stichtag seinen Wohnsitz in Deutschland gehabt, so wird mit rückwirkender Kraft alles so angesehen, als ob er Deutscher gewesen wäre, d. h. die ausländische Ehefrau hat die deutsche Staatsangehörigkeit erworben, die deutsche ihre nicht verloren. Ist der Mann in dem Jahr gestorben oder ist die Ehe in dem Jahr geschieden, so kam es allein auf den Wohnsitz der Frau an.

6. Doppelstaater

Anders als viele andere Staatsangehörigkeitsgesetze kennt das deutsche Gesetz keinen Verzicht auf die deutsche Staatsangehörigkeit bei Doppelstaatern. Wollen sie aus der deutschen Staatsangehörigkeit ausscheiden, um allein die ausländische Staatsangehörigkeit aufrechtzuerhalten, so sind auch sie auf den Weg der Entlassung angewiesen. Dies kann zu unerwünschten Ergebnissen führen, da sich Ausländer vielfach nicht der Notwendigkeit bewußt sind, den Wohnsitz in Deutschland aufgeben zu müssen, und glauben, mit der Entlassung aus der deutschen Staatsangehörigkeit ihre Staatsangehörigkeit endgültig in dem Sinne geordnet zu haben, daß sie nur Fremde sind. Es ist sogar vorgekommen, daß deutsche Behörden diesen Irrtum geteilt und diese Personen während des 2. Weltkrieges als feindliche Ausländer behandelt haben (Vgl. OVG Bremen v. 18. Sept. 1956 II A 358/56 BA 68/56). Es wäre zu erwägen, ob für Doppelstaater der einseitige Verzicht auf die deutsche Staatsangehörigkeit geschaffen werden sollte, ohne daß damit ein Zwang zum Verlassen von Deutschland verbunden wäre.

7. Absatz 2

Diese Gesetzesbestimmung ist seit dem Neuaufbaugesetz vom 30. Januar 1934 gegenstandslos.

§ 25

[1, 2] **Ein Deutscher, der im Inland weder seinen Wohnsitz noch seinen dauernden Aufenthalt hat, verliert seine Staatsangehörigkeit mit dem Erwerb einer ausländischen Staatsangehörigkeit, wenn dieser Erwerb auf seinen Antrag[3] oder auf den Antrag des Ehemannes oder des gesetzlichen Vertreters erfolgt, die Ehefrau[4] oder und der Vertretene jedoch nur, wenn die Voraussetzungen vorliegen, unter denen nach den §§ 18, 19 die Entlassung beantragt werden könnte.[5]**

Die Staatsangehörigkeit verliert nicht,[6] wer vor dem Erwerbe der ausländischen Staatsangehörigkeit auf seinen Antrag die schriftliche Genehmigung der zuständigen Behörde seines Heimatstaats zur Beibehaltung seiner Staatsangehörigkeit erhalten hat. Vor der Erteilung der Genehmigung ist der deutsche Konsul zu hören.

Unter Zustimmung des Bundesrats kann von dem Reichskanzler angeordnet werden, daß Personen, welche die Staatsangehörigkeit in einem bestimmten ausländischen Staate erwerben wollen, die im Abs. 2 vorgesehene Genehmigung nicht erteilt werden darf.[7]

1. Entstehungsgeschichte

Nach dem Gesetz von 1870 bildete der Erwerb einer fremden Staatsangehörigkeit keinen Verlustgrund der deutschen. Zur Beseitigung der Doppelstaatsangehörigkeit sollte in diesen Fällen entweder die Entlassung oder der Verlustgrund der 10jährigen Abwesenheit dienen. Die Entlassung hatte sich jedoch als völlig ungeeignet erwiesen, da nur die wenigsten Auswanderer daran dachten, ihre Entlassung vor der Auswanderung zu nehmen. Hatten sie aber erst einmal eine fremde Staatsangehörigkeit erworben, so hatten sie noch viel weniger Interesse daran, das Band zu der alten Heimat, das sie nicht drückte, nun auch formell zu lösen. Der Regel nach fiel dieses durch den Verlustgrund der 10jährigen Abwesenheit. Da dieser Verlustgrund aber die unerwünschte Nebenwirkung hatte, in zahlreichen Fällen, wo die Auswanderer eine neue Staatsangehörigkeit noch nicht erworben hatten, die völlige Staatenlosigkeit zu schaffen, so entschloß man sich, an die Stelle des Verlustgrundes der 10jährigen Abwesenheit nach dem Vorbild zahlreicher ausländischer Rechte den des Erwerbes einer fremden Staatsangehörigkeit zu setzen. Es ist dies einer der wenigen Grundsätze des Staatsangehörigkeitsrechts, die heute nahezu die gesamte Kulturwelt erobert haben. (Vgl. Keller-Trautmann S. 287.)

2. Zweck und Rechtfertigung der Bestimmung

Es gilt seit Jahrzehnten als ein kaum angefochtener Grundsatz des Staatsangehörigkeitsrechtes, daß zur Vermeidung von Kollisionen nach Möglichkeit die doppelte Staatsangehörigkeit wie die Staatenlosigkeit auszuschalten sei. Das Gesetz von 1913 hat sich diesen in der ganzen Kulturwelt vorhandenen Tendenzen anzupassen gesucht und wesentlich aus diesem Gesichtspunkt heraus den § 25 neu eingefügt, ohne daß sich gegen diese Bestimmung während der Beratung des Gesetzes ein Widerspruch erhoben hätte. Auch heute ist man sich darüber einig, daß an sich die einfache Staatsangehörigkeit des Individuums, der Ausschluß der mehrfachen Staatsangehörigkeit und der Staatenlosigkeit als ein Idealzustand angesehen werden kann. Leider haben jedoch Maßnahmen legislatorischer Natur wie internationalen Charakters die Lage vollkommen verschoben. Die verschiedenen Friedensverträge, die dem 1. Weltkrieg ein Ende gemacht haben, haben die Fragen der Staatsangehörigkeit vielfach so geregelt, daß bewußtermaßen in zahllosen Fällen Doppelstaatigkeiten entstanden sind. Nicht minder häufig sind durch ungenaue Fassungen und verschiedenartige Auslegung der beteiligten Staaten Staatenlosigkeiten eingetreten. Nach dem 2. Weltkrieg ist es nicht einmal zu Friedensverträgen mit Deutschland und vertraglichen Regelungen der Staatsangehörigkeit gekommen, so daß die Rechtslage noch viel unklarer blieb als nach dem 1. Weltkrieg.

4. Reichs- und Staatsangehörigkeitsgesetz

Dazu kommen die in allen Staaten Europas neu erlassenen Staatsangehörigkeitsgesetze, die bei aller Verschiedenheit den gemeinsamen Zug haben, daß sie in einer Überspannung der Idee der eigenen Souveränität auf die Nachbargesetzgebungen sehr viel weniger Rücksicht nehmen, als dies früher der Fall war. Namentlich sind viele Staaten in weitem Umfange dazu übergegangen, das Institut der Zwangsausbürgerung mißliebiger politischer Gegner und nationaler Minderheiten einzuführen. Der Naturalisierte erwirbt vielfach die neue Staatsangehörigkeit nur mit beschränkten Rechten oder unter dem Vorbehalt der Wiederentziehung innerhalb einer Bewährungsfrist.

Bei dieser internationalen Lage wird der Grundsatz, daß freiwilliger Erwerb einer fremden Staatsangehörigkeit den Verlust der eigenen bedeutet, wieder in Frage gestellt. Er ist nur solange wirklich berechtigt, als der entlassende Staat damit rechnen kann, daß sein ehemaliger Angehöriger durch die Naturalisation eine gleichwertige fremde Staatsangehörigkeit eintauscht. Geschieht dies aber nicht, erwirbt er nur eine Untertanenschaft minderen Rechtes, die noch dazu viele Jahre hindurch von dem aufnehmenden Staat wieder entzogen werden kann, so wird sehr zu überlegen sein, ob dieser Verlustgrund noch weiter aufrecht erhalten werden kann. Es kann sich kein Staat damit zufrieden geben, daß ein anderer seine Angehörigen auf ein Jahrzehnt nur zur Probe und als Bürger zweiter Klasse übernimmt, um sie ihm dann nach Belieben wieder zurückzugeben. Die Abwehr gegen solche willkürliche Maßnahmen einer fremden Gesetzgebung kann nur darin bestehen, daß der Verlust der eigenen Staatsangehörigkeit auf die Fälle beschränkt wird, wo die Naturalisation dem ehemaligen Angehörigen wirklich eine seiner bisherigen staatsbürgerlichen Stellung gleichwertige Stellung ohne Widerrufsmöglichkeiten gibt. (Bedenken äußert auch Isay S. 59.) Da der deutsche Gesetzgeber eine solche Einschränkung des Verlustes der deutschen Staatsangehörigkeit jedoch nicht vorgenommen hat, geht sie auch bei dem prekärsten Erwerb einer fremden Staatsangehörigkeit verloren und lebt auch nicht von selbst auf, wenn diese fremde Staatsangehörigkeit mit rückwirkender Kraft entzogen wird. (Lichter S. 137.)

3. Voraussetzungen

Der Verlust der deutschen Staatsangehörigkeit ist von zwei wesentlichen Bedingungen abhängig gemacht:

a) Der Betreffende darf im Augenblick des Erwerbs der fremden Staatsangehörigkeit nicht seinen Wohnsitz oder dauernden Aufenthalt in Deutschland haben. Diese Einschränkung ist von Bedeutung für die zahlreichen Fälle, in denen fremde Staatsangehörigkeitsrechte gewissen Personenkreisen ein Optionsrecht für die eigene Staatsangehörigkeit gewähren. Übt ein in Deutschland wohnhafter Deutscher ein solches Optionsrecht für eine fremde Staatsangehörigkeit aus, so behält er neben der erworbenen fremden Staatsangehörigkeit die deutsche Reichsangehörigkeit. Er kann daher nicht ausgewiesen werden.

Die Frage des Wohnsitzes ist nach dem 2. Weltkrieg mangels vertraglicher Regelung von besonderer Bedeutung geworden. Die Bundesrepublik hält daran fest, daß alle Gebiete, die am 1. Januar 1938 zum Deutschen Reich gehörten, de jure auch heute noch deutsches Staatsgebiet sind. Das gilt besonders für die Gebiete östlich der Oder-Neiße-Linie. Die Polen haben der deutschen Bevölkerung, soweit sie nicht geflüchtet oder ausgewiesen war, die Möglichkeit eröffnet, für die polnische Staatsangehörigkeit zu optieren. Hiervon ist aus Selbsterhaltungstrieb weitgehend Gebrauch gemacht. Alle diese Optionen haben die deutsche Staatsangehörigkeit nicht zum Erlöschen gebracht, da die betreffenden Personen ihren Wohnsitz noch in einem Gebiet hatten, das völkerrechtlich zum Deutschen Reich gehört und von den Polen nur okkupiert ist. (Ebenso M a ß f e l l e r S. 63; L i c h t e r S. 135; OLG Celle NJW 1952 S. 475). Diese Optanten sind daher doppelstaatig und im Falle ihrer Übersiedlung nach Deutschland nur als Deutsche zu behandeln. Es bedarf bei ihnen keiner Rückeinbürgerung. Vom Standpunkt der DDR wird diese Frage anders zu beurteilen sein, da sie die Oder-Neiße-Linie als Grenze anerkannt hat.

Anders als in den von Polen verwalteten Gebieten dürfte die Rechtslage im Sudetenland zu beurteilen sein, wo die Tschechoslowakei im Dekret vom 2. August 1945 den Resten der deutschen Bevölkerung ein Optionsrecht auf Wiedererwerb der tschechischen Staatsangehörigkeit eingeräumt hatte. Deutschland hat auf diese Gebiete zwar nicht vertraglich verzichtet, jedoch unzweideutig zum Ausdruck gebracht, daß es sie nicht mehr als Staatsgebiet in Anspruch nimmt. Sie sind daher rechtlich Ausland. Ein dort wohnhafter Optant hat keinen Wohnsitz in Deutschland und hat mit der Option die deutsche Staatsangehörigkeit verloren. Soweit diese Deutschen keine Optionserklärung abgegeben haben, sind sie durch tschechoslowakisches Gesetz vom 24. April 1953 (M a ß f e l l e r, S. 398) von selbst wieder Tschechen geworden. In diesem Fall haben sie die deutsche Staatsangehörigkeit behalten. (Ebenso M a ß f e l l e r S. 63.)

b) Der Erwerb der fremden Staatsangehörigkeit muß auf Antrag erfolgen. Den Gegensatz hierzu bilden die Fälle, in denen der Erwerb der fremden Staatsangehörigkeit kraft Gesetzes eintritt. In einem solchen Falle bleibt die deutsche Staatsangehörigkeit neben der fremden erhalten (K e l l e r - T r a u t m a n n S. 289). Eine wichtige Anwendung dieses Grundsatzes enthielt die Staatsangehörigkeitsregelung der Deutschen in Südwestafrika, die im Einverständnis mit der deutschen Regierung durch südafrikanisches Gesetz vom 15. September 1924 die englische Staatsangehörigkeit erhielten und infolgedessen daneben im Besitz der deutschen Staatsangehörigkeit blieben.

Zweifelhaft kann im Einzelfall sein, was unter Erwerb auf Antrag zu verstehen ist. Hierzu gehört jedenfalls nicht nur der Erwerb im Wege einer nachgesuchten Naturalisation, sondern auch der im Wege einer Reklamation oder eines Optionsrechtes nach Maßgabe des betreffenden fremden Gesetzes, da auch in diesen Fällen eine dem Antrag gleichzustellende freiwillige Willensäußerung der betreffenden Person erforderlich ist. Die deutsche Frau, welche nach einem fremden Gesetz durch Heirat mit einem Ausländer dessen Staatsangehörigkeit bekommt, behält die deutsche, wenn dieser Erwerb ohne ihr Zutun kraft Gesetzes eintritt, sie verliert sie jedoch, wenn sie, wie es in vielen ausländischen Gesetzen vorgesehen ist, bei der Eheschließung eine Erklärung abgibt, die Staatsangehörigkeit des Mannes erwerben zu wollen. Der Eintritt in fremden Staats- oder Militärdienst hat, auch wenn der Erwerb der fremden Staatsangehörigkeit damit verbunden ist, diese Folge nicht, wie aus der Aufnahme der Sonderbestimmung des § 28 hervorgeht. (Ebenso L i c h t e r S. 135; I s a y S. 59.) Es ist dies eigentlich eine Folgewidrigkeit. Denn wenn man in dem freiwilligen Erwerb einer fremden Staatsangehörigkeit die Lösung des Bandes der persönlichen Treue zu dem bisherigen Heimatstaate sieht, so müßte der gleiche Gesichtspunkt erst recht maßgebend sein, wenn die betreffende Person nicht nur freiwillig die fremde Staatsangehörigkeit erwirbt, sondern durch Annahme des fremden Staatsamtes in ein gesteigertes Treueverhältnis zu einer fremden Regierung tritt. Das österreichische Recht hat daher den Fall der freiwilligen Annahme eines fremden Staatsdienstes dem freiwilligen Erwerb einer fremden Staatsangehörigkeit gleichgestellt und daran den automatischen Verlust der Staatsangehörigkeit geknüpft.

c) Auch wehrpflichtige Personen verlieren durch den Erwerb einer fremden Staatsangehörigkeit die deutsche, doch wird davon die Strafbarkeit der Wehrpflichtverletzung nicht berührt. (L i c h t e r S. 136.)

4. Wirkungen auf die Staatsangehörigkeit der Ehefrau

Die Einführung des Gleichberechtigungsgrundsatzes macht sich auch hier bemerkbar. Man muß daher zwischen der Rechtslage vor dem 1. April 1953 und seitdem unterscheiden.

a) Vor dem 1. April 1953 war der maßgebende Gesichtspunkt die Einheit der Staatsangehörigkeit der Ehegatten.

Da nach dem Willen des Gesetzgebers eine Ehefrau ihre deutsche Staatsangehörigkeit nur gemeinschaftlich mit dem Ehemann verlieren konnte, bedeutete auch der Erwerb einer fremden Staatsangehörigkeit in ihrer Person, selbst wenn er auf ihren Antrag und bei ausländischem Wohnsitz erfolgte, nur dann den Verlust der deutschen, wenn auch der Ehemann die deutsche Staatsangehörigkeit verlor. Doch wollte das Gesetz von 1913 die Frau schon davor schützen, daß sie ungefragt ihre Staatsangehörigkeit allein durch eine Erklärung des Mannes verlor. Es genügte daher für den Verlust der deutschen Staatsangehörigkeit der Ehefrau nicht, wenn der Antrag auf Erwerb einer fremden Staatsangehörigkeit von dem Ehemann allein ohne ihre Zustimmung gestellt war. Erwarb sie in einem solchen Falle nach dem fremden Recht die Staatsangehörigkeit des Ehemanns, so behielt sie mangels ihrer Zustimmung zu dem Antrag des Mannes gleichwohl die deutsche.

b) Seit dem 1. April 1953 ist auch in diesem Fall die Staatsangehörigkeit der Frau von der ihres Mannes gelöst. Sie kann und muß daher selbst den Antrag auf Erwerb der fremden Staatsangehörigkeit stellen, wenn sie die deutsche verlieren soll. Der Verlust der Staatsangehörigkeit des Mannes ist für ihre Staatsangehörigkeit ohne jede Bedeutung.

5. Wirkungen auf die Kinder

a) § 23 sieht vor, daß in eine Entlassungsurkunde auch volljährige Kinder mit aufgenommen werden können. Vom Verlustgrund des § 25 können volljährige Kinder in keinem Fall erfaßt werden, auch wenn sie in der Einbürgerungsurkunde des Vaters in dem fremden Staat aufgeführt sein sollten. Es kommt allein darauf an, ob sie selbständig einen Antrag auf Erwerb der fremden Staatsangehörigkeit gestellt haben.

b) Für minderjährige Kinder wird auf die Bestimmungen über die Entlassung verwiesen. Daraus folgt, daß minderjährige Kinder dann die deutsche Staatsangehörigkeit verlieren, wenn der Elternteil, der über sie die elterliche Gewalt ausübt, zusammen mit seiner auch ihre Einbürgerung im fremden Staat nachsucht und erhält. Einer Genehmigung des Vormundschaftsgerichts bedarf es in diesem Fall nicht. Wohl aber muß es zustimmen, wenn dem Elternteil nicht die elterliche Gewalt zusteht, also in der Regel bei unehelichen Kindern, und wenn Kinder allein eine fremde Staatsangehörigkeit erwerben sollen. Fehlt diese Genehmigung, so behalten sie die deutsche Staatsangehörigkeit und werden, falls sie die fremde durch die Erklärung ihres gesetzlichen Vertreters erwerben, doppelstaatig. Für Minderjährige über 18 Jahre muß das in § 19 Anm. 1 Gesagte analog gelten, d. h. sie sind auch in diesem Fall von der Staatsangehörigkeit des gesetzlichen Vertreters nicht abhängig, wenn sie nach dem 1. Staatsangehörigkeitsregelungsgesetz allein über ihre Staatsangehörigkeit verfügen durften.

c) Für Töchter, die verheiratet sind oder verheiratet gewesen sind, gilt, auch wenn es im Gesetz nicht steht, daß sie der Staatsangehörigkeit des gesetzlichen Vertreters auch in diesem Fall nicht folgen. Die Gründe sind die gleichen wie bei der Entlassung. Vgl. § 23 Anm. 6 f.

6. Frage der Rückwirkung des § 25

Da der § 25 sich keine rückwirkende Kraft beilegt, gilt er nur für den Fall des Erwerbes einer fremden Staatsangehörigkeit nach dem 1. Januar 1914. In allen Fällen eines vor diesem Zeitpunkte erfolgten Erwerbes ist dagegen die deutsche Staatsangehörigkeit erhalten geblieben.

7. Die Absätze 2 und 3 (lex Delbrück)

Besonders diskutiert ist die Bestimmung der Absätze 2 und 3, welche unter gewissen Voraussetzungen den Beibehalt der deutschen Staatsangehörigkeit neben der fremden Staatsangehörigkeit gestattet. (Vgl. Cahn S. 136.) Im Ausland ist diese den meisten fremden Rechten unbekannte Bestimmung meist unter dem Namen der Lex Delbrück bekannt; man hat vielfach an ihr Anstoß genommen, weil man darin einen Versuch gesehen hat, das Band der deutschen Staatsangehörigkeit mit dem deutsche Auswanderer, der die fremde Staatsangehörigkeit erworben hatte, heimlich aufrecht zu erhalten. Eine ausgesprochene Kampfmaßnahme gegen diese angefeindete Bestimmung des deutschen Gesetzes war

z. B. der Artikel 14 des belgischen StAngG vom 15. Mai 1922, der strikt die Naturalisationen von Ausländern untersagt, bei denen nach ihrem Heimatrecht die Beibehaltung der bisherigen Staatsangehörigkeit möglich ist. Diesen ausländischen Empfindlichkeiten wollte bereits der Abs. 3 Rechnung tragen.

Im Verhältnis zu Österreich gilt folgendes: Da das österreichische Recht, Staatsbürgergesetz von 1925 § 10 Abs. 1 Ziff. 1 und Staatsbürgergesetz von 1949 § 9 Abs. 1 Ziff. 1 ebenfalls die Möglichkeit der Aufrechterhaltung der österreichischen Staatsangehörigkeit im Falle des Erwerbs einer fremden Staatsangehörigkeit vorsieht, ist im Verhältnis zwischen Deutschland und Österreich der Erwerb der Angehörigkeit des einen Staates unter gleichzeitiger Aufrechterhaltung der Staatsangehörigkeit in dem anderen sowohl für einen Deutschen in Österreich wie für einen Österreicher in Deutschland zulässig.

§ 26

[1,2] **Ein militärpflichtiger Deutscher, der im Inland weder seinen Wohnsitz noch seinen dauernden Aufenthalt hat, verliert seine Staatsangehörigkeit[3] mit der Vollendung des 31. Lebensjahres, sofern er bis zu diesem Zeitpunkt noch keine endgültige Entscheidung über seine Dienstverpflichtung herbeigeführt hat, auch eine Zurückstellung über diesen Zeitpunkt hinaus nicht erfolgt ist.**

Ein fahnenflüchtiger Deutscher, der im Inland weder seinen Wohnsitz noch seinen dauernden Aufenthalt hat, verliert seine Staatsangehörigkeit mit dem Ablauf von 2 Jahren nach Bekanntmachung des Beschlusses, durch den er für fahnenflüchtig erklärt worden ist (§ 360 Mil.-Strafgerichtsordnung). Diese Vorschrift findet keine Anwendung auf Mannschaften der Reserve, der Land- und Seewehr und der Ersatzreserve, die für fahnenflüchtig erklärt worden sind, weil sie einer Einberufung zum Dienst keine Folge geleistet haben, es sei denn, daß die Einberufung nach Bekanntmachung der Kriegsbereitschaft oder nach Anordnung der Mobilmachung erfolgt ist.

Wer auf Grund der Vorschriften des Abs. 1 seine Staatsangehörigkeit verloren hat, kann von einem Bundesstaate nur nach Anhörung der Militärbehörde eingebürgert werden.[4] *Weist er nach, daß ihm ein Verschulden nicht zur Last fällt, so darf ihm die Einbürgerung von dem Bundesstaate, dem er früher angehörte, nicht versagt werden.*

1. Zur Geschichte dieser Gesetzesbestimmung

Sie ist eine Neuschöpfung des Gesetzes von 1913. Es datiert vom gleichen Tage wie die Novelle zum Reichsmilitärgesetz vom 2. Mai 1874. Einer der gesetzgeberischen Grundgedanken war es, einen Zusammenhang zwischen Wehrpflicht und Staatsangehörigkeit herzustellen. „Ohne Wehrgemeinschaft keine Volksgemeinschaft" war eines der Schlagworte, unter deren Herrschaft das Gesetz zustande gekommen ist. (Keller-Trautmann S. 297). Ähnliche Verbindungen zwischen Wehrpflicht und Staatsangehörigkeit finden sich in vielen Gesetzen der damaligen Zeit. (Vgl. Lichter S. 141.) Aber die Bedeutung dieser Verbindung wurde überschätzt. Diese Überschätzung führte zu dem Fehlschluß, daß dem Verlust der Staatsangehörigkeit wegen Wehrpflichtverletzung auch ein Erwerb wegen Wehrpflichterfüllung folgen müßte. (Vgl. Schätzel Wehrpflicht und Staatsangehörigkeit in Festschrift f. H. Kraus S. 179.) So hatte ein polnischer Wanderarbeiter, der aus Versehen ein Jahr hatte Rekrut spielen müssen, nach § 12 ein Reklamationsrecht auf die deutsche Staatsangehörigkeit, während die größten Verdienste auf wirtschaftlichem oder wissenschaftlichem Gebiete sich nicht des gleichen Privilegs erfreuten. Umgekehrt wurde die Verletzung der Wehrpflicht. und sogar wenn sie in der mildesten Form der Nichtgestellung eines Militäruntauglichen im Auslande auftritt, also ein reiner Formalverstoß, zu einem so schweren Vergehen gestempelt, daß der automatische Verlust der Staatsangehörigkeit als Strafe eintrat. Was bis dahin vor dem Strafrichter mit einigen Hundert Mark Geldstrafe formularmäßig abgemacht wurde, erschien hier auf einmal fast wie ein Kapitalverbrechen. Dagegen hatten selbst die schwersten Verfehlungen gegen das Reich wie Spionage oder Landesverrat zugunsten einer anderen Macht, je selbst nicht einmal Kriegsdienst im feindlichen Heer die gleichen automatischen Straffolgen. Im Laufe der Zeit wurde jedoch — nicht nur in Deutschland — erkannt, daß die Zwangsausbürgerung für den Wehrpflichtverletzer eine Strafe von sehr zweifelhafter Wirkung war, da sie als solche vielfach gar nicht empfunden wurde, vielmehr fast als ein bequemes Mittel zum Abstreifen der früheren Staatsangehörigkeit galt. Zahlreiche andere Staaten wie Frankreich und Polen ließen daher umgekehrt den Wehrpflichtigen überhaupt nicht los, gewährten ihm weder eine Entlassung, noch ließen sie bei ihm im Falle des Erwerbes einer fremden Staatsangehörigkeit die eigene erlöschen. Das französische StAngG vom 10. August 1927 beseitigte ausdrücklich auch den früheren Verlustgrund des Eintritts in ein fremdes Heer, damit ein militärpflichtiger Franzose sich nicht auf diese Weise der französischen Staatsangehörigkeit entledigen konnte. Dort erschien also das zwangsweise Festhalten in der Staatsangehörigkeit als eine viel größere Strafe als die Zwangsausbürgerung. In der Zeit des Weimarer Staates, als die allgemeine Wehrpflicht abgeschafft war, war die Gesetzesbestimmung zum größten Teil gegenstandslos. Da niemals abgeschafft, lebte sie mit der Einführung der allgemeinen Wehrpflicht im NS-Staat wieder auf. Dort erregte sie im 2. Weltkrieg Mißfallen und wurde durch § 5 der VO des Ministerrats für die Reichsverteidigung mit Gesetzeskraft vom 20. Januar 1942 (RGBl. I S. 40; Maßfeller S. 109) mit rückwirkender Kraft aufgehoben. Die Gültigkeit dieser VO ist umstritten (Schätzel Archiv d. öfftl. R. Bd. 794 [1948] S. 289). Der deutsche Nachkriegsgesetzgeber dachte daran, sie ganz aufzuheben und bemerkte zu § 5, daß er gegenstandslos geworden sei. Der Bundestag folgte jedoch dem Regierungsvorschlag nicht, weil er die VO als ein Mittel benutzen wollte, um deutschen Frauen, die durch Heirat ihre deutsche Staatsangehörigkeit verloren hatten, auch bei Wohnsitz im Auslande die deutsche Staatsangehörigkeit wieder zu geben (Maßfeller S. 108). Nachdem inzwischen die allgemeine Wehrpflicht wieder hergestellt ist, erhebt sich nunmehr erneut die Frage der Weitergeltung des § 26.

2. Frage der Weitergeltung

Gegen seine Weitergeltung bestehen verschiedene Bedenken.

a) Die genannte VO vom 20. Januar 1942 § 5 hat § 26 ausdrücklich aufgehoben. Ich habe (Arch. d. öfftl. R. Bd. 74 S. 289) die Gültigkeit dieser Aufhebung mit der Begründung bestritten, daß der Ministerrat f. d. Reichsverteidigung nicht die Kompetenz zur Abänderung von Reichsgesetzen hatte. Dieser Ministerrat für die Reichsverteidigung leitete seinerseits seine Befugnisse aus einem Führererlaß vom 30. August 1939 (RGBl. I S. 153) her. Auch wenn inzwischen die Rechtsprechung der Bundesrepublik sehr großzügig bei der Anerkennung nationalsozialistischer Gesetze verfährt, so muß ich meine Zweifel bezüglich dieses Führererlasses aufrechterhalten. Führererlasse als Gesetzesersatz haben sich erst gegen Ende der Hitlerdiktatur allgemein durchgesetzt, namentlich als das Ermächtigungsgesetz vom 24. März 1933 abgelaufen war. 1939 war jedoch noch die Form gewahrt, daß die Reichsregierung jeweils durch Verlängerung des Ermächtigungsgesetzes zur Gesetzgebung ermächtigt wurde. Daher war damals noch kein Raum und kein Bedürfnis für ein Gesetzgebungsrecht des Führers durch Führererlasse. Es besteht auch keinerlei politische Notwendigkeit, die Hitlerdiktatur durch Anerkennung solcher Führererlasse nachträglich zu legitimieren. Wenn man überhaupt welche anerkennt, ist nicht abzusehen, wo die Grenze der Anerkennung läge.

Allerdings erhebt sich das Bedenken, daß der Bundestag an der Rechtsgültigkeit der VO selbst anscheinend keinen Anstoß genommen hat, da er die von der Regierung vorgeschlagene Aufhebung der VO abgelehnt hat. Aber der Grund für die Haltung des Bundestages lag darin, daß er glaubte, man könnte mit ihr in Fragen der Staatsangehörigkeit der Ehefrau unerwünschte Ergebnisse korrigieren. Die Frage der Rechtmäßigkeit der VO vom 20. Januar 1942 ist von ihm nicht ausdrücklich geprüft worden. Die Ablehnung der Aufhebung kommt auch nicht einer Bestätigung gleich. Ich halte daher nach wie vor an der Ansicht fest, daß die VO vom 20. Januar 1942 rechtsunwirksam war und daher nicht die Kraft hatte, den § 26 aufzuheben.

Auch bei gegenteiliger Annahme wird man keinesfalls die Rückwirkung als rechtsgültig anerkennen können. War einmal jemand ausgebürgert, so war das Band der Staatsangehörigkeit endgültig zerschnitten. Um es wieder herstellen zu können, bedurfte es eines Anknüpfungspunktes, also etwa Wohnsitz im Inland. Zu einem einmal Ausgebürgerten im Ausland führte aber keine Brücke. Daraus folgt, daß im Ausland wohnhafte Ausgebürgerte durch die VO vom

20. Januar 1942 nicht von selbst die deutsche Staatsangehörigkeit wieder erworben haben.

b) Scheidet die VO vom 20. Januar 1942 für die Aufhebung des § 26 aus, so ist zu fragen, ob und inwieweit er mit der Gesetzgebung der Bundesrepublik vereinbar ist. Es kommt zunächst Art. 16 GG in Frage, der auch den Gesetzgeber bindet. Danach darf die Staatsangehörigkeit auch auf Grund eines Gesetzes nicht entzogen werden, wenn der Betroffene dadurch staatenlos wird. Daraus geht hervor, daß § 26 in diesen Fällen unanwendbar und insofern aufgehoben ist. Danach wäre eine Ausbürgerung wegen Wehrpflichtverletzung nach Art. 16 GG nur dann gesetzlich zulässig, wenn der Betroffene außer der deutschen noch eine andere Staatsangehörigkeit hätte. Nun legt das Wehrpflichtgesetz vom 21. Juli 1956 (BGBl. I S. 651) dem im Ausland lebenden Deutschen bisher keine bestimmte Verpflichtung auf. Seine Wehrpflicht „ruht" (§ 1 Abs. 2 WehrpflG), seine Erfassung, Einberufung und Wehrüberwachung soll durch ein besonderes, bisher nicht erlassenes Gesetz geregelt werden (§ 43 WehrpflG). Hieraus ergibt sich, daß die im Ausland lebenden Deutschen bisher keine besondere Pflichten bezüglich der Erfüllung ihrer Wehrpflicht haben und daß sie daher wegen Verletzung solcher Pflichten auch nach § 26 ihre deutsche Staatsangehörigkeit nicht verlieren können.

3. Die automatische Zwangsausbürgerung

Ganz abgesehen von den verfassungsrechtlichen Bedenken gegen § 26 erhebt sich ein weiteres gegen die gewählte Form. Der Gesetzgeber verfügt die automatische Zwangsausbürgerung; er begnügt sich nicht mit der Möglichkeit, die Entziehung durch Einzelverwaltungsakt aussprechen zu dürfen. Auch hier sind Bedenken anzumelden. Warum gerade die Verletzung der Gestellungspflicht im Frieden mit der schwereren Maßnahme der automatischen Zwangsausbürgerung bedroht wurde, während das entsprechende Vergehen in Kriegszeiten nach § 27 nur durch besonderen Ausspruch der Behörde mit der gleichen Straffolge belegt werden konnte, bleibt unverständlich. Im übrigen bestehen Einwände gegen jede Art der automatischen Zwangsausbürgerung, da ihre Nachprüfbarkeit praktisch den größten Schwierigkeiten unterliegt. Namentlich wird im Falle des Abs. 2 die Feststellung, daß der Wehrpflichtverletzer während der kritischen Zeit niemals in Deutschland seinen Wohnsitz oder dauernden Aufenthalt gehabt hat, häufig schwer zu treffen sein. Auf jeden Fall wird es der Konstatierung dieser Tatsache durch behördlichen Akt bedürfen. Diese Konstatierung durch einen staatlichen Akt hat jedoch lediglich deklaratorische Bedeutung. Die automatische Strafausbürgerung ist auch eingetreten, wenn die betreffende Person niemals in eine der amtlichen Listen der Ausgebürgerten aufgenommen ist und anstandslos weiter deutsche Pässe und Paßverlängerungen erhalten hat. (So bay. VGH v. 29. Nov. 1922 Reger 43, 46.)

In der NS-Zeit ist von § 26, bevor er durch die VO von 1942 aufgehoben wurde, übrigens auch Gebrauch gemacht worden, um politisch mißliebige Personen, namentlich Emigranten, aus der deutschen Staatsangehörigkeit zu entfernen. Diese Personen haben die Rechte aus Art. 116 GG, d. h. die Zwangsausbürgerung gilt nicht, wenn sie ihren Wohnsitz in Deutschland neu begründet haben.

4. Absatz 3

Satz 1 ist weitgehend überholt. Er könnte noch für Personen in Frage kommen, die in der NS-Zeit ihre Wehrpflicht verletzt haben. Sie werden durchweg so alt sein, daß die Militärbehörden an ihnen kein Interesse mehr haben können. Der Ansicht von Keller-Trautmann S. 311, daß Personen, die ihre deutsche Staatsangehörigkeit wegen Wehrpflichtverletzung verloren haben, im allgemeinen nicht wieder eingebürgert werden sollten, kann nach den verschiedenen politischen Wandlungen der jüngsten deutschen Vergangenheit nicht zugestimmt werden. Keinesfalls kann man, wie Keller-Trautmann vorschlägt, die Wiedereinbürgerung von gewissen Bedingungen abhängig machen, z. B. daß die Söhne (!) deutschen Militärdienst leisten.

Satz 2 war schon durch § 2 des Gesetzes zur Änderung der Staatsangehörigkeit vom 15. Mai 1935 aufgehoben, da der NS-Gesetzgeber allgemein keinen Einbürgerungsanspruch anerkennen wollte, um sich politisch unerwünschte Personen fernzuhalten. Heute wird allgemein ein Klagerecht bei Verweigerung der Einbürgerung anerkannt. Allerdings kann das Gericht im allgemeinen keine Nachprüfung der Ablehnungsgründe vornehmen, da die Einbürgerung im freien Ermessen der Verwaltungsbehörde liegt. Anders ist es jedoch, wenn der Antragsteller geltend macht, daß ihn kein Verschulden träfe oder daß die angenommene Ausbürgerung sonst fehlerhaft sei, z. B. eine Personenverwechslung vorläge. In einem solchen Fall besteht die Pflicht der Behörde, die Richtigkeit ihrer Ansicht nachzuprüfen. Eine Ablehnung dieser Nachprüfung wäre Ermessensmißbrauch, und das Verwaltungsgericht könnte unter diesem Gesichtspunkt doch in eine materielle Prüfung eintreten.

§ 27

Ein Deutscher, der sich im Ausland aufhält, kann seiner Staatsangehörigkeit durch Beschluß der Zentralbehörde seines Heimatstaates verlustig erklärt werden, wenn er im Falle eines Krieges oder einer Kriegsgefahr einer vom Kaiser angeordneten Aufforderung zur Rückkehr[1] keine Folge leistet.[2]

Gehört er mehreren Bundesstaaten an, so verliert er durch den Beschluß die Staatsangehörigkeit in allen Bundesstaaten[3].

1. Aufforderung zur Rückkehr

Der absolute Staat des 18. Jahrhunderts hielt an dem Standpunkt fest, daß kein Untertan ohne seine Genehmigung ins Ausland gehen durfte. Befand er sich im Ausland, so nahm sein Staat das Recht für sich in Anspruch, ihn jederzeit zur Rückkehr auffordern zu können. § 22 des preußischen Staatsangehörigkeitsgesetzes von 1842 bedrohte einen

Preußen, der einer Rückkehraufforderung nicht gehorchte, mit Entziehung der preußischen Staatsangehörigkeit. Das Recht, die Rückkehr zu fordern, war dabei nicht auf die Fälle des Krieges oder der Kriegsgefahr beschränkt, sondern ganz allgemein gehalten. Es konnte daher auch ein Schriftsteller, dessen Tätigkeit im Ausland mißfiel, zur Rückkehr aufgefordert werden.

Das Gesetz von 1870 hat das Recht des Staates, die Rückkehr zu verlangen, auf die Fälle des Krieges und der Kriegsgefahr eingeschränkt. In anderen Fällen hatte der Staat nicht mehr das Recht, seinen im Ausland befindlichen Angehörigen zur Rückkehr aufzufordern. § 20 d. Gesetzes von 1870. Die Vorschrift des § 27, die dem alten § 20 des Gesetzes von 1870 entspricht, hat in den Kriegen eine erhebliche Rolle gespielt. Die Hauptfolge der Entziehung der Staatsangehörigkeit war, daß das in Deutschland gelegene Eigentum des Ausgebürgerten unter Sequester gestellt werden konnte. Voraussetzung für die Zwangsausbürgerung war selbstverständlich ein schuldhaftes Fernbleiben, das dann nicht gegeben war, wenn die Rückkehr durch die Blockade der Gegner praktisch unmöglich gemacht war. Während der beiden Weltkriege sind wiederholt Aufforderungen zur Rückkehr im Ausland befindlicher Deutscher im Wege allgemeiner Verordnungen ergangen. Diese Rückkehraufforderungen haben zwar nach dem Kriege ihre Geltung verloren, doch wurde dadurch eine einmal ausgesprochene Entziehung der Staatsangehörigkeit nicht rückgängig gemacht (Lichter S. 145).

Streitig war früher, ob ein fehlerhafter Ausbürgerungsbeschluß zurückgenommen werden durfte. Dafür von Welser, § 27 Anm. 7; Seydel, Bayr. StRecht I S. 907. Dagegen Cahn, § 27 Anm. 3; Hartmann, DJZ 1914 S. 369. Nach heutiger Auffassung dürfte gegen die Rücknahme kein Bedenken bestehen.

2. Aufhebung des § 27

Durch Art. 16 GG ist diese Vorschrift hinfällig geworden, da die Gesetzgebung allgemein die Entziehung der Staatsangehörigkeit verbietet. Das gilt auch dann, wenn der Betroffene eine fremde Staatsangehörigkeit hat und durch die Entziehung der deutschen Staatsangehörigkeit nicht völlig staatenlos würde. Auch in diesem Fall ist Zwangsausbürgerung durch Einzelakt verboten. (Maßfeller S. 65). Die Bestimmung ist damit, obgleich formell nicht aufgehoben, unanwendbar geworden. Offen geblieben ist jedoch die Frage, ob der Staat in Fällen dieser Art mit anderen Maßnahmen gegen seinen im Ausland verbleibenden Angehörigen vorgehen kann (z. B. Beschlagnahme seines Eigentums).

3. Absatz 2

Diese Bestimmung ist mit der der Abschaffung der Landesangehörigkeiten hinfällig geworden und auch nach Schaffung neuer Landesangehörigkeiten nach 1945 nicht wieder aufgelebt.

§ 28

[1, 2] **Ein Deutscher, der ohne Erlaubnis seiner Regierung in ausländische Staatsdienste getreten ist, kann seiner Staatsangehörigkeit durch Beschluß der Zentralbehörde seines Heimatstaats verlustig erklärt werden,[3] wenn er einer Aufforderung zum Austritt nicht Folge leistet.[4, 5]**

Gehört er mehreren Bundesstaaten an, so verliert er durch den Beschluß die Staatsangehörigkeit in allen Bundesstaaten.[6]

1. Staatsangehörigkeit und Beamtenstellung.

Über die Entwicklung des Verhältnisses von Staatsangehörigkeit und Beamteneigenschaft vgl. § 14 Anm. 2.

2. Geschichtliches

Zur Zeit der deutschen Kleinstaaterei im 18. und 19. Jahrhundert war es nichts Seltenes, daß der Untertan eines deutschen Landes in den Dienst eines anderen Fürsten trat (Goethe, Metternich, Stein, Hardenberg). Dem gesamtdeutschen Bewußtsein lag es völlig fern, darin etwas Verbotenes zu sehen. Erwerb und Verlust der Staatsangehörigkeit vollzog sich nach dem Wohnsitzprinzip. Dies wurde erst anders, als das Wohnsitzprinzip aufgegeben und durch das jus sanguinis ersetzt wurde. Das preußische Gesetz von 1842 löste den Fall dahin, daß es für den Eintritt in fremden Staatsdienst entweder eine besondere Genehmigung oder die vorherige Entlassung vorschrieb. Dies schloß jedoch nicht die Möglichkeit aus, daß ein Preuße auch ohne diese Erfordernisse in fremde Dienste trat. (§§ 24, 25). Wenn § 25 des preußischen Gesetzes bestimmte, daß ein Preuße, der mit unmittelbarer Erlaubnis des Königs in fremde Dienste trat, die Eigenschaft als Preuße behielt, so gestattete das nicht den Umkehrschluß, daß er sie ohne diese Erlaubnis verlor. Er blieb auch in diesen Fällen Preuße, war jedoch dem Verlustgrund der 10-jährigen Abwesenheit und eventuell der Bestrafung ausgesetzt. Er konnte auch schon vorher zur Rückkehr aufgefordert werden und bei Nichtbefolgung der Aufforderung ausgebürgert werden.

Andere deutsche Länder haben jedoch im 19. Jahrhundert aus der nicht genehmigten Annahme eines fremden Staatsamtes einen Verlustgrund der Staatsangehörigkeit gemacht. (So z. B. bay. Edikt vom 26. Mai 1818 § 10 Keller-Trautmann S. 611). Das Staatsangehörigkeitsgesetz von 1870 fand in § 22 eine Kompromißlösung. § 23 bestimmte, daß die deutsche Staatsangehörigkeit erhalten blieb, wenn ein Deutscher mit Erlaubnis seiner Regierung in fremde Dienste trat. Geschah es ohne Erlaubnis seiner Regierung, so konnte er zum Austritt aufgefordert und bei Nichtbefolgung dieser Aufforderung durch einen Beschluß der Zentralbehörde seines Heimatstaates der deutschen Staatsangehörigkeit für verlustig erklärt werden (§ 22). Ein automatischer Verlust der deutschen Staatsangehörigkeit trat nicht ein. Dienst in einem anderen deutschen Lande fiel nicht unter diese Bestimmung, war also allgemein erlaubt und hatte keine Bedeutung für den Verlust der Staatsangehörigkeit (C a h n S. 141).

Diese Rechtslage hat das Gesetz von 1913 unverändert übernommen.

3. Ungehorsamsfolgen

a) R e c h t s l a g e b i s z u m G G.

Auch bei Nichtbefolgung einer Aufforderung zur Aufgabe des fremden Dienstes trat kein automatischer Verlust der deutschen Staatsangehörigkeit ein, vielmehr bedurfte es eines ausdrücklichen Ausbürgerungsbeschlusses, der allerdings nicht zugestellt zu werden brauchte, aber doch irgendwie öffentlich bekanntgegeben werden mußte. Von dieser Möglichkeit ist im 2. Weltkriege seitens der nationalsozialistischen Regierung im weiten Umfange Gebrauch gemacht worden. Zahlreiche Gelehrte und Schriftsteller, die im Ausland staatliche Beschäftigungen gefunden hatten, sind zur Rückkehr aufgefordert und bei Verweigerung der Rückkehr ausgebürgert worden. Es kann keinem Zweifel unterliegen, daß diese Rückkehraufforderungen und Ausbürgerungen politischen Charakter hatten. Im Falle der Rückkehr nach 1945 fallen diese Ausgebürgerten unter Art. 116 II GG.

b) R e c h t s l a g e s e i t d e m G G.

Art. 16 GG verbietet allgemein die Ausbürgerung durch Einzelakt der Behörde. Dies gilt auch für den Fall, daß der Beamte eine andere Staatsangehörigkeit hat. (M a ß f e l l e r S. 65). Damit ist § 28 gegenstandslos geworden. Dies schließt nicht aus, daß der Staat einen in fremden Dienst getretenen Deutschen zur Aufgabe dieser Stellung auffordert. Nur kann er ihm nicht mehr Entziehung der Staatsangehörigkeit, wohl aber andere Nachteile z. B. Entziehung des deutschen Passes, androhen.

4. Militärdienst

Fremder Staatsdienst war unbestritten auch fremder militärischer Dienst. Deutsche Söldner im englischen Kolonialheer vor dem 1. Weltkrieg oder Deutsche in der französischen Fremdenlegion verloren daher nicht von selbst die deutsche Staatsangehörigkeit, selbst dann nicht, wenn sie im Kriege zum Kampf gegen Deutschland eingesetzt wurden. Man hat auch im allgemeinen davon abgesehen, sie zum Austritt aus der Fremdenlegion aufzufordern und bei Nichtbefolgung auszubürgern, da es sich meist um leichtsinnige junge Leute handelte, die sich unüberlegt verpflichtet hatten und nun ihren Vertrag nicht lösen konnten, ohne sich der Gefahr schwerer kriegsgerichtlicher Bestrafung auszusetzen. (Vgl. L i c h t e r S. 146).

5. Fremde Rechte

In ausländischen Staatsangehörigkeitsgesetzen ist bei nicht genehmigtem Eintritt in fremden Staatsdienst, besonders Militärdienst nicht selten der automatische Verlust der Staatsangehörigkeit angedroht (Vgl. L i c h t e r S. 146). So namentlich der französische Code civil Art. 17

Ziff. 4. Mit dem französischen Recht ist dieser Verlustgrund in zahlreiche andere Rechte übernommen worden. Frankreich selbst hat ihn in seinem Code de la nationalité vom 19. Okt. 1945 abgeschwächt, indem nunmehr der Verlust der französischen Staatsangehörigkeit nur noch eintritt, wenn ein Franzose ihn beibehält, obgleich er von der französischen Behörde zur Aufgabe aufgefordert ist. Die Regelung nähert sich also dem deutschen Rechtszustand, doch bleibt der große Unterschied bestehen, daß in Frankreich der Staatsangehörigkeitsverlust 6 Monate nach der Aufforderung von selbst eintritt und der schon eingetretene Erfolg nur noch — deklaratorisch — durch Dekret festgestellt wird, während es in Deutschland eines konstitutiven Ausbürgerungsaktes bedurfte.

Vom französischen Recht war der automatische Verlust der Staatsangehörigkeit bei fremdem Heeresdienst auch in das niederländische Recht eingedrungen. Das niederländische Staatsangehörigkeitsgesetz vom 12. Dez. 1892, zuletzt neugefaßt am 6. Aug. 1949, bestimmte in Art. 7 Ziff. 4, daß die niederländische Staatsangehörigkeit von selbst verloren ging bei Eintritt in fremden Heeres- oder Staatsdienst. Im 2. Weltkrieg setzte nun in den Niederlanden eine starke Anwerbung von Niederländern für die deutsche Wehrmacht ein. Die Annahme eines solchen Dienstes bedeutete nach dem niederländischen Recht Verlust der niederländischen Staatsangehörigkeit. Infolgedessen bestimmte eine VO des Reichskommissars für die besetzten niederländischen Gebiete vom 25. Juli 1941 (B a u m a n n , Das Staatsangehörigkeitsrecht der Niederlande 1953 S. 55), daß „Dienst gegen den Bolschewismus“ kein fremder Kriegs- oder Staatsdienst im Sinne des Art. 7 Abs. 1 Ziff. 4 sei und daß die Niederländer daher ihre niederländische Staatsangehörigkeit behielten. Diese VO wurde jedoch von der niederländischen Regierung nicht als rechtswirksam anerkannt, mit Recht, denn der Okkupant kann nicht über die Staatsangehörigkeit des Okkupierten verfügen, und sie bestimmte ihrerseits, daß Militärdienst in einem Heer der Alliierten die niederländische Staatsangehörigkeit nicht zum Erlöschen gebracht habe. (Kgl. Beschl. vom 4. Okt. 1944, B a u m a n n S. 59). Diese niederländischen Bestimmungen sind für Deutschland von Interesse, weil nach dem Kriege vielfach die Staatsangehörigkeit der ins deutsche Heer eingetretenen Niederländer streitig geworden ist.

Auch das österreichische Recht kennt den automatischen Verlust der österreichischen Staatsbürgerschaft durch freiwilligen Eintritt in den öffentlichen Dienst oder Militärdienst eines fremden Staates (§ 10 d. StBürgG von 1925, § 9 Abs. I Ziff. 2 d. StBürgG 1949). Es wird jedoch allgemein angenommen, daß kein freiwilliger Eintritt in den deutschen Staats- oder Militärdienst während der Anschlußzeit vorgelegen habe, selbst nicht bei neuangestellten Beamtenanwärtern und Kriegsfreiwilligen, weil sonst ein nicht unerheblicher Teil der österreichischen Beamtenschaft die österreichische Staatsangehörigkeit verloren hätte. (S e i d l - H o h e n v e l d e r n, Die österr. Staatsbürgerschaft von 1938 bis heute. Ö. Ztschr. f. öfftl. R. Bd. 6, 1955 S. 31). Wohl aber begann dieser Verlustgrund in Wirksamkeit zu treten, als nach 1945 in deutsche Beamtenstellen versetzte österreichische Beamte ihre deutsche Stelle beibehielten. (Seidl-H. a.a.O. S. 38). Sie haben mit der Fortsetzung des deutschen Dienstes ihre österreichische Staatsangehörigkeit verloren, die sie an sich mit dem 27. April 1945 wieder erworben hatten. Das gilt nicht nur für Beamte, sondern auch für Angestellte in deutschen staatlichen Stellen (Seidl-H. a.a.O. S. 31; öVGH vom 13. Juni 1952, JBl. 1952 S. 471). Aus dieser Regelung des österreichischen Rechts folgt, daß Österreich diese Personengruppe jedenfalls nicht für sich in Anspruch nimmt und daß sie staatenlos sind, wenn sie nicht die deutsche Staatsangehörigkeit besitzen. Vgl. unten S. 349.

6. Absatz 2

Diese Bestimmung war schon seit dem Neuaufbaugesetz vom 30. Januar 1934 gegenstandslos geworden.

§ 29

Der Verlust der Staatsangehörigkeit in den Fällen des § 26 Abs. 1, 2 und der §§ 27, 28 sowie der Wiedererwerb der Staatsangehörigkeit in den Fällen des § 26, Abs. 3, Satz 2 erstreckt sich zugleich auf die Ehefrau und auf diejenigen Kinder, deren gesetzliche Vertretung dem Ausgeschiedenen oder dem Wiedereingebürgerten kraft elterlicher Gewalt zusteht, soweit sich die Ehefrau oder die Kinder mit ihm in häuslicher Gemeinschaft befinden. Ausgenommen sind Töchter, die verheiratet sind oder verheiratet gewesen sind.

1. Jetzige Bedeutungslosigkeit des § 29.

Da die in §§ 26—28 vorgesehene Entziehung der deutschen Staatsangehörigkeit im Widerspruch mit Art. 16 GG steht und daher heute nicht mehr möglich ist, hat auch § 29 seine Bedeutung für alle Fälle seit dem Inkrafttreten des GG verloren.

2. Frühere Bedeutung

In der Vergangenheit sind jedoch die §§ 26—28 in nicht seltenen Fällen zur Anwendung gekommen. Es kann sich daher auch heute noch die Frage erheben, inwieweit sich die damaligen Zwangsausbürgerungen auf die Ehefrau und die minderjährigen Kinder erstreckt haben.

a) Bei den Zwangsausbürgerungen aus § 26 stößt man zunächst auf den Zweifel, ob § 26 weiter bestand oder aufgehoben war. Vgl. oben § 26 Anm. 2. Nimmt man an, daß § 26 wirksam aufgehoben ist und alle auf Grund dieser Gesetzesbestimmung vorgenommenen Ausbürgerungen von selbst rückgängig gemacht sind, so würden auch alle Wirkungen auf die Familienmitglieder entfallen. Sie wären daher so zu behandeln, als ob sie immer Deutsche geblieben wären. Nimmt man dagegen an, daß die VO vom 20. Jan. 1942 den § 26 nicht beseitigt hat oder jedenfalls nicht in der Lage war, einmal vorgenommene Ausbürgerungen wieder rückgängig zu machen, so unterscheidet sich die Rechtslage der Frau und der Kinder nicht von der in den Fällen der §§ 27 und 28.

b) Die Rechtslage der Familienmitglieder bei rechtswirksamer Ausbürgerung des Familienhauptes ist nach dem Kollektivprinzip geregelt. Das Gesetz von 1913 steht grundsätzlich auf dem Standpunkt dieses Systems, führt es auch im Falle des Erwerbs der deutschen Staatsangehörigkeit streng durch, lockert es dagegen in § 23 im Falle der Entlassung, wo es der Zustimmung der Ehefrau und ihrer namentlichen Aufführung in der Entlassungsurkunde bedarf. Auch im Falle des § 25 — Verlust der deutschen Staatsangehörigkeit durch Erwerb einer fremden — ist das Kollektivsystem gelockert, da der Verlust der deutschen Staatsangehörigkeit in der Person der Ehefrau nur dann eintritt, wenn die Voraussetzungen gegeben sind, unter denen die Entlassung des Ehemannes ihre Wirkungen auf sie ausdehnt, also nur dann eintritt, wenn sie dem Antrag des Mannes auf Erwerb einer fremden Staatsangehörigkeit zugestimmt und sie nicht etwa den Wohnsitz in Deutschland behalten hat. Auch dort ist also der Grundsatz durchgeführt, daß der Ehefrau auf keinen Fall ihre deutsche Staatsangehörigkeit durch einen ohne ihre Zustimmung erfolgten Akt des Mannes genommen werden kann. Die gleiche Frage stellte sich auch für die Fälle der Ausbürgerung. Während der Kommissionsberatungen wie im Plenum des Reichstages war sie sehr umstritten. (Keller-Trautmann S. 319). Während eine Minderheit in diesem Falle jede Ausdehnung auf Familienangehörige ausschließen wollte, verteidigte die Regierung den Standpunkt, daß in diesem Falle die Ausbürgerung automatisch die gesamte Familie ergreifen müsse, weil sonst dieser Strafmaßnahme ein großer Teil ihrer Wirkung genommen sei. Mir scheint das Argument der Regierung gegen sie zu sprechen; denn wenn man die Zwangsausbürgerung als Strafe ansieht, so widerspricht es allen strafrechtlichen Grundsätzen, eine solche Strafmaßnahme auf die schuldlose Ehefrau und die minderjährigen Kinder auszudehnen. Mit Recht hatte daher der demokratische Entwurf 1927 vorgeschlagen, daß die Strafausbürgerung weder die Ehefrau, noch die minderjährigen Kinder erfassen sollte.

3. Technische Durchführung des § 29

Da es sich im Falle des § 26 um die automatische Selbstausbürgerung des Ehemannes handelte, mußte sich die Ausbürgerung der Familienangehörigen ebenfalls von selbst vollziehen. Andererseits war diese automatische Miterfassung der Familienangehörigen von der Bedingung abhängig, daß sie die häusliche Gemeinschaft des Strafausgebürgerten teilten. Das wirft die Frage der Beweislast auf, die auch heute noch auftauchen kann, wenn es sich z. B. um die abgeleitete Staatsangehörigkeit der inzwischen erwachsenen Kinder handelt; da es sich um Vorgänge handelt, die vielfach Jahrzehnte zurückliegen, wird Bejahung oder Verneinung der deutschen Staatsangehörigkeit häufig allein davon abhängen, wem man die Last des Beweises jener alten Vorgänge aufbürdet. Müssen die Familienangehörigen, welche trotz der Zwangsausbürgerung des Familienhauptes die deutsche Staatsangehörigkeit für sich in Anspruch nehmen, beweisen, daß sie seine häusliche Gemeinschaft nicht geteilt haben, oder liegt der Nachweis der Erfüllung dieser Voraussetzung der Behörde ob, welche die deutsche Staatsangehörigkeit verneint? Mir will die zweite Ansicht richtiger erscheinen. Nach allgemein juristischer Regel wird der Fortbestand von Rechten bis zum Nachweis ihres Erlöschens vermutet; wer ihr Erlöschen annimmt, ist beweispflichtig. Es dürften daher die Familienmitglieder nicht den Fortbestand ihrer deutschen Staatsangehörigkeit, sondern die Behörde ihren Verlust zu beweisen haben.

Noch zweifelhafter wird die automatische Ausdehnung der Zwangsausbürgerung in den Fällen der §§ 27 und 28. In diesen Fällen bedarf die Zwangsausbürgerung eines Regierungsaktes. Nun wird zwar die Behörde noch allenfalls in der Lage gewesen sein, vom Inlande aus festzustellen, ob die Voraussetzungen für die Zwangsausbürgerung in der Person des Familienhauptes selbst gegeben waren. Dagegen stößt heute die weitere Feststellung, ob die Familienangehörigen die häusliche Gemeinschaft des Ausgebürgerten im Ausland geteilt haben, auf nahezu unüberwindliche Schwierigkeiten. Die Fassung des Gesetzes hat die Schwierigkeiten erhöht. Während bei dem Familienhaupt in den Fällen der §§ 27 und 28 die Zwangsausbürgerung nur durch Ausspruch der Behörde erfolgte, vollzog sie sich in der Person der Familienmitglieder nach § 29 selbsttätig ohne einen solchen Ausspruch, sofern nur die gesetzlichen Voraussetzungen erfüllt waren. Eine etwaige Mitaufführung der Familienmitglieder in der Ausbürgerungsverfügung hätte daher nur deklaratorische Bedeutung. Der Verlust der Staatsangehörigkeit wäre trotzdem nicht eingetreten, wenn die gesetzlichen Voraussetzungen nicht erfüllt waren. Umgekehrt trat der Verlust ein, wenn der gesetzliche Tatbestand gegeben war, auch wenn die Ausbürgerungsentscheidung die miterfaßten Personen nicht namhaft machte, nur daß in einem solchen Falle die praktische Geltendmachung der Zwangsausbürgerung gegenüber den Familienangehörigen nahezu unmöglich war. Alle diese technischen Schwierigkeiten zeigen, daß die Fassung der Bestimmungen verfehlt war. Während des ersten Weltkrieges hat man versucht, die Schwierigkeiten dadurch zu überwinden, daß man die Familienmitglieder der nach § 26 automatisch ausgebürgerten Wehrpflichtverletzer noch einmal besonders auf Grund von § 27 ausbürgerte, soweit die tatsächlichen Unterlagen für eine solche Zwangsausbürgerung reichten. In der NS-Zeit hat man die weiteren Ausbürgerungsbestimmungen zur Hilfe genommen, doch besteht keine Gewähr, daß die angelegte Kartei der Ausgebürgerten wirklich in allen Fällen stimmt. Man wird es daher nur begrüßen können, daß alle Fälle der Zwangsausbürgerung mit Art. 16 GG gefallen sind. Jeder Staat muß seine politisch mißliebigen, asozialen und kriminellen Elemente selbst tragen und darf nicht versuchen, sie durch Ausbürgerung andern zuzuschieben.

§ 30

Ein ehemaliger Deutscher, der vor Inkrafttreten dieses Gesetzes die Reichsangehörigkeit durch Entlassung verloren hat, aber bei Anwendung der Vorschrift des § 24, Abs. 1 als nicht entlassen gelten würde, muß auf seinen Antrag von dem Bundesstaat, in dessen Gebiet er sich niedergelassen hat, eingebürgert werden, wenn er seit dem in § 24, Abs. 1 bezeichneten Zeitpunkt seinen Wohnsitz im Inland behalten hat und den Erfordernissen des § 8, Abs. 1 entspricht, auch den Antrag innerhalb eines Jahres nach dem Inkrafttreten dieses Gesetzes stellt. Die Vorschrift des § 8, Abs. 2 findet Anwendung.

Eine zwar niemals aufgehobene, heute aber längst überholte Übergangsbestimmung, die bei Neufassung des Gesetzes verschwinden wird. Sie schien nötig, weil nach § 18 Abs. 2 des Gesetzes von 1870 die Entlassung als nicht erfolgt galt, wenn der Entlassene nach Ablauf von 6 Monaten seinen Wohnsitz oder dauernden Aufenthalt noch oder wieder in Deutschland hatte. Das Gesetz von 1913 hat in § 24 diese Frist auf ein Jahr verlängert. Wer unter der Herrschaft des alten Gesetzes also etwa nach 10 Monaten in die Heimat zurückkehrte, blieb entlassen, während er nach dem Gesetz von 1913 von selbst wieder eingebürgert würde. Der § 30 wollte diese Fälle treffen. Er gab diesen Personen, also denjenigen, die in dem Zeitraum zwischen dem Beginn des 7. und dem Ende des 12. Monats nach der Entlassung wieder nach Deutschland zurückgekehrt waren, ein mit Rechtsschutz versehenes Reklamationsrecht auf die deutsche Staatsangehörigkeit. Die Antragsfrist war auf ein Jahr ab 1. Januar 1914 bemessen, so daß diese gesetzliche Bestimmung seit langem vollkommen gegenstandslos geworden ist.

§ 31

Ein ehemaliger Deutscher, der vor dem Inkrafttreten dieses Gesetzes die Reichsangehörigkeit nach § 21 des Gesetzes über die Erwerbung und den Verlust der Bundes- und Staatsangehörigkeit vom 1. Juni 1870 (Bundesgesetzblatt S. 355) durch zehnjährigen Aufenthalt im Auslande verloren hat, muß von dem Bundesstaat, in dessen Gebiet er sich niedergelassen hat, eingebürgert werden, wenn er keinem Staate angehört.

Das gleiche gilt von dem ehemaligen Angehörigen eines Bundesstaates oder eines in einen solchen einverleibten Staates, der bereits vor dem Inkrafttreten des Gesetzes vom 1. Juni 1870 nach Landesrecht seine Staatsangehörigkeit durch Aufenthalt außerhalb seines Heimatstaates verloren hat.

Diese gesetzliche Bestimmung ist durch § 2 des Gesetzes vom 15. Mai 1935 (RGBl. I S. 593) außer Kraft gesetzt, da der nationalsozialistische Gesetzgeber keinen Anspruch auf Einbürgerung anerkennen wollte. Die gesetzliche Bestimmung wäre auch durch den inzwischen eingetretenen

Zeitablauf wohl gegenstandslos geworden, denn sie umfaßte nur die Personen, die von dem Verlustgrund der zehnjährigen Abwesenheit unmittelbar betroffen wurden, sowie deren damals schon vorhandenen Ehefrauen und Kinder, nicht aber später geborenen Kinder und Enkel (Lichter S. 49).

Satz 2 bezog sich auf die Fälle, daß nach einigen Landesrechten vor 1871 die Auswanderung allein den Verlust der Staatsangehörigkeit nach sich zog.

§ 32

Ein militärpflichtiger Deutscher, der zur Zeit des Inkrafttretens dieses Gesetzes im Inland weder seinen Wohnsitz noch seinen dauernden Aufenthalt hat und vor diesem Zeitpunkt das 29., aber noch nicht das 43. Lebensjahr vollendet hat, verliert seine Staatsangehörigkeit mit dem Ablauf zweier Jahre, sofern er innerhalb dieser Frist keine endgültige Entscheidung über seine Dienstverpflichtung herbeigeführt hat.

Ein fahnenflüchtiger Deutscher der im § 26, Abs. 2 bezeichneten Art, der zur Zeit des Inkrafttretens dieses Gesetzes im Inland weder seinen Wohnsitz noch seinen dauernden Aufenthalt hat und vor diesem Zeitpunkt das 43. Lebensjahr noch nicht vollendet hat, verliert seine Staatsangehörigkeit mit dem Ablauf zweier Jahre, sofern er sich nicht innerhalb dieser Frist vor den Militärbehörden gestellt.

Die Vorschriften des § 26, Abs. 3 und des § 29 finden entsprechende Anwendung.

Eine Übergangsbestimmung ohne Gegenwartsbedeutung. Während der NS-Gesetzgeber versucht hat, den § 26 aufzuheben, ist gleiches bei dieser gesetzlichen Bestimmung nicht geschehen. Es ist also bei dem einmal eingetretenen Verlust der deutschen Staatsangehörigkeit geblieben. Dieser Verlust hat auch die Frau und minderjährigen Kinder erfaßt.

Absatz 3 ist durch § 2 des Gesetzes vom 15. Mai 1935 aufgehoben. Es besteht kein Einbürgerungsanspruch. Dies hindert nicht, daß die in § 32 bezeichneten Personen unter die Bestimmung des Art. 116 I GG fallen können und damit als Deutsche anzuerkennen sind, wenn sie die Voraussetzung dieser Verfassungsbestimmung erfüllen.

Dritter Abschnitt

Unmittelbare Reichsangehörigkeit

§ 33

Die unmittelbare[1] Reichsangehörigkeit kann verliehen werden:

1. einem Ausländer, der sich in einem Schutzgebiete niedergelassen hat,[2] oder einem Eingeborenen[3] in einem Schutzgebiet,

2. einem ehemaligen Deutschen, der sich nicht im Inland niedergelassen hat; dem ehemaligen Deutschen steht gleich, wer von ihm abstammt oder an Kindes Statt angenommen ist.[4]

1. Die unmittelbare Reichsangehörigkeit

Die allmähliche Entwicklung der unmittelbaren Reichsangehörigkeit ist, wie in der Einleitung schon hervorgehoben, eine der wichtigsten Wandlungen des deutschen Staatsangehörigkeitsrechts. Dem Gesetz von 1870 war sie völlig unbekannt. Als gesetzlich anerkannte Rechtsform tauchte sie zum ersten Male im Schutzgebietsgesetz vom 15. März 1888 auf, aus dem sie in § 9 des Schutzgebietsgesetzes vom 10. September 1900 kam. Der Regierungsentwurf wollte sich darauf beschränken, die unmittelbare Reichsangehörigkeit in dem engen Rahmen einer Sonderbestimmung für die Kolonien zu übernehmen. Erst der Reichstag hat sie durch die Aufnahme der Ziffer 2 des § 33 und des § 34 über die Kolonien hinaus auf Auslandsdeutsche ausgedehnt, eine Bestimmung, die gerade nach dem Verlust der Kolonien ihre besondere Bedeutung insofern gewonnen hat, als damit das Institut der unmittelbaren Reichsangehörigkeit auch nach 1920 erhalten blieb.

2. Weiße in den Schutzgebieten

Da die deutschen Kolonien nur sehr schwach von Weißen besiedelt waren, hat die Naturalisation von Ausländern nie große zahlenmäßige Bedeutung gewinnen können. Das stärkste Element waren zahlreiche Burenfamilien, die nach den Annexionen der Burenstaaten durch die Engländer es vorgezogen hatten, sich eine neue Heimat in Deutsch-Südwest oder Ostafrika zu suchen. Ihre durch Naturalisation gewonnene deutsche Reichsangehörigkeit ist durch den Versailler Vertrag nicht berührt worden, jedoch haben sie in Südwestafrika durch das nach erfolgter Vereinbarung mit der deutschen Regierung erlassene südafrikanische Gesetz vom 15. September 1924 daneben die britische Staatsangehörigkeit erworben. Über die weitere Entwicklung in Südwestafrika vgl. § 2 Anm. 2.

Deutsche, die nach den Schutzgebieten auswanderten, behielten grundsätzlich ihre bisherige Landesangehörigkeit und die dadurch vermittelte Reichsangehörigkeit. Der Gesetzgeber hatte es absichtlich unterlassen, ihnen einen Weg zur Ablegung der Landesangehörigkeit und zum Erwerb der unmittelbaren Reichsangehörigkeit zu eröffnen. Der § 21 war daher auf die Kolonien nicht anwendbar. Die nach den deutschen Kolonien auswandernden Deutschen und ihre Kinder behielten also ihre Landesangehörigkeit auch dort und kehrten nach Verlust der Kolonien mit dieser nach Deutschland zurück.

3. Eingeborene

Sie waren an sich nur deutsche „Untertanen", nicht Staatsangehörige im Sinne des Gesetzes. Deutsche Staatsangehörige konnten sie nur auf folgenden Wegen werden:

a) durch Verleihung nach § 33 Ziff. 1. Fälle dieser Art sind sehr selten vorgekommen. Man nimmt an, daß diese deutschen Staatsangehörigen mit dem Verlust der Kolonien aus der deutschen Staatsangehörigkeit ausgeschieden sind. (Lichter S. 151.) Die Eingeborenen erhielten eine besondere Mandatsangehörigkeit.

b) Frauen durch Heirat mit einem deutschen Staatsangehörigen. Eine gewisse Anzahl dieser Fälle hat es namentlich in Samoa, seltener in den afrikanischen Gebieten gegeben. Da der Versailler Vertrag den in den Kolonien zurückbleibenden deutschen Männern die deutsche Staatsangehörigkeit ließ, ist anzunehmen, daß sie auch die eingeborenen Frauen behalten haben. Die Abkömmlinge aus diesen Ehen haben kraft jus sanguinis die deutsche Staatsangehörigkeit erworben und weiter übertragen. Als Verlustgrund kann nur § 25 in Frage kommen, wenn sie auf ihren Antrag eine neue Staatsangehörigkeit, etwa die des Mandatars, erworben haben.

c) durch Einbürgerung nach § 8. Solche Einbürgerungen sind in den Schutzgebieten selbst nicht vorgenommen worden, da sie dem Willen des Gesetzgebers widersprochen hätte, der für die Eingeborenen den Status der Untertanen, in Ostafrika Landesangehörige genannt, erfunden hatte. Wohl aber konnten nach dem 1. Weltkriege die wenigen in Deutschland selbst wohnhaften Eingeborenen durch Einbürgerung die deutsche Staatsangehörigkeit erhalten. Welchen Status sie vor der Einbürgerung hatten, staatenlos oder weiter deutscher Untertan ohne deutsche Staatsangehörigkeit, war nach 1920 streitig. Die Frage betraf übrigens nicht nur sie, sondern auch ihre weißen Frauen, die durch die Eheschließung die deutsche Staatsangehörigkeit verloren und den Status des Ehemanns erworben hatten.

4. Ziffer 2

Es war eine vom Reichstag eingefügte Parallelbestimmung zu § 13. Nach § 13 haben ehemalige Deutsche, gleichviel ob sie inzwischen eine fremde Staatsangehörigkeit erworben haben oder ganz staatenlos sind, den Vorzug, in die deutsche Staatsangehörigkeit auch ohne Wohnsitz innerhalb des Reiches eingebürgert zu werden. Nach § 13 war ihnen zu diesem Zweck der Weg über die Regierung des deutschen Landes eröffnet, dem sie früher angehört hatten. Der § 33 Ziff. 2 stellte ihnen wahlweise einen zweiten Weg, den des Erwerbs der unmittelbaren Reichsangehörigkeit zur Verfügung, der im allgemeinen für im Ausland Wohnende bequemer schien. Das Hauptanwendungsgebiet dieser gesetzlichen Bestimmung waren die ehemaligen Deutschen, welche, sei es durch Entlassung, sei es durch den früheren Verlustgrund der 10jährigen Abwesenheit oder auf andere Weise, ihre deutsche Reichsangehörigkeit verloren hatten, ohne eine neue zu erwerben. Auch durch Entziehung einer inzwischen erworbenen fremden Staatsangehörigkeit, wie sie von den alliierten Staaten während des Krieges allgemein geübt worden ist, konnten sie wieder völlig staatenlos geworden sein. Anderseits ist jedoch sowohl der § 13 wie der § 33 anwendbar auch in dem Falle, daß die Antragsteller im Besitz einer fremden Staatsangehörigkeit waren, wenn auch in diesem Falle besonders zu prüfen sein wird, ob die Naturalisation nicht auf außenpolitische Bedenken stößt. Seit der Abschaffung der Landesangehörigkeit deckt sich der § 33 II mit dem § 13. Personen, deren Herkunft aus einem deutschen Land feststellbar ist, haben sich an die betreffende Landesregierung zu wenden, Personen ohne solche Beziehung (eventuell durch Vermittlung des deutschen Konsuls) an die dem Bundesinnenministerium unterstehende Bundesstelle für Staatsangehörigkeitsfragen in Koblenz.

§ 34

Einem Ausländer, der im Reichsdienst angestellt ist[1] und seinen dienstlichen Wohnsitz im Ausland hat,[2] muß auf seinen Antrag die unmittelbare Reichsangehörigkeit verliehen werden,[2] wenn er ein Diensteinkommen aus der Reichskasse bezieht; sie kann ihm verliehen werden, wenn er ein solches Einkommen nicht bezieht.

1. Ausländer als deutsche Beamte

Grundsätzlich kann nur ein Deutscher als deutscher Beamter angestellt werden (§ 7 I 1 BBG vom 14. Juli 1953). Verstoß hiergegen macht die Anstellung nichtig (BBG § 11 II). Es muß sich daher um den Ausnahmefall handeln, daß der Bundesinnenminister seine Anstellung genehmigt hat. (BBG § 7 II.)

Auch als die Anstellung als Erwerbsgrund der Staatsangehörigkeit, §§ 14, 15, noch in Geltung war, traf dieser Erwerbsgrund nicht auf im Ausland angestellte Ausländer zu, da die §§ 14, 15 nur bei Wohnsitz im Inland anwendbar waren. Sie erwarben daher die deutsche Staatsangehörigkeit nicht von selbst.

2. § 15 Abs. 2 und 34

§ 34 ist eine vom Reichstag eingefügte Parallelbestimmung zu § 15 Abs. 2, wo den im Ausland angestellten Beamten die Möglichkeit zur Erlangung der deutschen Reichsangehörigkeit auf dem Wege über die Landesangehörigkeit in jedem beliebigen von ihnen wählbaren Lande eröffnet wird. Nach § 15 Abs. 2 erwarben sie eine deutsche Landesangehörigkeit nebst der mittelbaren Reichsangehörigkeit, nach § 34 die unmittelbare Reichsangehörigkeit.

Seit der Abschaffung der Landesangehörigkeit decken sich beide Bestimmungen, so daß eine von ihnen entbehrlich ist.

3. Einbürgerungsanspruch

Ebenso wie bei § 15 Abs. 2 ist auch hier der Einbürgerungsanspruch durch das Gesetz zur Änderung des Reichs- und Staatsangehörigkeitsgesetzes vom 15. März 1935 beseitigt. Beide Gesetzesbestimmungen sind jedoch im übrigen aufrecht erhalten, da sie die Einbürgerung ohne Wohnsitz im Inland gestatten und insoweit eine Abweichung von § 8 enthalten. Völkerrechtlich kann gegen eine solche Einbürgerung kein Bedenken bestehen, auch wenn der Eingebürgerte die fremde Staatsangehörigkeit besitzt, da durch das Beamtenverhältnis die als notwendig angesehene Beziehung zu ihm geschaffen ist. Allerdings wird ein bei einer diplomatischen Mission tätiger Ausländer, der seine bisherige Staatsangehörigkeit behält, durch die Einbürgerung nicht exterritorial und bleibt nach wie vor seinem heimatlichen Recht unterstellt.

§ 35

Auf die unmittelbare Reichsangehörigkeit finden die Vorschriften dieses Gesetzes über die Staatsangehörigkeit in einem Bundesstaate mit Ausnahme der Vorschriften des § 4, Abs. 2, des § 8, Ab. 2, des § 10, Satz 2, des § 11, Satz 2, des § 12, Satz 2 und der §§ 14, 21 mit der Maßgabe entsprechende Anwendung, daß an die Stelle der Zentralbehörde des Bundesstaats der Reichskanzler und an die Stelle der höheren Verwaltungsbehörde der Reichskanzler oder die von ihm bezeichnete Behörde treten.

Durch den Wegfall der Landesangehörigkeit ist diese Bestimmung überholt. An die Stelle des Reichskanzlers ist der Bundesinnenminister getreten.

Vierter Abschnitt

Schlußbestimmungen

§ 36

Unberührt bleiben die Staatsverträge, die von Bundesstaaten mit ausländischen Staaten vor dem Inkrafttreten dieses Gesetzes geschlossen sind.

1. Frühere völkerrechtliche Verträge der Länder

Gedacht ist hier vor allem an die im Jahre 1868 von dem Norddeutschen Bund und den süddeutschen Staaten mit den Vereinigten Staaten von Amerika geschlossenen sogenannten Bancroftverträge. (Text und Kommentar zu diesen Verträgen siehe bei Keller-Trautmann S. 404 ff.). Diese Verträge haben unter der Herrschaft des alten Gesetzes von 1870 eine große Rolle gespielt, da dieses Gesetz noch nicht den Grundsatz kannte, daß der Erwerb einer fremden Staatsangehörigkeit Verlustgrund für die deutsche war. Seitdem jedoch das Gesetz von 1913 diesen Verlustgrund eingeführt hat, hatten sie ihre Bedeutung im wesentlichen verloren. Sie sind mit dem Kriegsausbruch mit den Vereinigten Staaten am 6. April 1917 entfallen und durch den Versailler Vertrag von 1919 nicht wieder in Kraft gesetzt, da sie im Katalog der erneuerten Verträge, Art. 289, nicht mit aufgeführt sind. (Lichter S. 153.)

Spätere völkerrechtliche Verträge der Länder sind nicht mehr geschlossen, da die Materie der Staatsangehörigkeit zur ausschließlichen Zuständigkeit des Reiches gehörte.

2. Frühere völkerrechtliche Verträge des Reiches

§ 36 spricht nur von den völkerrechtlichen Verträgen der deutschen Einzelstaaten, nicht des Reiches. Von Verträgen des Reiches, die Staatsangehörigkeitsbestimmungen enthalten, kamen hauptsächlich der Frankfurter Frieden von 1871 und der Helgolandvertrag von 1890 in Betracht, daneben noch eine Anzahl von meist bereits abgelaufenen Verträgen mit mittelamerikanischen Staaten, welche gewisse Optionsrechte für die beiderseitigen Staatsangehörigen vorsahen. (Vgl. Keller-Trautmann S. 346). Da kein einziger dieser Verträge Bestimmungen enthält, die mit dem Reichs- und Staatsangehörigkeitsgesetz im Widerspruch ständen, war ein entsprechender Vorbehalt für Verträge des Reiches unnötig.

Völkerrechtliche Verträge des Reiches, die nach Inkrafttreten des Reichs- und Staatsangehörigkeitsgesetzes in die Materie der Staatsangehörigkeit eingegriffen haben, sind zahlreich. Sie sind sämtlich in der Form deutscher Reichsgesetze verkündet und gehen daher, ohne daß es einer besonderen gesetzlichen Bestimmung bedürfte, im Kollisionsfall den älteren Bestimmungen des Reichs- und Staatsangehörigkeitsgesetzes vor.

§ 37

Soweit in Reichsgesetzen oder in Landesgesetzen auf Vorschriften des Gesetzes über die Erwerbung und den Verlust der Bundes- und Staatsangehörigkeit vom 1. Juni 1870 oder des Gesetzes, betreffend die Naturalisation von Ausländern, welche im Reichsdienst angestellt sind, vom 20. Dezember 1875 verwiesen ist, treten an deren Stelle die entsprechenden Vorschriften dieses Gesetzes.

Zu beachten ist, daß die deutsche Staatsangehörigkeit sich nach der Angliederung von Österreich am 13. März 1938 in den österreichischen Landesteilen zunächst weiter nach dem österreichischen Staatsbürgergesetz von 1925 richtete und daß das deutsche Staatsangehörigkeitsgesetz von 1913 in Österreich — ohne rückwirkende Kraft — erst mit dem 1. Juli 1939 eingeführt wurde. (Maßfeller S. 207/208.)

In den anderen Fällen des Erwerbs von Gebieten in der NS-Zeit ist dagegen das deutsche Staatsangehörigkeitsrecht sofort mit der Eingliederung eingeführt.

§ 38

(Fassung des RG vom 5. 11. 1923 RGBl. 1923 S. 1077)

Die Reichsregierung erläßt mit Zustimmung des Reichsrats Vorschriften über die Höchstsätze von Gebühren und Abgaben, die in den Fällen des § 7 und der §§ 10, 11, 12, des § 15 Abs. 2 erster Halbsatz, des § 31 und des § 34 erster Halbsatz für die Erteilung von Aufnahme- oder Einbürgerungsurkunden erhoben werden.

Das Gleiche gilt für die Erteilung von Entlassungsurkunden.

Die Vorschrift hat den früheren § 38 ersetzt, der folgendermaßen lautete:

In den Fällen des § 7, der §§ 10, 11, 12, 30, 31 und des § 34 erster Halbsatz werden die Aufnahme- oder Einbürgerungsurkunden kostenfrei erteilt. Das gleiche gilt für die Erteilung von Entlassungsurkunden in den Fällen des § 21.

Für die Erteilung von Entlassungsurkunden in anderen als den im § 21 bezeichneten Fällen dürfen an Stempelabgaben und Ausfertigungsgebühren zusammen nicht mehr als drei Mark erhoben werden. Die neue Fassung schaffte die frühere Kostenfreiheit ab. Der neue Artikel führte jedoch im übrigen keine einheitliche Gebührenregelung ein und überließ diese weiter den Ländern. Auch während der Durchführung des Einheitsstaates in der NS-Periode blieb es weiter bei den unterschiedlichen Gebührensätzen der Landesteile, so daß namentlich die Gebühr für die Einbürgerung sehr unterschiedlich war. Das ist auch heute nicht anders. Es gelten die Verwaltungsgebührenordnungen der Länder. Eine Tabelle der Gebühren der Länder nach dem Stand von 1955 bringt Lichter S. 155 ff. Doch sind die Gebühren ständigen Änderungen unterworfen.

Zum Beispiel seien die Gebühren in Staatsangehörigkeitssachen in Nordrhein-Westfalen angegeben, deren Rechtsgrundlage die preußische Verwaltungsgebührenordnung vom 19. Mai 1934 (GS S. 261) ist. Danach betragen die Gebühren in Reichs- und Staatsangehörigkeitssachen:

Einbürgerungsurkunden	500—3000 RM
Einbürgerungsurkunden (§§ 10, 11, 12, 15 II, 31 RuStAngG)	20 RM
Aufnahmeurkunden (§ 7)	10 RM
Entlassungsurkunden (§ 21)	10 RM
Entlassungsurkunden (sonst)	50 RM
Heimatscheine	10 RM
Staatsangehörigkeitsausweise	5 RM
Genehmigung zur Beibehaltung der StAng. (§ 25)	100 RM
Genehmigung zum Eintritt in fremden Staatsdienst (§ 28)	100 RM
Bescheinigung über den Verlust oder Nichtbesitz der StAng.	100 RM

§ 39

Der Bundesrat erläßt Bestimmungen über die Aufnahme-, Einbürgerungs- und Entlassungsurkunden sowie über die Urkunden, die zur Bescheinigung der Staatsangehörigkeit dienen.

Die Landeszentralbehörden bestimmen, welche Behörden im Sinne dieses Gesetzes als höhere Verwaltungsbehörden und als Militärbehörden anzusehen sind.

1. Die Vordrucke

a) Der Gesetzgeber sieht die Verwendung amtlich aufgestellter Formulare vor. Zur Zeit werden die Vordrucke verwandt, die in der Bekanntmachung des Bundesinnenministers vom 23. Aug. 1951 vorgeschrieben sind (Lichter S. 206, Maßfeller S. 70).

4. Reichs- und Staatsangehörigkeitsgesetz

Die Bekanntmachung schreibt vier verschiedene Formulare vor: Eine Staatsangehörigkeitsurkunde (Staatsangehörigkeitsausweis), eine Staatsangehörigkeitsurkunde-Heimatschein, eine Einbürgerungsurkunde und eine Entlassungsurkunde.

Die Einbürgerungsurkunde hat folgenden Wortlaut:

Bundesrepublik Deutschland
Einbürgerungsurkunde

Der (Die) ....
(Name, Stand)
in .... Kreis ....
geboren am .... in .... Kreis ....
sowie seine Ehefrau .... geborene ....
geboren am .... in ....
und folgende von ihm kraft elterlicher Gewalt gesetzlich vertretene Kinder:

1. .... geboren am ....
(Name)
in .... Kreis ....
2. .... geboren am ....
in .... Kreis ....
3. .... geboren am ....
in .... Kreis ....

haben mit dem Zeitpunkt der Aushändigung dieser Urkunde die deutsche Staatsangehörigkeit erworben. Die Einbürgerung erstreckt sich nur auf die vorstehend aufgeführte(n) Person(en).

Trier, den ....
Bezirksregierung Trier
(L. S.) Im Auftrage:

Die anderen Urkunden sind entsprechend gefaßt.

Die Anwendung dieser vorgeschriebenen Formulare ist jedoch nur eine Sollvorschrift. Bescheinigungen ohne Verwendung von Vordrucken sind gleichwohl gültig, wenn sie die gesetzlich vorgeschriebenen Angaben enthalten.

b) Die Bedeutung der vier Urkunden ist verschieden. Die Staatsangehörigkeitsausweise haben nur deklaratorische Bedeutung. Sie beweisen die deutsche Staatsangehörigkeit des Inhabers, schließen jedoch den Gegenbeweis nicht aus. Ein bürgerliches Gericht ist nicht gehindert, über die Richtigkeit Beweis zu erheben und die Staatsangehörigkeit des Inhabers anders zu beurteilen.

Anders steht es mit der Einbürgerungsurkunde und Entlassungsurkunde. Sie bescheinigen einen konstitutiven Staatsakt. Der Inhaber einer Einbürgerungsurkunde ist eingebürgert. Sollte sie fehlerhaft sein, so kann sie höchstens die ausstellende Behörde zurücknehmen.

Ein bürgerliches Gericht könnte sie nicht wegen Erschleichung oder Betrugs für nichtig erklären und die Staatsangehörigkeit des Inhabers verneinen.

Dies gilt jedoch nur für das an erster Stelle genannte Familienhaupt. Die Staatsangehörigkeit der minderjährigen Kinder und bis zum 1. April 1953 auch der Ehefrau ergab sich „kraft Erstreckung" von selbst aus der Staatsangehörigkeit des Familienhauptes. Sie wurden nicht selbständig eingebürgert.

Ihre Einbürgerung war vielmehr eine gesetzlich vorgeschriebene Einbürgerung des Familienhauptes, dem allein die Urkunde ausgehändigt wurde. Ihre Angabe hat daher für die Kinder, und bis zum 1. April 1953 auch für die Frau, nur deklaratorische Bedeutung. Bei ihnen ist daher der Gegenbeweis möglich, daß das Kind nicht ehelich oder die Ehe geschieden ist. Bei einem Urteil dieses Inhalts ergibt sich von selbst, daß sie nicht eingebürgert sind.

Anders steht es mit der Ehefrau seit dem 1. April 1953. Seitdem „erstreckt sich" die Staatsangehörigkeit des Mannes nicht mehr auf sie. Sie kann nur selbständig eingebürgert werden. Daß dies auf derselben Urkunde geschieht, widerspricht dem Gesetz nicht, nur hat ihre Aufführung in der Urkunde jetzt eine ganz andere Bedeutung. Sie kann nur aufgeführt werden, wenn sie selbst einen Antrag gestellt hat, und die Urkunde muß auch ihr ausgehändigt werden. Ihre Einbürgerung ist daher unabhängig von ihrer Stellung als Ehefrau. Sie ist auch eingebürgert, wenn die Ehe für nichtig erklärt oder vor der Aushändigung der Urkunde geschieden wird.

c) Die Vordrucke sind in der Zeit vor 1953 aufgestellt und entsprechen der damaligen Gesetzeslage. Seitdem die Frau in ihrer Staatsangehörigkeit selbständig ist, paßt der Ausdruck „erstreckt" nicht mehr für sie. Schärfer gefaßt, müßte die Einbürgerungsurkunde lauten: Eingebürgert ist der Mann. Diese Einbürgerung erstreckt sich auf folgende minderjährige Kinder: ... Außerdem ist auch die Ehefrau eingebürgert. Diese Einbürgerung wird für den Mann und die Kinder mit der Aushändigung an ihn, für die Frau mit der Aushändigung an sie wirksam. Will man kein so umständliches Formular, so müßte man die Frau aus der Urkunde des Mannes ganz herauslassen und sie mit besonderer Urkunde einbürgern, was manche Vorzüge hätte.

Auch sonst lassen die Vordrucke zu wünschen übrig. Sie sehen hinter dem Wohnort durchweg den „Kreis" vor, wohl weil sie den alten Aufnahmeformularen nachgebildet sind. Von Interesse ist jedoch allein das fremde Land, aus dem der Eingebürgerte stammt. Ob dieses Kreise, Bezirke oder Provinzen hatte, steht dahin und ist ohne Bedeutung. Ein Mangel des Vordrucks ist ferner, daß er keine Angabe über das Geschlecht der eingebürgerten Personen enthält. In Deutschland wird man das im allgemeinen aus dem Vornamen entnehmen können (aber auch nicht immer: Maria, Toni, Friedel), bei ausländischen Vornamen ist dies jedoch längst nicht immer gesagt oder für Deutsche jedenfalls nicht erkennbar.

4. Reichs- und Staatsangehörigkeitsgesetz

Was von der Einbürgerungsurkunde gesagt ist, gilt entsprechend von der Entlassungsurkunde. An ihr fällt auf, daß sie nur die Mitaufzählung der minderjährigen Kinder vorsieht, während § 23 II allgemein von Kindern spricht, doch ist es in der Tat wenig empfehlenswert, volljährige Kinder mitaufzunehmen, da es bei ihnen eines eigenen Antrags und getrennter Aushändigung bedarf. Bei der Entlassungsurkunde wäre auch ein Hinweis wünschenswert, daß die Entlassung als nicht erfolgt gilt, wenn der Entlassene ein Jahr nach Aushändigung der Urkunde seinen Wohnsitz noch in Deutschland hat.

2. Zuständige Behörde

In Preußen lag die Ausstellung aller Staatsangehörigkeitsurkunden in der Hand des Regierungspräsidenten (Berlin: Polizeipräsident), in allen ehemals preußischen Gebietsteilen ist es so geblieben. In Süddeutschland sind es zum Teil die Landratsämter, in den Freien Städten die Senate, in Schleswig-Holstein und im Saarland die Landesinnenminister, für Staatsangehörigkeitsfragen, für die kein Land zuständig ist, die Bundesstelle für Staatsangehörigkeitsangelegenheiten in Koblenz. (Vgl. die Tabellen bei Lichter S. 198 ff.; Maßfeller S. 71 ff.)

§ 40

Gegen die Ablehnung[1] des Antrags auf Aufnahme gemäß § 7 auf Einbürgerung in den Fällen des §§ 10, 11, 15, des § 26, Abs. 3, der §§ 30, 31, des § 32, Abs. 3 oder des Antrags auf Entlassung in den Fällen der §§ 21, 22 ist der Rekurs[2] zulässig[3]. Die Zuständigkeit der Behörden und das Verfahren[4] bestimmen sich nach den Landesgesetzen und, soweit landesgesetzliche Vorschriften nicht vorhanden sind, nach den §§ 20, 21 der Gewerbeordnung.[5]

1. Beschwerde

Alle in Staatsangehörigkeitsangelegenheiten ergehenden Staatsakte sind Verfügungen im technischen Sinne und unterliegen den üblichen Beschwerdemitteln. Gegen eine ablehnende Verfügung des Regierungspräsidenten ist daher die Beschwerde an den Minister des Innern in sämtlichen deutschen Ländern gegeben. Gegen die Entscheidung des Landesinnenministers gibt es jedoch keine weitere Beschwerde an den Bundesinnenminister. Dieser ist zuständig allein in den Staatsangehörigkeitsangelegenheiten, mit denen die Bundesstelle in Koblenz befaßt wird. Es bestehen danach 12 oberste Dienststellen, die selbständig über Beschwerden in Staatsangehörigkeitsangelegenheiten entscheiden. Es gibt keine Dienststelle der Bundesregierung, die bei auseinandergehenden Entscheidungen angerufen werden könnte. Die Arbeitsgemeinschaft der Innenminister versucht, die Praxis in den einzelnen Ländern zu koordinieren.

2. Verwaltungsstreitverfahren

Der Schutz durch Beschwerde an den Innenminister erschien dem Gesetz von 1913 zu gering. Da es eine reichsrechtlich geregelte Verwaltungsgerichtsbarkeit nicht gab, so schrieb es den „Rekurs“ vor. Gemeint war damit das nach den Landesgesetzen zulässige Rechtsmittel im Verwaltungsstreitverfahren, und nur wenn es ein solches nicht gab, der in §§ 20, 21 der Gewerbeordnung vorgesehene „Rekurs“. In der Mehrzahl der deutschen Länder waren es die Verwaltungsgerichte, in Preußen Bezirksausschuß und Oberverwaltungsgericht (Keller-Trautmann S. 357).

In der Bundesrepublik sind es die Landesverwaltungsgerichte, die Oberverwaltungsgerichte und das Bundesverwaltungsgericht in Berlin. Das Verfahren richtet sich im ehemaligen britischen Besatzungsgebiet nach der VO Nr. 165 der Militärregierung von 1948, in den Ländern der ehemaligen amerikanischen Besatzungszone nach den im wesentlichen gleichlautenden Gesetzen über die Verwaltungsgerichtsbarkeit (Bayern v. 25. Sept. 1946 in der Fassung vom 30. Sept. 1949; Bremen vom 5. Aug. 1947; Hessen vom 31. Okt. 1946 i. d. Fassung vom 30. Juni 1949 und Änderung vom 6. März 1954; Württemberg-Bad. vom 16. Okt. 1946), in Rheinland-Pfalz nach dem Verwaltungsgerichtsgesetz vom 14. April 1950 und vor dem Bundesverwaltungsgericht nach dem Bundesgesetz vom 23. Sept. 1952. In allen deutschen Ländern besteht danach ein gleichartiger Rechtszug. Staatsangehörigkeitsstreitigkeiten beginnen vor dem Landesverwaltungsgericht mit Berufungsmöglichkeiten an das Oberverwaltungsgericht. Die Revision an das Bundesverwaltungsgericht ist zulässig, wenn das Oberverwaltungsgericht sie zuläßt, was nur bei Rechtsfragen von grundsätzlicher Bedeutung geschehen soll oder wenn ein OVG von einer Entscheidung des Bundesverwaltungsgerichts oder eines obersten Verwaltungsgerichts eines Landes abgewichen ist, § 59 des BVerwG Gesetzes. Das oberste Bundesgericht in Staatsangehörigkeitsfragen ist danach das Bundesverwaltungsgericht.

3. Bundesverfassungsgericht

Auch das Bundesverfassungsgericht kann mit Staatsangehörigkeitsfragen befaßt werden. Das ist möglich im Normenkontrollverfahren (GG Art. 93 Ziff. 2, 100) und auf Verfassungsbeschwerde (BVerfGG § 90). Die Entscheidungen im Normenkontrollverfahren haben Gesetzeskraft und binden auch das Bundesverwaltungsgericht (BVerfGG § 31 Abs. 2). Anders die Entscheidungen im Verfahren der Verfassungsbeschwerde. Sie regeln nur Einzelfälle und schaffen Rechtskraft nur soweit der Tenor der Entscheidung reicht, nicht aber bezüglich der Entscheidungsgründe. (So Beschluß des Großen Zivilsenats des BGH vom 20. Mai 1954 JZ 1954 S. 498 ff.; Kadenbach, Zur bindenden Wirkung der Entscheidungen des BVerfG Arch. des öfftl. R. Bd. 80 1956 S. 393). Eine Bindung erzeugen Entscheidungen des Bundesverfassungsgerichts im übrigen überhaupt nur in Verfassungsfragen, nicht in anderen Rechtsfragen. Zu den anderen Rechtsfragen gehören auch Staatsangehörigkeitsangelegenheiten (Urt. d. BVerwG vom 3. Okt. 1951, JZ 1955 S. 234). Die Verwaltungsgerichte sind daher nicht an die Ansicht des Bundesverfassungsgerichts in Staatsangehörigkeitsstreitigkeiten gebunden, soweit diese nicht im Normenkontrollverfahren ergangen sind. Internationale gerichtliche Institutionen wie die Internationale Kommission in Koblenz sind an die Entscheidungen des BVerfG nicht gebunden und können die Staatsangehörigkeitsfragen selbst nachprüfen.

4. Form der Klage

Der Weg vor den Verwaltungsgerichten setzt eine dem Antragsteller ungünstige Entscheidung voraus. Die Klage wird daher als Anfechtungsklage zu erheben sein. Wenn das Gericht dem Kläger Recht gibt, stellt es nicht selbst die beantragte Urkunde aus, sondern weist den Regierungspräsidenten an. Urteile dieser Art sind nur einer beschränkten Rechtskraft fähig. Ein abweisendes Urteil hindert den Kläger nicht, seinen Antrag auf Ausstellung eines Staatsangehörigkeitsausweises zu erneuern.

Neben dieser Anfechtungsklage gibt es die Feststellungsklage (§ 16 BVerwG, § 24 VGG, § 52 VO Nr. 165, § 24 VGG RhPf.). Sie war früher im größten Teil von Deutschland nicht zugelassen, (Ausnahme Bayern, Ges. vom 8. Juli 1878 Art. 8 Ziff. 1, ferner Hamburg VGG vom 2. Nov. 1921 und Bremen VGG vom 6. Jan. 1924; Isay S. 74), heute ist sie allgemein zulässig. Allerdings hat sie grundsätzlich nur subsidiären Charakter, d. h. sie ist dann unzulässig, wenn mit der Anfechtungsklage der erstrebte Erfolg erreicht werden kann. Daher wird neben der Klage auf Einbürgerung, auf Entlassung, auf Beibehaltung der Staatsangehörigkeit nach § 25 Abs. 2 für eine Feststellungsklage kein Raum sein.

Anders steht es jedoch, wenn die Behörde die Ausstellung eines Staatsangehörigkeitsausweises oder eines Passes verweigert. Mit einer Anfechtungsklage kann in diesen Fällen günstigstenfalls eine deklaratorische Urkunde erlangt werden, welche das bürgerliche Gericht nicht bindet und die Möglichkeit offen läßt, daß es z. B. in einem Ehestreit die Staatsangehörigkeit des Inhabers anders beurteilt. Wenn dies ausgeschlossen werden soll, bedarf es der Feststellung der Staatsangehörigkeit durch Feststellungsurteil, dessen Rechtskraft auch das bürgerliche und das Finanzgericht bindet.

Neben den positiven Feststellungsurteilen gibt es auch das negative, welches rechtskräftig feststellt, daß der Kläger die deutsche Staatsangehörigkeit nicht besitzt. Es ist bei Liquidationsmaßnahmen der Alliierten gegenüber angeblichen Deutschen im und nach dem Kriege von Bedeutung geworden. Die Behörden stellen allerdings auch sogenannte Negativbescheinigungen aus, daß jemand die deutsche Staatsangehörigkeit nicht besitze, doch enthalten diese keine rechtliche Begründung und werden daher von den alliierten Behörden vielfach nicht als ausreichend anerkannt. In diesen Fällen bleibt nichts anderes übrig, als eine Klage auf Feststellung des Nichtbesitzes der deutschen Staatsangehörigkeit zu erheben. Sorgfältig begründete Urteile dieser Art haben im allgemeinen auch gegenüber den Alliierten die gewünschten Erfolge gehabt, wenn auch kein Staat völkerrechtlich gehindert ist, Staatsangehörigkeitsentscheidungen des anderen nachzuprüfen, sofern dadurch seine Rechte beeinträchtigt werden.

Durch Feststellungsklage über Bestehen oder Nichtbestehen der deutschen Staatsangehörigkeit kann stets nur über die Staatsangehörigkeit des Klägers entschieden werden. Niemand kann eine solche Klage bezüglich einer anderen Person erheben, abgesehen vom gesetzlichen Vertreter für seine Kinder oder Mündel. Sie ist auch nicht möglich zur Feststellung der Staatsangehörigkeit eines Verstorbenen oder zur Feststellung einer fremden Staatsangehörigkeit, da kein staatliches Gericht mit Rechtskraft über die Angehörigkeit in einem anderen Staat entscheiden kann.

5. Andere Gerichte

Auch andere Gerichte, Zivil-, Straf- und Finanzgerichte können in die Lage kommen, über die Staatsangehörigkeit entscheiden zu müssen. Die Zuständigkeit in Ehesachen und das auf sie anzuwendende Recht, die Gültigkeit eines Grundstücksgeschäftes, die Strafbarkeit nach verschiedenen Vorschriften des StGB, die Steuerpflicht hängen davon ab, ob der Betroffene deutscher Staatsangehöriger ist. All diese Gerichte müssen sich daher zunächt über die Staatsangehörigkeit klar werden. Dies geschieht jedoch, auch wenn die Entscheidung noch so ausführlich begründet wird, nur „incidenter“, d. h. die Entscheidung schafft in Sachen der Staatsangehörigkeit keine Rechtskraft, und kein Gericht ist gehindert, diese Frage anders zu entscheiden. Das hindert nicht, daß solchen Entscheidungen mitunter, namentlich wenn sie von den höchsten Bundesgerichten stammen, große Bedeutung zukommt und sie Staatsangehörigkeitsfragen maßgebend beeinflussen können.

§ 41

Dieses Gesetz tritt am 1. Januar 1914 gleichzeitig mit einem Gesetze zur Abänderung des Reichsmilitärgesetzes sowie des Gesetzes betreffend Änderungen der Wehrpflicht vom 11. Februar 1888 in Kraft.

1. Zeitliche Geltung

a) Das Gesetz von 1913 ist am 1. Januar 1914 in Kraft getreten. Damit ist das Gesetz von 1870, auch wenn es nicht ausgesprochen ist, aufgehoben. Der Verlustgrund der 10jährigen Abwesenheit konnte daher nach dem 1. Januar 1914 nicht mehr eintreten, auch wenn die Frist nahezu abgelaufen war, d. h., daß dieser Verlustgrund praktisch seit dem 2. Januar 1904 nicht mehr in Frage kommen kann.

b) In den in der NS-Periode eingegliederten Gebieten ist das Gesetz in den jeweils angegebenen Daten eingeführt worden, so in Österreich am 1. Juli 1939 (2. VO über die deutsche Staatsangehörigkeit im Lande Österreich vom 30. Juni 1939 [RGBl. I S. 1072]). Im Saarland hat es stets gegolten und ist nicht erst am 1. Januar 1957 wieder eingeführt, auch wenn es in den Jahren der verwaltungsmäßigen Abtrennung des Saarlandes von dem saarländischen Staatsangehörigkeitsgesetz vom 15. Juli 1948 überlagert war.

2. Räumliche Geltung

Staatsangehörigkeitsgesetze dehnen sich nicht von selbst aus. Das Gesetz von 1870 ist in Elsaß-Lothringen durch Reichsgesetz vom 8. Januar 1873 mit Wirkung vom 28. Januar 1873 eingeführt worden. Bis dahin richteten sich Erwerb und Verlust der deutschen Staatsangehörigkeit nach dem französischen Code civil. In Österreich hat bis zur Einführung des deutschen Gesetzes von 1913 am 1. Juli 1939 das österreichische Staatsbürgergesetz von 1925 für den Erwerb der deutschen Staatsangehörigkeit gegolten. Nur soweit das Gesetz die Abstammung kraft jus sanguinis oder früher durch Eheschließung regelt, hat es eine über die Grenze hinausgehende Wirkung. Der inländische Gesetzgeber kann daher kraft der persönlichen Beziehungen der deutschen Staatsangehörigen zur Heimat auch sie gesetzlich erfassen, sie zur Rückkehr auffordern, ihnen Militärdienst und Steuerpflichten auferlegen. Soweit solche persönlichen Verbindungen jedoch fehlen, kann kein Staatsangehörigkeitsgesetz über seine Grenzen wirken. Es ist daher nicht möglich, im Ausland befindliche ehemalige Staatsangehörige ohne ihren Antrag wieder zu erfassen und ihnen die deutsche Staatsangehörigkeit im Wege der Gesetzgebung zu verleihen. Dieser Gesichtspunkt hat bei der Aufhebung des § 26 eine Rolle gespielt, siehe oben § 26 Anm. 2, und kommt bei verschiedenen nach 1945 geregelten Fällen mit in Betracht.

Erstes Gesetz zur Regelung von Fragen der Staatsangehörigkeit

vom 22. Februar 1955
(BGBl. I S. 65)

Vorbemerkungen

1. Nach jahrelangem Zögern hat der Bundesgesetzgeber versucht, die Mehrzahl der aus Anlaß der politischen Ereignisse seit 1933 entstandenen Staatsangehörigkeitsfragen im Wege der Gesetzgebung zu lösen. Diesem Zweck dienen die Staatsangehörigkeitsregelungsgesetze von 1955 und 1956. Das Gesetz von 1955 regelt die Staatsangehörigkeitsverhältnisse, die an der östlichen und südöstlichen Grenze Deutschlands entstanden sind, sowie die durch Art. 116 GG und die Leistung von Militärdienst aufgeworfenen Fragen; das Gesetz von 1956 ist den deutsch-österreichischen Staatsangehörigkeitsfragen gewidmet. Eine gesetzliche Regelung der im Westen im Elsaß, in Lothringen, Luxemburg und Eupen-Malmedy entstandenen Fragen hat man nicht für nötig gehalten, da die Staatsangehörigkeit der Elsässer, Lothringer und Luxemburger durch das Gesetz Nr. 12 der Alliierten Hohen Kommission vom 19. November 1949 und die deutsch-belgische Staatsangehörigkeitsfrage bezüglich der Bewohner von Eupen-Malmedy durch diplomatischen Notenwechsel ausreichend geklärt sei. Vgl. § 17 Anm. 3. (Vgl. die Begründung der Bundesregierung zum Entw. des 1. StAngReglGes. Maßfeller S. 369.)

2. Zu dem Staatsangehörigkeitsregelungsgesetz von 1955 ist folgendes zu bemerken:

Anläßlich der Gebietsausdehnung des Dritten Reiches waren die Bewohner der eingegliederten Gebiete in die deutsche Staatsangehörigkeit aufgenommen worden. Dies geschah in der Regel durch Sammeleinbürgerung. Da das Dritte Reich auf dem Standpunkt stand, daß alle Deutschen in das Deutsche Reich gehörten, wurde den Bewohnern auch kein Recht der Ausschlagung der deutschen Staatsangehörigkeit gewährt. Dieses Recht war nur fremdnationalen Personen eingeräumt wie Tschechen im Sudetenland und Litauern im Memelland, doch haben auch diese bei den politischen Verhältnissen der damaligen Zeit von diesem Recht kaum Gebrauch machen können. Die aus dem Osten vertragsweise zurückgeführten Bevölkerungsgruppen wurden zwar in ihren Heimatländern kollektiv ausgebürgert, in Deutschland jedoch im Wege der Einzeleinbürgerung aufgenommen, so daß insoweit Zweifel an ihrer Staatsangehörigkeit nicht bestehen können.

Da 1945 jede deutsche Zentralgewalt fehlte, welche die durch die politischen Vorgänge entstandenen Staatsangehörigkeitsfragen im Wege der Gesetzgebung oder durch internationale Verträge mit den interessierten Staaten hätte regeln können, blieb die Beantwortung der auftauchenden Fragen im wesentlichen der Rechtsprechung vorbehalten. Bei der Zweifelhaftigkeit der Fragen und der Vielzahl der beteiligten Gerichte konnte es nicht ausbleiben, daß auch stark abweichende Entscheidungen ergingen, ohne daß es möglich war, durch den Spruch eines höchsten Gerichts zu einer endgültigen Klärung zu kommen. (Vgl. die bei M a k a r o v Rechtspr. I S. 171 ff. zitierten Entscheidungen.) Schließlich kamen die Fragen im Wege der Verfassungsbeschwerde an das Bundesverfassungsgericht. Dieses hat in der Entscheidung Czastka vom 28. Mai 1952 (BVerfG 1, 322) zu den streitigen Fragen grundsätzlich Stellung genommen und ausgeführt:

Es sei zwar zutreffend, daß die Besetzung von Landesteilen der Tschechoslowakischen Republik im März 1939 völkerrechtswidrig gewesen sei, doch können aus der Unwirksamkeit der Annexion durch das Deutsche Reich seit dem 1. Januar 1938 nicht gefolgert werden, daß alle mit der Annexion zusammenhängenden Zwangsverleihungen der deutschen Staatsangehörigkeit als nichtig zu betrachten seien. Die Tschechoslowakei habe durch das Dekret vom 2. August 1945 die Verleihung der deutschen Staatsangehörigkeit mittelbar anerkannt und die betroffenen Personen nicht für sich in Anspruch genommen. Daher bestehe kein Anlaß, die betreffenden Personen als Nichtdeutsche zu betrachten, wenn der zwangsweise Eingebürgerte seit 1945 ständig den Willen bekundet habe, als deutscher Staatsangehöriger behandelt zu werden. Durch diese Berücksichtigung des Willens des Betroffenen sei zugleich eine völkerrechtlich unangreifbare Basis für die Anerkennung der deutschen Staatsangehörigkeit aller zwangsweise eingebürgerten Personen deutscher Volkszugehörigkeit geschaffen.

Die Entscheidung Czastka betraf zwar nur einen einzelnen Auslieferungsfall und schuf Rechtskraft nur bezüglich der Auslieferungs-, nicht der Staatsangehörigkeitsfrage (Vgl. oben § 40 Anm. 3), war aber in der Begründung so allgemein gehalten, daß sie die grundsätzliche Rechtsansicht des Bundesverfassungsgerichts zur Gesamtheit der Fragen wiedergab. Das Bundesinnenministerium, das bis dahin zur Annahme der Staatenlosigkeit dieses Bevölkerungskreises neigte, schloß sich daher nunmehr der Ansicht des Bundesverfassungsgerichts an, die auch schon von der Mehrzahl der Gerichte vertreten wurde. Das 1. Staatsangehörigkeitsregelungsgesetz folgt im wesentlichen den Gedankengängen des Bundesverfassungsgerichts. Man wird der Grundtendenz des Gesetzes zustimmen können, auch wenn bezüglich vieler Einzelbestimmungen Zweifel bestehen. Es wird auch den Wünschen und Belangen der Vertriebenen gerecht. Um ihres Deutschtums willen waren sie vertrieben und ihres Vermögens beraubt worden. Die große Masse von ihnen hatte in Deutschland Aufnahme gefunden und daher ein Interesse an der Anerkennung ihrer deutschen Staatsangehörigkeit. Es wäre von Deutschland illoyal gewesen, wenn es sie nicht aufgenommen und als Deutsche anerkannt hätte. Allerdings bedeutete diese Anerkennung eine gewisse Legitimation von völkerrechtswidrigen Maßnahmen der NS-Regierung. Es kann daher nicht wunder nehmen, daß die deutsche Gesetzgebung zum

Teil im Ausland auf Widerspruch gestoßen und nicht anerkannt ist. (Mann, Friedenswarte Bd. 53 1956 S. 101; Magerstein, Österr. Ztschr. f. ö. R. Bd. 5 S. 338; Entscheidung des niederl. Raad vom Rechtsherstel. vom 4. Juli 1955; Arch. d. Völkerr. Bd. 5 S. 481.) Auch die Hohe Kommissar der Vereinten Nationen für Flüchtlinge van Heuven-Goldhart hat auf einer Konferenz des Exekutivausschusses des Fonds der Vereinten Nationen für die Flüchtlinge am 30. Mai 1956 Bedenken gegen das deutsche Gesetz geäußert. Diese sind daraus zu erklären, daß durch das Gesetz dieser Bevölkerungskreis seiner Fürsorge entzogen wurde. Dies ist gewiß für die Betroffenen ein Verlust an internationalem Schutz, sie haben dafür jedoch den Schutz der Bundesrepublik erhalten. Überhaupt ist die ausländische Kritik für Deutschland nicht maßgebend, da das Gesetz hier trotz seiner Mängel im großen und ganzen Zustimmung gefunden und wesentlich zur Klärung der unsicheren Rechtslage beigetragen hat. Es wird daher kein Anlaß bestehen, an den Grundzügen des Gesetzes etwas zu ändern.

Erster Abschnitt

Staatsangehörigkeitsverhältnisse deutscher Volkszugehöriger, denen die deutsche Staatsangehörigkeit in den Jahren 1938 bis 1945 durch Sammeleinbürgerung verliehen worden ist.

§ 1

(1) Die deutschen Volkszugehörigen,[1] denen die deutsche Staatsangehörigkeit auf Grund folgender Bestimmungen verliehen worden ist:

a) Vertrag zwischen dem Deutschen Reich und der Tschechoslowakischen Republik über Staatsangehörigkeits- und Optionsfragen vom 20. November 1938 (Reichsgesetzbl. II S. 895),[2]

b) Vertrag zwischen dem Deutschen Reich und der Republik Litauen über die Staatsangehörigkeit der Memelländer vom 8. Juli 1939 (Reichsgesetzbl. II S. 999),[3]

c) Verordnung über den Erwerb der deutschen Staatsangehörigkeit durch frühere tschechoslowakische Staatsangehörige deutscher Volkszugehörigkeit vom 20. April 1939 (Reichsgesetzbl. I S. 815) in Verbindung mit der Verordnung zur Regelung von Staatsangehörigkeitsfragen gegenüber dem Protektorat Böhmen und Mähren vom 6. Juni 1941 (Reichsgesetzbl. I S. 308),

d) Verordnung über die Deutsche Volksliste und die deutsche Staatsangehörigkeit in den eingegliederten Ostgebieten vom 4. März 1941 (Reichsgesetzbl. I S. 118) in der Fassung der Zweiten Verordnung über die Deutsche Volksliste und die deutsche Staatsangehörigkeit in den eingegliederten Ostgebieten vom 31. Januar 1942 (Reichsgesetzbl. I S. 51),[4]

e) Verordnung über den Erwerb der Staatsangehörigkeit in Gebieten der Untersteiermark, Kärntens und Krains vom 14. Oktober 1941 (Reichsgesetzbl. I S. 648),[5]

f) Verordnung über die Verleihung der deutschen Staatsangehörigkeit an die in die Deutsche Volksliste der Ukraine eingetragenen Personen vom 19. Mai 1943 (Reichsgesetzbl. I S. 321)[6]

sind nach Maßgabe der genannten Bestimmungen deutsche Staatsangehörige geworden, es sei denn, daß sie die deutsche Staatsangehörigkeit durch ausdrückliche Erklärung ausgeschlagen haben oder noch ausschlagen.[7]

(2) Dasselbe gilt für die Ehefrau[8] und die Kinder[9] eines Ausschlagungsberechtigten, soweit sie nach deutschem Recht ihre Staatsangehörigkeit von ihm ableiten, unabhängig davon, ob er von seinem Ausschlagungsrecht Gebrauch macht. Ehefrauen, die im Zeitpunkt der Eheschließung die deutsche Staatsangehörigkeit besaßen, haben diese behalten.

1. Deutsche Volkszugehörige

Das Gesetz bestätigt die deutsche Staatsangehörigkeit von gewissen Gruppen deutscher Volkszugehöriger. Die Beschränkung auf deutsche Volkszugehörige ist mit Vorbedacht geschehen, um nicht den Eindruck aufkommen zu lassen, als wolle die Bundesrepublik fremdnationale Personen für sich in Anspruch nehmen, denen die NS-Regierung die deutsche Staatsangehörigkeit aufoktroyiert hatte. Damit bleibt jedoch die Frage der nichtdeutschen Volkszugehörigen offen, da sowohl bei der Eingliederung des Sudetenlandes 1938 wie bei der Rücknahme des Memellandes 1939 die gesamte Bevölkerung, also auch Tschechen und Litauer in die deutsche Staatsangehörigkeit aufgenommen worden sind. Man kann wohl annehmen, daß die große Mehrzahl dieser Fremdnationalen nicht nach Deutschland geflohen, sondern in ihrer Heimat geblieben ist. Bezüglich dieser Personen liegt der Schluß nahe, daß Deutschland auf sie verzichten wollte und sie mangels jeder Anspruchserhebung auf die deutsche Staatsangehörigkeit ihrerseits auch mit dem Ausscheiden aus der deutschen Staatsangehörigkeit einverstanden sind. (Ähnlich auch Maßfeller S. 316; anders Hoffmann I S. 26, der annimmt, daß diese fremdnationale Bevölkerung miterfaßt ist.) Allerdings ist nicht zu verkennen, daß gewisse Zweifel geblieben sind, die auftauchen müssen, wenn diese Personen sich nachträglich nicht aus nationalen, sondern aus politischen Gründen zur Abwanderung nach Deutschland entschließen. Erleichterung zur Lösung dieser Fälle bieten die Worte „Deutscher Volkszugehöriger", die nicht mit dem Begriff „Volksdeutscher" oder Deutscher im ethnografischen Sinn identisch sind. Der Begriff „Deutscher Volkszugehöriger" wurde zuerst in der NS-Periode geprägt und in einem Runderlaß des Reichsinnenministers vom 29. März 1939 (RMBliV. S. 785) dahin definiert, daß deutscher Volkszugehöriger sei, wer sich selbst als Angehöriger des deutschen Volkes bekennt, sofern dieses Bekenntnis durch bestimmte Tatsachen, wie Sprache, Erziehung, Kultur usw. bestätigt wird.

(Lichter S. 205.) Er war insbesondere auf nationale Mischbevölkerungen zugeschnitten, wie sie sich an vielen deutschen Grenzen befanden und die sich gesinnungsmäßig überwiegend zum Deutschtum hingezogen fühlten. Das Bundesvertriebenengesetz vom 19. Mai 1953 (BGBl. I S. 201) § 6 übernahm diese Definition. Legt man sie zugrunde, so könnte auch ein litauisch sprechender Memelländer, der seiner ganzen Einstellung und Kultur nach zum Deutschtum neigt, als deutscher Volkszugehöriger anerkannt werden, falls er um dieser Einstellung willen eine Zuflucht in Deutschland sucht.

2. Sudetendeutsche (Ziff. a und c)

Unter diesem Ausdruck werden heute alle Deutschen ehemaliger tschechoslowakischer Staatsangehörigkeit verstanden, also die Sudetendeutschen im engeren Sinne, die Protektoratsdeutschen und die Karpatendeutschen, deren Rechtsstellung jedoch ursprünglich keineswegs gleichartig war. Das Sudetenland ist auf Grund des Münchener Abkommens (Deutschland, Frankreich, Großbritannien, Italien) vom 29. September 1938 (RGBl. II S. 853) an Deutschland gelangt; Böhmen und Mähren sind durch (einseitigen) Führererlaß vom 16. März 1939 (RGBl. I S. 485) als Protektorat eingegliedert worden, die Slowakei ist schließlich als selbständiger Staat unter deutschem (völkerrechtlichem) Protektorat bestehen geblieben; dem entsprechend ist die Staatsangehörigkeit der Bewohner des Sudetenlandes vertraglich geregelt (deutsch-tschechoslowakischer Vertrag vom 20. November 1938, RGBl. II S. 896; und Gesetz vom 21. November 1938, RGBl. I S. 1641), die Staatsangehörigkeit der Volksdeutschen im Protektorat Böhmen und Mähren ist dagegen einseitig (durch Führererlaß vom 16. März 1939, RGBl. I S. 485) geregelt, während für die Karpatendeutschen wieder eine vertragliche Regelung vorliegt (deutsch-slowakischer Staatsangehörigkeitsvertrag vom 27. Dezember 1939, RGBl. II S. 78, nebst Zusatzvertrag vom 14. Januar 1941, RGBl. II S. 179). (Die einschlägigen Verträge und Gesetze nebst Durchführungsverordnungen sind abgedruckt bei Rasche, Das deutsche Staatsangehörigkeitsrecht 1948 S. 57 ff. und Maßfeller S. 185 ff.)

Die Regelung lief darauf hinaus, daß die gesamte deutsche Bevölkerung des tschechoslowakischen Staates, mit Ausnahme der Karpatendeutschen, die deutsche Staatsangehörigkeit erhielt. Ein Optionsrecht war nur für Personen tschechischer oder slowakischer Volkszugehörigkeit vorgesehen, hat aber praktisch nicht ausgeübt werden können. Ein Dekret des Präsidenten der tschechoslowakischen Republik vom 2. August 1945 bestimmt, daß alle tschechoslowakischen Staatsangehörigen deutschen oder ungarischen Volkstums die tschechoslowakische Staatsangehörigkeit rückwirkend verlieren, soweit sie eine fremde bisher nicht erworben hätten, mit dem Inkrafttreten des Dekrets (Jahrbuch f. internat. u. ausl. öff. R. I [1948] S. 212).

Die Frage der Gültigkeit der Einverleibung der Tschechoslowakei und des Erwerbs der deutschen Staatsangehörigkeit ist umstritten. Ein Teil des Schrifttums nimmt Nichtigkeit dieser Akte aus völkerrechtlichen Gründen an und folgert daraus, daß ein gültiger Erwerb der deutschen

Staatsangehörigkeit nicht stattgefunden habe (Ferid, Der Neubürger im internat. Privatrecht 1949 S. 103 ff.; Seidl-Hohenveldern, in Österr. Ztschr. f. öffentl. R. 1949 NF 2, S. 312 ff.; Magerstein, in Österr. Ztschr. f. öffentl. R. NF 5 S. 338 ff.) Ein anderer Teil ist dagegen der Ansicht, daß die Verleihung der deutschen Staatsangehörigkeit als gültig anzusehen sei. (Schätzel Arch. d. öffentl. R. Bd. 74 S. 298; Hans-Jörg Jellinek S. 153; Rasche in StAZ 1949 S. 127; Szlechter Les Options conventionelles de nationalité 1946 S. 201.) Die Praxis der Behörden und Gerichte in Deutschland schwankte, bis das BVerfG sich in der Entscheidung Czastka (Entsch. I S. 322) der Ansicht vom Fortbestand der Staatsangehörigkeit der Sudetendeutschen anschloß und damit diese Ansicht zum Siege führte. (Ebenso BGH v. 29. 1. 1953 JZ 1953 S. 274.)

Die Bestätigung der deutschen Staatsangehörigkeit gilt allgemein und ist vom Wohnsitz unabhängig. Als deutsche Staatsangehörige sind daher auch die Sudetendeutschen anerkannt, die sich nach Österreich gewandt haben, soweit sie sich dort nicht haben einbürgern lassen. Ist dies geschehen, so haben sie nach § 25 des Staatsangehörigkeitsgesetzes die deutsche Staatsangehörigkeit verloren. Dabei ist jedoch zu beachten, daß der Verlust der deutschen Staatsangehörigkeit sich nicht ohne weiteres auf die Ehefrau erstreckte und bis zum 1. April 1953 ihre Zustimmung zum Antrag des Mannes, seitdem ihren eigenen Antrag erforderte. Fehlt es daran, so hat die Ehefrau die deutsche Staatsangehörigkeit neben der durch den Ehemann erworbenen österreichischen Staatsbürgerschaft behalten.

3. Memelländer (b)

Das Memelland war durch den Versailler Vertrag Art. 99 von Deutschland abgetrennt worden und nach einem Übergangsstadium unter dem Kondominium der Entente-Hauptmächte zu Litauen in ein staatsrechtliches Verhältnis getreten. Durch deutsch-litauischen Vertrag vom 22. März 1939 (RGBl. II S. 608) war es an Deutschland zurückgegeben worden; die Staatsangehörigkeit der Bewohner war durch deutsch-litauischen Vertrag vom 8. Juli 1939 (RGBl. II S. 1000) geregelt worden. Danach erwarben die deutsche Staatsangehörigkeit Personen, die sie vor der Abtrennung im Jahre 1920 besessen hatten, oder ihre Abkömmlinge, und Litauer, soweit sie deutsche Volkszugehörige waren. Personen litauischer Volkszugehörigkeit hatten ein Optionsrecht für Litauen. (Globke, Der deutsch-litauische Vertrag über die Staatsangehörigkeit der Memelländer in Ztschr. f. osteurop. Recht, Bd. 6 (1939/40) S. 105; Siedler-Schätzel, Vertrag von Versailles v. 28. Juni 1919 zw. den alliierten u. assoziierten Hauptmächten und Deutschland in Crusen-Maas-Siedler, Das Recht der Staatsangehörigkeit 1940 S. 892). Nach dem Zusammenbruch 1945 ist der größte Teil der deutschstämmigen Bevölkerung des Memelgebietes geflohen oder ausgewiesen worden, das Land selbst ist in den Sowjetstaat Litauen eingefügt und die dort gebliebene Bevölkerung litauischer Volkszugehörigkeit hat die litauische und damit die sowjetische Staatsangehörigkeit erhalten (Sowj. Dekret vom 16. Dez. 1947, Laws concerning Nationality 1954 S. 466; StAZ 1957 S. 81; Markarov

JZ 1955 S. 660; Meder, Das Staatsangehörigkeitsrecht der UdSSR und der baltischen Staaten, 1950 S. 66).

Danach waren in entsprechender Anwendung der Entscheidung Czastka die in Deutschland wohnhaften Memelländer als deutsche Staatsangehörige anzusehen. Memelländer, die 1939 für Litauen optiert haben, haben die deutsche Staatsangehörigkeit verloren. Die Staatsangehörigkeit der im Memelland zurückgebliebenen Bevölkerung konnte zweifelhaft sein. Ziffer b erkennt sie als deutsche Staatsangehörige an, soweit sie „deutsche Volkszugehörige" sind. Vom deutschen Standpunkt aus trifft dies bei der großen Mehrzahl zu. Obgleich nach deutschen Statiken etwa 50 % der Memelländer litauisch-sprachig waren, hat die gesamte bodenständige Bevölkerung während der Zeit des autonomen Memelgebietes sich stets gegen die Eingliederung in Litauen gesträubt und bei den memelländischen Landtagswahlen für die deutschen Parteien gestimmt, sich also zum Deutschtum bekannt (Schätzel, Memelgebiet S. 237). Es schien, daß die Sowjetunion diesen Standpunkt nicht anerkennen und die zurückgebliebenen Memelländer als Sowjetbürger in Anspruch nehmen wollte. Bei den deutsch-russischen Verhandlungen 1957/58 hat sich die Sowjetunion jedoch zur Freigabe der Memelländer bereit erklärt, soweit sie nicht nach dem 10. Jan. 1920 erst zugewandert sind.

4. Deutsche aus Danzig und Polen (d)

Danzig und die an Polen abgetretenen Gebiete schieden mit dem Inkrafttreten des Versailler Vertrages am 10. Januar 1920 aus dem Deutschen Reich aus. Die in Danzig wohnhafte Bevölkerung erwarb die Danziger Staatsangehörigkeit, die in den an Polen gefallenen Gebieten seßhafte die polnische, soweit sie dort mindestens seit dem 31. Dezember 1907 ansässig war. Die seit dem 1. Januar 1908 Zugewanderten blieben Deutsche, mußten aber abwandern. Die deutsch-Danziger Staatsangehörigkeitsfragen sind durch den Deutsch-Danziger Optionsvertrag vom 8. November 1920, die deutsch-polnischen durch den Wiener Vertrag vom 30. August 1924 geregelt. Die Oberschlesienfrage hatte im Genfer Oberschlesienabkommen vom 15. Mai 1922 ihre Regelung gefunden (Schätzel, Regelung S. 68, 84, 113; Massfeller S. 129, 167 ff). Die umsichtig ausgearbeiteten Verträge hatten die Fragen restlos und zur beiderseitigen Zufriedenheit gelöst. Sie waren darauf bedacht gewesen, die Staatsangehörigkeit sorgfältig aufzuteilen, so daß weder Staatenlose noch Doppelstaater entstanden (Crusen-Maas-Siedler S. 908 ff.).

Danzig wurde durch RG vom 1. September 1939 (RGBl. I S. 1547) dem Deutschen Reich eingegliedert. Seine sämtlichen Bewohner haben die deutsche Staatsangehörigkeit erhalten (Runderl. d. Reichsinnenministers vom 25. Nov. 1939 MBliV S. 2385; Massfeller S. 239), soweit nicht aus rassischen Gründen ihre Eintragung in die deutsche Volksliste unterblieb. VO über die deutsche Volksliste und die deutsche Staatsangehörigkeit in den eingegliederten Ostgebieten vom 4. März 1941 (RGBl. I S. 118; Massfeller S. 211). Diese Annexion stand im Widerspruch zum Versailler Vertrag und war daher völkerrechtswidrig. Das schloß nicht aus, daß sie Wirkungen ausübte und das die verliehene deutsche Staatsangehörigkeit innerhalb Deutschland als vollgültig anzuerkennen war. Ein Fortbestand der Danziger Staatsangehörigkeit neben der deutschen wäre an sich möglich gewesen, nur war von einer Staatlichkeit Danzigs nichts übrig geblieben, so daß man wohl den Untergang des Staates Danzig und damit auch seiner Staatsangehörigkeit annehmen mußte.

Nach dem Kriege hätten die Gegner Deutschlands die Wiederherstellung der alten Rechtslage und damit der Danziger Staatsangehörigkeit verlangen können. Das ist jedoch nicht geschehen. Danzig ist — anders als Österreich — nicht wieder als Staat aufgelebt. Das Danziger Staatsgebiet befindet sich in der Hand Polens, ohne daß Polen bisher einen legitimen Erwerbstitel hätte. Durch Dekret vom 22. Oktober 1947 hat der polnische Staat allen in Danzig lebenden ehemaligen Danzigern polnischer Volkszugehörigkeit die polnische Staatsangehörigkeit verliehen, wenn sie ihre Verbundenheit zum polnischen Staat erwiesen (G e i l k e, Das Staatsangehörigkeitsrecht von Polen, in Sammlung geltender Staatsangehörigkeitsgesetze Bd. 9 S. 113). Auf die zum allergrößten Teil aus Danzig geflohenen oder ausgewiesenen deutschen Bewohner hat Polen nie einen Anspruch erhoben. Der Fall liegt also ähnlich wie die vom Bundesverfassungsgericht entschiedene Rechtsfrage der Sudetendeutschen.

Die Stellungnahme der deutschen Behörden den Danzigern gegenüber war nicht ganz einheitlich. Die Behörden der britischen Okkupationsmacht haben jedoch stets daran festgehalten, daß die Danziger als Deutsche zu behandeln seien, und haben diese Ansicht damit begründet, daß das deutsche Einverleibungsgesetz vom 1. September 1939 vom Kontrollrat niemals formell aufgehoben sei (Vgl. M e n z e l in Jahrbuch d. int. Rechts, 1949, S. 886).

Bei dieser Sachlage war es nicht einfach, eine allseits befriedigende Lösung zu finden. Das Gesetz hat sich dazu entschlossen, die deutsche Staatsangehörigkeit der Danziger allgemein anzuerkennen, obgleich sie aus einem völkerrechtswidrigen Akt hervorgegangen ist. Aber dies entsprach dem Wunsche und den Interessen der großen Mehrzahl der Danziger, die in Deutschland Zuflucht gefunden hatten und die allein hier eine neue Existenz aufbauen und eine wenigstens teilweise Entschädigung für die erlittenen Verluste finden konnte. Es gab auch, worauf die Begründung der Bundesregierung hinwies, keine Stelle, welche diese Danziger für sich in Anspruch nahm, da der Danziger Staat de facto untergegangen ist und Polen sicher nicht bereit ist, die Danziger wieder aufzunehmen. Anders lagen höchstens die Interessen der wenigen Danziger, die sich ins Ausland gewandt hatten, doch haben diese durch das gewährte Ausschlagungsrecht die Möglichkeit, sich einer etwa nicht genehmen deutschen Staatsangehörigkeit mit rückwirkender Kraft zu entledigen.

Durch Führererlaß vom 8. Oktober 1939 (RGBl. I S. 2042) wurden auch polnische Gebiete dem Deutschen Reich eingegliedert und in den Provinzen Westpreußen, Warthegau und den ostpreußischen Regierungsbezirk Ziechenau zusammengefaßt. Die Staatsangehörigkeit der Bewohner wurde durch die VO über die deutsche Volksliste vom 31. Januar 1942 (RGBl. I S. 118) dahin geregelt, daß nur deutsche und deutschverwandte Personen in vier Abteilungen der Volksliste eingetragen wurden und damit die deutsche Staatsangehörigkeit oder die deutsche Staatsangehörigkeit auf Widerruf erhielten, während die Masse der polnischen Bevölkerung eine besondere Art minderer Staatsangehörigkeit, die Schutzangehörigkeit erhielt.

Die deutsche Bevölkerung ist entsprechend dem Potsdamer Abkommen der Alliierten vom 2. August 1945 zum allergrößten Teil nach Deutschland „zurückgeführt" worden und hat in der Bundesrepublik und der DDR Aufnahme gefunden. Polen hat die deutsche Bevölkerungsgruppe durch polnisches Dekret vom 13. September 1946 (GesBl. d. Republik Polen Nr. 55 vom 8. November 1945; Geilke, Das Staatsangehörigkeitsrecht von Polen S. 113) der polnischen Staatsangehörigkeit für verlustig erklärt. Die Regierungsbegründung zum 1. Staatsangehörigkeitsregelungsgesetz konnte sich daher mit Recht darauf berufen, daß Polen offenbar auf diese Personen keinen Anspruch erhöbe und daß deren Rechtslage der der Sudetendeutschen gliche. Daher ist auch bei diesen Personen die deutsche Staatsangehörigkeit ohne Rücksicht auf den Wohnsitz anerkannt.

Für den Status der polnischen Bevölkerung, welche nicht die deutsche Staatsangehörigkeit erhielt, war durch die 12. VO zum Reichsbürgergesetz vom 25. April 1943 (RGBl. I S. 268) der Begriff der Schutzangehörigkeit geschaffen, welche durch die VO über die Schutzangehörigkeit vom 25. April 1943 (RGBl. I S. 271) näher geregelt wurde. Sie sollte völkerrechtlich eine Art deutsche Staatsangehörigkeit sein, jedoch nicht die politischen Rechte geben. Polen hat diese Schutzangehörigkeit nie anerkannt, sondern diese Bevölkerungsgruppe mit Recht stets als polnische Staatsangehörige in Anspruch genommen. Es kann angenommen werden, daß Deutschland auf diese völkerrechtswidrig annektierten Gebiete seit dem Zusammenbruch 1945 verzichtet hat (sog. Dereliktion) und daß damit auch diese Schutzangehörigkeit von selbst entfallen ist. Der Gesetzgeber hat es daher nicht für erforderlich gehalten, diese Frage zu regeln (Schätzel, Grundrechte II S. 541).

5. Deutsche aus Untersteiermark, Kärnten und Krain (e)

Durch den mit Österreich geschlossenen Frieden von St. Germain von 1920 wurden Teile der altösterreichischen Kronländer mit slowenischer Mehrheit dem neuen jugoslawischen Staate einverleibt. Der NS-Staat hat diese Abtrennung rückgängig gemacht und die Grenze des „Großdeutschen Reiches" bis zur alten österreichischen Reichsgrenze vorgeschoben. Diese Annexion war völkerrechtswidrig und ist von Jugoslawien nie anerkannt worden. Die Staatsangehörigkeitsverhältnisse in diesen Gebieten wurde durch die VO des Ministerrats für die Reichsverteidigung über den Erwerb der Staatsangehörigkeit in den befreiten Gebieten der Untersteiermark, Kärntens und Krains vom 14. Okt. 1941 ähnlich wie im Falle Polen geordnet, indem die Bevölkerung je nach ihrer Beziehung zum Deutschtum und ihrer rassischen Eigenart die deutsche Staatsangehörigkeit, die deutsche Staatsangehörigkeit auf Widerruf oder die deutsche Schutzangehörigkeit erhielt. Das 1. Staatsangehörigkeitsregelungsgesetz ordnet nur die Staatsangehörigkeit der Personen, welche in die deutsche Staatsangehörigkeit aufgenommen waren. Auch hier war der gleiche Tatbestand wie in der Tschechoslowakei und in Polen gegeben, daß der heimische Staat diese Deutschen nicht weiter haben wollte, sondern sie aus seinem Staatsverband ausstieß (jugosl. Ges. über die Entziehung der Staatsangehörigkeit vom 23. Okt. 1946 Massfeller S. 234). Der deutsche Gesetzgeber hält daher die deutsche Staatsangehörigkeit auch dieses Personenkreises aufrecht, obgleich an der Völkerrechtswidrigkeit der Verleihung der deutschen Staatsangehörigkeit nicht gezweifelt werden kann. Die Mehrzahl der Betroffenen wird sich allerdings nach Österreich gewandt und die österreichische Staatsbürgerschaft durch Einbürgerung erworben haben, in welchem Fall sie die deutsche nach § 25 StAngG verloren hat. Soweit das nicht der Fall ist, haben sie auch bei Wohnsitz in Österreich die deutsche Staatsangehörigkeit.

6. Deutschrussen (f)

In Rußland gab es vor dem 2. Weltkrieg ca. 2 Millionen Volksdeutsche. Die Wohnsitze einiger dieser Volksgruppen wurden im Kriege von der deutschen Besetzung erreicht. Ein erheblicher Teil dieser Bevölkerung hat beim Rückzug des deutschen Heeres in Deutschland Zuflucht gesucht. Auch diese Deutschen sind während des Krieges in die deutsche Staatsangehörigkeit aufgenommen worden (VO über die Verleihung der deutschen Staatsangehörigkeit an die in die deutsche Volksliste der Ukraine eingetragenen Personen vom 19. Mai 1943 RGBl. I S. 321; Massfeller S. 253). Diese Verleihung der deutschen Staatsangehörigkeit war völkerrechtswidrig, da der Okkupant nach Art. 45 der Haager Landkriegsordnung der besetzten Bevölkerung den Treueid nicht abnehmen und ihr daher auch seine Staatsangehörigkeit nicht verleihen darf. Trotzdem hat diese völkerrechtswidrige Maßnahme den betroffenen Personen im deutschen Rechtskreis die deutsche Staatsangehörigkeit verschafft. Die russische Staatsangehörigkeit konnte ihnen allerdings durch diese deutsche Gesetzesmaßnahme nicht genommen werden. Sie behielten sie daher und wurden doppelstaatig.

Das 1. Staatsangehörigkeitsregelungsgesetz hält auch bei dieser Bevölkerungsgruppe die deutsche Staatsangehörigkeit aufrecht, obgleich sich ein großer Teil dieser Gruppe in Rußland befindet und kein Zweifel bestehen kann, daß Rußland sie für sich in Anspruch nimmt und nicht bereit ist, sie aufzugeben. Der Tatbestand des Urteils Czastka des Bundesverfassungsgerichts liegt offensichtlich nicht vor. Deutschland hat auch in den rechtlich gleichliegenden Fällen der zwangseingegliederten Elsässer, Lothringer, Luxemburger und Belgier jeden Anspruch auf Aufrechterhaltung seiner Staatsangehörigkeit aufgegeben. Vgl. § 17 Anm. 3. Die Bundesrepublik hat daher bei den deutsch-sowjetischen Verhandlungen 1957/58 auf eine „Repatriierung“ dieser Volksgruppe verzichten müssen. Soweit diese Personen nach Deutschland gelangt sind, sind sie als Deutsche zu behandeln.

7. Ausschlagungsrecht

a) Den sechs vom Gesetz genannten Gruppen, deren deutsche Staatsangehörigkeit mit rückwirkender Kraft bestätigt wird, ist das Recht gegeben, die deutsche Staatsangehörigkeit durch Erklärung auszuschlagen. Es ist dies nach der üblichen Ausdrucksweise eine negative Option oder ein Repudiationsrecht. Die Gewährung dieses Rechts folgt der Rechtsansicht des Bundesverfassungsgerichts in der Entscheidung Czastka, welche den Besitz der deutschen Staatsangehörigkeit ausdrücklich davon abhängig machte, daß die Verleihung nicht dem Willen der betroffenen Person widersprach. Das Bundesverfassungsgericht hat diesen Gesichtspunkt in der Entscheidung Rubesch vom 12. Dezember 1952 (BVerfGE 2, 98) noch schärfer betont, indem es aus dem Bemühen um den Erwerb der österreichischen Staatsangehörigkeit eine Ablehnung der deutschen herleitete. Die Einräumung eines Optionsrechts entspricht auch der völkerrechtlichen Praxis seit zwei Jahrhunderten. Im Falle der im Gesetz genannten Volksgruppen hätte man allerdings die Frage aufwerfen können, ob der Wille zur Annahme und Aufrechterhaltung der deutschen Staatsangehörigkeit bei den in Deutschland seit einem Jahrzehnt ansässigen Flüchtlingen nicht ausreichend deutlich zum Ausdruck gekommen sei. Der Gesetzgeber wollte sich aber offenbar nicht dem Vorwurf aussetzen, daß er auch nur eine Person gegen ihren Willen in der deutschen Staatsangehörigkeit festhielt. Daher hat er diesen Volksgruppen das Ausschlagungsrecht eingeräumt, das innerhalb eines Jahres, d.h. spätestens bis zum 25. Februar 1956 einschließlich ausgeübt werden mußte.

b) Die Ausschlagung geschieht durch Erklärung gegenüber der Behörde. Sie ist eine einseitige empfangsbedürftige Willenserklärung und nicht etwa ein Antrag auf Entlassung. Sie wird daher mit der Abgabe wirksam, nicht erst mit der Bestätigung durch die Behörde.

c) Die Ausschlagung hat die Wirkung, daß „der Ausschlagende die deutsche Staatsangehörigkeit nicht erworben hat". Vgl. näher § 3.

8. Die Ehefrauen

a) Die Regelung der Staatsangehörigkeit der Ehefrau stieß auf die Schwierigkeit, daß der deutsche Gesetzgeber mit dem 1. April 1953 vom Kollektivsystem zum System der selbständigen Staatsangehörigkeit der Ehefrau übergegangen ist. Dieser Rechtslage will der Absatz 2 gerecht werden, indem er bestimmt, daß „dasselbe", nämlich Staatsangehörigkeitserwerb und Ausschlagungsrecht auch für sie gälte, soweit sie nach deutschem Recht ihre Staatsangehörigkeit vom Ehemann ableite. Daraus ergibt sich, daß die Ehefrauen nur bis zum 1. April 1953 die Staatsangehörigkeit des Mannes gefolgt sind. Nur bei vor diesem Datum geschlossenen Ehen hat die Frau eines Angehörigen dieser Gruppe vom Mann her eine abgeleitete deutsche Staatsangehörigkeit erhalten.

Entsprechend dem damaligen Stand des deutschen Staatsangehörigkeitsrechts ist auch ohne rechtliche Bedeutung, ob die Frau deutsche

Volkszugehörige ist oder nicht. Auch die 100prozentige Tschechin hat als Ehefrau eines deutschen Volkszugehörigen die deutsche Staatsangehörigkeit erworben. Der deutsche Ehemann hat auch nach seiner Niederlassung in Deutschland seine Staatsangehörigkeit durch Eheschließung auf die Frau übertragen können. Seit dem 1. April 1953 ist es jedoch anders. Seitdem gibt es keine abgeleitete Staatsangehörigkeit der Frau mehr. Es muß daher nunmehr getrennt geprüft werden, ob die Frau in die Kategorie der deutschen Volkszugehörigen gehört.

Es lag nahe, dieselben Unterscheidungen auch für das Ausschlagungsrecht zur Anwendung zu bringen. Schlägt der Mann die deutsche Staatsangehörigkeit aus, so hat er sie nie besessen, hat sie also auch auf die Frau nicht übertragen können. Bei konsequenter Durchführung der Rückwirkung käme man so zu dem Ergebnis, daß mit der Ausschlagung des Mannes (selbst des geschiedenen) auch die Ehefrau die deutsche Staatsangehörigkeit verlieren müßte. Vor diesem Schluß ist der Gesetzgeber jedoch angesichts des Art. 3 GG zurückgeschreckt. Es ist mit dem Gleichberechtigungsgrundsatz nicht verträglich, daß allein eine Erklärung des Mannes sie um ihre deutsche Staatsangehörigkeit bringen soll. Daher ist das Ausschlagungsrecht anders als die Staatsangehörigkeit selbst individuell gestaltet. Dies will der Abs. 2 besagen. Die Ausschlagung des Mannes wirkt in keinem Fall für die Frau. Nur sie persönlich kann sie ausschlagen. (Ebenso Hoffmann I S. 29; Maßfeller S. 323.)

b) Das Ausschlagungsrecht der Frau erfährt in Abs. 2 Satz 2 eine Einschränkung. Die Frau hat das Ausschlagungsrecht nicht, wenn sie bei Eingehung der Ehe mit einem Ausschlagungsberechtigten die deutsche Staatsangehörigkeit besaß und diese nach den alten Bestimmungen des Staatsangehörigkeitsgesetzes durch die Eheschließung mit einem damals fremdenationalen Mann verlor. Dies will die unklar gefaßte Gesetzesbestimmung besagen. Rein wörtlich ist sie unrichtig, denn die Tatsache, daß die Frau nach dem damaligen Stand des deutschen Staatsangehörigkeitsrechts die deutsche Staatsangehörigkeit verlor, läßt sich nicht aus der Welt schaffen. Die Gesetzesbestimmung ist eine Fiktion. Es soll so angesehen werden, als ob die deutsche Frau damals ihre deutsche Staatsangehörigkeit behalten hätte. Eine Geburtsstaatsangehörigkeit kann man jedoch nicht ausschlagen.

Die Kommentare Hoffmann I S. 29 und Maßfeller S. 317 legen diese Bestimmung weiter dahin aus, daß nur Ehefrauen gemeint seien, die zwischen dem Stichtag der Kollektiveinbürgerung ihres Mannes und dem 1. April 1953 geheiratet haben, nicht aber eine deutsche Frau, die 1930 einen Sudetendeutschen geheiratet hat, der damals die tschechische Staatsangehörigkeit hatte. Es ist zuzugeben, daß nur diese Auslegung der unklaren Gesetzesbestimmung einen verständlichen Sinn gäbe, dem Wortlaut ist sie jedoch nicht zu entnehmen, so daß diese Rechtsfrage mindestens als zweifelhaft angesehen werden muß.

9. Die Kinder

Bei strenger Durchführung der Rückwirkung wären Kinder alle Personen, welche im Augenblick der Kollektiveinbürgerung des Vaters damals minderjährig waren. Da diese Kollektiveinbürgerung fast 20 Jahre zurückliegen, wird die Mehrzahl von ihnen inzwischen volljährig geworden sein. Auch hier ließ sich die Rückwirkung nicht durchführen. Sie hätte dazu geführt, daß der Vater unter Umständen die Staatsangehörigkeit seines 40jährigen Sohnes und der Familie des Sohnes bestimmt hätte. Daher blieb nichts anderes übrig, als auch den „Kindern" ein individuelles Ausschlagungsrecht zu geben. Soweit sie allerdings noch unter 18 Jahren waren, wurde dieses Ausschlagungsrecht durch ihren Vater, bzw. falls die Mutter die elterliche Gewalt hatte, durch die Mutter ausgeübt.

§ 2

Hat ein Ausschlagungsberechtigter[1] einen Tatbestand erfüllt, an den sich der Verlust der deutschen Staatsangehörigkeit knüpfte,[2] und macht er von seinem Ausschlagungsrecht keinen Gebrauch, so hat er die deutsche Staatsangehörigkeit nur bis zum Eintritt des Verlusttatbestandes besessen.

1. Ein nicht deutscher Ausschlagungsberechtigter

Die Bestimmung ist reichlich problematisch. Aus dem Gesetzestext geht hervor, daß Personen gemeint sind, die seit ihrer Kollektiveinbürgerung nach den Vorschriften des deutschen Rechts die deutsche Staatsangehörigkeit verloren haben, also um Ausländer. § 1 des Gesetzes verleiht seinem Wortlaut nach aber das Ausschlagungsrecht nur Personen, die mit der deutschen Staatsangehörigkeit behaftet sind. § 2 bedeutet daher eine Erweiterung des Personenkreises und müßte korrekterweise lauten, auch Ausländer, die früher einmal von der Kollektiveinbürgerung betroffen waren, haben das Recht, diese früher zeitweise vorhandene deutsche Staatsangehörigkeit auszuschlagen. Man fragt sich, ob es überhaupt denkbar ist, etwas auszuschlagen, was nicht mehr existiert und welches Interesse die deutsche Bundesrepublik daran haben kann, Ausländern ein solches reichlich zweifelhaftes Recht zu verleihen. Anscheinend meint sie, auch Ausländer hätten einen Anspruch darauf, ihre Vergangenheit von der ominösen Behaftung mit deutscher Staatsangehörigkeit zu befreien, wenn diese ihrem Willen nicht entsprochen habe. Dabei wird übersehen, daß keine Rückwirkung in der Vergangenheit liegende Tatsachen beseitigen oder auslöschen kann. Wie jedes Gesetz blickt auch das Rückwirkungsgesetz in die Zukunft. Der Gesetzgeber ordnet nur an, daß es in Zukunft so angesehen werden solle, als wäre die Vergangenheit anders gewesen. Es wird daher gar nicht die Vergangenheit geregelt, was unmöglich ist, es wird vielmehr der Zukunft eine fingierte Vergangenheit unterschoben. Mehr kann der Gesetzgeber nicht tun.

Die ganze Bestimmung hat daher nur dann einen Sinn, wenn es dem jetzigen Ausländer in Zukunft schaden könnte, daß er einmal die deutsche Staatsangehörigkeit besessen hat. Das ist bei der Mentalität verschiedener Staaten nicht ausgeschlossen. Insbesondere unterwarf die frühere deutsche Staatsangehörigkeit seinen Inhaber auch den feindlichen Liquidationsmaßnahmen. Wird sie nachträglich mit rückwirkender Kraft beseitigt, so könnte die Hoffnung bestehen, daß der Feindstaat auf die Liquidation verzichtet. Mehr als eine Hoffnung ist dies aber nicht, denn es ist nicht sicher, ob ein liquidationslüsterner Feindstaat sich durch eine solche Konstruktion des deutschen Gesetzgebers um seine Beute bringen läßt. Wahrscheinlich wird der Ausländer mehr Aussicht auf Erfolg haben, wenn er trotz des deutschen Gesetzes den Standpunkt verteidigt, daß er die deutsche Staatsangehörigkeit nie erworben habe. Aber das brauchte ihn nicht abzuhalten, sich auch der Hilfsmittel zu bedienen, die ihm der deutsche Gesetzgeber bietet, und die deutsche Staatsangehörigkeit auszuschlagen.

2. Anderer Verlustgrund

a) Die Regierungsbegründung erwähnt, an welche Verlustgründe sie denkt. (Maßfeller S. 370.) Es sind dies die Verlustgründe des Staatsangehörigkeitsgesetzes selbst, des Gesetzes über den Widerruf von Einbürgerungen und die Aberkennung der deutschen Staatsangehörigkeit vom 14. Juli 1933 und die 11. VO zum Reichsbürgergesetz vom 25. November 1941. Maßfeller S. 328 zählt weitere mögliche Verlustgründe auf, die sich aus den Gesetzen über die Ausdehnung der deutschen Staatsangehörigkeit in der NS-Periode ergeben. Insoweit dürften Zweifel nicht bestehen.

b) Der Bundestag hatte bei der Beratung des Gesetzes den Satz zufügen wollen: „Von Inkrafttreten dieses Gesetzes ab gilt insoweit jeder Erwerb einer fremden Staatsangehörigkeit als Grund für den Verlust der deutschen Staatsangehörigkeit." Der Bundesrat hat diesem Satz widersprochen, und im Vermittlungsausschuß ist es bei der Streichung des Satzes geblieben. Mit Recht, denn der umstrittene Satz hätte die Auslegung finden können, daß auch eine von einem fremden Staat auferlegte Staatsangehörigkeit gemeint sein könnte. Dies liegt jedoch nicht im Sinn dieser Gesetzesbestimmung. Es ist ohne Bedeutung, ob jemand eine fremde Staatsangehörigkeit erworben hat, es handelt sich vielmehr nur darum, daß er nach den Bestimmungen des deutschen Rechts die deutsche verloren hat. (So auch Maßfeller S. 327; Hoffmann I S. 30.)

c) Unter den in der Regierungsbegründung genannten Verlustgründen ist nicht der Verlustgrund der „Verleugnung" der deutschen Staatsangehörigkeit enthalten, den das Bundesverfassungsgericht in seiner Entscheidung Rubesch vom 12. Dezember 1952 (BVerfG E 2, 98) entwickelt hat. Diese Entscheidung ist in einer Auslieferungssache ergangen und schafft daher Rechtskraft nur hierüber. Über die Staatsangehörigkeit ist nur incidenter entschieden, aber der Fassung nach grundsätzlich, was noch dadurch unterstrichen wird, daß das Bundesverfassungsgericht ausdrücklich bemerkt, daß sie einstimmig ergangen sei. Sie kann daher als eine authentische Stellungnahme des Bundesverfassungsgerichts gelten. Sie führt den Gedanken des Bundesverfassungsgerichts in der Sache Czastka vom 28. Mai 1952 (BVerfGE 1, 213) weiter. In der ersten Entscheidung hatte das Bundesverfassungsgericht für die Aufrechterhaltung der deutschen Staatsangehörigkeit zwei Voraussetzungen gefordert: Verzicht des an sich berechtigten anderen Staates auf seine früheren Angehörigen und dessen Einverständnis mit dem Erwerb der deutschen Staatsangehörigkeit. Es ergab sich daraus von selbst die Frage, wie die Antwort lautete, wenn der interessierte Staat zwar verzichtet hatte, es aber an dem ensprechenden Willen des Betroffenen fehlte.

Dieser ließ sich mangels einer Optionsmöglichkeit nicht so leicht feststellen. Das Bundesverfassungsgericht stieß nun in der Sache Rubesch auf einen Sudetendeutschen, der sich längere Zeit um Anstellung und Einbürgerung in Österreich bemüht hatte und erst, als dies mißglückt war, nach Deutschland gekommen war. Das Bundesverfassungsgericht sieht in diesem Verhalten eine „schlüssige Ablehnung" der deutschen Staatsangehörigkeit. Da er sie „verleugnet" habe, könne er auch nicht als Deutscher im Sinne von Art. 116 Abs. 1 GG anerkannt werden. Diese Entscheidung hätte, wenn sich die tragende Rechtsansicht durchgesetzt hätte, große Bedeutung für die nach Österreich geflohenen Sudetendeutschen gehabt, die sich um die dortige Einbürgerung bemühten und bei denen man daraus einen Verzicht auf die deutsche Staatsangehörigkeit folgern konnte. Sie paßte auch zu der damals in Österreich herrschenden Beurteilung der Staatsangehörigkeit dieses Personenkreises. (Vgl. Seidl-Hohenveldern österr. Ztschr. f. öR. 2 [1950] S. 305.)

In Deutschland hat diese Entscheidung jedoch viel Widerspruch gefunden, weil dem deutschen Recht ein Verlust der Staatsangehörigkeit durch Verleugnung unbekannt ist. Offenbar billigt sie auch die Bundesregierung nicht, die zu ihr in der Begründung zu dem Gesetz nichts sagt. Die Worte „ausdrückliche Erklärung" in § 1 deuten daraufhin, daß nach ihrer Ansicht ein Schluß aus dem Verhalten einer Person allein nicht ausreichen soll. Es ist fraglich, ob damit tatsächlich alle Zweifel beseitigt sind. Der Gesetzgeber räumt in § 1 immerhin die Möglichkeit ein, daß jemand in der Vergangenheit die Erklärung schon abgegeben hat. Deutsche Stellen zu Empfangnahme einer solchen Ausschlagung waren bisher nicht bestimmt. Bei Optionen war es bisher üblich, daß sie bei beiden in Betracht kommenden Staaten abgegeben werden können, welche dann die Optionslisten austauschen. Es ist daher die Möglichkeit nicht von der Hand zu weisen, daß ein in Österreich aufgenommener Sudetendeutscher vor einer österreichischen Behörde eine Erklärung abgegeben hat, die als Verzicht auf die deutsche Staatsangehörigkeit angesehen werden könnte. Die Entscheidung Rubesch ist insofern gar nicht fehl gegangen, als sie in Ermangelung eines staatlich geregelten Optionsrechts einen Ersatz aus dem Verhalten einer Person herleiten wollte.

Die praktische Bedeutung dieser Frage liegt in folgendem: Hatte ein Sudetendeutscher in Österreich durch Abgabe von Erklärungen, die als „Verleugnung" aufgefaßt werden können, in Anwendung der Rechtsprechung Rubesch die deutsche Staatsangehörigkeit verloren, so war das Band zu ihm abgerissen und konnte durch ein deutsches Gesetz nicht wiederhergestellt werden, da von dem deutschen Gesetzgeber zu einem Ausländer mit Wohnsitz im Ausland keine Brücke führt. Da vermutlich längst nicht alle Sudetendeutschen in Österreich innerhalb des vorgeschriebenen Jahres eine Ausschlagungserklärung abgegeben haben werden, kann der Frage der Verleugnung der deutschen Staatsangehörigkeit im Sinne der Entscheidung Rubesch durchaus wieder auftauchen.

§ 3

Die Ausschlagung hat die Wirkung, daß der Ausschlagende die deutsche Staatsangehörigkeit nach Maßgabe des § 1 nicht erworben hat.

1. Nichterwerb der deutschen Staatsangehörigkeit

Die Fassung des Paragraphen stellt eine rechtliche Unmöglichkeit dar. Kein Gesetzgeber kann bestimmen, daß ein in Wirklichkeit eingetretenes Ereignis nicht geschehen sei. Die Vergangenheit läßt sich auch vom souveränen Gesetzgeber nicht formen. Der Gesetzgeber kann nur bestimmen, es sei für alles, was in der Zukunft geschieht, so anzusehen, als ob die Vergangenheit anders gewesen sei. (A. A. Hoffmann I S. 31 und Maßfeller S. 320, die tatsächlich annehmen, daß die deutsche Staatsangehörigkeit nie erworben sei.)

2. Grenzen der Rückwirkung

Aus dem zu 1 Gesagten ergeben sich Grenzen der Rückwirkung. (Schätzel StAZ 1955 S. 73). Die betroffenen Personen sind in der Vergangenheit ihrem Personalstatut nach als Deutsche behandelt worden. Nach deutschem Recht sind ihre persönlichen und Familienverhältnisse beurteilt worden, sie haben Grundstücke ohne Genehmigung erwerben können, haben Deutschen vorbehaltene Berufe ausüben können, sind Beamte, Schöffen und Geschworene geworden, haben die politischen Rechte ausgeübt und an den Wahlen teilgenommen. Es wäre absurd, alles dies nachträglich unter Zugrundelegung einer anderen Staatsangehörigkeit beurteilen zu wollen. Alle Rechtshandlungen, die sie als Deutsche rechtsgültig vorgenommen haben, bleiben daher gültig und werden von der Rückwirkung der Ausschlagung nicht berührt.

3. Der Kreis der Betroffenen

Auch in dieser Beziehung ist der Gesetzestext mangelhaft gefaßt. Er spricht nur von dem Erwerb der deutschen Staatsangehörigkeit nach § 1 des Gesetzes. Frauen und Kinder von Ausschlagungsberechtigten leiten ihre Staatsangehörigkeit jedoch nicht aus § 1 des Gesetzes her, sondern aus den entsprechenden Bestimmungen des Staatsangehörigkeitsgesetzes (Maßfeller S. 330).

4. Folgen der Ausschlagung

Sie waren während des Werdeganges des Gesetzes außerordentlich umstritten. Der Bundesrat hatte vorgeschlagen, den Satz hinzuzufügen: „Er verliert eine gemäß Art. 116 Abs. 1 GG etwa erlangte Rechtsstellung." Der Bundesrat meinte, durch die Ausschlagung sei der Wille des Ausschlagenden ausreichend klar ausgedrückt, daß er nicht Deutscher sein wolle. Dann könne man ihn nicht als Deutschen nach Art. 116 Abs. 1 GG entgegen seinem Willen in Anspruch nehmen. Die Bundesregierung lehnte jedoch den Vorschlag des Bundesrates ab mit der Begründung, man könne den Ausschlagenden, der nach Deutschland geflüchtet sei, nicht völlig schutzlos lassen. Bundestag und Vermittlungsausschuß schlossen sich der Ansicht der Bundesregierung an, so daß der vom Bundesrat vorgeschlagene Satz gestrichen wurde (Hoffmann I S. 32, Maßfeller S. 330).

Nach diesem Entstehungsgang kann nicht daran gezweifelt werden, daß das Gesetz trotz der Ausschlagung die Eigenschaft als Deutscher nach Art. 116 I GG aufrechterhalten wollte. Diese Ansicht des Gesetzgebers kommt auch im Bundeswahlgesetz vom 7. Mai 1956 (BGBl. I S. 383) § 16 Abs. 2 Ziff. 4 zum Ausdruck, wonach nicht wählbar ist, „wer, ohne die deutsche Staatsangehörigkeit zu besitzen, Deutscher im Sinne des Art. 116 I GG ist und diese Rechtsstellung durch Ausschlagung der deutschen Staatsangehörigkeit nach dem 1. Staatsangehörigkeitsregelungsgesetz erlangt hat". Hier ist deutlich ausgesprochen, daß nach der Ansicht des Gesetzgebers ein Ausschlagender Deutscher nach Art. 116 I GG wird.

Diese Auslegung wirft erhebliche Bedenken und Zweifel auf. Nach der Fassung von Art. 116 I GG sieht es so aus, als ob deutsche Staatsangehörigkeit und Status als Volksdeutscher sich ausschlössen. Man kann danach eigentlich nur das eine oder das andere sein. Beim Flüchtling wird auch weiter vorausgesetzt, daß er wegen seiner deutschen Nationalität aus einem Lande mit nichtdeutscher Mehrheit vertrieben und in Deutschland Asyl gefunden hat. Die deutschen Staatsangehörigen brauchten jedoch kein Asyl zu suchen, sondern hatten kraft ihrer Staatsangehörigkeit und des Grundsatzes der Freizügigkeit einen Anspruch auf Aufnahme. Kurz, beide Begriffe sind so verschiedenartig, daß sie sich eigentlich ausschließen sollten. Der Bundesgesetzgeber ist anderer Ansicht. Danach können sie sich decken. Aber das kann keinesfalls bedeuten, daß in der deutschen Staatsangehörigkeit als das Mindere der Status aus Art. 116 I GG steckt. Schlägt also ein ausschlagungsberechtigter Staatsangehöriger aus, so bedarf es der weiteren Prüfung, ob er die Voraussetzungen von Art 116 I GG erfüllt. Das trifft z. B. nicht bei den Sudetendeutschen zu, die in Österreich Aufnahme gefunden haben. Sie müssen daher mit der Ausschlagung staatenlos werden.

Die in Deutschland Wohnhaften vertauschen nach der offiziellen Auffassung mit der Ausschlagung nur ihre deutsche Staatsangehörigkeit mit dem Status aus Art. 116 I GG. Infolgedessen erhebt sich die Frage, was sie tun müssen, wenn sie von Deutschland ganz frei werden wollen. Das Gesetz sieht keine Ausschlagung der Eigenschaft als Deutscher nach Art. 116 I GG vor. Die Praxis nimmt auch an, daß die Bestimmungen über die Entlassung aus der deutschen Staatsangehörigkeit nicht analog angewandt werden können. Es ergibt sich danach das zweifelhafte Ergebnis, daß der Ausschlagende auf keine Weise von Deutschland loskommt und eventuell sogar gegen seinen Willen festgehalten wird. Dies widerspricht aber zweifellos den vom Bundesverfassungsgericht in den Entscheidungen Czastka und Rubesch ausgesprochenen Rechtsansichten.

Der Gesetzgeber erschwert die rechtliche Lösung durch die Bestimmung des § 16 Abs. 2 Ziff. 4 des BWahlG vom 7. Mai 1956 (BGBl. I S. 383), durch welche diesen Personen, obgleich sie als Deutsche nach Art. 116 I GG anerkannt werden, das passive Wahlrecht entzogen wird. Wenn zur Begründung der Auffassung des Gesetzgebers, daß bei Ausschlagung der deutschen Staatsangehörigkeit der Status aus Art. 116 I GG auflebt, darauf verwiesen wird, daß die Ausschlagung nicht in allen Fällen aus einer Ablehnung gegen Deutschland zu entspringen braucht, sondern auch andere Gründe haben könne, so ist nicht zu verstehen, warum man dann den Ausschlagenden mit dem Verlust des passiven Wahlrechts bestraft.

Hat ein Ausschlagungsberechtigter ausgeschlagen und ist er damit Deutscher nach Art 116 I GG geworden, so steht ihm nach § 8 ein Einbürgerungsanspruch zu. Durch Kombination der Ausschlagung mit dem Einbürgerungsanspruch können die Folgen der Rückwirkung eingeschränkt werden. Nach § 1 des Gesetzes ist der Ausschlagungsberechtigte deutscher Staatsangehöriger seit seiner Kollektiveinbürgerung. Bei Ausschlagung und erneuter Einbürgerung wird er deutscher Staatsangehöriger ex nunc, d. h. er ist für die Vergangenheit nicht als deutscher Staatsangehöriger anzusehen und ist höchstens seit dem Zeitpunkt seiner Aufnahme in Deutschland Deutscher aus Art. 116 I GG geworden. Das kann von Bedeutung sein, wenn es sich um die Liquidation seines Vermögens durch die Feindstaaten handelt. Er wäre dann während des Krieges nicht Deutscher gewesen und hätte dem Liquidationsrecht der Feindstaaten nicht unterstanden. Die Schwierigkeit liegt nur darin, daß die Liquidation des Vermögens wohl immer schon durchgeführt sein wird und es ganz dahin steht, ob die Feindstaaten bereit sein werden, auf eine vom deutschen Gesetzgeber 10 Jahre nach dem Kriege geschaffene Ausschlagung mit Rückwirkung ihre Beute preiszugeben.

§ 4

Hat ein Ausschlagungsberechtigter vor der Ausschlagung einen Tatbestand erfüllt, der den Erwerb der deutschen Staatsangehörigkeit zur Folge hatte, so bewirkt die Ausschlagung, daß er im Zeitpunkt der Erfüllung des Erwerbstatbestandes deutscher Staatsangehöriger geworden ist.

Eine merkwürdig schlecht gefaßte und kaum nötige Geestzesbestimmung, die in richtigem Deutsch etwa lauten müßte: Wer individuell die deutsche Staatsangehörigkeit erworben hat, aber vorher auch unter eine Kollektiveinbürgerung fiel, kann die durch die Kollektiveinbürgerung erworbene deutsche Staatsangehörigkeit ausschlagen. Er behält dann jedoch die individuell erworbene deutsche Staatsangehörigkeit vom Zeitpunkt ihres Erwerbes ab und kann diese nicht ausschlagen.

Da der Gesetzgeber so großen Wert auf die Durchführung der Rückwirkung legt, schien von seinem Standpunkt diese Bestimmung wünschenswert, wenn auch nur mit Mühe Fälle konstruierbar sind, wo ihre Anwendung irgendeinen Zweck hätte, zumal die Ausschlagung nur den Zeitpunkt des Erwerbes der deutschen Staatsangehörigkeit verschiebt und trotz der Ausschlagung nach der Ansicht des Gesetzgebers die Eigenschaft als Deutscher im Sinne von Art. 116 I GG erhalten bleibt. Gedacht ist an die Fälle, daß ein Ausschlagungsberechtigter sich hat einbürgern lassen, als deutscher Beamter angestellt ist, oder, wenn es sich um weibliche Personen handelt, einen deutschen Staatsangehörigen geheiratet hat. Ist der geheiratete Mann selbst ausschlagungsberechtigt, so behält die Ehefrau ihr Ausschlagungsrecht aus § 1 (ebenso Maßfeller S. 332; Hoffmann I S. 34).

§ 5

(1) Nach dem Inkrafttreten dieses Gesetzes kann die Ausschlagung nur noch bis zum Ablauf eines Jahres erklärt werden.

(2) Jeder Ausschlagsberechtigte ist befugt, vor Ablauf der Ausschlagungsfrist auf das Ausschlagungsrecht zu verzichten.

1. Ausschlagungsfrist

Das Gesetz hat für die Ausschlagung eine Frist von einem Jahr vorgesehen. Sie begann mit der Inkrafttreten des Gesetzes und endete ein Jahr darauf, d. h. mit Ablauf des 25. Februar 1956. Sie ist eine Ausschlußfrist. Verlängerung ist daher nicht möglich. Es liegt im allseitigen Interesse, daß möglichst bald Klarheit geschaffen wird. Für den Fall, daß jemand ohne sein Verschulden außerstande war, die Frist einzuhalten, trifft § 19 Vorsorge. Vgl. unten S. 300.

Die Ausschlagung ist eine empfangsbedürftige Willenserklärung. Sie ist daher nicht mit der Absendung, sondern mit dem Empfang durch die nach § 17 zuständige Behörde gewahrt. Eingang bei einer unzuständigen Behörde wahrt die Frist nicht, wenn diese auch zur Weiterleitung an die zuständige Behörde verpflichtet ist.

2. Verzicht auf das Ausschlagungsrecht

Eine reichlich theoretische Bestimmung, die wenig praktische Bedeutung gehabt hat. Immerhin war es denkbar, daß ein vorsichtiger Mann, der ein Grundstück an einen Ausschlagungsberechtigten verkaufte, vorher den Verzicht auf das Ausschlagungsrecht verlangte, damit der Käufer nicht durch Ausschlagung Ausländer und das Grundstücksgeschäft mangels Genehmigung nichtig wurde. Die Bedeutung der Bestimmung wurde weiter dadurch abgeschwächt, daß der Ausschlagende nach amtlicher Auffassung durch die Ausschlagung nicht staatenlos, sondern Deutscher im Sinne von Art. 116 I GG wurde und die Unterschiede zwischen einem deutschen Staatsangehörigen und einem „Nurdeutschen“ so gering sind, daß kaum ein verständliches Interesse an einer solchen Verzichterklärung vorstellbar ist.

Zweiter Abschnitt

Staatsangehörigkeitsverhältnisse der Personen, die auf Grund des Art. 116 Abs. 1 GG Deutsche sind, ohne die deutsche Staatsangehörigkeit zu besitzen.

Vorbemerkung

Die Rechtsverhältnisse der Personen, die unter Art. 116 I GG fallen, und die zahlreichen aufgetauchten Zweifel sind oben S. 86 erörtert. Der Gesetzgeber hat es nicht für nötig gehalten, zu den verschiedenen Streitfragen über den Status dieser Personen Stellung zu nehmen. Er sagt z. B. nicht, daß auf die Personen aus Art. 116 I GG die Erwerbs- und Verlustgrundsätze des deutschen Staatsangehörigkeitsgesetzes entsprechend anwendbar sind. Er überläßt diese Fragen weiter der Praxis, wodurch viele Zweifel weiter bestehen. Sein Bestreben geht nur dahin, die Kategorie der Deutschen nach Art. 116 I GG soweit als möglich in die deutsche Staatsangehörigkeit zu überführen, was nur der Absicht des Verfassungsgesetzgebers entspricht. Es besteht wohl kein Zweifel, daß der Status aus Art. 116 I GG nur als Übergangslösung gedacht war, und daß diese Kategorie von Personen im Laufe der Zeit im Wege der Gesetzgebung eine endgültige Stellung bekommen sollte. Der Gesetzgeber ist jedoch der Ansicht, daß der Zeitpunkt für eine endgültige Beseitigung dieses Status noch nicht gegeben sei, weil noch dauernd volksdeutsche Flüchtlinge aus dem Osten einströmen. Die vom Gesetz getroffene Regelung stellt daher nur den ersten Schritt dar und verlangt nach absehbarer Zeit eine endgültige gesetzliche Schlußregelung.

§ 6

(1) [1] Wer auf Grund des Artikels 116 Abs. 1 des Grundgesetzes Deutscher ist, ohne die deutsche Staatsangehörigkeit zu besitzen, muß auf seinen Antrag eingebürgert werden,[2] es sei denn, daß Tatsachen die Annahme rechtfertigen, daß er die innere oder äußere Sicherheit der Bundesrepublik oder eines deutschen Landes gefährdet.

(2) Mit der Unanfechtbarkeit des die Einbürgerung ablehnenden Bescheides[3] verliert der Antragsteller die Rechtsstellung eines Deutschen.

1. Aus der Entstehungsgeschichte des § 6

a) Die allgemeine Tendenz des § 6 fand im Bundestag und Bundesrat Zustimmung. Der Bundesrat wünschte jedoch den Zusatz: „Die Rechtsstellung als Deutscher im Sinne des Art. 116 I GG geht verloren, wenn nicht bis zu 2 Jahren nach Inkrafttreten des Gesetzes um Verleihung der deutschen Staatsangehörigkeit nachgesucht wird.“ Die Bundesregierung widersprach mit der Begründung, daß volksdeutsche Flüchtlinge aus Ungarn und Rumänien mit einem Einbürgerungsantrag ihre bisher aufrecht erhaltene Heimatstaatsangehörigkeit verlieren würden, während ihnen aber für eine eventuelle Rückkehr nach ihrer Heimat an deren Aufrechterhaltung gelegen sei. Der Bundestag schloß sich der Ansicht der Bundesregierung an, um den deutschen Flüchtlingen die Rückkehr offenzuhalten und der vorgeschlagene Zusatz des Bundesrates wurde nicht aufgenommen (Maßfeller S. 334).

b) Der Entwurf der Bundesregierung enthielt bereits den Vorbehalt, daß Ablehnung der Einbürgerung aus politischen Gründen zulässig sei. Die Bundesregierung legte Wert auf diesen Vorbehalt. Der Bundestag dagegen meinte, daß jeder volksdeutsche Flüchtling Anspruch auf Aufnahme hätte und wünschte eine Streichung dieser Klausel. Der Bundesrat sprach sich für den Text der Bundesregierung aus und rief den Vermittlungsausschuß an, der sich für den Regierungsentwurf entschied (vgl. Maßfeller S. 334; Hoffmann I S. 39). Der Zusatz wurde aufrechterhalten. Er hat eine erhebliche praktische Bedeutung. Er gibt zwar der Bundesregierung die Möglichkeit, sich unerwünschte Elemente fernzuhalten, erschwert aber die rasche Einbürgerung der Flüchtlinge, da mancher von ihnen, etwa Leute mit nationalsozialistischer oder kommunistischer Vergangenheit, zögern werden, das Gesuch zu stellen, das nach der Verwaltungspraxis zu einer inquisitorischen Vernehmung über das Vorleben und die politische Vergangenheit führt. Auch Personen, die nichts zu befürchten haben, setzen sich wegen der Gefahr der Indiskretion nicht gern ohne Not einem solchen Verhör aus. Der Gesetzgeber wird daher mit diesem Einbürgerungsanspruch die Kategorie der Deutschen aus Art. 116 I GG nicht zum Verschwinden bringen, sondern wird bei einer späteren Gelegenheit nach einem einfacheren Einbürgerungsmodus, etwa in der Form der Option, suchen müssen, wenn er sich nicht mit der Erfordernis eines 10- bis 15jährigen Wohnsitzes abfinden will (vgl. Hoffmann I S. 41).

2. Der Einbürgerungsanspruch

Er ist keine bloße Option, wird daher nicht mit der Abgabe wirksam, er ist auch kein bloßes Gesuch wie bei der gewöhnlichen Einbürgerung, sondern die Geltendmachung eines subjektiven öffentlichen Rechts, daher vom Gesetzgeber Antrag genannt. In der französischen Gesetzessprache nennt man einen solchen Anspruch auf Verleihung der Staatsangehörigkeit ein Reklamationsrecht. Da ein Anspruch besteht, ist die Entscheidung nicht in das freie Belieben der Behörde gestellt (Lichter S. 911). Sie kann nur ablehnen, wenn nach ihrem pflichtgemäßen Ermessen Tatsachen die Annahme rechtfertigen, daß der Antragsteller die innere oder äußere Sicherheit der Bundesrepublik oder eines deutschen Landes gefährdet. Das ist eine dehnbare Klausel, man hat daher auch im Bundestag erwogen, ob man die Ablehnungsgründe näher bezeichnen könnte, aber keine bessere Formel gefunden. Es kann nicht bezweifelt werden, daß sie auf prononzierte Nationalsozialisten und Kommunisten gemünzt ist, so daß diese voraussichtlich sich hüten werden, einen solchen Antrag zu stellen, der sie nur der Gefahr einer Verschlechterung ihrer Rechtsstellung aussetzte.

Das Erfordernis der Feststellung von Tatsachen ist gut gemeint, um rein subjektiv bedingte Ablehnungen unmöglich zu machen, hat aber andererseits zur Folge, daß ein regelrechtes Verfahren mit polizeilichen Vernehmungen von Zeugen eingeleitet werden muß, was wenig erwünscht ist.

Der Anspruch ist gerichtlich geschützt. Es bedarf zunächst eines ablehnenden Bescheids der Einbürgerungsbehörde, der die Tatsachen, auf welche die Ablehnung gestützt wird, anzugeben und eine Rechtsbelehrung über die Klagemöglichkeit zu enthalten hat (Lichter S. 912). Gegen diese Verfügung kann der Verwaltungsgerichtsweg beschritten werden. Hält das Verwaltungsgericht das Bedenken der Einbürgerungsbehörde für unbegründet, so weist es diese an, davon abzusehen, spricht jedoch nicht selbst die Einbürgerung aus.

3. Die Ablehnung

a) Die Ablehnung hat die Folge, daß der Antragsteller seine geschützte Stellung als Deutscher nach Art. 116 I GG verliert. Da er mit der Einbürgerung praktisch kaum etwas gewinnt, ist nicht einzusehen, warum er sich überhaupt der Gefahr einer Ablehnung aussetzen soll.

b) Es ist die Frage aufgeworfen worden, ob diese Gesetzesbestimmung mit Art. 16 GG vereinbar ist. Zwar verliert der Antragsteller die Stellung aus Art. 116 I GG nicht durch einen individuellen Verwaltungsakt der Behörde, sondern als eine vom Gesetz bestimmte Folge, man kann jedoch nicht übersehen, daß diese Folge durch einen individuellen Verwaltungsakt, die Ablehnung, ausgelöst wird. Die Bedenken erhöhen sich, wenn der Antragsteller durch die Ablehnung etwa staatenlos wird. Man sucht diese Bedenken mit der These zu zerstreuen, daß Art. 16 GG nur die deutsche Staatsangehörigkeit, nicht auch den Status aus Art. 116 I GG schütze (so Regierungsbegründung zu dem Gesetz; Maßfeller S. 372; Hoffmann I S. 41; Lichter S. 241). Diese Rechtsansicht ist jedoch nicht unangreifbar (vgl. Makarov DÖV 1953 S. 548). Die Tendenz von Art. 16 GG geht doch wohl dahin, jeden Deutschen vor der Entziehung der Staatsangehörigkeit zu schützen und ihn nicht ins Leere fallen zu lassen. Da die Deutschen nach Art. 116 I GG die gleiche Garantie aller Grundrechte genießen wie die deutschen Staatsangehörigen, wäre es schwer zu rechtfertigen, warum ihnen die Garantie des Art. 16 GG versagt sein soll. Wird einmal festgestellt, daß sie eine Gefahr für die innere oder äußere Sicherheit der Bundesrepublik darstellen, so sind sie auch von dem Asylrecht nicht mehr geschützt und könnten als lästige Ausländer ausgewiesen werden. M. E. könnte eine solche Ablehnung mit der Verfassungsbeschwerde wegen Verletzung von Art. 16 GG angegriffen werden, doch wird der Fall kaum vorkommen, da jeder, der überhaupt eine Ablehnung zu fürchten hat, sich hüten wird, den gefährlichen Antrag zu stellen.

§ 7

(1) Hat ein Deutscher, der die deutsche Staatsangehörigkeit nicht besitzt, das Gebiet des Deutschen Reiches nach dem Stande vom 31. Dezember 1937 (Deutschland) freiwillig wieder verlassen und seinen dauernden Aufenthalt in dem fremden Staat genommen, aus dessen Gebiet er vertrieben worden ist, oder in einem anderen der in § 1 Abs. 2 Nr. 3 des Bundesvertriebenengesetzes vom 19. Mai 1953 (Bundesgesetzbl. I S. 201) genannten Staaten, so verliert er die Rechtsstellung eines Deutschen im Sinne des Grundgesetzes im Zeitpunkt des Inkrafttretens dieses Gesetzes.

(2) Wird der dauernde Aufenthalt erst nach Inkrafttreten dieses Gesetzes nach Maßgabe des Absatzes 1 verlegt, so tritt der Verlust der Rechtsstellung eines Deutschen im Sinne des Grundgesetzes im Zeitpunkt der Aufenthaltsverlegung ein.

Diese Gesetzesbestimmung regelt die Staatsangehörigkeit der Volksdeutschen, die weiter gewandert sind.

1. Weiterwanderung vor dem 23. Mai 1949

Nach Art. 145 GG ist das Grundgesetz am Tage nach seiner Verkündung, d. h. am 23. Mai 1949, in Kraft getreten. Ob das Datum ganz richtig war, kann zweifelhaft sein, da praktisch am 23. Mai 1949 von dem neuen Staat noch nichts da war. Aber die Bestimmungen des Grundgesetzes galten von diesem Zeitpunkt an wohl mindestens als übereinstimmendes Landesrecht (vgl. G i e s e, Kom. z. GG Einl.). Daher kann man annehmen, daß auch Art. 116 GG am 23. Mai 1949 in Kraft getreten ist. Erst diese Verfassungsbestimmung hat den Status als Deutscher ohne deutsche Staatsangehörigkeit erfunden. Sie hat keine rückwirkende Kraft. Vor dem 23. Mai 1949 hat es also keine Deutschen nach Art. 116 I GG gegeben.

Wohl aber hatte die Rechtsprechung schon den Begriff der „Als-ob-Deutschen" entwickelt (vgl. oben Art. 116 Anm. 1 b). Danach waren die geflüchteten Volksdeutschen ohne Rücksicht auf ihre juristische Staatsangehörigkeit so zu behandeln, als ob sie deutsche Staatsangehörige wären (LG Berlin, Neue Justiz 1947 S. 63). Es wurde damals allgemein angenommen, daß diese Behandlung nur solange angebracht und zulässig war, als sich die Flüchtlinge in Deutschland befanden. Wanderten sie weiter, so schieden sie damit von selbst aus dieser provisorischen Rechtslage aus (vgl. S c h ä t z e l, Die Staatsang. d. Volksdeutschen in Ostdtsch. Wissensch. 1954 S. 241). Dies war namentlich auch die Auffassung der von den Vereinten Nationen eingesetzten IRO, der es nach ihrem Statut verboten war, sich deutscher Staatsangehöriger anzunehmen. Sie hat jedoch kein Bedenken getragen, ihre Hilfe den volksdeutschen Gruppen zuteil werden zu lassen und ihnen bei der Auswanderung behilflich zu sein. Von ihrem Standpunkt richtete sich die Staatsangehörigkeit dieser Personen nach ihrem Heimatrecht als ungarische, rumänische Staatsangehörige usw. und hatten sie nur das Privileg, während ihres Asyls in Deutschland dort so behandelt zu werden wie Deutsche. Von diesem Standpunkt aus war es selbstverständlich, daß sie bei ihrer Auswanderung nach Übersee nichts von ihrer „Als-ob"-Stellung in Deutschland mitnehmen konnten. Sie sind daher mit dem Verlassen Deutschlands endgültig aus allen Beziehungen zu Deutschland ausgeschieden und haben niemals den Status nach Art. 116 I GG erlangt, da das Grundgesetz sie im Ausland nicht mehr erreichen konnte und nach seinem Wortlaut auch nicht erreichen wollte.

2. Weiterwanderung zwischen dem 23. Mai 1949 und 26. Februar 1955

Das 1. Staatsangehörigkeitsregelungsgesetz ist am 26. Februar 1955 in Kraft getreten. Das Gesetz bestimmt, daß ein Deutscher nach Art. 116 I GG, der in der Zwischenzeit in sein östliches Heimatland zurückgekehrt ist, die Eigenschaft aus Art. 116 I GG mit dem Inkrafttreten des Gesetzes „verliert". Dieser Gesetzesbestimmung liegt offenbar die Auffassung zugrunde, daß er sie noch besitze und daß erst das Gesetz selbst sie ihm nehme. Diese Grundauffassung ist aber rechtlich sehr zweifelhaft. Es erhebt sich hier wieder die prinzipielle Frage, was der Status aus Art. 116 I GG sein sollte. War er wirklich als eine Art mindere deutsche Staatsangehörigkeit gedacht oder enthielt er nur die Weisung, diese Flüchtlinge wie Deutsche zu behandeln, d. h. eine Art gesetzliche Anerkennung des von der Rechtsprechung geschaffenen Status der Als-ob-Deutschen? Hätte der Status aus Art. 116 I GG eine Art Staatsangehörigkeit sein sollen, so hätte es eigentlich nahe gelegen, ihn gesetzlich zu regeln und die Sätze des deutschen Staatsangehörigkeitsrechts auf ihn für anwendbar zu erklären. Da das nicht geschehen ist und auch durch das 1. Staatsangehörigkeitsregelungsgesetz nicht erfolgt ist, so fehlt es namentlich an einer Bestimmung über das Ausscheiden aus diesem Status. Dem deutschen Gesetzgeber kann schwerlich unterstellt werden, daß er Personen eine Art deutsche Staatsangehörigkeit zwangsweise auferlegt habe, ohne ihnen die Möglichkeit der Ablegung dieses Status zu geben. Das 1. Staatsangehörigkeitsregelungsgesetz bemüht sich gerade, Personen, denen die deutsche Staatsangehörigkeit aufoktroyiert ist, das Ausscheiden so leicht wie möglich zu machen. Es wäre mit dieser Tendenz unvereinbar und unlogisch, wenn gleichzeitig der Status als Deutscher als unablegbar konstituiert wäre. Es bleibt daher nur die Lösung, daß mindestens bis zum Inkrafttreten des 1. Staatsangehörigkeitsregelungsgesetzes, d. h. bis zum 26. Februar 1955 die Auswanderung ebenso wie in der Periode vor dem Grundgesetz die gleiche Wirkung des Verlustes der Rechtsstellung aus Art. 116 I GG hatte (H o f f m a n n I S. 42 und M a ß f e l l e r S. 337 sind anderer Ansicht). M a ß f e l l e r meint, daß meine früher wiederholt vertretene Ansicht „keine Stütze im Gesetz finde". Die Frage ist falsch gestellt. Es müßte zunächst bewiesen werden, wieso ein Gesetz von 1955 auf den Status eines 1950 mit Hilfe der IRO nach Australien ausgewanderten Volksdeutschen noch einzuwirken vermag. Es ist möglich, daß das Gesetz sich solche Wirkung zugetraut hat, es überschätzt aber wie seine zeitlichen, so auch seine räumlichen Wirkungsmöglichkeiten. Es handelt sich in Wahrheit gar nicht um den Verlust des

Status aus Art. 116 I GG, der mit der Auswanderung schon verloren war, sondern um den untauglichen Versuch, bereits Ausgewanderte wieder in seinen Bannkreis zu ziehen. Für meine Auffassung spricht auch die Rechtsansicht des Bundesverfassungsgerichts in der Sache Rubesch (E. 2, 98), das sogar bei einem Sudetendeutschen in seiner Bemühung um die österreichische Staatsbürgerschaft einen Verzicht auf die deutsche Staatsangehörigkeit gesehen hat. Umso mehr müßte dieser Gesichtspunkt des Verzichts bei einem Flüchtling gelten, der sich bei seinem vorübergehenden Aufenthalt in Deutschland des Privilegs erfreut hat, dort wie ein Deutscher behandelt zu werden. Schließlich kann nicht übersehen werden, daß bei diesen weitergewanderten Volksdeutschen neben dem Status aus Art. 116 I GG stets ihre Heimatstaatsangehörigkeit im Hintergrund gestanden hat. Sie wurde während ihres Aufenthaltes in Deutschland von dem Deutschen-Status überdeckt. Beim Verlassen Deutschlands trat jedoch diese Heimatstaatsangehörigkeit wieder deutlich hervor. Die IRO hat diese Flüchtlinge nicht als Volksdeutsche, sondern als Flüchtlinge aus Ungarn, Rumänien usw. klassifiziert, mit Recht, denn dies war eine Vollstaatsangehörigkeit, die Eigenschaft aus Art. 116 I GG dagegen ein sehr viel schwächerer provisorischer Status. Ich halte daher meine Ansicht aufrecht, daß Auswanderung vor dem 26. Februar 1955 den Status aus Art. 116 I GG beendet hat, gleichviel, wohin sich der Auswanderer gewendet hat.

3. Weiterwanderung seit dem 26. Februar 1955

a) Das Gesetz sagt ausdrücklich, daß der Status aus Art. 116 I GG verloren geht bei Auswanderung nach dem in § 1 Abs. 2 Nr. 3 des BVFG genannten Ländern. Dies sind Danzig, Estland, Lettland, Litauen, Sowjetunion, Polen, Tschechoslowakei, Ungarn, Rumänien, Bulgarien, Jugoslawien und Albanien. Die Bestimmung ist der alten Regel des Nansenpasses nachgebildet, daß er seine Wirkung verliert, wenn der Inhaber sein altes Heimatland wieder betritt. Die Regel wird hier abgeschwächt. Der Verlust tritt nur ein, wenn die betreffende Person sich in einem der östlichen Länder dauernd niederläßt. Ein Volksdeutscher aus Siebenbürgen kann also gefahrlos seinen Urlaub an der dalmatinischen Küste verbringen. Da die Zahl der aufgeführten Staaten groß ist, kann man von einer eigentlichen Rückkehr kaum sprechen. Es ist allgemein die Auswanderung nach einer östlichen Volksdemokratie, wobei allerdings die Volksrepublik China nicht mit aufgezählt ist. Es könnte willkürlich erscheinen, daß eine Niederlassung in einem dieser Oststaaten genügt, auch wenn der Rückwanderer mit dem betreffenden Staat früher überhaupt nichts zu tun gehabt hat. Der Grund liegt wohl hauptsächlich darin, daß diese Staaten wahrscheinlich auch nicht geneigt sein werden, bei einem Rückwanderer einen deutschen Paß anzuerkennen. Für Ungarn ist ein Flüchtling aus Siebenbürgen an erster Stelle Rumäne und nicht Deutscher. Ein deutscher Schutzanspruch wäre daher wahrscheinlich auch nicht durchzusetzen.

Praktisch dürfte diese Bestimmung besonders für Deutsche aus Ungarn und Rumänien werden, wohin eine gewisse Rückwanderung eingesetzt hat, nachdem dort Aussicht besteht, den früheren Grundbesitz wieder zu erhalten. Der Status aus Art. 116 I GG geht nach ausdrücklicher gesetzlicher Bestimmung übrigens nicht mit der Abwanderung, sondern erst mit der endgültigen Niederlassung in der alten Heimat verloren. Kehrt der Rückwanderer vor dieser Niederlassung nach Deutschland zurück, weil seine Erwartungen in der alten Heimat sich nicht erfüllen, so hat er seinen Status nach Art. 116 I GG nicht verloren.

b) Danach bleibt die Frage der Staatsangehörigkeit der Volksdeutschen, die nach dem 26. Februar 1955 nach Westen weitergewandert sind. Nach dem Wortlaut des Gesetzes läßt sich nicht in Abrede stellen, daß der Gesetzgeber ihnen in diesem Fall den Status aus Art. 116 I GG aufrechterhalten wollte (so Regierungsbegründung zu § 7, Maßfeller S. 372). Diese Rechtsansicht gründet sich auf der Annahme, daß sich der Status aus Art. 116 I GG zu einer Art deutschen Minderstaatsangehörigkeit entwickelt habe, auf welche die Grundsätze des deutschen Staatsangehörigkeitsgesetzes anzuwenden sind, auch wenn es nirgends gesetzlich vorgeschrieben ist. Es ist anzunehmen, daß Auswanderer nach dem Westen dementsprechend mit deutschen Pässen versehen und in dem Lande ihrer neuen Niederlassung von den deutschen diplomatischen und konsularischen Vertretern betreut werden. Bei Anwendung der deutschen gesetzlichen Bestimmungen verlieren sie ihren Status, wenn sie in dem Land ihrer neuen Niederlassung auf eigenen Antrag eine neue Staatsangehörigkeit erwerben, sei es durch Einbürgerung, sei es durch Beamtenanstellung, wenn diese nach dem Recht der neuen Heimat die neue Staatsangehörigkeit überträgt.

Erwerben sie die neue Staatsangehörigkeit nicht auf Antrag, sondern kraft Gesetzes, etwa auf Grund eines langjährigen Aufenthaltes oder bei nachgeborenen Kindern kraft jus soli, so würde daneben der deutsche Status erhalten bleiben. Bei dieser Auffassung der Rechtslage wird der deutsche Gesetzgeber später auch die Frage des Status aus Art. 116 I GG für Personen mit Wohnsitz im Ausland regeln müssen.

Einige Zweifel sind jedoch geblieben. Zunächst einmal werden die Südostdeutschen, um die es sich in der Hauptsache handelt, durch Vermittlung des Hohen Kommissars der Vereinten Nationen meist nicht als Deutsche nach Art. 116 I GG weiter geleitet werden, sondern als Flüchtlinge aus Ungarn, Rumänien usw. Reisen sie unter diesen Ausweispapieren, so würden sie in den Aufnahmeländern entsprechend klassifiziert werden und jedes Schutzrecht durch deutsche Vertreter wird sehr zweifelhaft. Vor allem steht und fällt die Rechtskonstruktion des Gesetzes und die Regierungsbegründung mit der grundsätzlichen Auffassung, daß der Status aus Art. 116 I GG eine Art deutsche Minderstaatsangehörigkeit sei, die mitgenommen werden könne. Unverträglich mit dieser Auffassung ist es dann aber, daß

Art. 16 GG dieser Minderstaatsangehörigkeit nicht zugute kommen soll. Faßt man Art. 116 I GG dagegen nur als die Anweisung des Verfassungsgesetzgebers auf, die Flüchtlinge während ihres Aufenthaltes in Deutschland so zu behandeln, als ob sie Deutsche wären, so ist für die Konstruktion des 1. Staatsangehörigkeitsregelungsgesetzes überhaupt kein Raum.

Dritter Abschnitt

Staatsangehörigkeitsverhältnisse weiterer Personengruppen

§ 8

(1) Ein deutscher Volkszugehöriger, der nicht Deutscher im Sinne des Grundgesetzes ist,[1] aber in Deutschland seinen dauernden Aufenthalt hat und dem die Rückkehr in seine Heimat nicht zugemutet werden kann, hat einen Anspruch auf Einbürgerung[2] nach Maßgabe des § 6. Wird er eingebürgert, so hat auch sein Ehegatte[3] einen Einbürgerungsanspruch.

(2) Wird der dauernde Aufenthalt in Deutschland[4] nach dem Inkrafttreten dieses Gesetzes aufgegeben, so erlischt[5] der Anspruch auf Einbürgerung im Zeitpunkt der Aufgabe des Aufenthaltes.

1. Volksdeutsche ohne Rückkehrmöglichkeit

Diese Gesetzesbestimmung soll nach der Regierungsbegründung (Maßfeller S. 372) eine Lücke schließen, indem sie in Deutschland ansässigen Volksdeutschen fremder Staatsangehörigkeit ebenfalls einen Einbürgerungsanspruch gibt. Auch diese Bestimmung hat eine Entwicklung durchlaufen. Nachdem das Landgericht Berlin den Begriff der Als-ob-Deutschen geschaffen hatte (NJ 1947 S. 63) stieß es auch auf Volksdeutsche fremder Staatsangehörigkeit mit Wohnsitz in Deutschland, denen die Rückkehr nach ihrer Heimat unmöglich war, weil sie unter die dortigen Ausweisungs- und Liquidationsmaßnahmen gefallen wären. Das Landgericht Berlin zögerte nicht, auch diese Gruppe den Als-ob-Deutschen gleichzustellen (Urt. v. 29. April 1948, Makarov Rechtspr. 1945—1949 Nr. 108). Es ist anzunehmen, daß sich diese Rechtsauffassung durchgesetzt hat, da andernfalls wohl die Frage in der Rechtsprechung wieder aufgetaucht wäre.

Diese Lage fand das Grundgesetz vor. Wenn man es nicht für nötig gehalten hat, diese zweite Kategorie besonders zu erwähnen, so offenbar deshalb, weil man annahm, daß sie von dem Flüchtlingsbegriff miterfaßt würde. Hätte hier auch nur der geringste Zweifel bestanden, so hätten die Flüchtlingsverbände, die bei der Abfassung des Art. 116 I GG mitgewirkt haben und an der Formulierung beteiligt waren (Jahrb. d. ö. R. Bd. 1 S. 824), wohl für die Aufnahme eines entsprechenden Zusatzes gesorgt. Es liegt daher nahe, die Fassung von Art. 116 I GG dahin zu verstehen, daß auch dieser Fall mit darunter fallen sollte.

Diese Annahme begegnet aber der Schwierigkeit, daß das BVFG in § 1 den Begriff „Vertriebener" enger definiert. Es fallen darunter nur Personen, die durch den 2. Weltkrieg ihre Heimat verloren haben, nicht dagegen Personen, welche sich schon vor dem 2. Weltkrieg in Deutschland befanden. Nach § 104 BVFG ist die Definition dieses Gesetzes aber für alle Gesetze maßgebend, in denen die Begriffe Vertriebener und Flüchtling vorkommen. Die Regierungsbegründung und ihr folgend Hoffmann I S. 44 und Maßfeller S. 338 nehmen daher an, daß diese Kategorie tatsächlich aus Art. 116 I GG herausfällt und daß es notwendig war, diese Lücke zu schließen.

Ich habe Bedenken gegen diese Auffassung. Wenn es richtig ist, daß Art. 116 I GG den in der Rechtsprechung entwickelten Begriff der Als-ob-Deutschen ersetzen wollte, und dazu auch die an der Rückkehr gehinderten Volksdeutschen gehörten, so waren sie vom Grundgesetz bereits erfaßt und hatten den Status aus 116 I GG bereits erworben. Die Anwendung der Legaldefinition des Vertriebenen aus dem BVFG bedeutet daher für diese Kategorie eine Entziehung einer bereits erworbenen privilegierten Stellung. Man kann sich fragen, ob das wirklich die Absicht des Bundesvertriebenengesetzes gewesen ist. Auch verfassungsrechtliche Zweifel sind möglich. Art. 116 I GG enthält zwar den Vorbehalt späterer gesetzlicher Regelung, aber es kann immerhin zweifelhaft sein, ob der Verfassungsgesetzgeber damit der einfachen Gesetzgebung die Möglichkeit eröffnen wollte, den Begriff merklich einzuengen und ganze Kategorien auszunehmen. Hält man diese Bedenken für durchschlagend, so würden alle in § 8 behandelten Personen unter Art. 116 I GG fallen und wäre der § 8 überflüssig.

2. Der Einbürgerungsanspruch

a) § 8 ist nur im Zusammenhang mit dem BVFG zu verstehen. Alle Volksdeutschen, welche als Vertriebene durch das Bundesvertriebenengesetz anerkannt sind, fallen automatisch unter Art. 116 I GG und nicht unter § 8. Es kommt also nicht darauf an, ob jemand an der Flucht selbst teilgenommen hat und rein wörtlich vertrieben worden ist. Wer während des Krieges in Deutschland arbeitete oder im deutschen Heeresdienst stand, hat an der Flucht selbst nicht teilgenommen. Aber die Heimat ist ihm doch durch die Maßnahmen der Feindstaaten verloren gegangen. Seine Wohnung und sein Vermögen sind ihm genommen, er ist in seiner Heimat ausgebürgert. Es fällt daher unter Art. 116 I GG und hat einen Einbürgerungsanspruch nach § 6.

Im Gegensatz hierzu sind Personen fremder Staatsangehörigkeit gemeint, die schon vor dem 2. Weltkrieg oder ohne Beziehung zu dem Krieg ihren ständigen Wohnsitz in Deutschland genommen hatten, deren Wohnsitzverlegung also in keinem ersichtlichen ursächlichen Zusammenhang mit dem Krieg steht, die aber, wenn sie in ihrem Heimatstaat gewesen wären, dort ebenfalls unter die Ausweisungs- und Liquidationsmaßnahmen gefallen wären und die daher, selbst wenn sie wollten, in ihre Heimat nicht zurückkehren könnten. Es kann, wie unter 1 erörtert ist, zweifelhaft sein, ob sich diese Kategorie wirklich begrifflich von den anderen Vertriebenen unterscheidet, denn auch sie verlieren ihre Heimat durch eine feindliche Vertreibungsmaßnahme. Der Gesetzgeber glaubt jedenfalls, diesen Unterschied machen zu müssen. Daraus ergibt sich, daß es nicht nur zwei Kategorien von Deutschen gibt, deutsche Staatsangehörige und Personen mit dem Status aus Art. 116 I GG, sondern sogar drei. Kategorie 3 wären dann Volksdeutsche mit Wohnsitz in Deutschland und Einbürgerungsanspruch. Ihre Rechtslage ist schwächer, obgleich sie sehr viel länger in Deutschland sind. Bis zur Erfüllung des Einbürgerungsanspruches sind sie Ausländer und dürfen die deutschen politischen Rechte nicht ausüben. Sie haben daher auch keinen Anspruch auf einen deutschen Paß, sondern nur auf einen von der deutschen Behörde ausgestellten Staatenlosenpaß. Ich habe starke Zweifel, ob die Angehörigen dieser Kategorie in der Praxis überhaupt hervortreten. Sie sind so schwer von der Gruppe aus Art. 116 I GG zu unterscheiden, daß sie wohl im allgemeinen darunter untertauchen werden.

b) Aus dem Zusammenhang mit dem Vertriebenenbegriff des Bundesvertriebenengesetzes wird weiter gefolgert, daß nur Personen gemeint sein können, die aus dem im Bundesvertriebenengesetz genannten östlichen Vertreibungsländern stammen. (Hoffmann I S. 45.) Es ist möglich, daß der Gesetzgeber diese Bestimmung so gemeint hat. Gesagt hat er es jedenfalls nicht. Aus dem Gesetzestext folgt die Einschränkung nicht, so daß man einem Volksdeutschen aus einem anderen Lande, der sich sonst in gleicher Lage befindet, den Anspruch schwer versagen kann.

c) Für den Einbürgerungsanspruch ist auf § 6 verwiesen. Daraus ergibt sich, daß die Einbürgerung abgelehnt werden kann, wenn Tatsachen vorliegen, welche die Annahme rechtfertigen, daß sie die innere oder äußere Sicherheit der Bundesrepublik oder eines deutschen Landes gefährden.

3. Ehegatten

a) Da der Gesetzgeber nicht von der Ehefrau, sondern allgemein vom Gatten spricht, gilt die Bestimmung sowohl für die Ehefrau wie umgekehrt auch für den Ehemann einer einbürgerungsberechtigten Frau. Die Gesetzesbestimmung trägt also dem Gleichheitsgrundsatz Rechnung. Aus dem Gesetz ergibt sich deutlich, daß nur der eine Ehegatte ein Volksdeutscher zu sein braucht. Wird er eingebürgert, so erhält auch der andere Ehegatte den Einbürgerungsanspruch ohne Rücksicht auf seine Nationalität (Lichter S. 915). Auch dieser Einbürgerungsanspruch unterliegt der gleichen Einschränkung wie jeder Anspruch aus §§ 6 und 8, d. h. die Einbürgerung kann abgelehnt werden, wenn Tatsachen die Annahme rechtfertigen, daß der Antragsteller die Sicherheit der Bundesrepublik oder eines deutschen Landes gefährdet.

b) Das Gesetz erwähnt nur den Ehegatten. Das legt den Schluß nahe, daß dieser das Recht nur bei bestehender Ehe hat. (So Maßfeller S. 338.) Gegen diese Auslegung spricht jedoch § 9 des Gesetzes, der die

Witwe ausdrücklich erwähnt. Es wäre unverständlich, wenn die im Ausland wohnhafte fremdnationale Witwe den Anspruch haben sollte, nicht aber eine im Inland lebende, die vielleicht sogar volksdeutsch ist.

4. Deutschland

Deutschland bedeutet grundsätzlich den Gebietsumfang am 31. Dezember 1937. Hoffmann I S. 44 und Maßfeller S. 338 folgern daraus, daß auch für § 8 dieser geografische Begriff maßgebend sei. In der Tat folgt aus § 17 Abs. 3 des Gesetzes, daß die Möglichkeit einer Einbürgerung auch bei Wohnsitz in der DDR und im polnisch verwalteten Gebiet östlich der Oder-Neiße-Linie gegeben wäre. Vom politischen Standpunkt aus bestehen allerdings erhebliche Bedenken. Es ist nicht gerade ein Anzeichen der Verbundenheit zu Deutschland, wenn jemand seinen Wohnsitz im jetzigen Breslau nimmt, auch beschwört eine Staatsangehörigkeitsverleihung an Personen, die sich in einem anderen Machtbereich befinden, nur zu leicht politische Komplikationen herauf. Eine vorsichtigere Fassung des Gesetzes wäre hier erwünscht gewesen.

5. Verlust des Einbürgerungsanspruchs

Solange mit dem Begriff des Als-ob-Deutschen gearbeitet wurde, ergab sich von selbst, daß diese Eigenschaft mit Abwanderung aus Deutschland verloren ging. Der Gesetzgeber steht dagegen auf dem Standpunkt, daß seit der Erfindung des Status aus Art. 116 I GG dieser nur bei Abwanderung nach den östlichen Vertreibungsländern, nicht dagegen bei Weiterwanderung nach dem Westen verloren geht. Vgl. § 7 Anm. 2 und 3. Für die in § 8 behandelte Kategorie hat er dagegen eine andere Regelung getroffen. Hier geht der Einbürgerungsanspruch mit der Weiterwanderung verloren. Dagegen ist nichts einzuwenden, denn tatsächlich wird mit der Aufgabe des Wohnsitzes das wichtigste Band zerschnitten, das ihn mit Deutschland verband. Zu bemerken ist, daß in diesem Fall die Aufgabe des Wohnsitzes in Deutschland genügt, während in § 7 der Verlust der Eigenschaft als Deutscher nach Art. 116 I GG erst mit der Begründung eines neuen Wohnsitzes in den Vertreibungsländern eintritt.

§ 9

(1)[1] Ein deutscher Volkszugehöriger, der nicht Deutscher im Sinne des Grundgesetzes ist,[2] kann[3] die Einbürgerung vom Ausland her beantragen, wenn er die Rechtsstellung eines Vertriebenen nach § 1 des Bundesvertriebenengesetzes hat oder als Aussiedler im Sinne des § 1 Abs. 2 Nr. 3 desselben Gesetzes im Geltungsbereich dieses Gesetzes Aufnahme finden soll. § 13 des Reichs- und Staatsangehörigkeitsgesetzes vom 22. Juli 1913 (Reichsgesetzbl. S. 583) gilt entsprechend. Wird die Einbürgerung beantragt, so kann in bestehender Ehe der Ehegatte,[4] der nicht deutscher Volkszugehöriger ist, ebenfalls vom Ausland her einen Einbürgerungsantrag stellen.

(2) Einem Einbürgerungsantrag muß[5] stattgegeben werden, wenn der Antragsteller die Voraussetzungen des Absatzes 1 erfüllt, im zweiten Weltkrieg Angehöriger der deutschen Wehrmacht oder eines ihr angeschlossenen oder gleichgestellten Verbandes war, nach seiner Vertreibung keine neue Staatsangehörigkeit erworben hat und nicht aus einem Staate stammt, der die durch Sammeleinbürgerung in den Jahren 1938 bis 1945 eingebürgerten als seine Staatsangehörigen in Anspruch nimmt. Gleiches[6] gilt für Einbürgerungsanträge der Ehefrauen, Witwen und der im Zeitpunkt der Antragstellung noch minderjährigen Kinder solcher Personen.

1. Verhältnis zu anderen gesetzlichen Bestimmungen

§ 8 des Staatsangehörigkeitsgesetzes setzt für die Einbürgerung grundsätzlich Wohnsitz im Inland voraus. § 13 macht davon für ehemalige Deutsche eine Ausnahme. Ganz allgemein läßt die VO vom 20. Januar 1942 (RGBl. I S. 40) die Einbürgerung von Personen, die im Ausland wohnen, zu. Wenn man diese VO zugrunde legt, ist § 9 überflüssig (Maßfeller S. 342). Es bestanden jedoch erhebliche Zweifel bezüglich der Gültigkeit der VO vom 20. Januar 1942 (Schätzel, Arch. d. ö. R. Bd. 74 S. 289; Bd. 81 S. 291). Es war nicht einzusehen, wieso ein verfassungsmäßig nicht vorgesehenes Organ wie der Ministerrat für die Reichsverteidigung Gesetzgebungsbefugnisse ausüben konnte. Daher schlug die Bundesregierung anläßlich des 1. Staatsangehörigkeitsregelungsgesetzes die Aufhebung dieser VO vor. (Reg.Begründung Maßfeller S. 373.) Der Bundestag ist diesem Vorschlag jedoch nicht gefolgt und hat die VO aufrecht erhalten, ihre Rechtsgültigkeit also bejaht. Vgl. oben Staatsangehörigkeitsgesetz § 13 Anm. 7. Es wäre dann allerdings nur logisch gewesen, wenn der § 9 StAngReglG als überflüssig gestrichen worden wäre.

2. Personenkreis

Nach der VO vom 20. Januar 1942 kann jeder die Einbürgerung vom Ausland beantragen. Es widerspricht jedoch der internationalen Ordnung, daß ein Staat fremde Staatsangehörige mit Wohnsitz im Ausland einbürgert, wenn nicht gewisse Beziehungen oder Anknüpfungspunkte bestehen. Andernfalls könnte der betroffene Staat mit Recht Vorstellungen erheben. Auch wenn man von der Gültigkeit der VO vom 20. Januar 1942 ausgeht, wird die Bundesregierung nicht wahllos jeden Ausländer einbürgern dürfen. Die allgemeinen Regeln des Völkerrechts sind nach Art. 25 GG Bestandteil des Bundesrechts, und diese verbieten es, daß ein Staat dem anderen seine Staatsangehörigen wegnimmt, indem er ihnen ohne jede Beziehung seine Staatsangehörigkeit verleiht. Es ist daher wichtig, daß der Gesetzgeber sich selbst klar darüber wird, in welchen Fällen seine Behörden Personen mit Wohnsitz im Ausland einbürgern können. § 13 StAngG nennt die Kategorie der ehemaligen Deutschen. § 6 des 1. StAngReglG gibt den Einbürgerungsanspruch allen Personen mit Status aus Art. 116 II GG ohne jedes Wohnsitzerfordernis.

Die vorliegende Bestimmung erweitert die gesetzliche Möglichkeit auf deutsche Vertriebene im Ausland. Dies sind insbesondere die vor Inkrafttreten des Grundgesetzes weiter gewanderten volksdeutschen Flüchtlinge, die den Status aus Art. 116 I GG nicht besitzen, sowie alle Personen aus Art. 116 I GG im Ausland, wenn man annimmt, daß der Status aus Art. 116 I GG mit der Weiterwanderung entfällt. Wieder ist für diesen Begriff die Definition der Volksdeutschen und der Vertriebenen aus dem Bundesvertriebenengesetz maßgebend. Aber angesichts der (aufrechterhaltenen) VO vom 20. Januar 1942 kommt es nicht mehr genau darauf an, daß dieser Rahmen inne gehalten wird, wenn es nur eine Person mit Beziehungen zu Deutschland ist.

Das Gesetz erwähnt auch den Begriff der Aussiedler. Das sind Volksdeutsche, die nach den geltenden internationalen Abmachungen nunmehr im gegenseitigen Übereinkommen umgesiedet werden sollen (§ 1 Abs. 1 Nr. 3 BVFG Maßfeller S. 342). Sie werden in der Mehrzahl vor ihrer Umsiedlung eine fremde Staatsangehörigkeit haben, besonders die polnische, russische oder tschechoslowakische. Das Gesetz will ihnen die Möglichkeit eröffnen, schon vor ihrer Umsiedlung nach Deutschland die deutsche Staatsangehörigkeit zu beantragen. Dagegen ist nichts einzuwenden. Die Verleihung selbst sollte in der Regel aufgeschoben werden, bis die betreffenden Personen in Deutschland eintreffen.

3. Kannvorschrift

Das Gesetz ist falsch gefaßt, es will besagen, daß solche Personen eingebürgert werden können. Einen Antrag auf Einbürgerung könnte jeder stellen. Das braucht ihm das Gesetz nicht zu erlauben. Der Gesetzgeber will sich für seine Einbürgerungsmaßnahmen selbst einen Rahmen schaffen. Aus dem „muß" im 2. Absatz ergibt sich, daß in den Fällen des Absatz 1 für die Einbürgerung ein „kann" zu ergänzen ist. Daraus folgt, daß der Gesetzgeber die Einbürgerung völlig in sein Ermessen gestellt hat. Der Hinweis auf § 13 besagt, daß die Erfordernisse von § 8 Ziff. 1 und 2 erfüllt sein müssen, d. h. der Antragsteller muß voll geschäftsfähig und von unbescholtenem Lebenswandel sein. Aber auch wenn diese Voraussetzungen erfüllt sind, kann aus außenpolitischen Gründen abgelehnt werden, z. B. wenn der Wohnsitzstaat es nicht wünscht, daß der zukünftige Aussiedler bereits vor seiner Abwanderung eine fremde Staatsangehörigkeit erwirbt.

Bei Ablehnung des Einbürgerungsanspruches ist an sich Klage im Verwaltungsstreitverfahren möglich, doch kann das Gericht nur nachprüfen, ob die Behörde einen Ermessenfehler begangen hat.

4. Ehegatte

a) Trotz der Anerkennung des Grundsatzes der selbständigen Staatsangehörigkeit der Ehefrau hat der Gesetzgeber offenbar immer noch eine Vorliebe für die einheitliche Staatsangehörigkeit der Familie. Das ist vertretbar, wenn die ganze Familie ihren Wohnsitz in Deutschland hat. Hier spricht rein praktisch viel dafür, daß man der fremden Frau eine erleichterte Möglichkeit des Erwerbs der deutschen Staatsangehörigkeit gibt, zumal zu erwarten ist, daß sie bei der deutschen Umgebung im Deutschtum aufgeht. Ganz anders liegt es jedoch, wenn die Familie im Ausland lebt. Es ist eigentlich nicht einzusehen, warum ein Ausländer, Mann oder Frau, der im Ausland wohnt, die deutsche Staatsangehörigkeit bekommen soll, nur weil der Ehegatte deutscher Volkszugehöriger von der Kategorie des § 9 des 1. StAngReglG ist. Der Ehegatte einer Person mit deutscher Staatsangehörigkeit hat, abgesehen von den Möglichkeiten des 3. StAngReglG ein solches Recht auch nicht. Im übrigen dürfte dieser Erwerb wenig Zweck haben, da, wenn dieser Ehegatte die Staatsangehörigkeit des Wohnsitzlandes hat, diese Staatsangehörigkeit vorgeht und jedes deutsche Schutzrecht entfällt.

b) Auch dies ist nur eine „Kann"-Vorschrift. Wenn sich die deutsche Behörde von der Einbürgerung des fremden Ehegatten nichts verspricht, etwa gar Schwierigkeiten mit dem Wohnsitzstaat fürchtet, ist sie zu der beantragten Einbürgerung nicht verpflichtet.

c) Die von § 8 abweichende Fassung fällt auf. Dort heißt es, daß der fremde Ehegatte einen Einbürgerungsanspruch erhält, wenn der erste eingebürgert ist. Hier darf er nach dem Wortlaut bereits zusammen mit dem Antrag des ersten seinen Antrag einreichen. H o f f m a n n I S. 49 und M a ß f e l l e r S. 343 meinen, das sei nur ein Versehen im Ausdruck; bei der gleichliegenden Sachlage müsse man den § 9 nach dem schärfer gefaßten Wortlaut des § 8 auslegen, so daß der fremde Ehegatte erst nach Einbürgerung des Deutschen seinen Einbürgerungsantrag stellen könne. Ich sehe nicht ein, warum man dem Gesetzgeber dies Versehen unterstellen muß. Vielleicht hat er sich doch etwas Richtiges gedacht. In § 8 handelt es sich um einen Einbürgerungsanspruch. Dort muß der fremde Ehegatte eingebürgert werden. Es ist durchaus verständlich, daß man dies erst tut, nachdem der volksdeutsche die deutsche Staatsangehörigkeit erhalten hat. Den Antrag kann der fremde Ehegatte dort auch schon früher stellen, denn dies Recht steht jedem Ausländer jederzeit zu, nur wird er damit keinen Erfolg haben, solange nicht der deutsche Ehegatte eingebürgert ist. In § 9 dagegen besteht für den Fremden kein Einbürgerungsanspruch. Es erleichtert aber vielleicht die Arbeit und die Entschließung der Einbürgerungsbehörde, wenn ihr bei der Bearbeitung des Antrags des volksdeutschen Ehegatten auch schon der Antrag des anderen vorliegt. Es steht nach dem Gesetz daher nichts entgegen, daß die Anträge zusammen gestellt und die Einbürgerung beider Ehegatten gemeinsam verfügt wird. Aus der Bezugnahme auf § 13 StAngG ergibt sich, daß auch Abkömmlinge und Kinder in gleicher Weise ihre Einbürgerung beantragen können (M a ß f e l l e r S. 343).

5. Einbürgerungsanspruch ehemaliger Soldaten

a) Der vom Bundestag zugefügte Absatz 2 soll eine Kompromißlösung des Streites um die Staatsangehörigkeit der im 2. Weltkrieg ins deutsche Heer eingestellten fremden Soldaten sein. Nach einem Führererlaß vom 19. Mai 1943 (RGBl. I S. 315) hatte Dienst in der deutschen

Wehrmacht, SS, Polizei und Organisation Todt den automatischen Erwerb der deutschen Staatsangehörigkeit zur Folge. Die Gültigkeit dieser Staatsangehörigkeitsverleihung ist umstritten. (Schätzel, Grundrechte II S. 567, Arch. d. öfftl. Rechts Bd. 81 S. 291). Der Bundestag hat sich nicht entschließen können, die Gültigkeit dieses Führererlasses allgemein anzuerkennen und im Gegenteil in § 10 des Gesetzes bestimmt, daß er keine Wirkung gehabt hat. Vgl. unten S. 281. Diese vollständige Verneinung jedes Rechtes der fremden Soldaten erschien nun aber wieder zu hart und bis zu einem gewissen Grade illoyal. Um diesem Vorwurf zu begegnen, hat man den Betroffenen unter gewissen Voraussetzungen einen Einbürgerungsanspruch gegeben. Die Regierungsbegründung erinnert daran, daß ein ähnlicher Einbürgerungsanspruch früher in dem aufgehobenen § 12 bestanden habe.

b) Der Einbürgerungsanspruch geht davon aus, daß die durch den Führererlaß vom 19. Mai 1943 verfügte Verleihung der deutschen Staatsangehörigkeit nichtig ist. Dies ist eine Ansicht des Gesetzgebers, die keinen Betroffenen daran hindert, eine andere Ansicht zu vertreten und die Verfassungswidrigkeit des Gesetzes geltend zu machen. Das letzte Wort über die Frage der Verfassungsmäßigkeit hätte dann das Bundesverfassungsgericht. Vgl. unten S. 282.

c) Der Gesetzgeber will den Einbürgerungsanspruch von gewissen Voraussetzungen abhängig machen (Hoffmann I S. 50). Der Bewerber muß Vertriebener im Sinne des Bundesvertriebenengesetzes sein, er darf inzwischen keine neue Staatsangehörigkeit erworben haben und nicht aus einem Staate stammen, der ihn für sich in Anspruch nimmt. Sämtliche westliche Staaten und Sowjetrußland nehmen ihre Staatsangehörigen für sich in Anspruch. Angehörige dieser Länder haben daher keinen Anspruch. Allerdings haben Belgien und Luxemburg ihren Angehörigen, die Dienst im deutschen Heer getan haben, vielfach zusammen mit einer kriminellen Verurteilung die Staatsangehörigkeit aberkannt. Dann können sie diese Personen auch nicht in Anspruch nehmen. Allgemein aus der Staatsangehörigkeit ausgestoßen sind die Volksdeutschen von Polen und der Tschechoslowakei. Ihre Einbürgerung ist daher möglich. Ein Erwerb einer neuen Staatsangehörigkeit kommt vor allem für Vertriebene in Betracht, die sich nach Österreich oder Übersee gewandt haben.

6. Die Familie im Falle des Absatz 2

a) Auch diese Gesetzesbestimmung ist unklar und ungenau gefaßt. Wenn es im Gesetzestext heißt, daß „Gleiches“ für die Ehefrau gelten soll, so ist damit wohl gemeint, daß ihr Einbürgerungsanspruch von dem des Mannes abhängt, ohne daß sie die an den Mann gestellten Voraussetzungen zu erfüllen braucht. Sie hat einen Einbürgerungsanspruch nur, wenn der Ehemann ihn geltend macht, nicht dagegen für sich allein. Bei der Ehefrau kommt es nicht auf die Nationalität an, es ist auch ohne Bedeutung, ob sie eine andere Staatsangehörigkeit besitzt (Maßfeller S. 344). Um so wichtiger ist, daß der Mann zuvor oder mindestens gleichzeitig eingebürgert wird. Die Voraussetzungen von § 8 Ziff. 1 und 2 StAngG müssen auch bei ihr erfüllt sein.

b) Hier werden auch ausdrücklich die Witwen erwähnt, während § 8 der Ehefrau den Einbürgerungsanspruch nur bei bestehender Ehe gibt. Die Regierungsbegründung sagt nichts, warum die beiden gleichliegenden Fälle so verschieden geregelt sind. Bei der Verleihung der Staatsangehörigkeit an die ausländische Witwe mag daran gedacht sein, daß die deutsche Staatsangehörigkeit die Geltendmachung ihrer Versorgungsansprüche als Kriegerfrau erleichtert. Es ist jedoch durchaus nicht gesagt, daß der Einbürgerungsanspruch nur Kriegerwitwen zustehen soll. Da es schlechterdings unbegreiflich ist, warum die Witwe im Ausland besser gestellt sein soll als die Witwe im Inland, so ist ernstlich zu überlegen, ob diese Bestimmung des § 9 nicht auch auf § 8 analog angewandt werden muß. Man müßte sonst der inländischen Witwe raten, ihren Wohnsitz ins Ausland zu verlegen, um in den Genuß des Einbürgerungsanspruches zu kommen.

c) Das Gesetz erwähnt hier auch die minderjährigen Kinder. Für sie soll „Gleiches" gelten. Auch diese Bestimmung ist denkbar unklar gefaßt. An sich folgen minderjährige Kinder nach § 16 StAngG bei der Einbürgerung der Staatsangehörigkeit des gesetzlichen Vertreters. Es wäre also nicht nötig, sie besonders zu erwähnen, zumal sie in § 8 auch nicht genannt sind und dort offenbar § 16 StAngG eingreifen soll. Maßfeller S. 343 legt daher die Bestimmung so aus, daß nur der Fall einer Einzeleinbürgerung von Kindern gemeint sein könne. In der Tat ist dies die einzig mögliche Auslegung, um diese Gesetzesbestimmung mit § 16 StAngG in Einklang zu bringen. Denn die nach dem Wortlaut näher liegende Deutung, daß für die Kinder ein besonderer Einbürgerungsanspruch besteht und geltend gemacht werden müßte, stände in unlösbarem Widerspruch zu § 16 StAngG.

Weitere Zweifel schafft der Ausdruck „minderjährige Kinder", während § 14 des Gesetzes ausdrücklich bestimmt, daß Personen über 18 Jahren Volljährigen gleichstehen. Dies ist jedoch nur für die „Geltendmachung des Einbürgerungsanspruches" aus § 9 Abs. 2 bestimmt, gilt also sicher nicht für § 9 Abs. 1. Dort bleibt es danach bei dem Volljährigkeitsalter von 21 Jahren. Bei § 9 Abs. 2 ist soviel sicher, daß ein 18jähriger selbständig einen Antrag stellen kann. Daraus wird man wohl schließen müssen, daß damit die Vertretungsbefugnis des gesetzlichen Vertreters insoweit entfallen ist. Vgl. näher § 14 Anm. 2.

§ 10

Der Dienst in der deutschen Wehrmacht, der Waffen-SS, der deutschen Polizei, der Organisation Todt und dem Reichsarbeitsdienst hat für sich allein den Erwerb der deutschen Staatsangehörigkeit nicht zur Folge gehabt; deutsche Staatsangehörige sind nur diejenigen geworden, für die ein Feststellungsbescheid der zuständigen Stellen vor Inkrafttreten dieses Gesetzes ergangen und zugestellt worden ist.

Erstes Gesetz zur Regelung von Fragen der Staatsangehörigkeit

1. Zur Geschichte der Bestimmung

Die Staatsangehörigkeitsgesetze von 1870 und 1913 kennen keinen automatischen Erwerb der deutschen Staatsangehörigkeit durch Dienst im deutschen Heer, abgesehen von Offizieren, welche den Beamten gleichgestellt sind und durch Aushändigung des Patents die deutsche Staatsangehörigkeit erlangen konnten. § 12 des Gesetzes von 1913 sah einen Anspruch auf Einbürgerung bei mindestens einjährigem Militärdienst vor, doch ist diese Gesetzesbestimmung durch das Gesetz vom 15. Mai 1935 (RGBl. I S. 593) gestrichen worden. Zu Beginn des Krieges erging unter dem 4. September 1939 zunächst eine VO über die erleichterte Einbürgerung von Kriegsfreiwilligen (RGBl. I S. 1741). Gegen diese VO ist nichts einzuwenden. Sie sah Einzeleinbürgerungen in der vom Gesetz vorgeschriebenen Form vor. Die Bewerber erhielten daher die übliche Einbürgerungsurkunde. Irgendwelche Bedenken gegen solche Einbürgerungen können nicht bestehen.

Im weiteren Verlauf des Krieges erging jedoch ein Führererlaß vom 19. Mai 1943 (RGBl. I S. 315), der allen in die deutsche Wehrmacht, die Waffen-SS, die deutsche Polizei, die Organisation Todt oder den Reichsarbeitsdienst eingestellten deutschstämmigen Ausländern automatisch die deutsche Staatsangehörigkeit verlieh. Vom völkerrechtlichen Standpunkt wäre dies noch zulässig gewesen, soweit es sich um Kriegsfreiwillige handelte. Nun waren jedoch im Elsaß, in Lothringen und in Luxemburg drei Jahresklassen Rekruten ausgehoben worden. Auch diese erhielten nach diesem Führererlaß ungefragt die deutsche Staatsangehörigkeit. Dies war völkerrechtlich unzulässig, denn Art. 45 der Haager LKO verbietet dem Okkupanten die Verleihung seiner Staatsangehörigkeit an Bewohner des besetzten Gebietes. Es konnte nicht zweifelhaft sein, daß diese eingezogenen Rekruten trotz der Verleihung der deutschen Staatsangehörigkeit die französische und luxemburgische behielten. Die Westalliierten haben daher durch Gesetz Nr. 12 der Alliierten Hohen Kommission vom 17. November 1949 diese Verleihung für nichtig erklärt (Maßfeller S. 418 Text oben S. 65).

Es bleibt jedoch die Frage der Verleihung der deutschen Staatsangehörigkeit an andere ausländische Soldaten. Anscheinend waren dem nationalsozialistischen Gesetzgeber nach dem Führererlaß vom 19. Mai 1943 selbst gewisse Bedenken gekommen.

Ein Ausführungserlaß des Reichsinnenministers vom 23. Mai 1944 bestimmte, daß die erworbene Staatsangehörigkeit erst „geltend gemacht" werden könne, wenn die Einwandererzentralstelle den Erwerb festgestellt und darüber eine Urkunde ausgestellt habe. Die entstandene Rechtslage war in jeder Beziehung zweifelhaft und streitig. Es ergingen daher widersprechende Entscheidungen, zunächst der unteren Instanzen, dann aber auch der obersten Gerichte. (Übersicht über die Entscheidungen Makarov, JZ 1955 S. 661.) Das Bundesverfassungsgericht wollte den Erwerb der deutschen Staatsangehörigkeit nur anerkennen, wenn die Urkunde der Einwandererzentralstelle ausgestellt war (Entsch. Kaufmann vom 30. Jan. 1953, BVerfGE 2, 115); der Bundesgerichtshof bejahte dagegen unter ausdrücklicher Ablehnung der Ansicht des Bundesverfassungsgerichts den Erwerb in allen Fällen (Entsch. Polak vom 29. Dez. 1953, STAZ 1954 S. 222. Ebenso OLG Düsseldorf in der Sache des Bredaflüchtlings Faber, Beschluß vom 8. Apr. 1954, Arch. d. Völkerrechts Bd. 5 [1955] S. 220).

Das Bundesinnenministerium neigte der Ansicht des Bundesverfassungsgerichts zu, die Verwaltungspraxis schwankte. (Vgl. StAZ 1953 S. 128.)

2. Die Frage der Verfassungsmäßigkeit

In dieser Lage fand der Gesetzgeber die Frage vor. Er hatte ursprünglich nicht die Absicht, diese Streitfrage mit in das Gesetz aufzunehmen, da er wohl annahm, daß die Rechtsansicht des Bundesverfassungsgerichts sich durchsetzen würde. Der 8. Bundestagsausschuß, der mit der Beratung des Gesetzes betraut war, hat sie jedoch aufgegriffen, um angesichts der durch die widersprechenden Entscheidungen entstandene Rechtsunsicherheit eine feste Rechtsgrundlage zu schaffen. Dabei konnte er sich nicht entschließen, die Gültigkeit des Führererlasses allgemein zu bejahen. Es lag dies wohl daran, daß der Führererlaß offenbar weit über die zulässige und erträgliche Grenze hinausgegriffen hat, indem er auch völkerrechtswidrig eingezogenen ausländischen Rekruten die deutsche Staatsangehörigkeit aufzwang. Dieser Verstoß war durch das Gesetz Nr. 12 der Alliierten Hohen Kommission vom 17. Nov. 1949 beseitigt worden. Bei den übrigen Ausländern handelte es sich wohl ausschließlich um Freiwillige, namentlich der SS-Divisionen. Das Bedenkliche war hier jedoch besonders, daß alle Nordländer, Niederländer und Belgier mit als „deutschstämmig" angenommen wurden, ein Standpunkt, der von der Bundesregierung unmöglich übernommen werden konnte und im Fall der sogenannten Bredaflüchtlinge, d. h. aus dem holländischen Gefängnis in Breda ausgebrochenen Holländer, die deutschen Heeresdienst geleistet hatten, sofort zu diplomatischen Differenzen zwischen der Bundesregierung und den Niederlanden führte. Andererseits betraf der Erlaß zahlreiche Volksdeutsche aus dem Südosten, die andernfalls auf dem Wege der VO über die Einbürgerung von Kriegsfreiwilligen vom 4. Sept. 1939 durchaus legalerweise in den Besitz der deutschen Staatsangehörigkeit hätten kommen können. Es wäre illoyal gewesen, diesen Freiwilligen, die ihr Leben für Deutschland eingesetzt hatten, die deutsche Staatsangehörigkeit abzusprechen. So suchte der Bundestagsausschuß nach einem Ausweg, der beiden Gesichtspunkten Rechnung trug. Man fand ihn, indem man zunächst einmal feststellte, daß der Militärdienst „für sich allein" keinen Erwerb der Staatsangehörigkeit zur Folge gehabt hat.

Diese Fassung ist für ein Gesetz ungewöhnlich. Ein Gesetzgeber ordnet an, er befiehlt oder verbietet, doch er stellt nicht fest. Aber man schreckte davor zurück, die Rücknahme der einmal verliehenen Staatsangehörigkeit auszusprechen. Ein anderer Ausweg wäre gewesen, daß man den Führererlaß vom 19. Mai 1943 als rechtswidrig mit rückwirkender Kraft zurücknahm. Auch einen diesbezüglichen Ausspruch hat man vermieden.

Es scheint, daß das Gesetz dem Vorbild des Bundesverfassungsgerichts folgen will, indem es die Frage der Rechtsgültigkeit des Führererlasses offen läßt, ihn aber nach dem Runderlaß des Reichsinnenministers vom 23. Mai 1944 einschränkt. Sobald man jedoch mit der Begründung des BGH diese Einschränkung nicht für möglich hält, kommt man zu dem unausweichbaren Ergebnis, daß das Gesetz, obgleich es den Ausspruch vermeidet, bereits verliehene Staatsangehörigkeiten zurücknimmt, also mit rückwirkender Kraft entzieht. Damit taucht die Frage auf, ob es mit Art. 16 GG vereinbar ist (vgl. Hoffmann I S. 55).

Man käme um eine Beantwortung dieser Frage herum, wenn man annehmen könnte, daß der Führererlaß aus völkerrechtlichen Gründen nichtig wäre oder zurückgenommen werden müßte. Völkerrechtswidrig war er jedoch nur, soweit er ausgehobene Elsässer, Lothringer und Luxemburger betraf. Aber daraus folgt nicht seine allgemeine Nichtigkeit, zumal die Verleihung der deutschen Staatsangehörigkeit für die meisten betroffenen Freiwilligen ein erstrebtes beneficium war. Der BGH hat denn auch in wohlüberlegter Begründung die Rechtswirksamkeit der verliehenen Staatsangehörigkeit bejaht. Es bleibt die Frage der Verfassungsmäßigkeit des Führererlasses. Ich habe diese früher (Arch. d. ö. R. Bd. 74 S. 288) bekämpft. Der BGH bejaht die Verfassungsmäßigkeit. Das Bundesverfassungsgericht hat in seinem Beschluß vom 30. Jan. 1953 (E. 2, 115) die Frage offengelassen und einen anderen Ausweg gefunden, um der Anwendbarkeit des Erlasses zu entgehen. Es meint, daß durch den Runderlaß des Reichsinnenministers vom 23. Mai 1944 (RMBliV. S. 551) der Erlaß vom 19. Mai 1943 dahin abgeändert sei, daß nur diejenigen, welche einen Bescheid der Einwandererzentralstelle erhalten hätten, die deutsche Staatsangehörigkeit wirklich erworben hätten. Diesem Bescheid würde nach dem Erlaß vom 19. Mai 1943 an sich nur deklaratorische Bedeutung zukommen, da der Erwerb selbst automatisch eintreten sollte. Das Bundesverfassungsgericht deutet jedoch das Verfahren um und sagt: „Dem Verfahren vor der Einwandererzentralstelle kommt konstitutive Wirkung zu." Diese Konstruktion ist reichlich gekünstelt und vom BGH zutreffend widerlegt. Eine bindende Kraft kommt der Ansicht des Bundesverfassungsgerichts auch nicht zu, da sie in einer Auslieferungssache ergangen ist und die Staatsangehörigkeitsfrage nur incidenter behandelt. Trotzdem schien dem Bundestagsausschuß die Ansicht des Bundesverfassungsgerichts anscheinend am besten geeignet, um aus allen Schwierigkeiten herauszukommen. Vielleicht hat er damit politisch tatsächlich das Richtige getroffen und alle legitimen Ansprüche befriedigt. Wird die Frage der Verfassungsmäßigkeit dieser Bestimmung allerdings aufgeworfen, so wäre die Entscheidung außerordentlich zweifelhaft (vgl. Hoffmann I S. 56).

3. Die aufrechterhaltenen Einbürgerungen

a) Ausländische Staatsangehörige haben bei einer Anstellung als deutscher Offizier die deutsche Staatsangehörigkeit mit der Aushändigung des Patentes erworben. Dies galt jedoch nur bei einer wirk-

lichen Anstellung im Reichsdienst. Eine solche hat aber bei Beförderungen zu Offizieren in den aus volksdeutschen Freiwilligen zusammengesetzten SS-Divisionen in der Regel nicht vorgelegen. Die Einstellungen erfolgten auf Grund von Verträgen, welche die Kündigungsklausel enthielten. Diese wäre sinnlos gewesen, wenn die Eingestellten Deutsche geworden wären, da sie damit der deutschen allgemeinen Wehrpflicht unterlegen hätten. Es waren also Engagements auf Zeit, höchstens auf Kriegsdauer. Eine weitergehende Verpflichtung wurde von keiner Seite übernommen. Sie ähneln daher vielmehr den Reserveoffizieren, die nach § 14 II StAngG ebenfalls nicht die deutsche Staatsangehörigkeit erwarben. Daher haben die sämtlichen Offiziere der aus volksdeutschen Freiwilligen gebildeten SS-Divisionen die deutsche Staatsangehörigkeit nicht erworben, soweit sie nicht regelrecht eingebürgert sind.
Anders war die Ernennung aktiver Offiziere österreichischer Herkunft gemeint. Wenn sie trotzdem nicht Deutsche sind, so liegt das daran, daß sie mit der Loslösung Österreichs aus der deutschen Staatsangehörigkeit wieder ausgeschieden sind. Vgl. unten S. 332.

Haben hiernach die Kriegsoffiziere fremder Nationalität durch ihr Engagement in der deutschen Wehrmacht auch nicht die deutsche Staatsangehörigkeit erworben, so ist es jedoch durchaus möglich, daß sie nach ihrem heimischen Staatsangehörigkeitsrecht durch diesen Dienst die eigene Staatsangehörigkeit verloren haben. Sie wurden damit staatenlos. So war die Rechtslage z. B. bei den niederländischen Freiwilligen. (Niederl. StAngG vom 12. Dez. 1892 Art. 7 Abs. 1 Ziff. 4.) Der deutsche Reichskommissar für die besetzten niederländischen Gebiete hat versucht, durch VO vom 25. Juli 1941 diesen Verlust der niederländischen Staatsangehörigkeit zu verhindern, indem er verfügte, daß der Verlustgrund aus Art. 7 Abs. 1 Ziff. 4 bei Eintritt in den deutschen Heeresdienst nicht anwendbar sei (Baumann, Das StAngR der Niederlande 1953 S. 55), die niederländische Regierung hat dieser Verfügung jedoch mit Recht jede Wirksamkeit abgesprochen, da kein Okkupant über die Staatsangehörigkeit des Besetzten bestimmen kann. Die niederländischen Kriegsfreiwilligen sind daher staatenlos geworden und bedürfen der Einbürgerung in ihrer Heimat.
b) Alle Ausländer in der deutschen Wehrmacht und den Nebenorganisationen haben die deutsche Staatsangehörigkeit nur unter der Voraussetzung erworben, daß sie einen Bescheid über die Feststellung ihrer Staatsangehörigkeit erhalten haben. Nach dem Runderlaß des Reichsinnenministers vom 23. Mai 1944 war eine Nachprüfung der Personalien aller in die deutsche Wehrmacht eingestellten Ausländer durch die Einwandererzentralstelle vorgeschrieben. Die Ausstellung einer Urkunde über das Ergebnis der Nachprüfung war nicht vorgesehen, aber möglich. Sie geschah im allgemeinen nur aus besonderen Gründen, z. B. bei Verheiratung. Nur eine Minderzahl ist daher in den Besitz solcher Zeugnisse gelangt. Sie hatten an sich nur deklaratorische Bedeutung. Der Gesetzgeber legt ihnen jedoch konstitutive Wirkung nach dem Vorbild der Einbürgerungsurkunde bei.

Mit Kriegsende hat die Einwanderzentralstelle ihre Tätigkeit eingestellt, in den Ländern der britischen Besatzungszone haben jedoch auf Grund landesrechtlicher Ermächtigung die allgemeinen Staatsangehörigkeitsbehörden die Einbürgerungsprüfungen fortgeführt und Feststellungsbescheide erteilt. Das Gesetz erkennt auch diese als ausreichend an, wie aus der allgemeinen Fassung „Feststellungsbescheid der zuständigen Stellen“ hervorgeht. Es will jedoch mit diesem Verfahren Schluß machen und daher seit seinem Inkrafttreten (26. Februar 1955) weitere Feststellungsbescheide nicht mehr anerkennen. Hoffmann I S. 56 bezweifelt, ob dieses Abschneiden des Verfahrens zulässig gewesen sei, aber man kann ja wohl annehmen, daß etwa noch anhängige Sachen in das normale Einbürgerungsverfahren überführt sind, zumal der Bundestagsausschuß die einmütige Auffassung bekundet hat, daß bei Einbürgerungsanträgen dieser Gruppe in entgegenkommender Weise verfahren werden soll (Maßfeller S. 345).

Lichter S. 916 Anm. 37 ist der Ansicht, daß der im Gesetz genannte Feststellungsbescheid auch ein Staatsangehörigkeitsausweis oder Heimatschein sein könne. Dagegen bestehen jedoch Bedenken. Beide Arten von Scheinen sind typisch deklaratorische Urkunden, deren Umdeutung in eine konstitutive Einbürgerungsurkunde dem ganzen System unserer Staatsangehörigkeitspapiere wiederspricht. Man wird daher schon einen besonderen Feststellungsbescheid verlangen müssen.

4. Familienangehörige

Der Führererlaß vom 19. Mai 1943 sagt nichts über die Wirkung der Einbürgerung auf Familienangehörige. Der Runderlaß des Reichsministers des Innern vom 23. Mai 1944 nimmt sie ausdrücklich aus. Maßfeller S. 348 vertritt daher die Ansicht, daß diese die deutsche Staatsangehörigkeit nicht erworben hätten. Gegen diese Ansicht sind nun aber wieder die stärksten Bedenken anzumelden. Der Führererlaß enthielt zwar unter I 3 die Bestimmung: „Im Einzelfall kann etwas anderes bestimmt werden“. Das besagte jedoch nur, daß ausnahmsweise die automatische Einbürgerung versagt werden konnte. Gedacht war dabei wohl an Fälle, in denen etwa bei der nachträglichen Prüfung schwere Hindernisse wie Vorstrafen herauskamen. Eine allgemeine Ermächtigung, Frauen und Kinder vom Staatsangehörigkeitserwerb auszunehmen, ist dagegen aus diesem Satz nicht herauszulesen. Es muß daher bei der allgemeinen Regel des deutschen Staatsangehörigkeitsrechts bleiben, daß die Frau und die minderjährigen Kinder der Staatsangehörigkeit des Familienhauptes folgen.

§ 11

Wer aus rassischen Gründen[1] von einer der in § 1 Abs. 1 genannten Sammeleinbürgerungen[2] ausgeschlossen worden ist, hat einen Anspruch auf Einbürgerung, wenn er in Deutschland seinen dauernden Aufenthalt hat, es sei denn,[3] daß er in der[4] Zwischenzeit eine andere Staatsangehörigkeit erworben hat.

Kommentar

1. Rassische Gründe

Die Bestimmung will Unbilligkeiten ausgleichen, welche durch die Rassengesetzgebung der nationalsozialistischen Periode entstanden sind. Es war allerdings nicht so, daß die Ausdehnung der deutschen Staatsangehörigkeit in der Hitlerzeit stets rassische Benachteiligungen mit sich brachte. Im Falle Memel haben alle früheren deutschen Staatsangehörigen die deutsche Staatsangehörigkeit zurückerhalten, im Falle Sudetenland ist die gesamte Wohnbevölkerung aufgenommen worden. Wohl aber gibt der Erlaß über die Ostgebiete vom 8. Okt. 1939 (RGBl. I S. 2042) in § 6 nur den Bewohnern „deutschen oder artverwandten Blutes" die deutsche Staatsangehörigkeit. Dieser Erlaß galt namentlich auch für Danzig. In den eingegliederten polnischen und jugoslawischen Gebieten und Danzig waren Juden vom Erwerb der deutschen Staatsangehörigkeit ausgeschlossen. Die Mehrzahl von ihnen wird dort geblieben oder nach dem Westen abgewandert sein. Ein Teil mag sich nach dem Kriege nach Deutschland gewandt haben. Aber auch diese werden der Mehrzahl nach nicht unter § 11 fallen. Denn wenn sie aus ihrer Heimat abgewandert sind, weil sie dort als Deutsche angesehen wurden und deshalb unter die Vertreibungsmaßnahmen fielen, so erfüllen sie den Tatbestand von Art. 116 I GG, d. h. sie sind als vertriebene Volksdeutsche anzusehen. Sie haben daher den Einbürgerungsanspruch aus § 6 des Gesetzes. Andere wieder mögen später vertrieben sein und unter Art. 116 II GG fallen, so daß sie bei Rückkehr automatisch als deutsche Staatsangehörige gelten. Es bleibt also für die Anwendung von § 11 nur die kleine Zahl derer, die nicht nach anderen gesetzlichen Bestimmungen weitergehende Rechte haben.

2. Einbürgerungsanspruch

a) Die näheren Voraussetzungen des Einbürgerungsanspruches sind in dieser gesetzlichen Bestimmung nicht genannt. Da sie jedoch in dem Abschnitt Staatsangehörigkeitsverhältnisse weiterer Personen steht, ist anzunehmen, daß hier wie in allen Bestimmungen dieses Abschnitts der Einbürgerungsanspruch gemeint ist, wie er in § 8 definiert ist, d. h. ein Anspruch nach Maßgabe des § 6. Um alle Zweifel auszuschließen, bestimmt § 13 des Gesetzes noch ausdrücklich, daß die Einbürgerungsbehörde ablehnen darf, wenn Tatsachen die Annahme rechtfertigen, daß der Bewerber die innere oder äußere Sicherheit der Bundesrepublik oder eines deutschen Landes gefährdet.

b) Wie jede Einbürgerung setzt auch diese einen Antrag voraus. Es wäre sehr bedenklich, wenn in diesem Fall darauf verzichtet würde, um Empfindlichkeiten des Bewerbers zu schonen, wie Hoffmann I S. 59 erwähnt. Ein Antrag ist keine Bitte, sondern die Geltendmachung eines Rechtes, die man jedem zumuten kann.

c) Diese Einbürgerung hat anders als die ihr sonst ähnliche aus Art. 116 II GG keine rückwirkende Kraft.

3. **Keine andere Staatsangehörigkeit**

a) Der Bewerber darf in der Zwischenzeit keine andere Staatsangehörigkeit erworben haben. Das ist eine durchaus berechtigte Einschränkung, um Doppelstaatigkeiten zu vermeiden, auch liegt nahe, daß der Bewerber, der eine fremde Staatsangehörigkeit erworben hat, sich einem fremden Volkstum zugewandt hat. Nur fällt die Einschränkung bei dieser Gesetzesbestimmung auf, da Art. 116 I GG keine ententsprechende Bestimmung enthält und in jenen Fällen der Besitz einer fremden Staatsangehörigkeit den Erwerb der deutschen nicht ausschließt. Der Gesetzgeber bleibt jede Erklärung schuldig, warum er gleichartige Fälle verschieden gelöst hat.

b) Die fremde Staatsangehörigkeit muß in der Zwischenzeit erworben sein. Wer also schon zweistaatig war, z. B. kraft jus soli noch eine andere Staatsangehörigkeit besaß, hat trotzdem den Einbürgerungsanspruch. Erwerben bedeutet nicht, auf Antrag erhalten. Auch eine nicht beantragte fremde Staatsangehörigkeit, z. B. die österreichische auf Grund der österreichischen Nachkriegsgesetzgebung würde den Einbürgerungsanspruch ausschließen. Selbstverständlich bleibt in Fällen dieser Art der Weg der normalen Einbürgerung offen.

4. **Familienmitglieder**

a) Da die Einbürgerung keine rückwirkende Kraft hat, kommt ihre Erstreckung auf die Ehefrau nicht in Frage. In §§ 8 und 9 ist jedoch bei gewährter Einbürgerung eines Ehegatten auch dem anderen ein Einbürgerungsanspruch gegeben. Es fällt auf, daß eine gleiche Bestimmung hier fehlt. Die Erklärung Maßfellers S. 349, daß auch in Art. 116 II GG kein Einbürgerungsanspruch des Ehegatten bestehe, überzeugt nicht, weil die hier behandelten Fälle mehr Ähnlichkeit mit Art. 116 I GG haben, welcher dem Ehegatten die gleiche Rechtsstellung gewährt. Bei den seit dem 1. April 1953 geschlossenen Ehen ergibt sich ein Einbürgerungsanspruch der fremden Frau aus Art. II des 3. StAngRegG vom 19. Aug. 1957. Bei früher geschlossenen Ehen ist der Ehegatte auf „wohlwollende" Behandlung seines zu den normalen Bedingungen gestellten Gesuchs um Einbürgerung angewiesen, was wegen der Kosten nicht ohne Bedeutung ist.

b) Die Gesetzesbestimmung sagt auch nichts wegen der Kinder. Man wird anzunehmen haben, daß die allgemeinen Bestimmungen des § 16 StAngG auch hier anzuwenden sind und daß minderjährige Kinder bis zum vollendeten 18. Lebensjahr der Staatsangehörigkeit des Elternteils folgen, dem ihre gesetzliche Vertretung zukommt. (Ebenso Maßfeller S. 349.) Minderjährige über 18 Jahre haben nach § 14 ein eigenes Antragsrecht. Man wird daraus entnehmen können, daß sie der Staatsangehörigkeit ihres vertretungsberechtigten Elternteils von diesem Datum an nicht mehr folgen. Vgl. § 14 Anm. 2.

§ 12

(1) Der Anspruch auf Einbürgerung[1] steht auch dem früheren deutschen Staatsangehörigen[2] zu, der im Zusammenhang mit Verfolgungsmaßnahmen aus politischen, rassischen oder religiösen Gründen in der Zeit vom 30. Januar 1933 bis zum 8. Mai 1945 vor Inkrafttreten dieses Gesetzes eine fremde Staatsangehörigkeit[3] erworben hat, auch wenn er seinen dauernden Aufenthalt im Ausland beibehält.

(2) Der Anspruch auf Einbürgerung steht den Abkömmlingen[4] der in Absatz 1 genannten Personen bis zum 31. Dezember 1970 zu.

Absatz 1 ist durch das 3. Staatsangehörigkeitsregelungsgesetz von 1957 geändert, Absatz 2 hinzugefügt.

1. Einbürgerungsanspruch

a) Diese Bestimmung, die vom Plenum des Bundestages eingefügt ist, dient der Wiedergutmachung des in der nationalsozialistischen Periode begangenen Unrechts. Sie geht so weit, wie es nach geltendem Völkerrecht noch eben zu vertreten ist, denn im allgemeinen kann ein Staat einen im Ausland wohnhaften Ausländer nicht einbürgern, wenn nicht ganz besondere Anknüpfungspunkte vorhanden sind. Aber es ist wohl anzunehmen, daß die westliche Welt für Maßnahmen der Bundesrepublik Verständnis haben wird, die der Wiedergutmachung nationalsozialistischen Unrechts dienen. Gedacht ist an ins Ausland geflüchtete Personen, denen wegen ihres Alters eine Rückkehr nach Deutschland nicht mehr zugemutet werden kann, denen es aber doch eine Genugtuung ist, wenn ihre frühere deutsche Staatsangehörigkeit wieder hergestellt wird.

b) An sich wäre die Einfügung dieser gesetzlichen Bestimmung nicht nötig gewesen, da auch die vom Bundestag aufrechterhaltene VO vom 20. Januar 1942 die Einbürgerung im Ausland befindlicher Personen zuläßt. Die Gesetzesbestimmung soll darüber hinaus eine Bekundung des guten Willens sein. Der Vorteil für den Eingebürgerten liegt darin, daß die nach diesem Gesetz vorgesehenen Einbürgerungen kostenlos sind.

c) Die Wiedereinbürgerung hat keine rückwirkende Kraft.

d) Auch dieser Einbürgerungsanspruch steht unter dem Vorbehalt des § 13. Die Behörde kann ablehnen, wenn Tatsachen die Annahme rechtfertigen, daß der Bewerber die innere oder äußere Sicherheit der Bundesrepublik oder eines deutschen Landes gefährdet.

2. Der Personenkreis

a) Es muß sich um politisch verfolgte Personen handeln. Darunter können auch verfolgte Nationalsozialisten fallen. Allerdings ist wohl zu unterstellen, daß nur Verfolgungsmaßnahmen deutscher Stellen gemeint sind, nicht die Verfolgungsmaßnahmen alliierter Okkupationsbehörden nach der Besetzung Deutschlands. Der Wortlaut ließe auch eine andere Deutung zu. (Beispiel: nach Argentinien geflüchtete Nationalsozialisten.)

b) Unter früheren deutschen Staatsangehörigen dürften nur solche zu verstehen sein, welche die deutsche Staatsangehörigkeit vor dem 1. Januar 1938 besessen haben, nicht dagegen die Personen, die bei der Austeilung der deutschen Staatsangehörigkeit durch den nationalsozialistischen Staat vorübergehend in den Besitz der deutschen Staatsangehörigkeit gekommen sind.

c) Da die Ehegatten nicht erwähnt sind, ist nicht anzunehmen, daß ihnen ebenfalls ein Anspruch zusteht, wenn nicht in ihrer Person die gleichen Voraussetzungen gegeben sind.

3. Fremde Staatsangehörigkeit

a) Der Gesetzestext ist ungenau gefaßt. Der Erwerb einer fremden Staatsangehörigkeit ist keine Voraussetzung für die Geltendmachung des Einbürgerungsanspruches. Der Anspruch sollte selbstverständlich auch staatenlosen Personen zustehen.

b) Nach dem Wortlaut des Gesetzes muß ein Zusammenhang zwischen den Verfolgungsmaßnahmen und dem Erwerb der fremden Staatsangehörigkeit bestehen. Das ist im allgemeinen anzunehmen, wenn ins Ausland geflüchtete Emigranten sich dort um den Erwerb einer neuen Staatsangehörigkeit bemühen, um nicht staatenlos zu bleiben. Dagegen würde kein solcher Zusammenhang bestehen, wenn eine Frau durch Verheiratung eine fremde Staatsangehörigkeit erworben hat.

4. Abkömmlinge

Die ursprüngliche Fassung des Gesetzes sagte nichts von den minderjährigen Kindern des Eingebürgerten. Man wird annehmen müssen, daß sie nach § 16 StAngG der Staatsangehörigkeit des vertretungsberechtigten Elternteiles folgen. Neu ist die Ausdehnung des Einbürgerungsanspruches auf die Abkömmlinge, d. h. Kinder und Enkel. Ihnen wird der Anspruch unabhängig von dem Anspruch ihres Vorfahren gegeben. Nach der Fassung des Gesetzes ist es bei ihnen nicht erforderlich, daß sie selbst Gegenstand von Verfolgungsmaßnahmen geworden sind, ja es ist nicht einmal nötig, daß sie jemals deutsche Staatsangehörige gewesen sind oder diese auch nur hätten erwerben können. Die in Amerika geborenen Kinder einer naziverfolgten Frau, die dort einen Amerikaner geheiratet hat, haben danach einen Einbürgerungsanspruch. Da die Geltendmachung bis 1970 ausgedehnt ist, gilt dies selbst für die zweite in Amerika geborene Generation. Bei allem guten Willen, Naziunrecht gut zu machen, scheint eine solche Bestimmung doch etwas zu weit zu gehen. Es dürfte allerdings praktisch von ihr wohl nicht allzu oft Gebrauch gemacht werden.

Nach § 14 des Gesetzes ist anzunehmen, daß der Anspruch von Personen über 18 Jahren selbst geltend gemacht werden kann.

§ 13

Ein Einbürgerungsanspruch nach § 9 Abs. 2, § 11 und § 12 besteht nicht, wenn Tatsachen vorliegen, welche die Annahme rechtfertigen, daß der Antragsteller die innere oder äußere Sicherheit der Bundesrepublik oder eines deutschen Landes gefährden wird.

Um die politische Klausel ist, wie bei § 6 Anm. 1b dargestellt ist, zwischen Bundestag und Bundesregierung gerungen worden. Nachdem § 6 eine solche politische Einschränkung für Volksdeutsche mit dem Status aus Art. 116 I GG macht, war es selbstverständlich, daß auch die Einbürgerungsansprüche aus §§ 8, 9 II, 11 und 12 des Gesetzes den gleichen Beschränkungen unterworfen sein mußten. Der Gesetzgeber hat das dadurch zum Ausdruck gebracht, daß er in § 8 auf § 6 verwiesen hat, während er zur Ergänzung der §§ 9 II, 11 und 12 den § 13 hinzugefügt hat. Die auffallende Verschiedenheit der Gesetzgebungstechnik ist darauf zurückzuführen, daß die §§ 9 II, 11 und 12 erst vom Bundestag hinzugefügt sind und man sich dann nicht die Mühe gemacht hat, die neuen Bestimmungen mit dem vorgelegten Entwurf auch dem Text nach abzustimmen. Sachlich ist die Rechtslage in §§ 8, 9 II, 11 und 12 völlig gleich (Hoffmann I S. 62).

Vierter Abschnitt

Verfahrensvorschriften

a) Gemeinsame Vorschriften

§ 14

Wer das 18. Lebensjahr vollendet hat, steht bei Ausübung des Ausschlagungsrechts (§ 5 Abs. 1), bei Abgabe der Verzichtserklärung (§ 5 Abs. 2) und bei Geltendmachung des Einbürgerungsanspruchs (§§ 6, 8, 9 Abs. 2, §§ 11 und 12) einem Volljährigen gleich.

1. Vorbemerkung

Die Regierungsbegründung weist zutreffend darauf hin, daß alle neueren Staatsangehörigkeitsverträge seit den Friedensverträgen nach dem 1. Weltkrieg für die Entscheidung über die Staatsangehörigkeit das 18. Lebensjahr für ausreichend halten. Es dürfte auch grundsätzlich richtig sein, jungen Leuten die Entscheidung über die Staatsangehörigkeit frei zu geben, bevor sie auf Grund der allgemeinen Wehrpflicht zum Militärdienst eingezogen werden. Die östlichen Staaten mit Einschluß der DDR haben inzwischen allgemein die Volljährigkeit auf das vollendete 18. Lebensjahr festgesetzt.

2. Reichweite des § 14

Die Gesetzesbestimmung sagt nicht allgemein, daß in allen Staatsangehörigkeitsfragen, die sich aus dem vorliegenden Gesetz ergeben, das

18. Lebensjahr maßgebend sein soll, sondern zählt eine Reihe von Einzelbestimmungen auf. Daraus ergibt sich der Zweifel, ob in allen anderen Fällen weiter die Volljährigkeitsgrenze vom 21. Jahr gelten soll. Die neue Altersgrenze gilt für Ausschlagung und Verzicht nach § 5 und für den Anspruch auf Einbürgerung §§ 8 ff. Da in diesen Fällen ein 18 Jahre alter Minderjähriger eine eigene Erklärung abgeben kann, ist die Absicht des Gesetzgebers zu unterstellen, daß er von diesem Alter ab der Staatsangehörigkeit des vertretungsberechtigten Elternteiles nicht mehr folgt. (Ebenso Maßfeller S. 351; Hoffmann I S. 63.)

Nur soviel ergibt sich aus dem Gesetz. Dann wird man aber weiter annehmen müssen, daß für den nichterwähnten Fall der Anfechtung einer Erklärung die gleiche Altersgrenze zu gelten hat, denn wenn der 18jährige über seine Staatsangehörigkeit selbst entscheiden soll, muß auch die Entscheidung über eine mögliche Anfechtung seiner Erklärung § 23 des Gesetzes in seiner Hand liegen. (Ebenso Hoffmann I S. 63.) Meines Erachtens sind noch weitere Schlüsse zu ziehen. Man wird annehmen müssen, daß mit der positiven oder negativen Erklärung des 18jährigen dem gesetzlichen Vertreter die Möglichkeit zu einem contrarius actus entzogen ist. Hat z. B. ein 18jähriger seinen Anspruch auf Einbürgerung in die deutsche Staatsangehörigkeit geltend gemacht, so könnte sein gesetzlicher Vertreter nicht nach § 19 StAngG seine Wiederentlassung beantragen. Im umgekehrten Fall, daß der 18jährige die deutsche Staatsangehörigkeit ausgeschlagen hat, ist der gesetzliche Vertreter durch §§ 7, 8 StAngG am contrarius actus gehindert, da der Minderjährige vom 16. Lebensjahr den Antrag selbst stellen muß. Man wird aber ganz allgemein annehmen können, daß dem gesetzlichen Vertreter jede ihm an sich nach dem Staatsangehörigkeitsgesetz zustehende Befugnis zur Verfügung über die Staatsangehörigkeit des Minderjährigen entzogen ist, die geeignet wäre, ein Recht des 18jährigen, das er aus dem 1. Staatsangehörigkeitsregelungsgesetz herleitet, zunichte zu machen.

Für den contrarius actus dürfte dies kaum zu bestreiten sein. Dagegen bleibt für alle übrigen Akte nach dem Staatsangehörigkeitsgesetz die Abhängigkeit des Minderjährigen von der Staatsangehörigkeit des Vaters bzw. der Mutter bestehen. Dies muß dann also z. B. für den Fall des § 9 Abs. 1 StAngReglG gelten, der in § 14 bei der Aufzählung ausdrücklich übergangen ist. Warum § 9 I und § 9 II verschieden behandelt sind, ist allerdings mit rationalen Mitteln nicht erklärlich. Bei allen im Staatsangehörigkeitsgesetz selbst geregelten Fällen bleibt es bei dem 21. Lebensjahr, z. B. bei der Entlassung. Zweifelhaft könnte höchstens der Fall sein, daß der Vater, um einer Einbürgerungserklärung des Sohnes zuvorzukommen (§ 6) seine Entlassung beantragt.

Da in der DDR die Volljährigkeit mit dem 18. Lebensjahr eintritt, müssen von dort zugewanderte Personen auch in der Bundesrepublik weiter als volljährig anerkannt werden. Eine einmal volljährig gewordene Person kann nicht in die Minderjährigkeit zurückversetzt werden. Daraus folgt, daß für Jugendliche aus der DDR in Staatsangehörigkeitsangelegenheiten allgemein das Alter von 18 Jahren gilt.

§ 15

(1) Wer das 18. Lebensjahr noch nicht vollendet hat oder wer zwar über 18 Jahre alt, jedoch geschäftsunfähig oder aus anderen Gründen als wegen Minderjährigkeit in der Geschäftsfähigkeit beschränkt ist, wird durch seinen gesetzlichen Vertreter in persönlichen Angelegenheiten vertreten.[1]

(2) Der Vormund eines unehelichen Kindes bedarf der Zustimmung der Mutter des Kindes, wenn dieser die Sorge für die Person des Kindes zusteht. Das gilt auch, wenn der Vormund von dem Recht auf Ausschlagung und dem Anspruch auf Einbürgerung nicht Gebrauch machen will. Kommt eine Einigung zwischen Vormund und Mutter nicht zustande, so ist der Vormund verpflichtet, eine Entscheidung des Vormundschaftsgerichts herbeizuführen.[2, 3]

1. Gesetzliche Vertretung

a) Minderjährige unter 18 Jahren und Geschäftsunfähige sollen durch ihren „gesetzlichen Vertreter in persönlichen Angelegenheiten" vertreten werden, der für sie die Ausschlagungs- oder Einbürgerungserklärungen abzugeben hätte. Man fragt sich, was damit gemeint ist. Nach dem BGB § 1630 umfaßt die gesetzliche Vertretung zwar die Sorge für die Person und für das Vermögen, es gibt aber nur e i n e n gesetzlichen Vertreter, dem grundsätzlich beide Sorgen zustehen. Es kann allerdings vorkommen, daß die Sorge für die Person dem anderen Elternteil übertragen ist, aber dieser andere Elternteil hat damit keinen Teil der gesetzlichen Vertretung erlangt (RGZ 129, 22). Einen „gesetzlichen Vertreter in persönlichen Angelegenheiten" gibt es in der Regel nicht, er ist auch durch das Gleichberechtigungsgesetz vom 18. Juni 1957 (BGBl. I S. 609) nicht geschaffen. Im Gegenteil, dies Gesetz hält in den neugefaßten §§ 1628, 1629 BGB streng daran fest, daß nur e i n e r der Ehegatten die gesetzliche Vertretung des Kindes hat. Das ist in der Regel der Vater, dem nur aufgegeben ist, daß er auf die Auffassung der Mutter Rücksicht zu nehmen hat. Das Vormundschaftsgericht kann ausnahmsweise das Vertretungsrecht in einzelnen Angelegenheiten der Mutter übertragen. Sie hat es, soweit sie die elterliche Gewalt ausübt, z. B. nach dem Tode des Vaters, oder wenn ihr die Entscheidung nach § 1628 Abs. 2 BGB übertragen ist. Eine Spaltung der gesetzlichen Vertretung in eine Vertretung in Vermögenssachen und eine Vertretung in persönlichen Angelegenheiten ist dem Gesetz unerwünscht (vgl. RGZ 129, 22; M u g d a n , Materialien Bd. 4 S. 1255). Sie ist allerdings nicht völlig ausgeschlossen, tritt aber nur in Ausnahmefällen ein. So kann dem Vater nach § 1630 BGB die Sorge in persönlichen Angelegenheiten entzogen werden, z. B. weil er das Kind schwer mißhandelt hat. Dann wird nach § 1666 BGB für das Kind ein Pfleger bestellt, für den aber die Bezeichnung gesetzlicher Vertreter in persönlichen Angelegenheiten nicht gebräuchlich ist. Fällt der Vater in Konkurs oder wird ihm vom Vormundschaftsgericht die

Sorge für die Vermögensangelegenheiten des Kindes entzogen, so wird ebenfalls ein Pfleger für diesen Teil der gesetzlichen Vertretung bestellt, der Vater behält aber im übrigen die gesetzliche Vertretung des Kindes und man könnte dann allenfalls davon sprechen, daß er zu einem gesetzlichen Vertreter in persönlichen Angelegenheiten des Kindes wird.

Anscheinend denkt das Gesetz an diese seltenen Fälle der Spaltung der gesetzlichen Vertretung, wenn es den in der Gesetzessprache sonst nicht üblichen Ausdruck des gesetzlichen Vertreters in persönlichen Angelegenheiten verwendet. Man muß daher feststellen: dieser Vertreter ist in der Regel der Vater, ausnahmsweise die Mutter. Es kann in Ausnahmefällen auch ein besonders bestellter Pfleger sein. Die Tatsache, daß ein nicht vertretungsberechtigter Elternteil die Sorge für die Person des Kindes hat, gibt ihm nicht die Stellung als gesetzlicher Vertreter in persönlichen Angelegenheiten. Auch wenn der Mutter die Personenpflege zusteht, kann sie das Erklärungsrecht nicht für das Kind ausüben, sondern bleibt dieses beim Vater.

Das amtliche Formular enthält einen Vordruck sowohl für den gesetzlichen Vertreter ganz allgemein wie für den gesetzlichen Vertreter in persönlichen Angelegenheiten. Beides schließt sich gegenseitig aus. Es kann nicht beides nebeneinander geben. Der gesetzliche Vertreter in persönlichen Angelegenheiten — Vater, Mutter, Pfleger — kann nur in Ausnahmefällen in Funktion treten.

b) Es fällt ferner auf, daß das Gesetz in der Regelung der Zuständigkeit für Erklärungen in Staatsangehörigkeitsangelegenheiten von § 7 Abs. 2 des StAngG abweicht. Normalerweise stellen Personen über 16 Jahren ihren Antrag auf Einbürgerung selbst unter Zustimmung des gesetzlichen Vertreters. Es ist kein Grund ersichtlich, warum es bei den Erklärungen nach dem 1. Staatsangehörigkeitsregelungsgesetz anders sein soll. Auch die Regierungsbegründung schweigt hierüber. Folgt man dem Wortlaut des Gesetzes, so kann der gesetzliche Vertreter eines Minderjährigen zwischen 16 und 18 Jahren auch gegen dessen Willen über den Einbürgerungsanspruch des Vertretenen verfügen, obgleich er dies nach dem Staatsangehörigkeitsgesetz nicht könnte. Es könnte sich auch das merkwürdige Ergebnis ergeben, daß der gesetzliche Vertreter gegen den Willen des 18jährigen die deutsche Staatsangehörigkeit ausschlagen, der 17jährige dann aber selbständig die Wiedereinbürgerung beantragen könnte, wozu er dann allerdings wieder der Zustimmung des gesetzlichen Vertreters bedürfte. Auch diese Bestimmung des § 15 scheint mir mit dem übrigen Recht nicht genügend abgestimmt zu sein.

c) Maßfeller S. 352 und Hoffmann I S. 64 wollen aus § 15 herauslesen, daß nach dem 1. Staatsangehörigkeitsregelungsgesetz der Minderjährige niemals der Staatsangehörigkeit des Vaters bzw. der Mutter folgte, sondern daß es in jedem Fall eines besonderen Antrages für den Minderjährigen bedürfte, der dann allerdings von Vater oder Mutter zu stellen wäre. Ich vermag dies aus § 15 nicht zu entnehmen. Die Ansicht der Kommentatoren stützt sich anscheinend auf Vorgänge während der Entstehung des Gesetzes. Der Regierungsentwurf sah eine Gesetzesbestimmung folgenden Inhalts vor:

„Die Einbürgerung erstreckt sich auf die minderjährigen Kinder, für die der Eingebürgerte kraft elterlicher Gewalt nach § 11 Abs. 1 im Zeitpunkt der Einbürgerung vertretungsberechtigt war.

Der Antragsteller ist berechtigt, die Erstreckungswirkung ganz oder teilweise auszuschließen. Er bedarf dazu der Genehmigung des Vormundschaftsgerichts."

Die Regierungsbegründung erklärte dazu, daß diese Regelung dem Schema des Staatsangehörigkeitsgesetzes folgte.

Diese Bestimmung des Entwurfes ist jedoch nicht in das Gesetz aufgenommen und es fragt sich, welche Schlußfolgerungen hieraus zu ziehen sind. Maßfeller und Hoffmann wollen daraus entnehmen, daß es bei den Einbürgerungen nach dem 1. StAngRegG eine Erstreckung der Staatsangehörigkeit auf die Kinder nicht gäbe. Mir scheint dieser Schluß nicht gerechtfertigt. Das für die Staatsangehörigkeit maßgebende Gesetz ist das von 1913. Dieses kennt die Erstreckung. Von den Staatsangehörigkeitsregelungsgesetzen von 1955 bis 1957 wird man annehmen müssen, daß sie an dem geltenden Gesetz grundsätzlich nichts ändern, sondern es nur ergänzen wollen. Soweit sie schweigen, bleibt es daher bei den allgemeinen Regeln. Nun hat das 1. StAngReglG zwar eine Bestimmung des Entwurfs gestrichen, welche eine Regelung des Gesetzes von 1913 wiederholen und bestätigen wollte, es hat jedoch nicht ausdrücklich das Gegenteil bestimmt. Wer den jetzigen Gesetzestext unbefangen liest und die Vorgänge der Entstehungsgeschichte nicht kennt, kann dem Wortlaut des Gesetzes nicht entnehmen, daß es die Individualeinbürgerung vorschriebe und jede Erstreckung ausschlösse. Der Gesetzestext läßt sich durchaus dahin auslegen, daß man die vorgeschriebene Vertretung durch den Vertreter in persönlichen Angelegenheiten auf die Fälle der Einzeleinbürgerung Minderjähriger und Geschäftsunfähiger beschränkt, währen man im übrigen die allgemeinen Bestimmungen des Staatsangehörigkeitsgesetzes anwendet, wonach Minderjährige der Staatsangehörigkeit des vertretungsberechtigten Elternteiles folgen. Bei einer solchen Auslegung folgte man nur dem Vorbild des § 8 des StAngG. Auch bei der dort geregelten Einbürgerung wird zwischen der Einbürgerung in Gemeinschaft mit dem Vater und der selbständigen Einbürgerung unterschieden. Bei der Einbürgerung in Gemeinschaft mit dem Vater wird der Minderjährige überhaupt nicht gefragt. Es ist nicht einzusehen, warum diese allgemeinen Grundsätze nicht auch bei den Sonderfällen des 1. Staatsangehörigkeitsregelungsgesetzes gelten sollen.

Durch die amtlichen Formulare wird die Auffassung der Regierung ebenfalls nicht geklärt. Im Antragsformular für die Einbürgerung ist vorgesehen, daß der Antragsteller die Kinder aufzählt, die „auch eingebürgert werden sollen". Dem ist weder etwas für die Individualeinbürgerung, noch für die Sammeleinbürgerung zu entnehmen. Für die Einbürgerung selbst wird dann aber das Normalformular verwendet, in dem es heißt „und folgende von mir kraft elterlicher Gewalt gesetzlich vertretener Kinder", womit die abgeleitete Staatsangehörigkeit zum Ausdruck gebracht werden soll. Das Einbürgerungsformular ist übrigens überholt, denn es sieht noch eine Zustimmung des anderen Ehegatten vor, was nach dem Gleichberechtigungsgesetz nicht erforderlich ist.

2. Absatz 2

a) Auch diese Bestimmung bedeutet eine Abweichung von den einschlägigen Bestimmungen des Staatsangehörigkeitsgesetzes. Nach §§ 8, 7 StAngG ist der Einbürgerungsantrag für uneheliche Kinder unter 16 Jahren vom Vormund zu stellen, Kinder über 16 Jahren stellen ihn selbst mit Zustimmung des Vormundes. Ein Entlassungsantrag Minderjähriger ist nach § 19 vom gesetzlichen Vertreter mit Genehmigung des Vormundschaftsgerichts zu stellen. Diese Bestimmungen werden durch § 15 ausgeschaltet. Hier wurde bestimmt, daß der Vormund der Zustimmung der unehelichen Mutter bedarf, wenn ihr die Sorge für die Person des Kindes zusteht und daß bei Meinungsverschiedenheit das Vormundschaftsgericht entscheidet. Kommt es zu einem solchen Verfahren, so gelten die Vorschriften des FGG. Beide Teile, und wenn das Kind über 14 Jahre alt ist, nach § 59 FGG auch dieses haben ein Beschwerderecht. Wieder bleibt unklar, wie sich die Rechte aus dem 1. Staatsangehörigkeitsregelungsgesetz zu den Vorschriften des Staatsangehörigkeitsgesetzes verhalten und ob der Vormund, ohne die uneheliche Mutter zu fragen, parallele Anträge nach den allgemeinen Bestimmungen stellen könnte.

b) Nach positiver Bestimmung des Gesetzes muß die Zustimmung der unehelichen Mutter durch den Vormund auch eingeholt werden, wenn er nichts tun will. Das bedeutet also, daß er sich in jedem Fall mit der unehelichen Mutter in Verbindung setzen soll. Wird hiergegen verstoßen und die Frist versäumt, so steht der Mutter jedoch kein Rechtsmittel zu.

3. Widerruf der Vertretenen

Die nach dem ersten Weltkrieg geschlossenen Staatsangehörigkeitsverträge sahen fast regelmäßig ein Widerrufsrecht des Minderjährigen vor, wenn er während der Optionsfrist das 18. Lebensjahr vollendete und mit der von seinem gesetzlichen Vertreter erklärten Option nicht einverstanden war. Eine gleiche Bestimmung fehlt im 1. StAngRglG. Man wird jedoch annehmen müssen, daß das in § 23 des Gesetzes gewährte Anfechtungsrecht der 18 Jahre alt gewordenen Person selbst ausgeübt werden kann (ebenso H o f f m a n n I S. 66).

§ 16

Die Erklärung eines Ehegatten bedarf nicht der Zustimmung des anderen Ehegatten.

Eine seit Anerkennung der Gleichberechtigung selbstverständliche Bestimmung, die zudem in ihrer Kürze mißverständlich ist. Denn gemeint ist doch wohl nur, daß in den in diesem Gesetz geregelten Staatsangehörigkeitsangelegenheiten jeder Ehegatte selbständig ist und für seine Staatsangehörigkeit, Erwerb oder Verlust, nicht der Zustimmung des anderen bedarf. Damit ist aber nicht gesagt, ob eine Verfügung über die Staatsangehörigkeit ohne Mitteilung an den anderen oder die Weigerung, von einer Erwerbsmöglichkeit Gebrauch zu machen, etwa ehewidrig ist. Dem § 16 ist für die Frage der Ehewidrigkeit nichts zu entnehmen.

Er besagt auch nichts über die Frage, wieweit ein Ehegatte zustimmen muß, falls der andere Verfügungen über die Staatsangehörigkeit der Kinder trifft. Vgl. § 16 StAngG.

§ 17

(1) Zuständig zur Entgegennahme der Ausschlagungserklärungen, die nach dem Inkrafttreten dieses Gesetzes abgegeben werden (§ 5 Abs. 1), und der Verzichterklärungen (§ 5 Abs. 2) sowie zur Einbürgerung (§§ 6, 8, 9, 11 und 12) ist die Einbürgerungsbehörde[1], in deren Bereich der Erklärende oder der Antragsteller seinen dauernden Aufenthalt hat.

(2) Hat der Erklärende oder der Antragsteller seinen dauernden Aufenthalt außerhalb Deutschlands, so ist die Einbürgerungsbehörde zuständig, in deren Bereich er zuletzt seinen dauernden Aufenthalt gehabt hat. Hatte er niemals dauernden Aufenthalt in Deutschland, so ist die Einbürgerungsbehörde zuständig, in deren Bereich sein Vater oder seine Mutter dauernden Aufenthalt haben oder zuletzt gehabt haben.

(3) Ergibt sich aus Abs. 1 oder Abs. 2 die Zuständigkeit einer Behörde außerhalb des Geltungsbereichs dieses Gesetzes oder fehlt es an einer zuständigen Behörde, so ist der Bundesminister des Innern[2] zuständig.

(4) Für einen unter elterlicher Gewalt stehenden Minderjährigen (§ 15 Abs. 1) ist die Einbürgerungsbehörde des vertretungsberechtigten Elternteils zuständig.

(5) Eine Verbindung von Verfahren, die bei verschiedenen Behörden anhängig sind, ist im gegenseitigen Einvernehmen der beteiligten Behörden zulässig.[3]

1. Einbürgerungsbehörde

Die Staatsangehörigkeitsgesetze von 1870 und 1913 kannten den Ausdruck nicht und enthielten keine Vorschrift darüber, wer in Staatsangehörigkeitsangelegenheiten zuständig sein sollte. Es war dies der Regelung der Länder überlassen. In Preußen war es der Regierungspräsident, in Berlin der Polizeipräsident. Die Regelung in den anderen Ländern war ähnlich. In kleineren Ländern war es der Innenminister oder Senator für Inneres.

In der NS-Periode wurde die örtliche Zuständigkeit durch einen Runderlaß des Reichsinnenministers vom 16. September 1938 (RMBl. iV

S. 1568) geregelt. Maßgebend war danach die Verwaltungsbehörde, in deren Amtsbereich der Antragsteller seine Niederlassung hatte, oder wenn dies im Ausland war, wo er oder seine Vorfahren die letzte Niederlassung im Inland gehabt hatten.

Nach dieser Anordnung ist auch bisher verfahren worden, doch ergab sich nach dem Kriege die unerwünschte Lage, daß bei der großen Zahl der Flüchtlinge und der Schwierigkeit der Urkundenbeschaffung vielfach die danach zuständige Behörde nicht feststellbar war. Insbesondere galt dies für die Fälle, in denen die an sich zuständige Behörde außerhalb der Bundesrepublik lag. Das Gesetz hat daher die örtliche Zuständigkeit neu geregelt und hilfsweise eine Bundesbehörde geschaffen.

Der wesentliche Unterschied besteht darin, daß man bei der Ermittlung der zuständigen Behörde nun nicht mehr auf entfernte Vorfahren, sondern nur noch bis auf die Eltern zurückgeht. Daher wird es öfter als früher an der Ermittlung einer zuständigen Landesbehörde fehlen.

Die örtliche Zuständigkeit ist an sich ausschließlich. Keine Behörde kann einer anderen die Erledigung überlassen, es sei denn, daß nach Absatz 4 Verfahren, die bei verschiedenen örtlich zuständigen Stellen schweben, in der Hand einer Behörde vereinigt werden. Entscheidung durch eine örtlich nicht zuständige Stelle ist für die Gültigkeit ohne Bedeutung.

2. Bundesstelle für Staatsangehörigkeitsangelegenheiten

Wenn sich gar keine zuständige Stelle in einem Land ermitteln läßt, so ist es der Bundesinnenminister, der die Erledigung der Bundesstelle für Staatsangehörigkeitsangelegenheiten in Koblenz übertragen hat. Die ursprünglich bestehende Absicht, eine selbständige Bundesoberbehörde für Staatsangehörigkeitsangelegenheiten zu schaffen, ist aufgegeben worden. Die Bundesstelle für Staatsangehörigkeitsangelegenheiten ist keine den Landesbehörden übergeordnete Stelle, sondern steht gleichberechtigt neben ihnen.

Die Bundesstelle für Staatsangehörigkeitsangelegenheiten ist im Verhältnis zu anderen Bundesbehörden die in Staatsangehörigkeitsfragen entscheidende Stelle. Die Auslandsvertretungen des Auswärtigen Amtes werden vielfach zunächst in die Lage kommen, über die Frage der Staatsangehörigkeit der Auslandsdeutschen entscheiden zu müssen, da davon ihre Schutzrechte und ihre Schutzpflichten abhängen. Sie haben jedoch im Streitfall die Frage der Staatsangehörigkeit nicht selbst zu entscheiden, sondern werden dem Betroffenen aufgeben, ihre Staatsangehörigkeit durch eine Bescheinigung einer Landesbehörde oder der Bundesstelle in Koblenz nachzuweisen. In allen Staatsangehörigkeitsfragen ist der Bundesinnenminister federführend, was nicht ausschließt, daß ein anderer Minister, Auswärtiges Amt oder Bundesjustizminister anderer Ansicht ist. Können sich die Minister nicht einigen, so entscheidet das Kabinett, sofern den Betroffenen nicht anheimgestellt wird, eine gerichtliche Entscheidung herbeizuführen.

3. Ausdehnung der Gültigkeit auf die anderen Fälle des Staatsangehörigkeitsgesetzes

Nach § 27 gilt die Zuständigkeitsregelung des § 17 allgemein für alle Staatsangehörigkeitsangelegenheiten des Staatsangehörigkeitsgesetzes.

b) Ausschlagung

§ 18

(1) Die Ausschlagungserklärung muß, wenn sie nach dem Inkrafttreten dieses Gesetzes abgegeben wird, zu Protokoll einer Behörde oder in öffentlich beglaubigter Form abgegeben werden.

(2) Hat der Ausschlagungsberechtigte seinen dauernden Aufenthalt außerhalb des Geltungsbereichs dieses Gesetzes, so kann die Ausschlagungserklärung zu Protokoll einer diplomatischen oder konsularischen Vertretung oder einer sonstigen Verbindungsstelle der Bundesrepublik Deutschland abgegeben oder von einer dieser Dienststellen beglaubigt werden.

(3) Steht dem Ausschlagungsberechtigten keine der in Absatz 1 oder Absatz 2 genannten Möglichkeiten zur Verfügung, so genügt einfache Schriftform unter der Voraussetzung, daß in anderer Weise nachgewiesen wird, daß die Unterschrift von dem Träger des unterzeichneten Namens herrührt.

1. Ausschlagung im Inland

a) Für die Ausschlagungserklärung und den Antrag auf Einbürgerung sind amtliche Formulare aufgestellt, die bei den unteren Verwaltungsbehörden und Stadtgemeinden bereitgehalten werden. Die Erklärungen können dort abgegeben werden. Gebrauch dieser Formulare ist jedoch vom Gesetz nicht vorgeschrieben. Während der Einbürgerungsantrag völlig formfrei ist, ist für die Ausschlagung Abgabe zu Protokoll oder in öffentlich beglaubigter Form vorgeschrieben. Das kann vor einem Notar oder Amtsrichter oder auch vor den Verwaltungs- und Gemeindebehörden geschehen. Diese Formvorschrift gilt aber nur für die nach dem Inkrafttreten des Gesetzes abgegebenen Erklärungen (26. Februar 1955).

b) Für vorher abgegebene Erklärungen reicht jede Form, welche den Willen des Erklärenden unzweideutig zum Ausdruck gebracht hat. Es genügt also einfache Schriftform, sofern bezüglich der Person des Absenders kein Zweifel besteht. Kein sicheres Anzeichen ist der Besitz eines vor Inkrafttreten des Gesetzes ausgestellten Fremden- oder Staatenlosenpasses, da die deutsche Staatsangehörigkeit aus § 1 nicht durch eine fremde Staatsangehörigkeit ausgeschlossen wird und in einigen deutschen Landesteilen die Ausstellung deutscher Pässe abgelehnt und dafür die Aushändigung eines Staatenlosenpasses angeboten wurde. Aus der Annahme eines solchen Passes ist daher kein Rückschluß auf den Willen des Inhabers möglich. Das Gesetz verlangt in § 1 I jedenfalls eine ausdrückliche Erklärung. Rückschlüsse aus einem bloßen Verhalten sind daher nicht möglich.

2. Ausschlagung im Ausland

a) In Ländern, in denen die Bundesrepublik diplomatische, konsularische oder Handelsvertretungen unterhält, kommen an erster Stelle diese in Frage. Die in vielen früheren Optionsverträgen vorgesehene Möglichkeit der Abgabe einer wirksamen Erklärung vor fremden Dienststellen besteht mangels vertraglicher Regelung nicht. Es kann höchstens auf § 18 Abs. 3 zurückgegriffen werden, wenn der Betreffende so weit von einer deutschen Vertretung entfernt wohnt, daß ihm eine Reise dorthin nicht zugemutet werden kann. Alsdann würde schriftliche Erklärung genügen, doch empfiehlt es sich in diesem Fall, daß der Absender seine Namensunterschrift in ortsüblicher Form beglaubigen läßt.

b) Hat der Ausschlagende schon früher eine formlose Erklärung dieser Art abgegeben, so empfiehlt sich unbedingt die Wiederholung, da nicht sicher ist, ob die frühere Erklärung als Ausschlagung verstanden und registriert ist.
Zweifelhaft ist, inwiefern eine früher vor Behörden des Aufenthaltsstaates abgegebene Erklärung oder ein bestimmtes Verhalten als eine ausdrückliche Erklärung im Sinne des Gesetzes gewertet werden kann. Insbesondere kommt in Frage, ob aus Gesuchen um Einbürgerung in einem fremden Staat der Wille entnommen werden kann, die deutsche Staatsangehörigkeit auszuschlagen. Wird auf einen solchen Antrag die fremde Staatsangehörigkeit tatsächlich verliehen, so würde die deutsche nach § 25 StAngG verloren werden. Aber der schriftlich gestellte Antrag auf Erwerb der fremden Staatsangehörigkeit läßt wohl schon erkennen, daß der Bewerber mehr Wert auf die fremde als auf die deutsche Staatsangehörigkeit legt. Das Bundesverfassungsgericht hat daher im Falle Rubesch (E. 2, 98) zutreffend den Schluß gezogen, daß in einem solchen Verhalten der ablehnende Wille in ausreichender Weise zum Ausdruck gekommen ist. Nur muß verlangt werden, daß dieser ablehnende Wille dokumentarisch nachgewiesen werden kann. Die bloße Tatsache des Wohnsitzes in Österreich und das Bemühen um eine Eingliederung in den dortigen Wirtschaftsprozeß würden nicht ausreichen.

c) In Ländern, in denen die Bundesrepublik keine diplomatische oder konsularische Vertretungen unterhält, ist der vorgeschriebene Weg nicht möglich. Alsdann genügt schriftliche Erklärung unter Beglaubigung der Unterschrift in ortsüblicher Form.

3. Ausschlagung in deutschen Gebieten außerhalb der Bundesrepublik

a) Die deutsche Gesetzgebung geht von dem Gebietsumfang des deutschen Reiches am 31. Dezember 1937 aus. Danach gehören Gebiete, die heute unter russischer oder polnischer Verwaltung stehen, dazu. Mit Polen bestehen keine diplomatischen Beziehungen, mit Rußland sind zwar Botschaften ausgetauscht, doch dürfte es wenig angebracht sein, die deutschen diplomatischen Vertretungen in Moskau mit diesen Fragen zu befassen, da Rußland und Polen erkennbar auf dem Standpunkt stehen, daß die von ihnen verwalteten deutschen Gebiete rechtsgültig annektiert und damit ihr Staatsgebiet seien. Zwar wird diese Rechtsansicht von deutscher Seite nicht anerkannt, doch wäre die Heraufbeschwörung eines Konfliktes wenig sinnvoll. Sollen Erklärungen dieser Art abgegeben werden, so geschähe es am besten schriftlich ohne Inanspruchnahme russischer oder polnischer Behörden. Sie wären an die Bundesstelle für Staatsangehörigkeitsangelegenheiten in Koblenz zu richten.

b) Der Wortlaut des § 18 läßt nicht erkennen, ob er auch Bewohner der DDR miteinbeziehen will. Die Kommentare von Hoffmann I S. 72 und Maßfeller S. 356 unterstellen dies und nehmen für diese die Zuständigkeit der Bundesstelle für Staatsangehörigkeitsangelegenheiten in Koblenz an. Ich habe Bedenken gegen diese Auffassung. Wenn man an der einheitlichen Staatsangehörigkeit in beiden Teilen Deutschlands festhält, kann man die Existenz zuständiger Staatsangehörigkeitsbehörden im anderen Teil Deutschlands nicht völlig ignorieren und eine Zuständigkeit von Bundesbehörden für Bewohner der DDR in Anspruch nehmen. Es ist nicht anzunehmen, daß eine von einem Bewohner der DDR in Koblenz abgegebene Ausschlagungserklärung von den Behörden der DDR auch nur zur Kenntnis genommen würde. Die Anwendung der Bestimmungen des 1. StAngRegG auf Bewohner der DDR paßt auch nicht, da dort die einschlägigen Rechtsfragen anders geregelt sind. Vgl. oben S. 111. Ich möchte annehmen, daß das Gesetz dies selbst nicht will, denn es läßt für Bewohner der DDR die Frist nicht laufen, so daß sie bei einer Übersiedlung nach der Bundesrepublik eine etwa gewünschte Ausschlagungserklärung auch später noch abgeben können.

§ 19

(1) Wer ohne sein Verschulden außerstande war, die Ausschlagungsfrist einzuhalten, kann die Ausschlagungserklärung noch bis zum Ablauf von sechs Monaten nach Fortfall des Hindernisses abgeben.[1]

(2) Als unverschuldetes Hindernis gilt auch der Umstand, daß der Ausschlagungsberechtigte seinen dauernden Aufenthalt in der sowjetisch besetzten Zone Deutschlands, dem sowjetisch besetzten Sektor von Berlin oder in einem der fremd verwalteten deutschen Gebiete hat.[2]

1. Fristversäumnis

Die in § 5 Absatz 1 des Gesetzes vorgesehene Ausschlagungsfrist von einem Jahr ist eine gesetzliche Ausschlußfrist. Der Gesetzgeber hat jedoch gemeint, es entspräche rechtsstaatlichen Grundsätzen, bei unverschuldeter Versäumung eine Fristverlängerung zu gewähren. In dieser

Allgemeinheit dürfte der Satz kaum richtig sein. Ebenso groß wie das Interesse des Betroffenen ist das öffentliche Interesse, das endlich mit den Staatsangehörigkeitsfragen aus der NS-Zeit in Ordnung kommen will. Eine Ausschlagung mit einer 17jährigen Rückwirkung ist etwas, was juristisch kaum zu verantworten ist. Es bestand daher wohl eigentlich kein Anlaß, diese Frist noch weiter zu verlängern. Man vermißt bei dieser Bestimmung unbedingt ein Enddatum, bei dem das Ausschlagungsrecht endgültig entfällt.

Bei dieser Lage besteht kein Anlaß, Fristversäumnisse besonders entgegenkommend zu behandeln. Unkenntnis vom Ausschlagungsrecht ist keinesfalls ein unverschuldetes Hindernis. Auch bei Krankheit wird man es in der Regel kaum annehmen können, da die Frist ein Jahr betrug und es nicht zu entschuldigen ist, wenn jemand die Ausschlagung auf die letzten Tage dieses Jahres verschob. Geisteskranke Personen dürften während eines Jahres wohl auch zu einem gesetzlichen Vertreter gekommen sein. So bleiben eigentlich nur Minderjährige unter 18 Jahren, die versehentlich ohne gesetzlichen Vertreter geblieben sind. Auch dies ist ein Ausnahmefall, da Vater oder Mutter in der Mehrzahl der Fälle vorhanden sein werden und die unehelichen Kinder meist unter Amtsvormundschaft stehen.

2. Absatz 2

a) Die Fassung dieser Gesetzesbestimmung ist nicht gerade gut ausgefallen, wenn es als „unverschuldetes Hindernis" gilt, daß jemand in der DDR oder in den Gebieten jenseits der Oder-Neiße-Linie wohnt. Man hätte wohl besser gesagt, daß die Frist aus § 5 Abs. 1 des Gesetzes nicht gegen diese Personen läuft und erst mit ihrer Übersiedlung in die Bundesrepublik beginnt. Da der Flüchtlingsstrom aus dem Osten leider anhält, ist die Bestimmung noch immer von Bedeutung.

b) Fraglich ist allerdings, ob der Anwendung der Bestimmung für Bewohner aus der DDR nicht andere Gesichtspunkte entgegenstehen. Der Gesetzgeber der Bundesrepublik ignoriert offenbar, daß es in der DDR eigene Behörden gibt, die auch das Recht der Regelung der Staatsangehörigkeit für sich in Anspruch nehmen und daß dort all die Fragen, welche das 1. StAngReglG regelt, anders geordnet sind. Vgl. oben S. 111. Dort werden die völkerrechtswidrigen Verleihungen der Staatsangehörigkeit aus der Hitlerzeit nicht als gültig angesehen, wohl aber werden die Flüchtlinge mit ihrer genehmigten Niederlassung als deutsche Staatsangehörige mit vollem Recht anerkannt. Die Kategorie aus Art. 116 I GG gibt es dort nicht.

Wer jetzt aus der DDR nach der Bundesrepublik kommt, war also dort vollberechtigter Deutscher kraft Niederlassung und besaß kein Ausschlagungsrecht. Die Frage seiner Staatsangehörigkeit war endgültig geklärt. Trotzdem wird man in Anwendung des § 19 des Gesetzes annehmen müssen, daß auch diesen Personen mit ihrer Übersiedlung nach der Bundesrepublik ein Ausschlagungsrecht erwächst, zu dessen Gewährung eigentlich nicht der geringste Anlaß besteht. Es wäre erwünscht, daß diese Bestimmung, die unnötig Schwierigkeiten mit der DDR schafft und die gemeinsame deutsche Staatsangehörigkeit gefährdet, beseitigt würde.

§ 20

Die Ausschlagungsfrist ist auch gewahrt, wenn die Ausschlagungserklärung innerhalb der Frist bei einer örtlich oder sachlich unzuständigen Behörde[1] im Geltungsbereich dieses Gesetzes oder bei einer diplomatischen oder konsularischen Vertretung oder einer sonstigen Verbindungsstelle der Bundesrepublik Deutschland eingegangen ist.[2]

1. Unzuständige Behörde

a) Das Gesetz kommt den Ausschlagungsberechtigten in jeder Weise entgegen. Wenn es schon völkerrechtswidrige Staatsangehörigkeitsverleihungen aufrechterhält, so soll es dem Betroffenen so leicht wie möglich gemacht werden, sich einer ihm nicht passenden deutschen Staatsangehörigkeit wieder zu entledigen. Man wird diese Einstellung des Gesetzgebers grundsätzlich billigen können.

b) Soweit der Gesetzgeber auch Eingang bei örtlich unzuständigen Behörden als ausreichend erklärt, dürften Bedenken nicht bestehen. Die örtlich unzuständige Behörde wird besser als der Ausschlagende über die örtliche Zuständigkeit unterrichtet sein.

c) Die Erwähnung der sachlich unzuständigen Behörde bedarf jedoch einer gewissen vernünftigen Einschränkung. Niemals kann die Staatsangehörigkeit am Fahrkartenschalter oder in der städtischen Badeanstalt ausgeschlagen werden. Man wird wohl doch verlangen müssen, daß es eine Behörde ist, die mit Angelegenheiten ähnlicher Art irgendwie zu tun hat.

d) Eine Behörde, welche die Ausschlagung angenommen hat, hat sie mit Eingangsstempel zu versehen und unverzüglich an die zuständige weiterzugeben.

2. Eingang der Ausschlagung

Es fragt sich, ob tatsächlich ein Eingang vorliegt, wenn die Ausschlagung einer völlig unzuständigen Behörde in den Briefkasten gesteckt ist. Gelangt sie trotzdem an die richtige Stelle, so wird man selbst in diesem Fall die Frist als gewahrt ansehen können. Zweifel können nur bestehen, wenn die völlig unzuständige Behörde mit der Ausschlagung nichts anzufangen weiß und sie daher fehlleitet. Zweifel bestehen auch, ob die völlig unzuständige Stelle zur Annahme verpflichtet ist. Ich habe Bedenken, eine solche Annahmepflicht für alle Behörden herauszulesen. Für alle Behörden der inneren Verwaltung und der allgemeinen Kommunalverwaltung würde ich das jedoch bejahen. Das Publikum ist weitgehend gewöhnt, sich mit seinen Angelegenheiten an das Rathaus der Stadt oder Gemeinde zu wenden. Diese Stellen werden auch über die Behandlung der Erklärungen informiert sein. Dagegen dürfte nichts dagegen einzuwenden sein, wenn völlig unzuständige Behörden, die mit der Erklärung nichts anzufangen wissen, ihre Annahme ablehnen und den Betroffenen an die Gemeindebehörde verweisen.

§ 21

Ist ein Ausschlagungsberechtigter vor Ablauf der Ausschlagungsfrist verstorben,[1] ohne daß er von dem Ausschlagungsrecht Gebrauch gemacht oder darauf verzichtet hat, so ist jeder Verwandte auf- und absteigender Linie[2] sowie der überlebende Ehegatte bei Glaubhaftmachung eines rechtlichen Interesses bis zum Ablauf der Ausschlagungsfrist befugt, eine Ermächtigung des zuständigen Nachlaßgerichtes[3] zu beantragen, für den Verstorbenen das Ausschlagungsrecht auszuüben oder darauf zu verzichten. Das Gericht muß vor Entscheidung über den Antrag allen Antragsberechtigten Gelegenheit zur Äußerung geben, soweit nicht zwingende Gründe entgegenstehen.[4] Auf das Verfahren finden die Vorschriften des Gesetzes über die Angelegenheiten der freiwilligen Gerichtsbarkeit vom 17. Mai 1898 (Reichsgesetzbl. S. 189) Anwendung.

1. Ausschlagung für Verstorbene

Die Regierungsbegründung weist darauf hin, daß bei der Länge des seit der Einbürgerung verstrichenen Zeitraumes zahlreiche ausschlagungsberechtigte Personen inzwischen gestorben sind. Sie meint, es wäre aus erbrechtlichen Gründen nur billig, gewissen Gruppen von Blutsverwandten das Ausschlagungsrecht für den Verstorbenen zu geben. Der Gesetzgeber stößt sich anscheinend nicht an dem Gedanken, daß er es unternimmt, die Staatsangehörigkeit eines Toten zu ändern, was doch wohl eine Unmöglichkeit ist. (In Elsaß-Lothringen sprach man bei der Rückwirkung des Erwerbs der französischen Staatsangehörigkeit nach 1920 von „reintegrierten Leichen"; nach diesem Vorbild könnte man hier von „expatriierten Leichen" sprechen.) Wenn er es schon für nötig hielt, zugunsten der Erben etwas zu unternehmen, so hätte das sicher in einer weniger schockierenden Weise geschehen können.

2. Die ausschlagungsberechtigten Verwandten

a) Der Gesetzgeber gibt das Ausschlagungsrecht nur den Verwandten auf- und absteigender Linie und den Ehegatten, nicht Geschwistern und Testamentserben. Diese Beschränkung ist, wenn man es mit der Rückwirkung ernst nimmt, nicht ganz logisch, aber wohl aus rein praktischen Gründen verfügt, um die so schon großen Schwierigkeiten nicht noch zu steigern.

b) Jeder Erbe kann für sich allein von dem Ausschlagungsrecht Gebrauch machen. Es können sich also mehrere Geschwister verschieden entscheiden. Ja, der Enkel kann ausschlagen, obgleich der Vater nicht will, was rein logisch wieder recht angreifbar ist.

3. Nachlaßgericht

a) Anders als bei der Ausschlagung Lebendiger genügt hier die Ausschlagung in öffentlich beglaubigter Form oder zu Protokoll einer Behörde nach § 18 des Gesetzes nicht, vielmehr muß der Verwandte, der ausschlagen will, dazu die Ermächtigung des Nachlaßgerichts einholen. Dieses muß darauf sämtliche Verwandte auf- und absteigender Linie hören. Auch diese Vorschrift ist auffallend. Die Ausschlagung für den Verstorbenen ist nach der Regierungsbegründung aus erbrechtlichen Gründen eingeführt. Dann hätte es nahe gelegen, daß das Ausschlagungsrecht der Verwandten auch nach erbrechtlichen Grundsätzen beurteilt würde. Das müßte dazu führen, daß der Wille der Abkömmlinge dem Willen der Vorfahren vorgeht, weil ihr Erbrecht das der Vorfahren ausschließt. Ebenso sollte der Wille des Sohnes dem Willen des Enkels vorgehen. Der Gesetzgeber gibt in dieser Beziehung keine Anweisung, das schließt jedoch nicht aus, daß das Nachlaßgericht Überlegungen dieser Art anstellt.

b) Schwierig ist die Entscheidung, wenn die Interessenlage der Kinder auseinandergeht. Es kann sein, daß ein Kind an der Aufrechterhaltung der Staatsangehörigkeit des verstorbenen Vaters Interesse hat (es hat vielleicht ein Grundstück gekauft und dieser Kauf könnte bei Ausschlagung der deutschen Staatsangehörigkeit gefährdet sein, da Ausländer dazu eine Genehmigung brauchen). Ein anderes Kind möchte dagegen ausschlagen, um Auslandsvermögen vor der Feindliquidation zu retten. Es fehlt jeder Anhalt, wessen Interessen vorgehen. Es ist nicht einmal ausgeschlossen, daß Geschwister untereinander in Streit geraten, wenn eines dem anderen vorwerfen kann, daß seine Haltung — Ausschlagung oder nicht — eine finanzielle Schädigung bedeutet hat. Da dem Nachlaßgericht die Entscheidung übertragen ist; erscheint es nicht möglich, daß ein Kind das andere auf Einwilligung zu der beabsichtigten Erklärung verklagt, wohl aber erscheinen Schadensersatzansprüche nicht ausgeschlossen.

c) Bei dem Ausschlagungsrecht des Ehegatten kann die Interessenlage vielfach von der des Kindes abweichen, wenn etwa die Hinterbliebenenbezüge von der Aufrechterhaltung der Staatsangehörigkeit des Verstorbenen abhängen. Allerdings wird man auch hier nicht die letzten Folgerungen ziehen dürfen. Würde z. B. für einen verstorbenen Beamten ausgeschlagen, so wäre eigentlich die Konsequenz, daß, wenn er das selbst getan hätte, er als Beamter entlassen worden wäre und seine Witwe daher keinen Anspruch auf Hinterbliebenenrente hätte. Man wird daher alle diese Folgerungen für die Vergangenheit nicht ziehen dürfen, sondern diese danach beurteilen müssen, ob die Rechtshandlungen des Verstorbenen unter Annahme seiner deutschen Staatsangehörigkeit gültig waren.

4. Der Wille des Verstorbenen

Merkwürdigerweise ist alles auf das Interesse der Erben abgestellt und der Wille des Verstorbenen überhaupt nicht erwähnt. Trotzdem wird das Nachlaßgericht nicht gehindert sein, diesen Willen an erster Stelle zu ermitteln (ebenso Maßfeller S. 360). Es kann daher die Ermächtigung zur Abgabe der Ausschlagungserklärung ablehnen, auch wenn ein Interesse der Erben nachgewiesen wird, der feststellbare Wille des Verstorbenen jedoch anders gewesen ist. Allerdings wird es, auch wenn dieser Wille des Verstorbenen feststeht, nach der Anordnung des Gesetzes trotzdem nicht umhin können, die Verwandten zu hören.

§ 22

Wer von seinem Ausschlagungsrecht Gebrauch gemacht hat, erhält eine Urkunde[1] des Inhalts, daß er die deutsche Staatsangehörigkeit durch die in § 1 Abs. 1 bezeichnete Verleihung oder durch Ableitung von einer so verliehenen deutschen Staatsangehörigkeit nicht erworben hat. Nur durch diese Ausschlagungsurkunde kann der Nachweis[2] des Nichterwerbs der deutschen Staatsangehörigkeit erbracht werden.

1. Ausschlagungsurkunde

a) Wer ausgeschlagen hat, erhält eine Urkunde, die entsprechend dem Gesetzestext gefaßt ist. Die Urkunde bestätigt nur, daß der Inhaber durch die angegebene Sammeleinbürgerung die deutsche Staatsangehörigkeit nicht erhalten hat. Sie erwähnt außer in der Überschrift nicht einmal die Tatsache der Ausschlagung. Sie dient ihrer Fassung nach nur dem einen Zweck, die Folgen der umstrittenen Sammeleinbürgerung zu beseitigen.

b) Die Urkunde besagt dagegen nichts über die jetzige Staatsangehörigkeit des Inhabers. Er kann trotzdem deutscher Staatsangehöriger sein. So könnte z. B. eine Danzigerin, die am 1. September 1939 durch Sammeleinbürgerung deutsche Staatsangehörige geworden ist, am 2. September 1939 einen Reichsdeutschen geheiratet haben. Sie kann trotzdem die Urkunde erhalten, auch wenn sie den Erwerb der deutschen Staatsangehörigkeit nur um einen Tag hinausschiebt, und die Urkunde würde über diesen 2. individuellen Erwerb der deutschen Staatsangehörigkeit nichts enthalten.

c) Die Mehrzahl der in Betracht kommenden Ausschlagungsberechtigten wird ihren Wohnsitz in Deutschland genommen haben. Nach dem Willen des Gesetzgebers sollen sie daher trotz der Ausschlagung als Deutsche nach Art. 116 I GG behandelt werden. Sie tauschen nur die deutsche Staatsangehörigkeit mit Anfangsdatum der Sammeleinbürgerung gegen den Status aus Art. 116 I GG mit Anfangsdatum seit dem 23. Mai 1949 ein. Der Ausschlagungsurkunde ist dies nicht zu entnehmen.

d) Die Ausschlagung hat zwar rückwirkende Kraft, wirkt aber nur individuell. Auch wenn der Ehemann ausschlägt, bleibt trotz der Rückwirkung die Ehefrau deutsche Staatsangehörige, wenn sie nicht ebenfalls ausschlägt. Der Grundsatz der Rückwirkung ist daher nicht voll durchgeführt. Aus diesem Grunde wird für jeden Ausschlagenden, auch für minderjährige Kinder, eine besondere Ausschlagungsurkunde ausgestellt.

e) Das Gesetz sieht auch die Möglichkeit der Ausschlagung vor seinem Inkrafttreten vor. Auch diese Personen erhalten die gleiche Ausschlagungsurkunde. Es ist Sache der Betroffenen, der Einbürgerungsbehörde den Nachweis der Ausschlagung zu erbringen. Es wird dabei eine Berufung auf das Urteil Rubesch des Bundesverfassungsgerichts (E. BVerfG 2, 98) nicht unmöglich sein, das aus dem konkludenten Verhalten des Betroffenen und seinen vor österreichischen Behörden abgegebenen Erklärungen einen Verzicht auf die deutsche Staatsangehörigkeit herleitet.

2. Beweiskraft der Urkunde

a) Das Gesetz bestimmt, daß n u r durch die Ausschlagungsurkunde der Nachweis des Nichterwerbs der deutschen Staatsangehörigkeit erbracht werden kann. Diese Bestimmung schafft Zweifel. Die Bescheinigung ist ihrer Gestaltung nach als deklaratorische Urkunde gefaßt, sie bestätigt, daß ein Rechtsvorgang nicht eingetreten ist. Gegen jede deklaratorische Urkunde ist aber grundsätzlich der Beweis der Unrichtigkeit möglich. Das muß auch hier gelten. Die Urkunde könnte infolge Personenverwechslung unrichtig ausgestellt sein. Sie muß daher, falls sich ihre Unrichtigkeit herausstellt, eingezogen werden, und es ist über die Frage ihrer Richtigkeit das Verwaltungsstreitverfahren gegen die Einbürgerungsbehörde möglich. Das Urteil würde dann über Richtigkeit oder Unrichtigkeit der Urkunde entscheiden und im letzteren Fall wohl die Einziehung der Urkunde anordnen.

b) Da die Urkunde als einziges Beweismittel vorgeschrieben ist, fehlt es in der Regel an einem Rechtsschutzinteresse für eine Feststellungsklage mit gleichem Ziel. Es kann daher nicht auf die Feststellung geklagt werden, daß der Betroffene durch die Sammeleinbürgerung die deutsche Staatsangehörigkeit nicht erworben hat. Er ist auf die Ausschlagungsurkunde angewiesen. Natürlich steht sie einem vor dem Gesetz etwa ergangenen Urteil nicht entgegen. Der Betroffene kann sich eines solchen Urteils bedienen, wird aber aus praktischen Gründen gut tun, sich unter Vorlage des Urteils von der Einbürgerungsbehörde eine Ausschlagungsurkunde ausstellen zu lassen, wozu diese auf Grund der Rechtskraft des Urteils verpflichtet wäre.

Es fragt sich jedoch, ob unter Umständen nicht doch Raum für die negative Feststellungsklage ist. Die ohne jede rechtliche Begründung ausgestellten Negativbescheinigungen deutscher Behörden stoßen bei alliierten Stellen vielfach auf Mißtrauen, während juristisch begründete Feststellungsurteile mehr Aussicht auf Anerkennung haben. Man wird daher den Betroffenen, deren Ausschlagungsurkunden als unzureichend zurückgewiesen werden, wohl nicht das Rechtsschutzinteresse an der Klage auf negative Feststellung des Nichterwerbes der deutschen Staatsangehörigkeit absprechen können, zumal das Urteil stärker als die Urkunde ist. Denn das Urteil erwächst in Rechtskraft, die Bescheinigung als deklaratorische Urkunde bleibt dagegen stets widerlegbar. Hält man diesen Weg angesichts der Fassung des Gesetzes nicht für gangbar, so bleibt nichts anderes übrig, als daß der Ausschlagende selbst die Einbürgerungsbehörde zur Verweigerung der Ausschlagungsurkunde veranlaßt, damit er nun im Wege des Verwaltungsstreitverfahrens auf Aushändigung der Urkunde klagen kann und damit ein begründetes und der Rechtskraft fähiges Urteil erhält.

§ 23

(1) Die Ausschlagungserklärung und die Verzichtserklärung können wegen Irrtums über den Inhalt der Erklärung sowie wegen Zwangs oder Drohung angefochten werden.[1]

(2) Die Anfechtung erfolgt durch Erklärung gegenüber der nach § 17 zuständigen Behörde.[2] Die Anfechtungserklärung ist zu Protokoll der Behörde oder in öffentlich beglaubigter Form abzugeben.

(3) Die Anfechtungsfrist beträgt einen Monat und beginnt mit der Kenntnis des Irrtums oder mit der Beendigung der Zwangslage, frühestens jedoch mit dem Inkrafttreten dieses Gesetzes. Sie endet spätestens sechs Monate nach Zustellung der Ausschlagungsurkunde.[3]

1. Anfechtung

a) Die Ausschlagung und der Verzicht werden wirksam mit der Abgabe der Erklärung. Die darüber ausgestellten amtlichen Bescheinigungen haben nur deklaratorische Bedeutung. Daraus folgt, daß Ausschlagung und Verzicht nicht bis zur Aushändigung der amtlichen Bescheinigung frei widerrufen werden können. Der Erklärende kann sie nur im Wege der Anfechtung beseitigen.

b) Die alte Rechtsprechung des preuß. OVG ließ grundsätzlich eine Anfechtung in Staatsangehörigkeitsangelegenheiten nicht zu (pr OVG 12, 412; 27, 416; 55, 235) und hielt sogar die durch Täuschung erschlichene Einbürgerung aufrecht (pr OVG 13, 402). Heute ist man geneigt, hier die Grundsätze über den fehlerhaften Staatsakt anzuwenden. Vgl. oben S. 184. Der Gesetzgeber schließt sich dieser modernen Auffassung an.

c) Der Gesetzestext spricht nur von der Anfechtung der Ausschlagungserklärung und der Verzichtserklärung, d. h. also der Willenserklärung des Interessenten. Er sagt nicht, was weiter geschieht, obgleich dies eigentlich das Wichtigste ist. Gemeint ist offenbar, daß die Einbürgerungsbehörde auf Grund der Anfechtung der Erklärung ihre Bescheinigung zurücknehmen soll, was nach der früheren Rechtsprechung des pr. OVG durchaus nicht selbstverständlich ist. Soll sie aber dies tun, so wird man ihr ein Nachprüfungsrecht nicht versagen können, ob die Voraussetzungen der Anfechtung vorliegen. Kommt sie auf Grund dieser Nachprüfung zu dem Ergebnis, daß sie einen Irrtum des Anfechtenden nicht anerkennt, so braucht sie ihre Bescheinigung nicht zurückzunehmen. Ein Streit hierüber gehörte ins Verwaltungsstreitverfahren.

d) Der Irrtum des Anfechtenden darf sich nur auf den Inhalt der Erklärung beziehen. Der Erklärende darf nicht gewußt haben, daß seine Erklärung die rechtliche Bedeutung einer Ausschlagung oder eines Verzichts darauf hatte. Dagegen genügt nicht ein Irrtum im Motiv. Hat der Betroffene z. B. ausgeschlagen, um Auslandsvermögen vor der Liquidation zu retten, und erreicht er dieses Ziel nicht, muß er nun aber Nachteile im Inland fürchten, so reicht das nicht aus, um ihm ein Anfechtungsrecht wegen Irrtums zuzubilligen.

Fraglich ist, ob auch ein Irrtum über die Tragweite der Ausschlagungswirkung beachtlich ist. Der Ausschlagende weiß z. B. nicht, daß er trotz der Ausschlagung Deutscher nach Art. 116 I GG bleibt und hätte bei Kenntnis nicht ausgeschlagen. Ich möchte annehmen, daß hier ein Irrtum über den Inhalt vorliegt und die Anfechtung durchgreifen würde.

e) Das Gesetz sagt nichts darüber, ob auch die Behörde ihre Bescheinigung wegen Irrtums oder aus sonstigen Gründen des fehlerhaften Staatsaktes zurücknehmen darf. Trotz des Schweigens des Gesetzes wird das grundsätzlich zu bejahen sein. Wenn diese Bescheinigungen auf Grund der Anfechtung des Betroffenen zurückgenommen werden können, ist kein Grund ersichtlich, warum den Behörden nicht auch aus ähnlichen Gründen das gleiche Recht haben sollten. Neben dem Irrtum, z. B. über Vertretungsmacht des Vertreters oder Personenverwechslung bei der Ausstellung, käme hier etwa noch Bestechung in Frage, z. B. Ausstellung einer Ausschlagungsurkunde trotz vorherigen Verzichts. Auch ein Streit hierüber gehörte zur Zuständigkeit der Verwaltungsgerichte.

2. Form der Anfechtung

Es ist die gleiche Form wie in § 18 Abs. 1 des Gesetzes für die Abgabe der Ausschlagung vorgeschrieben ist, jedoch sieht das Gesetz keine Ersatzformen wie in § 18 vor. Der Anfechtende muß also sehen, daß er seine Erklärung zu Protokoll oder in öffentlich beglaubigter Form abgibt. Er wird mit der Anfechtung auch die von der Behörde erhaltene Bescheinigung zurückgeben müssen.

Das Gesetz schweigt darüber, in welcher Form die Behörde im umgekehrten Fall ihren Fehler geltend machen kann. Es muß Aushändigung der Anfechtungserklärung an den Betroffenen genügen, da sich auch das Staatsangehörigkeitsgesetz mit dieser Form begnügt. Die Formen der Zustellung nach der ZPO brauchen nicht gewahrt zu sein.

3. Frist

Sie ist kurz bemessen und kommt heute nur noch bei den Fällen verspäteter Abgabe in den Fällen des § 19 in Frage. Man wird annehmen müssen, daß eine gleiche kurze Frist auch für die Behörde gilt.

c) Einbürgerung

§ 24

(1) Waren bei einer Einbürgerung (§§ 6, 8, 9, 11 und 12) durch das Verschulden des Antragstellers Tatsachen nicht bekannt, die der Einbürgerung entgegengestanden hätten, so ist die Einbürgerung unwirksam, sofern nicht die Einbürgerungsbehörde die Voraussetzungen für eine Einbürgerung gemäß § 8 oder § 13 des Reichs- und Staatsangehörigkeitsgesetzes für gegeben erachtet.[1]

(2) Die Unwirksamkeit ist durch förmliche Entscheidung auszusprechen.[2] Die Entscheidung kann nur bis zum Ablauf von 5 Jahren nach erfolgter Einbürgerung ergehen; sie bedarf der Zustellung an den Betroffenen. Ist dessen Aufenthalt nicht bekannt oder kann eine Zustellung, die außerhalb des Geltungsbereichs dieses Gesetzes erfolgen müßte, nicht vorgenommen werden, so tritt an die Stelle der Zustellung die Veröffentlichung im Bundesanzeiger.[3, 4]

1. Unwirksame Einbürgerung

a) Wie bei § 23 Anm. 1 erwähnt, wollte die frühere Rechtsprechung des pr. OVG eine Anfechtung oder Rücknahme einer einmal erfolgten Einbürgerung überhaupt nicht zulassen, weil sie darin einen unwiderruflichen Staatsakt sah. Das Gesetz läßt die Rücknahme in einem beschränkten Umfange zu, nämlich wenn durch Verschulden des Antragstellers Tatsachen unbekannt geblieben sind, die seiner privilegierten Einbürgerung nach den Vorschriften dieses Gesetzes entgegengestanden hätten. Das Verschulden braucht nicht eine vorsätzliche Täuschung zu sein. Auch fahrlässig unrichtige Angaben oder Unterlassung von Angaben können genügen.

Der Gesetzgeber kommt in diesen Fällen jedoch dem Antragsteller entgegen, indem er die Aufrechterhaltung der Einbürgerung nach den Bestimmungen des Staatsangehörigkeitsgesetzes zuläßt. Das bedeutet, daß er der Behörde vorschreibt, weiter zu prüfen, ob die ausgesprochene Einbürgerung nach diesen allgemeinen Bestimmungen des Staatsangehörigkeitsgesetzes aufrechterhalten werden kann. Eine Unterlassung dieser Prüfung wäre ein Verstoß gegen ihr pflichtgemäßes Ermessen. Bei dem Hinweis auf die allgemeinen Bestimmungen fehlt die VO vom 20. Januar 1942, die ebenfalls vielfach die Aufrechterhaltung der Einbürgerung gestatten würde. Wenn der Gesetzgeber sie nicht erwähnt, so mag das daran liegen, daß der Regierungsentwurf diese VO aufheben wollte, während der Bundestag sie aufrechterhalten hat. Man hat dann bei der Redaktion von § 24 unterlassen, auch noch diese VO in den Gesetzestext aufzunehmen. Jedenfalls ist eine Prüfung auch nach dieser VO möglich und angebracht.

b) Das Bestreben des Gesetzgebers geht offenbar dahin, die Anfechtung und Rücknahmemöglichkeit durch die Behörde so eng wie möglich zu halten. Beruht der Irrtum der Behörde nicht darauf, daß ihr durch Verschulden des Antragstellers Tatsachen unbekannt geblieben sind, so kann sie die einmal ausgesprochene Einbürgerung nicht zurücknehmen, auch wenn sie sonst fehlerhaft ist. Die Behörde irrt sich auf ihr eigenes Risiko.

Auf der anderen Seite kann die einengende Bestimmung des § 24 die Behörde nicht hindern, offenbare Gesetzwidrigkeit abzustellen. So ist eine Einbürgerung ohne gültigen Antrag nach den allgemeinen Grundsätzen nichtig. Sollte es an einem Antrag fehlen, ist der Behörde etwa eine Personenverwechslung unterlaufen, oder fehlt es an der Vertretungsbefugnis des Vertreters, so muß sie in der Lage sein, nach den allgemeinen Grundsätzen ihren fehlerhaften Staatsakt zurückzunehmen. Hierzu ist sie nicht nur berechtigt, sondern sogar verpflichtet.

2. Der Akt der Behörde

a) Das Gesetz spricht von der „Unwirksamkeit der erfolgten Einbürgerung", nicht von der Rücknahme. Hoffmann I S. 89 und Maßfeller S. 364 folgern aus dem Wortlaut und den Verhandlungen des 8. Bundestagsausschusses, daß die Unwirksamkeit kraft Gesetzes bestehe und der Entscheidung der Behörde nur deklaratorische Bedeutung zukomme. Dem kann ich nicht zustimmen. Die Einbürgerung ist ein konstitutiver Staatsakt, auf den, falls er falsch ist, in jahrzehntelanger Praxis die Regeln des fehlerhaften Staatsaktes angewandt werden. Diese besagen aber, daß fehlerhafte Staatsakte nur in seltenen Ausnahmefällen absolut nichtig sind, in der Regel aber zunächst gültig bleiben und höchstens wegen gewisser Fehler zurückgenommen werden können. Vgl. oben S. 184. Wie der rechtsbegründende Akt ist auch die Rücknahme ein — rechtsvernichtender — konstitutiver Akt. Diese Regeln beherrschen auch die Praxis in Einbürgerungsangelegenheiten. Es liegt daher nahe, den § 24 des Gesetzes im gleichen Sinne auszulegen. Eine andere Auslegung würde mit unseren sonstigen Grundsätzen über die Korrektur eines fehlerhaften Staatsaktes unvereinbar sein. Die Bundestagsabgeordneten sind sich dieser Rechtsgrundsätze anscheinend nicht bewußt gewesen und haben sich von bürgerlichrechtlichen Vorstellungen über die Anfechtung zivilrechtlicher Rechtsgeschäfte leiten lassen. Es besteht jedoch keine zwingende Notwendigkeit, dieser irrtümlichen Auffassung zu folgen, die in unser ganzes System nicht paßt. Auch der Wortlaut des Gesetzes steht meiner Auffassung nicht entgegen, denn es schreibt vor, daß die Unwirksamkeit auszusprechen, nicht aber festzustellen sei.

Nun meint allerdings Hoffmann I S. 84, eine andere Auffassung, welche in der Geltendmachung der Unwirksamkeit eine Rücknahme sähe, würde dem Art. 16 GG widersprechen, welcher die Entziehung der Staatsangehörigkeit verbietet. Dieses Argument vermag ich nicht anzuerkennen. Es kann unmöglich der Sinn von Art. 16 GG sein, eine betrügerisch erschlichene Staatsangehörigkeit zu schützen. Wird der fehlerhafte Erwerb erwiesen, so hindert auch Art. 16 GG die Rücknahme nicht.

Faßt man die Geltendmachung der Unwirksamkeit als einen konstitutiven Rücknahmeakt auf, so folgt daraus, daß die Einbürgerung bis zur rechtskräftigen Erledigung des Streites um die Rücknahme ihre volle Rechtswirksamkeit behält und die Unwirksamkeit nur durch die Entscheidung der Einbürgerungsbehörde und nicht in anderer Weise geltend gemacht werden kann.

b) Das Gesetz schreibt vor, daß die Unwirksamkeit der fehlerhaften Einbürgerung auszusprechen sei. Das sieht so aus, als ob die fehlerhafte Einbürgerung unter allen Umständen nichtig und die Behörde verpflichtet wäre, diese Nichtigkeit durch förmliche Entscheidung auszusprechen. Dieser Schluß ist jedoch nicht richtig. Die Behörde hat es weitgehend in der Hand, ob sie die Einbürgerung aufrechterhalten will. Aus der Ausschlußfrist von 5 Jahren für den Ausspruch der Unwirksamkeit ergibt sich, daß die Behörde contra legem die fehlerhafte Einbürgerung aufrechterhalten kann. Spricht sie die Unwirksamkeit nicht binnen 5 Jahren aus, so bleibt selbst die betrügerisch erschlichene Staatsangehörigkeit gültig. Vor allem kann die Behörde die Einbürgerung nach den allgemeinen Bestimmungen des Staatsangehörigkeitsrechts aufrechterhalten. Sie ist sogar zu der Prüfung verpflichtet, ob das möglich ist. Die allgemeinen Bestimmungen sind jedoch so weit gefaßt, daß heute jeder Mensch in jedem Teil der Welt wirksam eingebürgert werden kann, und seine Einbürgerung wäre nicht einmal von selbst nichtig, wenn es ein verurteilter Massenmörder wäre. Es steht daher im pflichtgemäßen Ermessen der Behörde, ob sie die Einbürgerung aufrechterhalten will oder nicht. Ein solcher Entschluß kann unmöglich deklaratorisch sein, sondern stellt einen erneuten konstitutiven Staatsakt dar. Das Gesetz verlangt auch keinen neuen Einbürgerungsakt, sondern die Behörde kann es einfach bei der erfolgten angeblichen unwirksamen Einbürgerung belassen. Aus allen diesen Gründen dürfte es sich ergeben, daß in Wirklichkeit keine bloße Konstatierung einer Nichtigkeit vorliegt, sondern daß ein zweiter konstitutiver Staatsakt ergeht.

3. Formvorschriften

a) Das Gesetz schreibt eine förmliche Entscheidung der Einbürgerungsbehörde vor, was wohl soviel heißt, daß sie auch rechtlich begründet sein muß. (Ebenso Hoffmann I S. 85). Streit über die Berechtigung der Unwirksamkeitserklärung kann im Verwaltungsstreitverfahren ausgetragen werden. Die Entscheidung muß daher auch die übliche Rechtsmittelbelehrung haben.

b) Die Entscheidung kann nur binnen 5 Jahren ergehen. Dies ist eine Ausschlußfrist. Selbst die gröbsten Verstöße können nach Ablauf dieser Frist nicht mehr geltend gemacht werden.

c) Der Gesetzgeber verlangt „Zustellung" der Entscheidung. Dies ist auffallend, denn er fordert hier mehr als das Staatsangehörigkeitsgesetz selbst, das sich in § 16 mit der „Aushändigung" begnügt. Aushändigung besagt, daß das amtliche Schriftstück mit dem Willen der Behörde in die Hände des richtigen Adressaten gelangt. Es schadet daher nichts, wenn es etwa versehentlich bei einem falschen abgegeben und von diesem an den richtigen weitergegeben wird. Vgl. oben § 16 Anm. 3. Versteht man das Wort Zustellung im Sinne der zivilprozessualen Zustellung, so würde die formlose Weitergabe nicht reichen, sondern müßten die Vorschriften der ZPO beachtet werden. Man steht angesichts der Fassung des Gesetzes vor einem fast unlösbaren Rätsel. Nach dem Willen des Gesetzgebers muß nach Feststellung der Fehlerhaftigkeit der privilegierten Einbürgerung noch geprüft werden, ob die Einbürgerung als Normaleinbürgerung aufrechterhalten werden kann oder nicht. Für Bekanntmachung im ordentlichen Einbürgerungsverfahren gelten aber die allgemeinen Vorschriften des Staatsangehörigkeitsgesetzes, d. h. es genügt formlose Aushändigung. Durch die Verknüpfung des Sonderverfahrens nach dem 1. Staatsangehörigkeitsregelungsgesetz mit einem ordentlichen Verfahren wird es völlig zweifelhaft, welche Art der Bekanntmachung anzuwenden ist. Ist die Behörde vorsichtig, so wählt sie die förmliche Zustellung, doch würde ich jede Art der Bekanntmachung für wirksam halten, die den allgemeinen Vorschriften genügt.

d) Das Gesetz sieht auch den Fall vor, daß eine Zustellung nicht möglich wäre. Alsdann soll Veröffentlichung im Bundesanzeiger genügen. Ersatzzustellungen nach der ZPO sind nicht zulässig. Im übrigen sind Zustellungen mit Rückschein heute im ganzen Bereich des Weltpostvereins möglich. Auch nach der DDR und den Gebieten östlich der Oder-Neiße-Linie sind eingeschriebene Briefe mit Rückschein zugelassen.

4. Anfechtung durch den Betroffenen

Das Gesetz regelt merkwürdigerweise bei der Ausschlagung nur die Anfechtung durch den Ausschlagenden, nicht durch die Behörde. Bei der Anfechtung der Einbürgerung verfährt es umgekehrt. Es trifft Bestimmungen nur für die Behörde und übergeht den umgekehrten Fall der Anfechtung durch den Antragsteller. Hierzu ist folgendes zu sagen:

a) Die Einbürgerungsfälle sind anders als die Ausschlagung konstruiert. Bei der Ausschlagung handelt es sich um eine empfangsbedürftige Willenserklärung des Betroffenen. Die Behörde bescheinigt in einer deklaratorischen Urkunde, daß die Ausschlagung mit Abgabe der Erklärung wirksam geworden ist. Die Einbürgerung ist als Antrag und darauf folgender konstitutiver Staatsakt konstruiert. Daraus folgt, daß bis zur Aushändigung der Einbürgerungsurkunde noch nichts Entscheidendes geschehen ist. Bis zu diesem Zeitpunkt ist der Antrag daher frei widerruflich. Der Antragsteller kann das namentlich noch tun, wenn er wie üblich über sein Vorleben zu Protokoll gehört wird, und er danach mit einer Ablehnung mit der Folge des Verlustes der Rechtsstellung aus Art. 116 I GG rechnen muß.

b) Eine Anfechtung kommt daher erst in Frage, wenn die Behörde — positiv oder negativ — entschieden hat. Besonders bei Ablehnung der Einbürgerung liegt die Anfechtung nahe, da der Antragsteller seine Rechtsstellung verbessern und nicht verschlechtern wollte.

Eine solche Anfechtung muß grundsätzlich möglich sein. Stellt sich z. B. heraus, daß der Antragsteller geisteskrank oder nicht richtig vertreten war, so entfiele damit der rechtsgültige Antrag und mangels Antrags müßte auch der Akt der Behörde zurückgenommen werden. Diese Regeln, die bei der ordentlichen Einbürgerung nach den Vorschriften des Staatsangehörigkeitsgesetzes gelten, müssen auch bei den privilegierten Einbürgerungen nach dem 1. Staatsangehörigkeitsregelungsgesetz gelten.

Fraglich kann sein, ob die Unkenntnis des Antragstellers über die mögliche negative Wirkung seines Antrags einen Anfechtungsgrund bilden kann. Es dürfte zu den Amtspflichten der seinen Antrag entgegennehmenden Behörde gehören, ihn auch auf diese andere von ihm nicht gewünschte Möglichkeit aufmerksam zu machen. Der Antrag ist nur dann fehlerfrei gestellt, wenn sich der Antragsteller aller möglichen Folgen, der erwarteten positiven wie der negativen, voll bewußt ist. Läßt ihn die Behörde über die Möglichkeit der negativen Folgen in Unkenntnis, so ist ein so entscheidender Irrtum über die Tragweite der Erklärung vorhanden, daß man die Anfechtung zulassen muß.

Fünfter Abschnitt

Übergangs- und Schlußbestimmungen

§ 25

Das Heimatrecht[1] der Vertriebenen und die sich aus ihm künftig ergebenden Regelungen ihrer Staatsangehörigkeit[2] werden durch die auf Grund dieses Gesetzes abgegebenen Erklärungen nicht berührt.

1. Bedeutung der Vorschrift

Sie ist an sich für die in dem Gesetz geordneten Staatsangehörigkeitsfragen ohne Bedeutung und war im Regierungsentwurf nicht enthalten. Sie ist erst auf Betreiben des Bundestagsausschusses für Heimatvertriebene aufgenommen. Die Begründung des Berichts des 8. Ausschusses des Bundestages lautet:

„Dieser Gesetzentwurf will die alten Heimatrechte nicht beseitigen; sie sollen erhalten bleiben, fortleben. Der Gesetzentwurf ist eine Folge der Vertreibungen, eine notwendige Fürsorgemaßnahme, die lediglich einen gegenwärtigen Notstand 9 Jahre nach Beendigung der Feindseligkeiten endlich beheben will. Die endgültige Regelung der einschlägigen Fragen, insbesondere des Heimat- und Rückkehrrechts dieser deutschen Volkszugehörigen muß dem Friedensvertrag oder sonstigen völkerrechtlichen Verträgen vorbehalten bleiben. Die auf Grund dieses Gesetzes abgegebenen Erklärungen berühren das Heimatrecht der Vertriebenen nicht und greifen der sich aus ihm ergebenden künftigen Regelung ihrer Staatsangehörigkeit nicht vor. § 22 a (jetzt § 25 des Ges.) stellt dies ausdrücklich fest."

Der Grund der Aufnahme dieser Bestimmung ist also an erster Stelle politischer Natur. Sie gibt jedoch Anlaß zu juristischen Betrachtungen über das Verhältnis der Staatsangehörigkeit zum Heimatrecht.

2. Heimatrecht und Staatsangehörigkeit

a) Das Heimatrecht wird von den Vertriebenenverbänden stets stark betont, ist aber juristisch nicht leicht zu fassen. (Makarov, JZ 1955, 659; Bülck, Das Recht auf Heimat, Jahrb. f. int. R. III 1954 S. 58. Rogge, das Recht auf die Heimat, Integration II 1955 S. 143.) Wenn man darunter nur das Recht der Rückkehr auf die heimatliche Scholle und die Rückgabe des alten Eigentums versteht, so genügt das im Sinne der Vertriebenen nicht. Sowjetrußland beruft sich z. B.

darauf, daß es die Karelier nicht vertrieben habe, sondern daß sie freiwillig gegangen seien und daß ihrer Rückwanderung nichts im Wege stände. Auch die südosteuropäischen Staaten lehnen jetzt eine Rückwanderung der Vertriebenen nicht mehr grundsätzlich ab und geben sogar zum Teil den Grundbesitz zurück. Wenn die Vertriebenen in der großen Mehrzahl von dieser Möglichkeit keinen Gebrauch machen, so weil sie mehr verlangen. Sie wollen nicht nur die Freiheit der Niederlassung und die Wiederherstellung der zivilrechtlichen Eigentumstitel, sondern sie verlangen darüber hinaus das Recht, ihre Heimat politisch so zu gestalten, wie sie sie verlassen haben oder sie zu gestalten wünschen. Auch diese Forderung steckt in der Geltendmachung des Heimatrechts, sie ist es vornehmlich, an der die Rückkehr scheitert.

b) Trotz dieser politischen Schwierigkeiten möchte ein großer Teil der Flüchtlinge sich die Rückkehrmöglichkeit nicht völlig abschneiden. Es liegt auch im Interesse der Bundesrepublik, die Erfüllung dieses Wunsches der Volksdeutschen nicht durch seine Gesetzgebung unmöglich zu machen oder zu erschweren. Nun ist aber nicht zu verkennen, daß das Rückkehrrecht dadurch beeinträchtigt werden kann, daß man die Flüchtlinge in vollem Umfang in die eigene Staatsangehörigkeit eingliedert. Die Lösung der widersprechenden Interessen durch die „als-ob-Behandlung" war daher ein guter Ausweg. Die Flüchtlinge wurden nicht in die deutsche Staatsangehörigkeit aufgenommen, behielten ihren heimatlichen Status und sollten nur, solange sie in Deutschland waren, so behandelt werden, als ob sie deutsche Staatsangehörige wären, ohne es wirklich zu sein. Sie waren also im Grunde nur bevorzugt behandelte Gäste. Da von ihnen kein Antrag erwartet oder verlangt wurde, konnte ihnen ihr alter Heimatstaat auch nicht vorwerfen, daß sie sich um eine fremde Staatsangehörigkeit bemüht und durch deren Erwerb die Heimatstaatsangehörigkeit verloren hätten.

Hier liegt nun die Problematik des Gesetzes. Es führt eine erleichterte Einbürgerung ein, aber diese Einbürgerung verlangt einen Antrag. Mit dieser beantragten Einbürgerung werden die meisten Flüchtlinge, die ihre alte Heimatstaatsangehörigkeit noch besitzen, diese verlieren. Auch die Zwangsausbürgerungen in den östlichen Ländern werden dadurch bis zu einem gewissen Grade legitimiert. Das rechtliche Band zur alten Heimat wird damit schwächer, der juristische Rückkehranspruch gefährdet.

Dem sollte durch diesen gesetzlichen Vorbehalt vorgebeugt werden. Ob er ausreicht, um die ungünstigen juristischen Nebenwirkungen auszuschließen, ist eine andere Frage. Vorsichtiger wäre es jedenfalls gewesen, auf einen solchen Antrag ganz zu verzichten und den Flüchtlingen im Wege einer einseitigen Verleihung den Vollgenuß der deutschen Bürgerrechte zu geben. Ebenso ist die Gewährung des Ausschlagungsrechtes von diesem Gesichtspunkt aus nicht unbedenklich. Denn wer die aufoktroyierte deutsche Staatsangehörigkeit behält, von seinem Ausschlagungsrecht keinen Gebrauch macht, dem kann leicht entgegengehalten werden, daß er damit sein Einverständnis mit der Verleihung der deutschen Staatsangehörigkeit zu erkennen gibt. Auch hier hätte eine andere Fassung erwogen werden können. Der Gesetzgeber möchte diese ungünstigen Nebenwirkungen offenbar abschwächen, indem er zu erkennen gibt, daß er die jetzige Lösung nicht für endgültig und unabänderlich ansieht, sondern daß er bei Gewährung des Heimatrechtes bereit ist, über die Staatsangehörigkeit dieses Personenkreises erneut zu verhandeln.

§ 26

Die auf diesem Gesetz beruhenden Verfahren sind gebührenfrei.

Die Bestimmung hat eine erhebliche materielle Bedeutung, da die Einbürgerungsgebühren recht hoch sind (bis zu 5000,— DM). Wird eine nach diesem Gesetz vorgenommene Einbürgerung gemäß § 24 als gewöhnliche Einbürgerung nach den Vorschriften des Staatsangehörigkeitsgesetzes aufrechterhalten, so dürfte es rechtlich zulässig sein, für diese Einbürgerung Gebühren nachzufordern, jedoch wird die Behörde dies dem Betroffenen vor ihrer Entscheidung über die Aufrechterhaltung der Einbürgerung mitteilen müssen.

§ 27

§ 17 gilt, soweit er die örtliche Zuständigkeit regelt, auch für die Staatsangehörigkeitsangelegenheiten des Reichs- und Staatsangehörigkeitsgesetzes.

Eine Regelung der örtlichen Zuständigkeit enthielt das Staatsangehörigkeitsgesetz nicht. Insofern enthält der § 27 eine Ergänzung der allgemeinen Bestimmungen.

Aus der Aufnahme dieser Sonderbestimmung kann wohl gefolgert werden, daß sonst keine Vorschrift des Staatsangehörigkeitsregelungsgesetzes analog auf das Staatsangehörigkeitsgesetz anwendbar ist, sondern daß es im übrigen bei den bisherigen allgemeinen Bestimmungen und der Verwaltungs- und Gerichtspraxis bleibt.

Die Regelung der örtlichen Zuständigkeit ist nur eine Ordnungsvorschrift. Wird dagegen verstoßen, so bleiben Akte örtlich unzuständiger Stellen gleichwohl gültig, soweit es sich nur um funktionell zuständige Behörden handelt.

§ 28

Die deutsche Staatsangehörigkeit „auf Widerruf" steht der deutschen Staatsangehörigkeit gleich, soweit nicht bis zum 8. Mai 1945 von dem Widerrufsrecht Gebrauch gemacht worden ist.

Die 12. Durchführungsverordnung zum Reichsbürgergesetz vom 25. April 1943 (RGBl. I S. 268) und die dazu ergangene Verordnung über die deutsche Staatsangehörigkeit auf Widerruf vom 25. April 1943

(RGBl. I S. 269) haben die dem deutschen Staatsangehörigkeitsrecht bis dahin unbekannte Einrichtung der deutschen „Staatsangehörigkeit auf Widerruf“ geschaffen. Diese Regelung ist hauptsächlich deswegen getroffen worden, weil bei der Rückführung deutscher Volksgruppen nach Deutschland auch nahe Verwandte nichtdeutscher Volkszugehörigkeit mitgebracht werden konnten und bei der Eingliederung von polnischen und jugoslawischen Gebietsteilen nichtdeutsche Bevölkerungsteile miterfaßt wurden. Die Staatsangehörigkeit auf Widerruf war also besonders für Personen nichtdeutscher Volkszugehörigkeit gedacht, die im Reiche Aufnahme gefunden oder ihren Wohnsitz hatten und bei denen enge verwandtschaftliche Beziehungen zu Volksdeutschen bestanden. Der Widerruf konnte nur binnen 10 Jahren ausgeübt werden.

Die genannten Verordnungen sind durch Kontrollratsgesetz Nr. 1 Art. 1 ausdrücklich aufgehoben worden. Diese Aufhebung ist auch nach den Bonner Verträgen vom 26. Mai 1952 in Wirksamkeit geblieben, da nach Art. 1 Überleit. Vertr. vom Kontrollrat erlassene Rechtsvorschriften weder aufgehoben noch geändert werden dürfen. Eine Verleihung der deutschen Staatsangehörigkeit auf Widerruf ist daher seit dem deutschen Zusammenbruch von 1945 nicht mehr vorgenommen worden.

Die Aufhebung der 12. Durchführungsverordnung zum Reichsbürgergesetz hat keine rückwirkende Kraft gehabt und hat daher die vorgenommenen Verleihungen der Staatsangehörigkeit auf Widerruf nicht berührt. Es war zweifelhaft, ob das Widerrufsrecht noch ausgeübt werden konnte. Das Bundesinnenministerium stand auf dem Standpunkt, daß nach Inkrafttreten des Grundgesetzes ein Widerruf mit Art. 16 GG im Widerspruch stände, da es eine Entziehung der deutschen Staatsangehörigkeit bedeutete (Schätzel Grundrechte S. 541). Die Regierungsbegründung hält die endgültige Abschaffung des Instituts der deutschen Staatsangehörigkeit auf Widerruf im Wege der Bundesgesetzgebung für notwendig, da der Widerruf im Gegensatz zu Art. 16 GG stände.

Ob diese Begründung zutrifft, kann allerdings zweifelhaft sein. Die betreffenden Personen waren eben nicht im Besitz einer unwiderruflichen deutschen Staatsangehörigkeit, sondern nur einer widerruflichen Staatsangehörigkeit. Es würde ihnen im Falle eines Widerrufs also nichts genommen, worauf ihnen ein Recht zustand. Trotzdem ist der Abschaffung dieses zweifelhaften Instituts zuzustimmen. Auch wenn es sich in vielen ausländischen Staatsangehörigkeitsgesetzen findet und daher grundsätzlich nicht beanstandet werden könnte, ist es doch wenig empfehlenswert, da es Personen lange Jahre in einer unsicheren Rechtslage hält und damit indirekt unter politischen Druck setzt.

§ 29

Dieses Gesetz gilt nach Maßgabe des § 13 des Dritten Überleitungsgesetzes vom 4. Januar 1952 (Bundesgesetzbl. I S. 1) auch im Land Berlin.

Vgl. Berliner Gesetz vom 19. März 1955 oben S. 49.

§ 30

Dieses Gesetz tritt am Tage nach seiner Verkündung in Kraft.

Das Gesetz ist am 25. Februar 1955 im Bundesgesetzblatt verkündet, also am 26. Februar 1955 in Kraft getreten.

Zweites Gesetz zur Regelung von Fragen der Staatsangehörigkeit

vom 17. Mai 1956

(BGBl. I S. 431)

Geschichtliche Vorbemerkung

Das 2. Staatsangehörigkeitsregelungsgesetz ordnet die aus dem Anschluß Österreichs entstandenen Staatsangehörigkeitsfragen.

1. Kaiserreich Österreich

Der Habsburger Staat ging aus dem Wiener Kongreß 1815 als Einheitsstaat „Kaiserreich Österreich" mit einheitlicher Staatsangehörigkeit hervor. Bei dem sogenannten österreichisch-ungarischen Ausgleich (österr. StGrdGes. vom 21. Dez. 1867) wurde es jedoch in eine Realunion mit getrennter österreichischer und ungarischer Staatsangehörigkeit umgeformt, wobei die Staatsangehörigkeit vom Heimatrecht abhängig gemacht wurde. (Ulbrich, Das ö. StRecht 1909, S. 180). Dazu trat nach der Angliederung von Bosnien-Herzegowina durch die Berliner Kongreßakte vom 13. Juli 1878 eine besondere Staatsangehörigkeit dieses Landesteils. Es gab in Österreich-Ungarn bis zum Zusammenbruch 1918 daher 3 verschiedene Staatsangehörigkeiten, die jedoch nicht wie in Deutschland von einer gemeinsamen des Gesamtstaates überlagert wurden. Diese 3 Staatsangehörigkeiten konnten gegenseitig ausgewechselt werden, auch war der Besitz mehrerer von ihnen nicht ausgeschlossen.

2. Deutsch-Österreich 1918

Beim Zusammenbruch 1918 entstanden auf dem Boden des Habsburger Staates originär neue Staatsbildungen, die Tschechoslowakei, Südslawien und Deutsch-Österreich. Deutsch-Österreich konstituierte sich am 30. Oktober 1918 als selbständiger Staat und nahm für sich in Anspruch, genau so eine originäre Neubildung zu sein wie die Tschechoslowakei und leugnete den Zusammenhang mit dem kaiserlichen Österreich. Nur Restungarn hat seine Identität mit dem alten Ungarn nie in Abrede gestellt. Deutsch-Österreich erklärte in Art. 2 seiner vorläufigen Verfassung vom 12. November 1918, daß es ein Bestandteil der deutschen Republik sei, doch haben sich hieraus keine Folgen für die Staatsangehörigkeit ergeben. Sämtliche Habsburger Nachfolgestaaten bestimmten willkürlich ihre Grenzen und die Ausdehnung ihrer Staatsangehörigkeit (Adamovich, Grundriß d. ö. StRechts 1928, S. 21). So nahm Deutsch-Österreich alle deutschsprachigen Gebiete für sich in Anspruch, darunter die deutschsprachigen Gebiete der Tschechoslowakei und Südtirol und verlieh den Bewohnern die neue deutsch-österreichische Staatsangehörigkeit (deutsch-österr. StBürgerschGes. vom 5. Dez. 1918; Schätzel, Wechsel der StAng. II S. 162). Da die Tschechoslowakei gleiche Gebiete sich einverleibte und die Bewohner als tschechoslowakische Staatsangehörige betrachtete, hatten sie praktisch 2 Staatsangehörigkeiten. Es gab andererseits Personen, die von keinem Nachfolgestaat in Anspruch genommen wurden und daher in der Übergangszeit de facto staatenlos waren.

3. Die Pariser Verträge nach dem 1. Weltkrieg

Eine Ordnung der Staatsangehörigkeitsverhältnisse trat durch die Pariser Friedensverträge ein. Diese — St. Germain vom 10. Sept. 1919 mit Österreich und Trianon vom 4. Juni 1920 mit Ungarn — stellten sich auf den Standpunkt, daß sowohl der österreichische wie der ungarische Staat bestehen geblieben seien und von diesen Gebiete und Bevölkerungen abgetreten wurden. Österreich mußte auf die Bevölkerung in den Gebieten verzichten, die anderen Staaten zugesprochen wurde. Diese verlor damit nach einer Übergangsperiode doppelter Staatsangehörigkeit die deutsch-österreichische Staatsangehörigkeit. Andererseits erwarb Österreich durch den Friedensvertrag von Trianon das bisher ungarische Burgenland, und die Bewohner mit dortigem Heimatrecht erhielten die österreichische Staatsangehörigkeit. Übriggebliebene Streitfragen über die Aufteilung der Staatsangehörigen wurden durch die römische Konvention der Nachfolgestaaten vom 6. April 1922 geregelt (vgl. Kramer, Die StAng. der Altösterreicher und Ungarn nach den Friedensverträgen 1926; Kunz, Der Vertrag von St. Germain in Crusen-Maas-Siedler, Das Recht der Staatsangehörigkeit 1940, S. 1003; Seeler, Das StAngR Österreichs 1957, S. 23 ff.).

4. Der Anschluß 1938

Am 13. März 1938 verkündeten deutsche und österreichische Gesetze den Zusammenschluß Deutschlands und Österreichs (RGBl. I S. 237; Seeler, ö. StAngR S. 45). Ein völkerrechtlicher Vertrag zwischen beiden Staaten wurde nicht geschlossen. Die Gültigkeit des österreichischen Gesetzes ist umstritten. Es stützte sich auf Bestimmungen der — rechtswidrig oktroyierten — Dollfuss-Verfassung vom 30. April 1934 (Jahrb. d. ö. R. Bd. 22 [1935] S. 352). Die von der NS-Regierung am 10. April 1938 durchgeführte Volksabstimmung über den Zusammenschluß ermangelte der nötigen Kauteln und Garantien und wird daher heute nicht anerkannt. Der Zusammenschluß widersprach dem Anschlußverbot der Friedensverträge von Versailles und St. Germain, welche ihn ohne Zustimmung des Völkerbundes verboten. Es ist durchaus möglich, daß unter der damaligen politischen Lage der Völkerbundsrat zu dieser Zustimmung bereit gewesen wäre, der NS-Staat hielt es jedoch nicht für erforderlich, sich diesen völkerrechtlichen Titel zu beschaffen. Infolgedessen haben sich die alliierten Staaten am Ende des 2. Weltkrieges auf den Standpunkt gestellt, daß diese Vereinigung eine rechtswidrige Annexion darstellte. 1938 haben allerdings alle Staaten der Welt die vollendete Tatsache anerkannt, ihre Gesandtschaften in Wien zurückgezogen oder in Generalkonsulate umgewandelt und die in ihrem Gebiet befindlichen Österreicher aufgefordert, sich entweder einen neuen deutschen Paß zu besorgen oder einen Staatenlosenpaß zu beantragen. Es hat keine österreichische Exilregierung und keine österreichische Exilstaatsangehörigkeit gegeben.

5. Das Wiederaufleben Österreichs 1945

Zu dem politischen Programm der Alliierten gehörte die Wiederherstellung der Selbständigkeit Österreichs. Sie war enthalten in der Moskauer Erklärung vom 1. November 1943 (Adamovich, Die BVerfGes. 1953 S. 2). Daher verkündeten bald nach der Besetzung Wiens durch russische Truppen durch Proklamation Vertreter der sozialdemokratischen, der christlichsozialen und der kommunistischen Partei die Wiedererrichtung des österreichischen Staates (Adamovich, BVerfG S. 98). Die anderen Landesteile waren damals noch nicht von den Alliierten militärisch besetzt, so daß sich die Autorität dieser neugebildeten österreichischen Regierung zunächst nur auf die russisch besetzten Gebiete erstreckte. Nach VII des Potsdamer Protokolls vom 2. August 1945 wurde dann die Autorität dieser Regierung auch auf die anderen Besatzungsgebiete ausgedehnt. Der österreichische Staat hat jedenfalls dieses Datum als offizielles Geburtsdatum anerkannt und in seiner Gesetzgebung niedergelegt. Er steht auf dem Standpunkt der Fortdauer des österreichischen Staates (vgl. Verosta, Die internationale Stellung Österreichs 1938—1947, 1947; Delaporte, La Permanence de l'Autriche 1948; Travers Grayson, Austria's International Position 1938—1953, 1953) und deutet die Vereinigung Österreichs mit Deutschland in eine occupatio quasi bellica um (so Adamovich, BVerfG S. 2), was zwar kaum den tatsächlichen und rechtlichen Begebenheiten entsprechen dürfte, aber ein unantastbares politisches Dogma des neuen Österreich ist.

In Fragen der Staatsangehörigkeit ist die österreichische Auffassung selbst nicht völlig klar. Einerseits wird der Standpunkt vertreten, daß die österreichische Staatsbürgerschaft stets fortbestanden habe (so Seidl-Hohenveldern, ö. Ztschr. f. öfft. R. Bd. 6 [1955] S. 24; Heinl, Das ö. StBürgrecht 1950 S. 46), was nur folgerichtig ist, wenn man vom Fortbestand des österreichischen Staates ausgeht. Andererseits bestimmt das österreichische Staatsbürgerschaftsüberleitungsgesetz vom 10. Juli 1945 § 1 selbst, wer österreichischer Staatsbürger seit dem 27. April 1945 sei, woraus sich der Schluß aufdrängt, daß die österreichischen Staatsbürger es nach Auffassung des österreichischen Gesetzgebers vorher nicht gewesen seien. Seeler, ö. StAngR S. 50 nimmt daher an, daß 1945 eine neue österreichische Staatsangehörigkeit entstanden sei. Das österreichische Staatsbürgerschaftsüberleitungsgesetz versucht, ohne ausdrücklich zur Frage der Kontinuität Stellung zu nehmen und ohne zu einer Rückwirkung zu greifen, jedenfalls die neuen österreichischen Staatsbürgerschaftsverhältnisse so zu regeln, als ob die österreichische Staatsangehörigkeit immer bestanden hätte und nimmt von der deutschen „Anschlußstaatsangehörigkeit" überhaupt nicht Kenntnis, stellt sie allerdings auch nicht in Abrede. Die amtliche österreichische Auffassung kann daher dahin zusammengefaßt werden:

a) Vom 13. März 1938 bis 27. April 1945 hat neben der aufoktroyierten deutschen Staatsangehörigkeit die österreichische fortbestanden;

b) mit dem 27. April 1945 ist die deutsche Staatsangehörigkeit bei allen Personen fortgefallen, welche ohne den deutschen Anschluß Österreicher wären.

6. Der deutsche Standpunkt

a) Zunächst war kein deutscher Standpunkt vorhanden, da die alliierten Okkupationsbehörden die volle Staatsgewalt in Deutschland ausübten und eine eigene deutsche Staatsgewalt, die zu dieser Frage Stellung nehmen konnte, nicht vorhanden war. Die Alliierten haben während des Krieges die Österreicher im allgemeinen noch als deutsche Staatsangehörige behandelt und nur z. T. nach der Moskauer Erklärung ihre Haltung geändert. Nach dem Kriege haben sie keinen Zweifel daran gelassen, daß sie die Österreicher nur als Österreicher ansähen.

b) Die Bundesregierung konnte erst nach Herstellung ihrer Souveränität zu dieser Frage Stellung nehmen. Sie hat von Anfang an den Standpunkt zu erkennen gegeben, daß sie die Bevölkerung in Österreich nicht als deutsche Staatsangehörige betrachtet, jedoch bestanden Zweifel in Einzelfragen, so namentlich bezüglich des Zeitpunktes des Fortfalls der deutschen Staatsangehörigkeit, der Staatsangehörigkeit der Ehefrau und der Staatsangehörigkeit der in Deutschland verbliebenen Österreicher. Die Lösung dieser Fragen war zunächst der Praxis und Rechtsprechung überlassen. Als ich 1948 diese Frage zum ersten Male angriff (Archiv d. ö. R. Bd. 74 S. 296), schwebte mir die Lösung vor, welche nach dem 1. Weltkrieg für die Regelung zwischen den Habsburger-Nachfolgestaaten gefunden war. Das bedeutete, daß man sich zunächst mit gewissen Überschneidungen der Staatsangehörigkeit und Doppelstaatigkeiten abfand, sich aber an die Kollisionsnormen hielt, die im Haager Staatsangehörigkeitsabkommen vom 12. April 1930 aufgestellt sind (s. oben S. 66). Dies führte zu dem Ergebnis, daß in Österreich wohnhafte Österreicher nur als Österreicher und in Deutschland wohnhafte als Deutsche zu behandeln waren, hätte also zunächst eine kollisionsfreie Aufteilung ergeben. Diese Lösung entsprach jedoch nicht der offiziellen österreichischen Staatsdoktrin von der Permanenz des österreichischen Staates. Um dem österreichischen Standpunkt weiter entgegenzukommen, wies ich, als der Abschluß eines Staatsangehörigkeitsabkommens sich hinauszog, auf den völkerrechtlichen Gesichtspunkt der Dereliktion hin (Grundrechte II S. 558). Er war offensichtlich, daß die als Teilstaat auf dem Boden des deutschen Reiches entstandene Bundesrepublik niemals einen Anspruch aus dem Anschluß herleitete und die Selbständigkeit Österreichs ohne jeden Vorbehalt anerkannte. Daraus ließ sich eine „Dereliktion", ein Verzicht auf Land und Leute in Österreich herleiten, so daß damit die deutsche Staatsangehörigkeit der Bewohner Österreichs endgültig entfiel. Mit dieser Theorie ließ sich allerdings die Frage der Staatsangehörigkeit der in Deutschland wohnhaften Österreicher und ihrer Frauen nicht im Sinne der österreichischen Permanenzdoktrin lösen. Der mit anderen Sorgen belastete Gesetzgeber der BRep hielt sich zunächst zurück und wartete die Ergebnisse der Verwaltungspraxis und die Entscheidungen der Gerichte ab. Die Rechtsprechung und die Verwaltungspraxis waren nicht einheitlich. (M a k a r o v, Rechtspr. I S. 152, II S. 637). Es traten je nach den maßgebenden Gesichtspunkten ganz verschiedene Ansichten auf. Das Bundesinnenministerium neigte dazu, überhaupt keine ehemaligen Österreicher für die deutsche Staatsangehörigkeit in Anspruch zu nehmen, um sich nicht dem Vorwurf auszusetzen, daß es irgendwelche Folgen des Anschlusses aufrechterhalten wollte. Die Interessen der in Deutschland wohnhaften Österreicher gingen jedoch überwiegend dahin, ihre deutsche Staatsangehörigkeit bestätigt zu erhalten, was aus den zahlreichen Klagen dieser Bevölkerungsgruppe hervorgeht, die sämtlich auf Anerkennung ihrer deutschen Staatsangehörigkeit gingen, während der umgekehrte Fall, daß sich ein Österreicher gegen die deutsche Staatsangehörigkeit gewehrt hätte, nicht vorgekommen ist (vgl. K ö r b e r, Die Rechtsstellung der Deutschen aus Österreich in der BRep Deutschland). Bei den Gerichten herrschte offenbar die Vorstellung vor, daß es illoyal wäre, Leute, die seit über einem Jahrzehnt Deutsche waren und Deutsche bleiben wollten, zurückzustoßen, daher überwog in der Rechtsprechung die Bejahung der deutschen Staatsangehörigkeit der Österreicher in Deutschland. Sie setzte sich auch bei den deutschen höchsten Gerichten, dem BGH (BGH 3, 178) für reichsdeutsche Frauen von Österreichern und dem BVerwG (E 1, 206) für eine deutsche Behördenangestellte durch (B a c h o f, JZ 1957, 342). Von Bedeutung waren besonders die grundsätzlichen Entscheidungen des BVerwG vom 30. Oktober 1954, da dieses Gericht die für Staatsangehörigkeitsfragen letzte und entscheidende Instanz war. Das Bundesinnenministerium hielt demgegenüber an seiner negativen Haltung fest und fand für seine Ansicht die Zustimmung des BVerfG (E. vom 9. Nov. 1955 BVerfG E 4, 322). Doch war diese Entscheidung in einer Auslieferungssache ergangen und hatte keine für die Gerichte bindende Kraft (G e i g e r, NJW 1954 S. 1060; W e n g l e r, NJW 1957 S. 1419). Es war daher vorauszusehen, daß sie sich gegenüber dem Rechtsstandpunkt des BGH und des BVerwG nicht durchsetzen würde. Daher griff nunmehr der Bundesgesetzgeber ein, um seine von der Rechtsprechung abweichende Ansicht durchzusetzen, und unternahm es, die völlig unübersichtlich gewordene Rechtslage durch ein Sondergesetz zu regeln. Diese Regelung stellt das Gesetz vom 17. Mai 1956 dar. Es ist, soweit zu übersehen ist, in Österreich freundlich aufgenommen worden und hat dort zu keinen Widersprüchen geführt, während es aus den Kreisen der Österreicher in Deutschland zu solchen gekommen ist. Es liegt das daran, daß bei der Abfassung des Gesetzes offenbar der außenpolitische Gesichtspunkt der Wiederherstellung eines guten Einvernehmens mit Österreich überwogen hat. Auch bei Billigung dieses Bestrebens bleibt allerdings die Frage, ob bei der Regelung gewisser Einzelfragen nicht eine bessere Berücksichtigung der Wünsche der Österreicher in Deutschland möglich gewesen wäre, und ob es nötig war, gewisse Bestimmungen des Gesetzes so zu fassen, daß ihre Verfassungsmäßigkeit in Zweifel gezogen werden kann.

Vorspruch.

Der Bundestag hat mit Zustimmung des Bundesrates das folgende Gesetz beschlossen:

Es wird festgestellt, daß das Reichsgesetz über die Wiedervereinigung Österreichs mit dem Deutschen Reich vom 13. März 1938 (RGBl. I S. 237) außer Kraft getreten ist. Die hierdurch auf dem Gebiete der Staatsangehörigkeit entstandenen Rechtsfragen werden wie folgt geregelt:

Der bei Gesetzen sonst nicht übliche Vorspruch hat nur politische Bedeutung. Darüber daß der Anschluß vom Jahre 1938 im Jahre 1956 nicht mehr in Wirksamkeit war, bestand nirgends ein Zweifel. Österreich war in der ganzen Welt als Staat anerkannt. Auch die BRep Deutschland hatte seine Selbständigkeit durch die Aufnahme diplomatischer Beziehungen anerkannt. Sie hat, ebenso wie Österreich als ein Bruchstück des zerfallenen Großdeutschen Reiches auf einem Teilgebiet entstanden, niemals irgendeinen Anspruch auf Österreich und seine Bewohner erhoben und die Bundesregierung war stets ängstlich bemüht, die Empfindlichkeit Österreichs zu achten. Trotzdem wurden in Österreich Stimmen laut, die der BRep einen Vorwurf daraus machten, daß sie das Anschlußgesetz vom 13. März 1938 nicht ausdrücklich aufhob. Dieser Wunsch war nicht leicht zu erfüllen. Man kann Geschehenes nicht ungeschehen machen, und man kann nicht mehr Existierendes nicht aufheben. So schien das 2. StAngReglG eine passende Gelegenheit zu geben, um dem österreichischen Wunsch entgegenzukommen. Allerdings war die Formulierung nicht einfach. Leichter wäre ein Staatsvertrag zu fassen gewesen, in welchem beide Teile gegenseitig ihre Unabhängigkeit anerkannt hätten. Der Ausspruch in Gesetzesform war ungleich schwieriger. Der Regierungsentwurf schlug die Fassung vor: Das Reichsgesetz über die Wiedervereinigung Österreichs mit dem Deutschen Reich vom 13. März 1938 ist gegenstandslos geworden. Dies erschien dem Bundestag im Hinblick auf die Stimmung in Österreich zu schwach. So entschloß man sich zu der Formel, daß das Außerkrafttreten des Anschlusses festgestellt wurde. Darin liegt, daß man sich der österreichischen Doktrin von der bloß zeitweisen occupatio quasi bellica nicht anschloß, sondern daß nach deutscher Auffassung das Anschlußgesetz seiner Zeit volle Wirksamkeit gehabt hat, aber inzwischen wieder außer Kraft getreten ist. Diese Außerkrafttretung ist ein tatsächlicher Vorgang, so daß man sie nicht anzuordnen, sondern nur zu konstatieren brauchte. Nun ist Feststellen keine Aufgabe des Gesetzgebers, der anzuordnen hat. Man hat daher diese Feststellung mit Recht lediglich in den Vorspruch gestellt. Sie ist wichtig, weil sich daraus die Schlußfolgerungen des Gesetzes ergeben.

§ 1

Die Verordnungen über die deutsche Staatsangehörigkeit im Lande Österreich vom 3. Juli 1938 (Reichsgesetzbl. I S. 790) und vom 30. Juni 1939 (Reichsgesetzbl. I S. 1072) werden mit Wirkung vom 27. April 1945 aufgehoben. Die deutsche Staatsangehörigkeit derer, die nach Maßgabe der §§ 1, 3 und 4 der Verordnung vom 3. Juli 1938 oder nach Maßgabe des Artikels 1 der Verordnung vom 30. Juni 1939 am 26. April 1945 deutsche Staatsangehörige waren, ist mit Ablauf dieses Tages erloschen.

1. Aufrechterhaltung der deutschen Staatsangehörigkeit während des Anschlusses

Die für die Einführung der deutschen Staatsangehörigkeit in Österreich maßgebenden VO von 1938 und 1939 werden mit Wirkung vom 27. April 1945 aufgehoben (mit Ausnahme von § 2 der VO von 1938). Darin liegt, daß ihre frühere Gültigkeit bestätigt wird. Sämtliche Österreicher sind also vom Standpunkt des deutschen Gesetzgebers aus in der Zeit vom 13. März 1938 bis 26. April 1945 deutsche Staatsangehörige gewesen. Ob sie daneben nach österreichischer Auffassung auch die (latente) österreichische Staatsangehörigkeit weiter besessen haben, interessiert vom deutschen Standpunkt nicht. Sie sind auch dann in dieser Zeit Deutsche gewesen, wenn sie sich bei Wohnsitz im Ausland dort an Stelle eines deutschen einen Staatenlosenpaß haben ausstellen lassen.

Als deutsche Staatsangehörige unterstanden sie für Erwerb, Verlust und Weiterübertragung der deutschen Staatsangehörigkeit. Dabei ist zu beachten, daß der Erwerb der deutschen Staatsangehörigkeit in Österreich sich vom 13. März 1938 bis zum 30. Juni 1939 nach dem österreichischen Staatsbürgergesetz vom 30. Juli 1925 vollzog und daß erst mit Wirkung vom 1. Juli 1939 das deutsche StAngG von 1913 eingeführt wurde. Da beide Gesetze sehr ähnlich sind, besteht außer in Einzelfällen kein großer Unterschied in den Ergebnissen. Eine solche Ausnahme bildete z. B. die Verheiratung einer Frau mit einem staatenlosen Ausländer. Nach deutschem Recht wurde die Frau dadurch staatenlos, nach österreichischem Recht behielt sie die österreichische Staatsangehörigkeit und in Anwendung dieser Gesetzesbestimmung (§ 9 Abs. 1 des ö. G.) auch die deutsche Staatsangehörigkeit.

Sämtliche Erwerbs- und Verlustgründe betrafen nur die deutsche Staatsangehörigkeit. Es fehlt jedes Sukzessionsverhältnis zur neuen österreichischen Staatsangehörigkeit. Die Ausländerin, die einen Anschlußdeutschen heiratete, wurde Deutsche. Der eingebürgerte Ausländer, z. B. ein Südtiroler, wurde deutscher Staatsangehöriger. Die Erwerbstitel für die deutsche Staatsangehörigkeit lassen sich nicht in Erwerbstitel für die österreichische umdeuten. Ob diese erworben wurde, richtet sich ausschließlich nach österreichischem Recht. Im Falle der Einbürgerung bedarf es eines erneuten Erwerbs der österreichischen Staatsbürgerschaft.

2. Die Theorien über die Verselbständigung Österreichs

Die Selbständigkeit Österreichs ist eine Tatsache. Da die BRep diese Selbständigkeit anerkennt, kann sie selbstverständlich auch nicht die österreichische Bevölkerung oder Teile von ihr gegen ihren Willen in der deutschen Staatsangehörigkeit festhalten. Über diesen Grundsatz hat von jeher Einigkeit bestanden, nicht dagegen über die rechtliche Grundlage, die betroffenen Bevölkerungskreise und das Datum. Für die Loslösung Österreichs von Deutschland sind drei rechtliche Betrachtungsweisen möglich:

a) Demembration, d. h. Zerfall eines Gesamtstaates — Großdeutschland — in verschiedene originäre Teilstücke: BRep, DDR, Österreich usw.
b) Dereliktion, d. h. stillschweigender Verzicht des weiterbestehenden deutschen Gesamtstaates auf das verselbständigte Teilstück Österreich.
c) Desannexion, d. h. Rückgängigmachung der völkerrechtswidrigen Annexion von 1938.

Je nach dem Ausgangspunkt sind die Schlußfolgerungen für die Staatsangehörigkeit verschieden.

Der 8. Bundestagsausschuß war sich über den grundsätzlichen Standpunkt völlig klar. Seine Beschlüsse sind nur gegen eine unerhebliche Minderheit gefaßt (vgl. den Bericht des 8. Ausschusses des Bundestages Maßfeller II S. 41 ff.). Die Annahme einer Demembration wie bei dem Habsburgerstaat nach dem 1. Weltkrieg schien aus politischen Gründen nicht annehmbar. Zu dieser Theorie bekennt sich die DDR und bekannte sich das Saarland, solange es außerhalb der BRep war. Dies paßte nicht zu den offiziellen Staatstheorien der BRep und Österreichs. Österreich bekennt sich zu der Staatsdoktrin der Identität mit dem 1938 eingegliederten Österreich, die BRep zu der Staatsdoktrin der Identität mit dem Deutschen Reich. Diese Dogmen wären gefährdet, wenn man die Demembration eines einheitlichen Ganzen und die originäre Neubildung von Teilstaaten annähme. Insbesondere würde dadurch die Stellung der BRep gegenüber der DDR erschüttert. Damit schied diese Lösung aus.

Es hatte den Anschein, daß Lehre und Rechtsprechung in der BRep vor dem Gesetz zur Theorie der Dereliktion neigten. Daß es diesen Verlustgrund nach Völkerrecht gibt, ist allgemein anerkannt. Allgemeine Regeln des Völkerrechts sind nach Art. 25 GG Bestandteil des Bundesrechts. Das Ausscheiden Österreichs ließ sich daher glatt nach dieser Theorie lösen. Keines der Trümmerstücke des Großdeutschen Reiches hat einen Anspruch auf Österreich aufrechterhalten. Die ganze Welt hat die volle Souveränität Österreichs anerkannt. Österreich ist 1955 in die

Vereinten Nationen aufgenommen worden. Mit der Aufgabe der Gebietshoheit entschwindet nach alten völkerrechtlichen Sätzen auch die Personalhoheit über die in dem aufgegebenen Gebiet wohnhafte Bevölkerung. Aber die Dereliktionstheorie befriedigte nicht ganz. Die völkerrechtliche Dereliktion ist dem bürgerlichrechtlichen Institut des Eigentumsverlustes durch Preisgabe nachgebildet. Ein Staat kann daher nur Gebiet, nicht Einzelpersonen derelinquieren. Der Verlust der Staatsangehörigkeit der Wohnbevölkerung stammt aus der Zeit, als die Bevölkerung ein notwendiges Zubehör zum Gebiet war und daher nur eine Folgeerscheinung der Preisgabe des Gebietes. Mit dem Rechtstitel der Dereliktion gelangt man daher nur zu einem Verlust der Staatsangehörigkeit der Wohnbevölkerung, nicht aber der Personen mit Wohnsitz außerhalb des derelinquierten Gebietes. Mit einer solchen Lösung wollte sich Österreich nicht abfinden. Sie entsprach nicht seiner Staatsdoktrin von der Permanenz des österreichischen Staates. Die österreichische Regierung verlangte mehr. Die Staatstheorie der Identität und Permanenz fand nur dann volle Anerkennung, wenn an den alten Staat angeknüpft und volle Restitution, Wiederherstellung des Zustandes quo ante erreicht wurde.

Zu einem solchen Ergebnis konnte man nur mit der Theorie von der Desannexion kommen. Diese Theorie hat es im Völkerrecht des 19. Jahrhunderts nicht gegeben. Man kannte früher nur die Retrozession, die Rückübertragung, die den allgemeinen Regeln der Zession folgte. Die Desannexion ist erst im Zusammenhang mit der Rückforderung Elsaß-Lothringens durch Frankreich nach dem 1. Weltkrieg erfunden. Aus politischen Gründen wurde für dieses Verlangen der Ausdruck „Desannexion" geprägt, worin zugleich eine Verurteilung der vorangegangenen Annexion von 1871 liegen sollte (vgl. Schätzel, Die Annexion im Völkerrecht 1920). Extreme Verfechter dieser Theorie verlangten Rückgängigmachung bis zum Jahre 1871. Hiergegen regte sich jedoch Widerspruch bei den französischen Juristen in den Conferences d'Alsace-Lorraine (vgl. Schätzel, Die els.-lothr. StAng-Regelung 1929 S. 18). „Abrogation ne signifie pas nullité" wurde damals festgestellt. Der Versailler Vertrag beschränkte sich denn auch mit einer verhältnismäßig kurzen Rückwirkung der Einbürgerung der Bevölkerung (vom 10. Januar 1920 auf den 11. November 1918), knüpfte aber tatsächlich an die Staatsangehörigkeitsverhältnisse von 1871 an. Im Anschluß an diesen einmaligen Vorfall stellte Niboyet ein ganzes System auf (Pillet-Niboyet, Manuel de droit int. 1924 S. 198). Es gäbe bei Gebietsänderungen zwei Systeme der Umbürgerung: Das normale, wonach die Wohnbevölkerung der Zugehörigkeit des Gebietes folgte, und die „Reintegration", d. h. der Wiederherstellung einer früher rechtswidrig entzogenen Staatsangehörigkeit. In der BRep tritt der Gedanke der Desannexion in Gerichtsurteilen nur selten auf, jedoch z. B. in einer Entscheidung des Verwaltungsgerichtshofes für Württ.-Hohenzollern vom 21. Januar 1953 (StAZ 1953 S. 271). Jedenfalls ist unverkennbar, daß die Bundesregierung und zum Teil auch der Bundestagsausschuß stark unter den Vorstellungen dieser Desannexionstheorie gestanden hat. Man fühlte sich wegen der Angliederung

Österreichs angeklagt und wollte, wie es auch in dem Bericht des Bundestagsausschusses ausdrücklich heißt, nicht den Anschein erwecken, als wollte man irgendetwas von dem verfemten Anschluß aufrechterhalten. So kam man dazu, im Prinzip die Desannexionstheorie anzunehmen und von dieser Grundlage aus die Staatsangehörigkeitsfragen zu behandeln. Diese Entscheidung ist politisch verständlich, vom juristischen Standpunkt aber als verfehlt abzulehnen. Desannexion ist stets nur ein politisches Schlagwort gewesen. Juristisch ist sie nicht realisierbar, da sie zu unlöslichen Fragen der Rückwirkung führt. Auch wer desannektieren will, ist nach dem Völkerrecht auf die Retrozession bzw. Dereliktion angewiesen. Es gibt im Völkerrecht keinen Titel der Desannexion. Daher hat die Regelung des Gesetzes etwas Gekünsteltes und in sich Widerspruchsvolles. Daraus rühren viele Zweifelsfragen der Auslegung her.

3. Die „desannektierten" Bevölkerungsgruppen

a) Die Wohnbevölkerung in Österreich.

Welche der 3 Theorien man auch anwendet, Demembration, Dereliktion oder Desannexion, so ergibt sich stets, daß sie die deutsche Staatsangehörigkeit verloren hat, und zwar muß der Verlust aus völkerrechtlichen Gründen schon lange von der Entstehung der BRep eingetreten sein. Der Gesetzgeber kann insoweit nicht mehr tun, als einen bereits eingetretenen Rechtsvorgang zu registrieren und zu konstatieren. Bezüglich dieser Frage hat auch bei Bundesregierung, Bundestagsausschuß und Bundesrat nie der geringste Zweifel bestanden. Diese Österreicher sind daher auch bei Reisen oder Zuzug nach Deutschland nur als Österreicher zu behandeln. Sie haben keinen Anspruch auf erleichterte Einbürgerung. Sie können, auch selbst wenn sie wegen ihrer Anschlußgesinnung in Österreich politisch verfolgt sind und aus diesen Gründen Zuflucht in Deutschland suchen, nicht als Flüchtlinge und Vertriebene im Sinne des Art. 116 I GG angesehen werden, da sie den Voraussetzungen des Bundesvertriebenengesetzes nicht entsprechen. Ihrer Einbürgerung im normalen Wege steht natürlich nichts im Wege, doch hat das Gesetz ihnen kein gleichviel wie geartetes Optionsrecht eingeräumt.

b) Österreicher im Ausland.

Während die Verträge des 18. und 19. Jahrhunderts bei Gebietsveränderungen für die Wohnbevölkerung (domiciliés) durchweg einen Staatsangehörigkeitswechsel annahmen (Domizilprinzip), wurde dies nur ausnahmsweise für die aus dem Gebiet stammenden Personen (originaires) angenommen (Abstammungsprinzip), immerhin finden sich Beispiele hierfür (S c h ä t z e l, Ztschr. f. VR 12, 87).

Im Falle der Demembration eines ganzen Staates gab allein das Abstammungsprinzip annehmbare Ergebnisse, da beim Domizilprinzip alle Staatsangehörigen außerhalb des Staates ohne Staatsangehörigkeit geblieben wären. Daher wurde bei der Auflösung der Donaumonarchie 1920 das Abstammungsprinzip angewandt, indem man an das bei der Mehrzahl der Österreicher und Ungarn vorhandene

Heimatrecht anknüpfte und danach auch die Staatsangehörigkeit der im Ausland wohnhaften Personen aufteilte. Die Anwendung der Dismembrationstheorie mußte daher zur Wiederherstellung der österreichischen Staatsangehörigkeit aller Österreicher im Ausland führen. Man ist dieser Theorie, wie gesagt, zwar grundsätzlich nicht gefolgt, trotzdem erschien es bei der Einstellung Österreichs angebracht, bezüglich dieser Bevölkerungsgruppe seinen Wünschen nachzugeben und die von ihm eigenmächtig verfügte Lösung anzunehmen. Sie war auch praktisch allein möglich, da diese im Ausland befindlichen Personen zwar sehr bald nach dem Kriege einen österreichischen Paß, nicht aber einen deutschen Paß erhalten konnten, den es noch viele Jahre nach 1945 nicht gab. Als Deutsche wären sie völlig ohne Ausweis und ohne diplomatischen Schutz gewesen und sehr viel mehr Beschränkungen unterworfen gewesen als als Österreicher. Es werden daher praktisch alle Österreicher im Ausland von der sich ihnen bietenden Möglichkeit Gebrauch gemacht haben, einen österreichischen Paß zu verlangen. Streitfälle aus diesem Personenkreis sind nicht bekannt geworden. Sollten sie nachträglich ein Interesse am Erwerb der deutschen Staatsangehörigkeit haben, so steht das Gesetz dem nicht entgegen. Sie können sie nach der VO vom 20. Januar 1942 auch bei Wohnsitz im Ausland erwerben, doch wird die BRep bei der Verleihung einer solchen nachgesuchten Staatsangehörigkeit sehr zurückhaltend sein müssen, um sich nicht Vorwürfen von österreichischer Seite auszusetzen.

Eine andere Beurteilung erfordert die Staatsangehörigkeit der im Bereich der Tschechoslowakei wohnhaften Österreicher. Sie sind am 13. März 1938 auch Anschlußdeutsche geworden, haben jedoch diese Spielart der deutschen Staatsangehörigkeit durch die Abtretung des Sudetenlandes an Deutschland nach dem Münchener Abkommen vom 29. September 1938 mit der sudetendeutschen Staatsangehörigkeit vertauscht, die nach dem 1. StAngReglG § 1 aufrechterhalten ist. Da diese Kategorie der deutschen Staatsangehörigkeit stärker als die bloße Anschlußstaatsangehörigkeit war, muß sie diese verdrängt haben. Diese ehemaligen Österreicher sind daher ohne Rücksicht auf ihren Wohnsitz deutsch geblieben, auch wenn Österreich sie als österreichische Staatsbürger betrachten mag.

c) In Deutschland wohnhafte Österreicher

Sie bildeten den Hauptstreitpunkt. Sowohl nach der Dismembrationstheorie wie nach der Dereliktionstheorie hätten sie die deutsche Staatsangehörigkeit behalten. Nur bei Annahme der Desannexionstheorie kann man zu einem Verlust der deutschen Staatsangehörigkeit gelangen. Zu dieser Streitfrage sagt der Bericht des Bundestagsausschusses:

„Die Staatsangehörigkeitsbehörden der süddeutschen Länder haben den Fortbestand der auf der Eingliederung Österreichs beruhenden deutschen Staatsangehörigkeit immer verneint. Die gleiche Auffassung hat der Bundesminister des Innern von Anfang an vertreten. Die Staatsangehörigkeitsbehörden der nord- und westdeutschen Länder haben zunächst die in Deutschland verbliebenen Angehörigen des umstrittenen Personenkreises als deutsche Staatsangehörige behandelt, ihren Standpunkt aber 1951 geändert; seitdem ist die Praxis im ganzen Bundesgebiet und im Lande Berlin einheitlich.

Die Verwaltungsgerichte haben überwiegend die gegenteilige Meinung vertreten. Das Bundesverwaltungsgericht hat in zwei viel beachteten Entscheidungen vom 30. Oktober 1954 ausgeführt, daß „gebürtige Österreicher, die im Zeitpunkt der Wiedererrichtung der Republik Österreich im Gebiet der jetzigen Bundesrepublik Deutschland lebten und hier geblieben sind“, die deutsche Staatsangehörigkeit trotz der Wiederherstellung Österreichs behalten haben.“

Er fährt fort, der Entwurf habe sich

„die Aufgabe gesetzt, eine Lösung zu finden, die beide Meinungen möglichst weitgehend berücksichtigt. Er versucht, dieses Ziel zu erreichen, indem er zwar das Erlöschen der auf der Eingliederung Österreichs beruhenden deutschen Staatsangehörigkeit mit Ablauf des 26. April 1945 feststellt, gleichzeitig aber dem Personenkreis, für den das Bundesverwaltungsgericht — übrigens vorbehaltlich eines von ihm selbst angeregten Gesetzes — den Fortbestand der deutschen Staatsangehörigkeit anerkennt, die Möglichkeit eröffnet, sie durch einseitige Erklärung mit Wirkung auf den Zeitpunkt ihres Erlöschens wiederzuerwerben.“

Das Gesetz will also bewußtermaßen ein Kompromiß zwischen den verschiedenen Ansichten sein. Man wird ihm insoweit zustimmen müssen, auch wenn es damit die Empfindungen und Wünsche gewisser Kreise ehemaliger Österreicher in der BRep verletzt (vgl. Körber, Die Rechtsstellung der Deutschen aus Österreich in der BRep Deutschland 1955). Der Gesetzgeber sah sich zwei verschiedenen Wünschen und Forderungen gegenüber. Einerseits lag es im dringenden außenpolitischen Interesse, wieder in ein freundnachbarliches Verhältnis zu Österreich zu gelangen, andererseits konnten Wünsche und Interessen der 70 000 Österreicher in Deutschland nicht ganz übersehen werden, zumal das 1. StAngReglG den Grundsatz der Achtung des Willens des Individuums ausdrücklich als maßgebend für die Staatsangehörigkeit anerkennt. Das Gesetz findet den Ausgleich nicht ungeschickt in der Lösung, daß es grundsätzlich der österreichischen Auffassung nicht widerspricht, aber dem betroffenen Personenkreis weitgehend ein Selbstbestimmungsrecht einräumt.

4. Die Frage der Verfassungsmäßigkeit

Wollte man jedoch dem österreichischen Verlangen auf Kosten der berechtigten Wünsche des in Deutschland wohnhaften Bevölkerungskreises nachgeben, so erhob sich die Frage, ob eine solche oktroyierte Staatsangehörigkeitsregelung mit Art. 16 GG vereinbar war. Die Bundesregierung hatte von ihrem Standpunkt der schon eingetretenen Desannexion aus kein Verfassungsbedenken. Der Bundestagsausschuß hatte jedoch gewisse Zweifel und hat die Frage eingehend diskutiert. Eine Minderheit vertrat die Ansicht, daß die geplante Regelung den Art. 16 GG verletzte, die Mehrheit teilte diese Ansicht jedoch nicht. Der Bericht des Bundestagsausschusses sagt zu dieser Frage:

„Abs. 1 Satz 1 des Art. 16 ist als Reaktion auf die Verhältnisse des nationalsozialistischen Staates entstanden. Er wollte Gesetze, wie sie seinerzeit zur Ausbürgerung der rassisch und politisch Verfolgten ergangen sind, von Verfassungs wegen untersagen. Doch erklärt sich diese Vorschrift nicht allein aus der Reaktion auf jene nationalsozialistischen Maßnahmen; sie entspricht vielmehr der allgemeinen Einstellung des Grundgesetzes zur menschlichen Würde und zu den Menschenrechten und richtet sich daher gegen Diskriminierung einzelner Personen wie ganzer Personengruppen. Niemand wird behaupten wollen, der vorliegende Gesetzentwurf ziele auf eine Diskriminierung der von ihm betroffenen Personen ab. Satz 1 kann daher nicht anwendbar sein.

Satz 2 andererseits betrifft nur die Fälle, in denen bei Verwirklichung abstrakt bestimmter Tatbestände in der Zukunft automatisch der Verlust der deutschen Staatsangehörigkeit eintritt. Da der vorliegende Entwurf die Beendigung der deutschen Staatsangehörigkeit nicht an die Verwirklichung abstrakt bestimmter Tatbestände in der Zukunft knüpft, sondern sie — die Auffassung des Bundesverwaltungsgerichts unterstellt — unmittelbar verfügt, kann auch Satz 2 nicht einschlägig sein.“

Der Bericht stellt jedoch auch die Ansicht der Minderheit folgendermaßen dar:

„Im Gegensatz zu dieser Meinung hielt die Minderheit den Art. 16 Abs. 1 GG für einschlägig. Nach ihrer Entstehungsgeschichte sei diese Verfassungsbestimmung eng auszulegen. Durch die Streichung des Wortes „willkürlich“ in Satz 1 habe noch besonders betont werden sollen, daß keine Ausnahme von diesem Verbot zulässig sei. Daher müsse man, selbst wenn der Grundgesetzgeber an völkerrechtliche Tatbestände wie die Wiederherstellung Österreichs nicht gedacht haben sollte, von dem Wortlaut des Art. 16 ausgehen, der jede Form der Entziehung der Staatsangehörigkeit gegen den Willen des Betroffenen ausschließe und auch den Gesetzgeber binde. Der Kommentar von Mangoldt führe hierzu aus, weder dürfe in Zukunft die Verwaltung einen Deutschen ausbürgern, noch dürfe der Gesetzgeber das tun oder die Verwaltung dazu ermächtigen. Die Bundesregierung sei daher auch gehindert, bei Regelung der Folgen eines Gebietshoheitswechsels Verträge, die eine Entziehung der deutschen Staatsangehörigkeit zum Gegenstande hätten, abzuschließen, soweit der Wille der Betroffenen entgegenstehe. Bei den früheren „Anschluß“-Deutschen, die in Österreich verblieben sind, könne man darin das konkludent geäußerte Einverständnis mit dem Verlust der deutschen Staatsangehörigkeit sehen. Bezüglich der Personen, die ihren dauernden Aufenthalt in Deutschland behalten haben, müsse dagegen davon ausgegangen werden, daß sie deutsche Staatsangehörige bleiben wollten, es sei denn, daß der einzelne einen gegenteiligen Willen kundgetan habe. Die im vorliegenden Entwurf vorgeschlagene Regelung sei daher mit Art. 16 GG nicht vereinbar."

Im Schrifttum ist die Frage der Verfassungsmäßigkeit eingehend behandelt. Die nach dem Wortlaut von Art. 16 GG bestehenden Zweifel werden nicht unterdrückt. Die Lösung ist jedoch meist, daß Art. 16 GG auf völkerrechtliche Vorgänge nicht anwendbar sei (so Hoffmann II S. 27; Maßfeller II S. 48). Diese Erklärungen können nicht befriedigen. Es kann nicht darauf ankommen, ob der Gesetzgeber bei der Abfassung von Art. 16 GG an den Fall der Staatsangehörigkeitsänderung aus völkerrechtlichen Gründen nicht gedacht hat. Art. 16 GG enthält ein dem modernen Empfinden allgemein entsprechendes Prinzip. In der Zeit des absoluten Fürstenstaates verfügte man über die Staatsangehörigkeit der Bewohner verkaufter oder vertauschter Gebiete, ohne die Bevölkerung nach ihrem Willen zu fragen und ermahnte sie, dem neuen Herrn ebenso treu zu dienen wie dem alten; totalitäre Regierungen haben sich das Recht genommen, ganze Bevölkerungsgruppen ungefragt auszutauschen und umzusiedeln. Dem steht der moderne Gedanke entgegen, daß der Staat kein Recht hat, über die Staatsangehörigkeit seiner Angehörigen gegen ihren Willen zu verfügen und daß er das einmal bestehende Band der Staatsangehörigkeit und der gegenseitigen Treue nicht einseitig lösen darf. Dieser Gedanke kommt in Art. 15 der Deklaration der allgemeinen Menschenrechte der Vereinten Nationen vom 10. Dezember 1948 und in dem ihm nachgebildeten Art. 16 GG zum Ausdruck. Man hat ihn in Art. 16 GG noch verstärkt, indem man das in Art. 15 der Deklaration enthaltene Wort „willkürlich" gestrichen hat (vgl. von Mangoldt, Kom. z. GG Art. 16 Anm. 1; oben S. 83). Art. 16 GG bindet danach die Bundesregierung grundsätzlich auch bei völkerrechtlichen Akten. Sie darf auch in völkerrechtlichen Verträgen und bei staatsrechtlichen Regelungen zur Durchführung völkerrechtlicher Vorgänge nicht gegen Art. 16 GG verstoßen.

Zur Frage der Verfassungsmäßigkeit des 2. StAngReglG ist danach folgendes zu sagen: Art. 16 GG hat keine rückwirkende Kraft. Er trifft daher nicht Vorgänge, die vor dem 23. Mai 1949 liegen. Die Verselbständigung Österreichs ist 1945 eingetreten. Die BRep. hat bei ihrer Entstehung diesen Sachverhalt vorgefunden und konnte ihn nur zur Kenntnis nehmen. Gleichviel, welcher der 3 Theorien man folgte, so hatte die Wohnbevölkerung in Österreich jedenfalls die deutsche Staatsangehörigkeit verloren. Das Gleiche galt für die Österreicher im Ausland. Insoweit kann die Frage der Verfassungswidrigkeit nicht auftauchen. Es blieb daher praktisch nur die Regelung der Staatsangehörigkeit der Österreicher in Deutschland. Hier nahm zwar die Bundesregierung und auf ihre Veranlassung die Praxis der Verwaltungsbehörden ebenfalls einen bereits eingetretenen Verlust aus völkerrechtlichen Gründen an, doch standen Rechtsprechung und Schrifttum, insbesondere das Bundesverwaltungsgericht in seinem Urteil vom 30. Okt. 1954 (E 1, 206), auf dem gegenteiligen Standpunkt. Der Beschluß des BVerfG vom 9. Nov. 1955

(E 4, 322) welcher den Standpunkt der Bundesregierung bestätigte, hatte keine Aussicht, die besser begründete Rechtsprechung des Bundesverwaltungsgerichts auch nur zu beeinflussen. Die Frage war daher praktisch im Sinne des Fortbestandes der deutschen Staatsangehörigkeit dieses Bevölkerungskreises geklärt. Die von der Bundesregierung vertretene Ansicht, die Frage sei durch Völkergewohnheitsrecht bereits längst in ihrem Sinne entschieden, war nicht haltbar. Wenn sie in dem Gesetz gleichwohl ihre Ansicht gegen die Rechtsprechung und die Bedenken einer Bundestagsminderheit durchsetzte, so lag in dem Gesetz bezüglich dieses Bevölkerungskreises keine Konstatierung eines schon eingetretenen Verlustes der deutschen Staatsangehörigkeit, sondern der entscheidende Akt, der diesen Verlust herbeigeführt hat. Es kommt daher auf die umstrittene Auslegung des Art. 16 I GG an. Über die Tragweite der Begriffe Entziehung und Verlust vgl. oben GG Art. 16 Anm. 2 und 3. Unter Zugrundelegung dieser Ausführungen würde ich annehmen, daß die Bundesregierung zwar durch völkerrechtlichen Akt in den Verlust der deutschen Staatsangehörigkeit einer Gruppe seiner Bürger willigen kann, aber nur unter den 2 Bedingungen:

a) daß die Betroffenen die Möglichkeit behalten, durch Ausübung eines Optionsrechtes die deutsche zu behalten;
b) daß auf keinen Fall dabei bisherige deutsche Staatsangehörige in die Staatenlosigkeit gestoßen werden.

Legt man diese Forderungen zugrunde, so ist der Forderung a) durch Gewährung des Erklärungsrechts wohl genügt. Forderung b) ist nur ungenügend beachtet. Der großen Mehrzahl nach werden die Betroffenen bei Zugrundelegung der Bestimmungen des 2. StAngReglG zwar nicht staatenlos werden, sondern die österreichische Staatsangehörigkeit behalten, es gibt jedoch den durchaus nicht seltenen Fall, daß sie die österreichische Staatsbürgerschaft nach den österreichischen Bestimmungen durch Eintritt in den deutschen Staatsdienst verloren haben. Diese ganze Gruppe würde staatenlos werden, und insoweit scheint mir das Gesetz gegen Art. 16 GG zu verstoßen. Gemildert wird dieser Verstoß dadurch, daß die betroffenen Personen ein Erklärungsrecht haben und damit sofort ihre Staatenlosigkeit beenden können. Dies mag auch der Grund dafür sein, daß die Verfassungswidrigkeit bisher von keinem Betroffenen geltend gemacht ist und daß sich vielleicht die gesetzliche Regelung im Endergebnis ohne Widerspruch durchsetzt.

5. Das Datum

Sehr umstritten ist auch das vom deutschen Gesetzgeber übernommene österreichische Datum vom 27. April 1945.

a) Kein Staat ist gehindert, kraft seiner Souveränität sich seine nationalen Daten, Feste und Geburtstage selbst festzusetzen, gleichviel ob das mit den historischen Tatsachen übereinstimmt. Staatstheorien arbeiten weitgehend mit Fiktionen. Kein ausländischer Staat hat daher das Recht, das von Österreich willkürlich und zufällig gewählte Datum vom 27. April 1945 zu beanstanden.

b) Eine andere Frage war es jedoch, ob für die BRep. ein Anlaß bestand, das fiktive österreichische Datum zu übernehmen. Es sollte wohl eine freundliche Geste gegenüber Österreich sein. Praktisch ist es keinesfalls, und es wird daher auch von den in Deutschland verbliebenen Österreichern heftig angegriffen. Am 27. April 1945 standen noch weite Teile Österreichs unter deutscher Verwaltung, waren Österreicher deutsche Soldaten und deutsche Beamte. Es müssen daher notwendigerweise die Fragen auftauchen, ob diese desannektierten Deutschen nun etwa wegen ihres deutschen Dienstes die österreichische Staatsbürgerschaft verloren und aus dem Rechtstitel ihres deutschen Dienstes die deutsche wiedererworben haben (Vgl. S c h ä t z e l , Archiv d. ö. R. 81 [1956] S. 294). Es ist unerfindlich, warum die Bundesregierung sich diese Schwierigkeiten geschaffen und Fragen zu regeln versucht hat, die lange vor ihrer Entstehung lagen. Es hätte völlig genügt, wenn sie es auf ihr Entstehungsdatum 23. Mai 1949 abgestellt und das übrige offen gelassen hätte. Wäre man dann für die Zeit vom 27. April 1945 bis 23. Mai 1949 zu einer doppelten Staatsangehörigkeit gekommen, so hätte das auch nichts geschadet. Da dem Gesetzgeber jedoch anscheinend an dem Datum sehr liegt, wird man ihn beim Wort nehmen müssen. Die Rückwirkung und ihre Folgen werden durchgeführt werden müssen. Das erfordert die Prüfung, ob nach dem 27. April 1945 noch weitere Tatsachen vorliegen, welche einen Erwerb der deutschen Staatsangehörigkeit zur Folge gehabt haben können. Wichtig ist dies z. B. für in deutschem Dienst gebliebene deutsche Beamte. Sie mögen am 27. April 1945 die deutsche Staatsangehörigkeit verloren haben. Nach der Entscheidung des BVerfG zu Art. 131 GG vom 17. Dez. 1953 (E 3, 58) hat jedoch das Beamtenverhältnis mit dem Zusammenbruch am 8. Mai 1945 ein Ende gefunden. Die Weiterbeschäftigung kommt danach einer Neuanstellung gleich. Daraus ergibt sich, daß alle österreichischen Beamten, die im deutschen Dienst verblieben sind, nach § 15 StAngG die deutsche Staatsangehörigkeit wieder erworben haben. Für in deutschem Dienst gebliebene österreichische Soldaten gilt das Gleiche, falls man in dem Führererlaß vom 19. Mai 1943 einen Erwerbsgrund für die deutsche Staatsangehörigkeit sieht (vgl. oben S. 282).

§ 2

§ 1 Satz 2 gilt nicht für Frauen, die in der Zeit vom 13. März 1938 bis zum Ablauf des 26. April 1945 einen deutschen Staatsangehörigen geheiratet haben, dessen deutsche Staatsangehörigkeit nicht auf den genannten Bestimmungen beruhte, sowie für Kinder, die in der Zeit vom 13. März 1938 bis zum Ablauf des 26. April 1945 durch einen solchen deutschen Staatsangehörigen legitimiert worden sind.

Diese Gesetzesbestimmung war im Regierungsentwurf nicht enthalten, weil angenommen wurde, daß sich die nunmehr getroffene Regelung von selbst ergäbe. Das war indessen nur der Fall, wenn man sich in der rechtlichen Beurteilung völlig auf den Standpunkt der Bundesregierung stellte. Da dieser nicht ganz unanfechtbar ist, ist es zu begrüßen, daß der Bundestag diese Gesetzesbestimmung zur Klärung zugefügt hat. Allerdings zeigt es sich, daß jede rückwirkende Regelung sehr großen Schwierigkeiten begegnet, da sie nicht alle denkbaren Fälle erfassen kann. So bleiben auch trotz dieser Gesetzesbestimmung erhebliche Zweifel bestehen.

1. Ehe zwischen einer Anschlußdeutschen und einem Altdeutschen

Es ist der Fall, den der Gesetzgeber allein meint. Seine Gedanken gehen offenbar dahin, daß die Frau die deutsche Staatsangehörigkeit gewissermaßen zweimal erworben hat, einmal illegitim durch den Anschluß und zum zweiten Male legitim durch die Heirat, und daß nach Fortfall des illegitimen Erwerbsgrundes der legitime übrigblieb. Dieser Konstruktion liegt die Vorstellung zugrunde, daß die Anschlußstaatsangehörigkeit doch nicht die ganz richtige deutsche Staatsangehörigkeit war und man auf legitimem Wege eine noch richtigere erwerben konnte. Wenn dieser Ausgangspunkt auch keineswegs gegen jeden Zweifel erhaben ist, wird man ihn bei Auslegung dieser Gesetzesbestimmung jedoch berücksichtigen müssen.

Daraus ergibt sich: Ist die Ehe für nichtig erklärt, so ist die legitime deutsche Staatsangehörigkeit wieder weggefallen und die illegitime Anschlußstaatsangehörigkeit geblieben. Die Frau fällt unter § 1 und nicht unter § 2. Ist die Ehe geschieden oder aufgehoben, so hat sie die legitime deutsche Staatsangehörigkeit behalten. Sie ist nach § 2 zu behandeln. Hat sie sich nach Auflösung der ersten Ehe mit einem Anschlußdeutschen verheiratet, so wird man im Sinne des Gesetzgebers konstruieren müssen, daß sie damit die legitime deutsche Staatsangehörigkeit gegen die illegitime Anschlußstaatsangehörigkeit vertauscht hat und nun wieder unter § 1 fällt. Wird die 2. Ehe für nichtig erklärt, so lebt der Status aus der 1. Ehe wieder auf, und es wird § 2 wieder anwendbar. Man sieht, die Lösung ist reichlich kompliziert. Es wäre zwar weniger logisch, aber praktischer gewesen, wenn man es darauf abgestellt hätte, ob die Frau ihren Wohnsitz in Deutschland oder Österreich hatte. Die getroffene Lösung hat allerdings den Vorteil, daß sie sich nahtlos der österreichischen anpaßt und keine Überschneidungen ergibt.

2. Ehe zwischen einer Anschlußdeutschen und einem Deutschen nach § 1 des 1. StAngRegIG

In Frage kommen werden besonders Ehen mit einem Sudetendeutschen oder einem volksdeutschen Mann aus den eingegliederten jugoslawischen Gebietsteilen. Das Gesetz regelt diesen Fall nicht ausdrücklich, es kommt daher nur eine analoge Anwendung in Frage. Hoffmann II S. 29 nimmt den Text wörtlich. Da von einem Deutschen gesprochen ist, der nicht Anschlußdeutscher ist, so will er den Fall ebenso wie den unter 1 behandeln. Die Frau bleibt also Deutsche. Maßfeller II S. 52 dagegen meint, man könne die Frau nicht deutscher als den Mann behandeln. Hätte dieser nach § 1 des 1. StAngRegIG ein Ausschlagungsrecht, so müsse die Frau das auch haben. Er kommt dabei zu der Konstruktion, daß es neben der altdeutschen Staatsangehörigkeit und der Anschlußstaatsangehörigkeit noch eine dritte Form der deutschen Staatsangehörigkeit, die tschechoslowakisch-deutsche Staatsangehörigkeit gäbe. Bei entsprechender Zahl der Eheschließungen kann die Frau der Reihe nach also Anschlußdeutsche, Altdeutsche und Sudetendeutsche sein und hätte je nachdem die deutsche Staatsangehörigkeit verloren, behalten oder wäre ausschlagungsberechtigt. Ich habe starke Bedenken gegen dieses Spiel der rückwirkenden Aufspaltung der deutschen Staatsangehörigkeit, aber wenn man sich überhaupt auf den Ausgangspunkt der Bundesregierung stellt, ist es nicht unlogisch.

3. Ehe zwischen einer Anschlußdeutschen und einem südtiroler Optanten

Es würde zu weit führen, sämtliche vom Gesetz nicht ausdrücklich geregelten Fälle zu betrachten. Bei dem Fall des südtiroler Optanten erscheint es immerhin angebracht, da an 30 000 von Südtirol nach österreichischen Landesteilen umgesiedelt sind. Hier stoßen wir, wenn wir der Konstruktion von Maßfeller folgen wollten, auf eine 4. Spielart der deutschen Staatsangehörigkeit. Diese Südtiroler, die nach dem italienischen Gesetz vom 21. Aug. 1939 (ArchdVR III, 319) für die deutsche Staatsangehörigkeit optierten, erwarben die deutsche Staatsangehörigkeit erst mit ihrer Umsiedlung (vgl. Hermes, Die südtiroler Autonomie 1952). Ihre deutsche Staatsangehörigkeit beruhte also auf einem der Einbürgerung verwandten Erwerbsgrund individueller Art. Sie sind daher nach deutscher Auffassung Deutsche geblieben. Es liegt daher nahe, auf eine solche Ehe § 2 anzuwenden. Es käme auch anders als bei den Sudetendeutschen ein Ausschlagungsrecht nicht in Frage. Die Schwierigkeit liegt hier nur darin, daß diese Optanten nach italienischer Auffassung abweichend von der deutschen mit der Option schon die italienische Staatsangehörigkeit verloren haben (Urteil des italienischen Kassationshofes, Sezzione Unite, vom 14. Febr. 1949, ArchdVR IV, 233) und daß Österreich die nach Österreich umgesiedelten Südtiroler nicht als Reichsdeutsche, sondern als staatenlos angesehen hat (Urteil des öst. Obersten Gerichtshofes vom 19. Jan. 1949, ArchdVR IV, 108). Die anschlußdeutsche Frau hätte nach österreichischer Auffassung durch die Ehe mit dem staatenlosen Südtiroler nach § 9 des österreichischen Staatsbürgergesetzes vom 30. Juli 1925 ihre latente österreichische Staatsbürgerschaft behalten. Hier decken sich deutsche und österreichische Auffassung daher nicht und führen zur Doppelstaatigkeit der Frau, da bei folgerichtiger Durchführung der deutschen Auffassung § 2 und nicht § 1 anwendbar wäre.

4. Einbürgerung des Mannes einer Anschlußdeutschen

Hat die Anschlußdeutsche einen Ausländer geheiratet, so hat sie damit in der Regel die deutsche und die österreichische Staatsangehörigkeit verloren und interessiert der Fall nicht weiter. Eine Ausnahme besteht allerdings bei einer vor dem 30. Juni 1939 mit Staatenlosen oder Ausländern geschlossenen Ehe, durch welche die Frau keine fremde Staatsangehörigkeit erwarb. Alsdann blieb sie nach § 9 des österreichischen Staatsbürgergesetzes Österreicherin. Sie würde danach unter § 1 fallen. Hat sich jedoch der Mann in der Anschlußzeit einbürgern lassen, so taucht ernstlich die Frage auf, ob sich diese Einbürgerung nach § 16 II StAngG nicht auch auf die Frau erstreckt. Sie hätte alsdann auch zwei Erwerbsgründe für die deutsche Staatsangehörigkeit, den illegitimen der Sammeleinbürgerung durch den Anschluß und den legitimen aus § 16 II StAngG. Man wird daher auf diesen Fall § 2 analog anwenden müssen.

5. Option der altdeutschen Ehefrau für die österreichische Staatsbürgerschaft

Die vorstehenden Ergebnisse erfahren eine Wandlung, wenn die altdeutsch gewordene Anschlußdeutsche von dem ihr in § 2a des österreichischen Staatsbürgerschafts-Überleitungsgesetzes vom 10. Juli 1945 gewährten Optionsrecht Gebrauch gemacht und für die österreichische Staatsbürgerschaft optiert hat. § 2a dieses Gesetzes bestimmt:

„Frauen, die am 13. März 1938 die österreichische Bundesbürgerschaft zwar besessen haben, sie aber wegen einer vor dem 27. April 1945 eingegangenen Ehe nicht mehr besitzen, erwerben durch Erklärung, der österreichischen Republik als getreue Staatsbürger angehören zu wollen, die Staatsbürgerschaft, wenn sie nicht eine Verurteilung wegen eines Verbrechens oder Vergehens erlitten haben, die nicht getilgt ist."

Diese Option bedeutet einen Erwerb einer fremden Staatsangehörigkeit auf Antrag und führt bei Wohnsitz im Ausland nach § 25 des StAngG zum Verlust der deutschen Staatsangehörigkeit. (Ebenso Hoffmann II S. 30.) Da die Option für Österreich keine rückwirkende Kraft hat, haben diese Frauen bis zur Option die altdeutsche Staatsangehörigkeit besessen.

6. Legitimation unehelicher Kinder

Im Falle der Legitimation unehelicher Kinder können alle Varianten wie bei der Ehefrau auftreten. Man wird diese Fälle daher analog regeln müssen.

§ 3

(1) Die Personen, deren deutsche Staatsangehörigkeit nach Maßgabe des § 1 Satz 2 erloschen ist, haben das Recht, sie durch Erklärung[1] mit Rückwirkung auf den Zeitpunkt des Erlöschens wiederzuerwerben,[2] wenn sie ihren dauernden Aufenthalt seit dem 26. April 1945 im Gebiet des Deutschen Reiches nach dem Stande vom 31. Dezember 1937 (Deutschland) haben.[3]

(2) Das Recht auf rückwirkenden Erwerb der deutschen Staatsangehörigkeit durch Erklärung haben auch[4]

1. Frauen, die nach dem 26. April 1945, jedoch vor Ablauf des 31. März 1953 einen Mann geheiratet haben, der die deutsche Staatsangehörigkeit nach Maßgabe des Absatzes 1 wiedererwirbt, auch wenn die Ehe nicht mehr besteht,

2. nach dem 26. April 1945 ehelich geborene oder legitimierte Kinder, deren Vater, sowie nach dem 26. April 1945 unehelich ge-

borene Kinder, deren Mutter die deutsche Staatsangehörigkeit nach Maßgabe des Absatzes 1 wiedererwirbt,

sofern sie seit der Eheschließung oder seit der Geburt oder Legitimation ihren dauernden Aufenthalt in Deutschland haben.

(3) Wer nach dem 26. April 1945 die deutsche Staatsangehörigkeit erworben hat, ist auch dann erklärungsberechtigt, wenn er nach dem Erwerb der deutschen Staatsangehörigkeit seinen dauernden Aufenthalt in Deutschland aufgegeben hat.[5]

(4) Hat ein Erklärungsberechtigter nach dem 26. April 1945 einen Tatbestand erfüllt, der den Verlust der deutschen Staatsangehörigkeit zur Folge hatte, so erwirbt er die deutsche Staatsangehörigkeit nur bis zum Zeitpunkt der Erfüllung des Verlusttatbestandes.[6]

(5) Das Erklärungsrecht besteht nicht, wenn Tatsachen die Annahme rechtfertigen, daß der Betroffene die innere oder äußere Sicherheit der Bundesrepublik oder eines deutschen Landes gefährdet.[7]

1. Optionserklärung

a) Diese Gesetzesbestimmung bildet das Gegenstück und die Ergänzung zu § 1. § 1 bedeutete die außenpolitische Konzession an Österreich, § 3 soll der Besänftigung der betroffenen Personen dienen und etwaige verfassungsrechtliche Bedenken zerstreuen. Über die Neigungen und Interessen der Betroffenen konnte man sich kaum im unklaren befinden. Die übergroße Mehrzahl hielt an der deutschen Staatsangehörigkeit fest, die sie seit bald zwei Jahrzehnten hatte. Es hätte daher näher gelegen, ihre deutsche Staatsangehörigkeit aufrechtzuerhalten und ihnen nur ein Ausschlagungsrecht zu geben, wie es das 1. StAngReglG für die anderen kollektiv eingebürgerten Gruppen vorsieht. Man hätte sogar binnen eines Jahres eine positive oder negative Erklärung von ihnen verlangen und einstweilen beide Staatsangehörigkeiten aufrechterhalten können. Alles dies ist im Kreise des 8. Bundestagsausschusses eingehend erörtert worden. Man hat sich schließlich dem Wunsch der Bundesregierung gefügt, die den Österreichern eine Regelung zugesagt hatte, welche sich eng an die österreichische anlehnte. Danach sollte die deutsche Regelung das Komplementärstück zur österreichischen bilden. Um dieses Ziel zu erreichen, hat man auf alle einfacheren und klareren Lösungen verzichtet und das monströse Mittel einer doppelten Rückwirkung gewählt.

b) Immerhin hat man den Betroffenen ein Optionsrecht gegeben und sie nicht wie die Deutschen aus Art. 116 I GG auf einen Einbürgerungsanspruch verwiesen. Allein ihr Wille, ausgedrückt in einer empfangsbedürftigen Erklärung, bringt die Wirkung hervor. Die Behörde hat sie in Empfang zu nehmen und darüber eine rein deklaratorische Bescheinigung auszustellen. Maßgebend ist daher das Datum der Erklärung und nicht der Bescheinigung. Allerdings verwischt sich der Unterschied zwischen Option und Einbürgerungsantrag dadurch sehr, daß Abs. 5 der Regierung das Recht einräumt, die

Optionserklärung zurückzuweisen. Vgl. hierüber Anm. 7. Die abgegebene Erklärung ist daher zunächst nur ein hinkendes einseitiges Rechtsgeschäft. Es bedarf der Anerkennung durch die Behörde. Eine Weigerung der Behörde, die Empfangsbescheinigung auszuhändigen, würde dem Betroffenen den Verwaltungsrechtsweg eröffnen.

2. Wiedererwerb

a) Es kann keinem Zweifel unterliegen, daß der Gesetzestext mit vollem Vorbedacht von dem Erlöschen und Wiedererwerb und nicht von einer Aufrechterhaltung der deutschen Staatsangehörigkeit spricht. Hieran haben sich Streitigkeiten geknüpft, die vor die Verwaltungsgerichte gekommen sind. (Vgl. Körber, Was wollte der Gesetzgeber mit dem Österreichergesetz? Aberkennung oder Fortbestand der Anschlußstaatsangehörigkeit? 1957.) Die Bundesregierung steht auf dem Standpunkt, daß die deutsche Staatsangehörigkeit der in Deutschland lebenden Österreicher, wenn nicht schon am 27. April 1945, so jedenfalls spätestens mit dem Inkrafttreten des 2. StAngRegG mit rückwirkender Kraft ab 27. April 1945 erloschen sei, so daß sie zunächst nur Österreicher wären. Bis zur Abgabe der vorgesehenen Optionserklärung müsse notwendigerweise einige Zeit vergehen. Erst mit dieser Erklärung wird nach dieser Auffassung die deutsche Staatsangehörigkeit neu erworben, die dann allerdings wieder rückwirkend ab 27. April 1945 beginnt, so daß im Endergebnis keine Lücke bleibt. Die Gegner vertreten dagegen die Ansicht, daß der Sinn jeder Optionserklärung die ununterbrochene Aufrechterhaltung der alten Staatsangehörigkeit sei und daß auch zwischenzeitlich kein Vakuum entstände. Sie berufen sich auf geschichtliche Vorbilder.

Der Vorläufer der Option war die freie Abwanderung. Noch die Verträge zur Zeit des Wiener Kongresses haben mit diesem Mittel gearbeitet (vgl. den Text zahlreicher Verträge dieser Art bei Kunz, Die völkerrechtliche Option Bd. 1 [1925] S. 307 ff.). In der Mitte des 19. Jahrhunderts wird dann zumeist neben der Abwanderung die Abgabe einer Optionserklärung verlangt. Es heißt dann in vielen Verträgen aus dieser Periode „leur ancienne nationalité sera maintenue“ (z. B. Turiner Vertrag vom 24. März 1860 NRG XVI 2, 539 Art. 6; Wiener Friede vom 30. Okt. 1864 NRG XVII 2, 474 Art. 19; Wiener Friede vom 3. Okt. 1866 NRG XVIII, 405 Art. 14); der deutsch-französische Frankfurter Friedensvertrag vom 10. Mai 1871, NRG XIX, 688, Art. 2 sagt, daß die Optanten ihre französische Staatsangehörigkeit „konservieren“ können. Die Urkunden dieser Zeit sprechen also dafür, daß die Option als die Beibehaltung der alten Staatsangehörigkeit aufgefaßt wurde. Anders war jedoch die Fassung der Optionsbestimmungen des Versailler Vertrages und der anderen Friedensverträge nach dem 1. Weltkrieg. Im Versailler Vertrag Art. 36 heißt es z. B. „Dès que le transfert de la souveraineté sur les territoires ci-dessus visés sera définitif, la nationalité belge sera définitivement acquise de plein droit et à l'exclusion de la nationalité allemande par les ressortissants allemands établis sur ces territoires.“ (Schätzel,

Regelung der Staatsangehörigkeit S. 11.) Die darauf vorgesehene Option gibt den Optanten die deutsche Staatsangehörigkeit zurück, sie durchlaufen also einen zweimaligen Wechsel der Staatsangehörigkeit. Es gibt danach zwei Systeme der Ausgestaltung der Option, entweder Beibehaltung der alten Staatsangehörigkeit oder Erwerb der neuen mit der Möglichkeit des Rückerwerbes der alten (Kunz, Die völkerrechtliche Option I [1925] S. 153; Schätzel, Die elsaß.-lothr. Staatsangehörigkeitsregelung 1929 S. 125; Szlechter, Les options conventionnelles de nationalité 1948 S. 298). Es fragt sich, für welche Lösung sich der deutsche Gesetzgeber entschieden hat. Nach der Einstellung der Bundesregierung und ihrem offenbaren Wunsch, sich der österreichischen Staatstheorie anzupassen, dürfte wohl kaum ein Zweifel bestehen, daß sie den zweiten Weg beschreiten wollte, d. h. automatisches Erlöschen der deutschen Staatsangehörigkeit und erneuten Wiedererwerb. Das kommt in der Fassung des Gesetzes und der amtlichen Vordrucke zum Ausdruck und muß danach auch respektiert werden, auch wenn es Gefühle der betroffenen Bevölkerungsgruppe verletzen sollte. Allerdings ist es dann im Endergebnis doch so anzusehen, als ob die deutsche Staatsangehörigkeit stets unverändert fortbestanden hätte (ebenso Hoffmann, II S. 31; während Maßfeller, II S. 58 Fortdauer der deutschen Staatsangehörigkeit annimmt und den zweimaligen Staatsangehörigkeitswechsel ablehnt).

b) Diese Auslegung hat nicht allein theoretisches Interesse, sondern ist von großer praktischer Bedeutung. Hätte man die alten Formeln von der Aufrechterhaltung oder Bewahrung der deutschen Staatsangehörigkeit angewandt, so hätte sich daraus eine deutsch-österreichische Doppelstaatsangehörigkeit der betroffenen Bevölkerungskreise ergeben. An dieser bestand jedoch, wie die Verhandlungen des 8. Bundestagsausschusses ergeben, auch auf deutscher Seite kein Interesse. Man wollte klare Verhältnisse haben. Durch die gewählte Ausgestaltung der Option, den automatischen Verlust und den Wiedererwerb der deutschen Staatsangehörigkeit, wird erreicht, daß die optierenden Österreicher nach § 9 des österreichischen Staatsbürgergesetzes vom 10. Juli 1945 die österreichische Staatsbürgerschaft verlieren und dann nur Deutsche sind. Das österreichische Drängen auf Anerkennung seines Standpunktes in der deutschen Gesetzgebung hat daher im Endergebnis dem österreichischen Staat den Verlust von vielen Tausend Angehörigen in der Bundesrepublik gekostet, die andernfalls neben ihrer deutschen auch gern ihre österreichische Geburtsstaatsangehörigkeit bewahrt hätten.

3. Die Optionsberechtigten

a) Aus Entgegenkommen gegen Österreich ist der Kreis der Optionsberechtigten so klein wie möglich gehalten worden. Alle Österreicher mit Wohnsitz in Österreich oder im Ausland haben kein Optionsrecht. Man hat der Äußerung des freien Willens sehr viel weniger Spielraum gegeben als in den meisten Verträgen des liberalen

19. Jahrhunderts. Allerdings wäre es politisch äußerst unbequem gewesen, wenn bei Gewährung eines allgemeinen Optionsrechts auch nur eine starke Minderzahl in Österreich sich für Beibehaltung der deutschen Staatsangehörigkeit entschieden hätte. Daher hat man das Optionsrecht auf die Österreicher in Deutschland beschränkt.

b) Die Ausübung des Optionsrechts ist weiter dadurch erschwert, daß man den dauernden Aufenthalt in Deutschland seit dem 27. April 1945 verlangt. Das Anfangsdatum ist durch § 5 allerdings praktisch auf den 23. Mai 1949 verschoben (vgl. § 5 Anm. 1), aber auch dann bleibt immer noch ein jahrelanger Zeitraum, für den der Aufenthalt nachgewiesen werden muß. Die amtlichen Formulare sehen denn auch die Beantwortung zahlreicher Fragen in dieser Beziehung vor. Wenn die Behörden diese Angaben wirklich sämtlich nachprüfen wollen, laden sie sich eine ungeheure Arbeit auf. Die lange Dauer des Verfahrens läßt vermuten, daß sie sich tatsächlich diese Mühe machen. Wieder erhebt sich die Frage, ob es nötig war, die Wiedererlangung der deutschen Staatsangehörigkeit so umständlich zu gestalten.

Der dauernde Aufenthalt soll nach amtlicher Auffassung weniger als der Wohnsitz sein, aber es ist schwer vorstellbar, wie jemand über 7 Jahre seinen dauernden Aufenthalt in Deutschland ohne Begründung des Wohnsitzes haben soll. Er soll nach amtlicher Auffassung nicht durch gelegentliche Reisen nach Österreich oder dem Ausland unterbrochen werden (ebenso Hoffmann II S. 36; Maßfeller II S 57).

Hoffmann II, S. 37 und Maßfeller II S. 57 verlangen, daß der dauernde Aufenthalt noch bei Abgabe der Erklärung besteht. Dies hat etwas für sich, wenn der Wortlaut des Gesetzes auch die Auslegung zuläßt, daß dauernder Aufenthalt bei Inkrafttreten des Gesetzes ausreicht.

c) Das Gesetz erwähnt ausdrücklich, daß ein dauernder Aufenthalt in Deutschland in den Grenzen vom 31. Dezember 1937 genügt. Wieder muß man sich fragen, ob sich die BRep wirklich für zuständig hält, über die Staatsangehörigkeit eines in Breslau oder Dresden wohnhaften Österreichers Bestimmung zu treffen. Die Bestimmung kann jedoch von Nutzen sein, wenn es sich um die Anrechnung eines Teilaufenthaltes in Gebieten außerhalb des Geltungsbereichs des Grundgesetzes handelt, nur daß dann nicht recht ersichtlich ist, wie die Behörde diesen Aufenthalt nachprüfen will.

4. Individualoption

a) Die neueren Optionssysteme schwanken zwischen den beiden Methoden der Option jeder einzelnen Person (Individualoption) und der Erstreckung der Option des Familienhauptes auf Frau und Kind (Familienkollektivoption). (Vgl. Kunz, Die völkerr. Option Bd. 1 1925 S. 111; Schätzel, die els.-lothr. Staatsangehörigkeitsregelung 1928 S. 113.) Solange man in Europa dem Grundsatz der einheitlichen Staatsangehörigkeit der Familie anhing, war die Familienkollektivoption das Gegebene. Diesem System folgen die Pariser Friedensverträge des 1. Weltkrieges, während die russischen Verträge jener Zeit das Individualsystem anwenden. Solange Deutschland entsprechend der Einstellung des Staatsangehörigkeitsgesetzes von 1913 an der einheitlichen Staatsangehörigkeit der Familie festhielt, paßte das System der Familienkollektivoption, seitdem wir zur selbständigen Staatsangehörigkeit der Frau übergegangen sind, ist das Individualsystem das Gegebene. Das Gesetz windet sich mühsam durch diese Schwierigkeiten. Im großen und ganzen arbeitet es vor dem 1. April 1953 mit dem Kollektivsystem, was im Hinblick auf Art. 3 GG verfassungsrechtliche Bedenken hervorruft. Für die Option des § 3 sagt es nicht ausdrücklich, welche Form der Option gemeint ist. Bei dem vom Gesetzgeber verfolgten Ziel der Rückwirkung läge es nahe, auf die Zeit vor dem 1. April 1953 auch bei den Wirkungen der Option das Kollektivsystem zu vermuten. Hier ist die Bundesregierung jedoch merkwürdigerweise anderer Ansicht. Sie entschuldigt sich in der Begründung zum Entwurf des Gesetzes damit, man könne der Frau nicht zwangsweise eine Staatsangehörigkeit auferlegen, die vom Willen des Mannes abhinge. Mit diesem nicht unrichtigen Argument verurteilt die Bundesregierung sämtliche Regelungen des 1. und 2. StAngReglG, in denen die Staatsangehörigkeit der Frau an die des Mannes gebunden ist. Daß der Gesetzgeber im Falle des § 3 die Individualoption wünscht, geht indirekt daraus hervor, daß die Optionsbedingungen für Frauen und Kinder besonders festgelegt sind (ebenso Hoffmann II S. 32; Maßfeller II S. 59). Man mag es im Hinblick auf Art. 3 GG nicht tadeln, daß der Gesetzgeber bei der Option wenigstens dem System der Individualoption gefolgt ist. Trotzdem besteht allgemein noch die Tendenz, die Staatsangehörigkeit der Familie einheitlich zu halten. Das Individualsystem bedurfte daher einer Ergänzung nach der Richtung, daß die Ehegatten von Optanten ebenfalls ein Optionsrecht erhalten, wenn der erste Ehegatte oder der Vater oder die Mutter von ihrem Optionsrecht Gebrauch gemacht haben. Zu diesem Zweck ist Abs. 2 eingefügt. Der Gesetzgeber führt hier eine etwas schwierige Denkoperation durch. Er nimmt an, daß der Verlust der deutschen Staatsangehörigkeit des Ehemanns mit dem Datum vom 27. April 1945 sich automatisch auf seine etwa 1948 geheiratete schweizerische Ehefrau erstrecke; optiert er dann für die deutsche und wird seine eigene deutsche Staatsangehörigkeit nahtlos wiederhergestellt, so soll trotzdem an der Nahtstelle die Frau herausfallen. Sie wird zwar ungefragt in den Verlust der Staatsangehörigkeit hineingerissen, folgt aber von da ab nicht mehr der Staatsangehörigkeit des Ehemannes, sondern muß selbständig optieren, und dieses Optionsrecht hängt davon ab, daß der Mann mit Erfolg optiert und sie selbst auch ihren dauernden Aufenthalt seit der Eheschließung in Deutschland hat. Entsprechend ist es mit den nach dem 26. April 1945 geborenen Kindern. Mir scheint, daß der Gesetzgeber hier insofern etwas zu viel verlangt, als auch diese anderen Personen die Aufenthaltserfordernisse erfüllen müssen. Die Bestimmungen erleichtern nicht die Wahrung der Einheit der Staatsangehörigkeit der Familie.

5. Absatz 3

Eine Bestimmung, deren Notwendigkeit und Nützlichkeit schwer einzusehen ist. Warum soll jemand, der sowieso schon Deutscher ist, noch einmal für die deutsche Staatsangehörigkeit optieren? Gedacht ist etwa an den Fall eines Österreichers, der nach der Auffassung des Gesetzgebers nur vom 13. März 1938 bis 26. April 1945 Anschlußdeutscher war, aber 1948 durch Eintritt in den deutschen Staatsdienst (§ 15 StAngG) die deutsche Staatsangehörigkeit wiedererwarb. Ihm würde nach der Rückwirkungstheorie des Gesetzgebers für die Zeit von 1945 bis 1948 ein Stück deutsche Staatsangehörigkeit fehlen. Dieses Loch in seiner Vergangenheit kann er durch Abgabe der Optionserklärung schließen. Es wäre interessant zu erfahren, ob Optionserklärungen dieser Art überhaupt abgegeben sind.

6. Absatz 4

Die Gesetzesbestimmung ist unvollständig gefaßt. Sie will folgendes besagen: Ein ehemaliger Anschlußdeutscher, der jetzt eine fremde Staatsangehörigkeit besitzt, also z. B. eine Frau, die 1948 einen Schweizer geheiratet hat, kann optieren, obgleich sie damit für die Gegenwart überhaupt keine Wirkung hervorbringt. Sie erreicht nur, daß in ihrer Vergangenheit etwas geändert wird. Sie hat dann die deutsche Staatsangehörigkeit nicht mit dem 27. April 1945, sondern erst mit ihrer Eheschließung verloren, ist in der Vergangenheit also einige Jahre länger Deutsche geblieben. Also wieder nur ein Spiel mit der Korrektur der Vergangenheit ohne jede Gegenwartsbedeutung. Auch hier bleibt die Statistik abzuwarten.

7. Absatz 5

a) Der Gesetzgeber fügt hier die gleiche Sicherungsklausel ein wie bei den Einbürgerungsansprüchen des 1. StAngReglG. Bei einer Einbürgerung ist es noch verständlich, wenn ein Staat ihm nicht genehme Personen ablehnt. Für die Ausübung des Optionsrechts paßt ein solcher Vorbehalt nicht und ist er in der bisherigen Geschichte des Völkerrechts auch nicht üblich gewesen. Auch Raubmörder waren vom Optionsrecht nicht ausgeschlossen. Die Klausel ist hier um so verdächtiger, als sie sich offenbar gegen politisch unerwünschte Personen richtet (Kommunisten und Nationalsozialisten, vgl. Hoffmann II S. 39). Österreich hat versucht, seine Nationalsozialisten vom Wiedererwerb der österreichischen Staatsbürgerschaft auszuschließen (die sog. Illegalen), die BRep versucht, sich eine Handhabe zu schaffen, um Optionen von Kommunisten abzulehnen. So ist man bestrebt, sich gegenseitig die politisch mißliebigen Personen zuzuschieben. Im ganzen ist dieses Bestreben nicht zu billigen. Das Optionsrecht ist gegeben, weil auch das Individuum ein materielles Selbstbestimmungsrecht haben soll. Es ist unlogisch, es ihm vorzuenthalten, nur weil der Optant aus innerpolitischen Gründen unerwünscht ist.

b) Da dies Rückweisungsrecht eigentlich zu dem Grundgedanken der freien Staatswahl des Individuums nicht paßt, muß an das Rückweisungsrecht ein strenger Maßstab gelegt werden. Es müssen wirklich Tatsachen nachgewiesen werden und es muß eine konkrete Befürchtung für die Zukunft bestehen. Im 8. Bundestagsausschuß wurde bei der Beratung des Gesetzes als Beispiel der Fall genannt, daß jemand früher einmal einer Partei angehört hat, die damals erlaubt, inzwischen aber verboten ist (Maßfeller II S. 69). Dies kann für sich allein nicht als genügend anerkannt werden, um eine Rückweisung zu rechtfertigen. Es müßte mindestens der Nachweis hinzukommen, daß der Betroffene auch nach dem Verbot der Partei noch für sie tätig gewesen ist.

c) Durch die Einfügung des Rückweisungsrechts der Behörde ist die Option in ihrem Wesen geändert. Sie ist nicht mehr nur eine empfangsbedürftige, sondern eine nachprüfungsbedürftige Willenserklärung. Die Ausstellung der Urkunde hat also größere Bedeutung als eine gewöhnliche Empfangsbescheinigung. Sie besagt zwar nichts darüber, ob der Optant noch die deutsche Staatsangehörigkeit besitzt — er kann sie inzwischen aus anderen Gründen verloren haben — aber sie soll doch wohl bescheinigen, daß die Behörde auch sein Optionsrecht nachgeprüft und in Ordnung befunden hat. Sie stellt also eine behördliche Bescheinigung des gültigen Optionsakts dar. Daher hat sie nicht rein deklaratorischen Charakter, sondern stellt zugleich eine amtliche Bestätigung des Optionsrechts dar. Sie ist aus diesem Grunde als ein begünstigender Staatsakt anzusehen und unterliegt dem gleichen Rechtsschutz wie jeder begünstigende Staatsakt.

Dieser Charakter der Urkunde ist deshalb von Bedeutung, weil davon die Frage abhängt, ob die Bescheinigung zurückgenommen werden kann, wenn die Behörde nachträglich Tatsachen feststellt, die ihrer Ansicht nach eine Verweigerung des Optionsrechts gerechtfertigt hätten. Der Ansicht Hoffmanns II S. 40, daß die Behörde ohne zeitliche Beschränkung jederzeit die Urkunde wieder einziehen könne, kann daher nicht zugestimmt werden. Maßfeller II S. 69, will auf diesen Fall die Bestimmungen über die Rücknahme der Einbürgerung aus dem 1. StAngReglG entsprechend anwenden. Hieran ist richtig, daß der Optant, wenn man Hoffmann folgte, schlechter stände als der Einbürgerungsberechtigte des 1. StAngReglG, daß er also, obgleich man ihm ein stärkeres Recht geben wollte, eine schwächere Rechtsstellung als der Eingebürgerte hätte. Dieses offenbar unbillige Ergebnis läßt sich aber auch vermeiden, wenn man in der Optionsbescheinigung der Behörde nicht nur eine rein deklaratorische Urkunde, sondern eine Bestätigung über die positiv verlaufene Prüfung und damit einen konstitutiven begünstigenden Staatsakt sieht. Alsdann ist dieser Staatsakt weitgehend vor einer späteren Rücknahme geschützt.

§ 4

Hat eine deutsche Staatsangehörige in der Zeit vom 13. März 1938 bis einschließlich 26. April 1945 mit einem Manne die Ehe geschlossen, der nach Maßgabe der in § 1 Satz 2 genannten Bestimmungen deut-

scher Staatsangehöriger war, und gehörte sie selbst nicht zu diesem Personenkreis, so ist ihre deutsche Staatsangehörigkeit mit Ablauf des 26. April 1945 erloschen, wenn sie damals ihren dauernden Aufenthalt außerhalb Deutschlands hatte oder ihn vor dem 1. Mai 1952 ins Ausland verlegt hat. Sie hat jedoch ein Erklärungsrecht gemäß § 3 Abs. 1, wenn sie seit dem 1. Januar 1955 ihren dauernden Aufenthalt in Deutschland hat.

1. Vorbemerkung

a) Die Gesetzesbestimmung stellt einen Kompromiß zwischen den verschiedensten Vorstellungen und Absichten dar. Einerseits wollte man sich so eng wie möglich an die schon vorhandene österreichische Regelung anlehnen, die allen deutschen Frauen von Österreichern die österreichische Staatsangehörigkeit verlieh, andererseits fand man eine gegenteilige deutsche Rechtsprechung, insbesondere des BGH (E 23, 178 vom 4. Oktober 1951) vor, welche die deutsche Staatsangehörigkeit der Frauen, mindestens wenn sie in Deutschland wohnten, aufrechterhielt, auch konnte nicht ganz übersehen werden, daß die Neigungen und Interessen der Frauen in „deutsch-österreichischen Mischehen" bei Wohnsitz in Deutschland unvermeidlich nach Deutschland gingen (vgl. Schätzel, Arch. d. ö. R. Bd. 81, 1956, S. 297). Bei dem Bestreben der Angleichung an die österreichischen Gesetzesbestimmungen stieß man daher auf erhebliche Schwierigkeiten. So ist die österreichische Regelung so aufgebaut, als hätte die österreichische Staatsangehörigkeit auch während des Anschlusses bestanden und entsprechend dem österreichischen Staatsangehörigkeitsgesetz weiter übertragen werden können, während Deutschland daran festhalten mußte, daß alle Österreicher vom 13. März 1938 bis 27. April 1945 die deutsche Staatsangehörigkeit gehabt hatten. Besonders hinderlich aber war, daß in der Regelung der Staatsangehörigkeit der Ehefrau inzwischen eine grundsätzliche Verschiedenheit zwischen dem deutschen und österreichischen Staatsangehörigkeitsrecht aufgetreten ist. Österreich hält an der abgeleiteten Staatsangehörigkeit der Ehefrau fest und führt sie folgerichtig durch. Deutschland ist inzwischen zur selbständigen Staatsangehörigkeit der Ehefrau übergegangen (Art. 3 II GG). Es ist daher unter dem Gesichtspunkt der Verfassungsmäßigkeit äußerst zweifelhaft, ob der heutige Gesetzgeber bei rückwirkenden Gesetzen die Frau noch an die Staatsangehörigkeit des Mannes binden kann. Der Gesetzgeber hat versucht, diese Frage dahin zu lösen, daß er die Frau bei der Eheschließung tatsächlich der Staatsangehörigkeit des Mannes unterwirft, die weitere Gestaltung der Staatsangehörigkeit dann aber vom Gemeinschaftsprinzip löst und namentlich das Optionsrecht individuell gestaltet. Das ist weder logisch, noch in den Ergebnissen befriedigend.

b) Der Ausgangspunkt muß sein, daß die Frau bei der Eheschließung die deutsche Staatsangehörigkeit besaß und diese nach deutschem Recht nur verlieren konnte, wenn sie einen Mann heiratete, der ausschließlich Ausländer war. Der österreichische Mann war aber kein Ausländer, denn er hatte die deutsche Anschlußstaatsangehörigkeit; daß er daneben die latente österreichische Staatsangehörigkeit besaß, war bedeutungslos. Auch bei Eheschließung mit einem deutsch-englischen Doppelstaater verlor eine deutsche Frau nicht die deutsche Staatsangehörigkeit. Durch die Eheschließung kann sich also nichts an der deutschen Staatsangehörigkeit der Frau geändert haben. Am 27. April 1945 ist dann der Fall eingetreten, daß der Mann die deutsche Staatsangehörigkeit verlor. Es gab keine Bestimmung des deutschen Rechts, wonach der Verlust der deutschen Staatsangehörigkeit des Mannes den Verlust der deutschen Staatsangehörigkeit der Frau nach sich zog. Ferner ist am 27. April 1945 die latente österreichische Staatsangehörigkeit virulent geworden, und hat ihr der österreichische Gesetzgeber die österreichische Staatsangehörigkeit verliehen. Auch dies war für die deutsche Staatsangehörigkeit der Frau ohne Bedeutung, da die deutsche Staatsangehörigkeit beim Erwerb einer fremden nach § 25 StAngG nur dann verloren geht, wenn der Erwerb auf Antrag geschieht. Die ganze Regelung war ausschließlich dem österreichischen Interesse angepaßt, ließ sich aber mit den bestehenden deutschen Bestimmungen nicht dahin vereinen, daß alle Frauen, die Österreich für sich in Anspruch nahm, automatisch die deutsche Staatsangehörigkeit verloren. Die österreichische Gesetzgebung war nach dem Grundsatz, daß kein Staat über die Staatsangehörigkeit eines anderen Bestimmung treffen kann, dazu jedenfalls außerstande. Wenn überhaupt ein Verlust der deutschen Staatsangehörigkeit angenommen wurde, ließ sich dies höchstens aus völkerrechtlichen Gründen herleiten. Es gibt aber wieder keinen Satz des Völkerrechts, daß eine Frau der Staatsangehörigkeit des Mannes folgen müßte, wenn dieser seine wechselt. Das mochte um 1900 vielleicht so angesehen werden, seitdem sich jedoch der Grundsatz der selbständigen Staatsangehörigkeit der Frau durchgesetzt hat, kann ein solcher völkerrechtlicher Gewohnheitsrechtssatz nicht mehr anerkannt werden. Das Haager Staatsangehörigkeitsabkommen von 1930 Art. 10 (oben S. 68) bestimmt das Gegenteil. So ließ sich schlechterdings kein Rechtssatz finden, warum die deutschen Frauen ihre Staatsangehörigkeit verloren haben sollten. Deutsche Gerichte haben jedenfalls keinen gefunden. Die Bundesregierung und ihr folgend der Bundestagsausschuß sind daher auf eine sehr gekünstelt anmutende Theorie der Rechtfertigung ihres Standpunktes verfallen. Zwar hat sich die Staatsangehörigkeit der Frau bei der Eheschließung sichtbar nicht geändert, aber die Grundlage ihrer Staatsangehörigkeit soll eine andere geworden sein. Sie soll ihre legitime deutsche Geburtsstaatsangehörigkeit gegen die illegitime temporäre Anschlußstaatsangehörigkeit vertauscht haben. Besaß sie aber nur die Anschlußstaatsangehörigkeit, so mußte diese auch am 27. April 1945 fallen. Diese Theorie steht und fällt mit der Annahme, daß die Anschlußstaatsangehörigkeit etwas anderes als die deutsche Staatsangehörigkeit gewesen sei. Folgt man dieser Annahme, so müßte man die deutsche Staatsangehörigkeit im Hitlerstaat in eine Reihe Sonderstaatsangehörigkeiten aufspalten. Neben der Anschlußstaatsangehörigkeit der Österreicher hätte es dann weiter die ebenfalls in ihrer Rechtmäßigkeit umstrittene Staatsangehörigkeit der Sudetendeutschen, der Protektoratdeutschen, der Danziger, der Memelländer, die Optionsstaatsangehörigkeit der Südtiroler gegeben usw. (Maßfeller II S. 54 versucht diese Konstruktion). Wenn man sich auf diesen Weg begibt, ist das Ende nicht abzusehen. Er ist auch durch das 1. StAngReglG versperrt. Es ist unlogisch, im Falle Österreich eine solche Unterscheidung zu machen, während sich im 1. StAngReglG. bei den übrigen Fällen nichts von einer solchen Vorstellung findet. Sie kommt im Grunde darauf hinaus, auch den Anschluß vom 13. März 1938 ab mit rückwirkender Kraft zu ignorieren. Hätte man das gewollt, so hätte die ganze Regelung anders aussehen müssen. Man hat jedoch die deutsche Staatsangehörigkeit der Österreicher während der Anschlußzeit aufrechterhalten. Ein Staat kann aber nur *eine* Staatsangehörigkeit haben. Auf den Erwerbsgrund kommt es nicht an. Die Annahme, daß die Staatsangehörigkeit der Österreicher ihrem Wesen nach von der deutschen Staatsangehörigkeit der anderen Deutschen verschieden gewesen wäre, ist nicht haltbar. Die deutsche Ehefrau hat daher bei der Eheschließung ihren Status nicht verändert. Sie hatte nach der Eheschließung genau die gleiche Staatsangehörigkeit, die sie vorher hatte und damit fällt jeder rechtliche Grund, warum sie sie am 27. April 1945 verloren haben soll.

c) Es sind nicht diese logischen Überlegungen, die den Gesetzgeber davon abgehalten haben, der deutschen Frau allgemein die deutsche Staatsangehörigkeit zu nehmen, sondern allein die Tatsache der entgegenstehenden Rechtsprechung und der dieser folgenden Praxis. Der Gesetzgeber ist ganz offensichtlich von der Vorstellung der durch die Eheschließung erworbenen Anschlußstaatsangehörigkeit der Frau befangen und sucht sie soweit wie möglich durchzusetzen. Die Fälle der Aufrechterhaltung der Staatsangehörigkeit sind Konzessionen, die er von seinem Standpunkt als unlogisch ansehen muß. So ist eine typische Kompromißlösung herausgekommen, deren Durchführung erhebliche Zweifel auslöst.

Das Grundprinzip der Lösung ist: deutsche Ehefrau eines Österreichers in Deutschland deutsch, in Österreich österreichisch. Das ist zwar nicht logisch, aber praktisch. Leider ist dieser Grundsatz durch Zufügung vieler Datumsbestimmungen stark verklausuliert, so daß die Staatsangehörigkeit der Frau aus rein tatsächlichen Gründen vielfach kaum bestimmbar sein wird.

2. Die deutsche Ehefrau in Deutschland

a) Um die deutsche Staatsangehörigkeit zu behalten, muß sie am 27. April 1945 ihren dauernden Aufenthalt in Deutschland gehabt und bis zum 1. Mai 1952 behalten haben. Nur siebenjähriger Daueraufenthalt in Deutschland festigt ihre „Anschlußstaatsangehörigkeit“, so, daß sie zur Dauerstaatsangehörigkeit wird. Nachher kann sie abwandern, ohne sie zu verlieren, bei vorheriger Abwanderung hat sie sie zwar solange gehabt, doch geht sie ihr mit rückwirkender Kraft bis zum 27. April 1945 verloren.

An dieser Regelung fällt auf, daß die Staatsangehörigkeit zunächst einmal von einem Daueraufenthalt abhängig gemacht wird statt von einem Wohnsitz an einem bestimmten Stichtag, wie es eine mehr als 200jährige Praxis vorher getan hat. Die Folge dieser Bestimmung ist eine inquisitorische Vernehmung der Frau über ihren Aufenthalt in diesen sieben Jahren und die Notwendigkeit der Einholung einer Fülle von Auskünften aus ausgebombten Karteien, auch bleibt nichts anderes übrig, als sie solange als Deutsche zu behandeln, bis sie tatsächlich abgewandert ist.

Auch die Daten sind ohne jede erkennbare Berechtigung. Der 27. April 1945 ist ein rein dokumentarisches Datum, das für den österreichischen Patriotismus eine gewisse gefühlsmäßige Bedeutung haben mag, aber in Wirklichkeit geschichtlich nichts besagt. Es ist auch denkbar ungeeignet, denn damals waren Millionen Menschen ausgebombt oder auf der Flucht. Wenn sich zu einem Datum ein Daueraufenthalt nicht feststellen ließ, so war es dieser Tag. Der 1. Mai 1952 soll gewählt sein, weil am 4. Oktober 1951 das die deutsche Staatsangehörigkeit der Frau bestätigende Urteil des BGH erging (E. 3, 178) und weil sich bis zum 1. Mai 1952 darauf eine entsprechende allgemeine Rechtsüberzeugung gebildet habe!

b) Es fragt sich jedoch, ob die genannten Daten wirklich maßgebend sind, da § 5 des Gesetzes den Nachweis zuläßt, daß es einem Betroffenen unmöglich war, am 27. April 1945 seinen dauernden Aufenthalt in Deutschland zu haben und daß in diesem Fall ein Daueraufenthalt am 23. Mai 1949 genügt. Es ist umstritten, ob § 5 des Gesetzes, der nach der Entstehungsgeschichte im Zusammenhang mit § 3 gebildet wurde, seiner Fassung nach aber unbedenklich auch auf § 4 paßt, anwendbar ist. (Dafür Maßfeller, II S. 73; dagegen Hoffmann II S. 45.) Der Ansicht von Maßfeller dürfte der Vorzug zu geben sein. Man denke an die zahlreichen deutschen Frauen, die in alliierten Staaten interniert waren und erst lange nach dem 27. April 1945 nach Deutschland zurückgekehrt sind. Es wäre schlechterdings nicht verständlich, warum sie ihre deutsche Staatsangehörigkeit verloren haben sollten, während ihr Mann vielleicht ein Optionsrecht für die deutsche Staatsangehörigkeit hat. Folgt man dieser Ansicht, so genügt der Nachweis eines Daueraufenthaltes vom 23. Mai 1949 bis 30. April 1952.

c) In der Logik des Gesetzes liegt, wenn es auch nicht ausgesprochen ist, daß die Frauen ihre bloße Anschlußstaatsangehörigkeit auch wieder mit der echten Dauerstaatsangehörigkeit vertauschen konnten, wenn sie in ihrer Person einen neuen Erwerbsgrund für diese setzten, z. B. wenn sie nach Auflösung der 1. Ehe eine 2. Ehe mit einem Altdeutschen eingingen, sich einbürgern ließen oder als Beamtin angestellt wurden. Sobald dieser neue Erwerbsgrund gegeben war, kam es nicht mehr auf den Daueraufenthalt an (ebenso Maßfeller II S. 75; Hoffmann II S. 43).

d) Die aufrechterhaltene deutsche Staatsangehörigkeit kann die Frau nicht ausschlagen, es sei denn, daß sie ihre deutsche Staatsangehörigkeit aus den Erwerbsgründen herleitet, die in § 1 des 1. StAngRegIG aufgezählt sind, und sie aus dieser gesetzlichen Bestimmung ein Ausschlagungsrecht herleitet.

e) Hat die Frau wegen Nichterfüllung der Bedingung des Daueraufenthaltes die deutsche Staatsangehörigkeit nicht behalten, so kann sie sie jedoch durch Option wieder erwerben, wenn sie seit dem 1. Januar 1955 ihren dauernden Aufenthalt in Deutschland hat. Dieser Wiedererwerb erfolgt ebenfalls mit rückwirkender Kraft ab 27. April 1945. Ist sie etwa mit ihrem Mann aus Deutschland im Jahre 1950 zur Erfüllung eines zweijährigen Auftrags ins Ausland gegangen, so hätte sie bis dahin die deutsche Staatsangehörigkeit besessen, mit der Aufgabe des deutschen Daueraufenthaltes aber mit rückwirkender Kraft ab 27. April 1945 verloren, nach Abgabe der Optionserklärung aber mit rückwirkender Kraft vom 27. April 1945 wieder erworben. Ob sich das wirklich nicht einfacher regeln ließ?

f) Die Beweislastfrage macht Schwierigkeiten. Es fragt sich, ob die Frau den Daueraufenthalt zu beweisen hat, um als Deutsche zu gelten, ober ob umgekehrt die Beweislast der Behörde obliegt, wenn sie die deutsche Staatsangehörigkeit der Frau nicht anerkennen will. Was ist der Primärsatz, Beibehaltung oder Verlust? Was ist die Ausnahme? Nach dem Ausgangspunkt der Bundesregierung wäre es wohl der Verlust, so daß die Beibehaltung der deutschen Staatsangehörigkeit zu beweisen wäre. Aber die Wortfassung des § 4 lautet umgekehrt. Danach tritt der Verlust nur ein, wenn gewisse Voraussetzungen gegeben sind. Nach der sonst bei deutschen Gesetzen angewandten Texttechnik muß dieser Fassung entnommen werden, daß die Aufrechterhaltung der deutschen Staatsangehörigkeit das Normale und der Verlust die Ausnahme ist. Eine Lücke in dem verlangten Beweis des 7jährigen Daueraufenthaltes kann also nicht zu Lasten der Frau gehen. Bleibt diese Frage ungeklärt, so muß sie als Deutsche anerkannt werden.

Anders liegt es jedoch bei dem Erklärungsrecht nach Satz 2. Hier muß sie dartun, daß ein von ihr in Anspruch genommenes Recht besteht, und dieses Recht kann sie nur ausüben, wenn sie ihren Daueraufenthalt in Deutschland seit dem 1. Januar 1955 beweist. Allerdings kann hier die allgemeine Vermutung helfen, daß die Fortdauer eines einmal begründeten Zustandes zu vermuten ist. Beweist sie also, daß sie vor dem 1. Januar 1955 ihren Daueraufenthalt in Deutschland genommen hat, so spricht für sie die Vermutung, daß dieser Daueraufenthalt auch fortgedauert hat.

3. Die deutsche Frau in Österreich

a) Bei ihr setzt sich die Grundeinstellung des Gesetzgebers durch. Sie verliert die deutsche Staatsangehörigkeit und dies auch dann, wenn die Ehe nicht mehr besteht. Die Konstruktion ist, sie habe durch die Eheschließung ihre solide deutsche Geburtsstaatsangehörigkeit mit der illegalen Anschlußstaatsangehörigkeit ihres Mannes vertauscht, die am 26. April 1945 automatisch ihr Ende gefunden habe. Zur Entschuldigung dieser Auffassung wird gesagt, sie hätte damit rechnen müssen, daß der Anschluß Österreichs nicht halten würde. Schon das ist viel verlangt. Keinenfalls kann man ihr aber zumuten, daß sie die Gedankengänge des Gesetzgebers in puncto Staatsangehörigkeit voraussehen konnte. Es bleibt daher ohne jede Entschuldigung die Tatsache bestehen, daß einer deutschen Staatsangehörigen, die einen deutschen Mann geheiratet und daher die deutsche Staatsangehörigkeit behalten hat, diese lediglich aus Gründen in der Person des Mannes genommen wird. Dies ist verfassungswidrig und verstößt gegen Art 3 und 16 GG.

b) Der Bundesrat hatte daher erwogen, ob dieser deutschen Frau ein Optionsrecht für die deutsche Staatsangehörigkeit gegeben werden sollte (Hoffmann II S. 43). Das ist jedoch nicht geschehen. Dies ist um so befremdlicher, als der österreichische Staat im umgekehrten Fall der österreichischen Frau, die einen Altdeutschen geheiratet hat, in § 2 a des Staatsbürgerschafts-Überleitungsgesetzes vom 10. Juli 1945 (Maßfeller II S. 182) ein solches Optionsrecht verliehen hat. Deutschland versagt also seinen Frauen ein Optionsrecht, das Österreich in gleicher Lage gewährt hatte und daher auch bei der deutschen Regelung nicht beanstanden konnte.

Man mag die Regelung damit entschuldigen, daß in Österreich bei ihrem österreichischen Gatten wohnhafte Frauen politisch nach Österreich und nicht in die deutsche Staatsangehörigkeit gehören. Das mag für die Mehrzahl der Fälle zutreffen. Man darf jedoch die nicht seltenen Fälle der Kriegerwitwen nicht übersehen, die nur deshalb in Österreich verbleiben, weil sie dort Wohnung und Beruf haben und die Kinder nicht ohne Nachteil umgeschult werden können. Ein Verbleiben in Österreich ist daher durchaus nicht in allen Fällen eine Art stillschweigende Option für Österreich. Es ist nicht in Abrede zu stellen, daß auch Frauen, besonders Witwen, in Österreich ein berechtigtes Interesse am Wiedererwerb der deutschen Staatsangehörigkeit haben können, da dies ihre Rückkehr nach Deutschland und die Arbeitsbeschaffung in Deutschland erleichtert. Hier kann die VO vom 20. Januar 1942 helfen, welche eine Einbürgerung ohne Verlegung des Wohnsitzes nach Deutschland ermöglicht. Sicher wird Deutschland von dieser Möglichkeit nicht im großen Umfange Gebrauch machen können, ohne österreichischen Widerspruch hervorzurufen, in Einzelfällen erscheint ihre Anwendung jedoch ein geeignetes Mittel zur Erfüllung legitimer Interessen.

d) Auch für die deutsche Frau in Österreich muß gelten, daß sie ihre durch die Ehe erworbene Anschlußstaatsangehörigkeit wieder in die deutsche Vollstaatsangehörigkeit verwandeln kann, sobald nach deutschem Recht ein Erwerbstitel dafür vorliegt. Als solcher kommt die Anstellung im Staatsdienst, § 15 StAngG, in Frage. Auch die Anstellungen in Österreich waren Akte der deutschen Staatsgewalt. Der österreichische Staat erkennt sie nicht an. Daher muß eine solche

Anstellung, z. B. als Lehrerin, ausreichen, um der anschlußdeutschen Frau die deutsche Vollstaatsangehörigkeit zu verschaffen. Diese muß dann über den 27. April 1945 hinaus erhalten geblieben sein.

e) Vom rein logischen Standpunkt aus müßte das Gleiche gelten, wenn der anschlußdeutsche Mann während der Anschlußzeit von deutschen Dienststellen als Beamter angestellt oder befördert worden ist. Auch diese Akte der deutschen Staatsgewalt werden von österreichischer Seite nicht anerkannt und wird der Ernannte in die Stellung zurückbefördert, die er vorher hatte. Ein zum Professor ernannter Privatdozent tritt daher wieder in die alte Position zurück. Die deutschen Anstellungen und Beförderungen sind daher von Österreich deutlich als rein deutsche Verwaltungsakte charakterisiert und nicht „nostrifiziert". Da bei Anwendung dieses Grundsatzes jedoch ein sehr großer Teil der österreichischen Beamtenschaft aus der anschlußdeutschen in die volldeutsche Staatsangehörigkeit hinübergewechselt wäre, hat Österreich diese Anstellungen und Beförderungen völlig ignoriert und an der österreichischen Staatsbürgerschaft der Betroffenen festgehalten. Das ist zwar nicht logisch, jedoch steht es Deutschland nicht an, das zu beanstanden, da jeder Staat über seine Staatsangehörigkeit selbst bestimmt. Andererseits ist Deutschland jedoch nicht an diese Auffassung gebunden, wenn es sich um die Staatsangehörigkeit eines oder einer Deutschen handelt. Es läßt sich daher durchaus der Standpunkt vertreten, daß die geburtsdeutsche Ehefrau durch die Anstellung oder Beförderung ihres anschlußdeutschen Mannes die volldeutsche Staatsangehörigkeit wiedererlangt und über den 27. April 1945 hinaus behalten hat. Dieser Schluß ist logisch einwandfrei, und Deutschland ist, wenn es schon die österreichische Grundauffassung annimmt, nicht auch noch verpflichtet, Inkonsequenzen der Österreicher mitzumachen.

4. Sudetendeutsche Frauen

a) Der nicht ganz seltene Fall einer Heirat zwischen einem Anschlußdeutschen und einer sudetendeutschen Frau wirft weitere Fragen auf. Die Frau ist nach § 1 des 1. StAngReglG Deutsche mit Ausschlagungsrecht geworden. In folgerichtiger Durchführung der Grundauffassung des Gesetzgebers müßte sie mit der Eheschließung ihren Status als Sudetendeutsche mit dem der Anschlußdeutschen vertauscht haben, § 2 des 1. StAngReglG müßte auf sie analog angewandt werden, d. h. ihre sudetendeutsche Staatsangehörigkeit würde vom 30. September 1938 bis zur Eheschließung bestätigt sein und könnte von ihr ausgeschlagen werden. Seit der Eheschließung hätte sie jedoch nur die anschlußdeutsche Staatsangehörigkeit gehabt und diese mit dem 27. April 1945 verloren, wenn sie außerhalb Deutschlands ihren dauernden Aufenthalt hätte, wobei der 27. April 1945 auch in diesem Fall durch den 23. Mai 1949 ersetzt werden müßte.

b) Bei Aufenthalt in Deutschland müßte man sie den gleichen Regeln unterwerfen, die für anschlußdeutsche Frauen mit deutscher Geburtsstaatsangehörigkeit gelten, d. h. sie muß einen deutschen Daueraufenthalt vom 26. April 1945 bis 30. April 1952 haben. Bei späterer Verlegung des Aufenthaltes nach Deutschland oder Unterbrechung vor dem 1. Mai 1952 ist die deutsche Staatsangehörigkeit verloren gegangen. Nun muß jedoch in Erscheinung treten, daß bei ihr die Voraussetzungen als Flüchtling aus Art. 116 I GG vorliegen. Die Auslegung des § 3 des 1. StAngReglG geht bekanntlich dahin, daß trotz der Ausschlagung die Eigenschaft als Deutscher i. S. des Art. 116 I GG erhalten bleibt. Vgl. oben S. 262. Diese Auffassung ist nur möglich, wenn man annimmt, daß die deutsche Staatsangehörigkeit und der Status aus Art. 116 I GG völlig unabhängig nebeneinander stehen, so daß aus dem Verlust der Staatsangehörigkeit sich nichts für den Status aus Art. 116 I GG ergibt. Die Logik erfordert, diesen Satz auch bei der deutschen Anschlußstaatsangehörigkeit anzuwenden. Ist diese am 27. April 1945 verloren gegangen, so ist trotzdem ein Status übrig geblieben, aus dem am 23. Mai 1949 die Eigenschaft als Deutsche i. S. von Art. 116 I GG geworden ist. Dieser einmal begründete Status soll sich nach amtlicher Auffassung sogar bei Verlegung des Wohnsitzes ins Ausland erhalten. Das Ergebnis ist also, daß sich diese sudetendeutsche Frau in eine Deutsche aus Art. 116 I GG verwandelt hat und daß für diesen Status der Daueraufenthalt ohne Bedeutung ist. Nach § 6 des 1. StAngReglG hat sie dann auch einen Einbürgerungsanspruch, und sie braucht nicht die Voraussetzungen des § 4 Satz 2 des 2. StAngReglG zu erfüllen. Sie steht also erheblich günstiger als die altdeutsche Frau.

c) In dem anderen Fall, daß ihr Daueraufenthalt am 27. April 1945 außerhalb Deutschlands war, hätte sie die deutsche Anschlußstaatsangehörigkeit verloren. Trotzdem wäre bei ihr der Status als Vertriebener erhalten geblieben. Bei Zuwanderung nach Deutschland müßte sie daher als Deutsche im Sinne von Art. 116 I GG anerkannt werden mit der Folge, daß sie einen Einbürgerungsanspruch hätte. Bleibt sie in Österreich, so ist sie gleichviel Vertriebene und kann nach § 9 des 1. StAngReglG von Österreich aus ihre Einbürgerung in die deutsche Staatsangehörigkeit betreiben. Auch bei Wohnsitz in Österreich steht die sudetendeutsche Frau also erheblich günstiger als die altdeutsche Frau.

5. Eheliche Kinder

a) Für eheliche Kinder gilt sowohl in der BRep. wie in Österreich der Grundsatz des jus sanguinis des Vaters. Sie folgen daher seiner Staatsangehörigkeit, d. h. die Kinder haben die Anschlußstaatsangehörigkeit, wenn der Vater sie hatte, aber die Vollstaatsangehörigkeit, wenn sie der Vater aus irgendeinem Grunde, z. B. als Beamter erworben hat. Die Anschlußstaatsangehörigkeit haben sie am 27. April 1945 verloren; eine Vollstaatsangehörigkeit ist erhalten geblieben.

b) Ist der Vater verstorben, so kennt das deutsche Recht im Gegensatz zu vielen anderen Rechten keinen Satz, daß sie der Staatsangehörigkeit der Mutter folgen. Auch wenn diese in 2. Ehe einen Altdeutschen geheiratet und damit wieder die deutsche Vollstaatsangehörigkeit erworben hat, sind die Kinder anschlußdeutsch geblieben und den Folgen des kritischen Datums vom 27. April 1945 unterworfen. Im Gesetz fehlt nun aber jede Regelung über ihre weitere Staatsangehörigkeit. Für die Frau regelt sich die Staatsangehörigkeit verschieden je nach ihrem Daueraufenthalt in Deutschland oder Österreich. Lassen sich diese Sätze analog auf die Kinder anwenden?

Diese Frage dürfte bei bestehender Ehe zu verneinen sein. Lebt das Ehepaar in Deutschland und verliert der Mann seine Anschlußstaatsangehörigkeit, während die Frau durch Erfüllung der Voraussetzungen von § 4 sie behält, so haben die Kinder die deutsche Staatsangehörigkeit auch verloren. Mangels positiver gesetzlicher Bestimmungen wird man das Gleiche annehmen müssen, wenn der Vater gestorben ist. Die Mutter könnte dann nach § 4 Satz 1 die deutsche Staatsangehörigkeit behalten haben, während für die Kinder eine gleiche Bestimmung fehlt, ihnen also auch ein siebenjähriger ununterbrochener Aufenthalt in Deutschland nicht zugute käme. Noch zweifelhafter ist es, wenn die Mutter von § 4 Satz 2 Gebrauch macht und für die deutsche Staatsangehörigkeit optiert. Nach § 16 II StAngG erstreckt sich die Einbürgerung auch auf die Kinder, deren gesetzliche Vertretung dem Eingebürgerten kraft elterlicher Gewalt zusteht. Das würde bei der Witwe an sich zutreffen. Das 2. StAngReglG wendet jedoch bei der Option das Invidualsystem an — vgl. oben § 3 Anm. 1 —, so daß man im Gegensatz zu § 16 II StAngG hier eine Erstreckung nicht annehmen kann. Trotzdem sieht das amtliche Formular für die Erklärung aus §§ 3—5 des Gesetzes eine Spalte für die Aufnahme der Namen der Kinder vor, so daß mindestens Zweifel erweckt werden können, ob an eine Erstreckung auf sie gedacht ist.

Im Gegensatz zu der unvollständigen deutschen Regelung bestimmt § 2a des Staatsbürgerüberleitungsgesetzes vom 10. Juli 1945 ausdrücklich, daß die Option der Mutter sich auf die Kinder erstreckt, wenn sie ihr gesetzlicher Vertreter ist oder dieser zustimmt. Eine ähnliche Regelung hätte sich auch für Deutschland empfohlen.

6. Uneheliche Kinder

a) Ist es von einer deutschen Mutter vor der Ehe mit einem Anschlußdeutschen geboren, so ist es volldeutsch geblieben und hat nicht die Anschlußstaatsangehörigkeit erhalten. Es ist daher unabhängig von Wohnsitz und Daueraufenthalt und unabhängig von der Staatsangehörigkeit der Mutter deutsch geblieben. (Ebenso Maßfeller II S. 76.)

b) Ist das Kind durch die Ehe legitimiert, so ist es das eheliche Kind eines Anschlußdeutschen geworden und hat damit die deutsche Geburtsstaatsangehörigkeit mit der Anschlußstaatsangehörigkeit vertauscht. Diese hat es am 27. April 1945 verloren.

Adoption und Namensgebung haben auf den Status des Kindes keinen Einfluß gehabt.

c) Ist das uneheliche Kind während der Ehe der Mutter mit einem Anschlußdeutschen geboren, so erhält es zwar den Mädchenname der Mutter, trotzdem wird man nicht annehmen können, daß die Mutter noch imstande wäre, ihre nicht mehr vorhandene Geburtsstaatsangehörigkeit auf das Kind zu übertragen. Das Kind ist daher nur anschlußdeutsch, und es liegt nahe, ein Erlöschen dieser Anschlußstaatsangehörigkeit auch bei ihm mit dem 27. April 1945 anzunehmen. Nun ist für die Mutter die Sonderregelung getroffen, daß sie sich die deutsche Staatsangehörigkeit durch siebenjährigen Daueraufenthalt in Deutschland erhalten kann. Eine gleiche Bestimmung zugunsten des Kindes fehlt. Das erscheint unbillig. Maßfeller (II S. 77) will in diesem Fall die deutsche Staatsangehörigkeit des Kindes mit der Begründung aufrechterhalten, daß seine Staatsangehörigkeit an die der Mutter gebunden sei und nicht früher als deren Staatsangehörigkeit erlöschen könnte. Das Ergebnis ist praktisch und billig, ist aber bei der Konstruktion des Gesetzes wohl nicht haltbar. Das Gesetz kennt eine abhängige Staatsangehörigkeit nur bei der Begründung durch Ehe oder Abstammung, macht aber dann die Staatsangehörigkeit jeder Person völlig unabhängig von derjenigen der anderen Person, von der sie sich herleitet. Es wird daher dem Ergebnis nicht zu entgehen sein, daß das Kind anders als die Mutter die deutsche Staatsangehörigkeit verliert. (Ebenso Hoffmann II S. 43.) Ob dieser Verlust in der Praxis überhaupt feststellbar ist, ist eine andere Frage.

Anders als Maßfeller (II S. 78) sehe ich auch keine Möglichkeit, dem Kind bei Daueraufenthalt in Deutschland seit dem 1. Januar 1955 ein Optionsrecht für die deutsche Staatsangehörigkeit zuzugestehen.
d) Ehelichkeitserklärung seitens eines altdeutschen Vaters muß den Erfolg haben, daß das anschlußdeutsche Kind die deutsche Vollstaatsangehörigkeit erhalten und über den 27. April 1945 behalten hat.

§ 5

(1) Wer glaubhaft macht, daß es ihm erschwert war, seinen dauernden Aufenthalt seit dem 26. April 1945 in Deutschland zu haben, wird im Rahmen dieses Gesetzes behandelt, als ob er diese Voraussetzung erfüllte, wenn er spätestens am 23. Mai 1949 dauernden Aufenthalt in Deutschland genommen und ununterbrochen behalten hat. Das gleiche gilt für Personen, die zwar erst nach dem 23. Mai 1949, aber im Anschluß an ihre Flucht, Vertreibung, Ausweisung oder Aussiedlung aus einem der in § 1 Abs. 2 Nr. 3 des Bundesvertriebenengesetzes vom 19. Mai 1953 (Bundesgesetzbl. I S. 201) genannten Gebiete oder im Anschluß an ihre Entlassung aus dem Gewahrsam einer fremden Macht dauernden Aufenthalt in Deutschland genommen haben oder nehmen.

(2) War es einer der in § 3 Abs. 2 genannten Personen erschwert, ihren dauernden Aufenthalt rechtzeitig in Deutschland zu nehmen, so steht ihr das Recht, die deutsche Staatsangehörigkeit mit Rückwirkung auf den Zeitpunkt der Eheschließung, Geburt oder Legiti-

mation zu erwerben, auch zu, wenn sie alsbald nach Wegfall des Erschwernisses ihren dauernden Aufenthalt in Deutschland genommen hat oder nimmt und behalten hat.

1. Der 27. April 1945

Es ist der Tag, an dem eine Anzahl österreichischer Politiker in dem russisch besetzten Wien die Wiederherstellung der Selbständigkeit Österreichs proklamiert hat. Er ist später von der Regierung Österreichs zum offiziellen Geburtstag der Wiedererstehung erhoben werden. Der Tag hat etwas Willkürliches und Zufälliges, ist auch geschichtlich nicht ganz richtig, da damals der größte Teil des österreichischen Gebiets noch unter deutscher Verwaltung stand, aber jedem Staat steht das Recht zu, seine nationalen Feiertage einschließlich seines Geburtstages selbst gesetzlich festzulegen und zu verlangen, daß diese Tage respektiert werden.

Die Bundesregierung wäre an sich an dieses Datum für die Regelung der deutschen Staatsangehörigkeit nicht gebunden, hat jedoch in dem Bestreben, der österreichischen Auffassung so weit wie möglich entgegen zu kommen, sich bereit gefunden, es in die deutsche Gesetzgebung zu übernehmen. Andererseits ist das Datum schlecht gewählt, da damals Millionen von Menschen durcheinander gewürfelt und ohne bestimmbaren dauernden Aufenthalt waren. Das Datum ist daher in der Entstehungsgeschichte des Gesetzes von Anfang an umstritten gewesen. Namentlich verlangten auch die Österreicher in der BRep. die Wahl eines späteren Tages.

Aus diesen widersprechenden Tendenzen und Interessen heraus ist man schließlich dazu gekommen, den 27. April 1945 zwar im deutschen Gesetz gewissermaßen symbolisch festzulegen, ihn jedoch praktisch durch den 23. Mai 1949 zu ersetzen.

2. Der 23. Mai 1949

Dies ist der Tag des Inkrafttretens des GG. Auch dieses Datum ist mehr oder weniger zufällig gewählt. Man suchte nach einem halbwegs annehmbaren späteren Datum und kam so auf den Tag der Inkrafttretens des GG, also den Geburtstag der BRep. Dieses Datum hat insofern etwas für sich, als seit diesem Tag die BRep unbestritten als Staat das Recht hat, ihre Staatsangehörigkeit zu ordnen, während die rückwirkende Ordnung der deutschen Staatsangehörigkeit vor ihrer Entstehung recht anfechtbar ist.

Die Fassung des Gesetzes ist sehr vorsichtig und entgegenkommend. Der Betroffene braucht nur „glaubhaft" zu machen, also nicht zu beweisen, daß ihm der dauernde Aufenthalt in Deutschland am 27. April 1945 „erschwert" war. Welchem Deutschen war der Aufenthalt in Deutschland an diesem Tage nicht erschwert! Die Mehrzahl der Deutschen war froh, wenn sie ein notdürftiges Obdach hatte. Für Österreicher, die ihren Wohnsitz in Gebieten der ehemaligen Donaumonarchie hatten, war es wegen der Verkehrs- und Devisenverhältnisse noch Jahr und Tag unmöglich, ihren Aufenthalt nach Deutschland zu verlegen. Die Erschwerung mit Paß-, Zoll- und Transportschwierigkeiten hat mindestens bis zum

23. Mai 1949 gedauert. Das war auch die Ansicht des Bundestagsausschusses. Es ist also eigentlich gar nichts glaubhaft zu machen, geschweige denn zu beweisen, da die Behinderung notorisch ist. In der Praxis ist der 27. April 1945 also durch den 23. Mai 1949 ersetzt, was die Regelung schon annehmbarer macht. Es ist also eigentlich überflüssig, daß das amtliche Erklärungsprotokoll Aufenthaltsangaben von 1945 bis 1949 verlangt.

3. Nach dem 23. Mai 1949

Auch der 23. Mai 1949 ist kein Enddatum. Zahlreiche Kriegsgefangene und Vertriebene sind erst später in die BRep gekommen. Der Regierungsentwurf wollte daher für Kriegsgefangene und Internierte auch eine spätere Begründung des dauernden Aufenthalts als ausreichend zulassen. Der Bundesrat hat die Bestimmung erweitert und auch die Flüchtlinge und Vertriebenen hinzugenommen. Der Wirtschaftsaufschwung der BRep bringt es mit sich, daß ehemalige Österreicher sich aus der Kriegsgefangenschaft nicht selten nach Deutschland entlassen lassen oder bei ihrer Vertreibung aus den südöstlichen Ländern Zuflucht in Deutschland suchen, wo ihnen die Rechtsstellung als Deutscher im Sinne des Art. 116 I GG sicher ist.

4. Das Enddatum

Ein Enddatum für den dauernden Aufenthalt ist im Gesetz nicht genannt, aber rein begrifflich erforderlich, weil sonst nie der „dauernde Aufenthalt" festgestellt werden könnte. Zweifelhaft kann sein, ob das Enddatum das Inkrafttreten des 2. StAngReglG oder der Tag der Erklärung anzusehen ist. Das letztere Datum ist jedenfalls der späteste Tag. Die Aufgabe des dauernden Aufenthaltes nach diesem Datum steht der Wirksamkeit der Option nicht entgegen, das Optionsrecht ist mit dem befristeten Daueraufenthalt gewissermaßen ersessen.

5. Der Daueraufenthalt der Familienmitglieder

Wäre es auf den Wohnsitz abgestellt, so wäre seine Feststellung bei Familienangehörigen verhältnismäßig einfach, da sie ihn der Regel nach mit dem Familienhaupt teilen. Der Daueraufenthalt ist dagegen etwas rein Tatsächliches und muß für jedes Familienmitglied getrennt nachgewiesen werden. Allerdings dürfte es für ein Kind im allgemeinen erschwert sein, den Daueraufenthalt in Deutschland zu nehmen, wenn die Eltern den Wohnsitz in Österreich hatten. Allein diese Tatsache müßte dazu führen, daß von ihm vor dem 23. Mai 1949 kein Daueraufenthalt verlangt werden kann. Es wäre sehr zu erwägen, ob man wenigstens bei Kindern sich mit dem Daueraufenthalt des gesetzlichen Vertreters begnügen sollte. Das scheint auch die Ansicht der Verwaltung zu sein, denn im amtlichen Erklärungsformular werden zwar die Kinder mitaufgeführt, fehlt aber jede Frage nach dem Aufenthalt der Kinder in den kritischen Jahren.

6. Tragweite des § 5

Streit herrscht, ob diese Gesetzesbestimmung nur für die Fälle des § 3 Abs. 1 oder auch für die des § 4 gilt. (Dafür Maßfeller II S. 80; dagegen Hoffmann II S. 45.) Richtig ist, daß die Gesetzesbestimmung im Anschluß an § 3 Abs. 1 gebildet ist mit dem Zweck, das dort aufrechterhaltene Datum vom 27. April 1945 abzuschwächen und erträglich zu machen. Aber der Wortlaut paßt genau so gut auf die Fälle des § 4, und es ist nicht einzusehen, warum er auf diese grundsätzlich gleichliegenden Fälle nicht angewandt werden soll. Eine deutsche Kriegerwitwe in Österreich konnte in den Jahren 1945 bis 1949 ebensowenig zu ihren Eltern in Deutschland übersiedeln, wie irgendein anderer Anschlußdeutscher seinen Wohnsitz verlegen konnte. Vielfach ist die Nichtrückkehr der in Gefangenschaft geratenen Männer auch erst in diesen Jahren zur Gewißheit geworden. § 5 ist daher auch auf die Fälle des § 4 anwendbar.

7. Absatz 2

Diese Gesetzesbestimmung betrifft die in § 3 Abs. 2 des Gesetzes genannten Personen, deren Optionsrecht davon abhängt, daß Mann oder Vater von ihrem Optionsrecht mit Erfolg Gebrauch machen. Man kann von ihnen nicht das Anfangsdatum des 27. April 1945 verlangen, da sie später geheiratet haben oder geboren sein können. Die Frist beginnt bei ihnen mit der Heirat oder der Geburt zu laufen, doch muß der Daueraufenthalt auch bis zur Gegenwart dauern. Man wird an den Daueraufenthalt jedoch keine größeren Ansprüche stellen können als an den der Optionsberechtigten selbst, d. h. es muß der Daueraufenthalt seit dem 23. Mai 1949 genügen, auch wenn das Kind vielleicht 1947 geboren ist.

Die Wortfassung des Absatz 2 weicht von der des Absatz 1 ab. Dort heißt es, daß es genüge, wenn die Erschwerung „glaubhaft" gemacht wird, hier ist die Glaubhaftmachung fortgelassen und nur von der Erschwerung gesprochen. Hoffmann (II S. 48) will daraus folgern, daß in diesem Falle Glaubhaftmachung nicht genüge, sondern der Beweis erbracht werden müsse. Ich glaube nicht, daß der Gesetzgeber dieser Kategorie von Personen die Ausübung des Optionsrechts erschweren wollte, ich lege den Absatz 2 vielmehr dahin aus, daß nur eine abgekürzte Fassung vorliegt, die im übrigen dasselbe besagen will wie Absatz 1. Auch diese Personen können sich daher auf die notorische Verkehrserschwerung in den Jahren 1945 bis 1949 berufen, ohne weitere Beweise antreten zu müssen.

§ 6

(1) § 2 Abs. 1 der Verordnung vom 3. Juli 1938 hat den Erwerb der deutschen Staatsangehörigkeit nur bewirkt, wenn deren Verleihung dem Willen des einzelnen entsprach.

(2) Besaß er die deutsche Staatsangehörigkeit am 26. April 1945 noch, so ist er deutscher Staatsangehöriger geblieben, wenn er erklärt, daß er den Fortbestand der deutschen Staatsangehörigkeit gewollt hat; § 3 Abs. 4 gilt entsprechend.

Kommentar

1. Vorgeschichte

Das faschistische Österreich hatte es im Jahre 1933 für angebracht gehalten, sich nach dem schlechten Vorbild anderer Staaten die Waffe der Zwangsausbürgerung gegen oppositionelle Emigranten zu schaffen. Durch eine VO vom 16. August 1933 wurde dem österreichischen Staatsbürgergesetz vom 30. Juli 1925 folgender Absatz 2 des § 10 angefügt:

„Außerdem tritt die Ausbürgerung ein, wenn ein Landesbürger (Bundesbürger ohne Heimatrecht) im Ausland offenkundig, auf welche Weise immer, Österreich feindliche Handlungen unterstützt, fördert oder an derartigen Unternehmungen teilnimmt oder wenn er sich zu diesem Zweck ins Ausland begeben hat. Das gleiche gilt, wenn er sich ohne Ausreisebewilligung in einen Staat begibt, für den eine solche vorgeschrieben ist.“

Die Ausbürgerung wurde durch Ausspruch der Behörde vollzogen. Die Maßnahme richtete sich gegen Nationalsozialisten und Sozialisten und Kommunisten, die vom Ausland her eine Agitation gegen die Diktatur Dollfuß betrieben (vgl. Heinl, Das ö. Staatsbürgerschaftsrecht 3. Aufl. 1950 S. 88). Nach Angabe der Regierungsbegründung zum 2. StAngReglG sollen davon 12 000 Menschen betroffen worden sein. Sie wurden dadurch staatenlos. Es ist jedoch anzunehmen, daß die Mehrzahl als politische Märtyrer sehr bald in sympathisierenden Ländern eingebürgert ist, so die Nationalsozialisten besonders in Deutschland, wohin sie sich hauptsächlich gewandt hatten.

Bei der Angliederung Österreichs im Jahre 1938 waren diese Personen jedenfalls nicht mehr Österreicher. Sie konnten daher nicht Deutsche werden, indem man an die Stelle der österreichischen Staatsbürgerschaft die deutsche Staatsangehörigkeit setzte. Andererseits legte die NS-Regierung Wert darauf, gerade auch diese Bevölkerungsgruppe zu erfassen. Daher bestimmte § 2 der VO vom 3. Juli 1938 (RGBl. I S. 790):

„(1) Bescheide, mit denen österreichische Bundesbürger deutschen oder artverwandten Blutes auf Grund der Verordnung der österreichischen Bundesregierung vom 16. August 1933 (BGBl. Nr. 369) ausgebürgert wurden, gelten als nicht erlassen.

(2) Deutsche Staatsangehörige, die die deutsche Staatsangehörigkeit seit dem 17. März 1933 durch Einbürgerung oder Anstellung im öffentlichen Dienst erworben und dadurch die österreichische Bundesbürgerschaft verloren haben, sind rechtlich so zu behandeln, als ob der Verlust der österreichischen Bundesbürgerschaft nicht eingetreten wäre.“

Zu dieser VO ist vom rechtlichen Standpunkt folgendes zu sagen:

Jeder annektierende Staat kann, sofern die Annexion überhaupt als rechtsgültig anerkannt wird, auch den Kreis der Personen bestimmen, dem er seine Staatsangehörigkeit verleihen will. Wirksam sind solche Verleihungen jedoch nur gegenüber Personen, zu denen irgendeine Anknüpfung oder Beziehung besteht, z. B. bisherige Staatsangehörige des annektierten Staates oder seine Einwohner. Soweit die VO Personen mit Wohnsitz im Befehlsbereich des NS-Staates betrifft, ist ihre Wirksamkeit daher anzuerkennen. Dagegen fehlte jede Möglichkeit, frühere österreichischen Staatsangehörige, die Österreich seit langem verlassen hatten und als Staatenlose oder fremde Staatsangehörige im Ausland wohnten, noch zu erfassen. Insoweit war die VO aus völkerrechtlichen Gründen wirkungslos. Diese Personen haben die deutsche Staatsangehörigkeit nicht erworben (M a ß f e l l e r II S. 87; H o f f m a n n II S. 49).

Der Versuch, eine Anknüpfung zu finden, indem mit rückwirkender Kraft ihre Ausbürgerung widerrufen wird, ist verfehlt. Sobald ein Staat einmal eine Person ausgebürgert hat, hat er selbst das Band mit ihr zerschnitten und kann es mit ihr, wenn sie im Ausland lebt, nicht einseitig wieder herstellen. Das kann der ausbürgernde Staat nicht und noch viel weniger ein illegitimer Rechtsnachfolger dieses Staates. Bestimmungen dieser Art können höchstens dahin ausgelegt werden, daß solche Personen bei ihrer Rückkehr als Inländer zu behandeln sind. Solange sie im Ausland leben, werden sie von solchen gesetzlichen Maßnahmen nicht erreicht und bleiben Ausländer.

Es bleibt also dabei, daß diese Personen im Augenblick der Angliederung Österreichs nicht Österreicher waren. Sie haben daher auch nicht die spezielle „Anschlußstaatsangehörigkeit" erhalten können und hatten auch nicht die latente österreichische Staatsbürgerschaft.

Auch der am 27. April 1945 wiedererstandene Staat hat keinen Anspruch auf sie erhoben. Sie sind nicht automatisch Staatsbürger von Neu-Österreich geworden, sondern haben in § 4 des Staatsbürgerschafts-Überleitungsgesetzes vom 10. Juli 1945 nur ein Antragsrecht auf Wiederverleihung der österreichischen Staatsangehörigkeit erhalten.

2. Aufrechterhaltung des § 2 der VO vom 3. Juli 1938

a) Die Rechtsstellung dieser hauptsächlich in den Jahren 1933 und 1934 vom Dollfuß-Regime ausgebürgerten ehemaligen Österreicher will der § 6 regeln. Es fragt sich, ob dies noch nötig war. Da seitdem über 2 Jahrzehnte vergangen sind, wird die große Mehrzahl im Wege der Einzeleinbürgerung inzwischen zu einer neuen Staatsangehörigkeit gekommen sein. Insbesondere trifft dies für die Nationalsozialisten zu, die wohl sämtlich schon vor dem Anschluß in Deutschland eingebürgert sein werden. Sozialisten und Kommunisten dürften nach dem Kriege nach Österreich zurückgekehrt sein. Sie haben jedenfalls die Möglichkeit, von § 4 des Staatsbürgerschaftsüberleitungsgesetzes Gebrauch zu machen, und können die österreichische Staatsbürgerschaft wieder erwerben. Es muß daher bezweifelt werden, ob für den deutschen Gesetzgeber überhaupt noch Anlaß bestand, eine Regelung zu verfügen, für die kein Bedürfnis mehr vorhanden war.

b) Abgesehen von den Zweifeln an der Notwendigkeit dieser Regelung, befriedigt ihre Durchführung nicht. Bei Beratung des Gesetzes war erwogen worden, die ganze VO vom 3. Juli 1938 einschließlich § 2 aufzuheben. Dies wäre wahrscheinlich besser gewesen. Man hatte jedoch Bedenken, weil Neu-Österreich diese Gruppe von Personen nicht für sich in Anspruch nahm und man befürchtete, sie könnten ins Leere fallen. An dem Wortlaut des § 6 ist stark herumgefeilt worden (vgl. M a ß f e l l e r II S. 85). Ihm ist jedenfalls soviel zu entnehmen, daß die durch § 2 der VO verliehene Staatsangehörigkeit grundsätzlich aufrecht erhalten wird. Das geht auch aus der Fassung des § 1 des Gesetzes hervor, in welchem § 2 der VO absichtlich ausgelassen ist.

Hier setzen die ersten Bedenken ein. Wie unter 1 ausgeführt, war die VO von 1938 unwirksam, soweit die betroffenen Personen außerhalb des Befehlsbereiches des NS-Staates waren. Sie wurden trotz des Wortlauts der VO nicht deutsch. Daher kann sie auch die BRep nicht als Deutsche in Anspruch nehmen und war bei ihnen nichts zu regeln.

Es bleiben daher praktisch nur die ausgebürgerten Nationalsozialisten, die sich nach Deutschland gewandt haben. Soweit sie nach Österreich zurückgekehrt sind und dort gemäß § 4 des Staatsbürgerschafts-Überleitungsgesetzes die Wiedereinbürgerung beantragt haben, haben sie nach § 25 des StAngG die deutsche Staatsangehörigkeit wieder verloren (ebenso Maßfeller S. 94).

Bei den anderen in Deutschland verbliebenen wird man weiter die ausnehmen müssen, die schon vor der VO von 1938 durch Einzeleinbürgerung deutsche Angehörige geworden waren. Sie hatten die normale deutsche Staatsangehörigkeit erworben, brauchen also keine Erklärung abzugeben, um sie sich zu erhalten.

Zweifel bestehen jedoch bei denjenigen, die zwar Deutsche durch die VO von 1938 geworden sind, bei denen aber hinterher ein weiterer Erwerbstitel vorliegt, der ihnen die deutsche Staatsangehörigkeit verliehen hätte, z. B. Eintritt in den Staats- oder Militärdienst, bei Frauen Verheiratung. Hier erhebt sich die Frage, ob sie damit ihren Status verändert haben und aus „§ 2-Deutschen" zu Volldeutschen geworden sind. An sich kann niemand etwas erwerben, was er schon hat. Es ist aber kein Zweifel, daß die Staatsangehörigkeit dieser Personen schwächer als die normale deutsche Staatsangehörigkeit war. Diese Staatsangehörigkeit war zeitlich befristet. Sie ging mit dem 30. Juni 1957 verloren, wenn der Inhaber es unterließ, eine Fortsetzungsoption abzugeben. Bei dem Verhältnis zwischen der Anschlußstaatsangehörigkeit der Österreicher und der Vollstaatsangehörigkeit besteht ein ähnlicher gradueller Unterschied, dort nimmt man daher an, daß die schwächere Anschlußstaatsangehörigkeit zurücktritt, sobald ein Erwerbstitel für die Vollstaatsangehörigkeit vorhanden ist. Logischerweise wird man hier dasselbe annehmen müssen. Ein Frau, die zwar die deutsche Staatsangehörigkeit auf dem Wege des § 2 der VO erhalten, später aber einen Altdeutschen geheiratet hat, hat daher die Vollstaatsangehörigkeit und braucht keine Optionserklärung abzugeben.

3. Die Erklärung

a) Die Rechtsprechung des BVerfG erkennt die Sammeleinbürgerungen unter den beiden Bedingungen an, daß sie nicht dem Willen des Betroffenen widersprochen haben und der verletzte Staat seine Angehörigen nicht zurückverlangt. Die zweite Voraussetzung ist erfüllt.

Österreich hatte diese Personen ausgebürgert, und Neu-Österreich hat sie nicht für sich in Anspruch genommen. Daher bleibt nur die Frage, ob diese Personen den Willen gehabt haben, die deutsche Staatsangehörigkeit zu erwerben. Es war offenbar sehr verschieden. Bei den nach Deutschland geflüchteten Nationalsozialisten kann man das als sicher annehmen. Bei den Kommunisten wohl ebenso sicher nicht. Es bestand daher bei peinlich genauer Gesetzgebung durchaus Veranlassung, Gelegenheit zur Äußerung des Willens zu geben, um den Eindruck zu vermeiden, daß auch nur eine Person gegen ihren Willen in der deutschen Staatsangehörigkeit zurückgehalten würde. Fraglich war nur die Form. Zur Auswahl standen zwei Wege. Entweder konnte man die deutsche Staatsangehörigkeit aufrechterhalten und dem Betroffenen das Recht einräumen, sie auszuschlagen, oder man konnte ihren Weiterbestand von der Abgabe einer positiven Optionserklärung abhängig machen. Bei den Personen, deren Staatsangehörigkeit in § 1 des 1. StAngReglG geordnet ist, hat man die Ausschlagung gewählt. Die Rechtslage der Gruppe, um die es sich handelte, war sehr ähnlich. Trotzdem hat der Gesetzgeber das Mittel der Ausschlagung als zu schwach angesehen und daher eine positive Erklärung über die Beibehaltung der deutschen Staatsangehörigkeit verlangt.

b) Diese positive Erklärung löst jedoch gewisse Zweifel aus. Es liegt in dieser Regelung, daß die deutsche Staatsangehörigkeit ohne die Erklärung erlischt, auch wenn dies im Gesetz nicht ausdrücklich ausgesprochen ist (ebenso M a ß f e l l e r II S. 91). Die betreffenden Personen werden staatenlos. Es taucht daher wieder die Frage der Vereinbarkeit einer solchen Bestimmung mit Art. 16 GG auf, der es verbietet, deutsche Staatsangehörige durch die Entziehung der Staatsangehörigkeit in die Staatenlosigkeit zu stoßen. Es erscheint auch unbillig, Personen die deutsche Staatsangehörigkeit zu entziehen, die sie seit über 2 Jahrzehnten unangefochten besessen haben und vielfach kaum wissen werden, daß von ihnen eine positive Erklärung verlangt wird, um sie sich zu erhalten.

d) Völlig ungeklärt scheint mir die Frage, wie diese Personen, die in allen Listen seit 1938 als deutsche Staatsangehörige geführt werden, überhaupt ermittelt werden sollen. Für die Behörden ist dies wahrscheinlich unmöglich, die Betroffenen dürften kaum ein Interesse daran haben.

d) Damit hängt die Frage nach dem jetzigen Status dieser Personen zusammen. H o f f m a n n (II S. 52) folgert aus der Fassung des Gesetzes, daß ein Erklärungsberechtigter erst die Erklärung abgeben muß, um weiter als Deutscher behandelt zu werden. Solange dies nicht geschehen sei, sei er Nichtdeutscher. Diese Deutung kommt darauf hinaus, aus § 6 eine glatte Entziehung der deutschen Staatsangehörigkeit mit der Möglichkeit des Wiedererwerbs durch Rückoption herauszulesen. Wenn dies die Absicht war, ist nicht einzusehen, warum § 6 nicht genau wie § 1 gefaßt ist und warum man in den amtlichen Erklärungsformularen im Falle des § 1 von Wiedererwerb und im

Falle von § 6 von Beibehaltung gesprochen hat. Das Wort „geblieben“ deutet auf Fortdauer des bestehenden Rechtszustandes, also der deutschen Staatsangehörigkeit. Erst wenn die Erklärungsfrist ablief, d. h. am 30. Juni 1957 (§ 8), erlosch die deutsche Staatsangehörigkeit. Während der Erklärungsfrist ist sie dagegen als fortbestehend anzusehen (Maßfeller S. 99).

e) Völlig unverständlich ist, was bei diesen Personen der 26. April 1945 sein soll. Sie waren keine Österreicher und hatten mit Neu-Österreich nichts zu tun. Also geht sie die deutsch-österreichische Regelung überhaupt nichts an. Anscheinend meint der Gesetzgeber auch, daß die Staatsangehörigkeit dieser Personen im Falle der Nichtabgabe der Erklärung mit Rückwirkung bis zum 27. April 1945 erlischt. Das hatte bei den richtigen Österreichern noch einen gewissen Sinn, weil an diesem Tage die alte österreichische Staatsbürgerschaft wieder auflebte, aber nicht bei diesen Personen, die vom Wiedererwerb der österreichischen Staatsbürgerschaft ausgeschlossen blieben. Es bestand daher nicht der geringste Anlaß, diesen Fall überhaupt mit der österreichischen Regelung in Verbindung zu bringen. Da Rückwirkung in Staatsangehörigkeitssachen immerhin eine seltene Ausnahme ist und die Fassung von § 6 nicht unbedingt zur Annahme einer Rückwirkung nötigt, halte ich eine Auslegung für möglich, die in diesem Fall jede Rückwirkung verneint.

f) Ein weiteres Rätsel geben die Worte „gewollt hat“ auf. Das ist nicht dasselbe wie will. Also kommt es nicht auf den gegenwärtigen Willen, sondern auf einen früheren Willen an. Aber zu welchem Zeitpunkt? Aus der Satzfassung könnte man an den 26. April 1945 denken, aber das entscheidende Datum, an dem er die deutsche Staatsangehörigkeit ungefragt bekommen hat, ist der 13. März 1938. Sozialisten und Kommunisten dürften damals wenig Neigung gehabt haben, die Staatsangehörigkeit im NS-Staat zu erwerben. Der Betroffene wird eine positive Erklärung nur abgeben, wenn er jetzt will. Man wird keinesfalls der Behörde das Recht einräumen können, daß sie den früheren Willen des Erklärenden an der Hand seines früheren Verhaltens nachprüft und widerlegt. Es gibt kein Zurückweisungsrecht der Behörde, weder aus diesem noch aus anderen Gründen. Der § 13 des 1. StAngReglG, der ein Zurückweisungsrecht aus politischen Gründen vorsieht, ist für das Österreicher-Gesetz nicht anwendbar.

4. Familienangehörige

a) Die österreichische Ausbürgerung erstreckte sich auch auf die Ehefrau, nicht aber die bereits geborenen Kinder. Diese blieben Österreicher und unterliegen den allgemeinen Bestimmungen. Dagegen konnten die nach der Ausbürgerung geborenen Kinder die österreichische Staatsbürgerschaft nicht mehr erwerben, da der Vater sie ihnen nicht übertragen konnte. Die nach der Ausbürgerung geheiratete österreichische Frau behielt nach § 9 des österreichischen Staatsbürgergesetzes von 1925 die österreichische Staatsbürgerschaft, da ihr staatenloser Mann ihr keine Staatsangehörigkeit vermitteln konnte.

Ihre Staatsangehörigkeit richtet sich wieder nach den allgemeinen Bestimmungen.
b) Da das Gesetz durchweg dem Prinzip der Individualoption folgt, muß auch hier die Ehefrau selbständig eine Erklärung abgeben, um sich die deutsche Staatsangehörigkeit zu erhalten.
c) Die Frage der Staatsangehörigkeit der nach der Ausbürgerung geborenen Kinder regelt § 7 des Geestzes.

§ 7

(1) Eine Ausländerin,[1] die nach dem 12. März 1938 einen deutschen Staatsangehörigen geheiratet hat, der die deutsche Staatsangehörigkeit gemäß § 6 Abs. 1 oder 2 besaß, ist, wenn die Ehe vor dem 1. April 1953 geschlossen wurde, durch die Eheschließung deutsche Staatsangehörige geworden, es sei denn, daß sie die deutsche Staatsangehörigkeit ausschlägt; das Ausschlagungsrecht steht auch den Frauen zu, die im Zeitpunkt der Eheschließung die deutsche Staatsangehörigkeit besaßen.

(2) Wer gemäß § 4 oder gemäß § 5 des Reichs- und Staatsangehörigkeitsgesetzes vom 22. Juli 1913 (Reichsgesetzbl. S. 583) als Abkömmling[2] eines nach Maßgabe des § 6 Abs. 1 oder 2 deutschen Staatsangehörigen deutscher Staatsangehöriger geworden ist, hat das Recht, die deutsche Staatsangehörigkeit auszuschlagen, bei Ableitung von einem gemäß § 6 Abs. 2 deutschen Staatsangehörigen jedoch nur, wenn Geburt oder Legitimation vor Abgabe der gemäß § 6 Abs. 2 erforderlichen Erklärung erfolgt sind. Das Ausschlagungsrecht steht auch denen zu, die im Zeitpunkt der Legitimation die deutsche Staatsangehörigkeit besaßen.

(3) Die Ausschlagung hat die Wirkung, daß der Ausschlagende nicht deutscher Staatsangehöriger geworden ist.

1. Die Frau

a) H o f f m a n n (II S. 54) und M a ß f e l l e r (II S. 97) bemängeln, daß die Gesetzesbestimmung „gesetzestechnisch nicht besonders geglückt" sei. Ich halte sie für völlig mißglückt und unverständlich, wie sich schon daraus ergibt, daß die beiden Kommentatoren nach langen Erörterungen und Konstruktionen zu recht verschiedenen Ergebnissen kommen. Ich lese die Gesetzesbestimmung folgendermaßen:

> „Hat eine Frau zwischen dem 13. März 1938 und 31. März 1953 einen Mann geheiratet, der nach § 6 Deutscher ist, so kann sie die deutsche Staatsangehörigkeit ausschlagen."

Ich hoffe, damit den Sinn dieser Gesetzesbestimung getroffen zu haben.
b) Fest steht zunächst einmal, daß die Frau Deutsche geworden ist, wenn sie es nicht schon war. Das folgt einfach aus dem deutschen Staatsangehörigkeitsgesetz und brauchte nicht noch einmal gesagt zu

werden. Allerdings hatte der Mann die prekäre „§ 2 Staatsangehörigkeit" die insofern schwächer als die deutsche Vollstaatsangehörigkeit ist, als sie mangels Fortsetzungsoption am 30. Juni 1957 endete. Aus der Theorie des Gesetzgebers, daß es mehrere Kategorien deutscher Staatsangehörigkeit mit stärkerer und schwächerer Wirkung gibt (deutsche Vollstaatsangehörigkeit, Anschlußstaatsangehörigkeit der Österreicher, sudetendeutsche Staatsangehörigkeit, § 2 Staatsangehörigkeit) folgt, daß die Frau auch ihren Status verbessern oder verschlechtern konnte. Wurde der Mann z. B. durch Beamtenanstellung Vollstaatsangehöriger oder wurde sie selbst Beamtin, so scheidet für sie § 7 aus. Das Gleiche gilt, wenn sie sich zur Vermeidung von Unklarheiten hat erneut einbürgern lassen. Hat sie etwa in 2. Ehe einen Anschlußdeutschen geheiratet, so erwarb sie seinen Status. Unter § 7 fallen also nur Frauen, deren Status unverändert geblieben ist.

c) Streitig ist, was geschieht, wenn der Mann es unterläßt, die Fortsetzungsoption zu vollziehen. Dann wird er mangels dieser Erklärung am 30. Juni 1957 mit rückwirkender Kraft staatenlos. Hoffmann und Maßfeller stellen Spekulationen darüber an, ob diese Rückwirkung etwa auch die Wirkung haben muß, daß der Frau damit die deutsche Staatsangehörigkeit rückwirkend entzogen wird. Welche Vorstellung der Gesetzgeber gehabt hat, ist nicht erkennbar. Der Gesetzestext nötigt jedenfalls nicht zu einer solchen Auslegung. Die StAngReglG verfolgen die Tendenz, die Frau bei Ausübung von Options- und Einbürgerungsrechten von der Staatsangehörigkeit des Mannes unabhängig zu machen. Auch das StAngG selbst läßt einen Verlust der Staatsangehörigkeit des Mannes nicht von selbst auf die Frau wirken. Läßt der Mann sich entlassen, oder erwirbt er eine fremde Staatsangehörigkeit, so bleibt sie Deutsche (§§ 18, 25). Zutreffend schließt Maßfeller (II S. 102) daraus, daß die Frau unabhängig vom Willen und von der Optionserklärung des Mannes auf jeden Fall Deutsche bleibt. Bei gegenteiliger Annahme könnte der Mann selbst nach jahrelanger Scheidung von der Frau noch ihre Staatsangehörigkeit bestimmen. Die einfachste und klarste Lösung ist daher, daß man die Frau von den Optionswirkungen des Mannes völlig löst.

d) Nimmt man an, daß es für die Staatsangehörigkeit der Frau ohne jede Bedeutung ist, wie sich die Staatsangehörigkeit des Mannes nach dem 2. StAngReglG gestaltet, so folgt daraus, daß sie auf jeden Fall die durch die Ehe erworbene deutsche Staatsangehörigkeit behält. Das müßte dann nach der Logik des Gesetzgebers dieselbe Art Staatsangehörigkeit wie die des Mannes sein, also die „§ 2 Staatsangehörigkeit". Es hätte daher nahe gelegen, auch ihre Staatsangehörigkeit von einer Fortsetzungsoption abhängig zu machen. Aber der Gesetzgeber hat hier aus unerklärlichen Gründen einen anderen Weg eingeschlagen. Während dem Mann die Fortsetzungsoption aufgegeben ist, widrigenfalls er am 30. Juni 1957 die deutsche Staatsangehörigkeit verliert, verlangt man diese von der Frau nicht. Sie bleibt Deutsche, hat aber bis 31. Dezember 1957 ein Ausschlagungsrecht. Wieder muß man einfügen, daß sie dieses Ausschlagungsrecht nur hat, wenn in ihrer Person nicht inzwischen ein neuer Erwerbsgrund für die Vollstaatsangehörigkeit eingetreten ist. Es könnte, ganz spitzfindig, noch die Frage aufgeworfen werden, ob sie etwa für die Zeit vor diesem neuen Erwerbsgrund ausschlagen könnte, also z. B. wenn sie 1950 eine Altdeutschen geheiratet hat, ob sie dann für die Zeit von 1938 bis 1950 ausschlagen könnte. Es ist nicht zu verkennen, daß dies den Tendenzen des Gesetzes entsprechen würde, aber ich meine, daß man diese im Gesetzestext nicht vorgesehene Möglichkeit als unnötige Spielerei ablehnen sollte.

e) Das Gesetz spricht nur von der Staatsangehörigkeit der Frau bei den bis zum 31. März 1953 geschlossenen Ehen. Daraus ist die Ansicht des Gesetzgebers zu entnehmen, daß die Ehe ab 1. April 1953 keine Wirkung auf die Staatsangehörigkeit der Frau haben soll. Dies entspricht der Grundauffassung des später erlassenen 3. StAngReglG vom 19. August 1957. Im übrigen passen die Bestimmungen dieses Gesetzes jedoch nicht ganz zur Regelung von § 7. Die Ausländerin, die einen Deutschen heiratet, kann die deutsche Staatsangehörigkeit durch Einbürgerung oder Erklärung vor dem Standesbeamten erwerben, denn sie heiratet ja einen deutschen Mann, nur daß seine Staatsangehörigkeit mangels Fortsetzungsoption am 30. Juni 1957 endet. Trotzdem wird man der fremden Frau den Anspruch auf die deutsche Staatsangehörigkeit nicht vorenthalten können. Es kann dann allerdings der Fall eintreten, daß die fremde Frau durch Erklärung vor dem Standesbeamten Deutsche wird, während der deutsche Mann, der die Option verpaßt, die deutsche Staatsangehörigkeit verliert. Eine auffallende Verschiedenheit besteht ferner darin, daß der Frau des „§ 2 Deutschen“ bei Eheschließung seit dem 13. März 1938 ein Ausschlagungsrecht gegeben ist, während das 3. StAngReglG ein Ausschlagungsrecht bei Eheschließungen mit Männern aus den anderen Kategorien von Deutschen nicht vorgesehen hat. Es besteht also hier eine auffallende Ungleichheit. Die Erklärung liegt wohl in dem zeitlichen Abstand der beiden Gesetze. Die Gewährung des Ausschlagungsrechts im 2. StAngReglG beruhte auf der Annahme, daß es bei der bevorstehenden Regelung der Ehestaatsangehörigkeit allgemein eingeführt werden würde. Das 3. StAngReglG hat dies jedoch nicht getan. Man könnte nunmehr fast zweifeln, ob das Ausschlagungsrecht des 2. StAngReglG noch besteht. Aber man kann § 7 des 2. StAngReglG wohl als Sondergesetz gegenüber dem 3. StAngReglG ansehen, so daß es bei dem Ausschlagungsrecht bleibt.

2. Kinder

a) Auch diese Bestimmung ließ sich kürzer und klarer fassen. Ich lese sie folgendermaßen:

„Kinder von Personen, die nach § 6 Deutsche sind, haben ebenfalls ein Ausschlagungsrecht. Geben die Personen, von denen sich ihre Staatsangehörigkeit ableitet, die in § 6 Abs. 2 vorgesehene Erklärung ab, so steht ihnen das Ausschlagungsrecht nur zu, wenn sie vor Abgabe der Erklärung geboren oder legitimiert sind."

b) Die Dollfuß-Ausbürgerungen erfaßten nicht die Kinder. Diese blieben daher Österreicher. Sie haben die Anschlußstaatsangehörigkeit erworben und folgen den für diese Art der deutschen Staatsangehörigkeit geltenden Regeln.

c) Nach der Ausbürgerung geborene Kinder waren staatenlos, wurden aber durch die VO vom 3. Juli 1938 § 2 deutsche Staatsangehörige. Sie teilten damit den Status der Eltern bzw. der unehelichen Mutter als „§ 2 Staatsangehörige". Sie folgten als solche der Staatsangehörigkeit des Vaters bzw. der Mutter. Erwarb der Vater durch Beamtenanstellung die deutsche Staatsangehörigkeit, so erstreckte sich diese auch auf die Kinder. Dagegen änderte die Eheschließung der unehelichen Mutter nichts an der Staatsangehörigkeit des Kindes. Wurden die Kinder volljährig, so konnten sie über ihre Staatsangehörigkeit selbst bestimmen und durch Beamtenernennung oder bei Frauen durch Heirat die deutsche Vollstaatsangehörigkeit erwerben. Alle, bei denen ein solcher Erwerbsgrund gegeben ist, scheiden aus der Regelung des § 7 aus.

d) Soweit es bei ihnen bei der „§ 2 Staatsangehörigkeit" geblieben ist, steht ihnen ein Ausschlagungsrecht zu. Dieses Recht ist unabhängig von der Staatsangehörigkeit des Elternteiles, von dem sich ihre Staatsangehörigkeit ableitet. Die Ausschlagung muß daher für sie individuell vorgenommen werden. Nun kann jedoch der Vater seine „§ 2 Staatsangehörigkeit" durch Abgabe der Fortsetzungsoption in eine Vollstaatsangehörigkeit umwandeln. Von diesem Augenblick an überträgt er auf seine später geborenen oder legitimierten Kinder seine Vollstaatsangehörigkeit. Daher ist diesen kein Ausschlagungsrecht gegeben. Den vorher geborenen oder legitimierten verbleibt dagegen das Ausschlagungsrecht. Unverständlich bleibt die gesetzliche Bestimmung, daß dieses Ausschlagungsrecht auch erhalten bleibt, wenn das Kind vor der Legitimation die deutsche Vollstaatsangehörigkeit besaß. Hier spielt wieder der Gedanke von den verschiedenen Kategorien der deutschen Staatsangehörigkeit hinein, und die Annahme, daß der Legitimierte durch die Legitimation seine (volle) Geburtsstaatsangehörigkeit mit der prekären „§ 2 Staatsangehörigkeit" vertauscht habe.

3. Rückwirkung

Im System des Gesetzes, aber unnötig und unpraktisch ist es, der Ausschlagung (auf fast 20 Jahre!) rückwirkende Kraft zu geben.

§ 8

(1) Die in diesem Gesetz vorgesehenen Erklärungen können nur bis zum 30. Juni 1957 abgegeben werden.[1] Für die gemäß § 3 Abs. 2, § 5 Abs. 2 und § 7 Erklärungsberechtigten endet die Erklärungsfrist erst am 31. Dezember 1957; in den Fällen des § 5 endet sie nicht vor Ablauf von sechs Monaten nach Aufenthaltnahme in Deutschland.[2]

(2) Jeder Erklärungsberechtigte ist befugt, vor Ablauf der Erklärungsfrist auf sein Erklärungsrecht zu verzichten.

1. Fristen

a) Es lag im Interesse der beiden Regierungen, daß die unklaren Staatsangehörigkeitsverhältnisse möglichst rasch geklärt würden. Der ursprüngliche Regierungsentwurf wollte daher Fristen von 3 bis 6 Monaten setzen. Das war zweifellos zu kurz. Bei der Fülle von Gesetzen dauert er erfahrungsgemäß ziemlich lange, bis selbst Verwaltungsorgane sie richtig zur Kenntnis nehmen und danach verfahren. Die Fristen sind daher im Laufe des Gesetzgebungsverfahrens wiederholt verlängert worden. Sie passen sich jetzt den bei Optionsverfahren gewährten Fristen ungefähr an. Fristen unter einem Jahr werden im allgemeinen kaum gesetzt.

b) Es gibt nach dem Gesetz drei Fristen. Die Frist bis 30. Juni 1957 gilt:

- für Optionen von Österreichern in Deutschland nach § 3 Abs. 1,
- für Optionen deutscher Frauen nach § 4 Satz 2,
- für die Option zur Fortsetzung der „§ 2 Staatsangehörigkeit" nach § 6 Abs. 2.

Innerhalb der gleichen Frist kann auf das Optionsrecht verzichtet werden.

Da in einigen Fällen die Erklärung weiterer Personen von der Option einer anderen abhängt, ist eine zweite Frist bis zum 31. Dezember 1957 gesetzt. Sie gilt:

- für Familienangehörige von Optanten nach § 3 Abs. 2,
- für die Ausschlagung der deutschen Staatsangehörigkeit durch Familienangehörige nach § 7.

Auch hier kann vor Ablauf der Frist auf die Erklärung verzichtet werden, ich möchte jedoch annehmen, daß dies nicht möglich ist, bevor die vorberechtigte Person ihre Erklärung abgegeben oder auf sie verzichtet hat.

Schließlich mußte an den Fall der Spätheimkehrer gedacht werden, die erst nach Ablauf der Fristen ihren Daueraufenthalt in Deutschland nehmen können. § 5 des Gesetzes. Für sie endet die Frist erst 6 Monate nach Aufenthaltsnahme in Deutschland. Hier hat man auf das Erfordernis des Daueraufenthaltes mit Mindestfrist verzichten müssen, weil sonst die Fristen gar zu lange hinausgeschoben würden.

c) Mit Recht macht Maßfeller (II S. 110) darauf aufmerksam, daß diese Fristentabelle noch nicht reicht und sinngemäß ergänzt werden muß. So erwirbt ein uneheliches Kind nach § 3 Abs. 2 Nr. 2 die Staatsangehörigkeit erst dann, wenn seine Mutter sie nach § 3 Abs. 2 Nr. 1 erworben hat. Die Erklärungsfrist würde also gleichzeitig mit der der Mutter ablaufen. Es fehlt daher für das Kind jede eigene Erklärungsfrist. Diese ist jedoch erforderlich, da es sich ja vielfach nicht mehr um kleine Kinder, die von der Mutter vertreten werden können, sondern um Personen mit eigener Optionsberechtigung handelt. Die gleiche Schwierigkeit tritt auf, wenn der optionsberechtigte

Vater als Spätheimkehrer erst nach Ablauf der Optionsfrist seinen Aufenthalt in Deutschland begründet und dann eine Frist von 6 Monaten hat. Da die Optionsberechtigung von Frau und Kindern von seiner Option abhängt, wird man ihnen auch eine angemessene Frist einräumen müssen. Mit Maßfeller meine ich, daß in diesen Fällen eine Nachfrist von 6 Monaten eingeräumt werden müßte.

d) Die Fristen können sich verlängern für Personen, die aus den Reichsgebieten außerhalb der Bundesrepublik später zuwandern. In diesen Fällen beginnt der Lauf der Fristen nach § 9 des Gesetzes unter Anwendung von § 19 des 1. StAngReglG erst mit der Aufenthaltsbegründung in der BRep.

e) Zu beachten ist, daß eine ausländische Frau eines nach § 3 Abs. 1 optionsberechtigten Mannes nicht nur bis zum 31. Dezember 1957 ein Optionsrecht nach § 3 Abs. 2, sondern nach dem 3. StAngReglG bis zum 23. August 1958 auch einen Einbürgerungsanspruch hat.

2. Versäumung der Fristen

Die Fristen sind Ausschlußfristen. Aus § 10 des Gesetzes in Verbindung mit § 19 des 1. StAngReglG ergibt sich jedoch, daß sie nicht laufen, wenn ein Berechtigter ohne sein Verschulden außerstande ist, die Erklärung rechtzeitig abzugeben, z. B. wenn ein Minderjähriger ohne gesetzlichen Vertreter ist. Alsdann endet die Frist 6 Monate nach Fortfall des Hindernisses. Hängt von seiner Option das Optionsrecht anderer Personen ab, so wird man für diese weitere 6 Monate hinzufügen müssen.

§ 9

(1) Für alle nach diesem Gesetz abzugebenden Erklärungen gelten die §§ 14 bis 21 und § 23 des Gesetzes zur Regelung von Fragen der Staatsangehörigkeit[1] vom 22. Februar 1955 (Bundesgesetzbl. I S. 65) entsprechend mit der Maßgabe, daß § 21 Satz 1 auch auf solche Personen anwendbar ist, die nur deswegen nicht erklärungsberechtigt geworden sind, weil sie vor dem Inkrafttreten dieses Gesetzes gestorben sind oder weil sie bis zu ihrem Tode im Gewahrsam einer fremden Macht waren und daher ihren Willen, in Deutschland dauernden Aufenthalt zu nehmen, nicht mehr verwirklichen konnten. Für die Ausschlagungserklärung (§ 7) gilt außerdem § 22. Die gesetzliche Vertretung richtet sich nach deutschem bürgerlichen Recht.

(2) Wer auf Grund dieses Gesetzes die deutsche Staatsangehörigkeit erworben oder beibehalten hat, erhält darüber eine Urkunde.[2]

(3) Die Verfahren einschließlich der Ausstellung der Urkunde sind gebührenfrei.[3]

1. Übernahme von Bestimmungen aus dem 1. StAngReglG

Für anwendbar erklärt sind:

§ 14: Erklärungsalter 18 Jahre. Vgl. oben S. 290. Ein Rückoptionsrecht, wenn der Jugendliche nach Abgabe der Erklärung durch seinen gesetzlichen Vertreter innerhalb der Optionsfrist noch 18 Jahre wird, ist nicht vorgesehen.

§ 15: Regelung der gesetzlichen Vertretung. Vgl. oben S. 292. Eine Ausnahme besteht nach der Neufassung des § 6 StAngG durch das 3. StAngReglG für minderjährige Ehefrauen zwischen 16 und 18 Jahren. Sie stehen nach dieser Gesetzesbestimmung Volljährigen gleich. Dies wird auch für die Erklärungsrechte nach dem 2. StAngReglG gelten müssen, da sie nicht für die eine Erklärung als minderjährig, für eine andere als volljährig gelten können.

§ 16: Die Frau bedarf nicht der Zustimmung des Mannes, eine seit der Durchführung der Gleichberechtigung selbstverständliche Bestimmung. Vgl. oben S. 295.

§ 17: Regelung der zuständigen Behörde. Vgl. oben S. 296. Es besteht mit Österreich kein Übereinkommen, daß Abgabe vor einer österreichischen Behörde genügt und von dieser weitergeleitet wird.

§ 18: Form der Erklärungen. Vgl. oben S. 298. Hier hat sich ein Streit entzündet, ob für die vorgesehenen Optionserklärungen die dem Gesetz beigegebenen Formulare benutzt werden müssen. Formular A sieht ausdrücklich den Antrag vor, daß der Erklärende die deutsche Staatsangehörigkeit rückwirkend wiedererwerben wolle. Es ist vorgekommen, daß statt dessen von einem Optionsberechtigten nach § 3 Abs. 1 die Erklärung abgegeben ist, daß er Deutscher *bleiben* wolle, weil im Falle der Option es so angesehen werde, als ob er ständig deutsch geblieben wäre. Die Verwaltungsbehörden haben eine solche Erklärung nicht als ausreichend angesehen. Ein darüber bei den Verwaltungsgerichten schwebender Rechtsstreit ist noch nicht rechtskräftig entschieden. Der Vorstand der Interessengemeinschaft der Deutschen aus Österreich hat sich deswegen an den Ausschuß des Bundestages für Angelegenheiten der inneren Verwaltung gewandt, der in der 125. Sitzung am 20. März 1957 einstimmig beschlossen hat, daß bei der Optionserklärung nach § 3 des Gesetzes

> „nicht eine dem Betroffenen durch die Länder vorgeschriebene Erklärung maßgebend ist, sondern daß der Betroffene diesen Willen in *jeder* Form zum Ausdruck bringen kann, *beispielsweise auch* durch die Negativ-Formel: ‚Ich will die deutsche Staatsangehörigkeit *nicht* verloren haben'."

Damit ist die Frage hoffentlich erledigt und ändern die Verwaltungsbehörden ihre Praxis. Auch eine auf Feststellung der deutschen Staatsangehörigkeit oder auf Ausstellung von Staatsangehörigkeitspapieren eingereichte Klage müßte wohl als ausreichende Optionserklärung anerkannt werden.

§ 19: Fristversäumnis. Vgl. oben S. 300. Die Bestimmung gilt nicht nur für Ausschlagungen, sondern auch für die positiven Optionen des 2. StAngReglG. Aus Abs. 2 ergibt sich, daß das Gesetz sich auch Rechtswirksamkeit für die DDR zulegt. Dies muß dann auch für das 2. StAngReglG gelten. Nach dem Wortlaut des Gesetzes sind dann alle Fristen aufgeschoben, und es würden, von der BRep gesehen, alle deutsch-österreichischen Staatsangehörigkeitsfragen offen bleiben. Vernünftigerweise wird man jedoch in der DDR endgültig getroffene Entscheidungen in diesen Streitfragen auch in der BRep anerkennen müssen.

§ 20: Wahrung der Fristen bei Abgabe der Erklärung vor unzuständiger Stelle. Vgl. oben S. 302. Die Frist wird nur gewahrt bei Abgabe vor Behörden der BRep. Werden sie vor Behörden der DDR oder Österreichs abgegeben, so kommt es darauf an, ob sie an die deutsche Behörde weiter gegeben werden. In Österreich sind grundsätzlich die deutschen Konsulate zuständig.

§ 21: Erklärungsrechte für Verstorbene. Vgl. oben S. 303. Bei in der Kriegsgefangenschaft Verstorbenen wird sich allerdings schwer feststellen lassen, ob sie den Willen gehabt hätten, sich nach ihrer Freilassung in Deutschland dauernd niederzulassen. Abs. 1 des Gesetzes erklärt jedoch trotzdem den § 21 des 1. StAngReglG für anwendbar.

§ 22: Bescheinigung. Vgl. oben S. 305. Auch die Bescheinigungen nach dem 2. StAngReglG bestätigen nur, daß die betreffenden Erklärungen mit den gesetzlichen Folgen abgegeben sind. Sie besagen dagegen nichts darüber, ob der Inhaber der Urkunde die deutsche Staatsangehörigkeit noch besitzt.

§ 23: Anfechtung. Vgl. oben S. 307. Die für anwendbar erklärte Bestimmung spricht nur von der Ausschlagung. Sie ist jedoch nicht nur auf die Ausschlagungen des 2. StAngReglG, sondern auch auf die positiven Optionserklärungen anwendbar (ebenso Maßfeller S. 129).

Bemerkenswert ist, daß § 13 des 1. StAngReglG, Zurückweisung der Erklärung aus politischen Gründen, in das 2. StAngReglG nicht übernommen ist. Daraus folgt, daß den Staatsangehörigkeitsbehörden jede Prüfung nach dieser Richtung untersagt ist und daß auch die Optionen politisch gefährlicher und unerwünschter Personen volle Wirksamkeit haben.

2. Urkunden

Die Urkunden sind durchweg deklaratorisch. Der Gegenbeweis gegen ihre Richtigkeit ist daher zulässig.

3. Gebührenfreiheit

Ebenso wie alle Erklärungen und Urkunden aus dem 1. StAngReglG, sind auch die im 2. Gesetz geregelten gebührenfrei.

§ 10

Personen, die vor dem Inkrafttreten dieses Gesetzes ein rechtskräftiges verwaltungsgerichtliches Urteil[1] erstritten haben, daß sie infolge der Eingliederung Österreichs die deutsche Staatsangehörigkeit besitzen oder Anspruch auf eine Staatsangehörigkeitsurkunde haben,

sind deutsche Staatsangehörige, es sei denn, daß sie nach Erlaß des Urteils einen Tatbestand erfüllt haben, der den Verlust der deutschen Staatsangehörigkeit nach sich zog.[2]

1. Dem Gesetz entgegenstehende Urteile

a) Ein alter Grundsatz des Rechtsstaates ist, daß auch der Gesetzgeber die Rechtskraft ergangener Urteile achten muß. Dieser Satz hätte gegolten, auch wenn er im Gesetz nicht ausdrücklich festgelegt wäre. Der Regierungsentwurf enthielt ihn nicht. Der Bundesrat meinte jedoch, daß er zur Vermeidung von Unklarheiten ausgesprochen werden sollte. Während der legislatorischen Behandlung dieser Frage hatte man daran gedacht, das anders lautende Urteil in eine der Optionserklärungen des Gesetzes umzudeuten. Von diesem verfehlten Gedanken ist man glücklicherweise abgekommen. Leider ist der Gesetzgeber aber nicht imstande gewesen, dem richtigen Gedanken die richtige Form zu geben. Die Fassung des Gesetzes ist völlig mißglückt und bedarf der Richtigstellung.

b) Die beste und einfachste Formel wäre wohl gewesen:

„Rechtskräftige Urteile werden durch dieses Gesetz nicht berührt."

An der jetzigen Fassung ist auszusetzen: Es fehlt ein Anfangsdatum. Gemeint sind Urteile, die nach dem 27. April 1945 ergangen sind. Ein im Jahre 1940 ergangenes Urteil besagt nichts. Die Vorstellung, daß eine deutsche Frau, die 1947 einen ehemaligen Österreicher geheiratet hat, „infolge der Eingliederung Österreichs" die deutsche Staatsangehörigkeit besitze, heißt, wie Maßfeller (II S. 133) sagt, „dem natürlichen Denken etwas Gewalt antun". Streitig könnte auch im Jahre 1950 werden, ob eine Frau seit der Eingliederung bis zu ihrer Heirat mit einem Ausländer im Jahre 1949 die deutsche Staatsangehörigkeit besessen hat. Auch ein solches Urteil muß natürlich aufrechterhalten werden, obgleich es vom Wortlaut des Gesetzes nicht gedeckt wird.

c) Das Gesetz spricht nur von verwaltungsgerichtlichen Urteilen. Das ist richtig, aber unnötig. Denn Zivilurteile werden sich zwar häufig mit Staatsangehörigkeitsfragen befassen, z. B. in Ehescheidungsfragen, tun das aber incidenter, enthalten darüber nichts in der Urteilsformel und schaffen daher keine Rechtskraft über die Staatsangehörigkeit. Infolgedessen gelten die Regeln des Gesetzes auch in den Fällen, daß ein Zivilgericht anders entschieden haben sollte. Es kann daher geschehen, daß Personen, die nach der Auffassung von Zivilgerichten Deutsche sind, z. B. als Deutsche geschieden sind, nach den Bestimmungen dieses Gesetzes nicht Deutsche sind und höchstens ein Optionsrecht haben. Hier besteht die Gefahr, daß die Betroffenen die Rechtslage verkennen und es im Vertrauen auf das erstrittene Zivilurteil unterlassen, von ihrem Optionsrecht Gebrauch zu machen. Da solche Irrtümer fast mit Sicherheit zu erwarten sind, hätte der Gesetzgeber für diesen Fall Vorsorge zu treffen, ihnen z. B. einen zeitlich unbegrenzten Einbürgerungsanspruch geben sollen, damit der Irrtum, wenn er später einmal erkannt wird, jederzeit beseitigt werden kann.

d) Der Gesetzestext nennt Feststellungsurteile und Urteile, die dem Betroffenen Anspruch auf eine Staatsangehörigkeitsurkunde geben. Wer ein solches Urteil besitzt, soll Deutscher sein, es sei denn, daß er nach Erlaß des Urteils einen Verlusttatbestand erfüllt. Das paßt nicht für den Fall der Nichtigkeitserklärung einer Ehe, welche den Wegfall der durch die Ehe erworbenen Staatsangehörigkeit der ausländischen Frau nach sich zieht. Sie hat trotz eines solchen Urteils nicht die deutsche Staatsangehörigkeit.

Gewichtiger ist das Bedenken, daß Urteilen auf Ausstellung deklaratorischer Staatsangehörigkeitspapiere wie Heimatschein oder Paß die Bedeutung der Feststellung der Staatsangehörigkeit beigelegt wird. Gewiß ist die Feststellung der Staatsangehörigkeit die Voraussetzung für die Verurteilung zur Ausstellung solcher Urkunden. Aber über die Staatsangehörigkeit wird nur incidenter entschieden. Gegen jede deklaratorische Urkunde, auch ein Urteil auf Ausstellung einer deklaratorischen Urkunde, ist der Gegenbeweis der Unrichtigkeit zulässig. Will der Gesetzgeber diesen abschneiden? Will er deklaratorischen Urkunden konstitutiven Charakter beilegen? Nach dem Wortlaut muß man es fast annehmen, wenn sich der Gesetzgeber wohl über die Rechtslage auch selbst nicht ganz klar gewesen zu sein scheint.

e) Urteile, welche die deutsche Staatsangehörigkeit absprechen, werden durch diese Gesetzesbestimmung nicht berührt. Den betreffenden Personen stehen trotzdem die Erklärungsrechte des Gesetzes zur Verfügung.

f) Der Gesetzgeber sagt nichts über die Kosten anhängiger Prozesse, welche durch das Gesetz ihre Erledigung finden. Im Falle der Erledigung der Hauptsache hat in der Regel diejenige Partei die Kosten zu tragen, welche unterlegen wäre. Der Prozeß um die Kosten geht daher weiter, dabei kann man nicht ohne weiteres unterstellen, daß er im Sinne der Regelung des Gesetzes ausgegangen wäre, vielmehr ist es wahrscheinlich, daß das Gericht der abweichenden Rechtsprechung gefolgt wäre. Es kann also auch heute noch der alte Streit in Kostenprozessen aufleben. Der Staat hätte großzügigerweise in diesen Fällen die Kosten zu seinen Lasten nehmen sollen.

2. Familienangehörige

Der wortreiche Gesetzgeber hat für diese Frage keine Worte gefunden. Das Ergebnis ist, daß der Kommentator Hoffmann (II S. 85) die Wirkung des § 10 nur auf den im Urteil selbst Benannten, der Kommentator Maßfeller (II S. 134) auch auf alle Personen bezieht, deren Staatsangehörigkeit sich von dieser Person ableitet. Der Ansicht von Maßfeller ist der Vorzug zu geben. Ohne die gesetzliche Formulierung hätte in diesem Fall wohl kaum ein Zweifel bestanden; die Zweifel sind erst durch den Text des Gesetzes hineingetragen worden. Man wird jedoch unterstellen müssen, daß der Gesetzgeber in der ihm eigenen ungeschickten Art nur den auch sonst geltenden Rechtssatz aussprechen wollte. Hat ein Verwaltungsgericht die deutsche Staatsangehörigkeit einer Person festgestellt, so folgt daraus von selbst, daß auch alle Personen, deren Staatsangehörigkeit sich von ihr ableitet, Deutsche sind. Sie brauchen daher keine Optionserklärungen abzugeben. Anders steht es bei der Verurteilung auf Ausstellung eines deklaratorischen Staatsangehörigkeitspapiers. In einem solchen Fall könnte die Verwaltung gleichwohl die Staatsangehörigkeit der Familienmitglieder bestreiten. Hier erweckt das Gesetz wieder Zweifel, da es solchen Urteilen konstitutive Bedeutung beilegt. Also werden diese Urteile wohl auch für die Familienmitglieder die Wirkung haben müssen, daß ihre deutsche Staatsangehörigkeit nunmehr rechtskräftig feststeht.

§ 11

Dieses Gesetz gilt nach Maßgabe des § 13 Abs. 1 des Dritten Überleitungsgesetzes vom 4. Januar 1952 (Bundesgesetzblatt I S. 1) auch im Lande Beriln.

Die übliche Formel für Gesetze, die in Berlin gelten sollen. Für diese Geltung bedarf es allerdings eines besonderen Berliner Übernahmegesetzes. Dieses ist unter dem 8. Juni 1956 (GVBl. S. 630) ergangen. Wortlaut siehe oben S. 49.

Dem Berliner Gesetzgeber ist ein kleiner Fehler unterlaufen. Er setzt den Beginn der Gültigkeit des Gesetzes auf den 24. Mai 1956 an, während das Gesetz selbst in der BRep erst am 25. Mai 1956 in Kraft getreten ist.

§ 12

Das Gesetz tritt am Tage nach seiner Verkündung in Kraft.

Das Gesetz ist am 24. Mai 1956 im BGBl. verkündet worden und daher am 25. Mai 1956 in Kraft getreten.

Die Bundesregierung hat dem vorstehenden Gesetz die nach Artikel 113 des Grundgesetzes erforderliche Zustimmung erteilt.

Das vorstehende Gesetz wird hiermit verkündet.

Bonn, den 17. Mai 1956.

Für den Bundespräsidenten
Der Präsident des Bundesrates
von Hassel

Der Stellvertreter des Bundeskanzlers
Blücher

Der Bundesminister des Innern
Dr. Schröder

Der Bundesminister der Finanzen
Schäffer

Kommentar

Zur Verkündungsformel:

Das Gesetz ist in der gleichen Form wie das 1. StAngReglG verkündet.

Es trägt nicht die Mitunterschrift des Justizministers, die bei Staatsangehörigkeitsgesetzen sonst üblich ist, wohl aber den geheimnisvollen Zusatz, daß die Bundesregierung dem Gesetz nach Art. 113 GG zugestimmt habe. Art. 113 GG besagt, Beschlüsse des Bundestages und des Bundesrates, welche die von der Bundesregierung vorgeschlagenen Ausgaben des Haushaltsplanes erhöhen oder neue Ausgaben in sich schließen oder für die Zukunft mit sich bringen, bedürfen der Zustimmung der Bundesregierung. Es ist schwer vorstellbar, wieso diese Verfassungsbestimmung für dieses Gesetz zutreffen soll. Es kann doch wohl kaum daran gedacht sein, daß die gebührenfreie Ausgabe der in dem Gesetz vorgesehenen Urkunden neue Ausgaben mit sich bringe. Diese Ausgaben gehen zudem nicht zu Lasten des Bundes, sondern ganz überwiegend der Länder. (Vgl. zur Frage der Anwendbarkeit des Art. 113 neustens Henrichs, Art. 113 des Grundgesetzes, 1958, bes. S. 282 ff. „einnahmemindernde Gesetze".) Ich halte daher den Zusatz bezüglich Art. 113 für überflüssig. So endet das in vielem zweifelhafte Gesetz auch mit einer zweifelhaften Verkündungsformel.

IV.

Tabellen der maßgebenden Staatsangehörigkeitsgesetze und Verträge

1. Die deutschen Ländergesetze vor 1870[1])

1. Anhalt:

   Gesetz, die Untertanen- und Heimatverhältnisse in den Herzogtümern Anhalt-Dessau und Anhalt-Köthen betreffend, vom 1. März 1852.

2. Baden:

   Verfassung des Großherzogtums Baden (Art. 9 Abs. 2), vom 22. August 1818; Badisches Landrecht (Erstes Buch, erster Titel).

3. Bayern:

   Edikt über das Indigenat (Erste Beilage zur Verfassungsurkunde), vom 26. Mai 1818.

4. Braunschweig:

   Landschaftsordnung (§§ 24—42), vom 12. Oktober 1832;
   Gesetz, das Wohnrecht der Landeseinwohner in polizeilicher Hinsicht betreffend, vom 23. Januar 1852;
   Gesetz, den Aufenthalt im Herzogtum und den Erwerb des Wohnortsrechtes durch den dauernden Aufenthalt betreffend, vom 3. August 1864.

5. Hessen:

   Verfassungsurkunde des Großherzogtums Hessen (Art. 13, 17), vom 17. Dezember 1820.

6. Lippe:

   Gesetz über die Heimatverhältnisse, vom 2. März 1841.

7. Mecklenburg-Schwerin:

   Verordnung betreffend den Erwerb und Verlust der Eigenschaft eines mecklenburgischen Untertans, vom 1. Juni 1853.

8. Mecklenburg-Strelitz:

   Verordnung betreffend den Erwerb und Verlust der Eigenschaft eines mecklenburgischen Untertans, vom 1. Juni 1853.

9. Oldenburg:

   Gesetz betreffend den Erwerb und Verlust der Staatsangehörigkeit, vom 12. April 1855.

---

1) Die nachstehend aufgeführten Gesetze sind abgedruckt bzw. mitgeteilt bei v. Keller-Trautmann S. 605 ff.

10. Preußen:

Gesetz über den Erwerb und den Verlust der Eigenschaft als preußischer Untertan sowie über den Eintritt in fremde Staatsdienste, vom 31. Dezember 1842.

11. Sachsen:

Gesetz über den Erwerb und Verlust des Untertanenrechts im Königreich Sachsen, vom 2. Juli 1852.

12. Thüringen:

a) Sachsen-Weimar:
Gesetz über den Erwerb und den Verlust des Untertanenrechts im Großherzogtum Sachsen-Weimar-Eisenach, vom 6. April 1859;

b) Sachsen-Meiningen:
Grundgesetz für die vereinigte landschaftliche Verfassung des Herzogtums Sachsen-Meiningen (Titel II), vom 23. August 1829;

c) Reuß:
Verordnung über die Erwerbung und den Verlust der Eigenschaft eines Landesangehörigen des Fürstentums Reuß ältere Linie, vom 7. November 1851;
Verordnung über den Verlust der Staatsangehörigkeit (Fürstentum Reuß jüngere Linie), vom 20. Mai 1852;

d) Sachsen-Altenburg:
Grundgesetz für das Herzogtum Altenburg (§§ 41—43, 69), vom 29. April 1831;

e) Sachsen-Coburg-Gotha:
Staatsgrundgesetz für die Herzogtümer Coburg und Gotha (§ 23 bis 26), vom 3. Mai 1852;

f) Schwarzburg-Rudolstadt:
Gesetz, die Landesuntertanenschaft und das Heimatrecht betreffend, vom 3. April 1846;

g) Schwarzburg-Sondershausen:
Gesetz über das Untertanen- und Heimatrecht in dem Fürstentume Schwarzburg-Sondershausen, vom 19. Februar 1833.

13. Waldeck-Pyrmont:

Heimatgesetz, vom 16. August 1855.

14. Württemberg:

Verfassungsurkunde für das Königreich Württemberg (§§ 19, 32 bis 35), vom 25. September 1819.

15. Freie und Hansestadt Bremen:

Obrigkeitliche Bekanntmachung, betreffend das Gemeindebürgerrecht, vom 1. Januar 1863.

16. Freie und Hansestadt Hamburg:

Gesetz, betreffend die Staatsangehörigkeit und das Bürgerrecht, vom 7. November 1864.

17. Freie und Hansestadt Lübeck:

Gesetz, die Staatsangehörigkeit betreffend, vom 14. November 1866.

2. Die Reichsgesetze aus der Kaiserzeit

1. Gesetz über den Erwerb und den Verlust der Bundes- und Staatsangehörigkeit vom 1. Juni 1870 (BGBl. S. 355);
   das Gesetz ist in Kraft getreten:
   a) in den Gebieten des ehemaligen Norddeutschen Bundes, in Württemberg, Baden und in Hessen südlich des Mains
      am 1. Januar 1871
      auf Grund von § 27 des Gesetzes;
   b) in Bayern
      am 13. Mai 1871
      auf Grund von § 9 des Gesetzes vom 22. April 1871 (BGBl. S. 87) in Verbindung mit Art. 2 der Verfassung des Deutschen Reiches vom 16. April 1871 (BGBl. S. 63);
   c) in Elsaß-Lothringen
      am 28. Januar 1873
      auf Grund von Art. 2 des Gesetzes vom 8. Januar 1873 (RGBl. S. 51);
   d) auf Helgoland
      am 1. April 1891
      auf Grund von Art. 1 Abs. 1 der Verordnung vom 22. März 1891 (RGBl. S. 21).
2. Friedens-Vertrag zwischen dem Deutschen Reich und Frankreich. vom 10. Mai 1871 (RGBl. S. 223) und
   Zusatzkonvention zu dem am 10. Mai 1871 zu Frankfurt a. M. abgeschlossenen Friedensvertrage zwischen Deutschland und Frankreich, unterzeichnet Frankfurt a. M., den 11. Dezember 1871 (RGBl. 1872 S. 7).
3. Gesetz, betreffend die Vereinigung von Helgoland mit dem Deutschen Reich. Vom 15. Dezember 1890 (RGBl. S. 207).
4. Gesetz, betreffend die Rechtsverhältnisse der deutschen Schutzgebiete, vom 17. April 1886 (RGBl. S. 75), in der Fassung der Bekanntmachung vom 19. März 1888 (RGBl. S. 75) und der Bekanntmachung vom 10. September 1900 (RGBl. S. 813).
5. Reichs-Militärgesetz vom 2. Mai 1874 (RGBl. S. 45).
6. Gesetz, betreffend die Naturalisation von Ausländern, welche im Reichsdienst angestellt sind, vom 20. Dezember 1875 (RGBl. S. 234).
7. Gesetz gegen die Steuerflucht vom 26. Juli 1918 (RGBl. S. 951).

3. Die Gesetze und Verträge zur Regelung der Staatsangehörigkeit Deutscher nach dem 1. Weltkrieg

Abtretungsgebiet	Quellen	Fundstellen[2])
a) Eupen, Malmedy und Moresnet (Belgien)	1. Vers.Vertr. (Art. 32—37)	Lichter S. 359, Maßfeller S. 123, Schätzel S. 11;

1) Die Wechselnormen der anderen den ersten Weltkrieg beendenden Friedensverträge sind nicht aufgeführt; vgl. hierzu die erste Auflage dieses Buches und ferner Anm. 2b).

Abtretungsgebiet	Quellen	Fundstellen[2]
	2. Belg. Ges. v. 15. 9. 1919 betr. Neutral-Moresnet	Gelt. StAng. Ges. Bd. 4 S. 110;
	3. Belg. Optionsgesetz v. 25. 10 1919	Lichter S. 364, Schätzel S. 12;
	4. Dtsch.-belg. Optionserklärung vom 31. 8. 1922	Lichter S. 367, Maßfeller S. 126, Schätzel S. 15;
	5. Dtsch.-belg. Optionsvertrag v. 11. 9. 1922	Lichter S. 367 Maßfeller S. 126, Schätzel S. 16;
	6. Belg. Ges. v. 4. 8. 1926 (Art. 6—9)	Isay S. 88, Gelt. StAng. Ges. Bd. 4 S. 114;
b) Nordschleswig (Dänemark)	1. Vers.Vertr. (Art. 112, 113)	Lichter S. 369, Maßfeller S. 128, Schätzel S. 131;
	2. Vertrag zw. d. Entente-Hauptmächten und Dänemark v. 5. 7. 1920	Schätzel S. 132;
	3. Dän. Ges. über StAng. in Südjütland v. 5. 9. 1920	Isay S. 161, Schätzel S. 133;
	4. Dtsch.-dän. Optionsvertrag v. 10. 4. 1922	Lichter S. 372, Maßfeller S. 129, Schätzel S. 135;
c) Danzig	1. Vers.Vertr. (Art. 105, 106)	Lichter S. 379, Maßfeller S. 137, Schätzel S. 112;
	2. Dtsch.-Danziger Optionsvertrag v. 8. 11. 1920	Lichter S. 380, Maßfeller S. 137, Schätzel S. 113;
	3. Danziger Bekanntmachung über d. Optionsrecht v. 10. 12. 1921	Schätzel S. 116;
	4. Vertrag zw. Danzig und Polen vom 24. 10. 1921	Schätzel S. 120;
	5. Danziger StAng. Ges. vom 30. 5. 1922	Maßfeller S. 140 Schätzel S. 124;
d) Elsaß-Lothringen (Frankreich)	1. Vers.Vertr. (Art. 51, 53, 54, Anlage zu Abschnitt 5 Teil 3)	Lichter S. 383, Maßfeller S. 145, Schätzel S. 31;
	2. Frz. Dekret betr. Reintegrationen und Reklamationen v. 11. 1. 1920	Lichter S. 394, Maßfeller S. 148, Schätzel S. 34;
	3. Frz. Dekret betr. Naturalisation v. 31. 1. 1922	Schätzel S. 41;
	4. Frz. Gesetz v. 5. 7. 1925 betr. Reklamationen	Journal Officiel v. 7. 7. 1925;
e) Memelgebiet (Litauen)	1. Vers.Vertr. (Art. 99)	Lichter S. 399, Maßfeller S. 153, Schätzel S. 102;
	2. Memelkonvention v. 8. 5. 1924	Lichter S. 400, Maßfeller S. 153, Schätzel S. 103;

Abtretungsgebiet	Quellen	Fundstellen[2])
	3. Memelstatut (Anlage zur Memelkonvention v. 8. 5. 1924)	Lichter S. 404, Maßfeller S. 155, Schätzel S. 105;
	4. Dtsch.-litauischer Optionsvertrag v. 10. 2. 1925	Lichter S. 404, Maßfeller S. 155, Schätzel S. 107;
	5. Memelländ. VO. betr. Option v. 9. 3. 1925	Memeler Amtsbl. 1925 S. 145;
	6. Memelländ. Bürgerges. v. 5. 12. 1928 (geändert d. Gesetz v. 15. 2. 1929)	Maßfeller S. 161;
f) Posen, Westpreußen, Oberschlesien (Polen)	1. Vers.Vertr. (Art. 91)	Lichter S. 412, Maßfeller S. 164, Schätzel S. 57
	2. Minderheitenschutzvertrag v. 28. 6. 1919	Lichter S. 415, Maßfeller S. 166, Schätzel S. 58;
	3. Poln. Optionsordnung v. 13. 7. 1920	Isay S. 234, Schätzel S. 62;
	4. Dtsch. Optionsordnung v. 3. 12. 1921	Isay S. 239, Schätzel S. 66;
	5. Entsch. d. Botschafterkonferenz betr. Oberschlesien v. 20. 10. 1921	Schätzel S. 82;
	6. Dtsch.-poln. Vertrag über Oberschlesien v. 15. 5. 1922	Lichter S. 417, Maßfeller S. 172, Schätzel S. 84;
	7. Dtsch.-poln. (Wiener) Vertrag v. 30. 8. 1924	Lichter S. 434, Maßfeller S. 167, Schätzel S. 68;
	8. Poln. StAng. Ges. v. 20. 1. 1920	Isay S. 241;
g) Hultschiner Ländchen (Tschechoslowakei)	1. Vers.Vertr. (Art. 84—86)	Lichter S. 464, Maßfeller S. 182, Schätzel S. 45;
	2. Minderheitenschutzvertrag v. 10. 9. 1919	Lichter S. 466, Maßfeller S. 183, Schätzel S. 46;
	3. Dtsch.-tschech. StAng.- und Optionsvertrag v. 29. 6. 1920	Lichter S. 468, Maßfeller S. 184, Schätzel S. 50;
	4. Tschech. StAng. Ges. v. 9. 4. 1920	Isay S. 263, Gelt. StAng. Ges. Bd. 18 S. 55;
h) Saargebiet	1. Vers.Vertr. (Art. 49, Anl. zu Abschn. 4 Teil 3, § 27	Maßfeller S. 188, Schätzel S. 19;
	2. Saar-Verordnung betr. Saareinwohner v. 15. 6. 1921	Lichter S. 877, Maßfeller S. 188, Schätzel S. 19;
	3. Dtsch. Verordnung v. 22. 2. 1935	Maßfeller S. 190;

Abtretungs-gebiet	Quellen	Fundstellen[2])
i) Deutsche Kolonien, Schutz-gebiete (allgemein)	1. Vers.Vertr. (Art. 22, 119, 122, 127)	Schätzel S. 142;
	2. Entschließung des Völkerbundrates v. 23. 4. 1923	Lichter S. 870, Maßfeller S. 195; Schätzel S. 145;
(Südwest-afrika)	3. Südafrik. Gesetz Nr. 30 betr. Einbürgerung v. Ausländern in Südwestafrika v. 12. 9. 1924	Lichter S. 867, Maßfeller S. 192 Schätzel S. 148;
	4. Südafrik. Gesetz Nr. 27 betr. Änderung des Gesetzes Nr. 30 aus 1924 vom 7. 6. 1928	Lichter S. 868, Maßfeller S. 194;
	5. Südafrik. Gesetz Nr. 35 aus 1942 betr. den Widerruf der durch Gesetze Nr. 30 aus 1924 und Nr. 27 aus 1928 erfolgten Einbürgerungen	Gelt. StAng. Ges. Bd. 18 S. 41 (Zusammenfassung);
	6. Südafrik. StAng.-Gesetz Nr. 44 aus 1949	Gelt. StAng. Ges. Bd. 14 S. 64;

4. Die Reichsgesetze aus der Weimarer Zeit

1. Gesetz, betreffend das Land Thüringen, vom 30. April 1920 (RGBl. S. 841).
2. Gesetz, betreffend die Vereinigung Coburgs mit Bayern, vom 30. April 1920 (RGBl. S. 842).
3. Gesetz über die Vereinigung von Pyrmont mit Preußen, vom 24. März 1922 (RGBl. S. 281).
4. Gesetz über die Vereinigung von Waldeck mit Preußen, vom 7. Dezember 1928 (RGBl. S. 401).
5. Gesetz über einen Gebietsaustausch zwischen Sachsen und Thüringen, vom 30. März 1928 (RGBl. S. 115).
6. Gesetz über die Vereinigung von Mecklenburg-Strelitz mit Mecklenburg-Schwerin, vom 15. Dezember 1933 (RGBl. I S. 1065).

5. Die nationalsozialistische Gesetzgebung zum Reichs- und Staatsangehörigkeitsgesetz

Reichsgesetz über den Widerruf von Einbürgerungen und die Aberkennung der deutschen Staatsangehörigkeit vom 14. Juli 1933 (RGBl. I S. 480), geändert durch Gesetz vom 10. Juli 1935 (RGBl. I S. 1015).

Verordnung zur Durchführung des Gesetzes über den Widerruf von Einbürgerungen und die Aberkennung der deutschen Staatsangehörigkeit vom 26. Juli 1933 (RGBl. I S. 538).

---

[2]) Abkürzungen:
a) Isay: Kommentar zum Reichs- und Staatsangehörigkeitsgesetz, Berlin 1929;
b) Schätzel: Die Regelung der Staatsangehörigkeit nach dem Weltkrieg, Berlin 1927;

Verordnung über die deutsche Staatsangehörigkeit vom 5. Februar 1934 (RGBl. I S. 85).

Gesetz zur Änderung des Reichs- und Staatsangehörigkeitsgesetzes vom 15. Mai 1935 (RGBl. I S. 593).

Reichsbürgergesetz vom 15. September 1935 (RGBl. I S. 1146).

Gesetz über die Meldepflicht deutscher Staatsangehöriger im Ausland vom 3. Februar 1938 (RGBl. I S. 113).

Verordnung des Ministerrates für die Reichsverteidigung über die Entlassung aus der Staatsangehörigkeit vom 1. September 1939 (RGBl. I S. 1656).

Verordnung des Ministerrates für die Reichsverteidigung über die Einbürgerung von Kriegsfreiwilligen vom 4. September 1939 (RGBl. I S. 1741).

Elfte Verordnung zum Reichsbürgergesetz vom 25. November 1941 (RGBl. I S. 722).

Verordnung des Ministerrates für die Reichsverteidigung zur Regelung von Staatsangehörigkeitsfragen vom 20. Januar 1942 (RGBl. I S. 40).

Zwölfte Verordnung zum Reichsbürgergesetz vom 25. April 1943 (RGBl. I S. 268).

Verordnung über die Staatsangehörigkeit auf Widerruf vom 25. April 1943 (RGBl. I S. 269).

Erste Verordnung über die Schutzangehörigkeit des Deutschen Reiches vom 25. April 1943 (RGBl. I S. 271).

Erlaß des Führers über den Erwerb der deutschen Staatsangehörigkeit durch Einstellung in die deutsche Wehrmacht, die Waffen-SS, die deutsche Polizei oder die Organisation Todt vom 19. Mai 1943 (RGBl. I S. 315).

Anordnung des Reichsministers des Innern über den Erwerb der deutschen Staatsangehörigkeit durch deutschstämmige Angehörige der Wehrmacht, der Waffen-SS, der Polizei, des Reichsarbeitsdienstes und der Organisation Todt (RMinBlatt f. d. innere Verw. S. 551).

6. Die Ausdehnung der deutschen Reichsangehörigkeit anläßlich der Gebietserwerbungen 1938—1945

Österreich:

Gesetz über die Wiedervereinigung Österreichs mit dem Deutschen Reich vom 13. März 1938 (RGBl. I S. 237).

Verordnung über die deutsche Staatsangehörigkeit im Lande Österreich vom 3. Juli 1938 (RGBl. I S. 790).

Zweite Verordnung über die deutsche Staatsangehörigkeit im Lande Österreich vom 30. Juni 1939 (RGBl. I S. 1072).

Verordnung über die Aberkennung der Staatsangehörigkeit und den Widerruf des Staatsangehörigkeitserwerbs in der Ostmark vom 11. Juli 1939 (RGBl. I S. 1235).

Tschechoslowakei:

Vertrag zwischen dem Deutschen Reich und der Tschechoslowakischen Republik über Staatsangehörigkeits- und Optionsfragen vom 20. November 1938 (RGBl. II S. 895).

Gesetz über die Wiedervereinigung der sudetendeutschen Gebiete mit dem Deutschen Reich vom 21. November 1938 (RGBl. I S. 1641).

Verordnung über die deutsche Staatsangehörigkeit in den sudetendeutschen Gebieten vom 12. Februar 1939 (RGBl. I S. 205).

Erlaß über das Protektorat Böhmen und Mähren vom 16. März 1939 (RGBl. I S. 485).

Verordnung über den Erwerb der deutschen Staatsangehörigkeit durch frühere tschecho-slowakische Staatsangehörige deutscher Volkszugehörigkeit vom 20. April 1939 (RGBl. I S. 815).

Verordnung zur Regelung von Staatsangehörigkeitsfragen gegenüber dem Protektorat Böhmen und Mähren vom 6. Juni 1941 (RGBl. I S. 308).

Vertrag zwischen dem Deutschen Reich und der Slowakischen Republik zur Regelung der Staatszugehörigkeit von Volkszugehörigen beider Staaten vom 27. Dezember 1939 (RGBl. II S. 78), Zusatzvertrag vom 14. Januar 1941 (RGBl. II S. 180).

Memelland:

Gesetz über die Wiedervereinigung des Memellandes mit dem Deutschen Reich vom 23. März 1939 (RGBl. I S. 559).

Vertrag zwischen dem Deutschen Reich und der Republik Litauen über die Staatsangehörigkeit der Memelländer vom 8. Juli 1939 (RGBl. II S. 999).

Danzig:

Gesetz über die Wiedervereinigung der Freien Stadt Danzig mit dem Deutschen Reich vom 1. September 1939 (RGBl. I S. 1547).

Die in das Deutsche Reich eingegliederten Gebiete Polens:

Erlaß über die Gliederung und Verwaltung der Ostgebiete vom 8. Oktober 1939 (RGBl. I S. 2042).

Verordnung über die Deutsche Volksliste und die deutsche Staatsangehörigkeit in den eingegliederten Ostgebieten vom 4. März 1941 (RGBl. I S. 118).

Zweite Verordnung über die Deutsche Volksliste und die deutsche Staatsangehörigkeit in den eingegliederten Ostgebieten vom 31. Januar 1942 (RGBl. I S. 51).

Ukraine:

Verordnung über die Verleihung der deutschen Staatsangehörigkeit an die in die Deutsche Volksliste der Ukraine eingetragenen Personen vom 19. Mai 1943 (RGBl. I S. 321).

Untersteiermark, Kärnten, Krain:

Verordnung über den Erwerb der Staatsangehörigkeit in den befreiten Gebieten der Untersteiermark, Kärntens und Krains vom 14. Oktober 1941 (RGBl. I S. 648).

Eupen, Malmedy, Moresnet:

Erlaß zur Durchführung der Wiedervereinigung der Gebiete von Eupen, Malmedy und Moresnet vom 23. Mai 1940 (RGBl. I S. 803).

Verordnung über die Staatsangehörigkeit der Bewohner von Eupen, Malmedy und Moresnet vom 23. September 1941 (RGBl. I S. 584) in der Fassung der Berichtigung vom 22. Oktober 1941 (RGBl. I S. 652).

Zweite Verordnung über die Staatsangehörigkeit der Bewohner von Eupen, Melmedy und Moresnet vom 28. September 1942 (RGBl. I S. 564).

Elsaß, Lothringen, Luxemburg:

Verordnung über die Staatsangehörigkeit im Elsaß, in Lothringen und in Luxemburg vom 23. August 1942 (RGBl. I S. 533).

Verordnung des Chefs der Zivilverwaltung im Elsaß über das Staatsangehörigkeitsrecht im Elsaß vom 2. Februar 1943 (VOBl. S. 32).

Verordnung des Chefs der Zivilverwaltung in Lothringen über die Einführung des Staatsangehörigkeitsrechts in Lothringen vom 29. August 1942 (VOBl. S. 413).

Verordnung des Chefs der Zivilverwaltung in Lothringen über die Staatsangehörigkeit in Lothringen vom 29. August 1942 (VOBl. S. 421).

7. Die Verträge über die Rücksiedlung deutscher Volksgruppen[1] [2]

1. Estland:

Deutsch-estnisches Protokoll über die Umsiedlung der deutschen Volksgruppe in das Deutsche Reich. Vom 15. 10. 1939.

2. Lettland:

Deutsch-lettischer Vertrag über die Umsiedlung lettischer Bürger deutscher Volkszugehörigkeit in das Deutsche Reich. Vom 30. 10. 1939.

3. Sowjetunion:

Deutsch-sowjetische Vereinbarung über die Umsiedlung von Reichsdeutschen und Volksdeutschen aus den Gebieten der lettischen und estnischen Sowjetrepubliken in das Deutsche Reich. Vom 10. 1. 1941.

Deutsch-sowjetische Vereinbarung über die Umsiedlung der deutschstämmigen Bevölkerung aus dem zur Interessenzone der UdSSR und der ukrainischen und weißrussischen Bevölkerung aus der zur Interessenzone des Deutschen Reiches gehörenden Gebiete des früheren polnischen Staates. Vom 16. 11. 1939.

Anm. 1: Diese Vereinbarungen sind deutscherseits amtlich nicht veröffentlicht worden; sie sind abgedruckt bzw. mitgeteilt bei Ruby Teil II.

Anm. 2: Die zum Zwecke der Rückführung deutscher Volkszugehöriger aus Gebieten außerhalb des Deutschen Reiches in den Jahren 1939—1943 geschlossenen Umsiedlungsvereinbarungen (Verwaltungsabkommen) hatten den Erwerb der deutschen Staatsangehörigkeit von Rechts wegen durch die Umsiedler nicht zur Folge; es bedurfte vielmehr in allen Fällen der Einzeleinbürgerung, für die allerdings meist ein vereinfachtes Verfahren vorgesehen war.

Deutsch-sowjetische Vereinbarung über die Umsiedlung der deutschen Reichsangehörigen und der Personen deutscher Volkszugehörigkeit aus der Litauischen Sozialistischen Sowjetrepublik in das Deutsche Reich und der Umsiedlung der Personen litauischer, russischer und bjelorussischer Volkszugehörigkeit aus dem Deutschen Reich (ehem. Memelgebiet und Suwalkigebiet) in die Litauische Sozialistische Sowjetrepublik. Vom 10. 1. 1941.

Deutsch-sowjetische Vereinbarung über die Umsiedlung der deutschstämmigen Bevölkerung aus den Gebieten von Bessarabien und der Nördlichen Bukowina in das Deutsche Reich. Vom 5. 9. 1940.

4. Rumänien:

Deutsch-rumänische Vereinbarung über die Umsiedlung der deutschstämmigen Bevölkerung der Südbukowina und der Dobrudscha in das Deutsche Reich. Vom 22. 10. 1940.

5. Bulgarien:

Notenwechsel zwischen der deutschen Gesandtschaft in Sofia und dem bulgarischen Außenministerium betr. die Auswanderung von Personen deutscher Abstammung aus Bulgarien. Vom 22. 1. 1943.

6. Italien:

Deutsch-italienischer Vertrag über Richtlinien für die Rückwanderung der Reichsdeutschen und Abwanderung der Volksdeutschen aus dem Alto Adige in das Deutsche Reich vom 21. 10. 1939; Zusatzvereinbarung zu diesem Vertrag vom 17. 11. 1939.

Deutsch-italienisches Abkommen über die Umsiedlung der deutschen Staatsangehörigen und Volksdeutschen aus der Provinz Laibach. Vom 31. 8. 1941.

7. Kroatien:

Deutsch-kroatische Vereinbarung über die Umsiedlung von Angehörigen des deutschen Volkstums aus bestimmten Gebieten Kroatiens in das Deutsche Reich. Vom 30. 9. 1942.

8. Andere als bundesgesetzliche Bestimmungen zur Regelung der Staatsangehörigkeit nach 1945

a) Rechtsvorschriften der Besatzungsmächte:

Gesetz Nr. 1 des Kontrollrates — Aufhebung von Nazi-Gesetzen — vom 20. September 1945.

Gesetz Nr. 12 der Alliierten Hohen Kommission über Nichtigkeit von nationalsozialistischen Rechtsvorschriften über Staatsangehörigkeit vom 17. November 1949 (Amtsblatt der AHK S. 36).

Gesetz Nr. 6 der Alliierten Kommandantur von Berlin vom 4. März 1950 (VOBl. für Groß-Berlin S. 85).

b) Gesetze der Bundesländer:

Gesetze über die Staatsangehörigkeit der Ausgebürgerten:

Bayern: Vom 27. März 1948 (GVBl. S. 52);

Hessen: Vom 23. März 1948 (GVBl. S. 45);

Württemberg: Vom 11. März 1948 (Reg.Bl. S. 50);

Baden: Vom 11. März 1948 (ABl. Sp. 169);

Bremen: Vom 15. April 1948 (GBl. S. 65).

c) Andere Rechtsvorschriften:

Anordnung des Innenministers der Deutschen Demokratischen Republik über die Gleichberechtigung der Frau im Staatsangehörigkeitsrecht vom 30. August 1954 (Zentralblatt der DDR 1954 Nr. 35);

Mecklenburg-Vorpommern: Verordnung Nr. 111 über die Staatsangehörigkeit der Umsiedler vom 1. Juli 1946 (ABl. der Landesverw. S. 86), außer Kraft getreten durch Befehl Nr. 172 (Bekanntmachung vom 19. August 1949, Reg.Bl. S. 137);

Sachsen-Anhalt: Beschluß des Landtages betr. die Staatsangehörigkeit von deutschen Umsiedlern vom 4. Dezember 1946 (Ges.Bl. I 1947 S. 157).

Verordnung der DDR über das Verfahren in Staatsangehörigkeitsfragen vom 28. November 1957 (GBl. 1957 S. 616).

9. Ausländische Gesetze zur Regelung der Staatsangehörigkeit Deutscher nach dem zweiten Weltkrieg

Belgien:

Erlaß über die Aberkennung der belgischen Staatsangehörigkeit vom 20. 6. 1945 (betr. Personen, die während des Krieges in den vom Deutschen Reich verwalteten belgischen Gebieten politisch oder propagandistisch tätig gewesen sind).	Bergmann I B 1 (S. 5 Anm. 2), Maßfeller S. 402
Gesetz über die Aberkennung der belgischen Staatsangehörigkeit auf Grund einer Verurteilung wegen Verstoßes gegen die Staatssicherheit im Versäumniswege vom 30. 12. 1953.	Bergmann I B 1

Italien:

Gesetzesdekret betr. die Revision der Optionen der Südtiroler vom 2. 2. 1948, Nr. 23.	Archiv des Völkerrechts 1951/52 S. 347

Jugoslawien:	
Staatsangehörigkeitsgesetz vom 1. 7. 1946 in der Fassung des Gesetzes vom 1. 12. 1948 (Art. 35 Abs. 2 betr. Personen deutschen Volkstums).	Bergmann I J 2
Gesetz über die Entziehung der Staatsangehörigkeit von Offizieren und Unteroffizieren der ehemaligen jugoslawischen Armee, die in ihre Heimat nicht zurückkehren wollen, von Angehörigen militärischer Formationen im Dienste der Besatzung, die ins Ausland geflüchtet sind, sowie von Personen, die nach der Befreiung geflüchtet sind, vom 23. 10. 1946.	Maßfeller S. 401
Niederlande:	
Gesetz über die Eheschließung mit Ausländerinnen vom 29. 12. 1950 (Art. 3 betr. Ehefrauen deutscher Staatsangehörigkeit).	Bergmann I N 1
Gesetz zur Beseitigung der Staatenlosigkeit vom 30. 7. 1953 (betr. ehemalige niederländische Staatsangehörige, die in feindlichen Kriegs- oder Staatsdienst getreten waren).	Bergmann I N 1
Gesetz betreffend die Grenzberichtigung vom 26. 9. 1951 (deutsch-niederländische Grenze).	Bergmann I N 1
Österreich:	
Staatsbürgerschaftsgesetz vom 10. 7. 1945 in der Fassung vom 4. 11. 1949.	Bergmann I O 1
Gesetz über die Überleitung in die österreichische Staatsbürgerschaft (Staatsbürgerschafts-Überleitungsgesetz) vom 10. 7. 1945 in der Fassung der Kundmachung vom 4. 11. 1949 (mehrfach geändert, zuletzt durch Gesetz vom 15. 12. 1951).	Maßfeller S. 392
Bundesverfassungsgesetz über die Behandlung der Nationalsozialisten vom 6. 2. 1947 in der Fassung vom 4. 11. 1949.	Bergmann I O 1
Bundesgesetz betreffend den Erwerb der Staatsbürgerschaft durch Volksdeutsche vom 2. 6. 1954.	Bergmann I O 1, Maßfeller S. 393
Polen:	
Gesetz betreffend die Ausschließung von feindlichen Elementen aus der polnischen Volksgemeinschaft vom 6. 5. 1945 (geändert durch Dekret vom 24. 8. 1945).	Gelt. StAng.Ges. Bd. 9 S. 83, 91
Gesetz betreffend die polnische Staatsangehörigkeit der polnischen Volkszugehörigen, die in den wiedergewonnenen Gebieten wohnhaft sind, vom 28. 4. 1946.	Gelt. StAng.Ges. Bd. 9 S. 101

Dekret betreffend den Ausschluß von Personen deutscher Nationalität aus der polnischen Volksgemeinschaft vom 13. 9. 1946 (geändert durch Dekret vom 28. 10. 1947).	Bergmann I P 1 Maßfeller S. 399
Dekret betreffend die polnische Staatsangehörigkeit von polnischen Volkszugehörigen, die auf dem Gebiete der ehemaligen Freien Stadt Danzig wohnen, vom 22. 10. 1947.	Gelt. StAng.Ges. Bd. 9 S. 113
Gesetz betr. die polnische Staatsangehörigkeit vom 8. 1. 1951 (Art. 3, 4).	Bergmann I P 1 Maßfeller S. 400
Rumänien:	
Gesetz Nr. 161 zur Regelung der Staatsangehörigkeit einiger Kategorien von Einwohnern vom 29. 5. 1947 (Art. 2 betr. Freiwillige im Dienst eines feindlichen Staates, Angehörige feindlicher militärischer Organisationen).	Gelt. StAng.Ges. Bd. 5 S. 83
Gesetz Nr. 261 über die Regelung der Staatsangehörigkeit der Bewohner Nordsiebenbürgens vom 2. 4. 1945.	Gelt. StAng.Ges. Bd. 5 S. 96
Durchführungsverordnung Nr. 12 über die Regelung der Staatsangehörigkeit der Bewohner Nordsiebenbürgens vom 11. 8. 1945.	Gelt. StAng.Ges. Bd. 5 S. 97
Tschechoslowakei:	
Kaschauer Statut vom 5. 4. 1945.	Gelt. StAng.Ges. Bd. 18 S. 82
Verfassungsdekret über die Regelung der tschechoslowakischen Staatsangehörigkeit von Personen deutscher und magyarischer Nationalität vom 2. 8. 1945.	Gelt. StAng.Ges. Bd. 18 S. 83, Maßfeller S. 395
Verordnung über die Rückgabe der tschechoslowakischen Staatsangehörigkeit an Personen deutscher und magyarischer Nationalität vom 13. 4. 1948.	Gelt. StAng.Ges. Bd. 18 S. 99
Verordnung über die Rückgabe der tschechoslowakischen Staatsangehörigkeit an Personen deutscher Nationalität vom 29. 2. 1948.	Gelt. StAng.Ges. Bd. 18 S. 109
Gesetz, womit einige Personen die tschechoslowakische Staatsangehörigkeit erwerben, vom 24. 4. 1953 (betr. Personen deutscher Volkszugehörigkeit).	Bergmann I T 1, Maßfeller S. 398
Ungarn:	
Verordnung über die Außerkraftsetzung der Einbürgerung (Wiedereinbürgerung) deutscher Staatsangehöriger vom 18. 10. 1945.	Bergmann I U 2

Verordnung betreffend den Verlust der ungarischen Staatsangehörigkeit der nach Deutschland Umgesiedelten Nr. 7970/1946.	Bergmann I U 2
Gesetzesdekret Nr. 84 vom 25. 3. 1950 (Art. 5 betr. Personen, die für die Umsiedlung nach Deutschland vorgesehen waren, aber in Ungarn verblieben sind).	Ruby S. 411 (auszugsweise)

UdSSR:

Dekret vom 7. 9. 1940 betreffend den Erwerb der Staatsangehörigkeit der UdSSR durch Staatsangehörige der Litauischen, Lettischen und Estnischen Sowjetrepublik.	Laws concerning Nationality S. 463
Dekret vom 16. 12. 1947 betreffend den Erwerb der Staatsangehörigkeit der UdSSR durch Personen litauischer Nationalität, die in der Stadt Klaipeda (Memel) sowie in den Distrikten Klaipeda, Schilute und Pagegiai geboren sind und dort wohnen.	Laws concerning Nationality S. 466

10. Die wichtigsten geltenden ausländischen Staatsangehörigkeitsgesetze

Stand vom 1. Januar 1958)[1]

Staat	Rechtsvorschrift und Zeitpunkt bzw. Jahr ihres Erlasses[2])	Fundstelle[3])
Ägypten	Gesetz Nr. 391 vom 20. 11. 1956	Bergmann II A 2
Äthiopien	Gesetz vom 22. 7. 1930	Laws S. 147
Afghanistan	Gesetz vom 8. 11. 1936	Bergmann 2. Aufl. Bd. 2 S. 1 Lichter S. 559
Albanien	Dekret Nr. 1874 vom 7. 6. 1954	Bergmann I A 1
Andorra	Dekret vom 17. 6. 1939 (Ergänzungsdekret v. 26. 12. 1941)	Laws S. 9
Argentinien	Gesetz Nr. 14345 vom 28. 9. 1954	Bergmann II A 1
Australien	Gesetz Nr. 83 vom 21. 12. 1948 (geändert durch Gesetz Nr. 58 aus 1950 und Gesetz Nr. 70 aus 1952)	Ausl. StAng.Recht S. 18
Belgien	Gesetz vom 14. 12. 1932 (mehrfach geändert, zuletzt durch Gesetz vom 11. 2. 1953)	Bergmann I B 1; Lichter S. 591
Bolivien	Verfassung vom 23. 11. 1945 (geändert durch Gesetz vom 20. 9. 1947 und 26. 11. 1947)	Lichter S. 599 Bergmann II B 2
Brasilien	Verfassung vom 18. 9. 1946; Gesetz Nr. 818 vom 18. 9. 1949	Bergmann II B 1; Lichter S. 602

Staat	Rechtsvorschrift und Zeitpunkt bzw. Jahr ihres Erlasses[2])	Fundstelle[3])
Bulgarien	Gesetz Nr. 9327 vom 19. 3. 1948; (geändert durch Gesetz vom 11. 11. 1950 und Anordnung vom 1. 8. 1952)	Bergmann I B 2; Lichter S. 617
Burma	Gesetz Nr. XXVI aus 1948 (geändert durch Gesetz Nr. XLIII vom 4. 1. 1949)	Laws S. 64
Ceylon	Gesetz Nr. 18 vom 21. 9. 1948 (geändert durch Gesetz Nr. 40 aus 1950)	Laws S. 83
Chile	Verfassung vom 18. 9. 1925; Gesetzesdekret Nr. 747 in der Neufassung der Verordnung Nr. 3690 vom 16. 7. 1941	Bergmann II C 1; Lichter S. 621
China	Gesetz vom 5. 2. 1929	Bergmann 2. Aufl. Bd. 2 S. 217; Lichter S. 623
Costa Rica	Verfassung vom 17. 11. 1949; Gesetz vom 29. 4. 1950	Bergmann II C 3
Dänemark	Gesetz Nr. 252 vom 27. 5. 1950	Bergmann I D 1; Lichter S. 626
Dominikanische Republik	Verfassung vom 10. 1. 1947; Gesetz Nr. 1683 vom 16. 4. 1948	Laws S. 126
Ecuador	Verfassung vom 31. 12. 1946; Dekret Nr. 985 vom 14. 6. 1950	Lichter S. 631 Bergmann II E 1
El Salvador	Verfassung vom 7. 9. 1950; Gesetz vom 27. 9. 1886 (mehrfach geändert, zuletzt 1944)	Lichter S. 635 Bergmann II S 2
Estland	Gesetz vom 11. 4. 1938 (geändert durch Gesetz vom 11. 12. 1939 und Gesetz vom 17. 7. 1940)	Lichter S. 578
Finnland	Gesetz vom 9. 5. 1941	Bergmann I F 2; Lichter S. 637
Frankreich	Gesetz Nr. 45—2441 vom 19. 10. 1945 (geändert durch Gesetz vom 16. 10. 1946 und vom 9. 4. 1954)	Bergmann I F 1; Lichter S. 642
Frankreich (überseeische Gebiete)	Dekret Nr. 53—161 vom 24. 2. 1953	Laws S. 174
Griechenland	Gesetzesdekret Nr. 3370 vom 20. 9. 1955 (Staatsangehörigkeitskodex)	Gelt. StAng.Ges. Bd. 16
Großbritannien (Vereinigtes Königreich)	Gesetz vom 30. 7. 1948	Bergmann I G 1; Lichter S. 608

Staat	Rechtsvorschrift und Zeitpunkt bzw. Jahr ihres Erlasses[2])	Fundstelle[3])
Großbritannien (Protektorate u. Schutzgebiete)	Order Nr. 140 vom 28. 1. 1949	Laws S. 491
Guatemala	Verfassung (Politisches Statut) vom 10. 8. 1954; Gesetz Nr. 1781 vom 25. 1. 1936 (mehrfach geändert, zuletzt durch Dekret Nr. 281 aus 1946); Dekret Nr. 2391 vom 11. 6. 1940	Bergmann II G 1
Haiti	Gesetz vom 22. 8. 1907 (mehrfach geändert, zuletzt durch Gesetz vom 24. 2. 1947)	Bergmann 2. Aufl. Bd. 2 S. 413
Honduras	Verfassung vom 28. 3. 1936; Gesetz vom 1. 3. 1946	Lichter S. 660
Indien	Verfassung vom 26. 11. 1949; Gesetz Nr. 57 vom 30. 12. 1955	Bergmann II I 3
Indonesien	Gesetz Nr. 3 vom 10. 4. 1946; Vereinbarung zwischen den Niederlanden und Indonesien von 1949	Laws S. 230 Gelt. StAng.Ges. Bd. 10 S. 74
Irak	Gesetz Nr. 42 vom 9. 10. 1924(mehrfach geändert, zuletzt durch Gesetz Nr. 3 aus 1928)	Gelt. StAng.Ges. Bd. 15
Iran	11. Buch des Zivilgesetzbuches in der Fassung vom 16. 2. 1935	Bergman II J 4 Lichter S. 662
Irland (Eire)	Verfassung vom 1. 7. 1937; Gesetz Nr. 13 vom 10. 4. 1935 (geändert durch Gesetz Nr. 39 aus 1937)	Bergmann I J 3; Lichter S. 665
Island	Gesetz vom 23. 12. 1952	Bergmann I J 4
Israel	Gesetz Nr. 5710 vom 6. 7. 1950; Gesetz Nr. 5712 vom 1. 4. 1952	Bergmann II J 1; Lichter S. 673
Italien	Gesetz vom 13. 6. 1912 (geändert durch Gesetzesdekret Nr. 1997 vom 1. 12. 1934)	Bergmann I J 1; Lichter S. 678
Japan	Gesetz Nr. 147 vom 4. 5. 1950	Bergmann II J 2; Lichter S. 684
Jordanien	Gesetz Nr. 6 vom 4. 2. 1954	Gelt. StAng.Ges. Bd. 15
Jugoslawien	Gesetz Nr. 370/331 vom 1. 7. 1946 (mehrfach geändert, zuletzt durch Gesetz Nr. 871/1642 vom 1. 12. 1948)	Bergmann I J 2; Lichter S. 686
Kambodscha	Zivilgesetzbuch vom 1. 7. 1920	Laws S. 67

Staat	Rechtsvorschrift und Zeitpunkt bzw. Jahr ihres Erlasses[2])	Fundstelle[3])
Kanada	Gesetz vom 27. 6. 1946 (mehrfach geändert, zuletzt durch Gesetz vom 14. 5. 1953)	Bergmann II K 1;
Kolumbien	Verfassung vom 21. 4. 1886 in der Fassung vom 16. 2. 1945; Gesetz Nr. 22 vom 29. 2. 1936	Bergmann II C 2
Kuba	Verfassung vom 4. 4. 1952	Bergmann II C 4
Korea	Gesetz Nr. 16 vom 20. 12. 1948	Laws S. 280
Laos	Gesetz Nr. 138 vom 6. 4. 1953	Laws S. 283
Lettland	Gesetz vom 23. 8. 1919 (mehrfach geändert, zuletzt durch Gesetz vom 13. 7. 1940)	Bergmann 2. Aufl., Bd. 1 S. 347 Lichter S. 583
Libanon	Verordnung Nr. 15/S vom 19. 1. 1925; Gesetz vom 31. 1. 1946	Gelt. StAng.Ges. Bd. 15
Liberia	Gesetz vom 8. 2. 1922; Gesetz vom 14. 12. 1938 (geändert durch Gesetz vom 28. 1. 1948)	Laws S. 288
Libyen	Verfassung vom 7. 10. 1951; Gesetz Nr. 17 vom 18. 4. 1954	Gelt. StAng.Ges. Bd. 15
Liechtenstein	Gesetz vom 4. 1. 1934	Bergmann I L 2 Lichter S. 693
Litauen	Gesetz vom 5. 8. 1939	Lichter S. 586
Luxemburg	Gesetz vom 9. 3. 1940	Bergmann I L 1; Lichter S. 697
Mexiko	Verfassung vom 5. 2. 1917 in der Fassung des Dekrets vom 18. 1. 1934; Gesetz vom 5. 1. 1934 (mehrfach geändert, zuletzt durch Dekret vom 28. 12. 1949)	Bergmann II M 1 Lichter S. 705
Monaco	Zivilgesetzbuch (mehrfach geändert, zuletzt durch Gesetz Nr. 572 vom 18. 11. 1952)	Bergmann 2. Aufl., Bd. 2 S. 399; Lichter S. 707
Nepal	Gesetz Nr. 2009 V.S. aus 1952	Laws S. 320
Neuseeland	Gesetz Nr. 15 vom 6. 9. 1948	Ausl. StAng.Recht S. 116
Nicaragua	Verfassung vom 1. 11. 1950	Laws S. 351
Niederlande	Gesetz vom 12. 12. 1892 (mehrfach geändert, zuletzt durch Gesetz vom 30. 7. 1953)	Bergmann I N 1; Lichter S. 709
Norwegen	Gesetz vom 8. 12. 1950	Bergmann I N 1; Lichter S. 714

Österreich	Gesetz vom 10. 7. 1945 in der Fassung vom 4. 11. 1949; Verfassungsgesetz vom 6. 2. 1947 in der Fassung vom 4. 11. 1949; Gesetz vom 2. 6. 1954	Bergmann I O 1; Lichter S. 719
Pakistan	Gesetz Nr. II vom 13. 4. 1951 (geändert durch Gesetz Nr. V vom 8. 4. 1952	Ausl. StAng.Recht S. 131
Panama	Verfassung vom 1. 4. 1946; Gesetz Nr. 8 vom 11. 2. 1941	Laws S. 369
Paraguay	Verfassung vom 10. 7. 1940	Laws S. 375
Peru	Verfassung vom 31. 3. 1933 in der Fassung vom 26. 9. 1940	Bergmann II P 1
Philippinen	Verfassung vom 8. 2. 1935; Gesetz Nr. 63 vom 21. 10. 1936	Laws S. 378
Polen	Gesetz vom 8. 1. 1951	Bergmann I P 1; Lichter S. 728
Portugal	Zivilgesetzbuch vom 1. 7. 1867 (geändert durch Dekret vom 16. 12. 1930)	Bergmann I P 2; Lichter S. 735
Rumänien	Dekret Nr. 33 vom 24. 1. 1952 (geändert durch Dekret Nr. 296 vom 9. 8. 1954)	Bergmann I R 1
San Marino	Gesetz Nr. 25 vom 15. 5. 1945	Bergmann I S 4
Saudi-Arabien	Verordnung Nr. 3 vom 5. 12. 1938	Gelt. StAng.Ges. Bd. 15
Schweden	Gesetz Nr. 382 vom 22. 6. 1950	Bergmann I S 2; Lichter S. 742
Schweiz	Gesetz vom 29. 9. 1952	Bergmann I S 3; Lichter S. 747
Spanien	Zivilgesetzbuch vom 26. 3. 1889 (geändert durch Verordnung vom 15. 7. 1954)	Bergmann I S 1; Gelt. StAng.Ges. Bd. 11
Südafrikanische Union	Gesetz Nr. 44 vom 29. 6. 1949	Bergmann II S 1
Süd-Rhodesia	Gesetz Nr. 13 aus 1949 (geändert durch Gesetz aus 1951)	Laws S. 418
Syrien	Gesetzesdekret Nr. 21 vom 4. 2. 1953	Gelt. StAng.Ges. Bd. 15
Thailand	Gesetz vom 31. 1. 1952 (geändert durch Gesetz vom 24. 1. 1953)	Laws S. 455
Tschechoslowakei	Gesetz Nr. 194 vom 13. 7. 1949; Gesetz Nr. 34 vom 24. 4. 1953	Bergmann I T 1; Lichter S. 776

Tabellen der maßgebenden Gesetze und Verträge

Staat	Rechtsvorschrift und Zeitpunkt bzw. Jahr ihres Erlasses[2])	Fundstelle[3])
Türkei	Verfassung vom 10. 1. 1945; Gesetz Nr. 1312 vom 28. 5. 1928 (geändert durch Gesetz Nr. 1414 vom 9. 4. 1929)	Bergmann I T 2; Lichter S. 781
Ungarn	Gesetz V/1957	Ztschr. f. osteurop. Recht 1957 S. 114
Uruguay	Verfassung vom 16. 12. 1951	Bergmann II U 1
USA	Gesetz Nr. 404 vom 27. 6. 1952	Bergmann II U 2
USSR	Gesetz Nr. 198 vom 19. 8. 1938	Bergmann I U 1; Lichter S. 767
Vatikanstadt	Gesetz vom 7. 6. 1929	Bergmann 2. Aufl., Bd. 1 S. 815
Venezuela	Verfassung vom 15. 4. 1953 Gesetz vom 8. 7. 1955	Laws S. 544 Bergmann II V 1
Viet Nam	Zivilgesetzbuch von Tonkin aus 1931 (geändert durch Verordnung vom 16. 10. 1936); Zivilgesetzbuch von Annam aus 1936; Dekret vom 3. 10. 1883 (mehrfach geändert, zuletzt durch Dekret vom 24. 8. 1933)	Laws S. 549

Anmerkungen:

1) Zusammenstellungen der früher geltenden ausländischen Staatsangehörigkeitsgesetze enthalten:

a) Stand 1914: v. Keller-Trautmann, Kommentar zum Reichs- und Staatsangehörigkeitsgesetz, München 1914;
Cahn, Reichs- und Staatsangehörigkeitsgesetz, Berlin 1914;

b) Stand 1928: Isay, Reichs- und Staatsangehörigkeitsgesetz, Berlin 1929;
Schätzel, Das deutsche Staatsangehörigkeitsrecht, Berlin 1928;

c) Stand 1938—1940: Crusen-Maas-Siedler, Das Recht der Staatsangehörigkeit der europäischen und außereuropäischen Staaten, I. Teil, Berlin 1940;
Bergmann, Internationales Ehe- und Kindschaftsrecht, 2. Aufl., Berlin 1938—1940 (2 Bände).

2) Die Verfassungen sind nur dann aufgeführt, wenn in ihnen mehr als nur die Grundsätze des Staatsangehörigkeitsrechts enthalten sind.

3) Die Fundstellen (Abdrucke bzw. Zusammenfassungen der jeweiligen Gesetze) sind unter dem Gesichtspunkt ihrer Verbreitung in der Praxis ausgewählt, wobei folgende Reihenfolge eingehalten ist:

Bergmann I: Internationales Ehe- und Kindschaftsrecht, 3. Aufl. Bd. 1, Frankfurt 1952, mit Nachträgen;

Bergmann II: Internationales Ehe- und Kindschaftsrecht, 3. Aufl. Bd. 2, Frankfurt 1954, mit Nachträgen;

Bergmann 2. Aufl.: Internationales Ehe- und Kindschaftsrecht, 2. Aufl. Bd. 1, Berlin 1938; Bd. 2, Berlin 1940;

Lichter: Das Staatsangehörigkeitsrecht nach deutschem und ausländischem Recht, 2. Aufl. Berlin-Köln 1955;

Gelt. StAng.Ges.: Sammlung geltender Staatsangehörigkeitsgesetze, Bd. 1—20, herausgegeben von der Forschungsstelle für Völkerrecht und ausländisches öffentliches Recht der Universität Hamburg;

Ausl. StAng.Recht: Ausländisches Staatsangehörigkeitsrecht — Kleine Fachbibliothek für Verwaltung und Recht; Bd. VI, Frankfurt/M.-Berlin 1955;

Laws: Laws concerning Nationality — United Nations Legislative Series ST/LEG/SER. B/4 — New York 1954, mit Nachträgen.

11. Gesetzesmaterialien

1. Zum Gesetz über die Erwerbung und den Verlust der Bundes- und Staatsangehörigkeit vom 1. Juni 1870:
   Verhandlungen des Reichstages des Norddeutschen Bundes, I. Legislaturperiode, Session 1870, Sten. Ber. Bd. 1 S. 81 bis 85, S. 251 bis 274, Bd. 2 S. 1076 bis 1081, S. 1091, Bd. 3 S. 153 ff.
2. Zum Reichs- und Staatsangehörigkeitsgesetz vom 22. Juli 1913:
   1. Beratung: Reichstag, 13. Legislaturperiode, 1. Session 1912, Sten. Ber. 13. Sitzung S. 237, 14. Sitzung S. 269;
   Bericht der Reichstagskommission: Drucksache Nr. 962;
   2. Beratung: Sten. Ber. 153. Sitzung S. 5269, 154. Sitzung S. 5294, 155. Sitzung S. 5326;
   3. Beratung: Sten. Ber. 169. Sitzung S. 5760.
3. Zum Gesetz zur Regelung von Fragen der Staatsangehörigkeit vom 22. Februar 1955:
   Regierungsentwurf, Änderungsvorschläge des Bundesrates, Stellungnahme der Bundesregierung hierzu: Bundestagsdrucksache Nr. 44;
   Erneuter Änderungsvorschlag des Bundesrates, Stellungnahme der Bundesregierung hierzu: Bundestagsdrucksache zu Drucksache Nr. 44;
   1. Beratung: 7. Sitzung (2. Wahlperiode), Sten. Ber. Bd. 18 S. 138—142;
   Bericht des Bundestagsausschusses für innere Verwaltung: Bundestagsdrucksache Nr. 849;
   2. und 3. Beratung: 51. Sitzung, Sten. Ber. Bd. 21 S. 2546—2556;
   Anrufung des Vermittlungsausschusses durch den Bundesrat: 131. Sitzung, Sten. Ber. 1954 S. 319—322;
   Bericht des Vermittlungsausschusses: Bundestagsdrucksache Nr. 1033;
   Annahme des Vermittlungsvorschlages durch den Bundestag: 58. Sitzung, Sten. Ber. Bd. 22 S. 2914—2915;
   Annahme des Vermittlungsvorschlages durch den Bundesrat: 134. Sitzung, Sten. Ber. 1954 S. 377—378.
4. Zum Zweiten Gesetz zur Regelung von Fragen der Staatsangehörigkeit vom 17. Mai 1956:
   Regierungsentwurf, Änderungsvorschläge des Bundesrates, Stellungnahme der Bundesregierung hierzu: Bundestagsdrucksache Nr. 1184;
   1. Beratung: 66. Sitzung (2. Wahlperiode), Sten. Ber. Bd. 23 S. 3405;
   Bericht des Bundestagsausschusses für innere Verwaltung: Bundestagsdrucksache Nr. 1391;
   Zurückverweisung an den Ausschuß: 83. Sitzung, Sten. Ber. Bd. 24 S. 4580;
   Zweiter Bericht des Ausschusses für innere Verwaltung: Bundestagsdrucksache Nr. 2135;
   2. und 3. Beratung: 133. Sitzung, Sten. Ber. Bd. 28 S. 6911—6913;
   Anrufung des Vermittlungsausschusses durch den Bundesrat: 156. Sitzung, Sten. Ber. 1956, S. 112—114;
   Bericht des Vermittlungsausschusses: Bundestagsdrucksache Nr. 2292;

Annahme des Vermittlungsvorschlages durch den Bundestag: 141. Sitzung, Sten. Ber. Bd. 29 S. 7268;
Annahme des Vermittlungsvorschlages durch den Bundesrat: 157. Sitzung, Sten. Ber. 1956 S. 126, 127.

5. Zum Dritten Gesetz zur Regelung von Fragen der Staatsangehörigkeit vom 19. August 1957:
Entwurf des Bundesrates, Stellungnahme der Bundesregierung hier-
1. Beratung: 138. Sitzung (2. Wahlperiode), Sten.Ber. S. 7152;
Entwurf von Mitgliedern des Bundestages: Bundestagsdrucksache Nr. 3290;
zu: Bundestagsdrucksache Nr. 2146;
1. Beratung: 202. Sitzung, Sten.Ber. Bd. 36 S. 11496;
Bericht des Ausschusses für innere Verwaltung: Bundestagsdrucksache 3572;
2. und 3. Beratung: 219. Sitzung, Sten.Ber. Bd. 38 S. 12983;
Zustimmung des Bundesrates: 180. Sitzung, Sten.Ber. 1957 S. 730.

V. Schrifttum zum Staatsangehörigkeitsrecht

1. Geschichtliche Entwicklung der Staatsangehörigkeit

Aristoteles, Die Verfassung von Athen (Londoner Papyrus).

Warncke, Die demokratische Staatsidee in der Verfassung von Athen, 1951.

v. Wilamowitz-Möllendorf, Staat und Gesellschaft der Griechen, 2. Aufl., 1923.

Siber, Römisches Verfassungsrecht, 1952.

Moser, Von der Landeshoheit in Ansehung der Unterthanen, 1773.

— Von der Teutschen Unterthanen Rechte und Pflichten, 1774.

Klüber, Das Staatsrecht des Teutschen Bundes, 1831.

Zöpfl, Grundsätze des allgemeinen und constitutionell-monarchischen Staatsrechts, 1841.

Rehm, Der Erwerb der Staats- und Gemeindeangehörigkeit in geschichtlicher Entwicklung, Hirths Annalen 1892 S. 138 ff.

Zenthöfer, Zur Geschichte des Begriffes der Staatsangehörigkeit, Diss. Königsberg, 1937.

2. Staatsangehörigkeit und Völkerrecht

Cogordan, La nationalité au point de vue des rapports internationaux, Paris, 1890.

Dubois, Die Frage der völkerrechtlichen Schranken landesrechtlicher Regelung der Staatsangehörigkeit, Bern, 1955.

Feer, Die mehrfache Staatsangehörigkeit natürlicher Personen, Diss. Zürich, 1955.

Gargas, Die Staatenlosen, Bibl. Visseriana Bd. 7, 1928.

Herbert, Nationality and its problems, London 1920.

Isay, E., La nationalité, Publications des Cours de l' Académie de Droit International, Bd. 5, 1927.

Jellinek, H.-J., Der automatische Erwerb und Verlust der Staatsangehörigkeit durch völkerrechtliche Vorgänge, Berlin, 1951.

Kunz, Die völkerrechtliche Option, Bd. 1, 1925, Bd. 2, 1928.

Lessing, Das Recht der Staatsangehörigkeit und die Aberkennung der Staatsangehörigkeit zu Straf- und Sicherungszwecken, Bibl. Visseriana, Bd. 12, 1937.

Makarov, Allgemeine Lehren des Staatsangehörigkeitsrechts, Stuttgart, 1947.

v. Martitz, Das Recht der Staatsangehörigkeit im internationalen Verkehr, Hirths Annalen 1875.

Sieber, Das Staatsbürgerrecht im internationalen Verkehr, 2 Bände, Bern 1907.

Stoerk, Option und Plebiscit bei Eroberungen und Gebietscessionen, Leipzig, 1879.

Strupp, Staatsangehörigkeit und Naturalisation, Wörterbuch des Völkerrechts, Bd. 2, 1925.

Szlechter, Les Options conventionelles de nationalité, Paris, 1948.

Weis, P., Nationality and statelessness in International Law, London, 1956.

Weiss, A., La nationalité, 2. Aufl., Paris, 1907.

Zeballos, La nationalité, 5 Bände, Paris, 1914—1919.

3. Deutsches Staatsangehörigkeitsrecht

a) Gesamtdarstellungen, Kommentare, Textsammlungen:

Aßmann, Das Reichsgesetz über den Erwerb und den Verlust der Reichs- und Staatsangehörigkeit, Mühlheim/Ruhr, 1897.

Rauchalles, Das Reichsgesetz über die Erwerbung und den Verlust der Bundes- und Staatsangehörigkeit vom 1. Juni 1870, Ansbach, 1901.

Bazille-Köstlin, Das Recht der Staatsangehörigkeit mit besonderer Berücksichtigung Württembergs, Stuttgart, 1902.

Grill, Die Reichsgesetze über die Erwerbung und den Verlust der Bundes- und Staatsangehörigkeit vom 1. Juni 1870 und über die Freizügigkeit vom 1. November 1867, 3. Aufl., München, 1906.

Cahn, Das Reichsgesetz über die Erwerbung und den Verlust der Reichs- und Staatsangehörigkeit vom 1. Juni 1870, 3. Aufl., Berlin, 1908.

— Reichs- und Staatsangehörigkeitsgesetz vom 22. Juli 1913, 4. Aufl., 1914.

v. Keller-Trautmann, Kommentar zum Reichs- und Staatsangehörigkeitsgesetz vom 22. Juli 1913, München, 1914.

Weck, Das Reichs- und Staatsangehörigkeitsgesetz von 1913, Berlin, 1913.

Delius, Das Reichs- und Staatsangehörigkeitsgesetz von 1913, Mannheim und Leipzig, 1913.

Junck, Das Reichs- und Staatsangehörigkeitsgesetz von 1913, Leipzig, 1914.

Meyer, Th., Reichs- und Staatsangehörigkeitsgesetz von 1913, 2. Aufl., Berlin, 1914.

Pannier, Die Gesetze über die Reichs- und Staatsangehörigkeit und die Freizügigkeit, 2. Aufl., Leipzig, 1916.

Magnus, Das Reichs- und Staatsangehörigkeitsgesetz von 1913, Berlin, 1917.

Schätzel, Der Wechsel der Staatsangehörigkeit infolge der deutschen Gebietsabtretungen, Berlin, 1921, Nachtrag Berlin 1922.

— Die Regelung der Staatsangehörigkeit nach dem Weltkrieg, Berlin, 1927.

— Die elsaß-lothringische Staatsangehörigkeit und das Völkerrecht, Berlin, 1929.

Schwarz, Das Recht der Staatsangehörigkeit in Deutschland und im Ausland seit 1914, Berlin, 1925.

Isay, E., Kommentar zum Reichs- und Staatsangehörigkeitsgesetz und zu den deutschen Staatsangehörigkeitsverträgen, Berlin, 1929.

Woeber-Fischer, Reichs- und Staatsangehörigkeitsgesetz, 5. Aufl., München, Berlin, Leipzig, 1932.

Lichter-Knost, Deutsches und ausländisches Staatsangehörigkeitsrecht, Berlin, 1935.

Lichter, Das Staatsangehörigkeits- und Reichsbürgerrecht des Deutschen Reichs, in Crusen — Maas — Siedler, Recht der Staatsangehörigkeit der europäischen und außereuropäischen Staaten, Bd. 1, 1940.

— Das Staatsangehörigkeitsrecht im Großdeutschen Reich, Berlin, 1943.

Siedler-Schätzel, Die Staatsangehörigkeitsbestimmungen der wichtigsten Verträge zum Abschluß des Weltkrieges, in Crusen-Maas-Siedler, a. a. O.

Ruby, L'évolution de la nationalité allemande, Baden-Baden, 1954.

Maßfeller, Deutsches Staatsangehörigkeitsrecht; 1. Auflage 1953; 2. Aufl. 1955; Nachtrag 1957; 2. Nachtrag 1958.

Lichter, Die Staatsangehörigkeit nach deutschem und ausländischem Recht, 2. Aufl., 1955.

Rasche, Das deutsche Staatsangehörigkeitsrecht, 2. Aufl., Münster, 1956.

Hoffmann, Gesetz zur Regelung von Fragen der Staatsangehörigkeit, Stuttgart und Köln, 1955.

— Zweites Gesetz zur Regelung von Fragen der Staatsangehörigkeit, Stuttgart und Köln, 1956.

b) Aufsätze und kleinere Schriften zu Einzelfragen:

Augst, Zur StAng. der ehemaligen tschechoslowakischen Staatsbürger deutscher Volkszugehörigkeit, NJW 1950 S. 98.

Becker, Nochmals: Zur Frage der StAng. der Volksdeutschen aus Polen, DÖV 1955 S. 57.

Beizke, Anm. zu österr. OGH vom 19. 1. 1949 (StAng. der Südtiroler Optanten), Archiv d. Völkerr. Bd. 4 (1953) S. 109.

Bisle, Deutsche oder österreichische StAng.?, NJW 1949 S. 254.

v. Borries, StAng. der heimatvertriebenen Sudetendeutschen, NJW 1951 S. 584.

Braga, Die Eingliederung des Saarlandes, FamRZ 1957 S. 39.

Brühl, Zur zivilrechtlichen Stellung der Sudetendeutschen, NJW 1952 S. 332.

Delitz, Die Auswirkung des Art. 3 Abs. 2 GG im StAngRecht, StAZ 1956 S. 77, 104.

— Eheschließung und StAng., StAZ 1957 S. 178.

Domke, „Deutsche" in der amerikanischen Feindvermögenspraxis, MDR 1954 S. 99.

Feneberg, Aktuelle Fragen des StAngRechts, Bayr. Verw.Bl. 1957 S. 75.

Fink, Zur privatrechtlichen Stellung der Sudetendeutschen, NJW 1952 S. 1205.

Foldenauer, Die Heimatvertriebenen und das deutsche StAngRecht, StAZ 1953 S. 32.

Forschungsstelle für Völkerrecht und ausländisches öffentliches Recht der Universität Hamburg, Praktische Fragen des Staatsangehörigkeitsrechts, Gutachten, Hamburg 1957.

Geilke, Die StAng. der Volksdeutschen aus den ehemals eingegliederten Ostgebieten, DRiZ 1951 S. 210.

— Die StAng. der Volksdeutschen aus Polen, DÖV 1954 S. 545.

— Die Ausschlagung der StAng. — gesetzestechnisch betrachtet, DÖV 1955 S. 714.

Göhring, Rechtsprobleme in dem Verfahren der Breda-Flüchtlinge, NJW 1954 S. 1061.

Grabendorf, Die Einflußnahme des Art. 116 GG auf das StAngRecht, DÖV 1951 S. 268.

Gundrum, Das Gesetz vom 22. 2. 1955. Werdegang und Aufbau. StAZ 1955 S. 76.

— Eheschließung und StAng., StAZ 1957 S. 123.

Henne, Verlust der deutschen StAng. bei Legitimation durch Eheschließung, StAZ 1950 S. 85.

Hecker, StAng. der Memelländer, StAZ 1957 S. 80.

— Praktische Fragen des StAngRechts; hektogr. Veröffentlichungen der Forschungsstelle für Völkerrecht und ausl. öff. Recht der Universität Hamburg, Heft 31, 1957.

Hermes, Die Südtiroler Autonomie, Schriftenreihe für Völkerrecht und Politik, Heft 3, 1952.

Hoffmann, Zur StAng. der ehemaligen tschechoslowakischen Staatsangehörigen deutscher Volkszugehörigkeit, NJW 1950 S. 815.

— Änderungen im deutschen StAng-Recht durch das Bundesbeamtengesetz, StAZ 1953 S. 197.

— Zum gegenwärtigen deutschen StAngRecht unter Berücksichtigung der Scheidung und Aufhebung von Ehen italienischer Staatsangehöriger, NJW 1953 S. 530.

— Ungeklärte Fragen der StAng. zwischen Deutschland und Österreich, DVBl. 1954 S. 173.

— Probleme des deutschen StAngRechts und Stand ihrer Lösung, DVBl. 1955 S. 412.

— Die Regelung der StAngFragen zwischen Deutschland und Österreich, DVBl. 1956 S. 594.

— Das zweite Gesetz zur Regelung von Fragen der StAng., StAZ 1956 S. 153.

Hubmann, StAngFragen in der Praxis des Notars, DNotZ 1951 S. 114, 157.

Jerusalem, Anm. zu BVerwG vom 30. 10. 1954 (StAng. der Österreicher), NJW 1955 S. 35.

Kettner, Die StAng. der ehemaligen Volksdeutschen aus der Tschechoslowakei, Diss. Marburg, 1951.

Körber, Die Rechtsstellung der Deutschen aus Österreich in der Bundesrepublik, Coburg 1955.

— Was wollte der Gesetzgeber mit dem Österreichgesetz? Aberkennung oder Fortbestand der Anschlußstaatsangehörigkeit?, Verden 1957.

Kranz, Beamter, und StAng., BBZ 1954 S. 99.

Lauterbach, Zur Kollision des deutschen und österreichischen StAngRecht und zur Zuständigkeit in österreichischen Scheidungssachen, NJW 1947/48 S. 569.

— Zur Beibehaltung der deutschen StAng. durch frühere deutsche Staatsangehörige in den abgetrennten Gebieten östlich der Oder-Neiße-Linie, NJW 1952 S. 449.

Leiber, Zur Gleichberechtigung der Frau im StAngRecht, DVBl. 1953 S. 623.

Lichter, Das Bonner GG und die StAng., StAZ 1954 S. 241, 265.

— Die StAng. der Heimatvertriebenen, DÖV 1955 S. 427.

— Die Problematik des StAngRechts, StAZ 1956 S. 2.

Lohse, Das Gesetz zur Regelung von Fragen der StAng., BAnz. Nr. 250/1954.

Löffler, Der Anschluß und das Wiedererstehen Österreichs unter besonderer Berücksichtigung ihrer Auswirkungen auf die StAng., Diss. Saabrücken, 1956.

— Bemerkungen zum Begriff der saarländ. StAng., Saarl. Rechts- und Steuerzeitschrift 1957 S. 33.

Magerstein, Die Frage des staatsbürgerlichen Status der in der tschechoslowakischen Republik ausgebürgerten Personen deutscher Nationalität, Österr. Ztschr. f. öff. Recht 1952/53 S. 338.

Makarov, Art. 3 BGG und das StAngRecht, Festschrift für Laun.

— Die deutschen Ausbürgerungen 1933—1945 im internationalen Rechtsverkehr, Festschrift für Raape, 1948.

— Das Gesetz über die StAng. von Ausgebürgerten, DRZ 1948 S. 228.

— Die Behandlung der deutschen Zwangseinbürgerungen 1938—1945, JZ 1952 S. 403.

— Die Entwürfe der StAngNovellen 1953, DÖV 1953 S. 544.

— Die deutsche StAng. der Österreicher seit 1945, JZ 1954 S. 286.

— Das Bundesgesetz zur Regelung von StAngFragen, JZ 1955 S. 659.

— Das Gesetz über die deutsch-österreichischen StAngFragen, JZ 1956 S. 744.

— Anmerkung zu BVerwG vom 30. 10. 1954 (StAng. der Österreicher), JZ 1955 S. 82.

Maraun, Die Gleichberechtigung von Mann und Frau im StAngRecht, Diss. Marburg, 1952.

Maschke, Probleme im Scheidungsrecht deutscher und österreichischer Staatsbürger, Neue Justiz 1949 S. 162.

Maßfeller, Die Gleichberechtigung in der Praxis der Standesbeamten nach dem 1. April 1953, StAZ 1953 S. 34.

— Der Stand der Meinungen zur Gleichberechtigungsfrage, Betrieb 1953 S. 568, 588.

— Die StAng. der Ehefrau und der Kinder eines ausgebürgerten Österreichers, StAZ 1957 S. 142.

Menzel, Zur Frage der Danziger StAng., Jahrb. f. internat. u. ausl. öff. Recht 1949 S. 886.

Mrose, Die Danziger StAng., Diss. Tübingen, 1951.

Neuffer, StAng. und Beamtenernennung, StAZ 1954 S. 103.

Nitsche, Der Begriff der deutschen Volkszugehörigkeit in der Gesetzgebung für Vertriebene und Flüchtlinge, DÖV 1953 S. 461.

— Zur Auslegung des § 188 Bundesbeamtengesetz, Ztschr. f. Beamtenrecht 1955 S. 142.

Oswald, Über die StAng. der Sudetendeutschen, MDR 1952 S. 278, 1953 S. 151.

— Der Bundesgerichtshof über die StAng. der Sudetendeutschen sowie über den Begriff des deutschen Eigentums, MDR 1954 S. 405.

Pehe, Haben die Juden durch ihre Auswanderung ihre deutsche StAng. verloren?, JR 1954 S. 99.

Perbrandt, Die Heimatvertriebenen im Grundgesetz, DÖV 1949 S. 185.

Peters, Verlust der deutschen StAng. durch Verehelichung, StAZ 1950 S. 33.

Raape, Die StAng. kraft Eheschließung und kraft Abstammung, Hamburg, 1948.

— Erwerb und Verlust der deutschen StAng. durch Eheschließung, Deutsche Landesreferate zum III. Kongreß für Rechtvergleichung.

— Änderungen auf dem Gebiete des deutschen StAngRechts gemäß dem Bonner Grundgesetz, Der Standesbeamte 1949 S. 97.

— Die StAng. eines Kindes aus einer von einem Engländer mit einer Deutschen hier gemäß den deutschen Formvorschriften geschlossenen Ehe, MDR 1948 S. 98.

Rasche, Zur Frage der deutschen StAng. der in Deutschland befindlichen Angehörigen der vor oder im Kriege in das Deutsche Reich einverleibten Gebiete, StAZ 1949 S. 127.

Reyher, Ist das zweite Gesetz zur Regelung von Fragen der StAng. mit dem Grundgesetz vereinbar, NJW 1956 S. 1782.

Schätzel, Der heutige Stand des deutschen StAng-Rechts, AöffR Bd. 74 (1949) S. 273.

— Gegenwartsfragen des deutschen StAng-Rechts, Recht, Staat und Wirtschaft Bd. 3 (1951) S. 315.

— Aktuelle StAng-Fragen, StAZ 1954 S. 242.

— Wehrpflicht und StAng., in Festschrift für Herbert Kraus, 1953.

— Die StAng. der Volksdeutschen, Osteuropäisches wissenschaftliches Jahrbuch 1954 S. 231.

— Deutsche und österreichische StAng-Fragen, Jur. Blätter 1954 S. 221.

— Le problème de la nationalité des réfugiés, Intégration 1954 S. 118.

— Die StAng. der politischen Flüchtlinge, Archiv des Völkerrechts Bd. 5 (1955) S. 63.

— Staatsangehörigkeit, in: Die Grundrechte, herausgegeben von Naumann, Nipperdey, Scheuner, Bd. 2 (1954) S. 533.

— Die StAng. der Sudetendeutschen, Journal du Droit International (Clunet) 1954 S. 624.

— Das Gesetz zur Regelung von Fragen der StAng. vom 22. Februar 1955, StAZ 1955 S. 73.

— Zur Regelung der deutsch-österreichischen StAng-Fragen, DÖV 1956 S. 517.

— Der heutige Stand des deutschen StAng-Rechts, AöffR 1956 S. 265.

Schäfer, Die Eingliederung des Saarlandes in den Geltungsbereich des Grundgesetzes, DÖV 1957 S. 1.

Scheffler, Zur Anpassung des StAngRechts an den Grundsatz der Gleichberechtigung von Männern und Frauen, DÖV 1950 S. 525.

Schwerz, Die Erklärung über Beibehaltung oder Verlust der deutschen StAng., MDR 1953 S. 407.

Seeler, Die StAng. der Baltendeutschen, StAZ 1955 S. 51.

— Die StAng der Jugoslawiendeutschen, StAZ 1956 S. 146.

Steinberg, Die StAngFrage in Südwestafrika seit dem Versailler Vertrage, Arch. d. Völkerr. 1953/54 S. 456.

Strebel, Das Gesetz zur Regelung von Fragen der StAng. vom 22. 2. 1955, Ztschr. f. ausl. öff. R. u. Völkerr. 1956 S. 646.

Verzijl, De nationaliteit der Danzigers, Nederlands Juristenblad 1954 S. 785.

Voigt, Entstehung und Inhalt des Gesetzes vom 22. 2. 1955, Ztschr. f. ausl. öff. R. u. Völkerr. 1956 S. 661.

Wenzel, Der Erwerb und Verlust der StAng. durch Legitimation, Diss. Tübingen 1950.

Winkler, Kollisionsprobleme zwischen deutscher und österreichischer StAng. seit dem „Anschluß" am 13. 3. 1938, Diss. Frankfurt/M. 1950.

Witte, Erwerb und Verlust, der deutschen StAng., Der Öffentliche Dienst 1950 S. 13.

4. Gesamtdarstellungen und Textsammlungen zum ausländischen Staatsangehörigkeitsrecht[1])

Sieber, Das Staatsbürgerrecht im internationalen Verkehr, seine Erwerbung und sein Verlust, 2 Bände, Bern, 1907.

Lehr, La nationalité dans les divers Etats du globe, Paris, 1909.

v. Keller-Trautmann, Kommentar zum Reichs- und Staatsangehörigkeitsgesetz vom 22. Juli 1913, München, 1914.

Cahn, Reichs- und Staatsangehörigkeitsgesetz vom 22. Juli 1913, Berlin, 1914.

Schwarz, Das Recht der Staatsangehörigkeit in Deutschland und im Ausland seit 1914, Berlin, 1925.

Magnus, Tabellen zum internationalen Recht, Heft 2 (Staatsangehörigkeitsrecht), Berlin, 1926.

Isay, Kommentar zum Reichs- und Staatsangehörigkeitsgesetz und zu den deutschen Staatsangehörigkeitsverträgen, Berlin, 1929.

Bourbousson, Traité général de la nationalité dans les cinq parties du monde, Paris, 1931.

Flournoy-Hudson, A collection of nationality laws of various countries as contained in constitutions, statutes and treaties, New York, 1929.

[1]) Eine ausführliche Zusammenstellung des deutschsprachigen Schrifttums zum Staatsangehörigkeitsrecht der einzelnen Staaten findet sich bei Soergel-Kegel, BGB, Bd. IV, 8. Aufl., zu Art. 29 EGBGB.

Schrifttum zum Staatsangehörigkeitsrecht

Lichter-Knost, Deutsches und ausländisches Staatsangehörigkeitsrecht, Berlin, 1935.

Grewe, Die Bestimmungen der Volkszugehörigkeit im Recht der europäischen Staaten, Diss. Münster, 1938.

Crusen-Maas-Siedler, Das Recht der Staatsangehörigkeit der europäischen und außereuropäischen Staaten, Bd. 1, Berlin, 1940.

Bergmann, Internationales Ehe- und Kindschaftsrecht, 2. Aufl., 1938 (2 Bände), 3. Aufl., 1952—1955 (2 Bände) mit Nachträgen.

Lichter, Die Staatsangehörigkeit nach deutschem und ausländischem Recht, Berlin-Köln, 1955.

Ausländisches Staatsangehörigkeitsrecht; Kleine Fachbibliothek für Verwaltung und Recht, Bd. 6, Frankfurt-Berlin, 1955

Laws concerning nationality; United Nations Legislative Series, New-York, 1954, mit Nachträgen.

Sammlung geltender Staatsangehörigkeitsgesetze, herausgegeben von der Forschungsstelle für Völkerrecht und ausländisches öffentliches Recht der Universität Hamburg; Frankfurt-Berlin, 1949—1957:

Bd. 1: Frankreich (1949); Bd. 2, 2a: Schweiz (1949, 1954); Bd. 3: UdSSR, balt. Staaten (1950); Bd. 4: Belgien und Luxemburg (1950); Bd. 5, 5a: Albanien, Bulgarien, Rumänien (1951, 1956); Bd. 6: Großbritannien (1951); Bd. 7, 7a: USA (1951, 1953); Bd. 8, 8a: Nordische Staaten (1952, 1955); Bd. 9: Polen (1952); Bd. 10: Niederlande (1953); Bd. 11: Spanien, Portugal, Irland (1954); Bd. 13: Israel (1954); Bd. 14: Südafrika (1955); Bd. 15: Arabische Staaten (1955); Bd. 16: Griechenland (1956); Bd. 17: Jugoslawien (1956); Bd. 18: Tschechoslowakei (1956); Bd. 19: Brasilien, Chile (1957); Bd. 20: Österreich (1957); Bd. 21: Andorra, Liechtenstein, Monaco, San Marino, Vatikanstadt.

Sachregister

Aberkennung der StAng. siehe Entziehung, Verfolgte
Abstammung 1, 98, 99, 131; s. auch jus sanguinis, Erwerb der StAng
Abstufung der StAng, 78 96
Abwesenheit, 10-jährige, 3, 7, 169, 190
Adelsnamen 188
Adoption 144, 186
„Als-ob"-Deutsche 94, 268, 272, 314
allégeance 2, 3
„Anschlußdeutsche" 80, — in der DDR 113; s. a. Österreich
Asyl, völkerrechtliches, 97, 99, — der Volksdeutschen in der BRep 269
Aufenthaltsrecht 91
Aufnahme in einen Bundesstaat 131, 132, 153, Wirksamwerden der — 182, Rechtsmittel gegen Ablehnung der — 241
Ausländer, Begriff 154, im Reichsdienst angestellter — 5, 197, 235, Ausschlagungsrecht eines — 258, — in der deutschen Wehrmacht 284, im Inland wohnhafter — 7
ausländischer Staatsdienst, Eintritt in — 225, 226
Ausbürgerung s. Entziehung der StAng
Ausschlagung der StAng nach dem 1. StAngRegGes 257, Frist für — 264, 300, 302, Form der — 298, Vererblichkeit des Rechts zur — 303, Verzicht auf — 264, Ausschlagungsurkunde 305, Anfechtung der — 307, Form der Anfechtung 308, Frist der Anfechtung 308
Aussiedler 227
Baden 4
Bancroft-Verträge 236
Bayern 4
Beamtenanstellung 112, 172, 179, — in der DDR 112, 177, — im Saarland 178, Nichtigkeit der — 181, — im ausländischen Staatsdienst 225
Bekenntnis zum Deutschtum 99, s. a. Volksdeutsche
Berlin 316, 371
Breda-Flüchtlinge 282
Bundesangehörigkeit (in der BRep) 82, 87, 89, Erwerb und Verlust der — 90
Bundesrecht 10, früheres Reichsrecht als — 105; völkerrechtliche Verträge über StAng als — 105, Länderrecht als — 106, Besatzungsrecht als — 106, Geltungsbereich des — 107
Bundesstaat des Reiches 132
Bundesstelle für StAng-Angelegenheiten 297
Bürgerrecht, römisches, 1

Danzig, 135, 252, s. a. Volksdeutsche
DDR 108, Anerkennung bundesrechtlicher StAng-Regelung in der — 90, Anerkennung von Verwaltungsakten der — in der BRep 109, Gleichberechtigungsgrundsatz in der — 110, Gesetzgebung in StAng-Angelegenheiten in der — 111, Beamtenanstellung 112, 177, Volljährigkeitsalter 112, 199, 210, 291, volksdeutsche Umsiedler 112, „Anschlußdeutsche" 113, Elsaß-Lothringer und Luxemburger 113, Sudetendeutsche 113, politisch Verfolgte 114, Einbürge-

rung 160, 162, Ausschlagung der StAng nach dem 1. StAngRegGes durch Einwohner der —, Wirkung des 2. StAngRegGes für Einwohner der — 367

de facto-Staatenlose, s. Staatenlose lose

Demembration, völkerrechtl. 324

Dereliktion, völkerrechtl. 254, 324

Desannektion, völkerrechtl. 324

Deutsche im Sinne von Art. 116 I GG 78, 86, 87, 93, 94, 100, 132, 136, 142, 147, 169, 206, 265, Einbürgerungsanspruch 265, 266, Ablehnung der Einbürgerung aus politischen Gründen 266, Folgen der Ablehnung der Einbürgerung 267, Rechtsmittel gegen Ablehnung der Einbürgerung 267, Verlust der Rechtsstellung als — durch Weiterwanderung 268, Beibehaltung der Rechtsstellung trotz Weiterwanderung 271, s. a. „Als-ob"-Deutsche, Volksdeutsche

Deutsche im Sinne der Verfassung der DDR 83, 87, 109

Deutsche in Gebieten östl. d. Oder-Neiße-Linie 87, 91

deutsche StAng, Begriff 82, 98, gemeinsame — in der BRep und der DDR 108

deutsche Volkszugehörige, s. Volksdeutsche

Deutschland im Sinne des 1. StAngRegGes 275, — im Sinne des 2. StAngRegGes 335, 339

Doppelstaatigkeit 86, 127, 213

Ehe und StAng 138, 144, 150, 367, internationale Regelung 146, Gültigkeit der Eheschließung 147, Nichtigkeit der Ehe 148, Wirkung der — auf die Kinder der Ehefrau 149, Einbürgerungsanspruch der Ehefrau 150, Erwerb der StAng durch Erklärung der Ehefrau 151, der minderjährigen Ehefrau 152, 198, 367, Einbürgerung des Ehemannes 185, Entlassung des Ehemannes aus der StAng 197, Verlust der StAng durch den Ehemann 228, s. a. Ehefrau

Ehefrau, StAng der — 8, 79, 143, 217, — in der DDR 81, 110, eines Volksdeutschen 256, eines volksdeutsch. ehem. Angehörigen der Wehrmacht 278, 285, österr. Ehefrau eines Deutschen 332, deutsche Ehefrau eines „Anschlußdeutschen" 342, ausländ. Ehefrau eines zwangsausgebürgerten Österreichers 361

Einbürgerung 1, 5, 131, 153, 155, 156, Widerruf der — 157, freies Ermessen bei der — 158, 161, Anspruch auf — 101, 158, 163, völkerrechtliche Schranken der — Voraussetzungen der — 159, — in der DDR 160, 162, — im Saarland 160, Zustimmung des Bundesinnenministers zur — 162, — einer verw. oder geschied. ehemaligen Deutschen 162, 163, eines ehemaligen Deutschen 169, eines Ausländers, der aktiv gedient hat 166, — durch Beamtenanstellung 172, 179, Wirksamwerden der — 182, Erstreckung der — auf Ehefrau und Kinder 182, 185, Einbürgerungsurkunde 173, 183, Fehler bei der — 184, — und Namensrecht 187, Einbürgerungsanspruch eines ehemaligen Deutschen mit Wohnsitz im Ausland 233, 288, — eines Ausländers im deutschen Staatsdienst 235, Rechtsmittel gegen Ablehnung der — 241, — eines volksdeutschen 273, und seines Ehegatten 274, — eines Ausländers mit Wohnsitz im Ausland 276, eines volksdeutschen ehem. Wehrmachtsangehörigen 278, Ablehnung der — aus politi-

schen Gründen 290, Unwirksamkeit der — 309, Anfechtung der — 312
Einwandererzentralstelle, Bescheid der — 281
Elsaß-Lothringer 4, 5, 106, 128, 168, 193, 246, 255, 183, 325
Entlassung aus der StAng 84, 97, 197, 198, — von Personen unter elterl. Gewalt oder Vormundschaft 198, von Ehefrauen 197, 208, von minderjähr. Ehefrauen 198, 209, von Kindern bei bestehender Ehe 200, bei getrennter Ehe 200, Mitwirkung der Staatsanwaltschaft 201, Verweigerung der — 203, Verweigerungsgründe 204, 205, Entlassungsurkunde 206, Wirksamwerden der — 207, — unter Beibehaltung des inländischen Wohnsitzes 210, Rechtsmittel gegen Verweigerung der — 241
Entziehung der StAng. 83, 101, — der österreichischen StAng. vor 1938 356
Erwerb der StAng., staatsrechtl. Erwerbsgründe 133, völkerrechtl. Erwerbsgründe 134, — nach dem Gesetz von 1913 131, 132, nach dem Gesetz v. 1870 132, — nach dem 1. StAngRegGes. 249, 263, 280, — nach dem 2. StAngRegGes. 335, 355, 361, nach dem 3. StAngRegGes. 151
Eupen-Malmedy 194, 246
Exterritoriale 127

Flüchtlinge 98, s. a. Volksdeutsche, Verfolgte
Findelkind 139

gabella emigrationis 2
Geburt als Erwerbsgrund 136, s. a. jus soli
Gebühren in StAngAngelegenheiten 144, 237, 315, 368
Gleichberechtigungsgesetz 80, 186
Gleichberechtigungsgrundsatz (Art. 3 GG) 78, 81, 87, 145, 198, 257, 367, — in der DDR 110
Gesetzgebungskompetenz in StAng.-Angelegenheiten 89, 91, — in der DDR 111
gesetzlicher Vertreter in persönlichen Angelegenheiten 292, 367

Hannover 3, 4
Hessen 4
Heimatrecht der Vertriebenen 313
Helgoland 313

Identität mit dem Deutschen Reich 90
Inanspruchnahme 156
Inkrafttreten des Gesetzes von 1913 244, — des 1. StAngRegGes. 317, des 2. StAngRegGes. 371, — des 3. StAngRegGes. 46, 151

Jugoslawien 254, s. a. Volksdeutsche
juristische Personen 124
jus sanguinis 3, 9, 135, 136, — der ehelichen Mutter 81, 110, 138
jus soli 3, 135, 136

Kind, eheliches 137, 186, 200, 228, 350, — uneheliches 139, 189, 201, 351, — unbekannter StAng. 140, Findelkind 139, — eines Volksdeutschen 99, 258, — eines politisch Verfolgten 101, 103, 289, eines ehem. Angehörigen der Wehrmacht 280, 285
Kolonien, ehemals deutsche 6, 128, weiße Bevölkerung in den — 129, 232, Eingeborenenbevölkerung 131, 232, Deutsche in den — 233

Land der BRep. 87
Landesangehörigkeit 6, 87, 88, 91, — in Bayern 92, in Baden-Württemberg 92, — in Rheinland-Pfalz 92, — in Nordrhein-

Westfalen 92, rechtliche Ausgestaltung der — 93, völkerrechtliche Bedeutung der — 93
Ländergesetze über StAng. 180
Lebensalter in StAng.-Angelegenheiten 199, 290, 366
Legitimation 131, 141, 189, — eines österreichischen Kindes durch einen Deutschen 332
lex Antoniniana 1
lex Delbrück 218
Luxemburg 106, 113, 168, 193, 246, 255, 283

Meldepflicht bei diplomatischen Vertretungen 86
Memelland 251, s. a. Volksdeutsche
Menschenrechte und StAng. 83
Minderstaatsangehörigkeit 90, 269

Namensrecht 187
Nansenflüchtlinge 95, 270
nationalité allemande 125
Nationalsozialisten 102, Einbürgerungsanspruch 288
Naturalisation 156, s. im übrigen Einbürgerung
Niederlande 284
Niederlassung eines Ausländers im Inland 154
Norddeutscher Bund 4, 91

Oberschlesien 135, 252
Österreich 3, 4, 219, Ableugnung der deutschen StAng. in — 260, österr. Offiziere in der deutschen Wekrmacht 284, Allgemeines zu StAng.-Fragen aus dem Anschluß — 317, Außerkrafttreten des Anschlußgesetzes 317, Aufrechterhaltung der deutschen StAng. während des Anschlusses 323, grundsätzl. Erlöschen der deutschen StAng. österr. Staatsbürger 326, Wiedererwerb durch Erklärung 335, Ehefrauen und legitimierte Kinder eines Deutschen 332, Ehefrauen und Kinder eines „Anschlußdeutschen" 343, 350, Aufenthalt in Deutschland als Voraussetzung für Optionsrecht 338, 343, 352, Zwangsausbürgerungen in Österreich vor 1938, 356, Ehefrauen und Kinder Zwangsausgebürgerter 361, Optionsfrist 364, 367, Verzicht auf Optionsrecht 365, Optionsalter 366, gesetzliche Vertretung 367, Form der Option 367, Urkunde 368, Anfechtung 369, Rechtskraft von Urteilen deutscher Verwaltungsgerichte 369
Öffentliche Ämter, Zugang zu 87
Option 85, 134, 156, Form der — 339, Widerruf der — durch volljährig Gewordenen 295, — für die poln. StAng. 216, — für die österr. StAng. 260, s. a. Österreich
Offiziersdienst und StAng. 174, 283, Reserveoffiziere 175, 284
ordre public und Verwaltungsakte der DDR 109
Organisation Todt, Angehörige der 280

Pflichten als Staatsangehöriger 88
Polen 94, 216, 253, s. a. Volksdeutsche
Polizei, ehem. Angehörige der deutschen 280
Preußen 3, Wirkung der Beamtenanstellung in — 173, Ernennung zum Offizier in — 174

Rechte als Staatsangehöriger 88
Rechtsmittel in StAng.-Angelegenheiten 241, gegen Ablehnung der Einbürgerung Volksdeutscher 267, gegen Verletzung von Art. 3, 16 GG 97
Reichsangehörigkeit 5, 125, mittelbare — 6, 126, unmittelbare — 6, 126, 132, 232, 236, s. a. Staatsangehörigkeit

Reichs- und Staatsangehörigkeitsgesetz von 1913, Allgemeines 122, Änderungen 124, zeitl. und örtl. Geltung 126, 245, Inkrafttreten 244

Reichsarbeitsdienst, ehem. Angehörige des 280

Reisepaß 90, 150

Reklamation, s. Inanspruchnahme

Rückkehraufforderung 86

Rücknahme der Einbürgerung 184

Rückwirkung gesetzlicher StAng.-Regelung 11, 81, — des Verbotes der Entziehung der StAng. 84, — der Wiedereinbürgerung 102, — der Ausschlagung der deutschen StAng. durch Volksdeutsche 261, 264

Saarland 11, 87, 91, 93, 114, Eingliederung des — 115, Erwerb der deutschen StAng. im — 118, Einzelfragen 119

Saarland-Staatsangehörigkeit 114, Abschaffung der — 116, Nachwirkungen der — 117

Sammeleinbürgerung s. Volksdeutsche

Soldaten in der deutschen Wehrmacht 280

Sowjetrußland 251, 255

subditus perpetuus 2, 172, — temporalis 2, 8, 172, — forensis 2

Südtiroler Optanten 334

Schutz im Ausland, Recht auf 88

Schutzangehörigkeit 254

Schutzgebiete s. Kolonien

Staatenlosigkeit 85, 86, 127, Staatenlose 95, 284, 289, de facto-Staatenlose 95, 99, staatenlose ehemalige Deutsche 169, 231

Staatsangehörigkeit, deutsche 2, 82, 98, 111, 125, im völkerrechtlichen Sinne 6, 96, 125, — auf Widerruf 254, 315

Staatsverträge zwischen Bundesstaaten und ausländischen Staaten über StAng.

Steuerpflicht 91

Tschechoslowakei 92, 216, 250, s. a. Volksdeutsche

Umsiedler in der DDR 112

Urkunden in StAng.-Angelegenheiten 238, 305, 368

Verfolgte, aus politischen u. ähnl. Gründen 9, 100, Wiedererwerb der deutschen StAng. 102, 103, — als Vertriebene 103, Abkömmlinge von — 103, Ausschlagung des Wiedererwerbs 104

Verleihung der StAng. 156, der unmittelbaren Reichsangehörigkeit 232, s. im übrigen Einbürgerung

Verleugnung der deutschen StAng. durch Volksdeutsche 259, 270

Verlust der StAng. 84, 189, Verlustgründe 191, völkerrechtl. Verlustgründe 196, — durch Erwerb einer ausländ. StAng. 213, — wegen Verletzung der Wehrpflicht 219, 232, — bei Verweigerung der Rückkehr trotz Aufforderung 8, 223, — durch Eintritt in fremden Staatsdienst 8, 225, — durch 10jährige Abwesenheit 169, 190, Wirkung des Verlustes auf Familienmitglieder 217, Wirkung des Verlustes auf die Stellung als Beamter 178, s. a. Entlassung, Verzicht, Entziehung

Versailler Vertrag 9, 128, 325

Vertretung, dipl. — Deutscher im Ausland 83, 109

Vertriebene 98, Heimatrecht der — 313, s. im übrigen Volksdeutsche

Verwirkung von Grundrechten 78

Verzicht auf StAng. durch Doppelstaater 213, — —auf Ausschlagungsrecht nach 1. StAngRegGes. 264, 303
Volksdemokratien, Weiterwanderung Volksdeutscher nach den — 270
Volksdeutsche 96, 98, 249, 265, 277, — aus dem Sudetenland 248, 250, 260, 349, — aus dem Memelland 248, 251, — aus dem ehem. Protektorat Böhmen und Mähren 248, 250, — aus den ehem. eingegliederten Ostgebieten 216, 248, 252, — aus der Untersteiermark, Kärnten, Krain 249, 254, — aus der Slowakei (Karpatendeutsche) 250, — aus der Ukraine und Sowjetrußland 249, 251, 255, Ausschlagungsrecht der — 256, Familienangehörige 256, 258, 261, Verlust der deutschen StAng. durch — 259, Beibehaltung der Eigenschaft als Deutscher trotz Ausschlagung der deutschen StAng. 262, Erwerb der deutschen StAng. aus anderen Gründen als durch Sammeleinbürgerung 263, Ausschlagungsfrist 264, Verzicht auf Ausschlagungsrecht 264
Volksdeutsche mit Aufenthalt in Deutschland ohne Rechtsstellung als Deutsche 272, Einbürgerungsanspruch 273, Ehegatte 274, Verlust des Einbürgerungsanspruches 275
Volksdeutsche ohne Aufenthalt in Deutschland ohne Rechtsstellung als Deutsche 275, Einbürgerung 275, Weiterwanderung 277, Aussiedler 277, Einbürgerung im Ermessen der Behörde 277, Einbürgerungsanspruch ehemaliger Wehrmachtsangehöriger und ihrer Familienmitglieder 278
Völkerrecht, allgemeine Regeln des 276
Völkerrechtliche Verträge zwischen Bundesstaaten und ausländischen Staaten 236, — zwischen dem Reich und ausländischen Staaten 237
Vormund 292

Waffen-SS, ehem. Angehörige der 280
Wahlrecht, 87, 88, 89
Wehrdienst (Wehrpflicht) und StAng. 7, 86, 90, 112, 167, 204, 219
Wehrmacht, ehem. Angehörige der deutschen 280
Widerruf der Einbürgerung 84, s. a. Einbürgerung, Entziehung
Wohnsitz, Wirkung der Verlegung des 2, 91, 133, 135, 154, 171, Wirkung der Beibehaltung des inländischen — durch Entlassene 210, Volksdeutsche mit — im Ausland 275
Württemberg 4

Zwangseinbürgerungen in der Zeit von 1938—1945 9, 101, 246, 248
Zuständigkeit der Behörden in StAng.-Angelegenheiten 238, 241, 296, 315, 367, — der diplomatischen und konsularischen Vertretungen der BRep. 302

FSC
www.fsc.org
MIX
Papier | Fördert gute Waldnutzung
FSC® C083411

Kolibri 360 GmbH
Ferdinand-Jühlke-Straße 7
99095 Erfurt, Deutschland
produktsicherheit@kolibri360.de